PLAIDOYERS

ET DISCOURS DU BATONNAT

JULES FAVRE

PLAIDOYERS ET DISCOURS
DU BATONNAT

PUBLIÉS PAR

Mme Vve JULES FAVRE

Née VELTEN

TOME SECOND

PARIS

LIBRAIRIE MARESCQ AINÉ

CHEVALIER-MARESCQ & Cie, ÉDITEURS

20, RUE SOUFFLOT, 20

1893

PLAIDOYERS
ET DISCOURS DU BATONNAT

DISCOURS

PRONONCÉ A L'OUVERTURE DE LA CONFÉRENCE

DU 16 NOVEMBRE 1861

Quand, après deux mois de loisirs ardemment désirés, le devoir nous ramène à nos travaux accoutumés, si le sacrifice de notre liberté, si l'abandon de nos études préférées nous coûte un pénible effort et d'involontaires regrets, nous en sommes largement dédommagés par le retour aux douces habitudes de cette confraternité qui est une des plus précieuses prérogatives de notre chère profession. C'est elle qui nous accueille et nous sourit au seuil de ce Palais, où nous attendent de rudes épreuves et de sévères labeurs. Et tout de même que, par un secret qui lui est propre, elle saura tempérer la vivacité de nos luttes, elle nous attire par son expansion familière, affectueuse, charmante, et donne ainsi à nos relations réciproques une cordialité particulière qu'on chercherait vainement ailleurs. Le sentiment qui l'inspire ne pouvait être connu des anciens. Ingénieux, fidèles et tendres dans leurs amitiés dont ils nous ont laissé de si éloquentes peintures, ils ne s'étaient point élevés à la conception d'un lien formé uniquement par la communauté d'obligations et de travaux. Cette notion appartient au christianisme, vivifiant toutes les actions de l'homme par l'amour et la foi. Elle se manifeste puissamment au moyen âge, et contribue, plus qu'on ne le pense communément, à tenir la force brutale en échec, à préparer la résurrection de la liberté. C'est ainsi qu'elle nous a été transmise, c'est ainsi que, se modifiant avec les mœurs, elle s'est fortifiée à mesure que l'idée du droit se dégageait des obscurités dont l'ignorance et l'oppression l'enveloppaient. Notre confrérie n'est donc pas seulement la religieuse héritière des traditions passées : l'esprit nouveau l'anime et

1

l'éclaire. Sa grandeur véritable est dans son infatigable dévouement
à rechercher ce qui est juste, à défendre ce qui est légal. Ceux qui
consacrent leur vie à l'accomplissement de cette mission sentent
nettement qu'ils forment dans l'État une corporation dont la première loi est une étroite solidarité.

Se respecter et s'aimer les uns les autres, prévenir soigneusement,
par une affectueuse tolérance, le choc inévitable de naturelles susceptibilités; exagérer dans chaque détail les scrupules de la délicatesse et de la loyauté; s'entr'aider et se soutenir dans les épreuves;
fuir comme dangereux et mortel un succès obtenu au prix de l'humiliation d'un adversaire; applaudir au talent d'un rival; s'unir enfin
par une intime et forte ligue, celle des intelligences et des cœurs,
pour combattre l'arbitraire et l'iniquité : c'est là ce que j'appelle être
confrères; c'est ainsi que je résume les nobles règles qui gouvernent
notre ordre et que je me suis appliqué à maintenir autant qu'il a été
en moi, pendant cette première année d'un exercice que votre confiance et votre affection m'ont rendu si doux et si facile.

La récompense de mes efforts serait de n'être point demeuré tout
à fait au-dessous de cette tâche. Appelé pour la seconde fois, conformément à nos usages, à l'honneur de présider cette assemblée, je
voudrais trouver des paroles qui vous exprimassent, à vous tous mes
confrères, ma reconnaissance profonde et mon sincère attachement.
Impuissant à les rendre comme je le sens, j'aime mieux une fois
encore profiter de cette occasion solennelle pour m'entretenir avec
vous de nos communs devoirs, et mettre, s'il se peut, en lumière
quelques-unes des vérités simples sur lesquelles reposent la grandeur et la force de notre profession.

Nous l'avons, l'année dernière, envisagée dans ses manifestations
extérieures, et nous avons reconnu tout ce qu'elle avait à gagner au
culte sévère de la forme; je voudrais aujourd'hui pénétrer plus avant
dans son intimité, étudier ses secrets ressorts, et me rendre compte
des conditions morales auxquelles l'avocat doit son autorité, l'orateur
son prestige; ou je me trompe fort, ou nous tirerons de cet examen
d'utiles leçons.

Entrons donc ensemble, et sans plus de façon, dans la maison où
nous allons surprendre leur travail sur le fait. Je la voudrais grave
et modeste. Les lieux que nous habitons trahissent les dispositions
de notre âme. Le faste et la frivolité ne sauraient convenir à une
existence sérieuse. Ceux qui en feraient une enseigne descendraient
au niveau des bateleurs. Leur exemple corrupteur précipiterait la
jeunesse dans une voie pernicieuse. Qu'elle en croie mon expérience,
le succès va au mérite, non à l'étalage. Qu'elle prenne donc son point
d'appui dans le savoir et la vertu, et non pas dans les faux brillants

d'un luxe dont le moindre inconvénient est trop souvent de dévorer les meilleures ressources de l'avenir !

C'est un grand moraliste du dix-septième siècle qui lui enseigne ce que doivent être ses préoccupations : « La fonction de l'avocat, dit la Bruyère, est pénible et laborieuse..... Sa maison n'est pas pour lui un lieu de repos et de retraite, ni un asile contre les plaideurs; elle est ouverte à tous ceux qui viennent l'accabler de leurs questions et de leurs doutes..... il se délasse d'un long discours par de longs écrits; il ne fait que changer de travaux et de fatigues. J'ose dire qu'il est dans son genre ce qu'étaient dans le leur les premiers hommes apostoliques, »

Ces fortes expressions ne sont point exagérées, et celui qui ne les prend pas au pied de la lettre n'a point la véritable intelligence de ses devoirs. Dans ce logis simple dont les livres sont le principal ornement, l'avocat attend, sans jamais les rechercher, ceux qu'attireront à lui sa bonne renommée, l'éclat de ses débuts, son zèle pour les malheureux, le scrupule consciencieux qu'il apporte aux travaux qui lui sont confiés. Le nombre en augmentera d'autant plus vite, qu'il se fera une obligation plus rigoureuse de l'assiduité. Le respect pour le public avec lequel il entre en communication m'a toujours paru l'une des premières et des plus importantes applications de la loi de dévouement qui lui est imposée. Ce sont ceux qui souffrent qui viennent à nous. Que notre accès leur soit toujours facile, et qu'en touchant notre seuil, ils reconnaissent leur domaine, dont les puissants de la terre ne sauraient leur interdire le refuge !

C'est avec ce sentiment élevé, généreux, que l'avocat doit accueillir tous ceux qui réclament ses conseils. Il y puisera la douceur qui rassure, la patience qui encourage, l'attention qui éclaire, et par-dessus tout l'ascendant salutaire qui commande la déférence et la soumission. Ainsi deviendra-t-il, dans le sens excellent du mot, le patron de son client, et s'il n'obtient ces résultats qu'au prix d'efforts et de contrainte, combien n'en est-il pas tout d'abord récompensé par le singulier attrait qu'il y trouve ! Quelle source féconde d'observations, d'études, d'émotions variées ! J'ai fréquemment rencontré dans le silence du cabinet des effets dramatiques, des coups inattendus, des cris éloquents de la passion ou des rapprochements comiques d'une telle puissance que je regrettais de ne pouvoir les noter au passage. C'est que la nature humaine se montre à nous sans déguisement. Le souffle de l'intérêt personnel en soulève les voiles et en met à nu les faiblesses et les vices. Nous voyons se produire dans leur ingénuité les emportements de la haine, les bassesses de la convoitise, les artifices de la duplicité. En revanche, que d'héroïsmes cachés à tous les yeux se révèlent aux nôtres ! combien de douleurs saintement dissi-

mulées sont devinées par nous! que d'ineffables sacrifices obscuré-
ment accomplis et dont il nous est donné de juger l'inestimable
mérite? Cette perpétuelle analyse des sentiments et des pensées est
certainement le plus curieux et le plus instructif des enseignements.
S'il nous humilie par le spectacle de nos misères, il nous rend misé-
ricordieux et tolérants, et, en nous offrant l'inexplicable contraste
du néant et de la grandeur de l'homme, il nous ramène à l'infini,
dont nous sortons pour nous y perdre bientôt, après avoir traversé
la courte halte de cette vie où tout, à commencer par nous-mêmes,
nous est obscurité, contradiction et misère.

Mais ce n'est pas pour s'arrêter à ces solitaires contemplations que
l'avocat assiste aux péripéties de la comédie humaine. Son rôle pratique y est à l'avance déterminé. Il est le médecin de l'âme. A lui
appartient la tâche délicate de résoudre les difficultés, de fixer les
incertitudes, d'indiquer la route de la vérité, plus encore celle d'apaiser, de consoler, de fortifier. D'une main douce et ferme, il sonde
les plaies secrètes du cœur, il calme les tourments des consciences
troublées; il lui suffit d'un mot, d'un regard, pour découvrir ce que
la pudeur ou la honte lui dérobe à demi; c'est bien de lui qu'on peut
dire que rien ne lui est étranger de ce qui touche l'homme. Il com-
patit à toutes les souffrances, il relève les courages abattus, il fait
briller le sourire de l'espérance au travers des larmes, et se trouve-
t-il en face d'une douleur sans remède, il sait encore en adoucir
l'amertume par une bonne parole, par une invocation à un sentiment
élevé.

L'accomplissement de cette noble mission exige une disposition
essentielle sans laquelle toutes les autres qualités seraient superflues.
Cette disposition, c'est la bonté : la bienveillance n'en est que la
forme extérieure; elle est sans doute très précieuse. Je demande
plus à l'avocat : je lui veux le fond; il lui est indispensable pour
rendre son action complète et durable. Jean-Jacques l'a dit avec
raison :

« On peut résister à tout, hors à la bonté; et il n'y a pas de
moyen plus sûr d'acquérir l'affection des autres que de leur donner
la sienne. »

Rien ne peut rendre la force que puise l'avocat dans ce sentiment
voué par lui à ceux qui revendiquent son patronage. Il leur donne
vraiment une part de la substance la plus épurée de son être; il n'a
en vue ni le lucre ni même la gloire quand il tressaille, quand il s'irrite, quand il s'inquiète avec eux; il les aime; et plus son âme se
pénètre de cette noble chaleur, plus il est puissant. C'est le cœur qui
féconde l'esprit, c'est lui qui entraîne les hommes et remue les
empires.

Quelques-uns, je le sais, m'accuseront d'exagération chevaleresque et vous répéteront les lieux communs ordinaires sur l'ingratitude des clients. Si tous étaient reconnaissants, l'humanité serait parfaite, et nous n'en sommes point encore là. Je suis loin de nier le mal. Il nous offense d'autant plus que nous le comprenons moins, et l'oubli d'un service rendu choque notre raison autant que notre cœur. Mais à côté d'actes trop nombreux qui nous blessent, combien ne rencontrons-nous pas, en échange de notre zèle, de dévouements sincères, de confiances absolues, d'affections naïves, souvent exaltées ! Pour moi, c'est dans ma profession que j'ai conquis mes meilleures, mes plus douces amitiés. Si quelquefois j'ai été surpris et peiné par une coupable indifférence, presque toujours, je le déclare, j'ai obtenu la récompense que j'ambitionnais davantage, cette vive effusion de l'âme témoignant mieux que toutes les paroles l'émotion d'un sentiment profond. Plusieurs de mes clients m'ont consolé de la perte de leur procès. Dans les crises politiques que j'ai traversées, j'ai vu venir à moi, en secret, mettant à ma disposition leurs bras ou leur bourse, des hommes que la reconnaissance seule conduisait. Il n'est pas d'avocat qui, après un long exercice, ne sente qu'il a recueilli, au lieu de vains trésors, l'affection, le respect, l'attachement d'un grand nombre de cœurs qui conservent son souvenir et sur lesquels sa pensée se repose doucement. Et d'ailleurs, mes chers confrères, tout cela ne fût-il qu'illusion, il faudrait encore se réfugier dans le culte désintéressé du bien, et répéter ces charmantes paroles que j'emprunte à une femme éminente : « Le parti le plus court dans toutes les affaires de la vie, celui qui ne nous laisse aucun regret, c'est de se livrer à sa bonté, sans trop examiner si les autres en sont dignes ou s'ils en seront reconnaissants. »

Et si, dans nos rapports avec nos clients, la bonté devait être une exception, les pauvres auraient le droit d'en réclamer le privilège. Notre ordre leur a toujours été secourable. Mais ce n'est point assez de les conseiller et de les défendre, il faut les honorer, il faut effacer par nos égards la distance que l'injustice du sort a mise entre eux et nous. C'est à eux que nous devons surtout la patience et la douceur. Que dans les fastueuses demeures des heureux du siècle leur présence paraisse un outrage à la prospérité triomphante, je le comprends ; elle est, près de nous, le vivant symbole de fraternité légale et chrétienne dont nous sommes les adeptes ; soulager leurs maux, redresser leurs erreurs, les soutenir dans le chemin de la vie qui n'a pour eux que des écueils, n'est-ce pas la conséquence naturelle et forcée de nos principes et de nos croyances ? Et ne serions-nous pas coupables de ne pas mettre tout ce que nous avons de bonté à l'accomplissement de ce devoir si impérieux ?

Après eux ou avec eux, si vous le voulez, viennent les faibles et les opprimés, qui ne vous invoquent jamais en vain. Et pourquoi ne dirais-je pas un mot spécial des femmes que des malheurs domestiques ou des embarras de fortune obligent à surmonter la timidité de leur sexe et à recourir à nos lumières? On ne songe point assez aux injustices dont les accable une société inexorable dans ses préjugés et ses passions. Exposées à mille périls, ayant à redouter la bienveillance autant que le dédain, entourées de flatteries intéressées, de fausses amitiés, de perfidies déguisées, elles ne savent à qui se confier et comment se conduire. Victimes des mœurs et des lois, elles ne sentent l'insuffisance de leur éducation que lorsqu'il n'est plus temps d'y remédier, et quand les événements auxquels elles ne sont jamais préparées placent dans leurs mains inexpérimentées un pouvoir dont elles sont incapables d'user. Cette situation pleine d'angoisses est naïvement peinte dans une lettre de la mère de saint Chrysostome, dont je vous demande la permission de vous citer un fragment :

« Mon fils, lui écrit-elle, Dieu vous rendit orphelin et me laissa veuve plus tôt qu'il n'eût été utile à l'un et à l'autre. Il n'y a point de cœur qui puisse vous représenter le trouble et l'orage où se voit une jeune femme qui ne vient que de sortir de la maison paternelle, qui ne sait point les affaires, et qui, le jour même où la volonté divine la plonge dans la plus grande désolation qui soit au monde, se voit forcée de prendre de nouveaux soins dont la faiblesse de son âge et celle de son sexe sont peu capables. »

Ces lignes touchantes sont encore vraies aujourd'hui. Enivrées par nous d'hommages et d'adulations tant qu'elles sont heureuses, les femmes ne sont, au moment des revers, efficacement protégées ni par les institutions, ni par l'opinion. C'est alors que leur est nécessaire un dévouement loyal et généreux. Elles l'ont traditionnellement trouvé dans notre ordre, qui doit s'enorgueillir du titre que lui décerne un dicton populaire, en le nommant le défenseur de la veuve et de l'orphelin. Que la malice nationale, qui tourne tout en ridicule, épuise sur ce texte ses innocentes épigrammes, nous ne saurions beaucoup nous en émouvoir. Les bons mots n'ont pas de prise sur le devoir, et le nôtre est assez grand pour les défier. Quoi de plus beau que d'être désignés comme les tuteurs officieux de la faiblesse, de la garantir contre d'injustes agressions, d'arracher pour elle à la ruse, à la cupidité, un patrimoine qui deviendra à la fois le gage de la dignité et du bien-être de la mère, le levier puissant ouvrant à l'enfant l'entrée d'une carrière où il pourra servir et honorer son pays?

Consacrons donc aux intérêts des femmes un zèle infatigable, et que sa première expression soit un respect inaltérable dont nous devons sans cesse les environner. Ce qui semblerait un excès ailleurs, est ici une obligation. Notre cabinet est un sanctuaire. La femme qui en franchit le seuil n'y doit entendre que des discours graves et décents, et précisément parce qu'elle s'abandonne avec confiance, elle doit trouver la protection constante des délicatesses de notre honneur. La transgression de ces règles serait plus qu'une faute professionnelle, elle aurait le caractère d'une lâcheté. Leur scrupuleuse observance ajoute au contraire à l'autorité naturelle de l'avocat je ne sais quel attrait réservé, contenu, qui donne à ses avis plus de force et d'onction. Sans doute, notre langage, nos sentiments même, se modifient toujours, dans une certaine mesure, par la manière d'être de celui avec lequel nous sommes en relation, et les femmes qui réclament notre ministère sont loin de toutes se ressembler. Soyez sûrs, cependant, que toutes elles ont ce côté commun, qu'elles seront également touchées par nos égards et notre bonté. Celles qui les méritent nous sauront gré de leur rendre justice, les autres regretteront de n'en pas être tout à fait dignes, et relevées à leurs yeux par notre indulgence, elles se trouveront, sans le savoir, disposées aux bonnes inspirations auxquelles notre ingénieuse bienveillance préparera leur cœur.

Ce commerce intime et quotidien de l'avocat avec ses clients lui fournit l'incessante occasion d'exercer son esprit et de faire le bien. En même temps elle est pour lui l'initiation indispensable à l'étude sérieuse et complète de ses affaires. Outre qu'il est de devoir étroit d'entendre les explications du plaideur, on y puise toujours d'utiles enseignements. Mais cet examen est d'autant plus profitable qu'on y apporte davantage les qualités spéciales qu'il réclame.

Les maîtres se révèlent plus encore dans le cabinet qu'à l'audience. C'est là que brillent les éclairs de leur vive conception. C'est là que leur sagacité puissante illumine l'obscurité des questions les plus confuses; c'est là surtout que s'épanchent librement leurs âmes et que se formulent, avec l'austérité d'une mâle franchise, des jugements soudains dictés par l'amour de la vérité et les scrupules de la conscience. Que de fois on sollicite de leur savoir les moyens habiles d'assurer le succès d'une combinaison suspecte! Prompts à deviner le piège, incapables d'un détour, ils tiennent moins à contenter qui les consulte qu'à se respecter eux-mêmes, et leurs conseils portent toujours l'empreinte de cette droiture simple et presque candide qui forme comme le fondement de leur nature.

Vous suivrez ces nobles traces, mes chers confrères, et vous n'oublierez jamais que notre condescendance vis-à-vis d'un acte mauvais en serait la complicité. Nous avons charge d'âmes. Souvent un avis sage, une observation ferme, une parole honnête, soutiennent celui qui

chancelle sous le poids d'un méchant dessein. Une lâche complaisance
eût précipité sa chute. La grandeur véritable de notre ministère est
moins dans son éclat que dans sa moralité. Nous ne valons que par le
droit dont nous sommes les défenseurs. Le déserter, c'est nous
anéantir; le trahir, nous déshonorer. Or, quelle félonie plus détestable que celle qui s'accomplit dans l'ombre et se cache sous l'irres-
ponsabilité d'un conseil dont l'auteur est inconnu! L'avocat ne doit
jamais perdre de vue l'idée du juste planant au-dessus des intérêts
qui lui sont confiés. Tout système qui la blesse est indigne de lui.
Dédaignant les subtils artifices et les moyens équivoques, il aime
mieux paraître moins habile et rester toujours vrai; c'est pour lui que
la Bruyère a écrit que « la finesse est haïssable comme l'occasion
prochaine de la fourberie ».

Ces principes le guident encore dans le travail toujours si important de la préparation de ses causes. Ce n'est point assez, en effet,
de conférer avec les clients, d'étudier soigneusement leurs dossiers;
ces préliminaires indispensables nous donnent la connaissance des
détails essentiels, la classification des questions principales, l'esprit
général de la défense. Ce n'est là qu'une ébauche, et l'œuvre ne
commence que lorsqu'elle reçoit l'empreinte originale de celui qui
l'a conçue. Et tout de même que la pensée de l'artiste se précise et
s'ennoblit lorsque, le pinceau ou le ciseau à la main, il poursuit avec
ardeur l'idéal dont le type divin se reflète en lui, tout de même aussi,
par le puissant effort de la méditation solitaire et recueillie, l'avocat
voit se dégager peu à peu et lui apparaître vivantes, animées, de
saisissantes images s'enchaînant les unes aux autres, et reproduisant
par leur ordre harmonieux l'expressive peinture des impressions qui
l'agitent. C'est alors qu'il les concentre en lui-même pour les ana-
lyser, les retoucher, les agrandir, les colorer, en élaguer ce qui cho-
querait la mesure et le goût. Il les discipline par la logique, et,
n'oubliant jamais les exigences de l'auditoire auquel il doit s'adresser,
il choisit avec sagacité ce qui peut particulièrement lui plaire et
l'entraîner. C'est par cette prise de possession énergique de son
sujet, c'est par cette accumulation obstinée de toutes les forces de
son âme, que l'orateur allume dans son sein ce brasier mystérieux
qui le consume avant de répandre autour de lui sa magique chaleur.
Tacite le dit dans son *Dialogue* :

« La grande éloquence est une flamme; elle a besoin d'aliments et
d'excitations, elle éclaire en brûlant [1]. »

Toutes les causes, je le sais, ne comportent point ces mouvements
impétueux; admirables auxiliaires d'une défense qui touche aux

1. Magna eloquentia sicut flamma, materia alitur et motibus excitatur, et urendo cla-
rescit. (*Orat.*, XXXVI.)

questions élevées, aux événements tragiques, aux discussions où l'honneur est en jeu, ils seraient déplacés dans une simple argumentation d'affaires. Mais nul discours ne saurait se passer de préparation et d'étude. C'est une suprême irrévérence vis-à-vis des auditeurs, en même temps qu'une dangereuse témérité, que de se fier aux hasards de l'improvisation. Les grands maîtres ont religieusement évité cette faute. Écoutez ce que Plutarque écrit de celui que la nature semblait avoir doué de la conception la plus prompte et de la plus fougueuse imagination :

« Jamais on ne vit Démosthène haranguer à l'improuvu ; et que bien souvent qu'il estoit présent et séant en l'assemblée, le peuple l'appeloit par son nom, affin qu'il dict son advis sur ce qui estoit lors en deslibération ; mais que jamais il ne se laissa pour ce faire, s'il n'y avoit premièrement pensé, et qu'il n'eust bien prévu et bien estudié ce qu'il avoit à dire ; tellement que les austres orateurs s'en mocquoient bien souvent de luy, comme entre les autres, Pythéas, qui lui dict une fois que ses oraisons sentoyent l'huile de la lampe. Mais Démosthène lui répondit bien aigrement : « Aussi y a-t-il grande différence, Pythéas, entre ce que toy et « moy faisons à la lumière de la lampe [1]. »

L'autorité d'un tel exemple dispense de toute réflexion. Et ceux-là seuls s'en étonneront qui ne se sont pas rendu compte des difficultés et des périls dont l'orateur marche sans cesse environné. Son art est un des plus élevés, mais aussi des plus capricieux. En atteindre le sommet est un rêve ; s'en approcher, une fortune réservée à un petit nombre. Mais ces privilèges eux-mêmes ne peuvent conserver leur niveau qu'à l'aide d'un constant effort.

Si l'orgueil ou la mollesse les gagne, ils sont perdus. Semblables aux athlètes antiques qui n'abandonnaient jamais le gymnase, ils ont besoin de se retremper chaque jour par le travail, et quels que soient les applaudissements qu'ils obtiennent, ils sentiront au-dessus de leur œuvre nécessairement incomplète le rayon ineffable et mystérieux de la perfection qui embrase le cœur de l'homme d'une ardeur toujours inassouvie, mais qui, pour son perpétuel désespoir, dévie fatalement et s'obscurcit en touchant à son intelligence.

Et comment cette loi d'un travail opiniâtre ne serait-elle point imposée à l'orateur, quand elle est la condition inévitable de toute création ? La vie n'est qu'une lutte dans laquelle la victoire est au plus vaillant. Et sans partager l'opinion de ceux qui réduisent le génie aux proportions d'une longue patience, on peut répéter avec le poète : « Le labeur persévérant surmonte tous les obstacles, et sans lui le talent le plus accompli demeure stérile. » Cette vérité nous est surtout applicable.

1. *Vie des hommes illustres*, t. VI, p. 398.

L'inspiration ne peut nous suffire, elle ne supplée ni à la science juridique ni à la connaissance approfondie des faits. Que dis-je! la saine et véritable inspiration n'illumine qu'un esprit complètement maître de la matière qu'il veut traiter. Elle naît de la vive réaction de la pensée échauffée, assouplie, condensée par la vigueur de la volonté. Si elle flotte au hasard, elle peut éblouir, elle n'entraîne point : persuader, c'est savoir et sentir, et ce double trésor n'appartient qu'au courage, à la méditation et au travail.

Mais est-ce tout, mes chers confrères? la force de l'avocat n'a-t-elle point encore un fondement plus solide et plus profond ? La probité, sans laquelle il ne serait plus qu'un misérable histrion, ne doit-elle pas elle-même avoir un indestructible point d'appui ? Et cet élément ferme et stable n'est-il point le caractère, c'est-à-dire une conviction reposant sur la raison seule et une constante application à y conformer tous les actes de sa vie ?

Oui, c'est à ce dernier trait que nous reconnaissons la supériorité légitime devant laquelle les hommes s'inclinent involontairement. Ils peuvent se laisser éblouir un jour par l'éclat de la gloire, battre des mains aux succès de la force, suivre dans la poussière, en acclamant, le char du triomphateur qui les écrase ; descendez dans l'intimité de leur conscience, vous verrez qu'ils réservent leur admiration et leur estime pour celui que la fortune n'exalte ni n'abat et qui, mettant son plus grand honneur à demeurer fidèle à ses opinions et à ses amitiés, prodigue sans arrière-pensée à ses semblables un dévouement désintéressé.

Pourquoi cependant cette qualité si simple en apparence : être conséquent avec soi-même, est-elle si rare? pourquoi rencontre-t-on tant de gens « dont l'âme, pour me servir de l'expression de d'Alembert, n'a aucune disposition plus habituelle qu'une autre », et qui sont indifféremment vertueux ou fripons sans qu'on puisse les deviner ?

La solution complète de cette question nous entraînerait loin : elle n'exigerait ni plus ni moins que la peinture de notre faiblesse et des misères des temps où nous vivons. Pour nous borner, sachons confesser que, subissant le joug de l'habitude, aveuglés par le souci exagéré de mesquins intérêts, étourdis par la frivolité du plaisir, nous négligeons trop souvent d'armer notre raison de l'indépendance qui est le nécessaire attribut de sa souveraineté. Cette coupable incurie est une offense envers la Divinité ; c'est ce qu'enseigne Cicéron dans son *Traité des lois*[1] :

---

1. Quid est autem, non dicam in homine, sed in omni cœlo atque terra ratione divinius? quæ quum adolevit et perfecta est, nominatur rite sapientia. (*De leg.*, *VII.*)

« Qu'y a-t-il, je ne dirai pas dans l'homme, mais dans l'univers entier, de plus divin que la raison qui, lorsqu'elle a pris sa croissance et son développement, se nomme justement la sagesse. »

Eh bien! au lieu de lui soumettre le libre examen des vérités morales sur lesquelles doivent reposer nos principes, nous acceptons, sans les contrôler, des erreurs accréditées de longue main, et nous trouvons plus expédient d'affirmer que d'étudier et de réfléchir. Aussi au premier choc nos idées inconstantes se troublent; nos certitudes prétendues chancellent, et nous ne nous sauvons de la honte de n'avoir pas pensé que par la désertion ouverte de nos propres doctrines. Navigateurs sans boussole, nous devenons le jouet du sort, nous ne nous inquiétons plus d'une direction à suivre, mais du port où nous serons en sûreté, nous et nos richesses.

C'est ainsi que s'altère en nous la notion du vrai, source unique du bien. Le culte exclusif de l'intérêt personnel achève la décadence. Vivre pour soi, s'enrichir en un jour, éblouir par son faste, être en faveur ou savourer discrètement la volupté de molles jouissances, tel est le rêve des générations impatientes qui se précipitent dans la vie dévorées par la soif ardente de ce grossier bonheur. Un spectacle semblable fut offert au monde lorsque, maîtres de l'univers, regorgeant de trésors, les républicains de Rome triomphante se vouèrent frénétiquement aux délices qui les corrompirent jusqu'à la moelle des os. Alors leurs vertus antiques, la frugalité, le désintéressement, l'amour de la patrie, le respect des dieux, s'abîmèrent dans les intrigues, les convoitises, les impuretés. « Le gain sent toujours bon, d'où qu'il vienne, disait leur grand satirique en s'adressant ironiquement à la jeunesse. Aie toujours sur tes lèvres cette sentence du poète digne des dieux et de Jupiter lui-même : Nul ne demande l'origine de ta fortune, mais il faut l'avoir [1]. »

Et pour l'assouvissement de cet appétit d'argent et de pouvoir, les brigues succèdent aux brigues, les crimes aux crimes; les comices ne sont plus qu'une arène de fraudes et de violences, la hache des proscripteurs fait tomber la tête des citoyens les plus illustres, la confiscation et l'exil achèvent cette œuvre de destruction et de terreur. Et lorsque, couvert du sang de ses amis, grandi par la fourberie et les trahisons, Octave usurpe l'autorité suprême, l'annaliste immortel peut peindre en quelques traits la facilité de son succès :

« Bientôt après, ayant gagné les soldats par les largesses, le peuple

[1].   Lucri bonus est odor, ex re
        Qualibet : illa tuo sententia semper in oro
        Versetur dis atque ipso Jove digna poetæ :
        Unde habeas quærit nemo, sed oportet habere.

                                        (JUVÉNAL, sat. II.)

par des distributions de blé, tous les ordres de l'Etat par la douceur du repos, il s'insurgea peu à peu, attira à lui les pouvoirs du sénat, des magistrats, des lois, nul ne lui résistait [1]. »

Ainsi, l'affaissement des âmes fit sa puissance. C'est encore Tacite qui ajoute :

« Les plus fiers étaient tombés dans les combats ou dans les proscriptions ; le reste des patriciens, voyant les richesses et les honneurs payer leur appétit pour la servitude et grandis par l'ordre nouveau préféraient leur sûreté et leur bien présent aux périls et aux anciennes institutions [2]. » Et quand Tibère paraît, la dégradation est achevée.

« Consuls, sénateurs, chevaliers, tout se rue dans la servitude ; plus ils étaient d'un rang illustre, plus ils montraient d'empressement et de fausseté [3]. »

Le reste n'a pas besoin d'être rappelé. Ce vaste et majestueux édifice élevé par sept siècles de bonnes mœurs, de sagesse et de liberté, ne tarda point à crouler sous le poids des forfaits et des folies du despotisme, et quand les Barbares frappèrent de leur glaive vengeur la porte de l'Empire, au lieu des légions de citoyens qui avaient subjugué leurs pères, ils ne rencontrèrent que des généraux à vendre, et des princes éperdus cherchant vainement des défenseurs dans les flots nivelés de cette multitude qu'ils avaient asservie !

Ces terribles leçons de l'histoire ne sont pas seulement un enseignement pour les nations, elles apprennent aux individus eux-mêmes où conduisent l'oubli des principes primordiaux, le sacrifice de l'honnête à l'utile, l'amour désordonné des richesses ; elles montrent qu'une société qui viole le droit est condamnée à périr, et que celle dans laquelle ce funeste exemple aurait été donné n'a d'autre voie de salut que le retour au respect dont il doit être environné. Mais pour le défendre contre l'ignorance, le dédain ou la servilité, pour résister aux emportements des puissants, aux ruses des habiles, il faut élever son cœur au-dessus de la crainte, le dégager de toute ambition, mépriser la popularité autant que la fortune, et ne suivre jamais d'autre guide que le devoir. L'homme appelé à l'insigne honneur d'interpréter la loi, de protéger l'innocence et les intérêts de ses concitoyens, de faire triompher la légalité, doit à l'avance être pré-

1. Ubi militem donis, populus annona, cunctos dulcedine otii pellexit, insurgere paulatim, munia, senatus, magistratuum, legum in se trahere, nullo adversante. (TACIT., lib. 1, § 3.)

2. Cum feroclssimi per acies aut proscriptione cecidissent, cæteri nobilium quanto quis servitio promptior, opibus et honoribus extollerentur, ac novis ex rebus aucti, tuta et præsentia quam vetera et periculosa mallent. (Id., ibid.)

3. Ruere in servitium consules, patres, equites ; quanto quis illustrior, tanto magis falsi ac festinantes. (TACIT., § 7.)

paré à toutes les épreuves. Que serait sa parole si le trouble agitait son âme? et comment l'en écarterait-il s'il n'était soutenu par la force de ses convictions et l'autorité de sa vie?

Cette mâle indépendance ne vous sera pas moins nécessaire à vous, mes jeunes confrères, qui aspirez aux redoutables fonctions de la magistrature. Vous n'en seriez pas dignes si, nourris par la science, éclairés par la philosophie, vous n'aviez de bonne heure pris avec vous-mêmes la forte résolution de n'obéir qu'à votre conscience. Il ne m'appartient pas de vous entretenir en détail des obligations austères qui seront la condition essentielle de votre dignité. N'avoir d'autre pensée que le bien public, consacrer toute sa force à l'étude des lois et à l'examen souvent fastidieux des affaires, peser avec maturité chaque détail et ne se croire édifié que lorsqu'on a tout entendu, être à la fois humain et ferme, affable et patient, inaccessible aux influences, tenir d'une main impartiale la balance égale entre le pouvoir social et le droit individuel : tel est l'abrégé fort incomplet des qualités indispensables au magistrat. Les possédât-il toutes à un degré éminent, il serait encore bien au-dessous de sa mission, si le caractère ne venait y ajouter sa souveraine garantie. Avec elles, il reste inaccessible aux caresses comme aux menaces; dédaigneux de la faveur, il rougirait de s'abaisser à la flatterie et de répondre par la docilité aux injonctions d'un pouvoir auquel il ne doit que la justice.

Intrépide champion des lois, il les défend avec une même énergie contre l'usurpation et contre la sédition, il se croirait déshonoré s'il était condamné à chercher dans le succès les motifs de ses adhésions. Tuteur naturel des petits et des faibles, il ne les sacrifie jamais aux insolentes exigences de la force qui couvre ses excès du sophisme de la raison d'État; il se rappelle cette belle réponse du premier président Mathieu Molé au cardinal Mazarin, qui avait fait enlever le président Barillon : « L'ordre public ne permet pas que qui que ce soit dans le royaume puisse être emprisonné autrement que par les voix publiques qui instruisent les juges de la vérité[1]. » Enfin, esclave de son devoir, serviteur de la vérité, il ignore l'art fallacieux des transactions équivoques et des concessions récompensées.

Mais pour garder ainsi sa vertu au milieu des séductions et des défaillances d'un monde corrompu, il faut s'être fait une religion de ses principes et tenir son cœur si haut qu'aucune faiblesse ne le puisse atteindre. Les hommes capables d'un tel effort ont le front ceint d'une auréole : leurs actes sont respectés, leur parole obéie, leurs exemples vénérés. Ils honorent leur époque, dominent leurs contem-

1. *Vie de Mathieu Molé*, p. 29, 1809

porains et laissent après eux une trace lumineuse et féconde à laquelle
la postérité reconnaît les signes de la véritable morale.

Je n'ai, mes chers confrères, qu'à jeter les yeux autour de moi
pour y rencontrer la personnification du type que je viens d'esquisser, et en même temps la justification des jugements qu'il m'inspire.
A qui vont vos sympathies, votre admiration, votre affectueuse confiance? Est-ce au faste, à la puissance, ou même à la seule magie
du talent? Quel est cet orateur immense, aux lèvres frémissantes
duquel un demi-siècle entier est demeuré suspendu, et qui, plus fort
que les années, illustre sa vigoureuse vieillesse par des travaux et des
triomphes que sa maturité peut lui envier? Né dans nos rangs, il a
rempli la scène politique d'un incomparable éclat. Les enthousiasmes
et les louanges lui ont été prodigués. Idole d'un parti que l'infortune
a grandi, quel est son titre réel à vos respects et à votre amour?
N'est-ce pas sa vaillante fidélité à son drapeau et surtout sa croyance
obstinée au droit et à la liberté? Ah! que longtemps encore il donne
à votre ordre la leçon salutaire d'une popularité conquise par la
noblesse des sentiments, le dévouement au malheur, le mépris des
honneurs et des richesses qu'il lui eût été facile d'acheter par le sacrifice des principes! Qu'il enflamme aussi les jeunes courages et main-
tienne dans la voie du bien ceux qui seraient tentés de défaillir!

Et cet autre, dont l'âme pure semble pétrie par la main des anciens
philosophes stoïques, pourquoi l'entourez-vous d'une estime singulière qu'il mérite si bien? Je sais sa rare valeur. Sa parole à la fois
grave et douce porte avec elle la conviction. Nulle tache n'obscurcit
sa sereine intelligence et son irréprochable vertu. La science le
couvre de ses ailes, la flamme de sa pensée colore son discours, et sa
raison puissante le conduit sans effort vers les hautes régions où les
idées se dégagent des entraves matérielles; mais que serait ce dis-
ciple de Zénon si sa doctrine n'eût été qu'une ostentation oratoire?
Vous l'eussiez banni de vos cœurs comme ces détestables hypocrites
dont le poète a dit :

Qui Curios simulant et Bacchanalia vivunt.

Qu'a-t-il fait au contraire? Sa longue et brillante carrière s'est
ouverte par une lutte dans laquelle son courage n'a point été ébranlé.
Valeureux défenseur des victimes tombées dans nos discordes politiques, calme au milieu des tempêtes, oubliant sans cesse son intérêt
pour son devoir, apôtre résolu et modéré de l'esprit nouveau, il s'est
vu porté inopinément au faîte de la puissance dictatoriale par lui
bien plus redoutée qu'ambitionnée. L'histoire dira l'abnégation avec
laquelle il s'y est dévoué. L'ingratitude a été sa récompense. Et,
quand il nous est revenu dépouillé d'honneurs, appauvri, suspect,

bientôt persécuté, ne vous a-t-il pas paru si grand et si noble qu'il vous semblait se révéler à vous? C'est qu'il vous montrait dans l'austère simplicité de sa belle âme l'éclatante manifestation d'un caractère supérieur à la prospérité comme aux revers, ne demandant sa force qu'à la constance de sa foi, à la satisfaction de sa conscience et au souci de sa dignité!

Il me serait facile de multiplier ces exemples, et je puis m'enorgueillir au nom du barreau de trouver dans son sein tant d'hommes considérables qui ont refusé de s'agenouiller devant la fortune. Ils appartiennent à cette vaillante pléiade, les confrères, les amis que je pleurais l'année dernière avec vous, et auxquels je vous demande la permission de donner un dernier souvenir : Landrin, âme naïve, cœur d'or, que le feu du patriotisme a dévoré jusqu'à son dernier jour; Liouville, qui a usé sa vie dans les nobles excès d'un dévouement sans bornes aux intérêts de notre ordre; Bethmont enfin, comblé des dons inimitables dont vous allez tout à l'heure reconnaître la saisissante peinture, et qu'un devoir bien doux m'autorise à rappeler, puisque cette solennité est consacrée à perpétuer la mémoire de ses bienfaits. Comme Paillet, comme Liouville, il a prélevé sur son patrimoine, fruit d'un rude labeur, un capital dont le revenu est destiné à fournir une récompense au stagiaire jugé le plus digne de cette distinction. Sur la proposition de votre bâtonnier, le conseil l'a décernée à M. Barboux, l'un des secrétaires de la conférence dont je suis heureux de proclamer ici le nom. Que cet honneur reçu par lui au seuil de sa carrière lui soit un prospère présage! qu'après avoir mérité votre choix il sache le justifier! qu'il marche sur les traces des maîtres illustres qui d'un monde meilleur sourient à ses efforts et lui tendent une généreuse main! et qu'il apprenne d'eux que l'avenir est à celui qui offre pour gage le travail et la vertu!

A vrai dire, cet encouragement confraternel, le sentiment qui l'a inspiré, la leçon qu'il renferme, s'adressent à nous tous, mes chers confrères : aux anciens qui, mûris par l'expérience, voient sans cesse reculer devant eux les limites de la science et de l'art, et qui, en avançant davantage dans la vie, comprennent mieux le néant de toutes les satisfactions désavouées par la conscience; à notre jeunesse bien-aimée, que le rayon divin de l'espérance illumine et dont le cœur tressaille à toutes les aspirations vers le bien, le beau et le vrai! Tous nous avons besoin de ne pas laisser nos âmes se dessécher au souffle des enchantements de la mollesse et de l'égoïsme.

Debout et fermes, voilà notre devise : debout pour le malheur et le devoir, fermes pour le droit. Autour de nous, on le nie insolemment. Les sociétés s'agitent inquiètes et troublées, ne songeant qu'à l'heure présente, et leurs lois s'accumulent avec les nécessités passagères qui les produisent. Leur nombre et leur confusion peuvent justifier la parole sévère de l'annaliste de Rome :

Antea flagitis nunc legibus laboratur.

Que peut devenir l'idée du juste au milieu de ces expédients? Elle s'efface de plus en plus devant le succès accepté comme légitime. Eh bien! plus le mal nous touche, plus nous devons énergiquement le combattre. Dans notre ordre réside le principe de toutes nos libertés, la liberté de la défense et de la discussion.

Gardons-en avec un soin jaloux le précieux dépôt. Soyons-en dignes par notre sage réserve, par le maintien rigoureux de notre discipline, par notre savoir et notre zèle. Unissons-nous étroitement dans le sentiment de cette douce confraternité qui nous protége et nous grandit les uns les autres et qui, en reliant en un faisceau les volontés et les intelligences, nous donne dans l'État l'autorité d'un intérêt général et puissant. Surtout ne croyons jamais avoir assez fait pour l'accomplissement d'une tâche qui exige l'application et le dévouement de la vie entière. Notre constance, soyez-en sûrs, ne demeurera pas stérile. Elle entretiendra au sein du barreau le culte de l'éloquence, l'amour du travail, le scrupule du désintéressement, l'indépendance de caractère, et l'opinion indifférente dût-elle dédaigner ces biens inestimables, notre respect persévérant pour eux n'en restera pas moins comme une protestation que l'avenir se chargera de légitimer.

Un mot encore, mot de regrets et d'adieux à ceux de nos confrères que la mort a ravis pendant le cours de cette année.

Nous avons perdu M. Bravard qui, bien jeune encore en 1830, obtenait une chaire de suppléant à la Faculté de droit après un brillant concours qui mit en lumière son rare talent de dialecticien.

Deux années après, M. Pardessus donnait sa démission, et la retraite de cet éminent jurisconsulte laissait vide un poste que sa juste renommée rendait difficile à remplir. M. Bravard ne put aborder ce nouveau concours qu'avec une dispense d'âge. Elle fit ressortir avec plus d'éclat sa merveilleuse abondance d'élocution, la grave maturité de son esprit et les fécondes ressources de son érudition. L'illustre professeur qui, dans l'enseignement du droit commercial, avait acquis une si considérable autorité, avait un successeur digne de lui. M. Bravard marcha sur ses traces en joignant à ses leçons orales des traités ingénieux dans lesquels se retrouvent toutes les qualités qui le distinguent.

Les électeurs d'Ambert, sa ville natale, voulaient l'honorer de leur mandat; mais la bannière sous laquelle il s'était rangé soulevait trop de résistances intéressées pour que le succès fût possible. Il le devint avec le régime de liberté inauguré en 1848. Cinquante mille suffrages envoyèrent M. Bravard à l'Assemblée constituante, où ses lumières, son amour du travail et sa haute probité lui assurèrent bientôt une place honorable. Dans les commissions, à la tribune, sa parole toujours sérieuse, toujours utile, était accueillie avec une grande faveur. Rendu à son enseignement en 1849, il s'y consacra tout entier; mieux que nous, ses collègues et ses élèves pourraient dire son zèle infatigable, son ardeur pour la science, son affabilité pour la jeunesse. C'est au milieu de ses émules qui l'aimaient, de ses disciples qui le respectaient, qu'une mort prématurée est venue le frapper. Il l'a acceptée avec la résignation d'un chrétien et la fermeté d'un philosophe, laissant après lui le nom honoré d'un jurisconsulte savant et la mémoire vénérée d'un homme de bien.

Jurisconsulte aussi, notre confrère Legat a succombé aux atteintes d'un mal qui avait sourdement envahi ses organes. Je le vois encore, luttant avec courage contre la douleur, se traîner languissant et pâle aux audiences, où le sentiment du devoir seul soutenait sa voix affaiblie. Doux et modeste, il appartenait à cette famille obscure et touchante des travailleurs sincères qui accomplissent leur tâche sans autre souci que celui de la paix intérieure qu'ils en recueillent. Il a écrit un *Code des étrangers*, un *Traité sur les vices rédhibitoires*, où l'on trouve l'ordre, la clarté, la sage méthode de son esprit correct et bien ordonné. Il a traversé l'existence et le Palais sans y imprimer une trace |bien profonde; ceux qui ont pu apprécier son aménité parfaite et son amour du bien le sauveront de l'oubli par un souvenir bon comme son cœur, et qui, j'en suis sûr, eût satisfait son ambition.

Les années s'étaient accumulées sur la tête de M. Langlois, ancien professeur au collège Louis-le-Grand, et qui touchait déjà à la maturité, lorsque, en 1826, il se fit inscrire à notre tableau. Les travaux du cabinet continuèrent à l'absorber, et dans les rares occasions où il parut au milieu de nous, nous pûmes juger, à l'exquise urbanité de ses manières, au ton élégant de sa conversation, combien il était à regretter qu'il n'eût pas pris au barreau une place plus active.

Enfin s'est éteint loin de nous, et après nous avoir un peu brusquement quittés, un ancien avocat dont les débuts furent accueillis par les applaudissements enthousiastes des anciens, et dont, par un singulier caprice de la destinée, le nom est déjà presque effacé. Je veux parler de Bourgain. La nature semblait l'avoir doué de ces grâces charmantes qui chez l'adolescent ont un irrésistible attrait : quelquefois la robe virile ne les étouffe point assez, et leur naïveté devient de l'afféterie. Je n'oserais affirmer que la renommé bruyante

accourue inopinément au-devant du jeune orateur, ait rebroussé
précisément par ces sentiers fleuris où elle s'était précipitée : et
cependant je ne puis autrement expliquer comment, avec du savoir,
une belle intelligence, une élégante facilité, notre excellent confrère
n'ait pas occupé parmi nous un rang plus élevé. Peut-être faut-il
surtout l'attribuer au dérangement de sa santé, qui lui rendit plus
difficile le fardeau de notre ministère. Élu membre du conseil,
entouré d'une considération due à son caractère honorable, il se
retira peu à peu jusqu'à ce qu'une démission inattendue vînt rompre
tout à fait les liens de confraternité qui nous unissaient. Votre
bâtonnier, néanmoins, ne le pouvait oublier, et il aurait manqué à
son devoir en ne saluant pas par un dernier hommage un ancien
membre de notre ordre qui a dignement porté notre robe, et bien
qu'il l'ait volontairement déposée, nous ne pouvons plus nous en
souvenir quand nous la retrouvons sur son cercueil.

Et pendant que j'écrivais ces lignes, la mort, frappant à coups
redoublés sur notre ordre, ajoutait en quelques semaines cinq noms
nouveaux à la funèbre nomenclature que je viens de parcourir. Elle
atteignait M. Lamy, comblé d'années, il est vrai, mais conservant
encore malgré leur fardeau la saine vigueur d'une intelligence que
la nature et le travail semblaient mettre à l'abri de leurs coups. Né à
Salins en 1778, inscrit à notre tableau en 1806, il y occupait le second
rang d'ancienneté, et bien qu'éloigné de la barre depuis longtemps
déjà, il avait tenu à honneur de garder fidèlement ce lien qui le rattachait à nous. C'est que le culte professionnel avait été, pour ainsi
dire, l'âme de sa vie ; vainement, en 1849, le vénérable Dupont de
l'Eure, alors ministre de la Justice, essaya-t-il de nous le ravir :
M. Lamy eût honoré la magistrature par son intégrité, sa science,
son amour de l'étude ; il aima mieux nous laisser jouir de ses qualités
précieuses, relevées par l'indépendance et la franchise d'un caractère
loyal, et livrant le passage aux plus pressés qui ne manquaient point,
il estima, peut-être non sans raison, qu'un homme de bien sert
encore utilement son pays en opposant aux impatiences de l'ambition
l'exemple, toujours peu contagieux, de la modestie et du désintéressement.

Le barreau l'en récompensa en l'appelant, cette année même, au
conseil de l'ordre, où il siégea quatre années consécutives. Son
emploi au Palais et l'estime de ses confrères lui en auraient d'ailleurs
naturellement ouvert l'accès. Consciencieux et appliqué dans le choix
et la préparation de ses causes, dévoué aux intérêts de ses clients,
observateur scrupuleux de chacun de ses devoirs, il se faisait remarquer par une heureuse facilité, une action chaleureuse, une sagacité
peu commune.

Aussi, pendant trente ans, fut-il l'adversaire autorisé des plus redoutables lutteurs. Simple dans ses habitudes, il se retira de la carrière militaire aux premiers avertissements de l'âge, quand sa force était encore entière; et, plus heureux que beaucoup d'autres, il put donner à la famille et aux lettres, qui ne sont jamais ingrates, la dernière sève d'un esprit nourri par le travail, et dont les fortes aptitudes lui sont restées comme un rare privilège jusqu'au jour suprême où le souffle de Dieu en a éteint les terrestres clartés.

Hélas! la loi mystérieuse qui préside à nos destinées ne réservait pas la même fortune à ceux de nos autres confrères dont nous déplorons la perte. Tous les quatre sont tombés avant l'heure, laissant après eux des veuves en deuil, et trois d'entre eux des orphelins qui les pleurent. Leur fin a été si imprévue, que nous ne nous accoutumons pas à leur absence. Ne cherchez-vous pas involontairement dans vos rangs attristés la douce et honnête figure de M. François Bouillaud, qui, touchant à peine à sa cinquantième année, paraissait devoir conserver si longtemps encore, au milieu de nous, la place que lui avaient faite notre affection et ses vertus? Tout en lui respirait la probité, le calme et la candeur.

Issu d'une humble famille, il avait trouvé au seuil de la vie les rudes difficultés qui attendent un jeune homme sans protection et sans patrimoine. Il les avait surmontées à force de volonté, de courage et d'abnégation. Je vous étonnerais si je soulevais le voile qui cache les obscurs sacrifices acceptés résolûment par lui. Rien à mes yeux n'est plus noble, plus édifiant que ces renoncements secrets par lesquels certaines âmes d'élite réparent l'injustice du sort. Mais je craindrais, en les racontant avec détail, d'offenser la mémoire de celui qui fuyait le bruit et l'éclat avec le soin que d'autres mettent à les rechercher. Sorti victorieux du combat, il ne voulait point qu'on lui sût gré de l'avoir livré. Sa bonté simple et presque ingénue lui rendait facile l'oubli des mauvais jours par la satisfaction qu'il éprouvait à partager avec ceux qu'il aimait une position honorablement conquise. L'estime et l'amitié de ses confrères étaient venues au-devant de lui en dépit de sa modestie. Il rêvait après quelques années de travail de doux et paisibles loisirs dans la petite commune où il est né, où tous lui souriaient comme à un ami et le considéraient comme un homme de bien. Il était en vacances pour y embellir et préparer sa retraite, il y a trouvé une tombe. Elle s'est ouverte soudainement devant lui comme une preuve nouvelle du néant de nos espérances et de nos prévisions; mais en se refermant sur sa dépouille, elle laisse vivant au milieu de nous le souvenir de sa vie sans tache, de ses mérites solides, des rares qualités de son cœur.

Et qui pouvait, il y a quelques mois encore, faire présager qu'Édouard Bourdet nous serait si brusquement enlevé? lui si plein de vie, de jeunesse et de belle humeur! lui dont l'esprit alerte et vif pétillait sans relâche dans la presse, au barreau, dans les réunions de ses camarades! Toute cette activité, toutes ces grâces ne l'ont point sauvé. Il a été foudroyé en quelques semaines par un mal terrible dont les ravages ont éclaté tout à coup. Le doux climat de l'Italie, auquel il était allé demander un suprême secours, n'en a point retardé les progrès. La mort l'avait déjà touché lorsque le dévouement généreux d'un de nos plus excellents confrères l'a retenu un instant sur le bord de l'éternité pour lui permettre de rendre le dernier soupir dans les bras de sa digne et courageuse compagne. Que les regrets unanimes du barreau soient un adoucissement de sa légitime douleur! Édouard Bourdet les méritait non seulement par son aptitude véritable d'écrivain et d'avocat, mais encore et surtout par la bonté de son cœur. En 1848, il avait eu l'honneur d'être, pendant quelques semaines, le chef de cabinet de Bethmont, qui avait su l'apprécier. Ce n'était pas du reste vers l'administration que le portaient ses goûts; penseur indépendant, littérateur ingénieux, il consacra sa plume à plusieurs brochures recommandables, puis à la rédaction de la *Presse*, où ses bulletins obtinrent un véritable succès. Il commençait à prendre parmi nous une place utile, quand nous l'avons inopinément perdu. Quelques jours avant lui s'éteignait dans de cruelles souffrances M. Picard-Mitoufflet, âgé seulement de trente-sept ans, et qui était revenu chercher un asile dans notre ordre, après avoir déposé le fardeau des fonctions d'avoué que la faiblesse de sa santé ne lui permettait point de supporter. Victime de son ardeur pour le travail, il aurait parmi nous brillé d'un vif éclat, si son organisation défaillante n'eût tenu captives les richesses de son esprit. Lauréat du grand concours de l'École de droit, où à dix-neuf ans il partageait le prix de troisième année avec notre confrère Émile Ollivier, il débutait avec distinction au barreau quand la révolution de 1848 le porta au poste de secrétaire général de la préfecture des Bouches-du-Rhône. Il s'y montra à la fois courageux, intelligent et modéré. Rendu un peu plus tard à la vie privée, il traita d'une étude. De graves accidents dus à une application forcée l'obligèrent bientôt à résigner son office. Il rentra dans nos rangs, où il consacra à l'étude tout ce qui lui restait d'énergie. Mais les sources de la vie étaient épuisées, et les soins dévoués de sa famille ne purent l'arracher à cette mort prématurée qui fait éclater aujourd'hui à la fois et notre douleur et nos sympathies.

Peu après, loin de nous, dans une maison de campagne des environs de Magny, notre confrère Victor Bellet a succombé en quelques secondes aux atteintes d'une maladie de cœur, qui depuis près de dix ans lui avait fait abandonner le Palais. Dix ans d'absence à notre époque de tourbillon, c'est déjà la mort ! aussi beaucoup d'entre vous ne le connaissaient pas, d'autres en ont gardé un souvenir presque fugitif. Ceux qui l'ont approché savent quelle était la rare élévation de son âme, son exquise bonté, son ingénieuse sagacité, la nette fermeté de ses conceptions.

Ces qualités, que sa modestie ne pouvait tout à fait dissimuler, lui valurent des amitiés fidèles et de légitimes succès. Autant il était fier des unes, autant il attendait patiemment les autres, recherchant avant tout l'accomplissement de son devoir et le mérite positif des services rendus. Cette réserve timorée n'excluait en lui ni la résolution ni le courage, lorsqu'il croyait avoir à défendre sa dignité personnelle ou celle de sa profession. Un jour, ayant à se plaindre du chef de la cour, il quitta la barre et refusa d'y reparaître jusqu'à ce que satisfaction lui eût été donnée. Esprit curieux et libre, il étudiait avec bonheur toutes les questions qui préoccupaient l'attention publique. Celle de la vénalité des offices est traitée par lui dans un ouvrage *ex professo*, remarquable par la vigueur du raisonnement et l'indépendance des opinions, et qui lui valut de bruyantes rancunes. Il s'en consola facilement par l'estime et l'affection des siens, par la simplicité d'une vie retirée, grave, laborieuse, tout entière vouée au culte des lettres et du droit. Au moment où la mort est venue brusquement le surprendre, il mettait en ordre les vastes matériaux d'un grand travail sur Dumoulin. Ce monument de ses féconds loisirs restera inachevé comme sa vie, brisée dans sa maturité, et que le voile de l'oubli couvrirait bientôt si nos traditions ne nous faisaient une douce loi de décerner à ce noble caractère, trop ignoré, un hommage de regrets qui en transmettra le souvenir à ceux qui viendront après nous.

Et n'est-ce pas, en effet, une coutume à la fois touchante et pleine d'enseignements utiles que celle qui, chaque année, à l'inauguration de vos travaux, met dans la bouche du chef de votre ordre un mot d'adieu solennel pour les absents? N'est-elle pas pour nous tous un puissant encouragement à bien faire et à justifier les sentiments que nous devons être fiers d'inspirer? Que d'autres s'évertuent à conquérir des richesses, nos visées sont plus hautes, plus exigeante est notre ambition. Elle va jusqu'à la gloire de laisser un nom illustre en l'associant par le dévouement et l'éloquence à la plus grande des œuvres sociales, à la défense continuelle et persévérante du droit.

Le plus humble d'entre nous y coopère, le plus humble peut rencontrer l'occasion d'un sacrifice ou d'un effort qui l'entoure d'une auréole. Mais ce qui appartient à tous sans conteste, c'est l'honneur légitime et pur qui s'attache à la droiture, au zèle, au travail, éprouvés par notre discipline vigilante qui est notre commune conscience. Un jour, et il viendra pour tous, notre mémoire sera interrogée, notre vie examinée. Ne le perdons jamais de vue, mes chers confrères, que notre existence entière soit consacrée à nous rendre dignes de servir d'exemple à ceux qui nous jugeront, de mériter l'estime de ceux qui nous auront aimés.

ALLOCUTION

DE LA SÉANCE DE CLOTURE DES CONFÉRENCES DU STAGE

16 AOUT 1862

MES CHERS CONFRÈRES,

Me voici arrivé au terme de la carrière que la confiance du conseil avait ouverte devant moi. L'ai-je parcourue dignement? Je serais sans crainte, s'il suffisait d'avoir désiré bien faire et d'y avoir mis son cœur; mais que de fois le résultat ne trahit-il pas notre effort! Le mien a trouvé sa récompense dans votre affection si douce et qui a été mon véritable appui. C'est en elle que j'ai puisé le ressort qui m'a soutenu, c'est à elle que je dois exclusivement reporter le mérite du peu qu'il m'a été donné d'accomplir ; que le barreau tout entier reçoive donc ici le juste tribut de ma sincère et profonde gratitude ! Ses précieuses sympathies m'ont rendu facile l'exercice de l'autorité confraternelle dont la valeur est toute morale. Mes coups de force n'ont été que des élans d'amitié, et quand je jette les regards en arrière sur l'espace franchi pendant ces deux années, j'ai la satisfaction de n'y rencontrer aucune sentence d'exclusion contre un membre de cet ordre, aucun regret durable de nature à troubler l'harmonie de ces bonnes relations qui font l'honneur et le charme de notre vie professionnelle.

A des mains plus vaillantes que les miennes va passer ce sceptre pacifique dont la tradition nous a conservé le symbole. Une loi que nous avons le droit de trouver vicieuse, puisque seule elle l'éloignait de nos rangs, avait ajourné l'élection de mon honorable successeur. Son éminente personnalité le désignait à vos suffrages; la puissance de son vigoureux talent, l'éclat légitime de sa renommée, sa mâle et fière attitude au milieu de tant de défaillances, le consacraient notre chef. Saluons-le avec empressement, et que la dignité qui lui est conférée apparaisse comme une preuve nouvelle de l'esprit généreux, désintéressé, de ce grand barreau de Paris, qui fait taire les rivalités pour laisser briller la lumière, sans rechercher de quel point de l'horizon elle rayonne !

Pour moi, mes chers confrères, qui applaudis à cette élévation méritée, et qui remets, avec bonheur le fardeau de mes fonctions à qui saura si bien les remplir, j'éprouve en les abandonnant un chagrin véritable, celui de me séparer de mes bien chers stagiaires. On ne prend point impunément l'habitude de vivre avec vous. Associé à vos travaux, heureux de vos succès, essayant de répandre mon âme sur vous, je ne puis me retirer de ce commerce si plein de purs attraits sans que mon cœur en souffre, et, laissez-moi le dire, quoique cela soit peut-être mal, s'en inquiète. Je voudrais vous suivre et vous guider encore. Et, pour ce dernier entretien, j'avais depuis longtemps résolu de vous donner, par quelques confessions de ma laborieuse jeunesse, des conseils pratiques qui auraient eu l'avantage d'une étude psychologique réelle et vivante. Mais les travaux qui m'accablent ne m'en ont pas laissé le temps ; puis, quand j'ai touché au voile sous lequel sont abritées ces intimités mystérieuses de mon initiation intellectuelle, j'ai senti ma main faiblir. J'ai redouté à la fois une déception pour mes auditeurs, et de ma part un regret égoïste pour ces doux parfums du premier âge jetés au vent d'une leçon publique, et j'ai scellé ces reliques, attendant pour y regarder de nouveaux jours de calme et de sérénité, que probablement Dieu ne m'accordera pas !

Et d'ailleurs ai-je besoin de vous dire ce qui est en moi ? Ne le savez-vous pas ? Ne devinez-vous pas que j'aime, que j'honore en vous la force et l'avenir de notre chère profession, la perpétuité et le progrès du droit, de la justice, de la liberté? N'est-ce pas parce que j'ai tressailli à vos ardentes aspirations, parce que j'ai compris vos nobles ambitions que je me suis fortement attaché à vous? Cet être si insondable, ce mélange inexpliqué de lumière et de ténèbres, cette flamme dévorante enfermée pour un temps si court dans la périssable enveloppe où elle s'use et s'agite, ce que nous appelons l'homme n'a-t-il pas la conscience de sa grandeur et de sa faiblesse? Rivé au présent par de misérables nécessités, ne plonge-t-il pas également dans le passé et dans le futur? C'est en se réfugiant au sein de l'humanité qu'il échappe à son néant. C'est par le souvenir et l'espérance qu'il se console de la stérilité de son œuvre individuelle. Ainsi liées, les générations forment entre elles une vaste chaîne dont chaque anneau a sa valeur. Et cette succession d'efforts, ce développement graduel, cette ascension progressive, ne sont-ils pas la préoccupation exclusive de tous ceux que n'enchaîne pas le souci d'intérêts égoïstes! Eh bien! c'est parce qu'en moi vit une foi profonde, c'est parce j'ai la notion vive et précise d'une ère meilleure vers laquelle nous marchons, que mon cœur est à la jeunesse, et qu'en lui offrant un dévouement sans bornes, je voudrais qu'il me fût donné de la rendre digne des destinées que j'ai rêvées, et qu'elle seule verra se réaliser!

Et comme votre noviciat doit être le berceau des philosophes, des hommes d'État, des magistrats, des orateurs, où trouverais-je une réunion d'intelligences plus sûrement appelées à exercer une action forte et féconde? Là est le secret de la puissante attraction qu'exerce la direction de votre conférence : d'autres présidences peuvent briller d'un plus vif éclat, nulle n'est la source de jouissances plus élevées et de plus séduisants espoirs. Je la quitte en y laissant mon cœur; je vous l'avais donné, je ne veux plus le reprendre.

Ne tenez donc pas pour brisé ce lien de patronage que j'ai été si heureux de former avec vous. Le bâtonnier qui s'efface demeure comme un ami. Ce qu'il perd en autorité, il le gagne en indulgence. Venez à lui sans crainte, et quand il aura la bonne fortune de vous rendre service, il se croira toujours votre obligé. Et comme à l'instant suprême des derniers adieux on cherche à mettre toute son âme dans un mot, je voudrais, moi que l'heure aiguillonne et à la main duquel le devoir arrache la plume, je voudrais résumer en quelques lignes tout ce que je pense, tout ce que je désire pour vous ; je ne le puis mieux faire que par ces trois préceptes généraux dont je vous recommande en finissant l'exacte observation : l'amour du travail, le respect du vrai et du beau, le désintéressement.

L'amour du travail! c'est notre loi fondamentale. Les plus hautes facultés ne sauraient en affranchir. Défiez-vous des succès faciles. L'imagination, la grâce, l'éclat du langage, sont des dons naturels inestimables. Privés du secours d'une étude obstinée, ils demeurent stériles et ne font que mieux ressortir l'insuffisance de celui qui s'en est contenté. D'ailleurs, ce n'est point aux vanités de la rhétorique que nous sommes destinés. La science du droit est celle de la vie universelle. Mais si votre esprit ne peut tout embrasser, au moins doit-il être nourri par les lettres, l'histoire, la philosophie. Et si ce domaine général qu'il n'est permis à personne de n'avoir pas exploré, nous descendons à l'application pratique de nos devoirs de chaque jour, c'est là qu'avec l'inflexibilité d'une règle de conscience se dresse devant nous l'impérieuse nécessité d'un infatigable labeur. Que d'efforts, que de méditations, que de veilles sont indispensables pour pénétrer les détails de chaque affaire, en deviner les secrets ressorts, coordonner les preuves, revêtir l'argumentation de cette forme saisissante qui doit entraîner toutes les convictions! Mais quelle récompense! Je ne parle pas du succès. Je vais chercher au fond de l'âme cette émotion pleine et discrète qui succède à la lutte courageuse de la pensée ; je surprends dans la conscience de ce noble ouvrier de l'intelligence une douceur ineffable qui rafraîchit et repose tout son être en donnant à ses facultés plus de souplesse et de vigueur. Écoutez ce qu'écrivait à ce sujet, il y a bien des siècles déjà, l'éminent auteur des *Institutions oratoires* :

« Nous grossissons les difficultés pour excuser notre indolence ; ce n'est pas l'art que nous aimons ; nous ne voyons pas dans l'éloquence telle que je l'ai conçue, c'est-à-dire inséparable de la vertu, nous n'y voyons pas la plus belle, la plus honorable des choses humaines, nous n'y cherchons qu'un vil et sordide trafic. Eh bien ! que sans tous les talents que je demande on se fasse écouter au barreau, qu'on puisse même s'y enrichir, j'y consens ; mais celui qui aura devant les yeux cette image divine de l'éloquence qu'Euripide a si bien nommée la souveraine des âmes, celui-là n'en verra pas l'avantage dans un salaire abject, mais dans l'élévation de ses pensées, dans les jouissances de son âme, jouissances continuelles et indépendantes de la fortune. Il donnera volontiers aux arts et aux sciences le temps qu'on perd dans l'oisiveté, dans les jeux, les spectacles, les conversations frivoles, le sommeil et les festins, et trouvera plus de douceur dans les études de l'homme de lettres que dans tous les plaisirs de l'ignorance ; car une providence bienfaisante a voulu que nos occupations les plus honnêtes fussent aussi les plus bienfaisantes et les plus douces. »

Ces vérités si bien exprimées n'ont pas vieilli, mes chers confrères, elles font encore ressortir l'inexprimable prix de cette action de l'homme sur lui-même, centuplant par la concentration ses forces idéales, dominant le monde extérieur et se rapprochant, autant qu'il lui est possible, du type infini dont il émane. C'est Cicéron qui le dit dans son traité *Des lois* : « *Est autem virtus nihil aliud quam in se perfecta et ad summum perducta natura, et igitur homini cum deo similitudo.* » Et ne comptez-vous pour rien cette possession de soi-même, ce plaisir si vif de comprendre et de découvrir, cette élévation subite et souveraine de tout notre être au-dessus de la triste sphère de nos misères un instant oubliées ! Ah ! combien se sont égarés les moralistes et les législateurs qui ont fait du travail une sorte d'expiation fatale, et ont amené l'homme à le maudire en lui imprimant le caractère d'une pénalité ! Sans doute, l'effort excessif épuise, il abrutit s'il est imposé. Mais où est la source de toutes les vertus, de toutes les joies, de toutes les expansions, si ce n'est le travail ? Partout où je le contemple vivifié par l'intelligence et la liberté, partout je le vois transformant la créature humaine et la marquant du sceau de l'indépendance et du bonheur ! Oui, il est comme l'amour, l'âme du monde, et je puis lui dire : Ami sévère et fidèle, rude et constant compagnon de ma vie entière, je te rends ici un solennel hommage. C'est à toi que je dois tout. Tu m'as sauvé dans les fiévreux orages des passions, tu as cicatrisé les plaies saignantes que m'avaient faites des douleurs sans nom, tu m'as soutenu, éclairé, consolé ; c'est à toi que ma faiblesse éperdue a demandé le bouclier vivant avec lequel j'ai bravé les attaques des puissants et protégé les faibles; si je me suis racheté de mes fautes, ce n'est que par toi; j'en bénis Dieu, et je le prie de vouloir bien répandre ta noble semence sur ces généreuses intelligences, afin que de leur effort et de leur vertu sorte enfin le triomphe de la vérité, qui ne peut rester longtemps captive sur la terre!

Je vous demande aussi, mes chers confrères, le culte du beau, le respect de la forme, la recherche du bon goût intimement lié aux bienséances et à la dignité. Cette essence immatérielle, qui se traduit dans l'ordre physique par l'harmonie, la grandeur, la majesté, la grâce, se révèle dans l'ordre moral par des signes plus subtils, par des effets à la fois plus délicats et plus forts. Tous nous en avons conscience, tous nous en subissons le charme. Que de fois n'ai-je pas été saisi d'admiration en sondant les mystères de cette faculté donnée à l'homme de varier à l'infini les reflets de son âme! Et cependant, cette puissance de conception créatrice est dominée, contenue, fécondée par une règle idéale qui renferme en elle la plus haute perfection. Celui qui en surprendrait le secret briserait les entraves de notre infériorité native. Mais tous peuvent s'en rapprocher à des degrés différents, tous doivent y tendre, et cette aspiration vers ce qui satisfait le mieux nos instincts élevés, cet éloignement de toutes les vulgarités influent plus qu'on ne le pense sur les habitudes et la conduite. L'illustre auteur du *Génie du christianisme* le remarque judicieusement.

« Dans un siècle de lumière, dit-il, on ne saurait croire jusqu'à quel point les bonnes mœurs dépendent du bon goût, et le bon goût des bonnes mœurs ; » et plus loin : « Le mauvais goût, quand il est incorrigible, est une fausseté du jugement, un biais naturel dans les idées. Or, comme l'esprit agit sur le cœur, il est difficile que les voies du second soient droites quand celles du premier ne le sont point. Celui qui aime la laideur n'est pas loin d'aimer le vice. Quiconque est insensible à la beauté pourrait bien méconnaître la vertu. »

J'ajoute, d'après le grand écrivain et en revenant aux devoirs de notre profession, que la modération, la décence, l'urbanité, l'élégance, sont les moyens les plus sûrs de maintenir parmi nous l'esprit de confraternité, qui est notre force véritable.

Élever sa pensée, épurer son langage, fuir les trivialités, c'est conquérir une incontestable et légitime supériorité; c'est commander le respect du public, les égards du juge, les sympathies des gens honnêtes et de goût. Le laisser aller, la négligence, le dédain de tout ornement, compromettraient bien vite ces rares avantages; ils amoindriraient l'autorité, rabaisseraient la parole, détruiraient le prestige. Mes chers confrères, n'oubliez jamais que dans les luttes oratoires la victoire appartient à celui qui sait captiver. Que la logique et la passion soient ses armes, mais qu'il les accompagne de l'éclat qui les rehausse. C'étaient des chaînes, mais des chaînes d'or que la fable antique avait placées sur les lèvres inspirées du dieu de l'éloquence.

Ennemis de la recherche et de l'afféterie, vous vous attacherez donc, avec un soin constant, à marquer chacun de vos discours du sceau précieux d'une distinction véritable. Quant à son secret, c'est à l'élévation des sentiments qu'il le faut demander, et c'est pour cela que le désintéressement doit ennoblir les vôtres. Le jour où sa tradition disparaîtrait du barreau, l'éloquence et la dignité en seraient bannies. Le désir du lucre étouffe le germe de tout ce qui est grand, il tue à la fois l'indépendance et l'art, il avilit l'homme et la parole. Je sais que tout travail mérite une rémunération, et qu'au début elle est précaire, difficile, disputée. Tous, nous avons connu ces épreuves ; le meilleur moyen de les adoucir et de les abréger, c'est, avec la simplicité de la vie, le mépris du gain et le zèle pour le malheur. Je ne voudrais pas dire ici tout ce qui m'ont causé de chagrin et d'humiliation certains refus, fort rares, je veux le croire, de jeunes avocats, peu occupés cependant, et qui ne craignaient point de repousser une défense parce qu'elle était gratuite. Leurs anciens eussent rougi de montrer ainsi une préoccupation que les bienséances seules nous feraient une loi de cacher. Eh bien ! cette infraction à nos principes n'est pas seulement une faute, elle est un acte éminemment préjudiciable à ceux qui la commettent. La voie la plus sûre pour le succès légitime, c'est l'abnégation et le dévouement. Vous vous plaignez de vos loisirs forcés ; utilisez-les par de bonnes actions, donnez votre appui à tous ceux qui le réclament, sans autre souci que celui de leur juste droit, et, croyez-en mon expérience, le reste vous arrivera par surcroît. L'intrigue et la convoitise peuvent mener à la fortune ; on y touche alors en se passant de l'estime publique, mais je n'ai jamais vu s'attarder dans nos rangs celui qui, bien doué d'ailleurs, a voulu honnêtement faire son devoir ; la récompense est toujours proportionnée à l'effort, et pour l'obtenir complète il faut d'abord la mériter, puis avoir la sagesse de l'attendre.

Ce désintéressement, que je vous conseille comme l'accomplissement d'une obligation sacrée, comme une satisfaction de conscience, comme un moyen infaillible de réussite, je voudrais en faire la règle générale de votre conduite et l'étendre à toutes les déterminations de votre vie. Quelle force n'y puiserez-vous pas ! Laissez aux natures médiocres le misérable appétit des honneurs, l'adulation de la puissance, les calculs mesquins de la vanité ; votre part est meilleure, et ces faux biens n'ont rien qui puisse vous attirer. Votre vie sera suffisamment remplie par les pures jouissances de l'étude, la grave protection du patronage, les vives émotions de la barre, et par-dessus tout, par cet échange de services et de travaux mutuels, par ce commerce si [doux d'amitiés fidèles, d'admirables rapports de parenté intellectuelle et morale qu'on appelle la confraternité.

Puis, après dix mois d'agitation fiévreuse, de labeurs excessifs, de captivité de chaque heure, la liberté, le repos, le silence, l'espace ; ces rangs naguère si pressés, les voilà rompus, et chacun s'abandonne à son caprice ; celui-ci entraîné vers des contrées lointaines,

> ... juvat arva videre
> Non rastris hominum, non ulli obnoxia curæ.

Celui-là, discrètement assis sous les arbres paternels et subitement transformé en agriculteur,

> ... sua si bona norit.

Tous cherchant le calme et la paix, tous suivant avec délices les sinueux sentiers de leurs fantaisies, tous goûtant sans réserve les charmes toujours plus suaves de la famille et de la nature.

> ... Tunc mollissima vina,
> Tunc somni dulces densæque in montibus umbræ.

Jusqu'au jour où la main brumeuse de novembre marque la fin de cette halte et ramène tous ces dispersés, heureux de se retrouver pour parcourir ensemble une étape nouvelle !

Pour moi, je n'ai jamais compris de destinée comparable. Je sais qu'on m'a souvent reproché de me faire des illusions; voici plus de trente ans qu'elles durent, et je les tiens pour vérités; je n'en ai pas trop souffert, et je ne demande qu'à en transmettre l'héritage à ceux qui viendront après moi !

Oui, à mon sens, rien n'est plus noble que cette consécration obligatoire à la défense du droit, rien n'est plus grand que cette faculté d'interpréter publiquement la loi, et, regardant la justice en face, de s'interposer avec une respectueuse fermeté entre elle et nos concitoyens. Mais, mes bien chers confrères, si belle que soit cette mission de l'avocat, elle ne sera pour plusieurs d'entre vous que l'initiation à des luttes plus périlleuses. C'est dans le sein du barreau que se sont recrutés dans tous les temps les généreux athlètes de la liberté. La semence n'en est point épuisée : c'est à votre courage, à votre savoir, à votre vertu qu'il appartient de la féconder. L'œuvre est digne des ambitions les plus hautes. Jamais peut-être n'éclata avec une plus redoutable clarté le contraste entre les puissances intellectuelles accumulées et les misères morales. La contradiction et l'incertitude occupent une si large place dans les affaires de ce monde, que celui-là serait taxé de folie qui voudrait entreprendre d'y faire régner la logique en souveraine. Le champ est donc ouvert, descendez-y, vaillants pionniers du droit, défenseurs intrépides de la vérité ; prenez pour armes la science, la raison, l'oubli de vous-mêmes, l'amour de vos semblables, la modération, et combattez sans crainte : la victoire sera au plus sage. Tant que Dieu lui en laissera la force, votre ancien bâtonnier sera avec vous, applaudissant à vos succès, fier de chacun de ces jeunes talents dont s'enorgueilliront la barre et la tribune, et si vous voulez le récompenser de ses trop faibles efforts, gardez-lui votre affection, et demeurez, en échange de la sienne, des hommes de bien, d'étude et de liberté!

TRIBUNAL CIVIL DE NAPOLÉON-VENDÉE

PRÉSIDENCE DE M. MÉTAYER

AUDIENCE DU 5 JUIN 1861

Séparation de corps.— Madame la vicomtesse de Saint-M... contre son mari.

Me Jules Favre, avocat de M. le vicomte de Saint-M..., a répondu à
Me Berryer en ces termes :

MESSIEURS,

Après la plaidoirie de mon éminent contradicteur, j'ai le droit
d'affirmer que vous ne connaissez, que vous ne pouvez rien connaître de l'affaire. Sa plaidoirie, en effet, s'est bornée à l'éloge de la
famille de M. de T..., à la lecture de quelques documents confiden-
tiels, qui n'auraient pas dû voir le jour, si l'on avait respecté la convention épistolaire qui les avait fait écrire, à des allégations sans
preuves et à la lecture d'un document qui n'a pas même été discuté.
Et c'est, messieurs, avec de telles armes qu'on prétend détruire une
famille naissante, briser l'autorité du père, lui arracher ses enfants,
et jeter sa jeune femme, qui est mariée depuis quatre ans à peine,
dans les dangers, les aventures et les douleurs d'une séparation
judiciaire.

Je le dis avec une conviction profonde, messieurs, une pareille
œuvre n'est pas celle de madame de Saint-M..., elle la désavoue, et
lorsque je ferai passer sous vos yeux les preuves d'une affection et
d'une confiance qui ne se sont jamais démenties vis-à-vis de son mari,
lorsqu'en interrogeant avec vous ces documents que mon honorable
adversaire appelle des preuves de résignation, je vous montrerai,
jusqu'au dernier jour, les démonstrations de sa tendresse, assurément
je n'aurai pas de peine à mettre en pièces cet odieux, ce calomnieux
libelle, à la lecture duquel, je l'avoue, je n'ai pu contenir mon indignation.

M. de Saint-M..., travesti en une sorte de monstre barbare, outra-

geant sa femme, lui prodiguant les humiliations les plus imméritees,
portant une main coupable sur son fils sans que son cœur fût désarmé
par son innocente faiblesse ; toutes ces choses, messieurs, dites dans
cette enceinte, aux pieds de la justice, en présence de toute cette
province qui les peut entendre et qui a pu juger la conduite de celui
que j'ai à défendre ; ah ! messieurs, j'ai le droit de le dire, c'est une
hardiesse dont l'égarement de l'affection paternelle seule peut être
capable. Oui, ce n'est pas contre madame de Saint-M...que celui que
j'ai l'honneur de défendre à votre barre est dans la triste nécessité
de plaider, c'est contre M. de T..., qui est, je ne dirai pas son véritable, mais son unique adversaire ; c'est lui seul qui a voulu, lui seul
qui a organisé, lui seul qui soutient le procès, aux débats duquel il a
l'héroïque courage d'assister.

Eh bien ! messieurs, je prends l'engagement d'établir par des
preuves victorieuses que la fantasmagorie qu'on a promenée devant
vous n'est qu'un rêve, qu'elle offense la vérité, qu'elle a été imaginée
pour venir au secours d'une situation désespérée, et que si M. de
Saint-M..., se courbant sous la loi de docile humilité qui lui était
enseignée dans le château de N..., avait consenti à y tenir la place
qu'on prétendait lui assigner, il serait encore pour M. de T... un
gendre acceptable.

Il n'en a pas été ainsi, et nous en verrons, messieurs, les raisons
puissantes. Mais à l'heure où nous sommes, il est absolument indispensable, quelle que soit la fatigue que j'ai à vous imposer, que j'entre
dans les détails que mon honorable adversaire a fuis avec raison ; que je
vous dise, les pièces en main, ce que sont ces différents personnages
que je connais à fond, dont j'ai étudié la correspondance, dont j'ai
pénétré les secrets replis, que par conséquent je puis parfaitement
faire connaître au tribunal.

Cette tâche, messieurs, est indispensable à accomplir, non-seulement
pour donner aux faits articulés le plus éclatant des démentis, mais
encore parce qu'il importe que M. de Saint-M... sorte de cette
enceinte justifié, vengé des incroyables et légères attaques dont il a
été l'objet. Que le tribunal en soit bien convaincu, je n'exagérerai
rien, au moins autant qu'il est en moi ; je ferai tous mes efforts pour
rester respectueux de la vérité et de la modération. Je n'ai besoin
que de laisser parler les volumineux documents qui sont dans mon
dossier, pour que M. de Saint-M...sorte triomphant de cette enceinte.

Je dis triomphant ! En vérité, je suis bien mal inspiré, et une semblable expression convient bien peu à la position qu'il occupe à cette
barre. Je voudrais, messieurs, avoir la puissance de traduire dans un
langage humain les douleurs sans nom qui l'accablent depuis le jour
où, brusquement, sans préparation aucune, chassé du château de N...

avec une inqualifiable violence, il s'est vu arracher les trésors de sa vie, sa femme bien-aimée, son jeune enfant, et jusqu'à l'être qui était encore reposant dans le sein maternel que Dieu avait béni pour la troisième fois.

Oui, brusquement, messieurs, sans que rien pût lui faire présager l'épouvantable malheur qui allait fondre sur lui, alors qu'il venait d'embrasser sa femme, qui avait eu avec lui, dans cette néfaste journée du 14 septembre, les rapports les plus affectueux, son beau-père, M. de T..., rentrant de Napoléon-Vendée, où il avait préparé ténébreusement l'accomplissement de ses plans, escorté d'un huissier, lui a présenté, à lui ce jeune mari, ce jeune père, ce libelle en séparation qui le dénonçait aux yeux du monde entier comme étant le plus exécrable des époux. Depuis ce jour, cela est vrai, il n'a trouvé ni consolation ni repos.

On vous a parlé de ses cruautés vis-à-vis de son fils. Mon honorable adversaire, qui connaît la famille de T..., ne connaît pas celui qui lui est allié; mais le tribunal sait à merveille qu'avec larmes et désespoir il est venu vous supplier maintes fois, messieurs, de lui accorder le bonheur de déposer sur le front de son enfant un baiser paternel, qu'il a fallu lutter, et que c'est encore avec une sorte de violente résistance que M. de T... s'est incliné devant les ordres de la justice qui lui ont été intimés avec une sévérité que cette résistance rendait légitime. Et si M. de Saint-M... a bien voulu attendre jusqu'au jour où nous sommes pour se justifier, pour repousser cette demande qui fait le malheur de sa vie, ne sentez-vous pas, messieurs, que c'est encore de sa part un égard, un respect auquel sa femme bien-aimée avait droit, et qu'il aurait été bien triste de lui refuser?

Au mois de septembre 1860, quand M. de T... a jugé à propos d'expulser par la violence son gendre d'auprès de sa fille malade, madame de Saint-M... était grosse. Cet état de maternité commencé a eu son heureux dénoûment au mois d'avril dernier seulement, sans que M. de Saint-M... en ait été prévenu. Cette famille, ornée de toutes les vertus dont mon honorable adversaire se faisait l'éloquent apologiste, cette famille qui ne craint pas d'accabler de son dédain superbe et de ses hautes injures celui qui est entré dans son sein, s'est-elle rappelé, quand ce jeune enfant a ouvert les yeux à la lumière, qu'il avait un père, que la loi le rattachait à lui, que la religion étendait ses ailes protectrices sur son berceau? Est-ce que M. de Saint-M... a été averti? Je dirai ce qui s'est passé à cette époque et quel a été le courage dont il a dû être doué pour dévorer cette inutile et cruelle humiliation.

Il a attendu, voulant épuiser auprès de sa malheureuse femme toutes les démonstrations de sa tendresse et de son respect absolu.

Vous pouvez fouiller son cœur, interroger sa correspondance, celle de sa mère et de ses frères, vous n'y rencontrerez pas un mot qui vienne démentir ce que je dis sur les sentiments de déférence absolue, de tendresse soumise, de dévouement passionné, qui sont la substance même de l'amour de M. de Saint-M... pour sa jeune femme.

Aussi M. de Saint-M... est-il convaincu, et son avocat partage complètement sa conviction, que madame de Saint-M... est autant à plaindre que lui; que si elle n'était pas enchaînée par le respect qu'elle professe pour son père par cette longue habitude d'obéissance vis-à-vis de lui qu'elle a élevée à la hauteur de la plus sublime des vertus, non-seulement jamais cet indigne procès n'aurait pris naissance, mais à l'heure où nous sommes, madame de Saint-M... s'empresserait d'en étouffer la déplorable pensée. Non, elle ne le veut pas; elle aime son mari, elle sent qu'elle lui est unie par le lien le plus sacré, et que ce ne peut être par les vains et dérisoires motifs qu'on a invoqués, parce que M. de Saint-M... aurait, pendant quelques mois, manqué à un régime de sobriété que sa santé devait seule lui conseiller, parce qu'il aurait eu quelques vivacités de caractère qui jamais n'ont pu l'atteindre, elle, madame de Saint-M..., il faudrait jeter d'un côté la femme et les enfants, de l'autre le mari perdu avec son désespoir, son âme aimante, son imagination pleine d'ardeur, au milieu de tous les dangers, de toutes les tristesses qui seraient désormais son partage. — Elle ne veut donc pas ce procès, je le prouverai. M. de T... seul le veut; je lui en laisse la responsabilité. Dieu a jugé; les hommes prononceront sur cette résolution ! il a bravé la publicité de cette audience, il a convié le public tout entier à contempler de ses regards les intimités les plus secrètes de ce jeune ménage; vous connaissez les motifs de cette résolution, vous les avez déjà appréciés.

Mais en cherchant à démontrer, ce qui, je l'espère, ne sera pas inutile, combien sont fragiles les motifs sur lesquels la demande repose, il ne sortira de ma bouche aucune parole qui puisse manquer au sentiment de respect que je dois à madame de Saint-M... Encore une fois, et je ne saurais trop le répéter, son mari n'a pas cessé de l'aimer et de l'honorer; madame de Saint-M..., de son côté, n'a pas un jour abandonné les sentiments d'affection et d'estime véritable que son mari lui a inspirés. — C'est donc, messieurs, à côté de ces deux personnes, dans la famille où M. de Saint-M... est entré, qu'il faut rechercher les raisons de cette triste désunion.

Ici, messieurs, et quelque pénible qu'il me soit de fatiguer votre patience, il faut que j'établisse, avec des documents qui n'ont pas été faits pour la cause, combien sont téméraires, injustes et fausses les accusations portées contre M. de Saint-M...

Tout à l'heure, j'entendais mon illustre adversaire vous dire, tout en rendant hommage à la considération légitime qui environnait la famille de Saint-M..., que, même dans cet intérieur où régnaient au plus haut degré la décence, la paix, la vertu, M. de Saint-M... avait trouvé cependant le secret de se nourrir de chagrins imaginaires, d'inventer des reproches calomnieux contre ceux qu'il devait respecter davantage, et l'honorable adversaire a semblé en trouver la preuve dans quelques-unes des pièces que je lui ai communiquées.

Pour réfuter cette accusation, il faut que je vous dise ce qu'était cette famille de Saint-M..., et comment s'est écoulée la jeunesse de mon client.

Mon adversaire a eu raison de le reconnaître, il n'y a pas de famille plus estimable en Bretagne; elle est ancienne, et à cette ancienneté se rattache une longue suite de bons exemples et d'exemplaires vertus. M. de Saint-M..., le grand-père de celui que j'ai l'honneur de défendre, était conseiller au parlement de Bretagne; il fut l'une des premières victimes de la tempête révolutionnaire. La fortune qu'il laissait à ses enfants fut presque entièrement dispersée, et lorsque le père de mon client entra dans la vie, il y rencontra les difficultés de toute nature qui accueillent les fils des proscrits, des persécutés politiques devant lesquels tous les fronts se montrent roides et toutes les portes fermées. Mais il avait un grand cœur, une noble intelligence; il surmonta ces obstacles en se livrant à de fortes études : à vingt-cinq ans, il avait l'honneur peu commun d'occuper le fauteuil d'avocat général à la cour royale de Rennes. En 1827, on voulut faire de lui un président de chambre à Douai; il refusa pour ne pas se séparer d'une famille qui naissait et à laquelle il avait voué toutes ses affections. La révolution de 1830 le trouva à Rennes, fidèle à ses convictions. Déposant la pourpre dont il était revêtu afin de n'avoir pas à transiger avec sa conscience, il rentra dans la vie privée, et là, il s'occupa avec un grand bonheur et une rare intelligence du soin de ses domaines, qu'il avait pu en partie recouvrer; il multiplia les plantations, et aujourd'hui la fortune de ses enfants est considérable, plus grande peut être que celle de M. de T...

Sur les huit enfants nés de son mariage, cinq sont morts; il en reste trois; M. Francisque de Saint-M..., que je représente, est le dernier des fils. Né en 1833, Francisque commença de bonne heure, sous l'œil de son père et avec le concours de respectables ecclésiastiques auxquels son enfance a été confiée, les travaux les plus sérieux d'une forte éducation. J'ai des preuves nombreuses qui montrent quelles ont été les habitudes, les occupations, et en même temps les soucis de cette jeune existence qui, je le reconnais, a été de bonne heure vouée à une sorte d'agitation morale dont je dirai le secret tout à l'heure.

Franchissant pour un instant l'intervalle qui nous sépare de l'époque voisine de celle du mariage de Francisque de Saint-M...., je rencontre, à la date du 7 février 1855, une lettre par laquelle M. de Saint-M... père, recommandant son fils qu'il voulait faire entrer au conseil d'État comme auditeur, à M. Dubois, député d'Ille-et-Vilaine, lui disait :

« ...Mon fils a eu, en philosophie, les prix d'honneur, de dissertation française, de dissertation latine, de critique philosophique et de conférence religieuse, à la pension de M... A la Faculté de droit, il a passé tous ses examens avec des boules blanches. On dit qu'il y a deux mois il a plaidé avec succès à la Cour d'assises, et que sa plaidoirie a même fait du bruit dans la ville. Vous connaissez les autres motifs qui peuvent militer en sa faveur; monseigneur a dit à ma femme qu'on mettait au conseil d'État ceux qui savaient parler en public...

« ...Le doyen de la Faculté a dit que mon fils était une de ces têtes fortement constituées dont on trouverait peut-être peu de semblables à Rennes...

« ...Vous pardonnerez à l'amour-propre d'un père de vous entretenir de ces petits détails qui me suggèrent le moyen d'appuyer ma demande... »

Et moi aussi, messieurs, je vous demande pardon pour ces préoccupations, peut-être un peu entachées de faiblesse, de M. de Saint-M... père; mais les faits qu'il rapporte sont constatés. La jeunesse de M. Francisque de Saint-M... a été à la fois studieuse, brillante et appliquée. Pendant tout le temps qu'il est resté soit dans les institutions, soit dans les cours de droit, il a été, et j'en ai les preuves, un modèle de bonne conduite. Seulement, lorsqu'il s'est épanoui à la vie, il y a rencontré un orage secret, que mon adversaire a dit être inexplicable pour lui, mais la lettre du Père Argant lui en eût fourni l'explication s'il avait voulu la lire tout entière.

Ainsi que je l'ai dit, Francisque de Saint-M... avait été de très bonne heure livré à des mains ecclésiastiques, il avait été élevé dans les principes les plus purs et les plus sacrés de la religion; mais, avec une âme ardente, un immense besoin d'aimer, une imagination impressionnable et pour ainsi dire penchée vers le mysticisme, il était assez faible d'ailleurs, très facile à saisir par ceux qui voulaient s'emparer de lui. J'ai entre les mains une correspondance assez volumineuse du Père Argant, qui avait été l'un des professeurs de M. de Saint-M... Le père Argant était de quatre ans plus âgé que lui; il avait traversé pendant deux années la vie laïque; il la connaissait par conséquent, et pouvait être pour un jeune homme placé dans la situation de M. de Saint-M... un guide des plus sûrs.

Le Père Argant lui-même, dont je ne veux parler ici qu'avec une extrême réserve, a reçu du ciel le don d'un esprit éminent, mais aussi d'une foi qui désire ne rencontrer sur son passage aucun obstacle et ne veut en rencontrer aucun. Le Père Argant avait conçu le dessein d'attirer à lui et dans sa compagnie Francisque de Saint-M... dont il connaissait les vertus et les heureuses dispositions. M. de Saint-M... père ne partageant pas ces vues, il s'établit entre le Père Argant et lui une sorte de combat dont Francisque de Saint-M... était pour ainsi dire l'enjeu; de là, dans son âme, ces tristesses, ces tourments, ces mélancolies, qui l'assaillaient, et dont le cœur du Père Argant était le confident.

Est-ce à mon honorable et illustre adversaire, si familier avec toutes les faiblesses humaines, qu'il faut apprendre que chez certaines natures cette première époque de la vie est précisément celle qui est la plus agitée? Là, tout apparaît encore dans l'incertitude et dans l'ombre; la vocation est mal définie : on est pour ainsi dire tiraillé entre le bien et le mal; le bien nous appelle, les passions nous séduisent, et ce sont précisément ces douleurs intimes que M. de Saint-M... confiait au Père Argant. — Et que faisait celui-ci? J'ai dit que je voulais m'exprimer sur son compte avec une entière réserve, c'est pour moi un devoir; mais ce qui a été dit par mon adversaire me force d'entrer dans des détails que j'aurais voulu écarter.

Le tribunal a pressenti quelle devait être la nature, la portée, l'ardeur de la lutte engagée. Voyant devant lui une âme à conquérir à Dieu et à la religion, le père Argant y consacra ses brûlants efforts; tout ce que l'imagination la plus subtile, la plus affectueuse, la plus pieuse, peut inventer de séduction, a été par lui mis en œuvre, et je n'exagère pas en affirmant qu'aucune industrie ne peut surpasser celle d'un prêtre qui désire ramener au bercail la jeune âme sur laquelle il a jeté la vue.

Cette industrie éclate dans une correspondance qui prouve que le Père Argant, sachant très-bien les obstacles qu'il rencontrait dans la propre famille de M. de Saint-M..., voulait agir contre elle et sans elle. Ainsi, il lui écrivait le 5 novembre 1853 :

« ..... J'ai oublié de demander à Louis B..., lors de mon passage à Angers, si vous ne l'aviez pas chargé de me donner la nouvelle adresse à laquelle je dois envoyer mes lettres pour qu'elles vous parviennent sûrement; c'est pour cela que je n'ai pas répondu à celle que vous m'avez écrite de Saint-M... »

Je soulève un coin du voile, et le tribunal aperçoit quel devait être le tourment de cette jeune existence livrée ainsi au contact de deux autorités qui se disputaient son avenir.

Et lorsque le Père Argant, répondant aux confidences de Francisque

de Saint-M..., s'exprimait dans les termes que mon honorable contradicteur a mis sous vos yeux, il ajoutait, ce qu'on n'a pas jugé à propos
de vous lire, et ce qui contenait l'explication impatiemment cher-
chée par l'adversaire :

« ..... Quant à votre promesse, vous l'avez faite par un excellent motif;
votre bon cœur vous y a conduit, et j'admire l'héroïsme de votre défense.
M. B... vous a donné sa décision pour concilier les... de votre famille, et
je sais par expérience combien il est bon et prudent. Toutefois, mon
enfant, cette promesse ne vous oblige pas en conscience ; vous allez comprendre : vous ne pouvez renoncer qu'à une chose qui vous appartienne
et qui dépende de votre libre volonté ; mais votre vocation n'en doit pas
moins demeurer dans votre libre domaine ; votre vocation est la chose
de Dieu, et vous ne pouviez pas, par une semblable promesse, obliger
Dieu à la changer... »

Cette lettre, du 26 octobre 1854, est suffisamment significative;
elle prouve que le jeune de Saint-M..., cédant aux conseils qui l'ob-
sédaient, avait promis d'appartenir tout entier à Dieu et de se consacrer à la prêtrise. Son père, je l'ai dit, en avait conçu de grandes
inquiétudes; il le sollicitait en sens inverse; un grand nombre de correspondances constate cet état de déchirement de la famille.

Voulant être agréable à la fois à son père et à son directeur spirituel, il était ainsi travaillé, ballotté de l'un à l'autre; il se jetait
éperdu dans les bras du Père Argant. Vous savez quels conseils il en
recevait; heureusement, il ne les a pas suivis; mais nous verrons
qu'au moment de son mariage, le Père Argant l'avertissait qu'entrer
dans la vie du monde et se consacrer à sa femme, ce pouvait être
une raison d'attirer sur sa destinée la colère céleste.

Ce que j'ai établi d'une manière, irréfutable, je crois, c'est que les
chagrins de ce jeune homme ne tenaient ni à une bizarrerie maladive
ni à un défaut congénital de caractère, qu'il était entré dans la vie
avec les instincts les meilleurs, qu'il s'y avançait sous l'œil de Dieu
et de ses directeurs, plein d'une naïve confiance, tout disposé à
l'obéissance absolue, acceptant entièrement la règle qu'il pouvait ne
pas comprendre, mais sous laquelle il allait sans murmurer courber son front, persuadé qu'on ne pouvait lui demander que ce qui
était agréable au Seigneur.

Tel était Francisque de Saint-M... et tel il a vécu jusqu'en 1856,
n'ayant pas mis, jusqu'à ce moment, le pied dans un café, dans un
théâtre, dans un musée, tout entier consacré à l'étude, aux pratiques
de la religion, aux bonnes œuvres. Des pièces émanées de ses directeurs spirituels et de ses maîtres prouvent que l'éloge que j'en fais
n'est pas exagéré. Je tiens à établir, pour qu'il n'en soit plus question, ce qu'il y avait de noble, de pur, d'élevé dans son caractère,
qui était susceptible, peut-être, quant à la délicatesse et à la vertu,

mais qui était assurément bien étranger aux grossières tendances que mon adversaire lui a supposées.

En 1856, Francisque de Saint-M... écrivait à son professeur de philosophie pour lui redemander quelques essais qui étaient restés entre les mains de celui-ci. Le professeur lui répondait :

« Vous me demandez, mon cher bon ami, si j'ai quelques essais de philosophie : *infandum regina jubes.* J'aurais bien voulu les conserver tous! La malencontreuse écriture a fait tort à votre ami, qui les a sacrifiés, en véritable aveugle qu'il est. Je vous envoie le si peu qui me reste, mais *do ut des*; j'y tiens comme à ma prunelle, entendez-vous?... Ah! mon Francisque, après vous il faut tirer le rideau, et sur ce, que votre modestie n'aille pas me croire déjà vieillard grondeur qui ne sait plus admirer que dans le passé. »

Autre lettre écrite par le doyen de la Faculté de Rennes :

« ...Si l'on attaque votre jeunesse à Rennes, tout le monde sait que vous avez été l'exemple des jeunes gens chrétiens et que vous n'avez consacré votre temps qu'à l'étude et aux bonnes œuvres. L'œuvre des Apprentis et les conférences de Saint-Vincent de Paul ont absorbé une partie de vos loisirs. Quant à vos études, les registres de la Faculté peuvent faire preuve de vos examens, et quand vous le voudrez, notre secrétaire vous en donnera un relevé certifié conforme. Ce serait une calomnie dirigée contre vous pour venir au secours d'une détestable cause. »

Les pièces passeront sous vos yeux, messieurs. Vous verrez que ce ne sont pas des certificats ordinaires donnés par des professeurs à un élève qui a brillé dans ses classes; non, ce sont des sentiments de véritable tendresse, des sentiments de cœur, qui se sont conservés. Francisque de Saint-M... a laissé partout où il a passé les traces de son bon caractère, de son dévouement, de ses vertus, et, j'ai le droit de le dire, c'est pur comme un ange, chaste comme le sont peu de fiancés, qu'il s'est présenté à cette famille de T..., honorable à tous égards, je m'empresse de le reconnaître, et qui indirectement avait recherché l'alliance de M. de Saint-M...

Je justifie de cette assertion par une lettre écrite le 23 mars 1856 à Francisque de Saint-M... par l'un des parents de la famille de T...

Voici en quels termes s'exprime l'honorable intermédiaire :

« MON CHER AMI,

« J'aurais désiré remettre à plus tard à vous faire cette communication, à raison du malheur qui a frappé votre famille et qui m'a personnellement impressionné d'une façon si douloureuse; mais des circonstances qui ne dépendent point de nous m'obligent à vous faire maintenant cette première ouverture... Si vous pensez à vous marier tôt ou tard, je suis chargé de vous proposer un parti qui me semble réunir tous les avantages que vous pouvez désirer, je ne dis pas humainement parlant, mais, ce qui est bien plus important, chrétiennement parlant. Je sais que la personne dont il s'agit a toutes les qualités qui peuvent, comme épouse d'abord, puis comme mère chrétienne, vous rendre facile la rude traversée que nous avons tous à faire... Relations de famille très-agréables, noblesse ancienne, fortune 10.000 francs de rente en dot, plus 20.000 francs de rente après la mort du père et de la mère, qui sont jeunes. La fortune est territoriale; opinions politiques conformes aux nôtres. La jeune personne a dix-huit ans, elle est d'un extérieur agréable; sa santé est bonne, sa piété sincère et bien entendue, son éducation excellente, son âme énergique et sensible; un bon cœur et un bon caractère, assez de gaieté, quoique ayant des goûts sérieux et étant très-raisonnable en toutes choses; un esprit distingué et bien cultivé, instruite sans pédanterie et sans prétention, simple et naturelle dans ses manières, un très joli talent pour la peinture.

« Tels sont, mon cher ami, les renseignements succincts que je puis vous transmettre. Si vous revenez vers le milieu de la semaine, nous pourrons en causer avant que vous en preniez votre parti; mais si votre retour ne peut s'effectuer de sitôt, réfléchissez et me faites part de votre décision, car depuis le témoignage que j'ai rendu de vous, autant pour être vrai que pour l'amitié que je vous porte et à toute votre famille, je sais que les parents de la jeune personne refusent de statuer sur des demandes fort avantageuses avant de connaître vos intentions; la fortune les séduit moins que les qualités du cœur et de l'esprit. »

Cet intermédiaire connaissait donc à merveille et la famille de T... et la famille de Saint-M... Il avait été à même d'apprécier la conduite de Francisque vis-à-vis de son père et de ses frères; si donc il lui proposait la main de mademoiselle de T..., c'est qu'il le savait capable de faire son bonheur.

Francisque de Saint-M... avait encore son père, il le consulta; le père donna son consentement avec satisfaction, et M. de Saint-M... se rendit auprès de M. de T...; celui-ci prit lui-même des informations, qui étaient assez inutiles. Les deux familles étant ainsi rapprochées, le mariage fut convenu; mais il fut retardé par un cruel événement : le 19 mai 1856, M. de Saint-M... père était frappé d'une attaque d'apoplexie foudroyante qui l'enlevait brusquement à la tendresse de son fils.

Vous dire la douleur de Francisque serait impossible. Tous ceux qui le connaissent et l'ont vu dans cette grande crise de la vie, où les âmes les plus fermes plient sous le poids de l'accablement et du chagrin, savent qu'il était absolument incapable de résister à ce coup : il tomba malade; les consolations les plus tendres, les plus dévouées, purent seules le rappeler à l'existence.

Au nombre de ses consolateurs se rencontra cette femme dont tout à l'heure mon honorable adversaire vous faisait avec raison le plus magnifique des éloges, et ce n'est pas moi qui veux y contredire. Cette femme, c'est madame la marquise de T..., qui connaissait déjà Francisque, qui avait pu l'apprécier, qui, avec son tact exquis, son cœur aimant, sa haute intelligence, avait deviné les rares qualités de ce jeune homme, et s'y était tendrement attachée. Et vraiment, messieurs, comment Francisque, avec sa nature aimante, n'aurait-il pas été entraîné, lui, chaste, ignorant les voluptés légitimes de la vie, lorsque madame de T... lui écrivait, la veille du mariage, ces lettres si dignes, si nobles, si touchantes, que j'ai communiquées à l'adversaire, et qui rencontreront dans cette enceinte une unanime approbation? « M. de T..., écrivait-elle le 23 mai, est de moitié dans les sentiments que je vous exprime; sans une migraine, il vous aurait écrit une lettre bien affectueuse. »

La lettre précédant ce post-scriptum est ainsi conçue :

« MONSIEUR ET BIENTÔT CHER ENFANT,

« Mon âme s'envole tout entière près de la vôtre pour prier et pleurer... Votre douleur, je la partage comme j'ai partagé vos joies... C'est vous dire qu'aujourd'hui plus que jamais vous êtes mien, et que mon cœur vous donne déjà le doux nom de fils. Oui, venez bientôt chercher le titre que vous avez si bien su mériter; venez vous entendre dire que mon affection se double en proportion des peines qui vous accablent. Vous avez perdu le meilleur des pères, mon pauvre ami; venez encore apprendre que moi aussi j'ai eu cette éternelle douleur. Nous pleurerons ensemble, nous prierons ensemble!... Puis vous direz à Dieu: Seigneur, vos croix sont lourdes, elles sont accablantes quelquefois, mais vous m'aidez à les porter, puisque vous m'envoyez sur ma route une amie qui a supporté ce poids et qui veut m'en décharger en me recevant dans ses bras.

« Cher enfant, que vous dirai-je de la part de ma si chère Mathilde? Son cœur est bien près du vôtre!... Elle vous envoie ses larmes... Cette lettre, qui vous emporte toutes les pensées de mon âme, est toute confidentielle; elle est pour vous seul... J'en excepte cependant Joseph de..., qui a tous mes secrets. »

Mon honorable adversaire a eu raison de le dire, jamais la grâce exquise du sentiment n'a revêtu des formes plus parfaites.

Mais si madame de T... est femme éminente par le cœur et par l'esprit, elle est aussi chrétienne, elle est prudente, elle sait ce que valent de pareils engagements vis-à-vis de la jeunesse qui ne demande qu'à se donner; et si elle a ainsi ouvert son âme, c'est qu'elle connaissait Francisque. Mais, en vérité, messieurs, je m'étonne qu'après ces marques de tendresse données à ce malheureux jeune homme, après cette introduction à bras ouverts dans cette famille où toutes les âmes ont volé au-devant de la sienne, pour me servir des expressions de madame de T..., on ait eu le triste courage, pour les motifs dérisoires que vous connaissez et qui ne sont pas les vrais, de faire tout ce que l'on a fait pour obtenir une séparation de corps,

Le 29 mai, madame de T... écrivait à Francisque :

« Mon bien cher ami, j'ai entendu dire qu'une lettre partait pour Rennes; je veux y glisser un petit mot d'affection pour vous. M. de T... a voulu me voler le bonheur de vous répondre, mais je ne sens pas assez de force à faire le sacrifice complet, et je me cache dans un des plis de sa lettre..

Je vais donc enfin vous revoir. C'est réellement un besoin pour mon âme, car vous avez traversé les jours mauvais d'une immense douleur, et je n'étais pas là. Oui, vous avez réussi, et depuis longtemps déjà vous avez gagné mon cœur. Je puis bien vous l'assurer, car ce n'est pas en ma faiblesse, mais bien mieux en ma grande félicité... Admirable instinct du cœur que Dieu seul a pu jeter dans les âmes faites pour se comprendre. Mathilde vous attend aussi... «

C'était ainsi au nom de la mère et au nom de la fille que ce jeune homme voyait s'ouvrir devant lui ce palais enchanté des félicités dans lequel il lui était bien permis de se jeter en aveugle, puisqu'il y était appelé par de si doux attraits.

La lettre continue ainsi :

« Elle vit déjà de votre vie, et vos douleurs sont les siennes... Elle serait tentée de demander parfois si elle est à la hauteur de la mission que Dieu veut lui confier... remplacer un père tel que le vôtre ! Oh ! que la tâche est difficile ! mais combler le vide dans votre grande âme, elle demande à Dieu de lui donner le pouvoir, car moi qui vous demande la troisième place (Mathilde et M. de T... d'abord), je ne puis plus rien vous offrir, je vous ai tout donné : ma fille !... l'affection de M. de T... et tout mon cœur. »

Après le temps nécessaire pour le deuil de son père, Francisque de Saint-M... vint à N..., et en octobre 1856 fut contracté le mariage dont on demande la dissolution.

Vous connaissez maintenant M. de Saint-M... et vous savez quelles étaient les dispositions secrètes de son âme. Il entra dans la famille de T... sans aucune arrière-pensée. Il aimait, il était aimé ; il se dévoua, comme la marquise de T... lui en montrait un si noble exemple, à pratiquer auprès de sa belle-mère et de sa femme toutes les vertus du chrétien et de l'homme qui embellissent et honorent l'existence. Il semblait qu'il ne dût rencontrer sous ses pas aucun genre de douleurs, et que la vie dût lui être douce et facile. Il avait une belle fortune ; celle de M. de T... ne l'était pas moins ; ils étaient l'un et l'autre environnés de la considération et de l'estime publiques ; le gendre était couvert par la notoriété et l'éclat de son ancienne et de sa nouvelle famille. S'il y avait un péril dans la situation où il s'engageait, il lui était impossible de le soupçonner, parce qu'il était à la fois trop inexpérimenté et trop passionné. Vous allez vous en faire une idée à la lecture de quelques documents qui vous apprendront quel était l'intérieur de la famille dans laquelle M. de Saint-M... était entré.

Assurément, il n'est pas dans ma pensée de dénaturer ce débat ou de l'envenimer ; je suis à cette barre pour protester au nom de M. de Saint-M... de l'amour et du respect qu'il a pour sa femme, et si je suis dans la nécessité de combattre la volonté de M. de T...., je le fais à regret. J'ai le droit de lui signaler ses erreurs et de lui montrer à quelles exagérations son cœur l'entraîne ; mais encore une fois, messieurs, je serais désolé si je me laissais jamais aller à une expression qui pût laisser croire qu'il est dans l'intention de M. de Saint-M... de manquer à la déférence qu'il doit non-seulement à sa femme, mais encore à la famille de T...

Cette famille, je l'ai déjà proclamé, était honorable de tous points.

Seulement, il est parfaitement vrai que mademoiselle Malthilde de T... y avait reçu une éducation qui pouvait, pour l'existence qu'elle allait commencer, présenter les plus grands périls. Elle n'avait jamais quitté sa mère ni le château de N... ; c'était là son univers. Sa mère l'avait accoutumée à la pratique de toutes les vertus dont elle est elle-même le modèle ; elle avait cherché à lui donner les douces qualités de son âme, à l'imprégner, pour ainsi dire, de chacun de ses sentiments ; elle l'avait, en un mot formée à son image. Mais elle-même vivant dans les pratiques austères et peut-être un peu ascétiques de la religion, je ne dirai pas loin du monde, mais au-dessus du monde, elle avait des idées, des appréciations qui n'étaient pas les siennes ; accoutumée à une condescendance sans bornes aux volontés de son époux, elle avait disposé sa fille non seulement à respecter, mais encore à admirer son père, à voir en lui un être supérieur dont les jugements, les opinions devaient être acceptés sans aucune contestation possible.

Cette fille ainsi élevée dans le milieu où tant de choses étaient convenues, ne devait trouver, vous le comprenez, pour que le bonheur ne fût pas troublé autour d'elle, qu'un époux fait à son image. Il fallait de deux choses l'une : ou bien que ce cœur dans lequel les légitimes affections occupaient déjà tant de place fût enlevé de force, conquis, arraché au château de N... pour être transporté dans une autre atmosphère, ou bien que celui qui venait se placer à côté d'elle s'annihilât comme elle l'avait fait elle-même, et qu'au lieu d'un époux il donnât à M. de T... un enfant de plus.

Quels étaient les devoirs de M. de Saint-M... ? Assurément, je n'ai pas à le dire ici ; la conscience de ceux qui me font l'honneur de m'entendre a déjà répondu. L'autorité des pères et mères, qui vient de Dieu, protège les premières années de l'enfance, elle les défend contre les périls et les erreurs, elle les entoure d'affection et de soins ; mais il arrive un jour où l'existence de la femme se révèle, et cette jeune fille qui a grandi sous le toit paternel où son angélique beauté s'est épanouie, met, à un instant donné, sa main dans la main de son Francisque, et son sein qui s'est réchauffé à la chaleur d'une pudique flamme, sent palpiter en lui les sentiments qui l'éloignent, quoi qu'elle en ait, du toit paternel pour commencer elle-même une nouvelle famille.

C'est là ce que les parents devraient savoir. Il leur est interdit de s'aveugler par une fausse tendresse sur la destinée de leurs enfants. Nous les mettons au monde pour les adorer, pour nous dévouer à eux, pour n'avoir d'autre préoccupation, d'autre pensée que leur bien-être et leur avenir, — mais pour les abandonner un jour et les livrer, quand leurs ailes sont poussées, au vol qui doit les emporter loin de nous. Avoir une prétention contraire, mettre sur une existence qui se développe et se complète une main jalouse, tâcher de retenir sa fille quand on appelle un honnête homme son fils, c'est une grande erreur ; je ne veux rien dire de plus. Je me sens plein de faiblesse vis-à-vis de toutes les exagérations de l'amour que peut inspirer une fille, mais je vois si bien, par les enseignements de la cause actuelle, les dangers qui peuvent en résulter, qu'il m'est impossible de ne les pas signaler.

Je suis dans la vérité, quand je dis que là était le côté périlleux de la situation. En entrant dans la famille de T..., il fallait faire complète abnégation de sa virilité, il fallait devenir un petit enfant, s'abaisser sous le niveau de l'autorité commune, ployer le genou devant ce chef de famille qui n'imposait son autorité que par l'affection. A Dieu ne plaise que je veuille ici le convertir en une sorte de tyran du moyen âge qui, derrière ses créneaux de N..., aurait renouvelé les scènes les plus barbares : rien de semblable ne se passait.

Mais est-ce qu'il n'existe pas une tyrannie qui, pour être douce, n'est pas moins une tyrannie ? Est-ce que la solitude des soins empressés ou de la jalousie, pour être enrubannée, musquée, parée, entourée de toutes sortes de prestiges et d'auréoles, n'en est pas moins la solitude ? Est-ce qu'un cœur fier et aimant peut longtemps accepter cela ?

Est-ce que ce partage continuel d'une femme qu'on a voulue pour soi seul, qu'on voit constamment disputée à son ambitieuse ardeur par le père et par la mère qu'elle préfère, est-ce que ce n'est pas là un supplice ? Est-ce que ce supplice n'amène pas dans une âme disposée à aimer, des tourments dont tout à l'heure nous allons voir la vague expression se produire par quelques-unes des lettres de M. de Saint-M..., que mon honorable adversaire aurait bien pu comprendre s'il l'avait voulu ? car il a toutes les intelligences, celle de l'esprit, celle du cœur, et s'il ne les a pas comprises, c'est que d'une main complaisante il s'est fermé les yeux.

Rien de plus simple. Dans cette famille de T..., où M. de Saint-M... entrait conduit par l'amour, par la loi, par la religion, tenant par la main cette femme adorable, un homme de trente ans expérimenté, qui, ayant en un instant examiné le cercle dont il était entouré, aurait pris sa femme par la main et aurait dit à M. de T..., avec tout le respect que méritent son caractère et sa tendresse: « Dieu a dit

que la femme quitterait son père et sa mère pour suivre son époux ;
vous ne voulez pas aller contre la parole de Dieu ; on ne la méprise
jamais sans soulever contre soi de tristes tempêtes. » M. de T... en
fait aujourd'hui la triste expérience.

Ce n'est pas tout. Si M. de Saint-M... n'avait pas été aveuglé par
l'amour, il se serait arrêté sur le seuil de cette maison entourée de
tous les prestiges qui l'y appelaient, et il aurait compris que son
bonheur y pouvait être compromis par la plus cruelle frivolité. Et,
en effet, j'ai dit qu'à raison de l'éducation particulière que mademoiselle Mathilde de T... avait reçue, elle avait ses idées, des traditions
de famille, des habitudes, des appréciations, des jugements, une vie
morale, en un mot, qui pouvait ne pas être en harmonie avec les
habitudes, les appréciations et les opinions d'un homme sérieux et
libre. La preuve en existe. Il y avait dans cette maison, de la part de
son chef, un culte fanatique pour les petitesses, un amour de minu-
ties et de détails qui était de nature à effrayer un gendre moins
aveuglé par l'amour que ne l'était M. de Saint-M... Voici une lettre
qu'écrivait à mon client, avant le mariage, la personne qui avait
servi d'intermédiaire, et dont il est inutile de dire le nom.

M⁰ BERRYER, *fait un geste.* Je vous le dirai si on le veut.

M⁰ Jules FAVRE. On écrivait donc à M. de Saint-M... le 8 mai 1856,
pour lui donner quelques conseils sur sa vie future, lorsqu'il entrerait
dans la maison de M. de T...; ces conseils viennent d'un homme qui
connaissait merveilleusement les habitudes et les délicatesses intimes
de M. de T...; ils vont vous éclairer de la manière la plus précise sur
le sort qui était réservé à ce jeune homme. On lui dit :

« MON CHER AMI,

« Je vous avais répondu bien brièvement avant-hier, car j'avais peu
de temps... »

Puis on ajoute qu'on va lui donner des avis, mais que ces avis sont
pour lui seul :

« ...Puisque vous m'avez accepté pour mentor, et que vous avez reçu
avec bienveillance quelques observations de ma part, mon affection et
mon désir de vous être utile, qui s'accroissent par la distance qui nous
sépare, me décident à vous faire part de mes observations.

« J'ai remarqué que les membres de la famille dans laquelle vous allez
entrer prennent de leurs mains et de leurs ongles un soin spécial. Si donc
vous voulez m'en croire, prenez des vôtres un soin tout particulier. Les
mains comme les dents sont examinées avec soin par ces personnes de
même que par les Parisiens, et puisque vous pouvez présenter les vôtres
avantageusement, vous n'y manquerez pas... »

Et dans une autre lettre du 16 mai 1856 :

« MON CHER AMI,

« Puisque vous avez bien voulu me demander des avis, je vous donne
celui-ci, qui est peut-être de trop, mais trop vaut mieux que trop peu à
qui profite... Puisque vous écrivez à madame de T..., en lui écrivant
prenez votre plume des dimanches, relisez avec soin votre lettre, afin qu'il
ne vous échappe aucune faute d'attention, aucune inexactitude de
langage, comme cela peut avoir lieu dans la conversation, car les conséquences seraient plus graves, votre lettre serait sans doute lue par
madame de T... à M... de T..., qui, ainsi que vous le savez, tient beaucoup
à la forme. »

Dans une troisième lettre du 5 juin 1836, ce sont toujours des conseils de la même nature et qui peignent, comme si nous y étions, la
société dans laquelle M. de Saint-M... allait entrer :

« ...Notre public n'attache pas une grande importance à une mauvaise
prononciation. Il en est autrement partout ailleurs.

« Il est donc très important de vous débarrasser de ces petites misères,
sur lesquelles votre future a passé dans la persuasion que vous vous en
dépouilleriez. Si cette attente était trompée, elle en souffrirait beaucoup
plus tard, je le crois, lorsqu'elle vous aimerait davantage. Une femme qui
aime beaucoup son mari est fière des belles qualités qui le distinguent,
et ses imperfections lui nuisent aux yeux du monde et la blessent... En
attendant, étudiez la grammaire des grammaires... »

Un docteur en droit qui a eu les premiers prix de dissertation
française et latine, on le renvoie à la grammaire des grammaires ! Et
ce n'était pas une vaine menace : plus d'une fois, le malheureux
Francisque a été renvoyé de table, parce qu'il parlait mal. On lui a
dit : « Vous ne connaissez pas les participes, vous êtes un mauvais
écolier. »

On lui conseille donc très sagement de former sa prononciation :

« ...Il y a certains mots que vous prononcez mal ; par exemple, le mot
monsieur, vous le prononcez comme s'il était *m'sieur* ; il faut dire *môsieur*...

« Et votre chevelure, et vos ongles, et votre barbe...

« Je vous promets que le temps que vous passerez à cela ne sera pas du
temps perdu... »

Ces documents, messieurs, ont une extrême gravité. Ce ne sont
pas des renseignements spontanés donnés par l'intermédiaire : non,
il a causé avec madame, mademoiselle et M. de T..,; il en a rapporté
des impressions, il a craint que, plus tard, son protégé ne fût l'objet
d'observations pénibles, que le cœur de sa femme ne s'éloignât parce
que ses cheveux n'auraient pas été suffisamment peignés ou sa barbe
suffisamment cultivée. « On attache à ces choses, dit-il, une importance dont vous ne pouvez pas vous douter, et plus vous passerez de
temps à votre barbe, plus vous serez aimé. » Dans une autre lettre, il
lui donne les mêmes conseils, l'engage à réformer les petites défec-

tuosités qui sont en lui sous le rapport de l'extérieur, des manières, du soin de sa personne, de la pureté du langage, de la prononciation; « en un mot, dit-il, tout ce qui compose ce qu'on appelle l'usage du monde, toutes choses dont nous autres Bretons et Malouins faisons bon marché. » Il parle aussi « d'un certain vernis qu'il lui serait agréable de voir imiter... »

Toutes ces précautions, tous ces avertissements charitables donnés par la personne qui avait présenté M. de Saint-M... à la famille de T..., n'étaient en réalité qu'un programme de toutes les exigences qui l'attendaient lorsqu'il serait une fois devenu le beau-fils de M. de T... Quant à lui, il n'a pas voulu y croire, il avait été frappé par les qualités, par les grâces de mademoiselle de T...; il brûlait de devenir son époux, et il dédaignait ces misères comme indignes de fixer un instant son attention. C'est ainsi qu'au lieu d'entrer dans cette famille sa personnalité en tête, passez-moi cette expression, il l'a mise dans le bagage amoureux derrière lequel il se présentait; il s'est fait aussi petit que possible, il voulait se faire chérir comme il chérissait lui-même, et dès les premiers jours, on ne peut pas dire qu'il ne se soit pas laissé prendre au piège, car je suis bien sûr qu'on ne lui en tendait pas, mais au moins il a fait une abdication complète de sa virilité.

Voilà la vérité et la seule explication du déplorable procès que vous avez à juger.

Si M. de Saint-M... avait reçu une autre éducation; si, au lieu d'être réfugié constamment dans ces hauteurs mystiques où le monde disparaît, il s'était rapproché des hommes; s'il avait connu leurs faiblesses et leurs passions, il aurait compris qu'il y avait un grand péril à s'enchaîner à ce point et à baisser la tête sous le joug, bien qu'il fût couronné de fleurs. Il ne l'a pas fait; il est devenu l'époux de mademoiselle de T... et le fils de M. de T...

Tout à l'heure, mon adversaire mettait sous vos yeux une lettre de laquelle il faisait ressortir la tendresse de madame de T... la mère, et les soins affectueux de M. de T.,., le beau-père, et en même temps il vous montrait M. de Saint-M... au milieu de toutes ces douceurs, cajolé, caressé, entouré de toutes les faveurs que les hommes peuvent ambitionner, et cependant, dès la fin de 1857, tourmenté de je ne sais quelle tristesse, de quelle inqualifiable mélancolie, quel mal secret qui le dévore et dont le Père Argant a reçu encore la confidence. Quel est donc, s'est écrié l'adversaire, cet homme indomptable et bizarre, ce caractère hautain et perplexe, qui, placé à la source de toutes les félicités, ne sait pas même s'en abreuver, qui détourne ses lèvres ingrates pour se jeter dans je ne sais quelle amertume et quelles douleurs imaginaires?

Messieurs, l'adversaire a mal apprécié, et qu'il me permette de lui dire qu'il n'y avait pas, dans le milieu que M. de T... faisait à son gendre, place pour un homme. Le jour où cet homme voulait se révéler, il rencontrait immédiatement en face de lui M. de T... qui lui barrait le passage, et l'affection despotique de madame de T..., qui l'empêchait de penser et de sentir autrement qu'elle ne pensait et ne sentait elle-même.

Telle a été, en effet, messieurs, l'existence de Francisque de Saint-M... Je vous ai montré ce jeune homme doué de qualités brillantes que l'étude avait développées, sentant en lui ce besoin d'activité et de force que possèdent toutes les créatures voulant non seulement se faire aimer, mais être dignes de cet amour et jouer un rôle dans la société; que pouvait-il être quand on le condamnait aux éternelles et stériles douceurs de cette charmante claustration de N...?

Il avait été avocat à Rennes; il avait débuté avec un certain éclat, il avait prononcé des plaidoyers éloquents. Immédiatement après son mariage, il se fit inscrire au barreau de Napoléon-Vendée; il voulait y tenir sa place, et, revêtu de la robe que j'ai l'honneur de porter, il pensait qu'il n'y avait rien de plus honorable que de participer à l'honneur de vos travaux et d'être devant vous le ministre, l'interprète de la loi, dans la mesure de ses forces. M. de T... s'y refuse. Non, non, dit-il, ce serait déroger; et à quoi bon d'ailleurs? Vous avez à N... toutes les jouissances de la vie, une bonne et aimable femme, une belle-mère qui vous adore, le luxe, les plaisirs, l'étude, si vous le voulez; qu'iriez-vous chercher au delà, et pourquoi voulez-vous vous lancer ainsi dans les aventures d'une existence positive?

Le jeune homme se taisait et souffrait; mais il ne souffrait pas seulement de cette mutilation de sa propre nature, il souffrait encore par toutes les raisons que j'ai indiquées, il souffrait parce qu'il n'a jamais été le mari de sa femme; il souffrait parce que vis-à-vis d'elle il n'a jamais pu prendre, grâce à ce contact de l'autorité paternelle qui absorbait tout, le rang et la dignité qui lui appartenaient; il souffrait parce qu'il était chez M. de T... Que voulez-vous que je vous dise? C'est la vulgarité des choses, mais en même temps c'est l'intimité du cœur. Est-ce qu'il n'y a pas chez l'homme un besoin impérieux d'individualité? Est-ce que le chez-soi n'est pas un penchant auquel il est impossible d'échapper quand on a du cœur? Est-ce qu'on n'est pas bien aise de rencontrer dans le logis, même le moins orné, la tendresse, l'affection, l'harmonie, la paix, et de pouvoir, seul avec sa femme, échanger un baiser que Dieu seul connaît, sans qu'elle soit dans la nécessité d'en aller rendre compte à son père et à sa mère? Est-ce que cette éternelle servitude de la femme devenue notre épouse ne devient pas aussi une continuelle injure, une négation de votre autorité, un outrage à vos sentiments?

Tout cela, messieurs, pesait sur le cœur de M. de Saint-M...; il ne pouvait trouver dans aucun travail utile un aliment à cette activité qui était en lui; il se consumait sur place, et il lui était impossible d'obtenir une consolation véritable. A qui se serait-il plaint?

Ce sont des douleurs imaginaires, dit l'adversaire. — Ah! s'il avait cherché à verser un instant dans le cœur de sa femme l'amertume qui dévorait le sien, elle n'y aurait rien compris; elle ne trouvait rien de mieux que l'habitation de N,.., rien de mieux à admirer que les opinions et les appréciations de son père; quand elle entendait son mari le combattre dans une polémique quelconque, il lui semblait que c'était son frère qui se révoltait contre l'autorité légitime, et que dans cette famille, où régnait si complètement le droit divin, l'insurrection était bien près d'éclater. Elle n'éclatait pas; Francisque mettait la main sur son cœur, il en comprimait les battements, mais il souffrait affreusement.

Il souffrait encore parce qu'à chaque instant, il était repris au sujet de sa chevelure, de ses dents, de ses ongles mal soignés. Lorsqu'il paraissait à table, ayant maladroitement manqué à l'un de ces soins, on lui faisait une invitation qui l'obligeait à remonter à son cabinet de toilette pour être un peu plus un de T... Il ne l'était pas du tout, il était un de Saint-M..., il recevait une humiliation. — On lui disait : Vous ne savez pas votre langue, comme le constate la correspondance de madame de T...; on lui recommandait de lire Noël et Chapsal, de pâlir sur Vaugelas. — Dans ces conditions, est-ce que vous n'avez pas pitié de lui? Est-ce qu'il avait des tourments imaginaires? Non, il y avait là la pression d'un joug qui devient intolérable lorsque c'est au nom de semblables petitesses qu'on entend exercer l'autorité paternelle.

J'ai indiqué l'intérieur de la situation; mais si je voulais entrer dans son intimité, descendre dans ces détails de chaque jour qui sont d'autant plus blessants qu'ils composent l'existence entière, je n'aurais pas de peine à démontrer que ce pauvre jeune homme, dévoré des besoins d'aimer et d'agir, dévoué outre mesure à sa foi, les yeux constamment fixés sur les préceptes religieux, se demandait s'il ne les offensait pas. Ingénieux à se créer des scrupules, recherchant la voie où les saints seuls peuvent s'engager, dans cette existence qui était à la fois vide et remplie, il ne trouvait aucune espèce de consolation dans les affections intimes, car ces affections intimes ne pouvaient pas correspondre aux besoins de son cœur.

Dans la correspondance de Mathilde de Saint-M..., vous trouverez l'expression des sentiments les plus purs, les plus affectueux, les plus confiants. Vous demeurerez convaincus qu'à l'heure où je parle, elle n'a pas cessé d'aimer et d'estimer son mari, qu'elle considère dans le

II.   4

secret de son cœur comme étant son meilleur ami, son protecteur,
son guide devant Dieu, et que si M. de T... pouvait un instant
s'effacer, les bras de cette jeune femme s'ouvriraient; de chacun
d'eux elle tient un enfant, comment résisterait-elle? la nature et
Dieu lui diraient de pardonner. Mais elle ne le peut pas; son père est
là, il impose sa volonté comme le premier jour du mariage.

Cette jeune femme n'aimait son mari qu'avec un *exeat* de sa mère;
elle consultait la marquise de T... sur les choses les plus délicates.
La mère exerçait à cet égard une sorte de droit de douane que sa
tendresse doit faire pardonner, et à Dieu ne plaise que je dise un mot
qui la rebaisse; ses intentions sont droites, son cœur pur, mais elle
ne sait pas la vie, elle n'a écouté que M. de T..., elle n'a vécu qu'à
N...; elle ne sait pas quels sont les besoins d'affection *féroce* qui
s'emparent du cœur d'un homme vis-à-vis de la femme qu'il aime et
qu'il veut être tout entière à lui; il l'entraînerait au fond d'un désert
et se consacrerait aux privations les plus dures pour en être exclusivement aimé, plutôt que d'entendre à ses oreilles la voix d'une mère
qui veut savoir comment les choses se sont passées.

C'est cependant ainsi que vivait M. de Saint-M..., les lettres le
prouveront. Quand il demandait à sa femme de venir dans son cabinet
de travail pour assister aux études auxquelles il se consacrait, elle
répondait : Non, ce n'est pas là la vie de N... Elle descendait au
salon ; il la voyait matin et soir, rarement; elle était excellente pour
lui; elle l'aimait, non comme le lui auraient permis les richesses de
son cœur, mais comme elle le pouvait, dans l'atmosphère qui en atro-
phiait les belles qualités; elle l'aimait comme elle pouvait l'aimer à
N... S'il avait pu la conduire dans le monde, être véritablement son
mari, elle aurait été transformée ; au lieu de cette correspondance
pleine de tendresse, d'encouragements véritables, nous rencontre-
rions ce qui se trouve dans les lettres de madame de T... qui sans
doute a mieux compris les exigences de la nature de M. de Saint-M...,
puisqu'elle lui disait qu'il avait à la fois des délices et des tempêtes
de cœur. Madame de Saint-M... a pu voir des tempêtes; elle a trouvé
quelquefois les délices insuffisantes, parce que son mari souffrait.

Les souffrances morales, sans nom, mais dont l'origine est si facile
à indiquer, savez-vous ce qu'elles ont produit? Des désordres dans
la santé, et, au bout de quelques mois, cet homme était condamné à
un état violent que je ne peux pas décrire; je voudrais avoir la science
qui me manque pour vous faire voir les tristes blessures de cet état.
Les organes se sont lassés de ce combat, ils ont réagi à leur tour, et
la correspondance établit que M. de Saint-M..., dès 1857, était atteint
de souffrances nerveuses que personne ne s'expliquait. Si madame
de Saint-M... eût été seule avec lui, la santé lui serait bien vite

revenue; mais madame de T.., dans sa correspondance, disait :
« Francisque, ne dites rien à votre femme; n'allez pas lui parler des
petits chagrins, des petites contrariétés que vous cause votre beau-
père, ne l'entretenez pas de ces choses, elle ne les comprendrait pas,
et ça lui ferait de la peine. » Alors ce malheureux jeune homme,
éperdu, s'adressait à son confesseur pour savoir s'il devait parler à
sa femme de ce qu'il souffrait. Il écrivait à son frère, à sa mère, il
écrivait à tous ceux qui l'aimaient pour qu'on lui aidât à voir clair
dans les ténèbres de son âme. C'est alors que sa santé s'est troublée
et que sont arrivés des symptômes extraordinaires.

L'adversaire a insisté, dans des termes dont je suis encore surpris,
sur ce qu'il a appelé les habitudes dégradantes de M. de Saint-M...,
sur cette ivrognerie dont il aurait donné le spectacle à tous les gens
du château, et qui en aurait fait une sorte d'animal immonde se vau-
trant dans les fanges abominables de l'ivresse.

Allons donc! où avez-vous pris ce tableau, si ce n'est sur votre calomnieuse palette ? Toute la correspondance proteste contre de pareilles
exagérations. M. de Saint-M... souffrait, il avait perdu l'appétit, les
médecins n'y comprenaient rien ; il n'y en avait qu'un qui pouvait le
guérir, et celui-là était caché sous les voiles de la sollicitude maternelle. M. de Saint-M... était donc livré à cette situation bizarre dont
il lui était impossible de sortir, situation qui est caractérisée de la
manière la plus précise, nous le verrons par la correspondance de
1857 à 1859. C'est alors qu'il lui est arrivé quelquefois, trop souvent,
si vous le voulez, en dînant, à la table avec M. de T..., de se laisser
aller, ne mangeant pas, à absorber trop de vin. Ce vin occasionnait
une certaine paresse dans ses idées, mais cela n'était jamais poussé
jusqu'au désordre, jusqu'à l'extravagance. Vous en avez pour témoins
les propres lettres invoquées par l'adversaire.

Parmi ces lettres, y en a-t-il une seule qui renferme une allusion
à une scène faite par M. de Saint-M... en état d'ivresse ? Non ; mais,
pour la haute vertu, pour les scrupules infinis, pour la délicatesse
exquise, pour la sévérité maternelle de madame de T..., une pareille
faiblesse, vous le comprenez, était fort inexcusable. Elle en écrivit
dans les termes les plus alarmants à son confesseur, à madame de
Saint-M... la mère, à M. Edmond, etc. On produit les lettres de ces
personnes, qui ne sont que l'écho des plaintes de madame de T...

L'adversaire dit : Voilà des témoignages ! C'est en prendre à son
aise ; des témoignages que vous avez sollicités, innocemment sans
aucun doute, mais enfin ce sont des réponses aux lettres que vous-
mêmes avez adressées, en racontant aux personnes, qui vous répondent ainsi, des faits sur lesquels elles ne pouvaient pas être éclairées.

Je le reconnais, la santé de M. de Saint-M... a été mauvaise : pen-

dant près de dix-huit mois, il a été livré à des excitations regrettables; mais, pour protester d'un mot contre les exagérations dans
lesquelles on est tombé, je demande si ces excitations ont eu jamais
un résultat sensible et funeste dans le cours des années 1857 et 1858.
Est-ce que M. de Saint-M... n'a pas voyagé ? Est-ce qu'il n'a pas été
à Paris, à Rennes, dans différents châteaux? Est-ce qu'il n'a pas vécu
comme tout le monde ? Est-ce qu'il s'est fait remarquer par une seule
excentricité? S'il avait été cet ivrogne émérite dont parle madame
de T..., est-ce que M. de T... n'aurait pas protesté contre un semblable vice, non pas en le cachant, mais en chassant du château de
N... cet être qui donnait un si scandaleux exemple ? Méditez, messieurs, et vous verrez de quelle force est une pareille observation dans
la discussion à laquelle je me livrerai. Je le répète, les lettres dont a
parlé mon adversaire sont la réfutation la plus complète, la plus victorieuse de tout ce qui a été dit dans la requête.

Comment ! dès les premiers jours du mariage, madame de Saint-M...
aurait été outragée, son mari aurait été vis-à-vis d'elle irrévérencieux
et violent, il aurait même été jusqu'à frapper le petit enfant né de
son amour et de celui de sa femme! Et dans aucune de ses lettres
madame de T... ne s'est plainte ? Elle n'a pas fait allusion à de
pareilles scènes, parce qu'elles sont autant d'inventions, de calomnies
imaginées après coup et dont M. de T... a grossi son œuvre inique.

Madame de Saint-M... a été, sinon la plus heureuse des femmes,
car il était impossible dans cette situation que son bonheur fût parfait, mais la plus aimée, la plus respectée, la plus adulée qui fût au
monde. Nous avons mis les lettres de madame de Saint-M... au procès; vous y trouverez, jusqu'à la dernière heure, la preuve de cette
affection simple, constante.

Les adversaires prétendent que M. de Saint-M... a été un mauvais
mari. Ils ont les mains pleines de lettres qu'il a écrites à sa femme,
qu'ils les montrent. S'il y a une formule, un mot, une syllabe, dont
madame de Saint-M... puisse s'effaroucher, je consens à perdre mon
procès. Ces lettres sont écrites non par un mari, mais par un amant;
elles sont remplies de l'expression la plus ineffable du désir de rendre
cette femme heureuse, de se consacrer à elle sans réserve. Seulement,
ce qu'il souffrait lui inspirait la résolution trop tardive, mais nécessaire, de mettre un terme à un pareil état de choses et de prendre
en main l'autorité qui aurait toujours dû lui appartenir.

Est-ce qu'il n'avait pas reçu ce conseil de la part du Père Argant,
auquel il avait confié ses secrètes douleurs ? L'adversaire disait qu'il
ne comprenait rien à la lettre du 30 avril 1857, dans laquelle le Père
Argant dit à Francisque : « Vous êtes trop bon; l'excès de la bonté
dégénère en faiblesse ; sachez donc dire énergiquement, quoique

avec délicatesse et douceur : Je le veux; l'homme est le chef de la
femme : est-ce vous, gentilhomme breton, qui l'oublierez? Faites
donc sentir que vous êtes le maître, et que si vous aimez généreusement, vous avez le droit d'être payé de retour. »

Voilà ce que disait le Père Argant, alors que la situation était déjà
dessinée. Jusqu'en 1860, M. de Saint-M... a résisté à ces conseils,
craignant d'offenser sa femme et d'amener un chagrin dans la famille;
il n'a pas osé avoir une volonté. Maintes fois, le mot lui était expiré
sur les lèvres, et d'ailleurs un événement s'était présenté qui devait
cimenter la famille pour jamais.

Le 21 octobre 1857, un enfant était né; il avait été environné des
tendresses les plus passionnées de son père. On a dit dans la requête
que M. de Saint-M... avait marchandé les honoraires d'un médecin,
quand son enfant, à dix-huit mois, s'était cassé le bras. J'ai des
documents qui prouvent que si M. de Saint-M... a eu tort, ç'a été de
multiplier les moyens d'action. Lorsque ce malheur est arrivé, il a
amené des médecins de Napoléon-Vendée; il voulait en aller chercher un à Paris; il n'y a pas de père plus ardent à remplir ses devoirs;
et il semblait que lorsque cet enfant était venu au monde, l'affection
de madame de Saint-M... dût trouver une raison de devenir à la fois
plus expansive et plus empressée.

Un second enfant, né en 1859, a été malheureusement enlevé prématurément à l'amour de ses père et mère, malgré les soins de
madame de T... et de madame de Saint-M..., soins qui ont été,
jusqu'à la dernière heure, partagés avec anxiété par M. de Saint-M...
lui-même; cet enfant est décédé en février 1860. C'est alors qu'il
s'opéra dans la situation de M. et de madame de Saint-M... une sorte
de révolution.

En mai 1860, M. de Saint-M... annonça à sa femme sa ferme
intention de quitter N... Elle accueillit cette déclaration avec une
grande tristesse, et pourquoi le cacherais-je? Lorsqu'elle fut communiquée à M. de T..., il en manifesta un violent désespoir. Cette douleur du père de famille auquel on annonce que son enfant va s'éloigner, je la comprends trop bien pour ne pas en parler; seulement
cette douleur n'était pas raisonnable.

M. de T... avait tort de la montrer avec ostentation, il devait la
réprimer. Madame de Saint-M... la rapporta à son mari, et celui-ci
fut désarmé. Mais quelque temps après, les mêmes raisons se présentèrent d'insister pour l'acceptation d'un parti devenu inévitable, et
ce fut alors que M. de T... forma, de son côté, le projet d'arriver à
une séparation. C'est alors que, comme vous en aurez la preuve, il
ne craignit pas de dire à sa malheureuse fille que M. de Saint-M...
était la cause de la mort de son enfant, que c'était parce qu'il n'avait

pas renoncé plus tôt à ses funestes habitudes que Dieu l'avait frappé,
Et madame de Saint-M..., qui sentait palpiter en elle le nouveau fruit
d'une grossesse, se livra sans aucune réserve aux conseils de son père.

En septembre 1860, je l'ai dit, et je le prouverai, sans aucune espèce
de motifs sérieux, alors que rien ne pouvait excuser une pareille
extrémité, quand la famille était réunie, quand madame de T...
écrivait à madame de Saint-M... la mère : « Venez passer l'automne
à N... »; lorsque M. de Saint-M... était plus que jamais empressé
pour sa femme, alors que, depuis janvier 1860, la mauvaise habitude
dont on a parlé avait cessé complètement, et depuis cette époque elle
n'a jamais reparu, — on est forcé de l'avouer dans la requête; — c'est
alors, dis-je, qu'est présentée la demande en séparation, à laquelle
il n'y avait pas de prétexte, si ce n'est l'éventualité de l'accomplissement du parti voulu par M. de Saint-M..., si ce n'est cette habitation
séparée que redoutait M. de T... et à laquelle il a voulu opposer un
remède terrible et bien coupable, le scandale de cet odieux et inutile
procès, — odieux, car il touche à la réputation et à l'honneur d'un
honnête homme dont il pourrait briser la vie; — coupable, car il
expose au même malheur une femme innocente et dévouée qui pleu-
rerait avec des larmes de sang la victoire que son père remporterait
devant vous, qui maudirait un jour le jugement qui, la condamnant
à être veuve étant encore jeune, placerait à ses côtés, comme des vengeurs peut-être, deux enfants qui, grandissant loin de leur père, lui
demanderaient un jour compte de cette séparation.

Mais, messieurs, vous ne prononcerez pas cette séparation, car vous
allez avoir la preuve par les pièces du procès qu'elle est impossible,
et que les faits sur lesquels M. de T... a échafaudé sa requête sont
ruinés un à un par tous les documents que j'ai communiqués à mon
honorable adversaire, et qui constatent que l'union la plus parfaite
n'a pas cessé de régner entre les époux jusqu'au 14 septembre inclu-
sivement, jour de la demande en séparation. Le matin même ils se sont
donné le baiser de paix; M. de Saint-M... s'est occupé de sa femme
toute la journée; comme d'habitude, il n'a songé qu'à elle, et c'est,
bien entendu, malgré la volonté de la jeune femme qu'a été rédigée
l'indigne demande en séparation que j'ai maintenant à examiner.

On a osé dire que, dès les premiers jours, la vie commune était
devenue impossible; que M. de Saint-M..., par son caractère hautain,
impérieux, plein d'exigences, avait désolé le cœur de sa femme, qui
ne lui avait écrit des lettres convenables que par un sentiment de
religieuse résignation.

Heureusement, pour la cause et pour la manifestation de la vérité,
M. de Saint-M... a entre les mains un très grand nombre de lettres
que sa femme lui a écrites. Il a fait plusieurs absences. Jusqu'en 1860,

toutes les fois, sans exception, qu'il a été loin de N.., sa femme lui a écrit, si ce n'est tous les jours, au moins tous les deux jours, et dans chacune de ses lettres se rencontre, non pas la résignation dont a parlé l'adversaire, mais la tendresse simple, contenue, qui appartient à une femme pudique, à une femme qui, en même temps, n'a rien à réserver de son cœur vis-à-vis de son mari.

Nous sommes au 27 janvier 1857. M. de Saint-M... est allé voir sa mère ; sa femme lui écrit en ces termes :

« Mon cher Francisque,

« Ma pensée ne vous quitte guère depuis le moment où vous êtes parti. Il me paraît bien triste d'être séparée de celui à qui j'ai donné mon cœur. Aussi me suis-je souvent occupée de vous. A chaque instant je me demande où vous êtes, ce que vous faites ; je vous suis chez vos amis, et mon cœur jaloux se réjouit en songeant que vous pensez à moi et au bonheur que vous donnez à la famille de votre petite femme. »

Voilà ce que mon adversaire appelle de la résignation religieuse. Je n'en demanderais pas d'autre pour ma part, et j'avoue que je m'en contenterais.

Elle poursuit :

« C'est une cruelle journée que celle passée loin de vous, mon bon ami, qui partagez les peines des autres. Je suis à merveille, et je me hâte de vous le dire afin d'éviter le sermon qui m'arriverait infailliblement si j'oubliais de vous parler de ma santé. J'attends demain avec impatience pour avoir de vos nouvelles. J'espère que vos dents vous laisseront un peu de répit... »

Elle ajoute encore cette phrase, toujours dictée, comme dit l'adversaire, par la résignation religieuse et par le désir d'être conforme aux convenances et probablement aux règles de la civilité :

« ... Que je suis heureuse, mon cher ami, de vous aimer et de vous appartenir ! Je remercie Dieu de tout ce qu'il fait pour moi ; il m'a accordé tout ce que je pouvais désirer ; je ne le méritais pas, je le sais ; mais je le remercie chaque jour... Je vous disais que j'étais triste d'être séparée de vous ; c'est vrai, les caresses me manquent. Cependant, ne croyez pas que je sois malheureuse !... Vous savez combien je suis aimée et chérie... Puis, le temps se passe à N... Je suis forcée de vous embrasser... Vous reviendrez bientôt, je l'espère... »

Assurément, on ne peut pas rencontrer de lettres plus tendres, accusant un bonheur plus complet que celui dont jouissait madame de Saint-M... en janvier 1857, c'est-à-dire quatre mois après le mariage. Et cependant, dans cet intervalle, se place un des faits articulés dans la requête, le voyage fait en Allemagne, pendant lequel M. de Saint-M... aurait grossièrement manqué à sa femme et se serait permis vis-à-vis d'elle des outrages qui auraient abrégé cette excursion de plaisir.

Si le fait était vrai autant qu'il est inexact, madame de Saint-M...
n'en aurait pas conservé le souvenir, puisqu'elle déclare que son bonheur est d'appartenir à M. de Saint-M...

La seconde lettre est du 28 janvier. Chaque jour une lettre, et dans
chaque lettre une tendresse :

« Mon cher Francisque,

« Je vous ai promis de vous donner autant que possible de mes nouvelles tous les jours. C'est pour moi une douce obligation ; vous savez
cependant que je me suis réservé d'y manquer... Votre nom est souvent
prononcé ici...Trois jours d'absence ! que je trouve cela long !... Je vous
embrasse... »

Je ne lis pas la lettre tout entière ; ce serait vous fatiguer par des
répétitions, charmantes pour M. de Saint-M..., mais fastidieuses pour
vous.

Encore une fois, cette femme outragée, accablée de persécutions
et d'outrages, écrit à son mari, dans quels termes ?

« ... Mon cher Francisque, vous savez si je vous aime ; je vous le répète,
non seulement pour vous faire plaisir, mais je suis heureuse que vous
compreniez ainsi mon cœur... »

Bulletin du 30 janvier :

« Je ne veux pas vous reprocher les trois pages affectueuses que le
courrier m'a apportées hier, mais je viens me plaindre de ce qu'il n'y en
avait pas une quatrième me donnant des nouvelles de Rennes... Dites-moi
que vous revenez bientôt ; cette semaine m'a paru longue... »

Suivent les détails, après lesquels elle signe : « Votre toute bien
dévouée. »

Le 2 février :

« Mon cher ami,

« Je n'ai pas encore reçu de vos nouvelles... Mon bon Francisque,
envoyez par le télégraphe de vos nouvelles... Je vous embrasse tendrement... »

Ainsi se poursuit toute cette correspondance, qui se compose de
onze lettres pour onze jours d'absence, en janvier et février 1857.

A côté de la correspondance de madame de Saint-M..., je place un
fragment de celle de madame de T... S'il faut en croire la requête,
M. de Saint-M... s'est révélé par ce caractère indomptable qui avait
déjà désolé sa famille et ses directeurs. Voici comment s'exprime
madame de T..., à la date du 1er février 1857 :

« ... Je pense, mon bon Francisque, que tout ce qui se passe à N...vous
intéresse... Au revoir, mon cher Francisque ; notre bien-aimée Mathilde
vous embrasse... Mathilde est aussi bien qu'elle peut être loin de vous ;

elle se nourrit de votre souvenir... Vous savez vous faire aimer... Ma vie est aujourd'hui complétement vôtre... Je ne peux plus vivre heureuse loin de vous... Adieu, bien cher enfant... Mon cœur vit pour le vôtre... »

Voilà encore le langage d'une femme qui se résigne.

Si ces dames se sont ainsi résignées de 1857 à 1860, je ne leur demande que de se résigner encore de la même manière, et la paix sera bientôt faite. Cet effort ne leur coûtera pas davantage en 1861. Et si, en parcourant toute cette correspondance, je rencontre constamment le même langage et les mêmes dispositions. ne serai-je pas en droit de dire que tout ce qui est contenu dans la requête est dès à présent démenti; qu'il faut la fouler aux pieds comme un tissu d'inexactes inventions?

En mars 1857, M. de Saint-M... va à Paris pour acheter des cadeaux à sa femme et des meubles pour leur appartement commun. Il reste absent quatre jours; nous avons cinq lettres; un jour madame de Saint-M... en a écrit deux.

Le 25 mars :

« MON BON FRANCISQUE,

« Je viens, comme je vous l'avais promis, vous donner de mes nouvelles... Ne vous préoccupez pas de ma santé. Ma pensée est souvent près de vous, et je vois d'ici la piteuse figure que vous faites d'être obligé de vous occuper de tant de choses qui vous ennuient... J'allais oublier, mon bon ami, de vous recommander de m'envoyer des asperges... »

Ce n'est assurément pas pour jeter le ridicule sur M. de Saint-M... que je fais connaître ces petits détails, mais pour montrer l'intimité parfaite qui régnait entre les deux époux. Une femme outragée par son mari, qui a vu son père et sa mère maltraités à table, va charger son mari, alors à Paris, de lui acheter des asperges, en lui donnant à cet égard les recommandations les plus précises possibles!

Elle ajoute :

« Je vous prie aussi, mon cher ami, de rapporter quelque chose pour Georges... Hâtez-vous de revenir, car vous savez combien vous manquez à celle qui se dit votre chère Mathilde... »

A moins qu'on n'arrive à prouver (mon adversaire a toutes les puissances, mais celle-là lui échappera) que le français n'est pas du français, ce sont là, il me semble, les sentiments d'une femme qui aime son mari et qui est heureuse avec lui.

Elle lui écrit, toujours en mars 1857 :

« MON CHER AMI,

« J'ai attendu pour répondre à votre première lettre, d'avoir reçu les échantillons... »

M. de Saint-M..., qui savait que les femmes, comme les dieux, se laissent gagner par les cadeaux, en accablait son épouse ; il avait de ces délicatesses auxquelles on n'est jamais insensible ; sa femme l'en remerciait ; elle terminait sa lettre en l'embrassant tendrement.

La dernière lettre est du 27 mars :

« MON CHER FRANCISQUE,

« Je viens ajouter un mot à la lettre de ma mère, pour vous dire que j'attends une lettre qui m'indique le jour de votre arrivée. Je vous embrasse, mon ami, de toute mon âme. »

Voilà la femme pour laquelle on demande la séparation ! Quand je vous apporte ces lettres, ne suis-je pas en droit de dire que tout ce qu'on a allégué n'est qu'une fable, qu'un mauvais rêve ?

Cependant, à cette époque de 1857, M. de Saint-M... éprouvait déjà des souffrances intimes, conséquences obligées de son oisiveté et de la situation particulière qui lui était faite dans la famille. Madame de T... elle-même s'en effrayait ; elle comprenait, avec son expérience de mère et sa délicatesse de femme, que son gendre pouvait ne pas être heureux. On a parlé d'une lettre du 27 mars 1857 que madame de T.., aurait écrite à son confesseur. Il nous a paru extraordinaire que cette lettre vît le jour ; il nous semblait que les convenances auraient exigé qu'il en fût autrement ; mais madame de T... est probablement un juge meilleur que nous en pareil cas, et nous nous inclinons devant sa volonté. Elle a mis cette pièce au jour ; en voici un fragment :

« Je vous envoie une lettre affectueuse de Francisque ; je vous adresse aussi ma réponse. Vous me direz ce que je dois faire maintenant. Puis-je lui continuer mes conseils ? dois-je les lui donner par écrit ? M'approuvez-vous ? Je crois important qu'elle (Mathilde) ne sache pas les remarques de son père ; elle en aurait une vive peine... Vous pouvez écrire à J... si vous le croyez bon ; je vous envoie sa dernière lettre ; elle m'a fait du bien... »

Je m'arrête, messieurs, car cette révélation de madame de T... est bien grave. Je n'ai pas dit et je n'ai pas pu dire quels étaient le gouvernement intérieur et l'administration des âmes de cette famille. C'est là un point trop délicat pour que j'y puisse témérairement toucher. Si je le pouvais cependant, je vous montrerais ces existences, si calmes en apparence, agitées par des scrupules qui les troublent et les tourmentent. Les faits les plus simples apparaissent à leur imagination ou à leur foi comme pouvant devenir un obstacle à l'accomplissement de leurs devoirs ; là où à vos yeux ne se présenteraient que des circonstances insignifiantes, se dressent, pour ces personnes, comme des fantômes qui leur barrent le passage.

Alors qu'arrive-t-il? Au lieu de chercher dans les lumières de la raison, dans les inspirations du cœur, dans l'appréciation intelligente de la règle que chacun connaît, la solution de ces difficultés pratiques, c'est un tiers qu'on va consulter, un directeur spirituel, qu'on met dans la confidence de ces intimités, c'est à lui qu'on demande la raison d'être d'un fait qui d'abord ne semble présenter aucune gravité. En doutez-vous?

Madame de T... a deviné qu'il y avait chez Francisque une tristesse dont elle distingue la cause: elle le dit suffisamment; ce sont les remarques perpétuelles de M. de T... sur son gendre, ce sont ses observations sur les formes, c'est ce désir de M. de T... de voir en son gendre cet idéal, ce vernis, dont il est le modèle s'il faut en croire son parent. M. de Saint-M... en est encore très loin; M. de T.., s'en offense; il fait des observations blessantes pour l'amour-propre de son gendre; celui-ci en souffre, il veut en parler à sa femme. Du tout, dit madame de T..., il ne faut pas en entretenir votre femme. Mais comme elle éprouve un scrupule, fondé cette fois, elle consulte son directeur. Ai-je bien fait, mon Père? lui demande-t-elle; croyez-vous qu'il soit bien que M. de Saint-M... cache à sa femme les souffrances intimes que peuvent lui causer les observations de son beau-père?

Si madame de T... avait adressé ces observations à un père de famille, à un homme expérimenté de la vie, voyant les choses avec cette simple droiture qui me paraît être le signe de la vérité, la réponse était facile. Placer entre le cœur d'un mari et celui de sa femme l'autorité maternelle comme une injonction qui soit une barrière condamnant l'un au silence et l'autre à l'ignorance, c'est faire le malheur de l'un et de l'autre. Je ne sais pas ce qu'a répondu le prêtre, mais ce que je sais c'est que madame de T... n'était pas dans la vérité. Trompée par sa tendresse maternelle, voulant éviter à sa fille un petit chagrin, elle semait ainsi sur les pas des époux des grains de sable qui allaient devenir des écueils formidables.

M. de Saint-M... est inquiet, blessé, il souffre; naturellement, il doit l'avouer à sa femme. Mais, comme madame de T.. a plus d'expérience, plus d'expansion que sa fille, c'est d'abord à elle que Francisque se confie, et c'est alors que madame de T... s'engage dans cette voie fausse qui doit conduire les deux époux, si ce n'est à la désunion, au moins au péril de la désunion. Elle dit à Francisque: « Ne communiquez rien à votre femme »; mais, éprouvant un scrupule, elle s'adresse à son confesseur. Puis elle ajoute:

« Francisque, après nous avoir dit qu'il allait à Saint-M..., y a renoncé et s'est dirigé sur Laval où se trouve le Père Argant. Peut-être pourriez-vous écrire; mais c'est bien délicat... »

Il s'agit de savoir si un mari pourra parler à sa femme des chagrins qui lui sont causés par les observations de son beau-père. La mère de famille écrit à son confesseur à ce sujet et conseille à celui-ci d'écrire au Père Argant; voilà deux Jésuites en mouvement pour une affaire si grave!

Quel est l'enseignement résultant de ceci? C'est que nous sommes en face d'une personnalité qu'il faut regarder de près pour la juger sainement, d'une personnalité qui, dans les vues les plus droites, trompée par les sentiments de son cœur, exagère toutes les choses, les grandit d'une manière hors de proportion avec la vérité, et se fait des montagnes de ce qui n'est en réalité qu'une poussière.

Vous étonnerez-vous alors que lorsque madame de T... aura à s'expliquer sur la mauvaise habitude, sur la coutume qu'a son fils de boire un peu trop au dessert, de s'échauffer la tête et de rester ainsi au salon dans une situation qui blesse le fini, le délicat vernis de politesse exquise de M. de T..., madame de T..., de bonne foi, voie dans une pareille chose un véritable crime, un forfait, la violation de toutes les règles, de tous les égards dus à l'épouse et à la famille?

Ce n'est pas tout.

« ... C'est délicat, écrit madame de T...; il vaudrait mieux que nous pussions causer de tout cela avant de rien arrêter. Je pourrais dire à M. de T... que j'ai besoin de vous parler de Francisque; il ne s'en étonnerait pas. Je pourrais aller à Blois; puis je prendrais la poste du matin pour aller à Tours voir M. Dupont... »

C'est là un petit manège, innocent, je n'en doute pas. Madame de T.., invente une histoire pour échapper à l'autorité de son mari, et tandis qu'on la croira à Blois, elle ira jusqu'à Tours. Elle trompe M. de T... pour aller soulager sa conscience maternelle. Je n'ai pas le droit de me montrer sévère envers qui que ce soit, mais je constate, en historien fidèle, la petitesse de ces consciences qui, fractionnant la vertu, la réduisant en poudre impalpable, finissent par ne plus la reconnaître. Elles sont réduites, les infortunées qu'elles sont, à descendre jusqu'au mensonge, à tromper le mari, à lui faire croire qu'on ne va que jusqu'à Blois, tandis qu'en réalité on va à Tours pour demander conseil sur un cas de conscience si pressant à un Père Jésuite qu'on croit plus éclairé qu'un autre.

Est-ce là la vie raisonnable, simple, que nous voudrions pour nous-mêmes? Beaucoup d'hommes voudraient-ils l'accepter? Cet échantillon des sentiments de madame de T... ne vous dit-il pas assez dans quel milieu et sous quel régime M. de Saint-M... était condamné à vivre? Ah! loin de nous les richesses, le faste de l'existence, les honneurs et tout ce qu'ont de brillant les distinctions sociales avec leur vain prestige, quand il faut acheter ces faux biens du monde à la

condition d'annuler, devant une sorte de parti pris et de vertu conventionnelle, les qualités natives et l'indépendance que nous devons à
Dieu ! Mieux vaut vivre de l'existence simple et droite qu'il enseigne
par l'application de ses saintes lois et de sa charité : Aimez-vous les
uns les autres; n'allez pas, subtilisant sur les sentiments qui agitent
votre cœur, provoquer chez d'autres ces sortes de luttes morales dans
lesquelles la liberté expire, et où il n'est pas possible de se retrouver
soi-même...

C'est là où en était madame de T...

Cette lettre précieuse, dont j'ai reçu la communication de mon
adversaire et qui jette tant de lumière sur la cause, continue ainsi :

« ...Je n'avais pas parlé à mon cousin des défauts de caractère de
Francisque... »

C'était un défaut de forme et de langage qui était l'objet des critiques de madame de T... On mettait des tiers en mouvement pour
amener la réformation grammaticale de M. de Saint-M...

Madame de T... disait encore au même confesseur :

« Francisque a très bonne envie de se charger de la défense d'un curé
qui est accusé... M. de T... serait très heureux qu'il se posât bien...; mais
il craint le langage vulgaire de Francisque, et il se dit que, si quelque
mauvaise expression lui échappait, il serait mal jugé pour toujours dans
le pays... »

M. de T... est jugé lui-même par cette révélation de sa femme. Le
pauvre Francisque trouve une cause qui sollicite son zèle, il désire la
plaider ; il demande l'agrément de son beau-père. Celui-ci a trop
d'esprit pour refuser nettement; il n'y voit pas d'inconvénient ; mais
il craint que le jeune avocat ne prononce une expression malson-
nante, ce qui le ferait mal juger dans le pays.

Que M. de T... me permette de le lui dire, il voyait encore ces
choses à travers le prisme de cette délicatesse exquise qui le mettait
au-dessus des réalités de la vie. L'avocat qui débute parle mal ordinairement; son langage a des imperfections, la profession est laborieuse, ce n'est qu'à force de travail et de bonne volonté que la
parole finit par être moins indigne qu'au point de départ. Mais ce
n'était pas ce que voulait M. de T... M. de Saint-M... devait rester
à N... pour l'éternité; il ne devait pas devenir un homme, revêtir la
robe d'avocat; il devait parler le français selon les principes de la
grammaire, et quand il y a manqué, madame de T... en a écrit à
tous les confesseurs.

En vérité, quand il existe de pareilles petitesses, quand il y a de
telles exagérations, quand ce qu'il y a de grand, de noble, de fécond,
de véritablement créateur dans l'activité humaine, est mis sur ce lit
de Procuste conventionnel où tout est étouffé pour un défaut de

prononciation, peut-il y avoir de la dignité? Ne comprend-on pas que M. de Saint-M... ait beaucoup souffert, et qu'il ait commis quelques fautes, non contre sa femme, mais contre lui-même?

Le 27 mars 1857, le même jour où elle écrivait à son confesseur, madame de T... écrivait aussi à son gendre, et il est curieux de rapprocher les deux lettres :

« Mon bien cher enfant, lui disait-elle, votre affectueuse lettre m'a fait bien plaisir, j'avais besoin de vous entendre me redire les douces expressions d'une tendresse qui est désormais une condition de bonheur pour moi, vous avez beaucoup souffert, mon tendre ami, et votre souffrance était mienne. J'étais bien près de vous dans ces moments de lutte intérieure, mais je devais me taire, offrant à Dieu un silence qui coûtait tant à mon cœur, cher enfant; laissez-vous guider par mon expérience. Ne parlez point à Mathilde de la peine que vous causent les observations que je suis obligée de vous faire. C'est votre plus grand intérêt de dissimuler à votre femme les remarques que ses parents ont pu faire sur votre éducation et votre caractère. Vous avez raison de dire que ce ne sont pas des choses graves, surtout avec la pensée que vous en avez de vous corriger; mais une jeune femme est une fleur que le moindre souffle atteint, et si elle pouvait croire qu'elle est supérieure à son mari comme éducation et comme caractère, elle serait moins bien à mes yeux...

« Votre chère femme est aussi bien que possible; elle n'a que le cœur un peu gros... »

Tout cela est charmant, mais j'ajoute que cela est faux. Madame de T... induisait son malheureux gendre en erreur quand elle lui enseignait cette morale, qui consiste à séparer l'époux de la femme. Non, non, Dieu n'a pas voulu que l'homme renfermât en lui les douleurs qui peuvent agiter son âme; il lui a donné sa compagne pour être la moitié de sa vie, pour s'appuyer sur elle dans les mauvais sentiers où s'égarent ses pas, pour que chaque battement de son cœur fît battre le sien, et que l'amour, l'attachement les unissent tous deux dans toutes les circonstances de la vie.

Cette lettre est la justification la plus complète de ce que je disais sur la nature des griefs que madame de T... reprochait à M. de Saint M... et qui faisaient le malheur de ce jeune homme. Il avait un chagrin qu'il cachait, qui s'augmentait à force de ne pouvoir l'épancher. Madame de T... considérait cela comme mortel pour M. de Saint-M..., et cependant elle lui disait : « Surtout, mon enfant, n'en parlez pas à votre femme; une femme est comme une fleur, le moindre contact peut en ternir l'éclat. »

S'il m'est permis de suivre la métaphore poétique de madame de T..., je lui répondrai que, sans aucun doute, la femme est comme une fleur dont nous pouvons respirer le parfum, mais une fleur que nous ne devons pas enfermer dans une serre chaude, une fleur qui a besoin de voir le soleil et de respirer l'air de la nature.

C'est ainsi qu'en interrogeant la correspondance de 1857, émanée de madame de Saint-M..., nous voyons M. de Saint-M... aimant tendrement sa femme, celle-ci lui répondant par l'expression d'un sentiment tout à fait pareil, et madame de T... cherchant, de bonne foi, à consolider leur bonheur, mais, en réalité, travaillant à le détruire à force de trop aimer sa fille.

Elle écrit encore à son gendre le 31 mai 1857 :

« MON CHER ENFANT,

« Mathilde veut bien me céder la place encore aujourd'hui . . . . . .
« Mathilde vous embrasse tendrement... »

Voilà la situation intérieure décrite par madame de T..., et, assurément, rien ne peut faire pressentir dans une pareille situation quoi que ce soit ressemblant à des éléments de séparation de corps.

Les voyages de M. de Saint-M... ont été courts, mais fréquents. En mai 1857, il est allé à Rennes, où l'appelait le service anniversaire de la mort de son père ; il a été absent pendant quinze jours ; pendant ce temps, sa femme lui a écrit neuf lettres. On ne peut rien demander de mieux à la tendresse conjugale. Toutes les lettres sont un démenti éclatant aux articulations de la requête, qui font tout remonter aux premiers jours du mariage, et prétendent que madame de Saint-M... n'a jamais été qu'une victime.

Voici ce qu'écrit la victime à la date du 16 mars 1857 :

« MON CHER AMI,

« Je viens de recevoir votre lettre, et je suis heureuse de savoir que vous avez fait un si bon voyage... »

Remarquez ceci ; c'est un détail, mais il a son importance. M. de Saint-M... portait un petit médaillon consacré ; ce médaillon s'égare, sa femme le fait rechercher avec grand soin, et elle lui dit :

« On a fait publier votre médaillon ; il a été impossible de le retrouver... Ne vous affligez pas de cette perte... »

Dans ces existences inoccupées, qui sont pleines d'aspirations vers Dieu, pleines de dévotions saintes, peut-être exagérées, les petits événements deviennent de grandes choses.

Il y a des lettres des 15, 16, 17 mai. Dans l'une d'elles, madame de Saint-M... dit :

« MON CHER FRANCISQUE,

« Je viens causer quelques instants avec vous avant d'aller à la messe. Vous me demandez de vous envoyer de mes cheveux... »

Ce tyran, ce monstre, qui passe sa vie à outrager sa femme, il est loin d'elle depuis deux jours, il lui demande de ses cheveux ! il a

besoin de ce témoignage matériel! Nous sentons tous ces choses;
l'âge ne refroidit pas le cœur, et quand une fois il a été bien placé
par Dieu, jusqu'à ce que la mort le glace, il sent encore la douceur
des affections intimes.

Le mari demande des cheveux de sa femme, et elle ne s'en offense
pas, elle ne prend pas cela pour une injure! On a oublié de mettre
ceci dans la requête.

« ... Vous me demandez de vous envoyer de mes cheveux. Je me rends
à votre désir; seulement je ne sais où vous les adresser, car vous m'an-
noncez votre départ de Rennes sans me dire où vous allez...

« Tout à vous.

                                    « Votre MATHILDE. »

Voici une lettre du 18 mai:

    « MON CHER FRANCISQUE,

    « J'ai appris avec bien du bonheur qu'il ne fallait pas perdre tout espoir
de conserver sur le continent M. Levillain.., »

Il paraît qu'elle n'a pas pu écrire le 19, mais elle écrit le 20:

    « MON CHER FRANCISQUE,

    « Comme je vous le disais, ma mère est allée faire son petit voyage de
Tours et de Blois. »

Le 23 mai, elle écrit de Grandville, toujours dans les mêmes termes:

    « Je n'ai pas pu vous écrire hier, j'avais trop mal aux dents; aujour-
d'hui je suis un peu mieux, et je m'empresse de vous le dire. Je vous
demande pardon d'écrire si mal, mais je me suis piquée au doigt, et c'est
avec peine que je tiens ma plume. »

Et elle termine sa lettre:

    « Vous ne me parlez pas encore de votre retour... J'espère, mon cher
Francisque, que vous reviendrez bientôt; probablement, vous nous retrou-
verez au Pé. Mon doigt me force de vous embrasser à l'instant, mon cher
ami. »

Ce doigt est charmant. Elle raconte qu'elle s'est légèrement piquée
à l'index. Il n'y a que les femmes qui trouvent ces choses-là.

C'est de la résignation, dit l'adversaire. — Non, c'est de l'amour,
et du meilleur; c'est de l'amour innocent, charmant, l'amour qui
a continué jusqu'en 1860, qui continue malgré la procédure dont
M. de T...est seul responsable, et qui, forçant les barrières, ramènera
les deux époux l'un vers l'autre.

Le 24 mai:

    « Je suis heureuse, mon cher ami, de pouvoir aujourd'hui vous donner
de bonnes nouvelles. »

    « A bientôt, très cher », dit-elle dans une autre lettre.

Enfin, le 31 mai:

« Mon cher Francisque,

« Je vous écris pour la dernière fois. Comme je vous l'ai dit, la voiture ira vous chercher, mais vous ne me dites pas par quel bureau vous arrivez..... »

Ceci nous conduit jusqu'en mai et juin 1857.

Cependant, selon les adversaires, cette même année 1857 est marquée par des événements qui ont dû singulièrement affliger madame de Saint-M...; elle aurait été outragée; M. de Saint-M... était, à cette époque, dans un état permanent d'ivresse, et cette situation dégradante a amené les scènes dont a parlé mon éminent adversaire, sans en préciser aucune, il est vrai; l'existence de madame de Saint-M... était intolérable, a-t-on dit.

Elle était intolérable quand son mari n'était pas près d'elle, ce qui n'est pas un cas de séparation, que je sache.

Au mois de novembre, M. de Saint-M... fait encore un voyage. Les choses vont-elles changer? Non, madame de Saint-M... recommence sa correspondance quotidienne; elle console son mari des peines de son absence. En octobre, elle était devenue mère. Dans la requête, on articule un reproche odieux. Le jour de la naissance de l'enfant, M. de Saint-M... aurait voulu pénétrer dans la Chambre du nouveau-né, et, dans le désordre et la violence de ses idées, il aurait dit: « Qu'elle crève, elle et son enfant! » Mon adversaire disait que c'était là un fait vraisemblable. Il n'a pas réfléchi : un père aurait tenu ce propos impie au chevet du lit de sa femme devenue mère! mais avant que ce fait soit même considéré comme vraisemblable, la réprobation publique le repousse déjà. Si M. de Saint-M... a été ce monstre, s'il a fait entendre des menaces de mort sur ce jeune être qu'il devait couvrir de ses larmes et de ses baisers, est-ce que madame de Saint-M... supportera jamais sa présence devant elle?

Madame de Saint-M... est accouchée en 1857. En novembre, son mari s'absente pour onze jours seulement; elle lui écrit quatorze lettres, qui, toutes, contiennent l'expression du même sentiment.

Je suis désolé de fatiguer le tribunal par des lectures, mais cette fatigue et cette lecture sont mon procès. Quand on prétend que madame de Saint-M... a été outragée, madame de Saint-M... proteste et dit qu'elle a été heureuse. On a communiqué les lettres.

« Marc, dit-elle le 22 novembre, s'est promené hier... Je pense souvent à vous ; et je me demande si vous ne faites pas d'imprudence, ce qui me paraît peu probable; je vous en prie, tâchez d'éviter surtout le froid et les crudités... »

L'adversaire, en lisant ces lignes, avait l'air d'insinuer que ces conseils étaient relatifs à la détestable habitude qu'on attribuait à M. de

Saint-M.., — Non, sa femme a peur qu'il ne prenne froid et qu'il
ne mange des crudités : elle ne parle pas d'autre chose, et quand elle
s'exprime avec son cœur, elle dit :

« Vous ferez bien, à votre passage à Rennes, de donner une gratifica-
tion... »

23 novembre :

« Je comprends, mon cher Francisque, combien vous avez hâte d'avoir
de nos nouvelles, et je viens ce matin vous en donner. Nous sommes très
bien : Marc me paraît avoir très bonne mine, je dis : me paraît, parce
que je me suis pressée de le quitter pour vous écrire. . . . .
. . . . »

Voilà une jeune mère, une jeune nourrice qui abandonne un instant
son petit nourrisson parce que son cœur la pousse vers son pupitre,
sur lequel se trouve une feuille de papier, et que cette feuille de
papier, plus heureuse qu'elle, saisie par le facteur, va aller trouver
son mari. Elle trompe ainsi l'absence :

« Je vous embrasse tendrement comme je vous aime. »

Mes adversaires, qui dénaturent toutes les choses, vont croire que
madame de Saint-M... ne connaît pas la propriété des termes. Elle
embrasse son mari comme elle l'aime ! c'est-à-dire qu'elle l'aime
comme elle l'embrasse.

Le 24 novembre 1857, elle écrit encore :

« Je n'avais pas même reçu de vos nouvelles hier matin. Mon père a eu
la bonté, dans l'après-midi, d'aller à Napoléon et de me rapporter la lettre.
Vous paraissez bien fier de n'avoir pas eu de spasme en diligence... »

Le tribunal voit que dans cette lettre madame de Saint-M... s'inquiète de la santé de son mari, qui, à cette époque, commençait en
effet à être mauvaise. Les inquiétudes étaient exprimées dans les
termes de l'affection la plus tendre.

25 novembre :

« Je suis désolée de vous quitter sitôt. . . . .
. . . . »

Enfin, voici la dernière lettre de cette période :

« Mon cher Francisque, afin de ne pas l'oublier, je commence par vous
prier de ne pas voyager la nuit ; ce serait trop imprudent. . . . . »

Que puis-je ajouter à la force de pareils documents ? Ils excluent
toute interprétation et tout commentaire. Nous sommes en décembre 1857 ; nous allons passer en 1858. Est-ce que pendant les seize mois
qui se sont écoulés depuis le mariage, l'union n'a pas été parfaite
entre les époux ? Où pouvons-nous donc en chercher les preuves si ce
n'est dans la correspondance de la jeune épouse ?

Et si cette correspondance est tout entière pleine de l'expression des sentiments qui remplissent son cœur, n'en faut-il pas conclure que, pendant cette première période, elle a été parfaitement heureuse; qu'aller jusqu'à dire qu'à partir du jour de son mariage, et notamment en 1857, elle a eu considérablement à souffrir des outrages et des grossièretés de son mari, de ses abominables habitudes, de ses excès quotidiens, c'est s'inscrire en faux contre la vérité?

Voilà ce que j'avais à dire sur cette première partie du débat.

J'ai à vous demander pardon de la longueur des développements dans lesquels je suis entré; mon excuse est dans la nature même de l'affaire que je dois vous expliquer, qui ne peut être comprise qu'autant que chacun de ses détails vous sera connu. Mon excuse est encore dans mon désir ardent, passionné, d'arriver au succès, car ce succès à mes yeux, est le triomphe de la vérité, qui m'apparaît avec la clarté de l'évidence. Et ce n'est pas seulement au nom de M. de Saint-M... que je poursuis ce but, je ne le défends pas, je défends sa femme, je défends ses malheureux enfants; je cherche par tous les moyens qui sont en moi à écarter de cette famille ce désastre qu'on appelle la séparation de corps venant fondre sur deux existences qui commencent et sur deux autres qui ont à peine commencé. Je plaide la cause de M. de T... lui-même, et, j'en ai la conviction profonde, lorsque les passions d'aujourd'hui seront apaisées, il me saura gré de mes efforts; il en reconnaîtra non seulement l'incontestable loyauté, mais encore la prudence, et le jour ne sera pas loin où je serai associé aux remercîments qu'il devra à la sagesse du tribunal.

Mais pour que le résultat soit atteint, il faut que vous soyez éclairés. Vous l'êtes déjà; mais comme mon honorable adversaire vous a entretenus du réquisitoire lancé contre M. de Saint-M..., il est nécessaire, messieurs, que j'y réponde sans rien omettre, afin qu'il n'en reste pas un indice, et que le jugement que vous rendrez infailliblement soit ratifié par l'opinion unanime de tous ceux qui nous ont entendus.

J'ai expliqué ainsi que je l'entends la situation qui était faite à M. de Saint-M... dans la nouvelle famille où il était entré. Ce combat, qui se livrait en lui entre l'action qui lui était refusée et le désir qui le dévorait, avait amené ces souffrances morales dont vous connaissez les tristes conséquences. Ces souffrances ne sauraient être contestées. Quand mon adversaire, qui semblait n'avoir qu'effleuré sa cause, vous disait, restant à la surface, que les plaintes de M. de Saint-M... lui paraissaient des mystères, c'est qu'il n'avait pas suffisamment prêté l'oreille aux discours tenus par tous les membres de la famille, et notamment par madame de T...

Je ne suis pas trop hardi quand j'affirme que madame de T... non

seulement connaissait les souffrances morales de M. de Saint-M...,
qu'elle en appréciait parfaitement la cause, mais encore qu'elle les
caressait, qu'elle les entretenait, qu'elle les excitait de la main même
qui prétendait les guérir. Pourquoi, messieurs ? Il ne me serait pas
difficile de l'expliquer si je voulais entrer dans l'examen minutieux
des différents mobiles qui faisaient agir madame de T...,et si je vous
la montrais avec ses qualités élevées et charmantes, avec sa tendresse
exquise, avec cet art d'exprimer tout ce qui est en elle, penchée
cependant sur ce gouffre infini d'une dévotion exaltée où son imagination s'allumait, où son cœur se laissait aller à mille vagues inquiétudes qui réagissaient dans sa conduite ordinaire et qui faussaient
son jugement. Je vous en ai donné la preuve incontestable dans cette
lettre si curieuse qu'elle écrivait à son confesseur, mais je ne veux
pas revenir en arrière ; je suis arrivé à la fin de l'année 1857, et c'est
de cette année que je veux m'occuper.

Au mois d'octobre 1857, je rencontre dans la correspondance
intime de madame de T... la preuve qu'elle connaissait à merveille
la faiblesse et la blessure de M. de Saint-M..., et qu'elle les appréciait
sainement. C'était à la fois une surexcitation des organes et une
grande exaltation de l'âme. Vous allez voir que madame de T...
jusqu'à un certain point s'applaudissait d'un pareil état de choses,et
qu'elle ne contribuait pas peu à en aggraver les symptômes,

Au mois d'octobre 1857, elle écrivait à son confesseur.., Je n'ai
pas, je l'ai déjà dit, à expliquer comment il a convenu à une femme
de l'éminente piété de madame de T,.. de livrer au public et à la
discussion de semblables documents ; c'est une affaire entre sa conscience et Dieu ; j'ai ces documents sous les yeux, je m'en sers.Elle
écrivait donc le 23 octobre 1857 :

« Francisque a le plus grand besoin de moi, car il est dans le plus triste
état de santé ; il a une névrose générale qui affecte la poitrine, les entrailles
et le cœur... »

Ceci prouve que madame de T... était parfaitement au courant de
la situation morale et physique de M. de Saint-M... Elle savait qu'il
ne souffrait, à vrai dire, que d'oppression morale, d'abstinence de
cœur, que ses aspirations étaient contrariées ; mais il avait besoin
d'elle, et avec cette charité un peu tyrannique qui apanage les femmes
comme madame de T..., elle ne voulait pas qu'il échappât à ce
médecin qui était elle-même. Elle lui écrivait en effet, à lui Francisque, le 3 décembre 1857, cette lettre si remarquable que vous a
lue mon honorable contradicteur, et dont je demande la permission
de relire quelques fragments qui vous révéleront quelles étaient les
préoccupations de madame de T... au point de vue de la discipline
conjugale qu'elle entendait imposer à son gendre :

« Mon cher Francisque, lui disait-elle, soyez calme, car je vois, d'après votre lettre, que l'imagination est encore fatiguée........ »

Écoutez ceci :

« ... Une grande obéissance à la voix d'une femme aimée, qui lui crie : Pas de bonheur sans fin sur cette terre !... »

Qu'est-ce à dire, messieurs, et quel est l'homme de sens qui voudrait risquer son bonheur et sa dignité aux dogmes quintessenciés d'une pareille morale ? Sans doute, il faut aimer Dieu avant toutes choses ; mais n'est-ce pas lui qui, de sa puissante main ayant tâté la faiblesse de l'homme, lui a donné les grâces et l'amour de la femme pour embellir sa vie ? Qu'est-ce donc que ce mysticisme étrange dans lequel on prétend reléguer le mari pour le faire disparaître, et ne le faire descendre sur la terre que pour s'agenouiller aux pieds de sa femme, c'est-à-dire près de sa belle-mère ?

Obéissance à la femme ! Madame de T... prétend que tout est changé. Oui en effet, tout est changé dans l'ordre moral, dans l'ordre civil et dans l'ordre religieux. Tout est changé, car le mari qui a le droit, non de commander (écartons ce mot qui pourrait blesser), mais au moins de conseiller, de prévaloir par la fermeté et la douceur, le mari doit être subalternisé ; il faut qu'il obéisse, qu'il se courbe sous les pratiques de la dévotion la plus minutieuse ; il faut qu'il prie quand il demande à aimer, et l'on renvoie ce cœur qu'il a devant lui, cette jeune créature qui lui a promis l'amour, aux stériles pratiques qui ne font qu'aiguiser ses appétits sans les pouvoir contenter.

Je ne crains pas de le dire, il y a dans ces lignes dont mon adversaire faisait l'éloge hier l'explication de la situation violente où se trouvait M. de Saint-M..., situation dont il n'était possible de sortir qu'en permettant aux jeunes époux de vivre loin d'une pareille servitude d'amour.

J'ai dit que madame de T... se complaisait à ces choses ; la lettre que je viens de lire le démontre suffisamment déjà ; mais elle écrivait un peu plus tard, le 23 avril 1858, à madame de Saint-M..., la mère :

« Croyez bien, chère dame, que ma bonne fille est tendrement attachée à son mari ; mais Francisque est un peu exigeant... »

Il était un peu exigeant, parce qu'il voulait que sa femme lui tînt un peu compagnie et ne l'abandonnât pas constamment pour faire les honneurs du salon de M. de T...

« ... Vous me l'avez dit... et la chère Mathilde étant un peu réservée de caractère, elle peut sans aucune intention, froisser son mari sans s'en douter. Le mieux, c'est que chacun se pardonne ses petits défauts de caractère ou de nature ; surtout lorsqu'ils sont si noyés dans de bonnes qualités. »

Ici je m'arrête, et je demande ce que devient cette fantasmagorie accusatrice derrière laquelle l'honorable adversaire a cherché à cacher la vérité. Francisque de Saint-M..., c'est un ivrogne relaps qui, perdu dans les fumées du vin, ne connaissait ni lui-même ni les autres, qui outrageait sans cesse ceux qui l'entouraient. Dans la calomnieuse requête qu'on a présentée, on le montre comme adonné à la plus déplorable des dégradations en 1857, 1858 et 1859.

Nous sommes au 20 avril 1858; quel est l'état du jeune homme? Madame de T... le dit : Francisque est un peu exigeant, il veut être aimé, le tyran! Madame de Saint-M... est un peu réservée, elle le froisse sans le vouloir, mais enfin il faut pardonner ces petits défauts de caractère, surtout quand ils sont noyés dans de si bonnes qualités.

Et c'était un homme, dit mon honorable adversaire, qui appelait sa femme : Infâme, coquine, obscène, et qui, au jour de la naissance de Marc, s'était précipité vers la chambre de son épouse en criant : Qu'elle crève, elle et son enfant!

A qui faire croire de pareilles impostures en présence de la peinture si naïve, si sincère, que vous venez d'entendre du bonheur dont, à cette époque, jouissaient les deux époux, contrariés peut-être par une différence de caractère que l'influence du père et de la mère aggravait beaucoup, car l'équilibre se serait bientôt rétabli si, livrés à eux-mêmes, ces jeunes gens avaient pu se passer ces dissidences qui sont la conséquence naturelle des relations de deux personnes n'étant pas encore parfaitement faites l'une à l'autre, mais que l'amour se charge de faire disparaître bien vite quand il se trouve sans témoins indiscrets. Malheureusement il y en avait, et c'est pour cela que ce travail ne s'est pas fait, qu'il reste à faire, et qu'il se fera, grâce à la sagesse du tribunal.

Le 27 mars 1857, madame de T... écrivait à Francisque :

> Vous me dites, mon cher ami, que si Mathilde avait mon effusion de cœur, elle serait parfaite à vos yeux. Ne regrettez pas cette petite imperfection de sa nature; vous savez que le parfait n'habite pas cette terre, et Dieu nous réclamerait cet ange si nous ne lui coupions pas les ailes en priant le Seigneur de lui laisser un léger défaut. »

Toute cette lettre est charmante, mais ce n'est pas la vérité, madame de T..., plus simple, eût été plus heureuse; elle aurait rendu bien plus heureux aussi ceux qui l'entouraient. Tout en restant dans les limites d'un profond respect et tout en laissant beaucoup à dire, lorsque je rencontre, de la part de madame de T..., un acte marqué au coin de la plus haute imprudence, il m'est impossible de ne pas le signaler. Dire au mari qu'il doit se résigner à son malheur, c'est évidemment lui dire qu'il doit retrancher quelque chose de sa tendresse. Madame de T... s'est toujours placée et elle est restée entre

M. et madame de Saint-M... comme un témoin vigilant et jaloux, comme une sorte de directeur spirituel entrant dans les détails les plus intimes et ne voulant pas que rien se fît sans qu'elle en fût instruite.

Ainsi, dès les premiers moments, en novembre 1856, elle avait écrit à Francisque une lettre dans laquelle je lis ce qui suit, et j'en ai vu beaucoup d'autres de la même nature, que je ne mettrai pas sous les yeux du tribunal, parce qu'elles sont trop explicites : « Je vous recommande, lui disait-elle, une grande discrétion dans tout ce que vous écrivez à Rennes au sujet des rapports que vous pouvez avoir avec Mathilde. Ceci est de la plus haute importance. Ouvrez-vous à vos directeurs sur ces choses; mais à personne en dehors d'eux. Pourtant si vous me jugez digne de vous entendre, je me placerai au rang de vos pères spirituels pour le plus grand bien de votre ménage. Je vous promets la plus grande discrétion en tout. »

Il m'est avis que la meilleure manière d'être discret en pareille matière, c'est de ne rien savoir, et que l'œil de la mère de famille, pas plus que celui des pères spirituels, ne doit se glisser sur ces intimités conjugales, qui sont un trésor n'appartenant qu'à l'un et à l'autre époux.

Mais il en était autrement à N... M. de Saint-M... ne pouvait aimer sa femme qu'avec la permission de madame de T... De plus, agir lui était défendu, et quand il se risquait à paraître à cette barre, quand il y était reçu avec cet esprit de confraternité qui distingue et honore le barreau, avec la bienveillance que la magistrature lui prodiguait et dont tout à l'heure je mettrai une preuve sous vos yeux, M. de T... s'en inquiétait, et il avait peur que la réputation et l'avenir de son gendre n'allassent sombrer tout à coup dans le gouffre incommensurable d'un solécisme qui aurait échappé à son inexpérience.

Madame de T... écrivait encore à son gendre, en mai 1857 :

« ... J'ai cependant besoin de vous dire que je vous aimerai d'autant plus que vous souffrirez davantage... parce je sens, que mon affection vous sera douce et plus précieuse dans ces moments de luttes intérieures. »

Madame de T... connaissait donc parfaitement cet état de choses; elle l'entretenait, elle l'aimait, elle ne voulait pas qu'il en fût autrement.

Et maintenant, messieurs, permettez-moi de poser cette question à votre loyauté : Quel est celui d'entre vous qui aurait pu accepter la situation qui était faite à ce jeune mari? Il ne suffit pas d'être aimé : avant tout, il faut être libre et digne, et si ces deux biens nous sont contestés, il n'y a pas de trésor du cœur qui puisse les remplacer.

M. de Saint-M... souffrait, et cependant il est certain que son union n'a jamais été sérieusement troublée par les souffrances morales accusées par madame de T... Vous avez vu les lettres que sa femme lui a écrites jusqu'en novembre 1857, pendant les différentes absences qu'il a faites. Nous arrivons maintenant à 1858.

M. de Saint-M... fait un petit voyage de quinze jours. Pendant ces quinze jours, quatorze lettres lui sont écrites par sa femme ; c'est toujours la même ponctualité conjugale, et je la recommande à l'admiration de toutes celles qui me feront l'honneur de m'entendre.

Le 14 janvier 1858, elle écrit de N... à son mari :

« Mon cher Francisque,

« Je ne veux pas vous faire jeûner de nouvelles de celle que vous aimez tant. Ce matin, je viens vous dire quelques mots... Nous avons passé une assez bonne journée : Marc a eu un peu de coliques, mais elles n'ont pas duré. Endormi à dix heures, il ne s'est réveillé qu'à sept heures du matin. Je serais heureuse, bien heureuse, si vous pouviez en dire autant de vous.

« Vous m'avez bien promis de vous soigner ; je vous en conjure, n'oubliez pas cette promesse et exécutez-la consciencieusement. »

Est-ce que ce n'est pas le cœur qui a sauté sur le papier ? est-ce qu'on ne le surprend pas tout chaud, tout imprégné du parfum divin de cette tendresse conjugale qui éclate à chaque page de la correspondance de madame de Saint-M... ?

« Le facteur, lui dit-elle le lendemain, — car elle lui écrit tous les jours, — est venu me surprendre. »

Elle écrit le 15, le 16 janvier :

« ... Au revoir... A bientôt !... J'attends avec impatience de vos nouvelles... Le croiriez-vous, mon cher Francisque ? j'ai été aujourd'hui à Napoléon passer quelques instants. J'y avais à faire pour acheter divers petits objets... »

C'est de la simplicité. C'est précisément parce que cette femme parle avec ce ton abandonné, confiant, qu'elle ne cherche pas ses phrases, que son âme est au bout de sa plume, qu'elle ne remplit pas un rôle, qu'elle n'est pas condamnée à cette triste situation que l'imagination de l'adversaire a supposée, d'une femme qui voudrait adoucir son mari, en feignant dans sa correspondance un amour qu'elle n'éprouve pas. Sa tendresse n'a rien d'affecté, elle est parfaitement en rapport avec les dispositions d'esprit et de cœur de madame de Saint-M...

« La messe, dit-elle, m'oblige à vous embrasser plus tôt que je ne le voudrais.

Bénie soit la messe, dit M. de Saint-M..., elle oblige ma femme à m'embrasser avant d'aller remplir ce devoir. — Hier, c'était le doigt piqué : aujourd'hui, c'est un devoir auquel on ne peut se soustraire, mais qui ne l'empêche pas de se laisser aller à toutes les tendresses légitimes du cœur.

Le 17 janvier :

« ... Vous me faites des reproches de ne pas vous parler assez longtemps de Marc... J'en aurais bien plus à vous adresser, car je ne sais pas comment vous allez... »

Comment les choses se passent-elles dans les familles les plus unies? Lorsque l'époux est absent, l'épouse est inquiète ; elle se figure mille dangers, et avec son imagination et son cœur, elle grossit les choses les plus simples, elle n'est rassurée que lorsque le facteur est venu ; et, à peine est-il parti, l'inquiétude recommence jusqu'au lendemain, et elle trompe sa peine en écrivant ; elle envoie ainsi son cœur à son mari. Il y a dans ce cœur ce qui l'occupe, d'abord le mari, puis l'enfant, les événements, les souffrances de chaque jour, ces discours qu'on se tiendrait si l'on était seul à seul, que le papier ne peut pas toujours porter, mais dont enfin il retient toujours quelque chose.

« ... Je serais tout à fait bien, sans le désir de vous voir... A bientôt donc. — Votre Mathilde... »

Même lettre le 19 janvier.

Dans une lettre écrite à madame de Saint-M... la mère, la jeune femme parle de Francisque toujours avec la même tendresse.

Pendant quinze jours, je le répète, il y a quatorze lettres, toutes conçues avec le même abandon, le même ton affectueux, la même tendresse. Par conséquent, on ne peut pas douter qu'en janvier 1858, l'union n'existât entre les époux, et tout ce qu'on a dit sur le caractère hautain, les mauvaises habitudes, les procédés inqualifiables de M. de Saint-M..., tout cela n'est qu'un tissu de calomnies.

En avril 1858, madame de Saint-M... est à Granville ; elle y reste trois jours, elle écrit trois lettres à son mari ; c'est toujours la même exactitude, et ces trois lettres sont conçues dans les mêmes termes. Je les mettrais volontiers sous vos yeux, si je n'étais retenu par la crainte de vous fatiguer.

C'est ainsi que madame de Saint-M... parle à son mari, et je ne veux pas de meilleure réponse à toutes les imaginations, à tous les mensonges de la requête. « Venez revoir ceux qui vous aiment, » lui dit-elle dans une de ces lettres. C'est ce qu'elle dirait encore si sa voix n'était pas étouffée par le respect qu'elle porte à son père. M. de Saint-M..., de son côté, n'a pas cessé de l'aimer, et malgré toutes les douleurs de ce déplorable procès, son cœur n'a pas changé. Pour elle, si son cœur n'était pas garrotté par cette fausse et déplorable éducation qu'elle a reçue, elle irait dans les bras de son mari ; elle ne le peut pas, mais vous lui viendrez en aide, et la paix sera bientôt faite.

Voilà pour l'absence qui a duré trois jours en avril 1858.

Cependant la santé de M. de Saint-M... n'était pas meilleure ; il souffrait, il avait des maux de gorge fréquents, les médecins lui ordonnaient les eaux de Cauterets. Quoiqu'il fût pour lui bien pénible de quitter sa femme, le jeune Marc, le château de N..., où, bien qu'il eût beaucoup souffert, il avait été aussi bien aimé, où étaient ses trésors, ses souvenirs, ses espérances, il dut se rendre aux eaux. Il y est resté seize jours, pendant lesquels il a reçu dix-neuf lettres. Je ne peux pas les lire toutes ; je ne choisis pas ; elles ont toutes été communiquées. S'il y en a une seule dans laquelle on puisse trouver un reproche, je consens à perdre mon procès.

Mon adversaire, dans son bel et inimitable langage, n'a rien eu d'assez fort pour peindre madame de Saint-M... Je voudrais avoir des expressions plus fortes et plus éloquentes pour dire ce que j'en pense, moi qui n'ai pas le bonheur de la connaître, mais qui sais combien elle est aimée. Elle écrit :

« Mon cher Francisque,

« Combien je pense à vous ! Votre souvenir ne m'a pas quittée depuis le moment de votre départ. Comment avez-vous supporté le voyage ?... »

Son esprit et son cœur ne restent pas à N... ; ils voyagent, ils sont en chemin de fer, ils débarquent, ils entrent dans l'hôtellerie, ils s'occupent de savoir si le mari a tout ce qu'il lui faut ; il va souffrir de l'éloignement, du chaud, du froid ! L'esprit et le cœur sont si ingénieux à se tourmenter !

Elle continue :

« ... Je vous demande en grâce de prendre soin de vous, de ne pas vous tourmenter et de tâcher de vous distraire... »

Voilà bien la femme ! Il faut que le mari prenne du plaisir ; il est si malheureux ! J'ajouterai : si fidèle à son amour, à son souvenir !

« Je vous ai dit que tous les jours vous auriez de mes nouvelles... »

On prend ses précautions pour l'avenir. On sait qu'on a affaire au plus susceptible, au plus intraitable des époux, pour aimer, pour s'inquiéter, pour vouloir à toute heure avoir des nouvelles, et la femme, avec cette tendresse charmante, qui est aussi une politique excellente, qui sait très-bien que des événements vulgaires, que des fâcheux, comme il en existe quelquefois, à ce qu'on m'a dit, à la campagne, peuvent faire perdre l'heure du courrier, elle met sur le compte du facteur, qui est le modèle de l'exactitude, et de la poste, qui est la plus vigilante des administrations, les causes qui produiront des retards, Ce sera le facteur de la poste qu'il faudra maudire.

Autre lettre :

« Où êtes-vous, mon cher Francisque, dans ce moment-ci ? Tout mon chagrin est de ne plus vous donner des soins, ces soins qui me rendraient si heureuse... Je vous embrasse tendrement... »

Chacune des lettres se termine par cette formule de résignation religieuse.

Dans une lettre du 17 août 1858, je trouve ceci :

« Riez donc un peu et ne vous morfondez pas... Il faut avoir de l'empire sur son cœur et sur son esprit. Ne voyez-vous pas que je prêche contre moi ?... »

Est-ce que l'adversaire pense que c'était là une contrainte affectée de la part de madame de Saint-M...? Croit-il qu'elle avait pris un formulaire à l'usage des femmes dont les maris sont absents pour savoir ce qu'elle devait lui écrire? Non, il n'y a pas de formule là dedans, c'est de la grâce, de la tendresse. Il y a longtemps que Montaigne a dit : « On ne peut pas farder la vertu, et on n'ajoute rien aux grâces. »

Je ferme avec respect ce recueil de témoignages charmants de la tendresse de madame de Saint-M..., et je le recommande au tribunal comme la preuve la meilleure que M. de Saint-M... n'a jamais commis les excès dont on l'a témérairement accusé.

Dans les premiers jours de septembre 1858, M. de Saint-M... revient ; il n'est pas guéri cependant.

En mars 1859, il fait encore une absence pendant laquelle sa femme lui écrit. J'ai dit que les époux étaient allés ensemble voir leur grand'mère à Grandville ; M. de Saint-M... était revenu le premier, pourquoi? Cet homme qu'on n'a pas craint de représenter comme un être capable de porter une main impie sur son enfant, il revient à N... parce qu'on parlait du croup, cette terreur des mères, comme on l'a si bien dit. Il avait écrit lettre sur lettre, il avait reçu les renseignements les meilleurs, et cependant il vient lui-même s'assurer que son jeune enfant peut revenir sans danger. Il est absent pendant quatre ou cinq jours ; on lui écrit cinq fois.

Le 8 mars :

Mon cher Francisque,

« Je viens vous donner de nos nouvelles... »

Le 9 mars :

Mon cher Francisque,

« J'attends avec impatience l'arrivée de ma mère pour avoir de vos nouvelles... Je vous embrasse comme je vous aime... »

Le 12 mars :

« Je suis désolée de vous avoir fait de la peine, mais le chagrin que me font vos reproches devrait éloigner de votre cœur ces pensées d'indifférence qui s'accordent si peu avec la peine que je ressens de vous affliger... »

Toutes les fois qu'il s'élevait entre les époux, je ne dirai pas un nuage, mais une dissidence, une parole ressemblant à un reproche, voilà comment écrivait la femme au mari qui ne se croyait pas assez aimé.

Nouvelles absences en mai et juillet 1859.

M. de Saint-M... avait éprouvé un crachement de sang extrêmement grave ; il va consulter à Paris ; son absence dure quatre jours. Sa femme lui écrit :

« Mon cher ami,

« Je n'aurai pas de vos nouvelles aujourd'hui... »

Et elle ajoute :

« ...Notre cher Marc est très bien ; il est allé faire ses prières devant votre portrait pour faire revenir papa... »

Personne ne lui avait inspiré cette idée, je crois bien, si ce n'est la tendresse de son jeune cœur, si ce n'est cette affection si passionnée qu'il a pour son père, parce que son père n'a jamais eu pour lui que des caresses et de l'amour.

J'entendais dire hier que ce jeune enfant était effrayé de la présence de son père. C'est une calomnie. M. de Saint-M... a été le meilleur des pères, et dans une circonstance que j'aurai occasion de rappeler, le tribunal l'a fait comprendre à M. de T... qui paraissait l'oublier ; il lui a dit que si le jeune enfant était effrayé lorsqu'on l'amenait à son père dans ces visites furtives, courtes et douloureuses où il peut à peine échanger un mot, une caresse avec lui, c'est que M. de T..., par je ne sais quel inqualifiable sentiment, faisait accompagner cet enfant de gardiens qui insultaient à la dignité de M. de Saint-M... et épouvantaient son enfant. Le tribunal connaît ces faits mieux que moi. Ils sont d'ailleurs justifiés par la lettre dans laquelle madame de Saint-M... fait connaître quelle était la tendresse de ce jeune enfant pour son père ; elle n'eût pas écrit de pareilles choses si M. de Saint-M... eût été un père dénaturé, ne connaissant que l'outrage.

Nous voici arrivés à la fin de 1859, et je dois m'arrêter ici un

instant pour comparer les résultats qui nous sont acquis et qui ressortent incontestablement des documents que j'ai mis sous vos yeux,
avec le premier de la requête qui s'applique à tout l'ensemble du
ménage jusqu'en 1860.

La requête n'a rien épargné; M. de Saint-M... a été dès les premiers jours un mari susceptible; la cohabitation est devenue impossible, et sa femme, son beau-père, sa belle-mère, ont été des modèles
de patience et de vertu, en ne formant pas la demande en séparation
immédiatement après l'union.

C'est ainsi que s'expriment, non la requête qu'on a mise sous vos
yeux, et je ne sais pourquoi l'adversaire a pris cette peine, mais les
faits articulés sur lesquels seulement vous avez à délibérer.

Cela a son importance, par l'excellente raison que la requête a été
rédigée par M. de T... avec une passion dont elle porte suffisamment
la trace. Elle contient des exagérations énormes, que la prudence de
ses hommes d'affaires lui a fait retrancher dans les faits articulés,
qui, seuls, serviront de base à votre jugement. Et, chose inexplicable, M. de T... n'a pas craint de faire colporter cette requête de
château en château, comme s'il voulait ainsi afficher l'indignité de
son gendre, le malheur de sa famille et les souffrances de sa fille.

Je le répète, on a reculé devant les énormités de la requête, on a
abandonné un très grand nombre de faits qui y avaient été indiqués.
Je ne veux pas, avec l'affluence qui, de toutes parts, envahit votre
prétoire, me livrer à un travail de dissection qui ferait ressortir ce
qu'on a retranché et ce qu'on a conservé; je prends les faits articulés,
parce que ces faits seuls peuvent servir de fondement à la discussion.

Le premier de ces faits est celui-ci : « M. de Saint-M... a épousé
mademoiselle de T... le 17 octobre 1856, et dès les premiers mois de
son mariage, pendant un voyage d'Allemagne, M. de Saint-M... s'est
montré vis-à-vis de sa femme susceptible, hautain, exigeant, impérieux, et ses procédés offensants eurent pour témoins le père de
madame de Saint-M..., son frère et la femme de chambre. Bientôt
M. de Saint-M... commença à s'adonner à l'ivresse avec la plus désolante intempérance. »

Ce n'est pas devant des magistrats aussi expérimentés que ceux
qui me font l'honneur de m'entendre que j'ai besoin de dire que ce
fait est de la plus haute insignifiance. Il ne contient aucune précision.
Pendant un voyage, un mari aurait été hautain, arrogant, impérieux;
il aurait eu des procédés offensants. Lesquels? dans quel lieux?
quelle est la scène? quelle a été la parole? quels gestes? On n'en dit
rien, et pour cause, parce que tout ce qu'on a imaginé là n'est qu'une
invention pure.

Le voyage s'est accompli dans les conditions les plus heureuses. J'ai

pour le démontrer les lettres nombreuses de madame de Saint-M...
de la fin de 1856, de toute l'année de 1857 et de toute l'année de
1858; toute la correspondance de madame de T..., qui n'a pas fait
une fois allusion à ces prétendues scènes qui auraient éclaté en Allemagne. Elles sont donc une fable et je puis passer.

Mais je dois une réponse catégorique et décisive à cette partie de
l'articulation dans laquelle on dit qu'à partir de 1856, M. de Saint-M...
a commencé à s'adonner à l'ivresse avec la plus désolante intempérance.

Je me suis expliqué sur la nature et la portée du mal qui avait
dévoré M. de Saint-M... et amené, non pas des habitudes d'ivresse,
mais au moins un désordre dans sa santé qui l'avait rendu plus susceptible et plus impressionnable à la boisson qu'il prenait à table, alors
que son estomac se refusait à toute espèce de nourriture solide.

Il n'y a pas eu autre chose dans les lettres qu'on vous a lues ; on ne
voit que des inquiétudes sur la santé de M. de Saint-M..., que des
plaintes sur son mauvais régime, que des appréhensions sur les conséquences que ce régime peut avoir sur son caractère, sur ses habitudes, et vous savez avec quelle exagération madame de T... envisage
toute chose. Je me suis expliqué suffisamment à cet égard.

Mais ce que ma loyauté et mon devoir m'obligent de dire, c'est que
j'ai été à la fois affligé et surpris de voir M. de T... se servir de documents qu'il a osé mettre au jour. Hier, me servant d'une expression
dont l'honorable adversaire a paru s'étonner, j'ai dit que c'était un
abus de confiance. Je maintiens le mot, et je vais le justifier.

Et tout d'abord, et avant que je me sois expliqué, est-ce que le
cœur du tribunal n'a pas prévenu le mien? Est-ce qu'il n'a pas été
douloureusement affecté de voir étaler sur cette barre des correspondances confidentielles émanant des frères et de la mère de M. de
Saint-M... ? Comment! M. de T..., ce chrétien, ce patriarche, cet
homme qui prétend enseigner à tous les devoirs de la famille, comment a-t-il pu en faire si bon marché pour le jeu de ses capricieuses
passions! Comment! il oblige la mère à accuser le fils! Et il croit
qu'il respecte la décence publique et qu'il ne [sape pas par la base
une grande institution qu'il ne comprend pas!

Mais si vous ne vous êtes pas arrêté à cette considération première,
qui était suffisante cependant, est-ce qu'il n'y en avait pas une autre
qui vous enchaînait? Est-ce que vous n'avez pas reçu, à la date du
23 mai 1861, un acte par lequel madame de Saint-M... et MM. de
Saint-M... « s'opposent formellement à ce qu'il soit produit, dans
l'instance en séparation de corps intentée par madame Francisque de
Saint-M... contre son mari, aucune lettre émanée d'eux et adressée
soit à madame de T..., soit à tous autres, lesquelles lettres ont un

caractère purement confidentiel, personnel, et ont été écrites par les requérants sous la condition que le secret serait gardé, protestant au besoin contre toute production de ces lettres, qui sont leur propriété, et se réservant d'intervenir dans le cas où cette production serait faite... »

Vous répondrez peut-être : Ils ne sont pas intervenus. Il vous faut donc un jugement pour être honnête, et vous ne comprenez donc ces choses que par autorité de justice? Vous savez que ce sont des lettres confidentielles, écrites sous la foi du secret par une mère, par des frères, à qui vous vous êtes adressé dans l'intimité de ce commerce que la correspondance autorise! Est-ce à vous qu'il faut apprendre ce que disait le grand orateur de Rome, proclamant que c'est un véritable crime social que de faire comparaître en public ces épanchements mystérieux de l'âme, qui ne sont libres qu'autant qu'ils sont confiés à la fidélité de celui qui les reçoit? Comment! je me serai ouvert à vous, et derrière une correspondance j'aurai jugé sévèrement mon prochain, je vous aurai fait connaître mes pensées les plus secrètes, et le jour où votre intérêt viendra vous l'inspirer, vous violerez ma propriété, et vous ne vous arrêterez pas devant ce scandale? Il faut, vous, père de famille, que vous vous donniez la douce volupté de faire insulter un frère par ses frères, un fils par sa mère! La vérité se retourne contre vous; madame de Saint-M... mère et MM. de Saint-M... sont intervenus; ils ont déclaré que leurs lettres étaient confidentielles. Et quand ils ne l'auraient pas déclaré, est-ce que ces documents, par leur nature, souffraient une semblable publication? Est-ce que vous n'avez pas distingué que madame de Saint-M... mère répondait à des confidences intimes de madame de T...; que c'était là une correspondance essentiellement cachée et que personne ne devait connaître?

Si je voulais épuiser ce sujet, je trouverais dans les lettres de madame de T..., adressées à madame de Saint-M... mère, une recommandation à cet égard. J'ai là des lettres émanant de madame de Saint-M... et de MM. Edmond et Alphonse de Saint-M..., auxquels M. Francisque a confié avec douleur l'usage inqualifiable qu'on entendait faire de leurs secrets...

Le 21 février 1871, madame de Saint-M... écrit à son fils :

« Mon bon enfant, quelle perfidie, quel défaut de délicatesse de se servir de notre correspondance pour chercher à perdre un fils! Madame de T... me disait de brûler les lettres que je recevais d'elle, et bien des fois elle m'avait dit qu'elle en faisait autant des miennes... »

Je m'arrête, messieurs; vous entrevoyez les expressions indignées d'une mère qui voit dans quel piège on l'a fait tomber.

Voici comment s'exprime M. Alphonse de Saint-M..., qui, lui, est peut-être plus modéré. Le 14 octobre 1860, il dit à son frère :

« Ma mère a dû te dire notre impression, à Marie et à moi, à la récep-
tion de la lettre. . . . . »

Et M. Edmond, puisque vous l'avez également retourné contre son
frère, et que vous vous êtes fait un plaisir d'employer ce que vous
avez appelé son témoignage, voici ce qu'il écrit à la date du 9 décembre 1860 :

MON CHER FRANCISQUE,

« Lorsque, dans ces derniers temps, j'écrivais à madame de T... des
lettres confidentielles. . . . . »

Voilà ce que répondent madame et MM. de Saint-M...; voilà un
langage loyal et digne.

Par quelle aberration singulière M. de T... a-t-il pu mettre au jour
ces documents, sur le caractère confidentiel desquels il lui était
impossible de se faire illusion, et surtout après qu'il avait été averti
par la défense formelle qui lui avait été adressée par madame de
Saint-M... et ses fils? Quant à moi, si je n'ai pas usé du droit qui
m'appartenait, si je n'ai pas pris à cette barre des conclusions qui
auraient été accueillies, car la cour de cassation a décidé que les
tribunaux doivent faire respecter ce qu'il y a de plus sacré au monde,
c'est-à-dire l'intimité des correspondances, et ne doivent pas permettre de jeter ainsi les secrets au vent et à la malignité publique;
si, dis-je, je n'ai pas pris de conclusions, c'est que les lettres m'ont
paru de tous points favorables.

On prétend qu'elles accusent M. de Saint-M...; je soutiens qu'elles
le justifient. Qu'y rencontre-t-on, en effet? Ainsi que je le disais
hier, l'écho des plaintes de madame de T...

Madame de T... parle du mauvais régime de son gendre; elle le
déplore. M. de T... et madame de Saint-M... s'en plaignent également; chacun est alarmé pour l'avenir de la santé de Francisque.
Madame de T..., en même temps que son gendre est livré aux plus
déplorables habitudes, lui envoie des flatteries charmantes. Madame
de T... trompe M. et madame de Saint-M... Mais y a-t-il un fait que
nous puissions saisir? Ce n'est pas le tout, pour appuyer une cause,
que de la faire soutenir par le plus illustre des orateurs ; les faits sont
des faits. A quelle époque, dans quel lieu M. de Saint-M... a-t-il été
pris d'ivresse et lui a-t-il échappé des propos inconvenants? On ne
dit pas un mot qui puisse nous éclairer sur les conséquences de cette
ivresse prétendue qui aurait été l'état permanent.

Mais pourquoi nous fatiguer l'imagination ? Madame de T... elle-
même nous fournit la meilleure justification. Le 25 octobre 1859,
écrivant à son confesseur et lui donnant des détails sur la situation
de Francisque, elle s'exprime ainsi :

MON CHER COUSIN,

« Je n'ai que de tristes nouvelles à vous adresser. Le voyage du
Père Argant n'a fait aucun effet; dès le lendemain, la mauvaise habitude
recommençait et se continue, provoquée par la maladie même... Un besoin
de boire véritable et continuel, voilà le fond des choses... »

Quand madame de T.... affirme que cette envie de boire tient à la
maladie, que c'est là le fond des choses, que ce pauvre enfant a un
besoin auquel il ne peut pas se soustraire, convertir aujourd'hui ce
besoin, cette maladie, cette habitude, en une ivresse permanente, en
une dégradation honteuse, en passion affligeante, c'est tout exagérer
et défigurer.

Je sais que dans cette lettre, madame de T... ajoute que le caractère est mauvais, que là est peut-être aussi une cause des souffrances
de sa fille, et toujours cédant à la même exaltation, elle s'écrie qu'elle
ne sait comment sa fille peut supporter cette croix.

Nous connaissons le romanesque sentimentalisme et la dévotion de
madame de T...; nous savons aussi que madame de Saint-M... porte
sa croix en embrassant son mari de tout cœur, en lui disant qu'elle
l'aime, qu'elle ne peut pas se passer de lui. Mais quant à madame
de T..., tout entière à ses pratiques religieuses, voyant que sa fille
souffre; que M. de Saint-M... boit un peu trop au dessert; que
peut-être au château de N... il a commis l'irrévérence grave, devant
M. de T.... de laisser tomber sa tête et de sommeiller, elle s'inquiète.
Le Père Argant est venu; on a peu bu au dessert, on boit plus
quand il est parti. Alors, on accuse le caractère; on dit : Le Père
Argant aurait dû nous avertir; le Père Argant a prétendu que le
caractère était cela avant le mariage. Voilà ce que dit madame
de T...

Je ne veux pas faire intervenir la personne du Père Argant, Dieu
m'en garde; mais si madame de T... dit la vérité, ce dont je suis convaincu, c'est le Père Argant qui s'en est écarté. J'ai là des documents
qui réduisent tout cela à sa juste valeur.

Le 19 octobre 1856, le Père Argant disait à Francisque :

« J'aurai la joie de connaître celle que vous appelez votre Mathilde, et
qui doit être bien bonne si elle est meilleure que son Francisque. »

Le 25 août 1857 :

« Je puis vous dire sans vous flatter qu'à toutes les visites que vous me
faites, je vous trouve plus. . . . .
approchant de la perfection. »

Le 17 mai 1859.

MON CHER ET BON ENFANT,

« Si vous pouviez sortir de cette atmosphère des noirs brouillards pour respirer l'air pur de la confiance en Dieu... »

Voilà ce que pensait le Père Argant en 1856, 1857 et 1859. Évidemment, s'il a tenu à la marquise de T... le langage que celle-ci lui prête, il l'a fait par suite de cette politesse onctueuse dont chacune de ses lettres porte l'empreinte : c'est ainsi qu'on entre par les passions d'une famille dans son gouvernement, et une fois entré, il est impossible de vous en chasser. Madame de T... se plaint du caractère de son gendre, et voilà que le Père Argant oublie les lettres qu'il a écrites. Que voulez-vous que je vous dise? Ces choses-là sont le procès même, et ce n'est pas ma faute si l'imprudence de M. de T..., soulevant un coin du voile qui les dérobait aux yeux de son âme, me force à en tirer les grands enseignements qu'elles contiennent.

Mais, revenant à ce que je disais, j'aperçois madame de T... qui, après avoir attribué, en 1859, à la maladie le mauvais régime de son gendre, est dans la nécessité de convenir en 1860 que ce mauvais régime a complètement cessé. Dans la requête même, on est forcé de reconnaître qu'à partir du voyage de Paris, c'est-à-dire en 1860, M. de Saint-M... a complètement changé.

Voici une lettre du 25 janvier 1860, adressée par madame de T... à madame de Saint-M... :

« J'espère aussi que le bien que vous en attendez pour Francisque se produira peu à peu. . . . . depuis la fameuse lettre de M. Edmond. »

En recevant la lettre de son frère, provoquée par madame de T..., Francisque avait eu une attaque de nerfs.

Quel rôle a donc joué madame de T...? Encore une fois, je le veux croire honorable, mais je n'y comprends rien... J'ai tort ; je comprends toutes ces manœuvres. Quand je vois une femme dans la situation de madame de T..., ayant cette jeune âme à former, ce cœur à diriger, cet homme naïf et bon qui lui appartenait tout entier, qui s'était livré à elle avec toutes les ardeurs de l'ignorance, se plaire à jouer vis-à-vis de lui ce double jeu, écrire à ses frères des lettres qui excitent de la part de ceux-ci des réponses qui causeront à Francisque de véritables crises nerveuses, qui le rendront malade, et se plaindre ensuite à la mère de la maladie qu'elle a provoquée, je me demande quelle est cette manière d'aimer, et je ne l'ambitionne pas pour mon propre compte. C'est ainsi que les choses se passaient à N...

En janvier 1860, le régime était bon, il était si bon que madame de T... ajoute :

« Ce cher Francisque veut absolument plaider une affaire malgré nos observations. Je crains que cela ne le fatigue... L'appétit revient un peu... »

Et pourquoi? La raison en est simple, et madame de T... la fait connaître : il s'est occupé !

« Il est fort occupé de sa ferme, dit-elle, et enchanté de l'avoir eue à si bon compte... »

N'est-ce pas la justification complète de ce que j'ai dit? N'ai-je pas été l'historiographe exact de toutes ces faiblesses intimes très-faciles à saisir et à deviner? Quand ce jeune homme a un but utile à remplir, quand il devient fermier, propriétaire, il se reprend à la vie. il veut faire autre chose, il veut plaider ; sa belle-mère s'inquiète de sa santé, elle craint pour lui quelque excès de travail.

Je mettrai sous les yeux du tribunal un document qui émane d'un magistrat que vous avez connu, honoré, aimé, et qui s'exprime ainsi le 27 janvier 1859, après une plaidoirie de M. de Saint-M.., : « Je serai très-heureux, monsieur, de vous féliciter de votre plaidoirie... »

Ce document est signé du procureur impérial.

Mais, dit l'adversaire, M. de Saint-M... est un ivrogne, c'est un misérable débauché ; il allait à la cuisine jouer au bouchon avec les domestiques quand le médecin était là, tâtant le pouls à sa femme et interrogeant le berceau de sa petite fille.

Ah ! c'est vous qui vous permettez cette odieuse profanation ! c'est vous qui accomplissez, par votre incroyable demande en séparation, cette tentative d'assassinat moral sur votre gendre ; car, aux yeux de tous, vous le traînez sur la claie, vous le réduisez à moins que rien pour en faire un être infâme, déshonoré, courbé sous le joug d'une honteuse passion, et ne pouvant pas relever vers le ciel ce front illuminé d'un divin éclat ! Vous ne voulez pas qu'il soit un homme, qu'il soit digne, mais il le sera par l'autorité de la justice, notre plus ferme espoir ; il le sera par la force et l'ascendant de son amour qui le soutient, et qui lui fera recouvrer ce que l'homme a de plus précieux, sa femme et ses enfants.

Que devient la téméraire assertion de la requête : Il était constamment ivre? Constamment ivre ! et vous le plaignez, et vous dites que c'est la maladie qui lui inspirait le besoin de boire ! Comment, ivre ! et vous n'avez pas pu signaler une seule scène d'ivresse ! Je vous le montre, moi, bon, généreux, affectueux, dévoué, cherchant à remplir ses devoirs ; vous n'avez rien à me répondre, et vos incroyables assertions sont enlevées par le vent de la vérité sans qu'il en puisse rien rester.

L'articulation continue :

« 2° M. de Saint-M... ne mit plus bientôt aucune borne à ses violences, et maintes et maintes fois, en présence de sa femme, il injuriait et apostrophait grossièrement M. et madame de T... et les autres membres de sa famille, ne lui épargnant pas à elle-même les épithètes les plus blessantes.»

Tout ceci n'est qu'une articulation vague, indécise ; aucune circonstance de temps ni de lieux, aucune indication précise. Tout cela ne peut se discuter, parce qu'on ne peut le combattre.

« 3° Le 21 octobre 1857, alors que madame de Saint-M... venait de donner le jour à son fils, M. de Saint-M..., qui pendant la grossesse de sa femme avait plusieurs fois effrayé cette dernière par des scènes violentes suscitées par l'état fréquent d'ivresse, irrité de ne pas être immédiatement rappelé dans la chambre de sa femme, où celle-ci recevait des soins féminins indispensables, s'écria d'un ton de fureur à madame de T..., qui lui représentait le mal que pouvait lui faire en un pareil moment la vue de sa colère : Que m'importe ! qu'elle crève si elle veut, elle et son fils, cela m'est égal. »

Messieurs, si j'étais condamné, et je suis bien loin d'être réduit à cette situation, à discuter cette articulation en elle-même, je la repousserais comme n'étant pas admissible. Madame de T... aurait reçu l'injure, dit-on. Évidemment madame de T... n'a pas pu la transmettre à la femme, et par conséquent la femme ne l'aurait pas reçue elle-même.

Mais-dois-je m'arrêter à cette défense ? Est-ce que toute la correspondance que j'ai mise sous nos yeux et les sentiments bien connus de M. de Saint-M... ne protestent pas suffisamment contre une pareille invention ? M. de Saint-M..., à la porte de la chambre de sa femme, qui vient de le rendre père, c'est-à-dire de combler ses plus chers désirs, se serait écrié : Quelle crève, elle et son enfant ! Qu'on cherche des pères capables de tenir un pareil langage ! Comment M. de T... ne s'est-il pas souvenu qu'il avait des enfants quand il a rédigé cette misérable calomnie ? Comment ! à ce moment suprême et solennel où le cœur de l'homme est brisé de joie, quand il sait que sa compagne vient, au milieu de tortures sans nom, d'autant plus cruelles qu'il ne les peut soulager, de donner le jour à cet être qui le représentera, il accablera l'un et l'autre de ses malédictions ! Non, cette supposition est tellement horrible qu'il faut la repousser. Il la faut repousser, en outre, parce que tous les faits de M. de Saint-M... la démentent.

J'ai la collection des lettres qui lui ont été écrites pour le féliciter de la naissance de son fils, qu'il avait annoncée avec cette sorte d'exaltation qui lui est particulière. J'ai le détail des cadeaux qu'il a faits à sa femme à ce moment si doux pour un homme. Qu'il l'en ait accablée lors de son mariage, c'était bien naturel ; elle le rend père, il achète un riche flacon venu de Paris, et l'offre à sa femme. Il donne aux domestiques 125 francs, aux pauvres 95 francs, etc. ; la layette est de 627 fr.50 c.Je suis bien honteux,pour faire comprendre les choses, d'être obligé de citer des chiffres ; mais ici ils ont leur éloquence, car si madame de Saint-M... avait été l'objet d'outrages grossiers, qui auraient témoigné de la part de son mari des sentiments dénaturés, aurait-elle jamais accepté des cadeaux de la part de celui qui venait d'insulter ainsi à la naissance de son premier-né? Je n'ai pas besoin de m'arrêter davantage devant cette indigne articulation.

Sous le numéro 4 et sous une autre forme, la même scène se serait reproduite lors de la naissance d'une fille qui est décédée ; les mêmes injures auraient été proférées par M. de Saint-M... : « On m'éloigne encore, et toujours! Qu'elle crève donc, elle et son enfant! Au surplus, nous nous séparerons. » Puis on ajoute : « Ces violences de fait et de langage ne peuvent être contenues, quelque constants que fussent les efforts de madame de Saint-M... pour calmer et attendrir son mari par des paroles affectueuses, soit dans leurs conversations soit par sa correspondance quand M. de Saint-M.., était absent. »

A qui peut-on faire croire ces choses? Une pareille abomination se serait produite une première fois; ce qu'il y a de plus incroyable au monde, c'est qu'elle se soit répétée, et que madame de Saint-M... ait de plus un instant souffert que son mari restât à N...

On a voulu venir au-devant des objections terribles, victorieuses, irréfutables, tirées de la correspondance. Je le demande à toutes les mères qui m'entendent, quelle est celle d'entre elles qui aurait tendu la main au mari qui aurait maudit ses couches, qui aurait dit deux fois : « Qu'elle crève elle et son enfant! » Quelle est celle qui aurait consenti, comme le dit la requête, qui aurait consenti à adoucir l'humeur de son époux par des expressions affectueuses comme celles qui se rencontrent dans la correspondance?

Les choses n'ont pas besoin d'être discutées. La violence de l'imposture est telle qu'elle éclate. M. de Saint-M..., qui a reçu les lettres si passionnées, si affectueuses et si simples de cette femme, ne peut pas être celui qui aurait tenu ces horribles propos. Par conséquent, je puis ne pas m'en occuper davantage.

5° En 1859 et dans les premiers mois de 1860, les scènes injurieuses, provoquées par le caractère violent et impérieux de M. de Saint-M... et son état habituel d'ivresse, se renouvelèrent plus fréquemment, M. de Saint-M... recherchant toutes les occasions de froisser sa femme dans son amour-propre, dans ses sentiments religieux et dans son amour maternel; contestant avec un esprit sordide la nécessité des visites d'un médecin, alors que son enfant avait la jambe cassée; reprochant à madame de Saint-M... d'avoir consacré à la Sainte Vierge sa malheureuse petite-fille atteinte de la dyssenterie, et ne voulant pas que la mère portât le deuil de son enfant, disant que c'était une dépense inutile, et joignant l'ironie à l'insulte quatre ou cinq jours après la mort de cet enfant, alors que la position de madame de Saint-M..., en proie à de si vives émotions, exigeait la présence d'un médecin, et pendant même la visite du médecin, jouant au bouchon dans la cuisine avec les domestiques, en se livrant à une joie bruyante et en poussant des éclats de voix qui pouvaient être entendus par sa femme.

« 6° Dans maintes circonstances, M. de Saint-M..., a injurié sa femme, en l'appelant hypocrite, lui reprochant d'être une mauvaise épouse et une mauvaise mère, et menaçant de la frapper si elle ne sortait pas de l'appartement où il se trouvait.

7° Vers le milieu de juin 1860, M. de Saint-M..., après une scène de violence, a dit à sa femme: Vous êtes une infâme coquine, une mauvaise femme! Si vous ne vous en allez, je me lève pour vous tuer! Dans ce même mois, il menace encore de la tuer, en prenant, comme pour le lancer sur elle, un énorme pot à tabac. »

Tout ceci est un inqualifiable verbiage, et le mariage ne saurait être à la pointe de la plume du rédacteur de l'articulation qui a une si riche imagination.

J'ai à répondre à cela que M. de T... a su à merveille qu'il calomniait son gendre, et qu'il n'y a pas un mot de vrai dans ce tissu de faits entassés.

M. de Saint-M... aurait été assez sordide pour marchander le médecin qui avait donné les premiers soins à son enfant lorsqu'il s'est fracturé un membre : M. de Saint-M... a demandé au médecin la note de ses honoraires ; voici la lettre par laquelle il le remercie de sa ponctualité et de son obligeance. Seulement il est arrivé que le médecin, qui est l'homme le plus respectable du monde, s'est trompé : il a fait une erreur d'addition de 100 francs, M. de Saint-M... le lui fait remarquer ; le médecin s'en offense d'abord ; puis, après vérification, il reconnaît l'erreur, et voici une pièce dans laquelle je lis : « La première note envoyée à M. de Saint-M... portait 224 francs, au lieu de 124 francs que mon père avait eu l'intention de mettre. » On a envoyé la note rectifiée. M. de Saint-M... a-t-il été coupable de ne pas obéir à une faute d'addition ? Y a-t-il eu rupture avec M. B... ? Est-ce un esprit sordide que de ne pas confondre un 2 avec un 1 ? Non, messieurs, et à moins que la passion d'un beau-père ne s'en mêle, de tels événements ne doivent jamais être l'objet d'un grief dont on puisse entretenir un tribunal.

On prétend ensuite que M. de Saint-M... aurait encore marchandé le deuil de sa jeune enfant.

Nous avons encore les factures. Tout ceci est bien misérable, je rougis d'en parler ; mais attaqué par un mensonge, il faut bien faire apparaître la vérité. Pour le deuil de cette enfant, M. de Saint-M... a fait venir de Paris, pour sa femme, des objets qui ont coûté

579 fr. 05 ; il en a fait acheter d'autres à Napoléon-Vendée pour les domestiques ; la facture de ce qu'il a dépensé s'élève à 202 francs ; je ne parle pas des objets qu'il a payés directement. Avec la fortune qu'il avait, dépenser 1.000 francs environ pour le deuil d'un enfant de quelques semaines, est-ce là de la sordidité, et peut-on dire qu'il a voulu par là insulter sa femme ?

Dans la requête, on va plus loin. On n'a pas craint d'insinuer que M. de Saint-M... aurait été l'auteur de la mort de sa petite-fille par les scènes qu'il aurait suscitées à sa femme, dont l'allaitement aurait été insalubre : ce sont les expressions dont on se sert.

Nous avons les lettres qui ont été écrites par madame de Saint-M... et par madame de T... jusqu'à l'époque de la maladie très-courte de la petite fille, qui a succombé à un accès de dyssenterie. Dans chacune de ces lettres, on se réjouit de l'état sanitaire de cette enfant. C'est une grosse pouponne, dit madame de Saint-M... écrivant à sa belle-mère. — Mathilde vient à merveille. — C'est une belle enfant, écrit madame de T.., le 13 octobre 1859. — Je serai contente de vous présenter ma chère petite-fille, dit-elle le 20 octobre suivant. — Le 30 novembre : Elle est extrêmement forte... — Le 27 décembre : Ma petite-fille ira vous voir au printemps... — Le 8 janvier 1860, époque très-voisine de sa maladie : Mathilde se porte toujours parfaitement ; c'est une grosse brunette. — Le 25 janvier suivant, madame de T... à madame de Saint-M... : « Ma fille vous embrasse ; sa petite fille est gentille... »

Et c'est après de pareilles lettres, quand on sait que la tendresse de M. de Saint-M... ne s'est jamais démentie ni pour sa femme ni pour ses enfants, qu'on a osé écrire dans cet infâme libelle que M. de Saint-M... avait empoisonné le lait de sa femme, ce qui avait amené la mort de sa petite fille. (*M⁰ Berryer fait un signe de dénégation.*) Vous avez dit ces choses ! Je comprends qu'elles pèsent aujourd'hui sur votre conscience ; vous êtes trop honnête homme pour les appuyer, mais M. de T... en porte la responsabilité.

La requête prétend que M. de Saint-M... aurait outragé sa femme, à différentes reprises, notamment en juin et juillet 1860 ; il lui aurait dit le 2 juillet au soir, devant une domestique : Vous n'êtes qu'une menteuse, je vous le prouverai et vous confondrai.

Ici je reconnais qu'il y a précision dans les faits ; on indique la date. M. de Saint-M... se serait servi vis-à-vis de sa femme des expressions les plus ordurières. Outre que son éducation rend cela impossible, si M. de Saint-M... avait tenu ce langage, les portes de N... lui auraient été fermées le lendemain, et avec raison. Quel est donc l'homme du rang de M. de T... qui aurait supporté ces choses ? Quelle est la femme du rang et de l'éducation de madame de Saint-M... qui se serait laissé traiter d'infâme, de coquine? Quelle est la femme qui souffrirait encore la présence de celui qui aurait levé la main sur elle, et qui ne saisirait pas le premier instrument venu pour le menacer de le lui jeter à la tête! Le sang qui coule dans les veines de madame de Saint-M... est trop fier pour ne pas bouillonner; il aurait au moins brisé sa fragile enveloppe pour jaillir au visage de son mari et le faire repentir de sa lâcheté.

A toutes ces hypothèses, répondons par la vérité. Vous connaissez la correspondance de 1857, 1858, 1859: voici celle de 1860, année pendant laquelle les faits se seraient passés; interrogeons-la.

Les époux étaient allés ensemble à Paris; M. de Saint-M... revient à N... le premier, pour en consulter l'état sanitaire, et voici ce que sa femme lui écrit le 27 avril 1860:

MON CHER FRANCISQUE,

« Je me suis bien réjouie du beau temps que nous avons eu hier, dans la pensée que le voyage n'aura pas été trop fatigant... »

La lettre ajoute:

« J'écris comme un chat, pourrez-vous me lire? je n'en sais rien: avec les yeux, j'en doute fort; avec le cœur vous me devinerez. »

Le 28 avril:

« J'ai reçu ce matin votre petit mot; je suis bien contrariée du froid aux pieds qui vous aura sans doute enrhumé de nouveau. Soignez-vous bien, etc.

« Je vous dis au revoir en vous embrassant bien tendrement.

« Tout à vous de cœur. »

Le 29 avril:

« Je vous gronde, mon cher Francisque, avant de vous quitter; vous ne me donnez pas de vos nouvelles, j'espère que vous m'en apporterez bientôt vous-même, n'est-ce pas? Je comprends bien, toutefois, que vous désiriez passer quelques jours à Rennes, et qu'à Rennes on désire vous conserver le plus longtemps possible. »

Et voici que le jour où elle quitte Paris, sur sa caisse de voyage, elle écrit:

« Mon cher Francisque, je reçois votre lettre; nous partons à l'instant...

« Je vous embrasse tendrement.

« MATHILDE. »

C'est la correspondance la plus charmante, la plus pleine de confiance. Vous l'entendez, cette femme qu'on traite d'infâme, de coquine: « J'écris comme un chat: pourrez-vous me lire? avec les yeux, j'en doute; mais avec le cœur, j'en suis sûre. « Quand on est aimé, on reconnaît la main qui a tracé les traits. — Voilà mon défenseur.

Le billet qu'elle écrit sur sa caisse de voyage n'a que quelques lignes, mais elles suffisent. Une femme qui, sur le point de partir, ne songe plus à ses crinolines emballées, qui défait ses paquets pour écrire à son mari, cette femme est une héroïne d'amour conjugal.

Elle arrive à Nantes, c'est bien près de N...; dans quelques heures elle va embrasser son mari, à quoi bon lui écrire? C'est là ce que disent les gens froids, les mathématiciens qui comptent les lignes et les syllabes; mais pour ceux qui sentent, pour ceux qui aiment, quand ils ne seraient séparés que par une cloison, il suffit que les corps ne soient plus en présence pour que les âmes soient possédées d'un besoin de voyager, pour lequel l'écriture devient un doux passe-temps.

Madame de Saint-M... s'en sert; elle dit : « Mon cher Francisque, nous avons fait un bon voyage... Ici tout le monde pense à vous... »

Voilà la correspondance de 1860, et c'est au milieu de cela que se seraient passés ces faits dont on vous a entretenus!

L'adversaire dira probablement : Les lettres que vous citez sont du mois de mai 1860, et les faits dont il s'agit sont de juin et de juillet; le dernier a eu lieu le 2 juillet.

Ce jour-là, madame de Saint-M... aurait été traitée de menteuse, insultée et menacée par son mari. Vous avez osé porter cette accusation! Eh bien! soyez confondu, toujours par madame de Saint-M..., et cet auxiliaire me suffit bien.

Le 9, sept jours après, madame de Saint-M... prend la plume, et, sans doute, elle va faire connaître ces scènes fatales. Non, elle écrit à sa belle-mère :

MA BONNE MÈRE,

« J'ai bien pensé à vous en apprenant l'accident de Marie... Francisque a été assez souffrant ces jours-ci. J'espère que le beau temps va lui faire du bien... Nous avons la pensée, Francisque et moi, d'aller passer deux ou trois jours aux Sables... »

Voilà la réfutation la plus éloquente de ces accusations d'injures et de menaces de mort dirigées par M. de Saint-M... contre sa femme.

Voici une lettre plus explicite encore écrite à madame Alphonse; elle est datée du 10 juillet :

«... Alphonse a dû vous dire, ma chère amie... Nous partons demain, Francisque et moi... pour les Sables, où nous passerons deux ou trois jours; le beau temps de ces jours derniers me donne envie de prendre quelques bains : quant à Francisque, il subira le supplice de Tantale, car ils lui sont totalement interdits. »

Voilà cette jeune femme si malheureuse, si humiliée, si outragée, chassée pour ainsi dire, prise à la gorge par cet infâme! Que vont-ils faire? Comme deux amoureux, alors que les premiers temps du mariage rendent si charmantes ces douces communications de deux âmes qui s'ignorent, ils s'en vont cacher leur bonheur dans une solitude où ils ne rencontreront aucune importunité. Là, devant Dieu, devant la plus majestueuse des créations, sur le bord de cet océan infini comme les âmes de ceux qui se chérissent, ils pourront se parler tout à leur aise; ils pourront aussi se taire, ce qui a bien sa douceur quand, les bras enlacés l'un dans l'autre, ils se promèneront en pensant à Dieu, à leurs enfants, loin des yeux de leurs parents qui les aiment. Et en effet, ces trois jours, M. de Saint-M... me le disait, ont été trois jours d'ineffables délices : « Là, j'ai rencontré seule à seule l'âme de ma Mathilde bien-aimée; elle m'a appartenu sans contrainte et sans efforts, et tous ces liens conventionnels sous le poids desquels la tendresse de sa mère la garrottait, ils étaient brisés; mes bras étaient ouverts, et les siens ne me refusaient rien. »

Que faut-il croire maintenant de la scène du 2 juillet dans laquelle madame de Saint-M... aurait été menacée, injuriée, traitée d'infâme et de coquine?

Dans les faits suivants on nous conduit au 2 et au 13 août.

Le 2 août, M. de Saint-M... a dit à madame de T..., en présence de domestiques : « J'ai une femme détestable, je la hais; vous n'êtes toutes deux que des hypocrites... »

Le 13 août, M. de Saint-M... dit à sa femme devant sa femme de chambre et la bonne de l'enfant : « Vous êtes une sacrée cochonne, une sacrée coquine... »

On n'a pas craint de mettre ces mots dans la requête, comme s'ils avaient pu sortir de la bouche de M. de Saint-M..., comme si madame de Saint-M... aurait toléré un instant de pareils propos et ne se serait pas immédiatement retirée auprès de son père, qui aurait certainement fermé la porte à son gendre.

Le 3 septembre, les mêmes propos auraient été tenus par M. de Saint-M...

Qui veut trop prouver ne prouve rien; le rédacteur de la requête y a entassé toutes les injures qu'il a pu inventer. M. de T... espérait couvrir son gendre de confusion et de boue; il a cru qu'il forcerait les barrières de votre prétoire. On connaît ce jeu-là; on met dans la requête toutes les articulations pour arriver à une preuve : on espère que pendant ce temps le mari commettra une imprudence; mais la Providence veille sur ceux qui plaident en séparation de corps. La réponse à ces articulations est encore dans la correspondance de madame de Saint-M...

Cette femme, qui, le 2 août, a été traitée d'obscène, de coquine, de cochonne, de vile, tout ce vocabulaire dont je rougis, elle écrit, le 10, à madame de Saint-M... mère, dans les termes que voici :

« MA BONNE MÈRE,

« Je sais combien vous serez heureuse d'apprendre que je suis grosse... »

Ici, je m'arrête pour repousser une insinuation indigne que j'avais d'abord cru devoir dédaigner, je l'avoue. On dit, dans les faits articulés, que cette troisième grossesse a été la conséquence de la soumission de madame de Saint-M... à ses devoirs,

Que vous calomniez son cœur ! que vous comprenez mal ce qui se passe dans l'âme d'une femme qui a perdu un enfant ! Avec quelle ardeur, quand cet ange est envolé, ne désire-t-elle pas que son sein soit fécondé ! par cette bénédiction du ciel, elle va retrouver ce jeune être qu'elle a perdu, et ses yeux qui se sont éteints se rouvriront une seconde fois, ils resplendiront encore d'une flamme divine, sa bouche glacée se rouvrira ! Elle a voulu un enfant ; M. de Saint-M... s'est associé à ce souhait si légitime, et lorsqu'il a été exaucé, vous voyez quelle joie sereine elle laisse éclater dans sa correspondance avec sa belle-mère.

La lettre continue ainsi :

« Francisque a eu de violents maux d'estomac ces jours derniers... »

Si madame de Saint-M... avait été traitée ainsi que le supposent les faits articulés, aurait-elle parlé de son mari à sa belle-mère ? lui aurait-elle annoncé sa grossesse quand elle était traitée comme la dernière des femmes ? Cette lettre du 10 août répond à la scène du 2.

Le 13 août, il y avait une autre scène tout aussi violente. Or, le 27 août, madame de Saint-M... écrivit de N... :

« MON CHER EDMOND,

« En écrivant il y a quelques jours à votre mère pour lui apprendre que je commençais une nouvelle grossesse, je la priais de vous en faire part. Je ne sais si elle vous a transmis ma commission. Francisque me prie de vous écrire directement. Vous comprenez que je suis heureuse de cet état, Je fais des vœux pour avoir une fille. »

Elle écrit encore à M. Alphonse ou à madame Alphonse de Saint-M... :

« Vous serez heureux d'apprendre, je n'en doute pas, mon cher Alphonse, que je commence une nouvelle grossesse ; c'est, comme vous le sentirez, un allégement à ma douleur; annoncez-le, je vous prie, de ma part, à Marie. »

Ces lettres n'ont pas besoin de commentaire, elles prouvent à tous

les esprits impartiaux que la situation de madame de Saint-M...
était la meilleure du monde, et quelle n'avait pas eu à souffrir des
violences de son mari.

Cependant une séparation de corps avait été résolue, non par
madame de Saint-M..., mais par M. de T... M. de T... savait que sa
fille était exposée à le quitter; l'intention qu'avait manifestée plusieurs fois le mari à cet égard lui semblait une injure; cela avait
irrité son orgueil en même temps qu'alarmé sa tendresse. M. de T...
voulait, à tout prix, empêcher la réalisation de son projet ; et, emporté
qu'il a été par sa tendresse, par son esprit de domination qui n'a pas
connu de bornes en ceci, il a mieux aimé briser le lien, et le briser
par une requête pleine d'impostures, plutôt que de subir une nécessité à laquelle tout père de famille doit consentir.

Il fallait un prétexte, il va se montrer, et, dans cette dernière
scène, vous allez voir éclater avec l'étendue la plus lumineuse tout le
machiavélisme de cette affaire et toute l'innocence de celui que j'ai à
défendre à votre barre,

Nous sommes arrivés au 10 septembre. Les époux ont continué
à vivre en parfaite union. Les preuves de leur réciproque tendresse
ont éclaté aux yeux de tous ceux qui les fréquentaient. Savez-vous
ce qui s'est passé? Le 23 août, M. de Saint-M... avait été appelé à
Napoléon-Vendée pour un procès; il devait rentrer à six heures. A
six heures et demie, il se faisait encore attendre ; sa femme, éperdue,
croyant qu'un danger le menace, fait monter un domestique à cheval;
M. de Saint-M... arrive au moment où cet homme allait partir , on
lui raconte les terribles inquiétudes de sa femme, il se précipite dans
le salon, et là, messieurs, en voyant ses yeux baignés de larmes, il la
couvre de baisers; il n'avait jamais été plus heureux. Celui qui lui aurait
annoncé alors qu'un nuage contenant la foudre était au-dessus de sa
tête et qu'il allait être atteint, il l'aurait pris non seulement pour
un prophète de malheur, mais pour un artisan d'impostures.

Cependant, telle était la vérité. Le 10 septembre suivant, madame
de Saint-M... était un peu souffrante; pourtant elle s'était levée
comme d'ordinaire. Elle alla passer une heure dans la chambre de
son mari dans les conditions de la plus parfaite intimité: on avait
déjeuné en famille. M. de Saint-M... avait éprouvé un accident à la
main, sa femme le tourmente pour qu'il aille à Napoléon-Vendée
afin de voir une femme qui a la spécialité de remettre les membres
foulés; il faut le dire un peu à la honte de la Faculté, qui n'y comprend rien, qui s'en fâche, mais qui est obligée de constater le résultat.
M. de Saint-M... part avec un peu de répugnance; il laisse sa femme
souffrante. Que fait ce mari dénaturé? Il vient à Napoléon- Vendée,
et, sans que sa femme en soit prévenue, il va trouver M. B..., médecin,

et obtient de lui, le 10 septembre 1860, une consultation, ou des indications relativement à un médicament que doit prendre madame de Saint M... Il fait son petit voyage, et alors qu'il revenait à N..., on lui remet une lettre ainsi conçue :

« Mon cher Francisque,

« *Votre* chère Mathilde a été incommodée, à peine étiez-vous parti depuis une demi-heure... Elle m'a prié d'envoyer chercher M. Priouzeau ; *elle vous demande* de revenir le plus tôt que vous le pourrez ; il n'y a pas d'inquiétude à avoir, mais il y a à craindre une fausse couche,

« Votre toute dévouée mère,
« Marquise de T...

« Vous voudrez bien dire cette triste nouvelle à M. de T... »

Quel est le porteur de ce message? M. de T... lui-même. Que signifie cela? La mère, à ce moment, comprend que sa fille pouvant être menacée d'un danger, elle doit faire appel à celui qu'elle aime et qui l'aime; alors elle dit : « Mon cher Francisque, votre chère Mathilde a eu un accident... » Il fallait un médecin, M. de Saint-M... avait sa voiture; en vingt et une minutes, il franchit la distance qui sépare N... de Napoléon; il revient et trouve sa femme au lit, dans un état qui n'avait rien d'alarmant, mais qui était grave et exigeait du repos. — La jument était exténuée par la course; comme cet animal était plus rapide, il ne veut pas s'en défaire; il écrit à son vétérinaire :

« Mon cher monsieur,

« Ma femme ayant eu une petite indisposition avant-hier, je n'ai point voulu me priver hier de la présence de mes chevaux et de mon domestique dont je pouvais avoir besoin; c'est pour cela que je ne vous envoie ma jument qu'aujourd'hui.

« Votre bien affectionné,
« M. de Saint-M...

« Le 12 septembre 1860. »

Le 12 septembre, il écrit à sa mère pour lui faire part de l'accident arrivé à sa femme. Il entre dans des détails, il rend compte de la visite du médecin, qui a déclaré que c'était un accident insignifiant, très fréquent à la campagne, sans nulle importance pour l'avenir ni pour les couches.

Voilà l'attitude des époux le 10, le 11, le 12 septembre. Le commencement de la journée du 13 se passe ainsi, madame de Saint-M... étant au lit, et son mari lui prodiguant les soins les plus tendres.

Mais, messieurs, on a résolu... je dis on, j'ai tort, il n'y a qu'une personne qui voulût la séparation, c'est M. de T... Dans cet accident si simple, M. de T... va trouver un prétexte qu'il envenimera. Voici la lettre incroyable qu'il écrit le 14 septembre à madame de Saint-M... mère :

« MADAME,

« Je vous écris sous l'empire de la plus cruelle émotion. Les violences, les outrages, les menaces de votre fils contre sa femme se succèdent avec une rapidité effrayante, et ses fureurs ne permettent plus à notre malheureuse enfant de cohabiter avec lui. Depuis lundi, par suite de ses émotions récentes, elle est au lit sous l'influence d'un accident qui va peut-être déterminer une fausse couche, et cette situation n'est plus tolérable. Tout a été inutile, vous ne le savez que trop, pour adoucir cette nature intraitable, et dans quelques heures, la requête de ma fille sera notifiée à son mari.

« Plaignez-nous, Madame ; rappelez-vous vos propres souvenirs, veuillez nous conserver quelques bonnes pensées, et agréez, avec l'expression de notre profonde tristesse, celle de notre respectueux dévouement... »

Dans cette lettre il n'y a qu'un mot qui soit juste et qui aille au cœur de ceux qui m'entendent : Plaignez-moi ! Oui monsieur, car un père de famille qui défigure ainsi la vérité contre son propre enfant, qui va prétendre qu'un mal passager et accidentel est dû à la dureté de l'époux qui est là plein de tendresse, qui tient en main cette preuve indiscutable, émanée de la mère, qu'il n'est pas celui qui a provoqué ce fatal accident, ce père est bien à plaindre. Ce que vous dites n'est pas la vérité, car vous avez porté le billet de votre femme ; si M. de Saint-M... eût été le bourreau de votre fille, vous n'auriez pas appelé le bourreau pour consoler la victime ; madame de T... n'aurait pas non plus appelé M. de Saint-M... auprès de sa fille.

Comment concilier les deux lettres ? La vérité est dans celle de madame de T... ; l'artifice est dans la vôtre. Cette requête a été écrite dans l'ombre, derrière le chevet du lit de votre fille malade, qui l'ignorait encore, car cette journée du 14, qui devait se terminer d'une manière si tragique et si fatale, elle commence comme toutes les autres. Il n'y avait rien dans la maison qui pût ressembler à des pensées de séparation. A ce moment, M. et madame de Saint-M... s'occupaient à renouveler l'ameublement d'un cabinet de travail ; au mois d'août 1860, la jeune femme avait donné à son mari des dessins que celui-ci avait fait exécuter à Paris, et en voici la preuve : « Paris, le 9 août 1860. — Monsieur le vicomte de Saint-M..., nous avons reçu, etc. »

Cet homme, qui veut tuer madame de Saint-M... il lui fait faire un meuble de fantaisie, il dépense 915 francs pour un prie-Dieu, il lui fait faire un petit bureau et une petite niche destinée à recevoir ses saintes Vierges et ses crucifix. Il l'aime, elle l'aime ; elle souffre, elle le désire ; elle pleure, il pleure. Il faut que M. de T... intervienne pour trouver cette explication déplorable que M. de Saint-M... est la cause de ce mal qu'il voudrait conjurer à tout prix.

Le 9 août, madame de T... écrivait à madame de Saint-M... la mère :

« MADAME,

« Nous avons reçu l'argent que vous nous avez envoyé...

« Mathilde sera bien contente de vous embrasser et de vous montrer son fils, qui est bien intelligent et qui se fortifie beaucoup ; il n'est jamais malade sérieusement.

« Francisque se plaint de l'estomac ces jours-ci. »

Voilà ce que disait madame de T... au moment où, suivant M. de T..., M. de Saint-M... aurait rendu à sa femme la vie intolérable, où son humeur hautaine, intraitable aurait été la cause de la maladie de madame de Saint-M...

C'était une détestable imposture ; je suis dans la vérité. M. de T... voulait arriver à son but ; comment y est-il parvenu ? Est-ce qu'il a averti ce malheureux M. de Saint-M... ? Non ; dans la journée du 14 septembre, M. de Saint-M... n'a rien aperçu qui pût lui faire comprendre qu'il était à la veille du plus triste des malheurs. Il a passé la matinée avec sa femme, dans sa chambre. Ils ont causé comme d'habitude, ils se sont plusieurs fois embrassés. L'heure du déjeuner arrivée, il est descendu, il a trouvé M. de T... à table ; le repas s'est passé comme d'ordinaire. M. de T... devait venir à Napoléon-Vendée, où il avait donné des ordres pour la rédaction de la requête.

M. de T..., qui sait le fin et le délicat des choses, sait aussi atteindre son adversaire sans que celui-ci pare ses coups ; il l'entretient jusqu'à la dernière heure dans une confiance fallacieuse ; il choisit son temps, et il sait à merveille quelles sont les conséquences de ses calculs.

Comprenez-vous que cet homme qui est là chez lui, puisque son beau-père lui a permis d'habiter dans sa maison, dans son ménage, puisqu'il est le mari de sa fille, lui prodiguant ses soins et recevant les témoignages de sa tendresse, puisse être sur le bord de cet abîme au fond duquel se trouvent le désespoir, le déshonneur, la perte de ses enfants, et qu'il n'en sache rien !

A cinq heures, M. de T... apparaît ; il avait fait un second voyage à Napoléon, il en revenait avec un huissier. Il comprend ainsi les devoirs de l'autorité paternelle. Celui qu'il appelle son fils, auquel il a ouvert les bras, qu'il va chasser de sa maison, il n'a pas le courage, la décence, la charité de l'avertir, de l'appeler, de lui donner une bonne et tendre parole. Non, l'huissier est là : Chassez mon gendre, il n'est plus rien pour moi.

M. de Saint-M..., éperdu, jette les yeux sur cette infâme requête. Il voit se dresser devant lui ce fantôme hideux de la calomnie, qui égare sa raison. Où est ma femme? s'écrie-t-il. Il va à sa chambre, elle est fermée; il frappe à la porte, il la fait voler en éclats. Qui ne comprend ces excès d'un mari et d'un père outragé? Il n'y a rien dans cette chambre. M. de T... saisit son gendre par le bras; M. de Saint-M... résiste, alors arrivent quatre valets qui prennent M. de Saint-M.,. par le corps, tandis que M. de T... le frappe sans hésiter. Voici un certificat qui constate que M. de Saint-M.., est sorti tout meurtri des étreintes du gentilhomme son beau-père :

« Je soussigné, docteur en médecine, certifie que M. de Saint-M... présente :

« 1° A la partie interne de la cuisse droite, une contusion au deuxième degré avec ecchymose noirâtre, ayant environ huit centimètres de long sur six de large;

« 2° Deux excoriations à la partie antérieure de la rotule;

« 3° Des contusions au premier degré, sans ecchymose, à la partie antérieure et médiane de la cuisse.

« Toutes ces blessures paraissent avoir été déterminées par l'action d'un corps contondant, lequel pourrait bien être un soulier. »

Voilà vos procédés, monsieur, voilà comment vous signifiez vos volontés; ce que vous avez fait là déshonore la dignité de votre maison.

Mais tout ceci n'est rien en comparaison de la scène du lendemain.

M. de Saint-M... s'était retiré laissant tout chez M. de T... Il fallait revenir cependant pour subir l'épreuve préparatoire que la loi ordonne, et qui ne doit pas être une vaine dérision. Madame de Saint-M... était souffrante, le magistrat avait consenti à se transporter à N... M. de Saint-M... s'y présente. Savez-vous ce qu'il y trouve? La gendarmerie, et derrière la gendarmerie, six hommes robustes et déterminés qui s'avancent sur lui, lui mettent la main au collet en disant : Nous allons vous fouiller, c'est l'ordre de M. le marquis de T.,.

Si, à ce moment, n'écoutant que sa légitime indignation, il eût frappé ceux qui portaient la main sur sa personne, trouvez-vous qu'il eût été coupable? Qui l'eût été? Vous, monsieur, qui aviez dépassé vos droits.

M. de Saint-M... a subi cette humiliation, cependant, sans se plaindre; il a ouvert son habit, et il a dit : « Il n'y a que les lâches qui peuvent me soupçonner, moi père, moi fils, de venir ici avec un projet homicide; de tels projets ne peuvent pas se présenter à la pensée d'un honnête homme; me voici ! » Et il est entré.

Je n'ai pas besoin de dire que les observations de M. le président sont restées sans résultat. M. de T... est resté maître de sa fille et de son petit-fils. Ce qu'il a fait ensuite, nous allons le voir.

A-t-il eu raison, dans son incroyable requête, de présenter M. de Saint-M... comme coupable d'avoir porté la main sur cet enfant? A cet égard, il y a trois articulations qu'il est inutile de lire. Les faits seraient vrais, M. de Saint-M... aurait corrigé son enfant outre mesure, que madame de Saint-M... ne pourrait pas en faire un motif de séparation. Mais les faits sont mensongers au premier chef; j'ai des documents de diverse nature qui établissent la tendresse passionnée de M. de Saint-M... pour son fils, les dépenses qu'il a faites pour lui. Mais je n'ai pas besoin de le justifier: le tribunal sait quels sont ses véritables sentiments, j'en ai déjà trop dit; je crois que M. de Saint-M... est vengé sur ce point,

Il est également vengé de cette accusation tendant à le présenter comme animé de je ne sais quel esprit de parcimonie sordide qui l'aurait empêché de pourvoir aux dépenses de sa femme. Je réponds à cela par des chiffres.

Il a dépensé :

En 1857, pour la toilette de madame, 1,299 francs; pour cadeaux 1,693 francs.

En 1858, pour la toilette de madame, 2,020 francs 30 centimes; pour cadeaux. 1,811 francs 05 centimes.

En 1859, pour la toilette de madame, 1,850 francs ; pour cadeaux, 1,851 francs.

En 1860 (année brisée par cette déplorable demande en séparation), pour la toilette de madame, 1,191 francs 75 centimes; pour cadeaux 575 francs.

J'ai les factures; le tribunal pourra vérifier. Voilà le monstre d'avarice; il a fourni à sa femme pour près de 4,000 francs chaque année, pour ses fantaisies.

Depuis que ce fatal procès est engagé, M. de T... a continué à exercer sur sa fille une déplorable domination ; il a même été jusqu'à insinuer et à faire passer dans son cœur ulcéré cette pensée effroyable que Dieu avait enlevé à madame de Saint-M... son enfant, pour la punir, elle bien innocente sans doute, des désordres de son mari.

C'est là, messieurs, la morale des directeurs spirituels qui ont crédit à N... Je rencontre cette pensée plus d'une fois sous la plume de la marquise de T.., sous la plume de M. Argant aussi, écrivant à la date du 17 février 1860, à M. de Saint-M... : « J'ai peur que tous ces accidents, qui viennent coup sur coup s'abattre sur votre famille, ne soient peut-être une punition!... »

La même pensée s'était déjà présentée à M. Argant en 1856, à l'époque où M. de Saint-M... avait perdu son père, et où il dit que c'est parce que Francisque a méconnu la volonté de Dieu et qu'il ne s'est pas fait prêtre. « Il y a peut-être pour vous, ajoute-t-il, une grande leçon dans cette mort subite et à tel moment. »

C'est par de pareilles idées, répétées sans cesse à madame de Saint-M..., que pendant ce temps d'épreuve on l'éloigne de son mari.

Elle dit dans une lettre du 7 octobre 1860 : « J'ai prié, et la Providence a répondu par des châtiments qui n'ont pas été compris, » Oui, les châtiments ont été cruels pour M. de Saint-M... qui a souffert des tortures que je ne saurais peindre ; car, séparé de sa femme qu'il adore et de son enfant pour lequel il vit, il n'a même pas eu le bonheur d'être instruit de la naissance de sa dernière petite fille. Il a tout fait pour toucher le cœur de madame de Saint-M... et celui de M. de T... ; il a rencontré sans cesse la volonté obstinée de ce dernier se dressant comme une barrière entre son affection et celle de sa femme.

J'ai là une lettre touchante, pleine d'amour, de bons sentiments, écrite par M. de Saint-M... à sa femme, à la date du 4 février. Voici la lettre :

MA CHÈRE MATHILDE,

« Depuis le moment où j'ai dû quitter N..., à la suite d'une déclaration de guerre si brusque et si imprévue pour moi, je n'ai pas été un jour, que dis-je? une heure sans me transporter, par la pensée, auprès de notre enfant chéri. Que de fois me suis-je demandé ce que j'avais fait pour être ainsi séparé violemment de tout ce que j'aime, et être réduit, moi, mari et père de famille, à souffrir mille fois moins de mes propres souffrances, quelque cruelles qu'elles soient, que du malheur imposé aux premiers pas de mon cher Marc dans la vie ! Je l'aime avec tant de tendresse, que je ne puis concevoir que le coup de foudre qui m'a frappé l'ait atteint aussi profondément que moi. Ce triste sentiment me poursuit sans relâche ni trêve. C'est l'unique objet de mes pensées ; et assez fort pour les plus dures épreuves, mon cœur se refuse à comprendre que ce cher enfant les partage. Je l'aime trop pour qu'elles n'eussent pas dû lui être épargnées.

J'aime à vous parler de nos enfants, parce que, sur ce terrain, nos pensées, nos désirs et nos intentions doivent se donner la main, et c'est à l'occasion de celui qui va bientôt naître que je vous écris aujourd'hui. J'ai pu, dans une pensée de conciliation, ou plutôt de réconciliation, et pour donner aux passions, et aux ressentiments le temps de s'apaiser, me résigner à me taire, quelque pénible que fût pour moi un isolement aussi absolu, et, s'il ne s'agissait que d'une question de sacrifice personnel, j'aurais sans doute la force de persister dans mon silence ; mais, en présence de vos couches prochaines, il ne m'est pas possible de ne pas vous écrire. Je ne suis pas obligé de faire plus longtemps violence à mon cœur et de paraître oublier mes droits de père. Veuillez avoir la bonté de vous entendre avec moi sur tout ce qu'il y aura à faire après votre accouchement par rapport au baptême, à la nomination et au choix du parrain et de la marraine ; quand vous m'aurez fait part de vos désirs à cet égard, je vous transmettrai les observations que m'auront suggérées vos propositions : votre esprit de convenance et votre cœur sentiront que je ne puis pas plus renoncer à agir dans cette circonstance en père, que consentir jamais à ne plus m'occuper de mes enfants chéris.

« Je souhaite vivement que vos couches ne soient pas trop pénibles, et je ne doute pas que votre délivrance n'exerce la plus heureuse influence sur les dispositions de tous et ne ramène le calme et la bonne harmonie si malheureusement troublés. Quelle plus belle occasion d'une heureuse réconciliation que celle des premiers cris entendus par un père et une mère près du berceau de leur enfant !

« Je vous embrasse affectueusement et vous charge d'embrasser de même notre bien-aimé petit Marc. Soyez sûre que j'ai trop souffert de ce qui s'est passé pour ne pas supposer que, vous aussi, [vous avez dû être cruellement éprouvée : aussi je rejette loin de moi toute pensée d'amertume, et ne veux que vous plaindre et vous aimer.

« Votre mari qui vous aime toujours,

« Francisque DE SAINT M... »

Cette lettre a été envoyée ; j'ai la preuve qu'elle a été refusée ; M. de T... n'a pas voulu qu'elle fût reçue. Obstiné dans ses passions, il ne voulait même pas d'explications ; il cherchait à produire du scandale et à étaler, je ne dirai pas ses haines, je n'irai pas jusque-là, mais au moins ses susceptibilités au grand jour. Il a refusé la lettre, et il fallu que j'employasse l'intermédiaire de mon digne et illusure confrère pour qu'elle parvint à madame de Saint-M..., laquelle a fait une réponse à M. Berryer. Dans cette réponse, elle explique comment la lettre de son mari a été refusée par elle. Vous lirez la réponse ; ce n'est pas une femme qui l'a écrite, c'est M. de T...

Madame de Saint-M... allait être mère ; son mari était venu à Napoléon-Vendée plein d'anxiété ; il était là attendant le signal. Dussiez-vous m'accuser d'un esprit inconsistant et d'un cœur naïf, j'avais cru qu'en ce moment solennel le cœur de madame de Saint-M... n'y tiendrait pas, qu'aux premières souffrances, madame de T... écrirait comme au 10 septembre : « Votre chère Mathilde vous attend », et que le démon de la discorde serait chassé par la bénédiction de la naissance d'un petit enfant. Je connaissais le cœur de la femme ; elle ne doutait pas de celui de son mari. M. de Saint-M... était à Napoléon : elle a mis au monde une petite fille. Le médecin a averti M. de Saint-M... qu'il était père par une lettre qu'il lui a écrite le 18 avril 1861, et qui est ainsi conçue :

« MONSIEUR,

« J'arrive du château de N... ; il est dix [heures, et je ne puis espérer que cette lettre parte ce soir. Je m'empresse cependant de vous donner des nouvelles de madame de Saint-M... Ce soir, à six heures et demie, madame de Saint-M... est heureusement accouchée d'une fille. Deux heures après la délivrance, je me suis retiré, laissant la mère et l'enfant dans un état qui ne laissait rien à désirer.

Le lendemain, le même médecin écrit à M. de Saint-M... :

« MONSIEUR,

« Madame de Saint-M... est accouchée le jeudi 18 courant, à... Je me suis empressé de vous *le mander uniquement* (il souligne ces mots), parce que vous m'en avez exprimé le désir et parce que je trouvais personnellement un véritable bonheur à vous apprendre une bonne nouvelle.

« Veuillez agréer, etc. »

Quant au beau-père, il n'a rien dit : il a imposé silence à la mère ; il a étouffé le cri de la nature. — Vous êtes chrétien, et vous comprenez ainsi vos devoirs de père de famille! lorsqu'un petit enfant vient au monde, vous rayez du catalogue des vivants celui qui est son père. Il ne vous a pas suffi de le chasser de votre présence, de le bannir de votre cœur ; vous voulez encore qu'il cesse d'être père, et quand il est à quelques kilomètres de celle qu'il a promis d'aimer pendant toute sa vie et qu'il a rendue mère, vous n'avez même pas pour lui cette charité qui fait prendre la plume au docteur pour annoncer à M. de Saint-M... la naissance de sa petite fille! Triomphez de l'élégance de vos manières, de votre délicatesse de langage, jamais vous ne pourrez faire comprendre à ceux qui ont du cœur comment vous appréciez et jugez les sentiments intimes de l'âme!

M. de Saint-M... a d'autant plus souffert qu'il n'a jamais vu sa fille ; on n'a pas daigné la lui faire conduire. Il est resté huit jours à Napoléon, attendant qu'on lui indiquât dans quelle maison tierce cette enfant pourrait être apportée. Il avait soif de l'embrasser. Vous ne savez donc pas ce que c'est que la bénédiction paternelle, et vous ne comprenez donc rien à un berceau? Ah! ceux qui m'entendent vous jugent, et, quant à moi, jamais je ne pourrais comprendre ni absoudre une pareille action ; elle crie plus haut que mes paroles, elle prouve que vous vous sentiez dans une voie fausse, que vous y persévérez et que vous avez peur de la lumière.

Quant à M. de Saint-M..., il a eu confiance dans la justice. Quand vous lui disputiez son enfant, il a voulu le voir. Comment le lui montriez-vous? Lorsque le petit Marc était amené à M. de Saint-M..., vous le faisiez accompagner par quatre des hommes qui lui avaient fait violence au château de N... Telle est votre délicatesse que vous lui rappeliez sans cesse cette humiliation, et que c'était là l'escorte que vous donniez à ce jeune enfant qui venait dans les bras de son père apprendre l'amour et le respect. M. de Saint-M... a voulu s'affranchir de cette servitude ; vous avez résisté ; votre aveuglement est tel que vous avez plaidé pour savoir si vous aviez le droit d'insulter le mari de votre fille. La justice vous a condamné en disant :

« Sur la quatrième question, considérant que le tribunal, en décidant que madame de Saint-M... pourra faire accompagner son enfant par les personnes attachées à son service, n'a entendu parler que des domestiques du sexe féminin, qui seules donnent ordinairement des soins aux enfants de l'âge du jeune Saint-M...; que la présence d'un homme aux entrevues de M. de Saint-M... avec son fils est une précaution inutile en même temps qu'une offense aux sentiments et à la dignité du père. »

Voilà ce que vous ne saviez pas, monsieur de T...; voilà ce que la justice vous apprend; vous ne le saviez pas plus que vous ne savez quels sont les devoirs d'une femme vis-à-vis de son mari, et, dans un instant, vous recevrez une nouvelle leçon de la justice, car il n'est pas possible, messieurs, qu'après tout ce que vous savez, il y ait encore un moment d'hésitation dans vos consciences.

On vous demande une enquête : on veut prolonger cet état d'agonie pour mon client, on veut compromettre davantage M. de Saint-M...; on veut faire comparaître devant M. le juge-commissaire la cohorte obéissante des serviteurs de N..., qui subissent la domination de M. de T... Si nous étions condamnés à une pareille épreuve, nous en sortirions vainqueurs; la vérité est là, elle ne saurait me tromper. Mais cette épreuve est inutile; la cause est éclairée d'un tel éclat qu'elle a frappé tous les regards : pour tous ceux qui m'entendent, il n'y a pas un doute possible; il n'y a pas de procès, il n'y a qu'un coup d'État de l'autorité paternelle, et ce n'est pas devant des misères de cette espèce que la justice et la loi inclinent leur majesté.

Une enquête ! mais nous nous y sommes suffisamment livrés dans cette enceinte pour qu'elle soit superflue. Chacun des personnages qui jouent un rôle dans ce procès nous est connu; nous les avons entendus : madame de T..., madame de Saint-M..., M. de T... lui-même. Nous avons connu leurs cœurs, nous avons vu se dessiner leurs sentiments, et cette triste et déplorable histoire n'a plus besoin d'être racontée. Nous savons comment, ignorant des choses de la vie, ne demandant qu'à aimer, M. de Saint-M... est entré dans la maison de M. de T..., donnant tout ce qui était en lui : son âme, son cœur, son dévouement, n'entendant se réserver que deux biens inaliénables, deux libertés, celle d'aimer, et celle de penser et d'agir. Elles lui ont été toutes deux refusées, l'une au nom de la tendresse de madame de T..., l'autre au nom de l'autorité de M. de T... M. de Saint-M... a senti qu'il souffrait dans cette atmosphère de N..., que son bonheur et son avenir allaient y périr; il a voulu y échapper. C'est alors que l'amour paternel de M. de T... s'est insurgé, que son orgueil s'est irrité, et que le triste procès que vous avez à juger a été imaginé.

Mais, à l'heure où nous sommes, est-ce que ce procès n'est pas jugé? Est-ce qu'il n'est pas constant que sans cette oppression de M. de T... jamais l'union qui a existé entre M. et madame de Saint-M...

n'aurait été un instant troublée? N'est-il pas clair que si M. de Saint-M... a commis des fautes, s'il a eu des torts, ils n'ont été que la conséquence des tortures que lui imposait cet état violent auquel il lui était impossible d'échapper? La vérité, messieurs, elle est faite tout entière, et, dès lors, comment-pourriez-vous hésiter? Qu'est-ce qui vous arrêterait, grand Dieu! lorsque je viens à cette barre, non pas seulement au nom de M. de Saint-M..., mais au nom de ses enfants, vous demander de les préserver, comme leur père et leur mère, du désastre d'une séparation qui viendrait les atteindre?

Tous les cœurs sont ébranlés dans cette enceinte. Je ne suis pas bien sûr que celui de M. de T... ne le soit pas, car il n'est pas possible que la vérité ne l'ait pas frappé. Qu'entend-il faire de la famille qu'il livre ainsi à la fureur de la discorde? Sa fille a vingt-quatre ans, elle est belle, elle est adorée, elle est pure; elle est l'objet de toutes les idolâtries de M. de Saint-M... Malgré sa triple maternité, les voiles pudiques de la jeune fille la couvrent encore, mais le vent de la vie va les écarter, et s'il arrive que ce cœur, que vous connaissez, vienne un jour battre au simple contact d'un feu brûlant, que deviendra cette femme? elle sera placée entre le péché et le martyre. Les années sont bien longues devant elle, et nul ne peut répondre de sa nature. Quant au supplice auquel M. de Saint-M... serait condamné, il serait horrible. Ah! lui, tout bouillonnant d'ardeur, ne demandant qu'à agir, qu'à connaître, qu'à aimer, que voulez-vous qu'il fasse du poids de son cœur quand il le traînera misérable et stérile dans ce centre où tout lui sera occasion de souffrance et de désespoir?

Je n'ai parlé que de ces deux infortunés que vous réduisez à cet état impossible. Mais n'y a-t-il pas à côté d'eux deux êtres qui seraient touchés? Est-ce qu'il n'y a pas deux berceaux? Est-ce que M. de T... peut les couronner par la division et la guerre? Mon honorable adversaire peut me rendre cette justice, lorsque j'ai été chargé de cette affaire, après en avoir étudié les documents, j'ai dit : La séparation est impossible, le débat n'aura pas lieu; les nouveau-nés ne le permettront pas. Je me rappelais ce conte charmant que j'ai lu dans mon jeune âge et qui a laissé dans mon esprit une impression profonde. C'est un mari et une femme nobles, riches, considérés, qui n'ont pas su vivre dans l'harmonie et la paix; ils se sont séparés comme d'honnêtes gens, sans éclat, sans scandale; ils sont d'accord sur toute chose : le partage des terres, la pension, rien n'avait été oublié. Ils vont se quitter; mais au moment de se dire adieu, il se rencontre sous leurs pas un petit enfant auquel le père s'adresse : C'est bien avec moi que tu veux venir? — Oui, mon père. — Et la mère lui demande : Est-ce que tu veux me quitter? — Non, ma mère. — L'enfant tient l'un par le bas de son habit, l'autre par sa robe; ils es penchent pour embrasser leur enfant, et voici que leurs yeux se remplissent de larmes, leurs cœurs se rencontrent, tout s'efface dans un baiser que l'enfant a provoqué. — C'est là, messieurs, la tâche sublime de ces êtres adorés qui gouvernent par leurs faiblesse, qui s'imposent par leurs grâces et dont nous ne pouvons nous séparer.

Ici, il y en a deux : les partagera-t-on? Mais les caresses de leur mère leur sont aussi nécessaires que la fermeté et la vigilance de leur père. Il faut qu'ils soient à l'un et à l'autre; il faut que ces jeunes époux accomplissent l'œuvre de Dieu en se consacrant à ces jeunes enfants, qui sont le fruit de leur tendresse. Briser cette solidarité d'amour serait une véritable impiété.

Est-ce que M. de T... n'a pas compris toutes ces choses? C'est à lui que je m'adresse, car il n'y a plus que lui qui résiste, et si dans le cours de ce débat, j'ai prononcé des paroles qui ont pu l'affliger, qu'il en soit convaincu, c'est que je les ai crues nécessaires, car dans le fond du cœur de M. de Saint-M..., je n'ai rencontré pour tous les membres de la famille de T... que des pensées et des sentiments d'affection, de déférence et de respect.

Je désire que M. de T... tire de la grande leçon qui lui est donnée l'enseignement qu'elle contient. Le tribunal va rendre à M. de Saint-M... sa femme et ses enfants. Que M. de T... ne résiste plus; qu'il reconnaisse la voix de Dieu dans la sagesse de la justice; qu'il ouvre enfin les bras, qu'il permette à son gendre d'être à son tour époux et père, de vivre d'une existence indépendante, et alors, messieurs, ce sacrifice volontaire lui acquerra l'estime de tous ceux qui le jugent, et, en même temps, la bénédiction de tous ceux qui l'aiment, au nombre desquels je lui demande la permission de placer en première ligne M. de Saint-M.... pour lequel j'ai l'honneur de supplier le tribunal et lui.

Je persiste dans mes conclusions.

« Le tribunal; considérant que la demande en séparation de madame de Saint-M... n'est pas justifiée; que les faits articulés sont tous ou inexacts, ou insignifiants, ou non précis, ou invraisemblables, dit qu'il n'y a pas lieu d'autoriser madame de Saint-M... à la preuve de ces faits, et déclare la demande en séparation de corps intentée par ladite dame contre son mari mal fondée; en conséquence, l'en déboute et la condamne à tous les frais de l'instance, etc., etc. »

COUR IMPÉRIALE DE POITIERS

PRÉSIDENCE DE M. FORTOUL, PREMIER PRÉSIDENT

AUDIENCE DU 8 AOUT 1866

AFFAIRE SAINT-M...

Le 4 décembre 1861, le jugement du tribunal de Napoléon-Vendée est attaqué devant la cour de Poitiers, qui rend un arrêt interlocutoire, sur les conclusions conformes de M. le premier avocat général. L'enquête ordonnée était décisive en faveur de M. de Saint-M... Le 4 février 1863, la cour rend un arrêt de partage, vidé le 3 août 1863. La séparation de corps est prononcée, et les enfants, vu leur jeune âge, sont laissés à madame de Saint-M..., à qui l'arrêt ordonne de conduire tous les huit jours les enfants chez leur père.

Madame de Saint-M... n'ayant pas exécuté l'arrêt, M. de Saint-M... revendique le droit de garder son fils et de voir régulièrement sa fille.

M⁰ Jules Favre s'exprime en ces termes :

MESSIEURS,

Je ne puis reparaître à cette barre sans y retrouver, vivante encore, l'union des douleurs les plus amères qui m'aient atteint dans l'exercice de ma chère et quelquefois bien cruelle profession. Un jeune homme issu d'un noble sang, descendant d'une famille de magistrats dans laquelle la vertu était à la fois de tradition et d'héritage, formé par un père révéré, l'orgueil et l'espérance des professeurs éminents auxquels avait été confié le soin de son instruction, était entré, avant sa vingt-quatrième année, dans une maison jusque-là entourée de considération et de respect. Il y avait été attiré moins par l'éclat du rang, de l'importance de la fortune, que par une affection profonde, sincère et chaste, qui lui avait été inspirée par une jeune fille à laquelle il demandait l'honneur de s'allier. Il semblait, messieurs, que les qualités de celle-ci méritassent l'amour qu'elle avait inspiré; l'union parut d'abord heureuse: deux maternités successives l'avaient bénie, une troisième faisait tressaillir le sein de la jeune mère, lorsque tout à coup, sans motif apparent, le père de famille, qui habitait avec son beau-père et sa belle-mère, fut, par une exécution militaire et violente, arraché du domicile qui était le sien, jeté brutalement à la porte, et, au milieu de sa douleur, de ses larmes, forcé de tendre les bras à la justice pour qu'elle lui rendît une femme qu'il idolâtrait, un enfant (car l'un des deux lui avait été prématurément enlevé), un enfant qui était l'objet de toutes ses affections. Et ce qui le confondait, c'était l'impossibilité où il était de comprendre la raison du malheur sans nom qui le venait accabler. Ce fut ainsi, éperdu de chagrin, qu'il fit appel à mon nom. Dieu m'est témoin que, plus je suis entré dans l'étude approfondie de cette affaire, plus j'ai trouvé la cause de M. de Saint-M... juste et sainte.

Dans d'autres conditions, elle n'aurait pas présenté les difficultés dont cependant elle était environnée, mais elle mettait en rivalité deux familles également puissantes; ces rivalités soulevaient autour d'elles d'ardentes passions, des récriminations cruelles; l'orgueil se mêlait à l'affection froissée pour dresser autour du malheureux M. de Saint M... un rempart qui parut tout d'abord inexpugnable.

Et cependant j'avais dans les mains des lettres qui étaient pleines de l'amour que sa femme lui avait témoigné jusqu'au dernier moment, et il semblait impossible qu'en présence de ces témoignages multipliés autant que sincères, la justice prît jamais sur elle de prononcer une séparation qui devait consommer le malheur de tant de personnes à la fois. Et, je le répète, plus je m'attache à la défense de ce malheureux jeune homme, plus ma conviction se fortifie, et à mesure que je me pénètre mieux de sa nature, que je peux juger l'excellence de ses qualités, la noblesse de son cœur, sa générosité, sa loyauté qui n'a jamais failli, cette nature impétueuse et tendre, confiante, exaltée, bien plus sensible à un bienfait qu'à un outrage, allant avec toutes les aspirations de son âme au delà de tout ce qui est bien, plus, messieurs, je m'y attache fortement; en sorte qu'à l'heure où je parle, c'est moins encore l'avocat que l'ami qui vient vous adresser une dernière supplication. Celle-là, messieurs, j'ai la ferme confiance qu'elle sera accueillie par le vote unanime de la cour, et en présence de l'évidence qui me paraît entourer la réclamation de ce jeune père demandant que l'arrêt de la cour ne soit pas détruit par l'orgueil et l'audace de ses adversaires, qu'on ne le condamne pas à perdre à jamais un enfant, et cet enfant à le perdre à jamais, il ne me paraît pas possible qu'il y ait autre chose qu'une discussion de pure forme. Je me repens, messieurs, d'avoir prononcé un pareil mot en présence d'un tel adversaire. C'est le troisième que je rencontre dans cette lutte obstinée, mais assurément ce n'est pas le moins redoutable, et je ne dissimule pas quels peuvent être la force et le danger des coups qu'il portera au nom de madame de Saint-M...

Mais ma confiance dans le droit que je viens défendre est telle, qu'il me pardonnera de le lui dire, je n'éprouve en me levant aucune hésitation, je ne dirai pas aucun trouble, car la grandeur de la tâche que j'ai à accomplir m'effraye ; j'ai besoin de l'indulgence de la cour que j'ai plusieurs fois sollicitée et que j'ai toujours obtenue ; elle comprendra quels sont les périls de la situation dans laquelle je suis engagé, et j'espère que sa haute sagesse, sa ferme indépendance seront les meilleurs auxiliaires de la cause qui m'est confiée.

Et quand je parlais, en commençant, de la douleur qui avait été pour moi la conséquence de l'arrêt qui a accueilli la demande de madame de Saint-M..., la cour peut se rappeler, au moins quelques-uns de ceux qui la composent n'ont point oublié quelles furent les luttes engagées à cette barre. Devant le tribunal de Napoléon-Vendée, la cause de M. de Saint-M... n'avait pas paru un instant douteuse, et en présence de tous les témoignages accumulés qui anéantissaient par la base l'articulation laborieuse qui avait été échafaudée par la demanderesse, le tribunal répondit qu'aucun des faits ne pouvait être possible, et il repoussa la demande de madame de Saint-M...

Sur l'appel, la cour, sur les conclusions conformes de M. le premier avocat général, et malgré mes efforts, estima qu'il y avait lieu d'examiner, qu'on ne pouvait pas, dans une affaire de cette nature, se soustraire à l'autorité de la preuve testimoniale ; des enquêtes furent ordonnées, ces enquêtes furent longues, elles amenèrent dans le prétoire près de deux cents témoins, et dès lors, je vous le demande, quelles contradictions, quelles luttes entre les différentes personnes qui pouvaient être animées de passions diverses, alors que la famille de T..., avec sa puissance, avec sa clientèle nombreuse, avec sa domesticité, avec tous les familiers qui sont ses obligés, pouvait mettre en ligne tant de dépositions intéressées !

Nous revînmes à la barre de la cour. Là, je le reconnais, la lutte fut vive, ardente, je dirai passionnée. C'est que, de l'un et de l'autre côté, chacun sentait la grandeur de l'intérêt qui était en jeu. Pour moi, je ne me faisais aucune illusion, c'était l'avenir de M. de Saint-M..., l'avenir de madame de Saint-M..., sa femme, c'était surtout l'avenir de ses enfants que je défendais.

Cette lutte ne se continua pas seulement à la barre. Nous en retrouvons les traces jusque dans les délibérations de la cour, qui témoigna par un arrêt de partage que six sur douze magistrats étaient d'avis de repousser la séparation. Et si je me rappelle qu'à côté de ces six votes il faut, pour être juste, placer l'opinion consciencieuse et éloquente de M. le premier avocat général, concluant au rejet de la séparation de corps j'ai le droit de dire que, devant Dieu, si ce n'est devant la loi, M. de Saint-M... a gagné son procès.

Mais, messieurs, la loi est toute-puissante, ses règles doivent être observées malgré les secrets murmurés de la conscience. On fut dans la nécessité de vider le partage, et là se présentèrent des incidents que j'aurai tout à l'heure l'occasion de faire connaître à la cour avec plus de détails, incidents qui provoquèrent de la part de M. de Saint-M... une résolution que je combattis vainement, j'ai le droit de le dire aujourd'hui, que je regrette, même à l'heure où je parle; M. de Saint M... crut de sa dignité de ne pas se présenter après l'arrêt qui avait repoussé des conclusions que la cour va connaître, et ce fut par défaut que fut prononcé contre lui l'arrêt qui consomma son malheur.

Quand je me reporte à cette époque si douloureuse pour lui, et je pourrais dire pour moi, je me demande comment M. de Saint-M... a pu supporter une semblable catastrophe, comment, après avoir tant souffert pour arriver à cette victoire qu'il désirait avec toute l'impétuosité de son ardente nature, il n'est pas resté accablé sous le poids de l'infortune qui l'écrasait. Car ce n'était pas seulement la perte de son procès, c'était jusqu'à un certain point celle de sa considération à laquelle il devait se résigner, et l'arrêt de la cour prononcé dans les circonstances que je viens d'indiquer y faisait le plus mortel échec. Il semblait que M. de Saint-M... eût démérité dans le cours des années qui avaient été appréciées par les magistrats, qu'il avait obéi à je ne sais quelle passion dégradante, dont les excès auraient été pour sa femme la cause d'une inexprimable torture, et que, devenu moins qu'un homme, il lui était désormais impossible de tenir son rang dans ce monde, où l'on demande avant tout de la dignité personnelle.

Un autre que lui se serait découragé, il aurait quitté ce pays qui n'était pas le sien, pour aller retrouver avec ses pénates, avec le Dieu de sa famille, ces consolations augustes et suprêmes qui ne manquent jamais au malheur, quelles que soient son origine et son étendue. Mais il avait un grand devoir à remplir, il avait une affection profonde dans le cœur. Ce devoir et cette affection sont devenus son viatique ; ils l'ont soutenu sur cette route où chaque pas était arrosé de ses larmes, ils lui ont permis de s'y relever peu à peu, de devenir un homme qui, à l'heure où je parle, peut lever le front devant vous et vous dire : Voyez mes œuvres, voyez comment elles sont jugées, la considération légitime dont je suis entouré, les services que j'ai rendus, les preuves non équivoques de la noblesse de mon caractère, et dites si vous ne pensez pas que la justice ait été trompée par des renseignements inexacts, par des dépositions passionnées, par des calomnies qui se sont glissées jusque dans son prétoire, et la loi à la main, en interrogeant les règles de la morale éternelle, accordez-moi au moins cette justice qui n'est refusée à personne, de pouvoir tendre librement la main à mes enfants, et d'exercer la puissance paternelle que je tiens de Dieu, et dont les hommes ne peuvent me déshériter.

Voilà le langage que M. de Saint-M... vient tenir, et ce langage, vous allez le voir, il est fondé en droit et en fait, et je puis dire sans rien exagérer que dans sa vie courte encore, mais bien triste, il n'y eut jamais d'heure plus solennelle. Il est placé à l'issue de deux routes qui vont sans cesse en s'éloignant l'une de l'autre : il tend les bras à son fils, à sa fille, il veut qu'ils viennent se précipiter sur son sein. Quel est celui qui osera les en empêcher? Et, ne vous faites pas d'illusions, je le démontrerai, il ne peut y avoir de terme moyen dans cette situation; le père sera perdu pour les enfants, les enfants seront perdus pour le père, si vous n'accueillez pas mes conclusions, et nous vous montrerons, de manière à toucher vos consciences par les lumières même de l'évidence, que cette triste perspective est dans le désir, dans les desseins, dans les calculs et, j'ai le droit de le dire, dans les audaces et dans les révoltes de madame de Saint-M...

C'est donc à vous qu'il appartient de décider, messieurs, et assurément il n'y eut jamais de question à la fois plus délicate et plus grande. Priver un père de ses enfants, priver les enfants de leur père, rompre à jamais ce lien auguste, voilà, messieurs, ce que l'on vous demande de l'autre côté de cette barre, voilà la protestation qu'on fera entendre, voilà la résolution contre laquelle je vais lutter avec la conviction la plus forte, avec la loi, avec le secours de la morale et de la religion, et j'espère, messieurs, qu'il n'y aura pas de doute dans l'esprit de la cour, et que la cour, comme je le disais, d'un avis unanime, jugera, au nom du droit et au nom de l'intérêt du jeune de Saint-M..., qu'il doit appartenir à son père, que celui-ci doit en avoir la garde et la direction, et qu'en ce qui concerne la jeune fille, l'arrêt que la cour a rendu et qui jusqu'ici a été un vain mot, doit être sérieusement exécuté.

Voilà les conclusions que je prends, et que je vais essayer de développer. Pour cela il me serait possible de faire de nombreux emprunts aux volumineux documents des précédents procès; peut-être, messieurs, le devrai-je, je ne le ferai cependant pas. Je comprends qu'à l'heure où je parle il faut plus concentrer que développer ce débat, et c'est surtout aux faits acquis, indiscutables, qui se trouvent ainsi hors de toute espèce de contestation, que je dois demander le secours de l'argumentation que je prends la liberté de présenter devant la cour.

Il est cependant indispensable que je dise un mot des précédents, en ce qui touche les personnes.

Tout à l'heure, messieurs, je vous parlais de la famille de Saint-M..., et la connaître n'est point indifférent quand il s'agit de prononcer sur les destinées d'un jeune enfant du sexe masculin. La famille de Saint-M... est de la Bretagne, elle est noble, elle est ancienne, et depuis plusieurs siècles elle appartient à la magistrature. Sans remonter plus haut que le grand-père de M. de Saint-M..., nous le rencontrons dans le parlement de Bretagne, et le voyons, à l'époque de la Révolution, sceller de son sang sa foi aux principes politiques qu'il défendait alors.

Quant à son fils, le père de celui que j'ai l'honneur de représenter à cette barre, à vingt-cinq ans il avait l'honneur, assez rare assurément, d'occuper à Rennes le poste d'avocat général; il avait vingt-neuf ans quand il fut surpris par la révolution de Juillet et, conformément aux tradition paternelles, il ne voulut pas de transaction de conscience, il abandonna la magistrature, où il avait devant lui une carrière brillante, pour se retirer dans la vie privée. Il s'y occupa exclusivement du soin de sa fortune, qu'il quadrupla, et de l'éducation de ses enfants, qu'il adorait. Le dernier était Francisque; il était né avec des dispositions particulières, une grande facilité à apprendre, un caractère impressionnable, une tendresse qui allait jusqu'à l'exaltation. Il était tout naturel qu'il fût l'objet, non pas d'une prédilection, mais au moins d'une attention particulière de la part de son père et de sa mère. Ses études furent brillantes. Je pourrais faire passer sous les yeux de la cour un nombre considérable de lettres écrites par ses professeurs, qui témoignent à la fois, et de ses succès, et de sa bonté, et de ses dispositions à la bienfaisance, et surtout des aspirations de cette jeune âme vers tout ce qui était beau, idéal, vers tout ce qui séduisait sa généreuse nature. Je me garderai d'insister sur ces détails qui ne peuvent être contestés, et cependant je ne puis me refuser au plaisir de mettre sous les yeux de la cour quelques lignes d'une lettre du 27 juillet 1853. Il était alors étudiant en droit, et venait de passer son premier examen, et presque tous l'ont été dans les conditions de celui-ci. Il avait été heureux, et vous allez voir comment il ressent le besoin de communiquer cette félicité si pure à son père:

« 27 juillet 1853.

MON CHER PÈRE,

« Je vous écris pour vous annoncer que j'ai passé hier mon examen. J'ai eu quatre blanches. Tous les professeurs ont été on ne peut plus bienveillants pour moi. Je n'ai plus qu'à remercier la Providence d'avoir béni mon travail et de m'avoir procuré ce succès, que d'autres plus forts ou aussi forts que moi n'obtiendront peut-être pas. Après le bonheur que j'éprouve, en voyant que mon travail a été heureusement couronné, grâce à l'indulgence des examinateurs et à la protection dont le bon Dieu a bien voulu récompenser les efforts que j'avais faits pour satisfaire à la loi du travail, je n'en ressens pas de plus vif, de plus direct, de plus sensible à mon cœur que de penser au plaisir que vous allez en avoir. Félicitez-vous, félicitez-moi d'avoir été si heureux, et remerciez pour moi, de ce petit bonheur, Celui qui les procure tous.

« Votre fils qui vous aime de tout son cœur,

« F. DE SAINT-M... »

Voilà ce qu'il était quand il étudiait le droit, et moi qui le connais bien, j'affirme à la cour qu'il n'a pas changé, que c'est toujours la même naïveté de sentiments, la même défiance de soi-même, la même disposition à sentir sa faiblesse, et à reporter tout ce qui lui vient de bien à l'Être auquel nous devons tout. En 1853, M. de Saint-M... ne voyait pas de satisfaction plus vive que de faire partager le bonheur que lui causait le succès de ses études à son père. Bientôt, messieurs, allait s'ouvrir devant lui un horizon nouveau, et il va se précipiter vers sa destinée avec la même ardeur, avec les mêmes dispositions.

Il venait d'être reçu avocat, il avait passé tous ses examens, même celui de docteur, d'une manière brillante; il pensait à se fixer à Rennes auprès de son père, car de bonne heure il avait eu pour notre profession une prédilection à laquelle il a toujours été fidèle, lorsqu'au mois de mars 1856, un ami lui fit des ouvertures auxquelles il ne résista pas. Il s'agissait d'un mariage, et d'un mariage qui se présentait dans les conditions les plus heureuses. Celui qui l'en entretenait était, par sa situation, par son rang, par son âge, très propre à inspirer toute espèce de confiance au jeune M. de Saint-M...; c'était, à la fois, un ami de la famille de T... et de la famille de Saint-M...

Voici ce qu'il écrivait le 23 mars 1856 :

« Si vous pensez à vous marier tôt ou tard, je suis chargé de vous proposer un parti qui semble réunir tous les avantages que vous pouvez désirer. Je ne dis pas humainement parlant seulement; mais ce qui est bien plus important, chrétiennement parlant. Car celui-là qui, après avoir consulté Dieu pour connaître la voie dans laquelle il est appelé à travailler à la gloire de Dieu et à son salut, cherche ensuite les moyens les plus propres à lui faciliter d'atteindre ce but, celui-là, dis-je, est sûr de traverser la vie, ses petites joies, si rares, ses peines et ses douleurs, si multipliées et souvent si amères, avec le calme, la sérénité, la résignation que la foi seule peut donner. »

Suivent des détails sur la famille et sur la personne que l'on proposait au choix de M. de Saint-M... Cette famille, cette personne, étaient dignes à tous égards de cette recherche. Je m'empresse de le déclarer, la maison de T... est honorable entre toutes. Mademoiselle Mathilde de T... se présentait dans la vie avec tous les avantages extérieurs, avec toutes les qualités qui peuvent captiver, qui peuvent conserver l'affection, et à la première vue, M. Francisque de Saint-M... en fut touché à tel point que les lettres que je pourrais mettre sous les yeux de la cour lui donneraient la preuve de cet ardent et pur amour dont je parlais dans mes premières observations, qui s'empara du cœur de M. de Saint-M..., et n'eut pas de peine à subjuguer tout son être.

Il était pur comme un ange, il avait vécu comme bien peu de jeunes gens, traversé tous les orages sans laisser à sa robe virginale la moindre tache, il n'aspirait qu'à faire le bonheur de celle à laquelle il allait s'unir; mais il était impossible qu'il ne fût pas embrasé par ce sentiment nouveau qui lui apparaissait avec toute son ardeur. La cour en aura la preuve dans de très-courtes citations empruntées à la volumineuse correspondance, que j'indique uniquement pour prouver d'une manière indiscutable les principaux points sur lesquels je m'appuierai plus tard.

Voici ce qu'il écrivait à madame de T..., qui devait être bientôt sa belle-mère :

« Que vous dirai-je pour celle dont la pensée précipite déjà tant les battements de mon cœur? Depuis le jour où vous m'avez permis de l'aimer, je n'ai plus qu'un désir, qu'une aspiration, qu'un besoin : me rendre digne de faire le bonheur de celle que le ciel m'accorde. Je sais tout ce qui me manque pour mériter un si grand bien, mais aussi j'ai confiance que le bon Dieu exaucera la plus brûlante de toutes mes prières. Dites, je vous en prie, à mademoiselle Mathilde, d'espérer, d'être tranquille, Dites-lui combien je serai heureux de l'aimer par-dessus tout. Dites-lui tout ce que votre cœur vous inspirera pour lui montrer un avenir brillant et doux. Puissent mes sentiments être connus d'elle! »

Et tandis que se préparait cet hyménée qui, pour M. de Saint-M... au moins, se présentait avec de si brillantes perspectives, il fut tout à coup atteint par un malheur affreux : son père était frappé, le 19 mai 1856, d'une attaque d'apoplexie foudroyante, et c'est à peine si, accouru, il pouvait recueillir son dernier soupir. Et, dans la douleur ineffable que lui avait causée cette perte si cruelle, il lui était impossible cependant de bannir cet amour à la fois si ardent et si pur que lui avait inspiré mademoiselle de T..., et je trouve les traces de la confusion bien naturelle de ces deux sentiments dans une lettre du 23 mai 1856 à madame de T..., où je lis :

« Mon bonheur a peut-être contribué à tuer celui pour lequel le bon Dieu me l'accordait; le jour où je vous écrivais notre arrivée, j'étais obligé de sécher les larmes de mon père bien-aimé. Te quitter, mon Francis, à mon âge, comme c'est dur! me disait-il... Elle est pieuse, gaie, belle, la jeune fille que j'aimerai tant... dis-lui bien de m'aimer. Et les sanglots l'étouffaient. Je lui représentais combien ses regrets ajoutaient à l'immense douleur que j'avais de le quitter, et quelques instants après, il m'embrassait à plusieurs reprises en me répétant : Non, mon cher enfant, jouis de ta joie, personne au monde ne la partage plus que moi. Plus tard, il me montrait avec délices le petit présent qu'il allait offrir à votre ange, de la part de ma mère. »

Et, un peu plus loin :

« Mon âme brisée, ballottée par les épreuves de la vie, n'a plus de force que pour aimer; n'augmentez pas, je vous en prie, les regrets que Mathilde peut concevoir; non, non, dites-lui plutôt que si je pensais qu'il fût un cœur au monde qui s'immolât avec plus d'empressement à la satisfaction du plus léger de ses désirs, je n'essayerais pas de lui ravir le trésor pour lequel je veux désormais vivre chaque heure. »

Voilà les sentiments nobles et purs qui remplissaient le cœur du jeune homme au moment où il songeait à devenir l'époux de mademoiselle de T... ; c'est avec ces sentiments qu'il a abordé la vie qui allait s'ouvrir devant lui, et certes, messieurs, il fallait que le bandeau que l'amour lui mettait sur les yeux fût bien épais pour qu'il n'aperçût pas, ce qui ne lui aurait pas échappé s'il avait été plus expérimenté dans la vie, les dangers auxquels étaient mêlées toutes ces promesses de bonheur, et qui pouvaient misérablement les faire avorter.

En effet, si M. de Saint-M... avait été accueilli avec une indulgence pleine d'empressement et de bonté par madame de T..., il en avait été tout autrement de la part de M. de T..., père de mademoiselle. M. de T..., par des raisons que je n'ai pas à examiner ici, pensait qu'une autre union eût été plus heureuse pour sa fille, qu'elle n'avait pas de goût pour M. de Saint-M... qui lui apparaissait sous des dehors qui lui convenaient peu. J'ai le droit de le dire, car bien des documents prouvent que M. de T... attache une importance considérable aux petites choses ; pour lui l'extérieur est, je ne dirai pas la première des qualités, mais elle en est au moins une des plus importantes ; satisfaire aux convenances du monde, se bien présenter, être exquis de recherche dans sa mise, avoir un langage poli, étudié, et surtout être disposé à s'incliner perpétuellement devant sa supériorité morale, l'adorer au dehors comme au dedans de sa maison, voilà, messieurs, ce qui lui paraissait l'essentiel dans les qualités morales d'un gendre.

M. de Saint-M... ne peut dire qu'il l'a complètement ignoré, il en a été prévenu par des avis très-charitables et très éclairés qui lui ont fait entendre qu'il lui était nécessaire de bien observer cet extérieur auquel M. de T... tenait si fort. M. de Saint-M..., aveuglé qu'il était par l'amour, n'a pas cru que ces leçons dussent s'appliquer particulièrement à lui ; il se croyait aimé, il était agréé par madame de T... ; mademoiselle de T..., malgré sa réserve et sa froideur, lui témoignait cependant une bonté de laquelle il était reconnaissant jusqu'aux larmes, et dès lors il prêtait peu l'oreille aux avis qui lui étaient donnés avant son mariage.

C'est au soin de frivoles connaissances qu'on conviait ce jeune homme ; on ne lui demandait pas d'être affectueux, bon, tendre, généreux ; assurément c'étaient des surérogations pour lui, mais qui peut se flatter d'avoir, en ce point, atteint la perfection dans ce monde ? Mais se bien mettre, avoir une tenue à la mode, des dents bien brossées, des ongles lissés, une chevelure irréprochable, une pureté de langage qui ne pût pas offenser les oreilles par trop délicates de M. de T..., voilà ce qui était essentiel non pas au présent, mais au bonheur futur, et on l'avertit que si, par malheur, il ne dépouille pas toutes ces imperfections de détail, un jour sa jeune femme en pourrait grandement souffrir, et le bonheur intérieur en serait troublé.

Le mariage est contracté, nous sommes en 1857. Si je voulais entrer dans les détails, je vous montrerais madame de T... s'efforçant de désarmer les implacables sévérités de M. de T... à l'endroit des imperfections de tenue de son gendre.

M. de Saint-M..., jeune, confiant, amoureux, ne demandait qu'à être conduit. Il avait pour sa femme un amour ardent et sans bornes, pour sa belle-mère une tendresse exaltée qui allait jusqu'à l'idolâtrie, toute prête à se joindre à ce chœur d'admirateurs domestiques qui entourent M. de T... Mais, pour cela, il eût fallu un peu d'indulgence. Malheureusement il n'en rencontra pas; il commit l'imprudence énorme, et que vous comprenez à merveille, étant donné son âge, sa situation et celle de M. de T..., d'accepter la vie commune au château de N... M. de T... le considérait comme un des éléments de son bonheur. Je suis bien convaincu qu'en tout ceci il était de la bonne foi la plus parfaite : il voulait le bien de son gendre et de sa fille, il avait rêvé pour eux une existence douce et tranquille dans ce château où lui-même vit sans que rien vienne solliciter ses désirs. Mais, que voulez-vous? M. de T... comprend l'existence à sa manière, je l'ai dit dans une autre occasion, et je n'ai pas changé de sentiment. M. de T... n'est pas tout à fait de son temps; la satisfaction qu'il éprouve de vivre au milieu de toutes les personnes qui rendent hommage à son rang, à sa fortune, à sa position sociale, suffit à lui faire une existence heureuse; il n'en comprend pas d'autre, et pour lui, se jeter dans les agitations extérieures, se consacrer au dévouement, au travail, au sacrifice, être utile à ses concitoyens en cherchant à prendre au milieu d'eux un rang distingué, c'est une préoccupation roturière, bonne pour ceux que la naissance n'a pas favorisés, et qui dégrade et diminue ceux qui, au contraire, ont reçu du ciel cet inestimable bienfait. Vous comprenez, dès lors, sans que j'aie besoin de l'expliquer davantage, sans qu'il soit nécessaire d'entreprendre ce que j'ai essayé de faire, bien mal sans doute, mais avec une conviction entière, un résumé approfondi des causes secrètes de ces malheurs domestiques qui sont venus envahir cette maison, comment il a été possible que ces personnes réunies sous le même toit, avec une affection qui ne se peut contester, au moins de la part de M. de Saint-M..., avec des intentions dont je n'attaque pas la droiture du côté de M. de T..., ont pu cependant aboutir à une existence qui leur a paru difficile, sinon intolérable, et qui même, pour M. de Saint-M..., je ne crains pas de le dire, a été la source de véritables tortures.

En effet, comprenez-vous ce jeune homme de vingt-quatre ans chez lequel à la force de l'âge, plein de sève et de vie, s'ajoute l'impétuosité des désirs, prenant un goût extrême au grand spectacle de la vie, qui se développe autour de lui, et qui l'attire, cantonné dans les limites féodales de ce château qu'il ne peut franchir, emprisonné dans les mille liens misérables de ces convenances sociales qui, aux yeux de M. de T..., sont comme un code sacré descendu de je ne sais quel Sinaï, aux prescriptions duquel il n'est pas permis de manquer, grondé quand il se met à table, grondé quand il en sort, remonté, repris à propos d'une mauvaise expression, d'une jambe qui se croise, ou de tel autre incident qui déplaît au puritanisme de M. de T..., et lorsqu'il prétend briser ses chaînes, qu'il veut être homme, qu'il veut prendre sa place à ce grand banquet où il voit tant d'autres venir s'asseoir, retenu au nom de la dignité du rang ? La noblesse, la trace de ses pères lui indiquaient ce qu'il y a de plus grand, de plus glorieux en ce monde, en même temps que de plus puissant, je veux parler de la magistrature. Il eût été heureux et fier d'entrer dans ce noviciat qui lui en aurait facilité l'accès, mais on le retenait au nom des principes politiques qui semblaient à M. de T... un obstacle de premier ordre.

Alors, disait-il, si je ne puis être magistrat, laissez-moi courir les chances du barreau. — Du barreau, grand Dieu ! vous commettre avec ces petites gens, vous en aller à ce petit tribunal de Napoléon-Vendée discuter à la barre de mesquins intérêts, alors que vous pouvez vivre en royal gentilhomme, poursuivant le gibier l'hiver, et tenant aux nobles dames, dans les salons de N..., la compagnie qui leur convient, fi donc !

On lui disait : Vous avez un détestable accent ; quand vous paraîtrez à la barre de Napoléon-Vendée, on vous accueillera avec des rires ; et pour me servir des expressions de madame de T... qui lui disait avec beaucoup de bonté : Si vous avez le malheur de mal prononcer un mot, vous êtes perdu à jamais dans tout le pays.

Et c'était avec ces grandes maximes de morale, de civilité puérile et honnête, qu'on étouffait les nobles aspirations de ce jeune homme, qu'on le forçait à être oisif, inutile ! Il souffrait mille tortures, condamné ainsi à ne rien être. Il répandait autour de lui la bienfaisance, il est vrai, visitait les malades ; il était la providence des pauvres, se prodiguait de son mieux ; mais quand il rentrait dans son intérieur, il trouvait tout froid et glacé ; son beau-père l'attendait pour savoir s'il était irréprochable des pieds à la tête ; sa belle-mère l'entraînait dans l'embrasure d'une croisée pour lui faire je ne sais quelle confidence capitale qui aboutit à la position d'un cheveu ou d'une manchette. Et alors, messieurs, que dans sa tendresse exagérée, dans son esprit de domination qui avait pris les proportions que je ne saurais dire, madame de T... intervenait dans toutes les intimités de ce jeune ménage, vous comprenez quelles devaient être les impatiences, les souffrances intérieures, et ce frein perpétuellement rongé qui bientôt, chez une nature exaltée comme celle de M. de Saint-M..., occasionna de véritables désordres, et ces désordres se traduisirent par un mal qui n'a jamais été contesté, sur lequel un grand nombre de médecins ont été consultés.

En effet, M. de Saint-M..., condamné à une irritation d'estomac et d'entrailles qu'il ne pouvait apaiser qu'à force de liquides, buvait avec excès toute espèce de liquides, particulièrement du vin et de l'eau. Quelquefois ce vin jeté en abondance dans son estomac remontait au cerveau, et y causait des vertiges fatals. Cela est vrai, nous l'avons avoué, nous avons fait passer sous les yeux de la cour, non pas seulement des témoignages nombreux, mais encore des pièces authentiques constatant que, pendant toute sa jeunesse, il n'y avait pas eu d'homme plus sobre, plus réservé, plus respectueux de lui-même que M. de Saint-M..., qu'il n'avait jamais connu le chemin d'un café, qu'il était entré avec ces dispositions au château de N..., et que c'était là que, pendant un an ou quinze mois, il avait été livré à ce mal secret qui le rongeait comme un cancer, qu'il y avait été dans la nécessité de faire appel à ce moyen curatif, assurément très perfide et très dangereux, auquel quelquefois il avait succombé.

Cependant, si nous parcourons par la pensée, et d'un mot seulement, les quatre années qui séparent le mariage de M. de Saint-M... de l'événement qui en a précipité le relâchement, nous voyons que, pendant les deux premières années, pendant une année et demie après, il n'y a aucun reproche à faire à M. de Saint-M... à cet égard. C'est vers 1858 seulement qu'apparaît ce premier fait triste, relevé dans le procès en séparation, et au moment où la séparation était sur le point d'être demandée, de l'aveu même de madame de Saint-M...., ces phénomènes avaient complètement cessé, la santé de M. de Saint-M... était redevenue meilleure, et en reprenant possession de lui-même, en étant le maître de son organisation, il avait complètement rompu avec ces tristes médications qui avaient des résultats funestes, mais étaient complètement étrangères à sa volonté. Mais aussi, messieurs, redevenu maître de lui même, il sentait la gravité de sa situation, il voulait y mettre un terme.

Il cherchait dans son cœur si tendre, si dévoué, des consolations près d'un des professeurs qui avaient soutenu son enfance ; il lui avait écrit, et celui-ci, l'abbé Levillain, vicaire général à l'île Bourbon, lui répondait le 12 octobre 1861 :

« Pourtant, cher Francis, il faut l'avouer, peut-être que nous avons été trop confiants. Vous rappelez-vous les observations que je vous fis, un jour, dans ma chambre, lorsque vous me fîtes part de la lettre de M. Leh... et des difficultés de M. de T..., etc? Vous en étiez froissé vous-même beaucoup, mais vous me rassurâtes en me faisant un si parfait éloge de madame de T..., éloge qu'elle justifiait en toute manière et que je ne trouvai pas exagéré, quand j'eus l'honneur de la connaître. Cette pieuse et sainte femme vous soutenait envers et contre tous, et il n'y avait point à douter que M. de T... ne laissât enfin tomber toutes ses petites objections (relatées au reste et admirablement présentées dans la plaidoirie de Mᵉ Jules Favre, que je suis décidé à aimer maintenant, quoiqu'il n'aime pas les Jésuites). Je crois que M. de T... ne vous a vraiment accepté que vaincu par les prières de sa femme et tout à fait *ad duritiam cordis*, suivant nos expressions de collège; évidemment, vous n'étiez pas son homme: vous ayant constamment devant lui, ses répugnances ont dû naturellement augmenter, si vous n'avez pu revêtir vous-même ce fin vernis de langage et de manières auquel il tenait tant. Quand j'eus le plaisir d'aller vous voir à N... (juin 1857) avant mon départ pour Bourbon, je vis bien, et vous me fîtes part vous-même de vos peines, que les choses ne s'amélioraient pas. Vous rappelez-vous que vous me parlâtes du froid qui régnait dans cette maison, comment on vous taquinait toujours sur votre prononciation et votre mise, comment on voulait régler vos sentiments, comment on plongeait indiscrètement dans tous vos rapports avec votre femme, et comment le culte que celle-ci professait pour ses parents nuisait à son amour pour vous? Je crus bien faire dans une longue promenade et une longue conversation avec M. de T... de dire tout ce que je savais de bien de vous, afin de vous rehausser un peu dans son esprit; eh bien, je vous l'avouerai maintenant, je crois que l'impression fut nulle, et je sortis de N... avec le pressentiment que vous ne seriez pas heureux dans cette famille... Vous méritez plus que personne des consolations : votre jeunesse a été si belle qu'il est impossible que Dieu ne bénisse pas quelques années de votre vie. »

Le 17 mars 1857, M. de Saint-M... écrivait à son frère aîné Edmond:

« Tu m'as dit, mon très-cher ami, il y a trois mois, que tu serais heureux d'entendre mes peines de cœur et de m'aider de tes conseils. N'ayant plus de père et ne pouvant rien dire à maman avec son indiscrétion, laisse-moi te parler un peu de ce que doit te faire pressentir la qualification que je donnais de suite à mon beau-père. Il me traite en apparence de la manière la plus affectueuse, mais à chaque instant, plusieurs fois par semaine, il me fait adresser des reproches par ma belle-mère, tantôt parce que je ne salue pas bien, tantôt parce que je parle mal, tantôt pour ma toilette, tantôt enfin parce que je ne mange pas d'une manière convenable. Je te dirai, pour te rassurer en tout ceci, qu'excepté quelques Parisiens qui sont de son goût, *je l'entends se moquer de tous*. Cependant que de choses plus graves on pourrait lui reprocher! Je me tais quand ma belle-mère me dit tout cela, et je souffre. Je te raconte à toi seul, et pour toi seul, ces choses, afin qu'en sachant mes chagrins et en m'en parlant tu les adoucisses. Il n'y a pas de plus grand soulagement que celui qu'on éprouve à déposer dans un cœur dévoué ses tristesses. Je vois bien que ma belle-mère n'ose pas inviter maman à venir ici, de peur qu'elle ne soit pas trouvée par mon beau-père assez bien. Je trouve cette prétention d'être mieux que tous les autres fort ridicule; elle me peine surtout parce qu'il doit venir une heure où les rapports des deux familles en souffriront. Ma chère Mathilde admire toujours son père; aussi je n'ai encore osé lui rien dire de ce que je t'écris. »

Eh bien, c'est cette vie que la cour peut, jusqu'à un certain point, juger par ces épanchements de confiance, que M. de Saint-M..., rétabli de sa cruelle maladie, ne voulut plus accepter. Il annonça à sa femme, à son beau-père, l'intention où il était de la changer, de prendre un domicile pour lui, d'avoir une existence propre, et enfin de suivre le chemin qui lui paraissait le plus convenable, sans se laisser engager dans ces sentiers frivoles où son beau-père voulait le retenir.

Ce fut le signal d'une explosion de colère de la part de M. de T..., d'une grande douleur pour madame Mathilde, et, quand il vit à quel point son projet contrariait sa famille, M. de Saint-M... songea à y renoncer, C'était au commencement de 1860.

Cependant d'autres circonstances que je ne veux point rappeler, c'est complètement inutile, ramenèrent M. de Saint-M... à sa détermination, qui devint pour lui un projet qui ne devait plus être changé. Il signifia à M. de T... et à sa femme qu'à la fin des vacances il quitterait le château, non pour rompre avec M. de T... qu'il respectait, et avec madame de T..., pour laquelle il avait une affection idolâtre, mais pour que les rapports dont il prévoyait la rupture pussent se continuer d'une manière digne.

La situation de la famille était celle-ci : en octobre 1857, madame de Saint-M... était devenue mère d'un jeune enfant, Marc, que son père revendique aujourd'hui. Devenue grosse une seconde fois, elle avait, en 1859, donné le jour à une petite fille ; mais malheureusement cette enfant ne lui avait pas été conservée, et, au bout de quelques mois, elle avait été enlevée par une mort prématurée. Cette circonstance, ceux de vous, messieurs, qui ont connu de la séparation se le rappellent, a donné lieu contre M. de Saint-M... à des calomnies indignes qu'on ne craint pas de rappeler dans les conclusions, et auxquelles je ne répondrai pas, *me respectant trop, et respectant trop la cour*. Si l'adversaire m'y oblige, s'il veut rentrer dans ces tristes débats, s'il y rentre, je ne redoute pas la discussion, je suis prêt à la subir, et à démontrer que, sur ce point, M. de Saint-M... avait été indignement calomnié, et que jamais il n'a existé de père plus tendre, plus dévoué, plus plein de sollicitude que lui ; il en avait peut-être trop, si ce peut être un défaut.

Quoi qu'il en soit, en 1860, madame de Saint-M... était devenue pour la troisième fois grosse. Les époux étaient allés aux Sables seuls, et pour la première fois ils goûtèrent huit jours d'un bonheur qui parut sans nuages à M. de Saint-M... Quant à madame, on a contesté qu'elle eût partagé de semblables sentiments ; elle ne semblait cependant pas bien agitée, d'après sa correspondance, et rien, absolument rien, n'y peut faire préjuger l'orage, qui cependant était suspendu sur la tête de son mari et qu'assurément sa main, à elle, ne pouvait songer à déchaîner.

Ainsi, elle prenait les bains de mer aux Sables, où elle se trouvait avec son mari, et elle écrivait à la mère de celui-ci pour lui faire confidence de tout le plaisir qu'elle éprouvait; assurément le plus vif, le plus profond, c'était l'espoir de cette troisième maternité qui devait lui rendre l'ange envolé, et remplacer dans ce berceau que la mort a rendu vide, une seconde petite fille qui devait être l'objet de l'idolâtrie de ses parents.

D'août à septembre, époque à laquelle M. de Saint-M... a été brutalement chassé de N..., il ne s'est passé absolument aucun fait qui puisse expliquer la demande en séparation de corps. C'est le 14 septembre, alors que madame de Saint-M... venait d'être frappée d'une inquiétude bien plus que d'un mal, mais enfin d'une indisposition qui, dans sa situation, pouvait paraître dangereuse, alors que le mari éperdu s'était jeté dans une voiture marchant à toute vitesse pour ramener de Napoléon un médecin et avait failli faire casser les membres à un cheval tant il le pressait, pour venir secourir sa jeune femme, quand madame de T... lui écrivait que sa femme le demandait.

Alors que, rentré, il avait couvert sa femme de baisers, M. de T... l'attendait avec ses gardes.

Le libelle de séparation de corps était dressé, et bientôt vient une articulation de faits qui accusait M. de Saint-M... des faits les plus abominables, qui le représentait comme un homme débauché, irascible, ayant porté sinon le déshonneur, au moins la dégradation dans sa maison.

L'affaire fut portée à Napoléon-Vendée. Je défendais M. de Saint-M... Je suivis pas à pas chacune des articulations. J'avais des correspondances qui les mettaient toutes à néant, qui montraient que, jusqu'au dernier jour, l'harmonie la plus complète n'avait cessé de régner entre les époux, que M. de Saint-M... avait toujours été un homme impétueux dans son amour, et mademoiselle de T... une femme réservée, mais confiante dans son époux, se félicitant de sa troisième grossesse, invitant sa belle-mère à venir passer au château de N... le mois d'octobre, incapable de tendre un piège à son mari et à la famille de ce dernier, et, par conséquent, subissant la tyrannie de l'orgueil de son père, qui avait préféré une séparation à la résistance de son gendre,

Malgré les efforts de mon illustre adversaire, M⁰ Berryer, qui apportait à madame de Saint-M... le secours de son éloquente et magnifique parole, le tribunal de Napoléon-Vendée refusa la séparation de corps par un jugement du 1ᵉʳ juillet 1861.

Bien qu'il ait été infirmé, je demande cependant à la cour la permission de le lui lire, car il est, dans l'affaire, l'opinion des magistrats du domicile des parties, de ceux à la barre desquels M. de Saint-M... a l'honneur d'exercer aujourd'hui, avec éclat, la profession d'avocat ; il est donc, messieurs, assez intéressant de savoir quelle a été leur opinion sur la demande en séparation de corps, alors que, pour appuyer cette opinion, je rencontre dans le premier débat la majorité de la cour, car il y avait six voix contre la séparation, et celle de M. l'avocat général fait la septième. Il n'est donc pas hors de propos de savoir comment la demande a été jugée quand elle s'est présentée, et c'est là mon excuse pour imposer à la cour la fatigue de cette lecture qui me paraît indispensable.

(Lecture du jugement du 1er juillet.)

Messieurs, je devais me croire bien fort quand, me présentant à cette barre, j'y venais soutenir le jugement dont je viens d'avoir l'honneur de vous donner lecture ; il semblait avoir prévu toutes les objections, et chacune des articulations de madame de Saint-M... était consciencieusement réfutée. La cour, cependant, messieurs, estima que, dans une affaire de cette gravité, il était utile de recourir à la preuve testimoniale, et, à la date du 4 décembre 1861, un arrêt interlocutoire fut rendu, sur les conclusions conformes de M. le premier avocat général.

L'enquête fut confiée à un magistrat éminent, dont la cour de Poitiers déplore la perte, et dont assurément le souvenir n'est pas encore effacé : M. Lavaur se livra à ce travail considérable, de février à la fin de mai 1862 ; et il n'entendit pas moins de cent quatre-vingt-trois témoins. M. de Saint-M... et ses conseils, ils le déclarent à la cour, considéraient cette enquête comme décisive en sa faveur. Ce qui avait été prévu par le tribunal de Napoléon-Vendée paraissait s'être réalisé, à savoir que, si les articulations de madame de Saint-M... contenaient des reproches, aucun n'était justifié contre son mari. Cette justification n'était faite que par des personnes de la parenté de madame, ou par des personnes de la domesticité, et, chose remarquable, aucun fait n'était signalé en dehors du château de N..., M. de Saint-M..., qui était un homme désespérant, dissipé, débauché au château de N..., se serait constamment montré régulier, irréprochable, partout ailleurs.

J'ai dit qu'à la date du 4 février 1863, un arrêt de partage avait été rendu, contre les conclusions de M. le premier avocat général. Après cet arrêt, il était nécessaire d'appeler trois magistrats départiteurs. Si l'on consultait l'ordre du tableau, on trouverait d'abord les présidents Lavaur et......

M. LE PREMIER PRÉSIDENT. Maître Jules Favre, il faudrait peut-être éviter de mettre en cause les noms. Les arrêts de la cour ne doivent pas porter de noms.

Mᵉ Jules FAVRE. Sans aucun doute, Monsieur le premier président, et je consens très-volontiers à faire ce qui vous est agréable. Je dirai donc qu'il y avait l'un des présidents qui avait fait l'enquête, si vous préférez que je me serve de cette forme. M. de Saint-M... demandait, parce qu'il pensait en avoir le droit, que le magistrat qui avait présidé à l'enquête fût appelé, suivant l'ordre du tableau, au nombre des conseillers départiteurs. Cependant, ses espérances furent trompées, et lorsqu'il se présenta pour plaider sur l'arrêt de partage, le 29 juin, le magistrat dont j'ai eu l'honneur de parler ne siégeant pas sur vos bancs, M. de Saint-M... crut qu'il était de son devoir de prendre des conclusions pour l'y appeler ; entre le défenseur de madame de Saint-M... et celui de M. de Saint-M... il y eut un débat sur cette question de forme. Nous eûmes le bonheur d'avoir pour nous les conclusions de M. le premier avocat général, mais nous eûmes le malheur d'avoir la cour contre nous, et, par un arrêt du 30 juin, elle statua que les magistrats dont j'ai prononcé les noms, pouvant être considérés comme retenus par leurs charges de présidents de chambre, devaient être écartés du vote des conseillers départiteurs.

Ce fut alors que, contre mon sentiment, je le dis avec une sincérité peut-être déplacée, puisqu'en réalité j'aurais dû le faire prévaloir, mais cédant à celui d'un avocat considérable qui avait été consulté par M. de Saint-M..., je me résignai, avec une très grande tristesse, à faire défaut. Cela était contraire à toutes mes habitudes. Je suis un homme de lutte, et j'estime qu'il vaut bien mieux être vaincu après avoir combattu que céder le terrain sans le disputer à son adversaire.

A la date du 2 juillet fut rendu l'arrêt par défaut, devenu définitif dans les circonstances que je vais avoir l'honneur d'expliquer en un mot.

Voici l'arrêt rendu contre les conclusions de M. le premier avocat général.

(Lecture de l'arrêt du 2 juillet 1863.)

Je me hâte de dire, pour en finir avec toutes les questions de forme, que M. de Saint-M... forma opposition à cet arrêt. J'eus l'honneur de solliciter de la cour la remise à huitaine, car je n'étais pas libre au jour fixé. Au mois d'août, je me trouvais enchaîné par des obligations auxquelles je ne pouvais pas me soustraire. Les convenances de la cour ne purent s'y prêter, la remise me fut refusée, et, le 3 août 1863, la cour rendit un arrêt rendant définitif l'arrêt par défaut que je viens d'avoir l'honneur de mettre sous ses yeux.

Sans me préoccuper outre mesure, car j'aurai à y revenir, surtout si mon honorable adversaire développe le système indiqué dans ses conclusions, sans me préoccuper outre mesure des motifs qui ont pu déterminer la cour à prononcer la séparation de corps, je m'attache à résumer ce qui résulte de sa décision en ce qui concerne les enfants.

J'ai eu l'honneur de dire qu'un enfant, le jeune Marc, était né en octobre 1857; il avait donc près de six ans au moment où la cour prononçait son arrêt. Madame de Saint-M..., grosse au moment où la demande en séparation avait été introduite, était accouchée, le 18 avril 1861, d'une fille. Cette enfant, au moment où le procès était porté devant la cour, n'était pas connue de M. de Saint-M...; madame n'avait jamais voulu la lui faire conduire. Elle était, comme le garçon, attribuée à madame de Saint-M..., par l'arrêt, cependant avec des modifications que vous avez saisies. La cour ne s'occupe, en aucune manière, des difficultés légales qui ont environné cette délicate matière, elle prononce avec la souveraineté que tous les auteurs lui reconnaissent, que la cour de cassation a consacrée; elle remplace les parents divisés, elle exerce la puissance paternelle, et, dans l'intérêt des enfants, elle déclare que le jeune garçon n'ayant encore que cinq ans et demi, les soins de sa mère lui sont indispensables; que d'ailleurs les excentricités et le caractère fantasque de son père rendent cette solution nécessaire. La cour n'a pas à statuer sur le choix de la maison dans laquelle l'enfant recevra son éducation quand il aura neuf ans, par cette double raison que les époux peuvent s'entendre sur le choix de cette maison, et que, s'ils s'entendent, évidemment ce concert est supérieur à la puissance des tribunaux, et, par cette autre raison bien étrange, et que je rencontre pour la première fois dans un document de cette nature, qu'il est possible, la cour ne va pas jusqu'à dire : « probable », mais qu'il est possible que les époux se rapprochent, et que la vie commune recommence. Quant à moi, je ne voudrais pas d'autre preuve du peu de sérieux des articulations retenues par la cour, et sur lesquelles cependant elle a fondé son arrêt. Au moment même où elle consacrait la victoire de madame de Saint-M..., elle lui indiquait que son mari n'était point indigne de son affection, et que, si des circonstances passagères, des malheurs immérités, des torts trop réels qu'elle lui signalait, avaient nécessité une mesure rigoureuse, il était dans la pensée des magistrats que cette mesure fût temporaire comme les torts, que, si le mari les réparait, si, à l'avenir, il se montrait digne du bonheur qu'il avait méconnu, sa femme, dans l'intérêt de ses enfants, pour sa propre dignité, pour l'accomplissement de ses devoirs d'épouse que la sentence de séparation n'affaiblit pas, devait rentrer dans la maison de son époux, et y ramener avec elle l'ordre, la décence et la régularité.

Tel est, messieurs, l'arrêt que vous avez rendu, et cet arrêt, madame de Saint-M..., je ne crains pas de le dire, l'a mis sous ses pieds. Elle l'a considéré comme lettre morte, il n'a jamais été exécuté par elle, quelles qu'aient été les sommations que lui ait adressées son mari. C'est à peine s'il a pu voir son jeune fils, et toujours dans les circonstances les plus pénibles, avec les scènes les plus violentes, les avanies les plus humiliantes. Quant à sa jeune fille, il ne la connaît pas plus en 1866 qu'il ne la connaissait en 1863. Si bien que de ce chef seul, M. de Saint-M... aurait pu demander que vous voulussiez bien statuer à nouveau.

Il ne s'agit pas ici, messieurs, de revenir sur une de vos décisions, mais de l'exécuter, de savoir si une partie peut y puiser dans sa propre volonté, et je le dis parce que c'est ma conviction profonde, dans la hauteur de son orgueil, le droit de traiter la justice comme une vassale, et de la couvrir de son dédain. M. de Saint-M... aurait pu, dès 1864, vous saisir de ces contestations. Il ne l'a pas voulu, je vous en dirai tout à l'heure les motifs, et vous les comprendrez sans peine. Il avait à exécuter la promesse que j'avais faite en son nom à la barre de la cour, et je savais, messieurs, moi qui étais descendu dans l'intimité de son noble cœur, que sa promesse n'était pas téméraire. Il l'a tenue, mais pour cela le temps lui était nécessaire. L'accomplissement de cette difficile tâche coïncidait précisément avec l'échéance que la cour avait fixée, et qui avait pour date cette heure à laquelle le jeune Marc atteindra sa neuvième année. Nous y touchons, messieurs, nous sommes au mois d'août 1866, et au 16 octobre 1866, le jeune Marc aura neuf ans. C'est une époque à laquelle votre majesté est absente, et où, par conséquent, il est impossible aux plaideurs d'obtenir justice. Nous l'avons devancée de quelques semaines. La tendresse paternelle de M. de Saint-M... peut être excusée de cette impatience, surtout de la part de ceux qui le taxent d'une trop extrême patience. Nous verrons d'ailleurs ce que valent ces reproches.

Je dis qu'il était du devoir de M. de Saint-M... d'agir, qu'il ne l'a jamais oublié, qu'il a eu constamment l'œil fixé sur cette époque que lui désignaient à la fois son honneur et son affection, et qui lui permettrait de reparaître devant vous pour redemander ses enfants.

Du reste, madame de Saint-M... ne veut pas plus que nous de l'arrêt rendu en 1863. Nous demandons, nous, qu'il soit complété. Quant à madame, elle demande qu'il soit aggravé. Vous avez entendu ses conclusions. L'arrêt de 1862 lui faisait l'injonction « ordonne » de conduire tous les huit jours ses enfants chez M. de Saint-M... Elle est séparée de Napoléon-Vendée, où est fixé M. de Saint-M... par dix kilomètres. Dans la maison de N... se rencontrent toutes les superfluités de la vie et les ressources de l'opulence, des voitures et des chevaux à profusion ; il faut à peine trente minutes pour franchir la distance ; plusieurs quartiers de Paris sont les uns par rapport aux autres dans un plus grand éloignement. Eh bien, madame de Saint-M... n'a jamais volontairement envoyé le jeune Marc à son mari ; il a fallu constamment que des huissiers lui fissent des sommations, et, quand ces sommations étaient faites, elle trouvait toujours des prétextes de mauvaise foi pour s'y soustraire.

Quant à la jeune fille, M. de Saint-M... ne la connaît pas. Madame l'a expropriée pour son compte personnel, et elle prétend bien que son mari ne la voie jamais. Voilà ce qu'elle dit, et ce qu'on dit autour d'elle. Pour arriver à l'exécution de ce dessein, elle ne rougit pas de prendre, à cette barre, des conclusions qui seraient l'éloignement momentané et absolu des enfants de leur père. Leur père habite Napoléon-Vendée ; elle habite N... à dix kilomètres, elle veut, tout exprès, afin d'éloigner les enfants de leur père et de se soustraire à l'exécution de l'arrêt, aller se fixer à Nantes, où elle veut que les enfants soient élevés. Le jeune garçon devait être conduit tous les huit jours chez son père, et y être laissé seul avec lui pendant trois heures. Cela n'a jamais eu lieu, jamais. On est toujours venu avec des procédés insultants, scandaleux, chez M. de Saint-M... J'en justifierai dans quelques instants. Mais enfin elle veut se dégager même de la comédie qu'elle a jouée, ou plutôt qu'elle n'a pas jouée depuis l'arrêt de 1863. Elle veut que son fils soit placé dans une institution que nous ne connaissons pas ; elle veut que son mari vienne voir l'enfant aux heures qui seront fixées par les règlements. Bien entendu, on ne lui réserve pas le droit de faire sortir cet enfant, ni pendant les vacances, ni aux jours de sortie, c'est-à-dire que M. de Saint-M..., qui habite à trente lieues du lieu où l'on veut emmener son enfant, serait dans l'impossibilité de le voir. S'il allait s'établir à Nantes, madame de Saint-M... choisirait à l'instant un autre domicile. Il y a là une résistance de mauvaise foi que je vous signale, et un parti pris de désobéir aux ordres de la justice qui vous prouvent à quels dangers les enfants sont exposés.

C'est dans cette situation que, les uns et les autres, nous venons vous demander de régler le sort des enfants. Peut-il à cet égard s'élever une difficulté légale ? Quant à moi, je ne le crois pas. Néanmoins, je demande la permission de préciser d'un mot les véritables principes qui doivent être précisés. La loi s'en est abstenue, et elle est à cet égard d'une concision et d'une sobriété infiniment regrettables. Bien que tous les commentateurs, tous les interprètes aboutissent, en définitive, à vous concéder un pouvoir discrétionnaire que je ne conteste pas, il n'est cependant pas hors de propos de savoir à quelles conditions et dans quelles circonstances ce pouvoir s'exerce.

Or, si j'ouvre la loi, j'y trouve tout d'abord cet article fondamental, supérieur et antérieur à toute espèce de législation positive : L'enfant doit, à tout âge, honneur et respect à ses père et mère. C'est là le texte de l'article 372. L'article 373 donne l'autorité paternelle au mari, et dit que cette autorité paternelle sera exercée par lui seul pendant le mariage. Voilà donc, bien établie, pendant la société conjugale, la souveraineté du chef de famille sur ses enfants, souveraineté indiscutable, souveraineté absolue devant laquelle s'effacent tous les autres pouvoirs, si augustes et si respectables soient-ils. Je n'en veux donner d'autre exemple que celui que j'emprunte à l'article 148 du Code Napoléon. Lors de l'acte le plus intéressant pour un père ou une mère de famille, celui du mariage de l'un de leurs enfants, le consentement des deux époux est indispensable; mais si la mère refuse le sien, celui du père suffit. Et c'est ainsi que vous voyez dans son unité majestueuse ce gouvernement domestique placé entre les mains du père avec le contrôle de son intérêt et de sa tendresse, mais se manifestant, quand c'est nécessaire, par une décision souveraine devant laquelle tous doivent s'incliner.

Voilà ce qui existe pendant le mariage. Mais si le mariage est dissous ou s'il est ébranlé ? Evidemment d'autres règles doivent être appliquées. C'est ici que se justifient les observations que je prenais tout à l'heure la liberté de présenter à la cour sur le laconisme de la loi. Elle s'est expliquée en ce qui concerne le divorce, et, dans l'article 302, elle a dit qu'en cas de divorce la garde et la direction des enfants devaient appartenir à celui qui l'avait obtenu, à moins que l'intérêt des enfants n'exigeât qu'ils fussent confiés à l'autre époux, ou même à un tiers. Et vous en conviendrez, messieurs, ce subsidiaire, cette exception font complétement disparaître le principal, et la règle de la souveraineté de la magistrature plane au-dessus de celui qui n'est plus qu'un chef de famille nominal. Peu importe cette règle que celui qui a obtenu le divorce doit avoir la garde des enfants, s'il est permis de s'en écarter, que dis-je ? si s'en écarter devient un devoir impérieux pour les tribunaux qui ont à trancher ces questions si difficiles. En ce qui concerne le divorce, il ne peut donc pas y avoir de difficulté, et la règle, c'est la souveraineté absolue des tribunaux, en ce qui concerne le sort des enfants, quand ils n'en veulent pas laisser la garde à celui qui a obtenu le divorce.

Mais cette règle doit-elle être appliquée à la séparation de corps, par cette raison unique invoquée par les docteurs, que la loi est muette sur le sort des enfants? J'avoue que cette argumentation, tirée du silence de la loi, satisfait peu ma conscience et mon esprit. Et quand je me demande si l'assimilation peut être complète, mes doutes et mes hésitations augmentent de toutes les différences profondes qui séparent le divorce de la séparation de corps. Le divorce, c'est l'anéantissement du mariage, c'est la rupture du lien, la dissolution de la société conjugale : elle n'existe plus, même quant à ses effets moraux; si bien que, libre désormais dans le monde, chacun des époux pourra contracter une nouvelle union.

Mais, messieurs, la séparation de corps est précisément le régime opposé du divorce. Si le lien est relâché, il subsiste; le mariage est permanent malgré la sentence qui a permis à l'époux qui a triomphé dans la séparation de corps d'obtenir un domicile séparé, et de pouvoir désormais régir seul ses intérêts pécuniaires. Quand je suis en face de ce texte précis qui n'admet aucune espèce de distinction, impérieux dans son texte, respectable dans son esprit, « le père seul exerce cette autorité pendant le mariage », je me demande par quel sophisme, par quel affaiblissement de la vérité morale, il a été possible de dire que les règles applicables au divorce devaient l'être à la séparation de corps; je me demande s'il n'y a pas confusion de deux principes, je me demande s'il n'y a pas une atteinte directe portée à la dignité du mariage, à la sainteté du pouvoir du père de famille, que la séparation de corps laisse dans leur entier.

Ce sont les très graves raisons qui ont fait hésiter certains interprètes. Les uns ont soutenu, de la manière la plus nette, que l'article 373 subsistait malgré la séparation de corps, que le père avait l'autorité paternelle dans toute sa plénitude, que le texte de l'article 373 ne pouvait être ni interprété ni affaibli, et je mets sous les yeux de la cour les noms des respectables jurisconsultes qui ont enseigné cette doctrine; assurément ils peuvent faire réfléchir. Ce sont Merlin, Demante, Marcadé, Aubry et Rau. Je sais que la doctrine opposée a été enseignée par des jurisconsultes non moins recommandés, Toullier, Duranton, Mourlon, et en dernier lieu Demolombe; qu'elle paraît prévaloir devant la cour de cassation; mais, laissez-moi vous le dire, la question n'a peut-être jamais été sérieusement débattue. La raison en est que tous ceux qui diffèrent sur la question théorique, aboutissent à un rapprochement sur la question pratique. Personne en effet n'a soutenu que le père de famille fût investi d'une autorité sans contrôle, sans limite. Aucun de ceux qui ont pensé que la puissance paternelle subsiste malgré la séparation de corps, n'a pu cependant enseigner que cette puissance paternelle ne recevait pas de la séparation de corps une certaine atteinte; de telle sorte, messieurs, que, cette atteinte reconnue, on a abouti toujours à ce subsidiaire que je rappelais, qui vous investit d'un pouvoir discrétionnaire que je ne conteste pas. Seulement, il importe de savoir dans quel rang et avec quel effacement ce pouvoir discrétionnaire peut être exercé.

L'article 302 est-il applicable à la séparation de corps? Alors, d'une manière absolue, et quand l'intérêt de l'enfant ne contrarie pas une semblable solution, vous devez attribuer la garde et la direction de l'enfant à celui qui a obtenu la séparation de corps. Si, au contraire, c'est le système puisé dans l'article 373 qui prévaut, quand l'intérêt de l'enfant ne le contrarie pas, c'est cet article qui devra être appliqué, et la garde et la direction de l'enfant devront être confiées au père, sans s'inquiéter lequel des deux époux a obtenu la séparation de corps.

Eh bien! entre les deux systèmes que je viens de signaler, il en a été professé un troisième qui peut être considéré comme intermédiaire, c'est celui-ci : Que lorsque la séparation de corps a été prononcée, le pouvoir du père est atténué, modifié, qu'il cesse d'exister dans sa plénitude, et que celui des tribunaux le remplace. C'est là un système qui permet tous les arrangements, toutes les combinaisons, qui permet d'interroger quel est le plus grand avantage de l'enfant, et qui, investissant les tribunaux de ce pouvoir tutélaire, bien que redoutable, assure, pour la plupart des cas, la meilleure destinée à ces malheureux enfants, qui ne doivent pas être victimes des discordes de leurs parents. Ce système a pour lui, non pas seulement la commodité de son application, non pas la nécessité où l'on est, dans les cas variés qui se présentent, de faire fléchir une règle absolue qui pourrait être gênante et tyrannique, mais encore d'être l'intelligence de la loi bien entendue.

En effet, je mettais tout à l'heure sous les yeux de la cour le texte de l'article 373, et je disais qu'il ne peut souffrir d'objections ni recevoir d'exceptions. Cela est vrai, mais il faut en même temps convenir que, au fond de la pensée du législateur, a été une réserve en faveur de ce qu'il y a de plus rassurant, de plus respectable, de plus sacré : je veux parler du pouvoir de la mère. Le législateur a pensé que, pendant le cours du mariage, on n'avait rien à redouter de la puissance paternelle, précisément parce qu'elle était limitée, contrôlée, adoucie par l'influence de la mère, placée sans cesse au foyer domestique, empêchant les exagérations, les rigueurs extrêmes, les partis trop sévères. Mais quand le mariage est dissous, non plus par le tort du mari, qui ainsi aurait mérité cette déchéance prononcée contre lui, mais par les nécessités de la vie, les évènements naturels qui planent incessamment sur nous, c'est-à-dire par la mort, il semble au premier aspect, si principe de la puissance paternelle est absolu, qu'il doit demeurer dans toute sa plénitude. Il n'en est rien. Vous le savez, la puissance paternelle reçoit de la dissolution du mariage, par la mort de la femme, une atteinte telle que le mari, au lieu d'être administrateur des biens des enfants, n'en est plus que

le tuteur; au lieu d'avoir la liberté la plus complète, quant à l'administration des biens au moins, il est assisté d'un conseil de famille
sans l'autorisation duquel il ne peut plus prendre aucune résolution
grave, ce qui vous avertit suffisamment de cette sollicitude du législateur, dont la base est consacrée par son silence, pour la tendresse
de la mère de famille, venant, au besoin, désarmer le pouvoir paternel. Eh bien, s'il en est ainsi, il en faut convenir, la séparation de
corps, qui, à quelque point de vue qu'on l'examine, relâche le lien
conjugal et détruit la cohabitation, la séparation de corps, qui ne
laisse plus la femme dans la maison, doit porter au pouvoir paternel
une certaine atteinte, et je résume mes observations en disant : Non,
l'article 302 ne peut pas être introduit violemment dans une législation qui repousse le divorce, et les différences qui séparent la séparation de corps du divorce sont telles, qu'il est impossible de raisonner de l'une à l'autre. Mais alors qu'il a été établi par le législateur
lui-même que c'était le lien du mariage, que c'était le fait du mariage
qui donnait à la puissance paternelle sa suprématie, quand ce fait est
contesté, quand la cohabitation a cessé, la puissance paternelle continue à subsister, c'est elle qui domine, mais elle ne domine pas avec
sa souveraineté antérieure, la justice peut intervenir, et les tribunaux
sont investis de ce pouvoir discrétionnaire qui fait descendre le père
du haut de sa puissance paternelle au rang de tuteur. Quand le
mariage est dissous par la mort de la femme, c'est au nom de ce
principe sainement entendu qu'apparaît à la place de la puissance
paternelle, qui doit être préférée en tout état de cause, et toutes
choses égales, la puissance des tribunaux en matière de séparation
de corps.

Voilà comment j'entends la loi, et il me serait facile, si je ne craignais pas d'abuser des moments de la cour, de justifier cette opinion
par de plus longs développements et par d'autres rapprochements
juridiques; mais je crois une pareille discussion superflue.

J'ai indiqué quels avaient été les auteurs qui avaient enseigné cette
opinion. Voici un arrêt de cassation qui déclare que l'article 302
doit être appliqué à la séparation de corps, et cependant je lui
oppose la cour de cassation elle-même dans un arrêt fort remarquable rendu en 1865 dans une affaire qui avait été jugée par la
cour d'Orléans, et dans laquelle j'avais plaidé. Elle a décidé que la
puissance paternelle existe malgré la séparation de corps. C'est un
arrêt vidé, portant la date du 6 février 1865. La cour y décide que,
lorsque les époux séparés de corps s'entendaient pour donner à leur
enfant l'éducation qui leur paraissait la plus convenable, les tribunaux
n'avaient pas le droit de statuer. Elle a cassé l'arrêt contraire d'Orléans en disant :

« Attendu que la séparation de corps ne détruit pas les droits de la puissance paternelle...

« Par ces motifs, casse l'arrêt de la cour impériale d'Orléans ! »

La cour d'Orléans, entraînée par les plus respectables préoccupations, avait méconnu ce principe; elle ne s'était inspirée que de ce qui lui avait paru l'intérêt des enfants : elle avait déclaré que le père et la mère, au milieu de leurs discordes, et malgré le traité d'union fait sur la tête de leurs enfants, comprenaient mal leur avantage, que la cour le jugeait mieux, et elle avait indiqué une institution à laquelle ni le père ni la mère ne songeaient. La cour de cassation n'a pas voulu tolérer cela; elle déclare que la puissance paternelle subsiste, que, tant qu'elle peut exister, l'autorité des tribunaux doit se retirer.

Quant à moi, permettez-moi de faire les réserves les plus expresses en présence de la jurisprudence qui me paraît prévaloir, et précisément au nom de l'arrêt de 1865, en faveur de cette puissance paternelle qui ne doit jamais être oubliée, qui doit dominer toutes les situations, et à laquelle il n'est pas permis de faire échec sans des motifs de la plus haute gravité. Et quand j'entends répéter constamment que c'est l'intérêt seul des enfants qui doit être consulté, il m'est impossible, messieurs, d'accepter une pareille solution, et de ne pas protester contre elle au nom du droit éternel qui m'apparaît avec une énergie telle que je ne comprends pas qu'on ait pu le méconnaître. Non, il n'est pas possible que Dieu ait mis dans nos âmes, pour ceux qui sortent de nos entrailles, un amour si profond, si aveugle, pour que cet amour ne corresponde pas en même temps à un droit; ils sont véritablement à nous, ils sont notre chair et notre sang, ils sont notre âme et notre esprit, ou plutôt ils sont nous-mêmes, et, de même que nous sommes libres pour nous conduire en ce monde, pour nous diriger, nous le sommes également pour conduire et diriger nos enfants.

Pour moi, messieurs, quand je rentre au fond de moi-même, et quand je m'interroge, je sens à merveille que cette liberté qui fait que je suis homme, elle ne m'appartient qu'à de certaines conditions, pour faire le bien, et lorsque je la transgresse, je sens que je suis infidèle à la mission qui m'a été donnée en ce monde. Je le pourrais être à tel point que je rencontrasse l'intervention des pouvoirs publics qui me ramenât de force dans les sentiers dont je me suis égaré, et qui me fit expier les abus de cette liberté que je n'ai pas comprise.

Ce que je demande pour moi, je le demande pour mes enfants. Tant que je suis dans le bien, tant que je ne transgresse pas la loi, la liberté la plus complète doit m'être accordée, et de même que je prendrais pour une offense personnelle, pour une atteinte portée aux facultés natives que je tiens de Dieu, cette violence qui ferait qu'on voudrait gouverner mes secrètes, mes intimes actions, de même, si l'autorité publique voulait franchir le seuil de ma maison pour interroger les paroles que je fais entendre à mes enfants, de par le droit éternel je dirais : C'est un asile sacré qu'il est interdit de franchir, et je me lèverais, non pas au nom de l'intérêt des enfants que je puis mal comprendre, mais au nom du droit que je tiens de Dieu, et que j'ai mission de défendre jusqu'à extinction dé force humaine.

Voilà comment la puissance paternelle se révèle à mes yeux, et comment, à mes yeux, elle domine d'une façon absolue, je maintiens ce mot, dans sa majesté, dans sa force virtuelle, sur nos âmes; voilà comment elle domine cette question. Oui, oui, la puissance paternelle devra être tout d'abord respectée; c'est devant elle que nous devons plier le genou, car sans elle nous ne serions rien dans le passé, dans le présent, non plus que dans l'avenir. Dès lors, messieurs, en prenant les faits de la cause, je me demande s'il est possible qu'après ce que vous connaissez déjà, et surtout après ce qui me reste à vous faire connaître, vous laissiez à madame de Saint-M... la garde et la direction de ses enfants.

Eh bien, si tout ce que je viens de dire est vrai, comme madame de Saint-M... ne comprend pas un mot de ses devoirs, c'est à vous, messieurs, de lui retirer ses enfants, parce qu'elle les pervertit, parce qu'elle les entraîne au mal, parce que fatalement elle les conduirait à méconnaître leurs devoirs les plus sacrés.

Pour faire cette démonstration, je n'aurai pas besoin de beaucoup d'efforts, je n'aurai qu'à vous rappeler le système hautement affiché et mis en pratique par madame de Saint-M..., et qui prouve qu'elle n'a pas l'intelligence du bien; et comme elle ne le connaît pas, elle ne peut pas l'enseigner. Et dès lors, si nous interrogeons l'intérêt des enfants, il est urgent de ne pas les lui laisser, car, encore une fois, elle ne peut que les conduire au mal. Je maintiens cette proposition dans son entier, et je vais la démontrer.

Vous savez qu'aux termes de l'article 267 du Code Napoléon, pendant le cours de la séparation de corps, le mari qui conserve la puissance paternelle doit aussi avoir la garde des enfants, mais toujours sous la surveillance des tribunaux; et toutes les fois que l'intérêt de l'enfant exige qu'il soit confié à sa mère, ce qui arrive dans un grand nombre de cas, puisque malheureusement la séparation frappe sur de jeunes ménages, et que les enfants naissant ne peuvent être séparés de celle qui leur a donné le jour, quand l'intérêt de l'enfant exige que cet enfant soit confié à la mère, les tribunaux les lui confient. Vous ne vous étonnerez donc pas que, lorsque madame de Saint-M... a

introduit son procès, le tribunal de Napoléon-Vendée ait ainsi interprété la loi. Le jeune Marc avait cinq ans et demi, c'était assurément
un âge qui lui permettait déjà de braver les premières épreuves de
la vie; mais enfin, je le reconnais, son âge était encore si tendre, que
songer à l'enlever à sa mère, c'était un acte de rigueur. Ce que
j'affirme, c'est que M. de Saint-M... n'en avait pas la pensée; il comprenait à merveille que le jeune Marc devait rester près de sa mère.
Seulement, comme il a toujours adoré ses enfants, comme il n'a
vécu que pour eux, comme il a eu constamment pour eux la tendresse
la plus complète et la plus vigilante, non pas au nom du droit, mais
au nom de ses sentiments sacrés, il entendait conserver la possibilité
de voir le jeune Marc; la fille n'était pas encore née.

C'est ainsi que le débat se présenta devant le tribunal de Napoléon-Vendée, qui, le 21 juillet 1860, rendit un jugement par lequel
il ordonna que madame de Saint-M... conduirait le jeune Marc, ou
le ferait conduire tous les cinq jours à Napoléon-Vendée. Seulement,
à ce moment, M. de Saint-M... n'avait pas de domicile, jamais il
n'avait songé à s'établir dans cette ville, il était dans le trouble de la
lutte, il logeait à l'hôtel d'une manière qui pouvait ne pas paraître
convenable pour les visites de l'enfant. Madame sa mère étant venue
à Napoléon-Vendée, il proposa que celle-ci assistât aux visites, et
cela fut visé imprudemment. Mais, vis-à-vis de personnes loyales, ce
n'eût pas été une difficulté, car il y avait un devoir supérieur pour
madame de Saint-M..., et l'on est étonné d'être obligé de le lui rappeler, c'était de faire conduire l'enfant à son mari. Cependant, le tribunal
fut dans la nécessité de décider comment l'enfant y serait conduit,
dans quelles circonstances. Dès cette époque, madame de Saint-M...
commençait la guerre qu'elle a entreprise contre son mari, et dont
cet incident n'est que la continuation, ou pourrait être la continuation, si la cour accueillait ses déplorables conclusions; elle commençait ce système qui consiste à refuser ses enfants, d'une manière
absolue, à leur père. Ainsi, M. de Saint-M..., voulant observer les
égards les plus grands, écrit au curé de N... le 24 octobre 1860, et
voici ce que lui répond le curé :

« Monsieur le vicomte, conformément à la demande que vous m'en adres-
sez... » Et M. le curé termine les renseignements qui lui sont demandés par
le père sur l'état de son enfant, en lui déclarant qu'on n'a pas l'intention
de le lui conduire en ce moment, malgré le jugement du 21 septembre, qui
en faisait une loi, ajoutant toutefois que l'enfant lui paraît très bien.

M. de Saint-M... a demandé à voir son fils, on lui a fait répondre
par un tiers : « Vous attendrez. » A chaque instant il est question de
maladie, qui empêche le jeune enfant de venir à Napoléon, et il s'agit
de franchir onze kilomètres dans un coupé! On saisit toutes les

occasions pour échapper à cette obligation. On vous niera que l'enfant, grâce à Dieu, soit d'une excellente santé. Les certificats qu'on nous apporte pour déclarer le contraire sont jugés d'avance; s'ils ont la moindre valeur, on pourra ordonner une expertise, et l'on se demandera si un enfant qui est constamment transporté de N... à Grandville peut être transporté de N... à Napoléon-Vendée pour être remis à son père.

Voici l'opinion d'un médecin commis par le président du tribunal pour savoir si l'enfant, qu'on disait malade, l'était réellement :

24 septembre 1860.

« Sur l'invitation de M. de Saint-M..., transmise par M. de Vasson », M. le docteur Bouchet se transporte au château de N..., et il déclare que l'enfant n'est atteint que d'une petite crise dentaire insignifiante et qui se terminera (favorablement).

Nous ne sommes qu'au commencement. Vous le voyez, l'enfant est pâle, il a, du côté des gencives, quelques légères douleurs; et il ne peut faire un voyage dans une voiture de N... à Napoléon-Vendée! On ne l'envoie pas et on ne dit pas quand on l'enverra!

Cependant, M. de Saint-M... insistant, les demandes se multipliant, on a fini par envoyer cet enfant, mais dans quelles conditions? Le voici :

J'ai raconté incomplètement à la cour, et cependant je craignais d'être trop long, comment M. de Saint-M... avait été indignement traité par M. de T..., violenté par ses gardes, blessé. J'ai le certificat constatant que l'empreinte des souliers de l'un d'eux était resté dans sa peau.

C'est ainsi qu'il est sorti des mains de son beau-père. Eh bien, M. de T..., — car c'est lui qui a constamment conduit tout cela, sa fille y est restée étrangère; mais ayant laissé faire, elle est responsable, — c'est M. de T... qui a fait accompagner à Napoléon-Vendée le jeune Marc par deux de ses valets qui avaient violenté M. de Saint-M..., et qui, non seulement l'avaient violenté, mais lui avaient fait subir la plus cruelle avanie; que le lendemain du jour où il avait été expulsé, M. de Saint-M... a supportée avec une résignation chrétienne dont peu de gens seraient capables. Il était retourné à N... pour faire les constatations nécessitées par un commencement de procès, et il a supporté un indigne outrage froidement commandé par M. de T... Il s'est laissé fouiller, il n'a pas proféré une plainte. Eh bien, M. de T... a eu la délicatesse d'envoyer ses deux estafiers à M. de Saint-M... comme étant les bonnes de son fils, et alors que le jugement disait que l'enfant lui serait conduit, et qu'il en aurait la disposition, il a élevé la prétention que ses deux gardes restassent dans la chambre de M. de Saint-M... avec l'enfant. Il ne pouvait souffrir un pareil outrage et une pareille avanie dans de .pareilles conditions ; c'était la profanation des sentiments les plus sacrés. Et quand je disais que madame de Saint-M... n'avait pas l'intelligence du bien, de ses devoirs, je commence à le prouver ; car si descendant au fond d'elle-même elle s'était demandé si, ainsi traitée, elle aurait pu le tolérer, assurément elle eût été conduite à d'autres résolutions. Il a fallu l'autorité du tribunal de Napoléon-Vendée pour l'y contraindre. On est venu devant lui, car il était impossible d'avoir autrement raison de la résistance de madame de Saint-M...

J'ai dit que constamment elle feignait des maladies de l'enfant, et qu'il était impossible pour M. de Saint-M... d'avoir les visites de son fils.

Voici une réponse de madame à l'avoué de son mari :

« 6 avril 1861.

« MONSIEUR,

« Je m'étonne beaucoup que les réclamations relatives à mon fils soient constamment adressées à mon père. »

Après l'expression de cet étonnement qui peut surprendre, madame de Saint-M... annonce son intention d'envoyer l'enfant, et ce, dans les conditions impossibles qu'elle impose.

Elle a la prétention d'envoyer l'enfant, non pas avec des personnes du sexe féminin, mais avec les deux gardes, et il faut l'autorité du tribunal pour avoir raison des résistances de M. de T...

Voici en quels termes statue le tribunal, à la date du 17 avril 1861 :

« Sur la première demande : Considérant que les demandes qui ont pour objet la garde et la surveillance des enfants pendant l'instance en séparation de corps, sont des demandes essentiellement provisoires et qui peuvent par conséquent être modifiées toutes les fois que l'intérêt des enfants l'exige ;

« Sur la troisième question : Considérant que si le même jugement énonce comme motif de l'obligation où est madame de Saint-M... d'envoyer son enfant tous les cinq jours à son mari, la présence de sa belle-mère au domicile de son fils, ce motif n'est pas le motif déterminant ;

« Qu'il en existe un principal puisé dans l'affection d'un père pour son enfant ;

« Sur la quatrième question : Considérant que le tribunal, en disant que madame de Saint-M..., pourra faire accompagner son enfant par les personnes attachées à son service, n'a entendu parler que des domestiques du sexe féminin, qui, seules, donnent ordinairement des soins aux enfants de l'âge du jeune de Saint-M... ; « que la présence d'un homme aux entrevues de M. de Saint-M... avec son fils, est une précaution inutile en « même temps qu'une offense aux sentiments et à la dignité du père. »

« Le tribunal ordonne que des domestiques du sexe féminin seules pourront accompagner l'enfant au domicile dans lequel auront lieu les entrevues ; condamne madame de Saint-M... aux dépens de l'instance. »

Madame de Saint-M... n'a pas interjeté appel de cette décision, et j'ai le droit de dire, non pas comme jurisconsulte, mais comme homme et comme homme du monde, qu'il est fâcheux pour elle qu'elle ait mis son mari dans la nécessité de la faire rendre. Le tribunal lui rappelle ce qu'elle n'aurait pas dû oublier, ce qu'elle ne sait point : qu'il est pour elle d'obligation d'entretenir le lien qui subsiste entre ses enfants et leur père ; que si elle manque à cette obligation, elle manque à un devoir du for intérieur ; qu'elle en est coupable devant Dieu d'abord, qu'elle en peut être coupable devant les hommes quand les magistrats, au nom de la loi, lui ont intimé leurs ordres. Mais la loi humaine, pas plus que la loi divine, n'est rien pour madame de Saint-M... ; elle ne connaît que sa passion, que son orgueil intraitable, sa volonté de retrancher violemment son mari de la famille, comme il a été chassé violemment de N.

La voilà en face des ordres des magistrats, que fait-elle ? J'ai parlé des mouvements de son cœur, j'ai parlé des convenances, j'ai parlé du plus vulgaire respect de soi-même que la dernière femme comprendrait, car il n'en est pas une qui, en présence du dissentiment qui peut s'élever entre elle et son mari, n'accueillît avec bonheur ce terrain commun des convenances sur lequel les mains les plus divisées se recherchent et se rapprochent ; mais tout cela n'est rien pour madame de Saint-M..., et pour ceux qui lui imposent leur volonté.

La jugement est rendu le 17 avril 1861. Vous croyez qu'elle va y obéir ? Elle le déchire. M. de Saint-M... ne verra pas son enfant. Il fait sommation à sa femme, en vertu du jugement, d'avoir à lui conduire son enfant, et voici ce qui est répondu à l'huissier, qui se présente au château de N..., par M. de T... :

« ...Que madame de Saint-M... est partie à Grandville, et qu'elle y a emmené ses enfants qui étaient très indisposés. »

Qui êtes-vous donc, grand Dieu ! A quelle morale avez-vous étudié les devoirs que vous prétendez enseigner à ces enfants que la justice a eu l'imprudence de laisser entre vos mains ? La loi a parlé, les magistrats ont donné leurs ordres, tout cela n'est rien pour vous. Le père est là suppliant ; vous prétendez hypocritement qu'ils sont malades ; malades pour faire le voyage à Napoléon-Vendée, ils ne sont pas malades pour aller à Grandville. Vous avez si peu les sentiments de la mère, que vous ne pensez pas que vous blessez mortellement cet homme en ne l'avertissant pas de ce départ ; vous ne comprenez pas, vous ne sentez pas la nécessité, au moment où les enfants vont se séparer de leur père, de le leur faire embrasser. « *Sic volo, sic jubeo, sit pro ratione voluntas*; les enfants m'appartiennent, dites-vous, M. de Saint-M... n'est rien ; la justice m'a ordonné de lui con

duire ses enfants, que m'importe! je rends cela vain en changeant
de lieu de résidence; je suis grande dame, la justice doit passer
derrière moi en me faisant cortège, et c'est moi qui la méprise. »

Voilà la conduite de madame de Saint-M..., et c'est ainsi qu'elle a
offensé à la fois la loi de Dieu, qui ne permet pas de séparer les
enfants de leur père, et la loi des hommes, qui rappelle celle de Dieu,
vos arrêts qui l'ont formulée.

Quand sommations sur sommations sont adressées par M. de Saint-M...
on lui répond, comme la chose la plus naturelle du monde, qu'il a
plu à madame d'emmener ses enfants et qu'elle en a été maîtresse.
Voici ce que je lis dans une de ses significations, à la date du 17 juin
1861 :

« .....Il est impossible de nier la résistance apportée à la demande
qu'a faite M. de Saint-M... le 3 juin, de voir son enfant. Cette demande a
été renouvelée par lettre de son avoué, le 5 juin. Un nouveau refus est
opposé. La patience de M. de Saint-M... ne se décourage pas. Il envoie
une sommation d'avoir à lui conduire ses enfants le 7 juin, et une protestation extrajudiciaire le 14 juin. Madame de Saint-M... répond de
Grandville, le 17 juin, que ses enfants souffrants ne peuvent faire le
voyage. »

En vérité, on ne pousse pas la dérision plus loin. Vous avez la
fièvre pour aller à Napoléon-Vendée, et vous ne l'avez pas pour
aller à Grandville, à une distance de dix-huit ou vingt lieues!
L'enfant est pris par la fièvre quand son père le réclame.

Madame de Saint-M... a beau déclarer : « Que par les ordres du
docteur Priouzeau... », tout a été ainsi réglé en dehors des prescriptions du jugement du 17 avril 1861.

Quel motif qui ne soit pas dérisoire peut-on invoquer pour justifier cette fuite? comment la concilier avec les exigences de la
santé de ces enfants, imposant « les ménagements les plus grands » ?

C'est là un acte extrajudiciaire que la justice ne peut souffrir sans
abdiquer sa propre dignité. Quoi! un enfant a besoin de repos, et
vous l'emmènerez à vingt lieues de sa résidence! C'est une femme dont
l'état exige des ménagements, et elle est constamment en courses,
uniquement pour se soustraire aux arrêts de la justice! Il est vrai
qu'elle fait une déclaration pleine de magnanimité :

« En conséquence, et sous le bénéfice de ces déclarations... madame de
Saint-M... offre de faire présenter les enfants de M. de Saint-M... à leur
père, à Nantes, dans une maison qu'elle désigne. C'est là où elle le veut
qu'il ira chercher les caresses de ses enfants. »

En vérité, on ne pousse pas la moquerie plus loin. Comment, elle
aura la bonté de dire à notre avoué comment vont nos enfants
qu'elle nous soustrait, qu'elle nous empêche d'embrasser, dont elle

ne nous signale pas le départ! Je disais que j'avais le droit de protester comme jurisconsulte et comme défenseur de vos décisions
contre ces indignités; mais j'ajoutais que je le faisais comme homme
et comme homme du monde. Eh bien, vis-à-vis d'un étranger,
madame de Saint-M... n'eût pas agi de la sorte; elle eût compris que
la plus simple politesse lui faisait un devoir d'avertir la personne
qui s'intéressait à ses enfants de leur déplacement. Parce que vous
êtes séparée de corps, avez-vous le droit de vous soustraire, à l'égard
de votre mari, à toutes les convenances? Vous avez pu vous exagérer à vous-même les torts qu'il a commis; je m'incline devant l'arrêt
qui a été rendu contre lui, quoique ma conscience ne puisse l'accepter; mais est-ce que vos enfants ne sont pas en dehors de ce débat?
Vous est-il permis de les y mêler, de les y associer dès leur berceau, de les priver des caresses de leur père, de les empêcher de
voir leur père, quand ils vont s'éloigner?

J'ai dit que vous ne compreniez pas vos devoirs, je le maintiens,
je l'affirme, ne fût-ce que par cette circonstance qui va se confirmer
par toutes les autres,

C'est de la part de madame de Saint-M... un système bien arrêté;
elle pourra, sans aucun doute, obéir à la contrainte, mais à la contrainte seule, et c'est pour cela que j'ai pris contre elle des conclusions pour la réduire pécuniairement; car si nous n'arrivions pas à ces
exécutions, fâcheuses entre personnes d'un pareil rang, madame de
Saint-M... ferait de votre arrêt, ce qu'elle a fait
du jugement du 17 avril 1861.

M. de Saint-M... est dans la nécessité d'aller à Cauterets : sa santé
est très ébranlée; il laisse à son avoué la mission d'avoir, jour par
jour, des nouvelles de ses enfants. M. Tireau s'acquitte de cette
mission avec sa sollicitude accoutumée; j'ai la correspondance volumineuse des bulletins de santé qui ne le sont pas moins attestant
les inquiétudes, les préoccupations, les angoisses de tous les jours
de M. de Saint-M... Et quand on a osé dire qu'il s'était montré
froid et indifférent envers ses enfants, on méconnaissait le caractère
des faits du passé. S'il y a quelque chose à lui reprocher, c'est d'être
trop impatient, exagéré dans sa sollicitude, et j'en prendrai à
témoin l'honorable M. Tireau, qui a eu ses vacances troublées par une
incessante correspondance qu'il eût voulu s'épargner.

Madame de Saint-M... affectait de dire ses enfants malades pour
ne pas les ramener. M. Tireau écrit à M. de Saint-M..., le 28 août
1861 :

« Je vous adresse un nouveau certificat du docteur Patoureau, auquel
je n'ajoute pas la moindre foi. Je crois que vous vous inquiétez à tort.
Vous savez quelle est ma conviction. Votre fils n'est pas, suivant moi,

malade, assez malade pour qu'il y ait lieu de s'alarmer, et tout cela n'a pour but que de vous empêcher de le voir. Le passé et le présent me prouvent que je suis dans le vrai. Voici ce certificat:

« Madame de Saint M..., que j'ai vue il y a huit jours, était déjà affectée « d'une douleur sciatique assez aiguë; je l'engageai à rester quelque temps « à Grandville et à me revenir au bout de quelques jours. M'ayant fait « prier de passer chez elle ce matin, je l'ai trouvée ayant toujours la même « douleur qui est venue se surajouter aux autres accidents déjà remar- « qués. N'étant pas suffisamment fixé sur la permanence de cet état, « j'engage madame de Saint-M..., à prolonger son séjour à Grandville, « afin de surveiller plus attentivement cette affection, qui réclamera peut- « être un second mois de bains de mer, ainsi que je l'avais déjà conseillé.

« Madame de Saint-M... m'a présenté aussi son fils, que j'ai trouvé un peu « mieux sous le rapport de la bronchite, mais qui est encore bien faible, « et pour lequel un nouveau séjour au bord de la mer ne pourra être « que profitable. »

« Nantes, 17 août 1861.

« PATOUREAU. »

La situation ne se modifie pas; le 20 octobre 1861, l'avoué de madame de Saint-M... écrit à M. Tireau :

« Je reçois de madame la vicomtesse de Saint-M... une lettre ainsi conçue:

« MONSIEUR,

« La petite fille, ainsi qu'on vous l'a écrit, a été pendant quinze jours « sous l'influence d'une diarrhée. Elle n'est pas encore remise de cette « souffrance, et il est impossible de penser à la faire voyager. Je ne puis « non plus la quitter dans l'état de grande fatigue où elle est encore, pour « conduire mon fils en Vendée, d'autant moins que, depuis quelques « jours, j'ai été reprise de palpitations très violentes, pour la cessation « desquelles mon médecin m'ordonne toujours le plus grand repos. J'offre « de nouveau à M. de Saint-M... une visite de ses enfants chez M. le doc- « teur Patoureau, à Nantes, où il doit nécessairement passer pour se « rendre à Napoléon-Vendée. »

C'est ce que M. de Saint-M... n'a pas accepté et ne pouvait accepter. Un jugement ordonnait de conduire l'enfant chez lui, à Napoléon-Vendée; il ne lui convenait pas de renoncer à ce droit, en allant chez une personne hostile : il se souvenait encore des scan- dales, des mauvais traitements dont il avait été victime de la part de la famille de T... A Napoléon-Vendée, il était entouré; en Bretagne et à Nantes, on eût exploité contre lui le moindre incident qu'on eût fait naître, et M. de Saint-M... plaidait alors en séparation de corps, ne l'oubliez pas!

Je vais donner une idée du sérieux des prétextes qu'on invoquait. Le 28 mars 1861, on dit qu'il est impossible que le jeune Marc vienne à Napoléon-Vendée, à cause d'une épidémie horrible de rougeole qui y règne.

Eh bien! voici ce que son médecin écrit à ce sujet à M. de Saint-M... :

« Mon cher Monsieur,

« J'ignorais complètement l'existence à N... de cette épidémie remarquable, dont vous parle mon cher confrère. Je n'ai vu dans ces parages, depuis plus de trois mois, aucun enfant affligé de semblable maladie. Toutefois, le fait, s'il n'est vrai, est du moins possible. Il faut faire par conséquent encore un sacrifice. Vos idées me paraissent très fondées. Hier, on n'avait pas songé encore à la rougeole au moment où l'on écrivait à un vieil ami [1]; on redoutait seulement une variole, alors qu'il n'en est pas un seul cas à Napoléon; décidément votre pauvre enfant joue de malheur. Au moment où l'on redoute un mal pour lui, il tombe dans un pire.

Votre dévoué,

« Filaudeau, docteur-médecin. »

En effet, la catégorie des maladies est assez grande pour qu'on en pût trouver toujours qui affligeassent l'un ou l'autre des enfants de madame de Saint-M..., car il suffisait de la moindre indisposition de sa part, il suffisait que l'un des enfants fût souffrant, pour que ni l'un ni l'autre ne fussent conduits à Napoléon-Vendée. Cependant, le jugement de 1861 déclarait nettement que c'était pour madame de Saint-M... une obligation de les y conduire. Les sommations n'étaient pas nécessaires, il n'était pas nécessaire pour cela de faire des mises en demeure ; l'obligation civile se confondait avec l'obligation naturelle : c'est à madame de Saint-M... qu'incombait le devoir de conduire les enfants à Napoléon-Vendée, mais jamais elle n'a voulu le faire.

Il était impossible de vaincre sa résistance obstinée, et quand les visites avaient lieu, c'était encore un scandale dont la cour va juger.

Voici, à la date du 1er janvier 1862, une lettre écrite à M. Tireau :

« Monsieur,

« La petite a été atteinte d'un gros catarrhe qui se complique dans ce moment d'un peu de coqueluche. Il n'y a aucune inquiétude à avoir sur l'issue de cette affection.

« Si M. de Saint-M... n'a pas eu de nouvelles de Marc, c'est qu'il n'en a pas envoyé prendre ; car vous devez savoir, Monsieur, que je n'ai jamais refusé de donner des nouvelles de mes enfants, lorsqu'on en a envoyé demander, et je ne m'y refuserai pas davantage.

« Recevez mes sentiments distingués.

« Vicomtesse de Saint-M... »

Voilà la concession que fait madame de Saint-M... ; elle veut bien donner des nouvelles, si on vient les chercher. Les visites faites à M. de Saint-M... avaient pris un caractère qui les rendait impossibles, qui faisait de lui la fable de Napoléon-Vendée. Cela a découragé ses amis, au point qu'aucun d'eux n'a voulu continuer à lui

---

1. Docteur Bouchet.

prêter sa maison. Savez-vous, en effet, comment les choses se passaient? On arrivait constamment en force chez lui ou chez l'ami qu'il avait désigné : il y avait une escouade commandée par M. de T... et ses deux fils; on arrêtait la voiture à la porte de M. Tireau, par exemple, la voiture était entourée de gardes, et lorsqu'on essayait de les faire partir, ils disaient : La rue est à nous comme à tout le monde, et nous ne nous en irons pas. Et quand le jugement ordonnait que l'enfant serait laissé seul avec son père pendant trois heures, voilà comment on entendait son exécution.

De plus, dans une des bien rares visites rendues à M. de Saint-M... par son fils, à la date du 16 décembre 1861, les deux fils de M. de T... l'avaient accompagné, la voiture stationnait à la porte; quand le père prit son enfant sur ses genoux, celui-ci lui dit : « Vous n'êtes qu'un b..., f...-moi la paix. » C'était ce que, pendant tout le chemin, MM. de T... lui avaient appris pour qu'il le dît à son père.

Je n'ai pas besoin d'expliquer quelle scène violente succéda à ces paroles. M. de Saint-M... n'en put supporter l'émotion, l'enfant fut emmené, et la famille le ramena triomphalement. Mais, à la suite, le père fut pris d'une crise de nerfs qui mit sa vie en danger, le médecin fut appelé. Les personnes qui en furent témoins dirent : Il est inutile de disputer cet enfant à qui ne veut pas le donner ; quand le procès sera tranché, et nous espérons qu'il le sera en votre faveur, vous userez de votre droit de père. Jusque-là, n'appelez pas ces humiliations et ces avanies au milieu desquelles vous succomberez toujours.

Voici ce qu'écrivait, à la date d'hier, le médecin de M. de Saint-M... sans y être provoqué par lui, rappelant ce qui s'était passé à l'époque dont je parle :

« Mon cher de Saint-M...,

« Je viens d'apprendre par une personne qui vous porte un vif intérêt, que votre partie adverse, trouvant que vous n'aviez pas mis assez souvent la famille de T... en demeure de vous amener votre fils, pensait pouvoir tirer parti de cette circonstance et chercherait peut-être à prouver que votre conduite, qu'on ne manquera pas de taxer d'indifférence tant qu'on ne connaîtra pas le mobile qui l'a exigée, est un mauvais présage pour l'avenir. Si la chose arrive, ce qui me paraît peu probable, car je me rappelle qu'un grand nombre de fois vous m'aviez dit que vous aviez fait demander votre fils, mais que vous prévoyiez bien qu'on ne ferait pas droit à votre demande, que votre illustre défenseur se rappelle la singulière entrevue que vous aviez eue chez Me Tireau: dites-lui bien, afin que tout le monde puisse l'entendre par sa bouche, qu'à la suite de cette visite, dans laquelle il vous a fallu exercer sur vous-même une puissance extraordinaire, vous avez été en proie à ces accidents nerveux intenses que jadis on eût mis sur le compte de l'alcoolisme, ou, pour parler le langage de votre requête, de l'intempérance, mais que, dans la circonstance actuelle, on ne pouvait attribuer qu'à la vive contrariété que vous aviez éprouvée.

« Après cette expérience, vos amis, et le nombre dès lors en était grand, vos médecins, pouvaient-ils chercher à la renouveler? ne devaient-ils pas, au contraire, vous conseiller, à vous si sensible et si affectueux, d'éviter autant que possible des visites faites dans de semblables conditions, qui auraient pu produire un ébranlement nerveux capable de compromettre votre santé en voie de rétablissement depuis votre départ de N...?

« Vous eussiez été insensé d'agir contrairement aux conseils que, je me le rappelle, nous vous avons donnés dans la circonstance.

« Du reste, mon cher de Saint-M..., vous devez être connu depuis votre départ de N..., et je ne doute pas que la cause pour laquelle vous luttez depuis si longtemps avec persévérance n'obtienne enfin une solution avantageuse.

« Votre bien dévoué docteur et ami,
« FILAUDEAU. »

Vous voyez, messieurs, la situation qui était faite à M. de Saint-M..., et vous pouvez parfaitement comprendre comment, pendant le cours du procès en séparation, M. de Saint-M... n'a pas multiplié les sommations qu'il était dans la nécessité d'adresser à sa femme pour que celle-ci exécutât les injonctions de la justice. Ne l'oubliez pas, d'ailleurs, ces sommations auraient forcément conduit à des procès, madame de Saint-M... n'aurait pas voulu s'y rendre, il eût fallu revenir devant la justice. M. de Saint-M... ne pouvait compliquer sa situation de ces incidents, et, quand il eut le malheur d'être vaincu dans cette triste lutte, il demeura accablé, étourdi. Je n'ai pas besoin de rappeler les termes sévères de l'arrêt pour faire comprendre à la cour que ce n'était pas seulement son bonheur qui avait succombé ; il était désigné aux yeux de tous comme un homme qui avait manqué à ses devoirs, qui s'était dégradé par de honteux excès, qui s'était abandonné à de déplorables vices ; et s'il avait tendu de nouveau les mains vers la justice pour obtenir ses enfants, s'il avait voulu critiquer la conduite de sa femme, il courait fatalement à une nouvelle et plus complète défaite. Il fallait donc nécessairement qu'il préparât un terrain nouveau ; il fallait qu'il fît taire de force ces calomnies qui se sont acharnées après lui, et ont égaré jusqu'à la religion de la justice ; qu'il démontrât qu'il était un homme pur, irréprochable, capable de comprendre ses devoirs et de les mettre en pratique. Je l'ai dit à la cour, il y a un instant, il lui fallait pour cela du temps : ce n'était pas l'œuvre d'un jour ; il avait, d'ailleurs, une époque fixée, l'expiration des quatre années imparties par la cour, et c'est à cette époque qu'il était résolu à agir.

Il y avait, messieurs, une autre raison. M. de Saint-M..., dans cette phase du procès, n'avait pas encore à Napoléon-Vendée un établissement qui lui permît de recevoir convenablement son fils ;

aussi avait-il été dans la nécessité de demander la maison de quelques
amis. J'ai dit à la cour comment il lui avait été impossible de profiter de leur obligeance, qui avait été lassée par d'indignes procédés
de la famille de T... Il fallait qu'il eût un domicile. Il l'a cherché
assez longtemps, la chose n'est pas très facile à Napoléon-Vendée,
qui n'a pas la ressource de nombreux logements à offrir à ses habitants. M. de Saint-M... a voulu être chez lui et installé d'une
manière conforme à sa fortune, à son rang, à sa position dans le
monde; il a cherché un hôtel à acheter, et voici l'attestation qui lui
a été donnée par son notaire :

« Il y a deux ans environ que M. de Saint-M... m'a entretenu de son
désir d'acquérir à Napoléon une maison convenable pour y fixer sa
demeure.

« Celles que j'avais à vendre ne réunissant pas toutes les conditions
qu'il désirait, il a traité avec mon confrère, Me Surville, de celle qu'il
occupe aujourdhui.

« Napoléon, 3 août 1866.

                                                          « BUET. »

C'est au commencement de 1865 que M. de Saint-M... a pu acheter l'hôtel dans lequel il est aujourd'hui établi, où toutes les facilités
peuvent être offertes à ses enfants, où il peut les faire jouer dans
le jardin, où il peut recevoir l'un et l'autre, et où les décisions du
tribunal peuvent être exécutées sans le moindre inconvénient. C'est
alors que, fort de la position qu'il a conquise par son travail, par sa
bonne conduite, par la régularité de ses mœurs, par son renoncement à toute distraction, et ses sacrifices de tous les jours, son immolation au devoir, ayant un domicile respectable pour son enfant,
où celui-ci pourra être convenablement reçu, il n'a pas voulu débu-
ter par une sommation extrajudiciaire, et il a fait écrire par son
avoué à sa femme le 20 juillet 1865 :

« MADAME,

« M. de Saint-M... me prie de vous informer qu'il désire, conformément
aux dispositions de l'arrêt qui prononce votre séparation, voir ses enfants
et les recevoir chez lui, place de la Préfecture, à Napoléon, le mardi 25
du courant, à une heure de l'après-midi. Veuillez donc, madame, avoir
la bonté de les lui envoyer ce jour-là; vous pouvez être assurée que vos
enfants trouveront chez leur père tous les soins qui leur seront nécessaires. »

Madame de Saint-M... ne répond que quatre jours après :

« MONSIEUR,

« Votre lettre adressée à N... est venue me trouver aux Sables, où la
santé de ma mère et celle de mes enfants me retiennent encore. Notre

saison de bains n'étant pas terminée, je ne retournerai à la campagne que dans quelque temps.

« Recevez, Monsieur, mes salutations distinguées.

« M. DE T..., vicomtesse DE SAINT-M...

« Les Sables, 24 juillet 1865. »

La saison des bains n'est pas terminée, ce sont ses convenances seules qui doivent être consultées. Elle reste à N... quand bon lui semble, elle s'en va de N... quand elle le veut, et emmène ses enfants à Grandville, aux Sables. Quant à M. de Saint-M..., il n'est pas question de lui. Celui-ci prend patience. Au mois d'août, enfin, elle revient, et le 11 août, l'avoué de M. de Saint-M... écrit à madame :

« MADAME,

« M. de Saint-M... vient d'apprendre que ses enfants sont depuis huit jours à N...; il me charge de vous dire qu'il désire que ses enfants lui soient amenés à son domicile, dimanche prochain 13 courant, à une heure de l'après-midi. Je vous prie, Madame, de vouloir bien vous conformer à ce désir, conformément à l'arrêt de la cour. »

Les voilà à N... ; ils jouissent de la plus parfaite santé, ils sont à dix kilomètres du père, l'arrêt de la cour est là, l'injonction pacifique de M. de Saint-M... existe, madame de Saint-M... n'en tient pas compte, elle ne fait pas même l'honneur d'une réponse; son mari n'en vaut pas la peine, non plus que le droit qu'il représente. On comprend, à N..., la morale et le respect des arrêts d'une façon étrange; voilà comment madame apprend à ses enfants à honorer et à respecter leur père.

Que devait faire M. de Saint-M...? Il était dans la nécessité d'employer des moyens un peu plus énergiques, et le 15 septembre 1865 il fit voir à madame qu'elle eût à exécuter l'arrêt.

Je passe les motifs.

« ... Et en outre, fait sommation à madame de Saint-M... d'avoir à faire conduire au domicile de M. de Saint-M..., place de la Préfecture, à une heure de l'après-midi, tous les dimanches, les deux enfants issus de leur mariage. »

A cela madame répond, — c'est toujours la même comédie, elle est indigne de la justice; mais il faut que vous sachiez jusqu'où peut aller l'orgueil d'une famille qui ne veut pas céder aux injonctions de vos arrêts :

« MONSIEUR,

« Mes enfants sont fatigués depuis quelques jours, et l'un d'eux éprouve de vives douleurs d'entrailles : je ne puis pas les faire conduire à Napoléon.

« Recevez l'assurance de mes sentiments distingués.

« M. DE T..., vicomtesse DE SAINT-M... »

A la bonne heure! M. de Saint-M... attendra. Jusqu'à quand? On n'en sait rien. Madame dit-elle que les enfants lui seront conduits à Napoléon-Vendée? Pas le moins du monde; il n'y a pas à s'en soucier. Et pendant que madame est au milieu de toutes les délices de la vie, au sein de sa famille, avec ses deux enfants qu'elle accapare, se jouant ainsi de son mari et des arrêts de la justice, quant à lui, il est au milieu des angoisses, et dans cette maison où il pensait que madame de Saint-M... aurait la charité de faire conduire ses enfants, qu'il a embellie pour eux, dans laquelle il avait fait préparer des friandises et des jouets, où son cœur paternel battait d'impatience, il attendait vainement.

Voici le certificat de deux personnes honorables, l'une avocat à Napoléon-Vendée, l'autre avocat à cette époque, fils de l'honorable M. Vasson, président à Napoléon-Vendée, et aujourd'hui substitut à Cosne :

« Les soussignés certifient que, dans le courant de l'année 1865, ils ont été priés plusieurs fois par M. de Saint-M... d'assister aux entrevues qu'il devait avoir avec ses enfants, qui devaient lui être envoyés conformément à l'arrêt rendu par la cour impériale de Poitiers.

« Les demandes de M. de Saint-M..., faites d'abord par lettres, le furent, en dernier lieu, par acte d'huissier; elles restèrent toujours sans résultat, et nous nous sommes retirés en déclarant que nous pensions qu'il était inutile de persister.

« Napoléon, 29 juillet	« Cosne, 1er août.
« Charles MERLAND,	« DE VASSON,
« Avocat. »	« Substitut.. »

Voilà l'avis d'hommes sages et compétents, de jurisconsultes et magistrats qui constatent que c'est de sang-froid, avec dessein prémédité, que madame de Saint-M... entend arracher ses enfants à leur père. Elle ne veut pas lui envoyer son fils. Cet enfant a neuf ans. Le croiriez-vous, messieurs? il écrit depuis trois ans, et son père n'a jamais reçu de lui ni une ligne ni un souvenir. Madame de Saint-M... se rit de toutes ces choses, je le sais; M. de Saint-M... n'est plus rien pour elle, je le sais encore; mais je vais me demander tout à l'heure s'il est sage et prudent de laisser des enfants entre de telles mains; je constate les faits, et vous les verrez dans leur déplorable nudité. L'enfant sait écrire, car nous avons une lettre écrite par un honorable ecclésiastique qui nous dit que l'enfant est assez avancé pour son âge; ce ne sont pas seulement des leçons élémentaires d'écriture et de lecture que M. le curé de N... lui donne, mais bien des leçons de latin, ce qui suppose qu'il est déjà assez instruit pour son âge. Eh bien, cet enfant auquel probablement vous apprenez le commencement des règles divines, cet enfant auquel vous faites étudier les lois de Dieu tant dans l'Histoire Sainte que dans le Catéchisme, qu'avez-

vous fait, pour lui, du second commandement de Dieu? Comment lui
faites-vous interpréter cette règle éternelle qui ordonne d'honorer
son père et sa mère? Ah! vous la foulez aux pieds pour lui! C'est
pour cela que je dis que vous êtes dangereuse et pervertie, je maintiens le mot dans toute sa latitude. Ce serait singulièrement abaisser
la morale que de la réduire à l'observance de certaines pratiques, au
respect de certaines formes et de certaines règles. Ce qu'il y a de
capital dans la vie, c'est de bien commencer et quand les enfants sont
engagés sur ce sentier qui s'élève devant eux, mais qui peut présenter
tant de ronces, tant d'épines et de précipices, pour les faire échapper
à ces périls, il faut, avant tout, pénétrer leur âme d'une sage et salutaire morale, et leur apprendre à respecter, à honorer, à aimer les
auteurs de leurs jours. Voilà ce que vous ne savez pas. Si vous le
saviez, vous n'auriez pas commis cette action sans nom que je vous
ai reprochée dans le premier procès, et qui a rencontré en vous tant
d'endurcissement de cœur que vous n'avez pas même compris la
nécessité de revenir, car vous n'avez rien fait, le pouvant, et en étant
avertie pour l'avenir.

Tenez, je suis bien ancien dans les affaires, j'ai rencontré chemin
faisant des passions bien obstinées, bien fortes; j'ai vu des époux,
après s'être confondus dans les transports d'un mutuel et ardent
amour, en venir à la furie de discordes sans nom; je n'ai jamais rencontré une femme qui voulût dissimuler à son mari l'enfant né du
mariage, qui le gardât pour elle, qui ne sentît pas son cœur se fondre
sur ce berceau, et qui conservât, dans son obstination irrémédiable,
l'orgueil qui est sa dignité. Voilà ce qui s'est passé dans la famille de
Saint-M...

J'ai dit que, lorsqu'en 1860, la demande avait été formée, madame
était grosse. C'était là l'un des désespoirs de son infortuné mari, c'était
aussi un sujet d'espérance; il ne pouvait croire que sa femme oubliât
à ce point les règles que Dieu lui imposait, et il pensait que cet état
devait amener une réconciliation. Cependant, les jours s'écoulent, et
il est forcé de reconnaître qu'il n'en est rien, et il écrit le 6 octobre 1860 :

« MA CHÈRE MATHILDE,

« Si quelqu'un m'eût dit que j'apprendrais, sans en mourir sur l'heure,
que nos liens sont brisés et que c'est votre volonté, je ne l'eusse pas cru,
et cela semble pourtant. Oh! oui, telle est ma position actuelle, et cependant je vis, Mathilde, et ce n'est pas un rêve. Je le sens à ma profonde
douleur : depuis quatre ans vous m'appartenez, vous m'aimez, vous avez
reçu tous les témoignages de ma tendresse jusqu'au dernier moment, vous
y avez répondu au milieu même de vos fatigues, non pas peut-être avec
la même ardeur, mais je dois tenir compte de la différence de nos natures,

et pour quelques mots échappés dans les circonstances que vous savez à ma vivacité, vivacité que je déplore et dont je vous demande pardon, vous voulez briser ma vie, la vôtre, chère Mathilde, croyez-le bien, je ne puis le penser. »

L'état de choses s'étant aggravé, et la délivrance de madame étant plus proche, M. de Saint-M... était dans une anxiété que je n'ai pas besoin de dépeindre, la cour connaît son caractère. Il avait chargé tous les médecins de le prévenir; le docteur Priouzeau a cette charité; mais quand M. de Saint-M... lui demande de faire connaître la vérité sur ce point, le docteur prend soin de lui dire : je n'ai été chargé par personne de vous faire cette communication.

Ainsi, voilà qu'un étranger, un médecin qui n'est rien à M. de Saint-M..., se sent pris de pitié pour sa douleur paternelle. Mais, messieurs, ce sentiment est étranger à la famille de T... aussi bien que le sentiment du devoir. Les souffrances de M. de Saint-M... laissent les membres de la famille de T... parfaitement froids. Madame de Saint-M... devient mère, et, comme si la naissance de son enfant était illégitime, le père ne saura pas que cette enfant est venue au monde. Madame de Saint-M... embrassera cette petite fille sans songer à faire avertir M. de Saint-M... qu'elle est née. Et, quand il s'agit de la baptiser, quand il s'agit de lui donner les noms qu'elle doit porter devant le monde, madame ne se soucie pas davantage de l'accomplissement de ses devoirs. L'enfant est présentée au baptême et M. de Saint-M... l'ignore. Et vous vous dites chrétienne! Allons donc, vous n'avez jamais lu l'Evangile, car il est dit au prêtre que s'il monte à l'autel, et si, en interrogeant son cœur qui, comme un vase exquis, doit être rempli par la pureté de la prière, il trouve au fond je ne sais quelle souillure de haine qui peut l'inquiéter, il doit laisser l'autel désert, les fidèles dans l'attente, le sacrifice inachevé pour aller se réconcilier avec son frère. Voilà la morale divine.

Quant à la morale de la famille de T..., vous la connaissez, elle est au-dessous de celle des familles qui se respectent le moins, car il n'en est pas une, messieurs, qui, dans une circonstance de cette nature, n'eût tenu à honneur d'avertir le père de la naissance qu'elle saluait avec amour. Dès lors, n'ai-je pas le droit de dire que le cœur de madame de Saint-M... est perverti, qu'elle ne comprend pas les obligations imposées à l'enfant, et qui sont primordiales? Cet article 372, que je mettais sous les yeux de la cour, n'avait pas besoin d'être écrit dans le Code, car il est au fond de toutes les consciences, il est déchiré par les mains violentes de madame de Saint-M... Elle se prétend chrétienne, elle n'est pas même païenne, car les païens avec les dieux qu'ils adoraient honoraient leurs père et mère, et faisaient aux parents l'obligation étroite d'enseigner aux enfants cette doctrine.

Vous, vous n'avez d'autre Dieu que votre orgueil, et c'est à cette idole que vous sacrifiez les sentiments les plus beaux et les devoirs les plus sacrés.

Je demande comment pourraient être élevés des enfants qui obéiraient à de semblables inspirations. M. de Saint-M..., que peut-il être pour eux qui ne le connaissent pas? Le jeune Marc n'est entré dans sa maison qu'avec la mission de lui dire des grossièretés; sur ses lèvres innocentes on a mis les abominations que j'ai fait connaître à la cour. N'est-il pas évident que madame de Saint-M... élèverait ses enfants dans la haine et l'oubli de leur père? D'ailleurs, nous n'avons pas besoin de nous lancer ici dans des hypothèses, le fait est là, et il inquiète suffisamment la sollicitude de vos consciences pour que je n'en aie pas parlé en vain. Madame de Saint-M... avait une double obligation à remplir, l'obligation que lui imposait la loi naturelle, et l'obligation que lui imposait votre arrêt; son mari n'avait à lui adresser, à cet égard, aucune injonction. Dépositaire de ce bien sacré, de ce trésor commun, de ces enfants sur la tête innocente desquels ne peuvent se réfléchir que des rayons d'amour, elle les devait à son mari, elle n'avait pas le droit de les lui soustraire; c'était là ce que lui disait la loi naturelle, c'était ce que lui enseignait votre arrêt. Elle a enfreint l'une et l'autre règle, elle a rendu ses enfants orphelins, elle les a privés de leur père, elle a retranché M. de Saint-M..., tout vivant, de leur cœur; et, comme il y a là, je ne crains pas d'être taxé d'exagération en me servant d'une pareille expression, un véritable crime social que l'égarement de la vanité peut seul expliquer, madame de Saint-M.., s'en est rendue sciemment coupable, elle est par là devenue indigne de conserver ses enfants, car elle ne leur donnerait que de mauvaises leçons, et la cour ne peut le souffrir.

Mais j'ajouterai qu'à un autre point de vue, et en invoquant encore l'intérêt des parents, il est absolument impossible de les laisser à madame de Saint-M..., au moins le jeune Marc. Pour la fille, nous verrons plus tard; mais en ce qui concerne le jeune Marc, il atteint sa neuvième année, c'est-à-dire qu'il sort des langes de l'enfance, qu'il est tout près de cette époque, à la fois solennelle et touchante, où les anciens revêtaient les jeunes adolescents de la robe prétexte, c'est-à-dire qu'il va faire dans la vie des pas plus fermes et plus décisifs, qu'il lui faut les conseils et la direction de son père, que la faiblesse maternelle pourrait être, à l'insu et contre la volonté de celle qui s'en rend coupable, la complice de ses passions et de ses égarements; que d'ailleurs c'est au père qu'il appartient de décider ces questions suprêmes, souveraines, de l'éducation, de la direction morale et intellectuelle qu'il s'agit d'imprimer à son enfant, et que nui ne peut le dépouiller de ce droit, de ce qui lui appartient; que l'intérêt de l'enfant, c'est d'avoir cette direction virile, ferme, qui permet au père de lui imprimer la meilleure marche à suivre pour son éducation, et par conséquent, que la tâche de la mère est terminée.

Vous l'avez dit, au surplus, messieurs, dans votre arrêt, — j'en invoque l'esprit et le texte à la fois. Vous avez dit que l'âge du jeune Marc était trop tendre pour qu'on le séparât de sa mère. Les années se sont écoulées, la raison descendue du ciel comme un céleste rayon commence à se fixer sur ce jeune et frêle arbuste; il devient jeune arbre, il n'a plus besoin de ces soins maternels dont la tendresse pourrait étouffer son développement; il faut qu'il passe dans un camp plus viril, où il rencontrera d'autres inspirations et d'autres directions.

Et d'ailleurs, messieurs, si j'interroge ce qui se passe autour de moi, si je me demande quel est l'avenir probable réservé à ce jeune de Saint-M... dans la maison de N..., je suis plein d'inquiétude et d'effroi, je l'avoue. J'abandonne ce que je viens de dire, et cependant c'est le point capital de ma défense, car la morale est la base de toutes les autres vertus; la supprimer, c'est vouloir arrêter l'humanité dans sa marche; fonder une éducation dans laquelle on apprend à l'enfant à mépriser son père, c'est le conduire à être malhonnête homme un jour. Mais je me demande quelle direction le jeune Marc doit trouver dans le château de N... Je n'ai pas besoin de jeter un coup d'œil trop indiscret dans l'intérieur de cette maison pour trouver une réponse à mon interrogation. Je prends mes adversaires eux-mêmes à témoin, et je rappelle à la cour ce que j'avais l'honneur de lui dire en commençant cette plaidoirie, sur les préoccupations habituelles de M. de T..., sur cette importance excessive accordée aux petites choses, à ses droits, à ses prérogatives, aux soins de la mise et de l'extérieur, du langage, des belles manières, tout le reste étant sacrifié. Car enfin, messieurs, puisque ce M. de T., est le personnage le plus considérable dans cette affaire, le seul homme en supposant que M. de Saint-M... soit complètement écarté, et il le serait s'il ne réussissait pas dans sa demande, — qu'est-ce que M. de T... a fait de ses enfants? J'ai le droit de le demander sans être indiscret.

Il a une grande fortune, un grand nom, une belle situation; mais, à côté de lui, il ne s'en aperçoit pas, est une société puissante qui met ces avantages au second plan. N'est-ce pas une obligation primordiale pour un père de famille d'initier ses enfants à cette vie à laquelle ils lui reprocheraient un jour de les avoir soustraits? Eh bien, qu'a fait M. de T... de ses enfants? Je suis bien convaincu que M. Charles et M. Georges de T... sont des gentilshommes irréprochables, mais enfin ils n'ont jamais quitté le château de N...;

M. de T... n'a jamais eu la pensée de leur faire subir des épreuves publiques, et chacun sait que, s'ils en éprouvaient la tentation, cette tentation serait suivie d'un avortement. Ils n'exercent donc dans le monde aucune espèce d'occupation, d'emploi; ils n'ont aucun grade, ils sont uniquement de grands propriétaires, de grands chasseurs, habiles dans les courses à chevaux, connaissant à merveille ce qui concerne la vénerie, tout ce qui peut paraître à M. de T... l'idéal de la bonne éducation.

Quant à M. de Saint-M..., il en veut une autre pour son fils. Il en est responsable devant Dieu, et les ancêtres dont il descend, tout aussi bien que la voix de sa conscience, lui ordonnent d'en agir autrement, et de soustraire son enfant à ce milieu efféminé, frivole, où il perdrait sans éclat les nobles qualités que certainement Dieu lui a données. Il faut donc le rendre à son père, il faut l'enlever à l'éducation énervante et pervertie de sa mère, j'ai le droit de me servir de cette expression.

Quant à M. de Saint-M..., vous n'avez, messieurs, aucune espèce d'inquiétude à concevoir en ce qui concerne ses sentiments pour sa femme. Bien qu'ils se soient singulièrement attiédis, et que nous n'en soyons plus, je le reconnais, aux brûlantes déclarations de 1856, il n'a pas oublié ces espérances et ce commencement de bonheur qui ont fait battre son cœur adolescent; sa femme est demeurée pour lui l'objet d'une particulière prédilection. Et d'ailleurs, soyez en sûrs, il est, avant tout, l'homme du devoir, il ne se reconnaît pas le droit de briser le lien qui unit les enfants à leur mère; et, par ma bouche, il prend l'engagement solennel de le respecter.

Les enfants seront conduits à leur mère tous les huit jours. Nous avons dit que c'était pendant trois heures, pour nous placer dans les termes du jugement du 17 avril 1861; il ne tiendra qu'à madame de Saint-M... d'élargir ce cercle; elle rencontrera, de la part de son mari, les dispositions les plus conciliantes. Quant à lui, il n'a jamais su ce que c'était que la haine, et si un sentiment si bas avait traversé son cœur, ah! messieurs, la tendresse pour ses enfants l'en aurait chassé. Il comprend à merveille les droits de la mère; dans la loi française, ils ne sont pas égaux à ceux du père; quant à moi, je ne les sépare pas, et, quand le mariage subsiste, ils sont confondus par l'effusion d'une mutuelle tendresse. Quand le mariage est relâché, mais qu'il l'est entre honnêtes gens, qui respectent, qui comprennent la valeur de leurs devoirs, les enfants ne sont jamais en question, et nous avons, les uns et les autres, rencontré cent fois des discordes de cette nature dans lesquelles, en ce qui concerne les enfants, tout se passait loyalement. Il faut que cette triste cause ne donne pas d'enseignement contraire, mais la cour y regardera pour donner à madame de Saint-M... la leçon qu'elle mérite à cet égard.

M. de Saint-M... prend donc l'engagement de faire ce que sa femme n'a pas voulu faire. Il est dangereux, pour les intérêts du jeune de Saint-M..., de rester près de sa mère, je l'ai prouvé, son intérêt exige qu'il soit placé près de son père, et la question est de savoir si celui-ci est digne de diriger son éducation, et s'il en est capable.

Ah! je comprends à merveille que, si cette question eût été soulevée le lendemain même de votre arrêt, on eût puisé dans cet arrêt des arguments qui eussent paru d'une force invincible, malgré cette minorité si respectable de l'arrêt de partage que j'aurais invoqué à mon tour. Mais tout cela est, grâce à Dieu, relégué dans le domaine du passé, et, à supposer, ce que j'accepte pour un instant, pour les besoins de la discussion, à supposer que M. de Saint-M... ait pu avoir des torts, il s'est relevé et les a rachetés, et plus vous le placerez bas dans l'estime des hommes en 1863, plus il sera digne de leur considération et de leur estime pour avoir reconquis ce bien précieux que l'on avait cherché à lui enlever.

Eh! bien, c'est précisément là ce qui est arrivé. Qu'a fait M. de Saint-M...? Ah! je le disais avec une conviction profonde, il aurait pu se laisser aller à la défaillance, au découragement. Il était bien excusable, et avait pour cela mille excuses, mille prétextes; il eût pu se retirer en Bretagne auprès de sa famille, il aurait pu au milieu de ses amis, avec sa fortune, vivre paisiblement en oubliant ses tristes tribulations de N... Il l'aurait fait, sans aucun doute, s'il n'avait pas eu d'enfants. Mais il avait là deux êtres adorés qu'il entendait recouvrer; il comprenait la gravité des obligations que Dieu lui a imposées par leur naissance, et il n'a jamais voulu y manquer.

Qu'a-t-il fait alors? S'il a eu des complices, je suis heureux de me proclamer le sien. Je l'ai consolé dans sa douleur, dans sa misère; j'ai souvent séché ses larmes, et je lui ai dit : Ne désespérez pas, vous êtes jeune, vous êtes vaillant, vous avez été mal jugé; la calomnie s'est acharnée à votre réputation pour la perdre, confondez-la par votre vertu, ayez le courage de vivre au milieu des passions et du mouvement du monde comme un homme sanctifié par la douleur et par l'espérance, attachez-vous à ces deux divinités tutélaires qui vous sauveront dans toutes les tempêtes de la vie, le devoir et le travail, le devoir comme la colonne de nuée que nous suivons dans le désert, et le travail qui est notre ami, notre protecteur, notre consolateur, et nous récompense à mesure qu'il nous blesse, et qui fait que chacun des sacrifices que nous faisons pour lui est récompensé par un produit qui nous honore. (*Murmures approbatifs, applaudissements.*)

Voilà ce que je lui ai dit, et il a suivi ce conseil. Il était inscrit au tableau du barreau de Napoléon, et, grâce à ses efforts, il y est devenu l'un des avocats les plus occupés, si ce n'est le plus occupé, et certainement l'un des plus honorés. J'ai là, parce qu'il est nécessaire que ces constatations passent sous les yeux de la cour, les preuves de son activité et de ses succès. De la fin de 1863 au 30 juillet 1866 on a jugé, à la cour d'assises, quatre-vingt-dix accusés, trente-trois ont été défendus par M. de Saint-M..., et j'ai le rare avantage de parler devant une cour dont quelques membres ont présidé les assises de Napoléon-Vendée. Interrogez-les, demandez-vous si jamais la profession d'avocat a été exercée plus honorablement, avec plus de générosité, avec un plus grand respect du droit, avec plus de science de nos formes, si, en un mot, M. de Saint-M..., dans cette carrière, ne s'est pas montré irréprochable.

De novembre 1865 à 1866, on a jugé cent trente-quatre prévenus en police correctionnelle; M. de Saint-M... a plaidé pour quarante-neuf; sur dix-huit affaires entre parties civiles, il en a plaidé quatre.

Du 1er novembre 1865 au 1er avril 1866, on a jugé cent quatre-vingt-quatorze affaires commerciales, il en a plaidé trente-cinq.

Du 1er octobre 1865 au 15 juillet 1866, on a jugé deux cents affaires civiles; il en a plaidé cinquante.

De sorte que, depuis 1865, c'est-à-dire depuis moins d'un an, il a plaidé dans cent soixante et onze affaires, et avec un succès qu'il ne m'appartient pas de dire. Je ne veux pas faire ici de lui un panégyrique trop fastueux, je laisse la parole à ses confrères qui lui ont donné un certificat que voici, qui vaut à mes yeux, — j'avoue que je n'ai pas pour les cheveux lissés et la mise irréprochable le même goût que M. de T..., — qui, à mon sens, vaut tous les titres de noblesse.

Voici comment s'expriment les avocats de Napoléon-Vendée :

« Les avocats de Napoléon-Vendée, soussignés, saisissent avec empressement l'occasion d'attester que leur confrère Me de Saint-M.... a constamment donné des preuves, dans l'accomplissement de sa mission d'avocat, du dévouement le plus complet à la cause de ceux qui souffrent, et que, dans les nombreuses affaires qu'il a plaidées depuis quatre ans, il s'est toujours montré loyal confrère et défenseur courageux et généreux.

« Ils témoignent en outre que nul n'est plus digne de la protection de la justice, que celui qui plus d'une fois est venu la réclamer avec succès pour les autres.

« LAMBERT, bâtonnier ; DELAVAUGUYON ; MOREAU ; MESLAND ; VIAUD ; MERCIER ; PERTUZÉ ; JOUSSEMET ; TIREAU. »

M. de Saint-M... ne s'est pas contenté d'être un avocat distingué, de consacrer ses veilles au travail; il a voulu, et je l'en honore, devenir dans les communes de N... et d'Aubigny propriétaire important. C'est là une condition qui n'est pas à dédaigner. Il y a entre l'homme et la terre un attrait que je n'ai pas besoin de dire, que chacun ressent, mais qui est un puissant élément de moralisation. Devenir grand propriétaire, se lier au sol, y consacrer ses capitaux, son intelligence et ses forces, c'est prouver qu'on est un homme utile, et qu'on ne mérite pas d'être traité avec dédain. Il a acheté sept fermes qui se touchent, représentant 252 hectares, dans les communes de N... et d'Aubigny, composées de pièces de terre et de vignes. Il les a achetées moyennant 350.000 francs, et il y a fait depuis novembre 1863, de nombreuses améliorations, dont voici le détail; elles se montent à 37.405 francs, et M. de Saint-M... estime, comme tout propriétaire, que ces améliorations ont été extrêmement utiles. Il a planté plus de dix mille pieds d'arbres, et l'on peut dire : *Crescit eundo*, car ils procurent non seulement le charme de l'ombrage, mais la richesse qui naît de cette végétation.

Voici M. de Saint-M... en voie de prospérité, et surtout en voie de régularité, qui ne s'est jamais démentie : ainsi s'évanouissent ces rêves impurs, ces cauchemars promenés par les témoins de l'enquête. Cet homme constamment ivre, incapable de se conduire, paraît avec honneur à la barre de Napoléon-Vendée, plaide dans cent soixante et onze affaires; il a l'honneur de défendre des accusés devant des conseillers de la cour de Poitiers, et consacre ses loisirs au travail, à l'amélioration de ses propriétés. Voici le journal fort peu intéressant pour un étranger, des travaux faits à ce sujet par M. de Saint-M..., mais qui a le mérite de l'exactitude, qui, si la cour veut le consulter, lui prouvera que les éloges que je viens de décerner à mon client ne sont pas téméraires.

Où tout cela doit-il conduire ? C'est à la récompense naturelle de la vertu. On parle de la violette qui se cache sous une feuille; il faudrait faire l'histoire de la main habile qui sait la découvrir, et qui, violant sa modestie, la fait paraître. La vertu est la meilleure des politiques, on ne saurait trop le répéter : soyez bon, faites votre devoir, ne demandez rien par-dessus tout, car tous les biens vous seront donnés par surérogation. Voici qu'en effet, sans intrigue, je le déclare, il est aujourd'hui l'un des marguilliers de la commune d'Aubigny, ayant franchi les portes de la fabrique. Il est allé plus loin, le conseil municipal s'est ouvert devant lui, il a été nommé le premier sur la liste, peut-être même, je le dis avec une grande réserve, pour ne pas effaroucher la susceptibilité du maire que je ne connais pas, mais que je respecte, peut-être eût-il pu aspirer au fauteuil municipal.

Quoi qu'il en soit, voici comment il est jugé dans sa commune; ceci a été fait malgré moi, j'avais demandé qu'ils n'en fassent rien, mais les bons habitants de la commune d'Aubigny le connaissent surtout par sa bienfaisance, car il n'y a pas de vieillard qui ne reçoive de lui une pension, pas de malade qui n'en reçoive du pain, pas de femme en couches, du linge. Cet homme, auquel on refuse ses enfants, est adoré des enfants des pauvres; quand il va dans la commune d'Aubigny, ils se groupent autour de lui; il les conduit à l'école; quand il a le temps, il les interroge; il trouve son honheur à faire le bien, et la commune l'en remercie par les certificats qu'elle lui donne malgré lui et malgré son avocat :

« Nous soussignés, maire, adjoint, conseillers municipaux, fabriciens et habitants de la commune d'Aubigny, distante de N... de trois kilomètres, certifions à qui de droit qu'après avoir vaincu les résistances de M. de Saint-M..., auquel nous voulions donner une marque d'affection et de grande estime, que la commune entière d'Aubigny, depuis plus de trois années, a reçu de lui des preuves nombreuses de dévouement et de générosité; sa bourse est toujours ouverte en faveur des écoles, construction de chemin, payement des dettes communales, projet de construction d'église. »

Bien aimé des enfants, il est le conseil et l'appui de tous ceux qui ont besoin de lui.

Chacun le voit journellement sur sa propriété où il occupe de nombreux ouvriers, et il paraîtrait fou à tous de supposer qu'il a jamais commis d'acte contre la tempérance. Pourvu d'une santé vigoureuse, il se fait remarquer par un travail prodigieux, une activité généreuse et une bienveillance égale pour tous, même pour ceux qui ont pu être ses adversaires.

Au-dessus de la signature du vénérable pasteur de la commune d'Aubigny, je rencontre cette attestation qui me plaît; elle a une saveur classique à laquelle mon cœur ne peut rester insensible :

» Veritati vocem accommodare volens, hic exquisissimæ attestationi benigne assentiens. Ego rector parochiæ vulgo Aubigny, secundum tenorem perlibentissime subscripsi.

« Signé : B. A. BIZET »

C'est là un latin on ne peut mieux employé; il dit en termes concis ce qui s'échappe naturellement du cœur de ce digne ecclésiastique; l'attestation lui paraît excellente, son apostille l'est plus encore s'il est possible, et témoigne suffisamment sa particulière estime pour celui qui en est l'objet.

Un ancien maire n'a pas voulu rester en arrière. Je ne parle plus de latin, nous revenons à la langue vulgaire, mais dans son français cet ancien maire dit le bien qu'il pense de M. de Saint-M...

« Indépendamment des faits énoncés dans le présent certificat, le soussigné, qui n'occupe aucune position officielle dans la commune, croit devoir, sous sa responsabilité personnelle et sur son honneur, certifier avec toute l'énergie d'une conviction formée de visu, que depuis un an qu'il habite la commune d'Aubigny, il a connu M. de Saint-M..., consa-crant, chaque jour, quelques heures aux soins de ses propriétés;

« Que l'hiver dernier, on voyait M. de Saint-M... bravant le froid et même la pluie pour diriger soit des plantations, soit des mouvements de terre sur ses propriétés;

« Le soussigné certifie, en outre, qu'il a visité souvent M. de Saint-M... pendant l'exécution de ses travaux de construction, et qu'il l'a toujours trouvé dirigeant, commandant et portant partout l'œil du maître avec une infatigable activité.

« Enfin, après avoir tout examiné avec la plus grande attention, et avoir écouté avec le plus vif intérêt les explications qui lui ont été données sur les travaux accomplis ou en cours d'exécution, le soussigné pense que jamais M. de Saint-M... n'eût pu dépenser le superflu de son revenu avec plus d'ordre, de générosité, d'intelligence, et surtout d'utilité au point de vue de l'amélioration générale de ses propriétés.

« Pour conclure, le soussigné déclare que, dans sa conviction, des habi-tudes d'intempérance seraient absolument inconciliables avec des occu-pations aussi sérieuses et un tel esprit d'ordre.

« MERCIER, ancien maire. »

Après les membres du conseil municipal, le respectable curé, l'an-cien maire, viennent tous les habitants d'Aubigny, qui tiennent à honneur de signer le certificat qu'ils donnent à M. de Saint-M..., le considérant comme leur meilleur ami.

Eh bien, voilà le jeune homme qui, en 1860, a été chassé du châ-teau de N... comme indigne, voilà le jeune homme qui a succombé, en 1863, sous le poids des enquêtes dans lesquelles la domesticité de T... formait la meilleure part, voilà celui qui, je l'affirme, a été sacrifié sous le poids des préventions qu'il aurait dû dominer. Mais le voici avec sa dignité présente, avec ses sacrifices qui ont duré trois ans, avec ses renoncements, avec la pratique de ses devoirs, le voici suffisamment réhabilité pour que vous vous posiez cette question : Est-il de l'intérêt du jeune Marc de Saint-M... qu'il soit rendu à son père? Ce serait presque une offense que d'hésiter à la résoudre. Si M. de Saint-M... se présentait comme son précepteur, qui le refuse-rait? qui ne serait pas heureux de l'accueillir, lui qui n'a d'autre souci que de se consacrer tout entier à l'avenir et à l'éducation de son enfant? Ah! messieurs, récemment encore il m'écrivait que, dans un rêve, il lui semblait que son enfant lui était rendu, et c'était avec des larmes qu'il saisissait sa main et le couvrait de baisers, qu'il l'en-sevelissait dans son sein, sentant bien que désormais il ne lui échap-perait plus. Ce rêve, c'est la réalité, car ce n'est pas seulement l'in-térêt de l'enfant que j'invoque, et après ce que j'ai dit à la cour, je me manquerais à moi-même, si ma dernière parole n'était pas l'invocation du droit. Ce que j'invoque, c'est l'autorité qui appar-tient au père et dont il ne saurait être déshérité sans subir une dégradation morale qui, pour M. de Saint-M..., après ce qu'il a fait pendant ces trois dernières années, serait une révoltante iniquité.

Je l'ai dit : l'intérêt des enfants doit être, pour les magistrats, d'une grande considération; oui, alors que la famille leur manque, c'est auprès de la justice qu'ils trouvent leurs protecteurs naturels; et alors on interroge toutes les circonstances qui les entourent, on se demande quel peut être leur avantage, quelle direction ils vont prendre dans la vie; on étudie leur jeune caractère. Mais est-ce que cette invocation suprême est nécessaire, alors que le père peut remplir le droit qui lui a été donné par Dieu? Je disais tout à l'heure qu'il le tenait de la force de ses sentiments. Est-ce que je me trompe? Est-ce que nous ne vivons pas uniquement pour aimer et remplir notre devoir? Est-ce que ce n'est pas là la chaîne mystérieuse qui nous attache à l'existence, qui la fait forte, belle et féconde? Quand nous sommes enfants, c'est notre père, c'est notre mère que nous couvrons de nos innocentes caresses ; quand l'homme arrive à l'adolescence, il lève ses yeux éblouis vers le monde éclatant qui le charme, et, au milieu des magnificences dont le Créateur l'a pourvu, il aperçoit la compagne de sa vie, cette vierge pure qui va mettre sa main dans la main. Ah! messieurs, j'en atteste le cœur de tous ceux qui ont aimé et qui ont souffert, combien sont vides et misérables toutes les grossières voluptés de la vie, auprès de ces saintes joies qu'on éprouve auprès de cette femme de l'affection de laquelle on est sûr, et qui doit nous perpétuer après nous par les enfants qu'elle nous donnera! Avec quel enivrement on accueille les premières espérances de maternité! Et le jour où l'enfant paraît au monde, quand ses premiers vagissements indiquent qu'il existe, quelle ivresse! quels transports! comme on s'attache à cette jeune créature! comme on sent bien que les expressions manquent pour peindre la tendresse dont le cœur est inondé! Donner notre vie, notre sang, notre honneur, ce n'est rien, on voudrait faire mille fois mieux pour elle. Quand elle se développe, quand on s'aperçoit que la raison arrive, qu'elle prend place au foyer, et qu'elle devient quelqu'un, une personne avec laquelle on cause, avec quelle joie on assiste à l'épanouissement de cette intelligence! L'enfant grandit, et quand le souffle des années nous dessèche et nous fait songer à notre fin dernière, nous la voyons avec tranquillité, car nous sommes sûrs que nous laissons après nous ce gage de notre amour.

Ces sentiments qui sont l'homme tout entier, ne nous apprennent-ils pas que de même qu'il appartenait à son père et à sa mère, ses enfants lui appartiennent, qu'il tient de Dieu, je ne dirai pas le droit, mais le devoir de les diriger, et de les diriger seul?

Est-ce que c'est seulement pour l'enfant que la puissance paternelle a été créée par Dieu? car elle est le droit divin, et la nier, c'est

nier Dieu lui-même ; quant à moi, je le conteste de toutes mes forces,
Il y a solidarité d'amour dans le monde, et la puissance paternelle a
été donnée au père, aussi bien pour le père que pour l'enfant. Je
parlais de la protection que nous accordons à notre enfant. Il nous
protège encore davantage ; c'est lui qui est notre véritable défense.
Et, dans ce monde battu par tous les orages de la vie, par toutes les
tempêtes, par toutes les mauvaises passions, l'enfant, par ses grâces
et son innocence, les écarte. Quand nous sommes ramenés au bien,
quand nous sommes éloignés du mal, quand de cette liberté qui
nous appartient nous ne faisons pas un détestable usage, qui nous
retient? Mais, dans le jeune âge, c'est la crainte de déplaire à nos
parents, plus tard à celle que nous aimons, plus tard encore à notre
enfant ; nous voulons être dignes de lui, nous voulons pouvoir l'embrasser sans rougir ; nous voulons, le soir, quand ses yeux se ferment,
lorsque nous récitons à son chevet des prières qui doivent faire que
son sommeil sera doux et protégé, nous voulons, en descendant au
fond de notre conscience, n'y rencontrer aucune souillure.

Les anciens avaient dit : *Sed peccaturo obstet tibi filius infans.* De
quel droit, je vous le demande, messieurs, priveriez-vous un père de
cette ressource suprême qui lui appartient dans la vie, et que Dieu
lui a donnée! Est- ce parce que sa femme est comblée de toutes les
faveurs de l'existence, parce qu'elle est entourée de toute sa famille,
et que lui n'en a pas? Voyez, messieurs, par le rapprochement des
conclusions des deux parties, ce qu'il faut penser de leur moralité.
M. de Saint-M... est Breton de naissance, toute sa famille est fixée
dans les environs de Rennes, et elle y a de grandes propriétés. Il est
venu en Vendée, il a épousé mademoiselle de T..., il a renoncé à son
pays. Lorsque ses espérances ont été brisées, il n'a pas voulu y
retourner. Il voulait s'attacher au barreau, il eût rencontré à Rennes
un théâtre plus grand que celui de Napoléon-Vendée ; il lui était
facile, dans le sein de ceux qu'il aimait, d'oublier les misères qui
l'avaient assailli. Il ne l'a pas voulu, il s'est attaché, s'est cramponné
à ce sol sur lequel il avait tant souffert, car il avait encore à y aimer
et à y espérer. Il est devenu avocat, propriétaire d'un hôtel à Napoléon-Vendée, propriétaire d'une terre considérable dans le département de la Vendée tout près du chef-lieu, et il a ainsi témoigné que
tout était en harmonie dans son existence, que la loi du devoir était
pour lui la suprême règle, et qu'il n'entendait rien en retrancher.

Quant à madame de Saint-M..., elle habite le château séculaire où
son père l'a élevée, elle n'a que des raisons pour y rester et y maintenir sa famille ; eh bien! parce qu'elle sait que M. de Saint-M... a
fondé dans la Vendée, tout près d'elle, par amour de ses enfants,
deux établissements importants, elle vient demander l'éloignement

de ses enfants, elle veut qu'ils soient élevés à Nantes, c'est-à-dire que leur père soit placé dans l'impossibilité de les voir. Eh bien ! [messieurs, je vous le disais, et je le répète en terminant, ne vous faites aucune illusion, il s'agit ici d'une question suprême; les enfants de M. de Saint-M... lui seront rendus, ou ils seront à jamais perdus pour lui, on les lui enlèvera dans l'avenir, comme on les lui a enlevés dans le passé.

Or, je pose cette question à la cour, cette immolation de lui-même, cette vertu héroïque, et le mot n'est pas de trop, que M. de Saint-M... a montrée depuis trois ans, se sevrant de toute espèce de plaisirs, vivant avec une austérité qui défie tous les regards, se consacrant exclusivement au travail, peut-elle être éternelle? Ne doit-elle pas avoir pour compensation la joie d'un devoir rempli, et le bonheur de donner tous ses soins à ses enfants? Est-ce que, dès-lors, séparer violemment le père de l'enfant, comme le veut cette aveugle madame de Saint-M..., ce n'est pas jeter M. de Saint-M... dans tous les hasards, dans toutes les témérités de la [vie, et par conséquent priver à jamais l'enfant de son père?

Voilà l'abîme devant lequel madame de Saint-M... ne recule pas, et c'est précisément parce que le défenseur de M. de Saint-M... en aperçoit la profondeur, qu'il vous adjure de sauver l'enfant et le père. C'est dans leur commun intérêt, en effet, que je requiers ici l'application de la loi. La puissance paternelle domine ce débat, M. de Saint-M... est digne de l'exercer. Il paraît, dans cette enceinte, sous la triple escorte de la loi, de la morale, de la religion; il vous demande de sauver son fils des funestes inspirations qu'il a déjà reçues; il veut qu'entre ses mains il devienne un homme, un citoyen, un chrétien; lui seul a le droit d'accomplir cette mission, lui seul en a le pouvoir, et il est fermement convaincu que votre arrêt le lui permettra.

(Des applaudissements continus éclatent dans l'auditoire.)

La cour de Poitiers, par son arrêt du 13 août 1866, statue sur la garde des enfants, qui, à cause de la santé débile du fils et du jeune âge de la fille, est provisoirement laissée à la mère, à la condition que le père les puisse voir librement.

TRIBUNAL CIVIL DE LA SEINE

PRÉSIDENCE DE M. BENOIT-CHAMPY

AUDIENCES DES 5, 12 ET 19 JUILLET 1861.

Statue équestre de Jeanne d'Arc. — Demande formée contre le maire d'Orléans et M. Foyatier par des porteurs de billets de la loterie pour l'achèvement du monument, et tendant à ce que M. Foyatier soit tenu d'exécuter les bas-reliefs du piédestal de la statue.

Mᵉ Jules Favre, avocat de MM. Vallès et Fontenelle, porteurs de billets, s'exprime ainsi :

Il semble que les explications que le tribunal vient d'entendre aient tranché le débat entre la ville d'Orléans et M. Foyatier. Celui-ci paraît avoir renoncé à l'exécution des bas-reliefs qui étaient le complément de son œuvre. Quel peut être à l'égard des porteurs de billets l'effet de cette renonciation? Telle est la question que j'ai à examiner.

Si je démontre qu'il y avait un contrat certain, et que le fait de l'artiste ne peut être opposé aux porteurs de billets, la demande devra nécessairement être accueillie par le tribunal.

Et d'abord, ceux pour qui je plaide avaient-ils un intérêt à ce que les conventions fussent exécutées? Quant à l'intérêt moral, je n'ai pas besoin d'insister, et il me suffit de rappeler quel est le monument qu'il s'agit d'achever.

En droit, quelle est la situation de ceux que j'ai l'honneur de représenter?

Les billets de loterie étaient ainsi conçus :

« Loterie de Jeanne d'Arc, autorisée par le gouvernement pour l'achèvement de la statue équestre de Jeanne d'Arc, par M. Foyatier, qui sera érigée à Orléans. Loterie municipale surveillée par une commission instituée par M. le préfet du Loiret. »

Et c'est le titre en vertu duquel les demandeurs ont saisi le tribunal de leur réclamation. Examinons sa valeur légale, après avoir insisté sur ce point qu'il résulte du titre que la statue doit être achevée par M. Foyatier.

Le billet donne deux droits aux souscripteurs : celui de concourir au tirage au sort des lots, et celui de surveiller l'emploi des sommes

qui restent dues. Ceux qui ont émis les billets sont de véritables mandataires; outre qu'ils doivent exécuter les conditions particulières du contrat clairement stipulé, ils sont tenus de s'acquitter de tout ce qui est la conséquence du mandat par eux accepté, c'est-à-dire de faire des fonds qui leur ont été confiés l'emploi complet et régulier qui a été prévu par les preneurs de billets.

Il y a, du reste, un précédent qui permet d'apprécier ces sortes de conflits entre les organisateurs de loteries et les porteurs de billets. A l'occasion de la loterie de Manville et Malaunay, les souscripteurs ayant manifesté la prétention de surveiller l'administration du sieur Viennot, organisateur de la loterie, la cour de Rouen décida que celui-ci était à l'égard des souscripteurs à la fois dépositaire et mandataire, et que si, avant l'emploi, il avait détourné à son profit tout ou partie des 300.000 francs qui formaient le capital de la loterie, les dispositions de l'article 408 du Code pénal lui auraient été applicables.

Eh bien! je le demande, où est la différence?

Il y a dans cette affaire un côté mystérieux qui n'a pas été suffisamment éclairé. Il est resté dans les mains de ceux qui ont organisé la loterie des fonds dont l'emploi ne paraît pas satisfaisant. Lorsqu'une loterie a été organisée par les deniers de tout un peuple, lorsqu'il s'agit non plus d'une entreprise municipale, mais d'une œuvre nationale, il n'est pas permis de donner à la pieuse souscription une destination autre que celle qui a été promise par les organisateurs et acceptée par les souscripteurs. Le droit des demandeurs reconnu, on ne saurait les écarter à raison du peu d'intérêt de leur action. Cet intérêt grandit à raison de la gloire et de la popularité qui environnent le nom de la Pucelle d'Orléans.

Envisagez le contrat au point de vue de sa loyale exécution, il est évident que les souscripteurs avaient le droit d'exiger que la statue et ses accessoires, c'est-à-dire les bas-reliefs, fussent de M. Foyatier. Le texte du billet est formel, et supposer que la statue serait exécutée par M. Foyatier, et que les bas-reliefs seraient l'œuvre d'un autre artiste, n'était pas possible. Le nom de l'artiste a été, cela est vraisemblable, une raison déterminante pour les souscripteurs; le piédestal et les bas-reliefs ne sauraient être, dans la pensée de personne, séparés de la statue, et lorsqu'on prétend priver la statue de M. Foyatier des bas-reliefs composés par lui, pour y substituer les bas-reliefs d'un autre, il est évident qu'on ne saurait contraindre les souscripteurs à accepter cette substitution.

Comment M. le maire d'Orléans a-t-il conçu l'idée qui devait si singulièrement altérer la nature des rapports de la ville d'Orléans et de M. Foyatier? C'est ici qu'il convient de revenir sur les faits. Le premier projet portait à 400.000 francs le capital de la loterie, somme qui devait dépasser de beaucoup les dépenses. La ville avait rêvé des fêtes splendides; mais le ministre pensa que l'article de l'ordonnance royale du 29 mai 1844, expliqué par la circulaire du 22 décembre 1845, ne comportait pas la réalisation de ce projet, et réduisit de 100.000 francs le capital projeté. Que vont faire messieurs d'Orléans? Renonceront-ils à leur fête? Non, ils réduiront la dépense des bas-reliefs.

Le 8 juillet 1853, une délibération est prise par laquelle M. le maire est invité « à solliciter de l'autorité compétente l'autorisation, pour la ville d'Orléans, d'établir une loterie au capital de 300.000 francs, divisée en autant de billets d'un franc, qui portera le titre de *Loterie de Jeanne d'Arc*, et dont le produit est destiné à couvrir les frais d'achèvement du monument de Jeanne d'Arc par Foyatier ». M. Loiseleur, conseiller municipal, put dire alors, dans le rapport dont il était chargé, que la ville d'Orléans aurait une statue et des bas-reliefs, œuvre d'un sculpteur célèbre. Or, à l'époque où ces paroles étaient prononcées, le sculpteur célèbre avait déjà préparé huit bas-reliefs sur quatorze.

Mais des difficultés financières avaient surgi. On aperçoit dans la correspondance de M. le maire d'Orléans le germe de ces embarras, d'où l'on se résout à sortir en arrachant à l'artiste la renonciation que l'on connaît. Loin de moi la pensée de contester l'honorabilité de tous ceux qui furent mêlés à cette affaire; mais n'est-il pas pénible de voir un grand artiste, un vieillard, un homme excellent, traîné de bureau en bureau, de commission en commission? Et comme on se prend à désirer que la ville eût pu agir autrement!

Cependant l'inauguration de la statue eut lieu. L'éclat de la fête fut immense, et les ovations ne furent pas épargnées à l'administration qui dotait la ville du monument triomphal.

Lorsque j'assiste à des solennités de ce genre, ce n'est pas la curiosité du public qui m'intéresse; j'interroge le cœur de l'artiste, je m'associe à ses anxiétés, aux pures et nobles émotions de son âme, alors que va disparaître le voile qui cache son œuvre aux regards de la multitude. Ah! si l'honorable avocat de la ville d'Orléans avait en ce moment solennel senti les palpitations du cœur de Foyatier, il n'aurait rien voulu dire de cruel contre un homme aussi bon, qui ressentait une douleur profonde, en voyant attachés aux flancs du piédestal de sa chère statue des bas-reliefs en plâtre grossièrement ébauchés par la main d'un gâcheur orléanais.

Mais Foyatier, dit-on, avait renoncé à exécuter les bas-reliefs. Eh quoi! la ville d'Orléans était-elle maîtresse d'imposer des conditions et d'adjuger les bas-reliefs au rabais? Elle avait des deniers à défendre, des deniers nationaux; ne devait-elle pas faire connaître son encaisse? Ce n'était pas Orléans seulement, c'était la France tout entière qui rendait à Jeanne d'Arc un hommage éclatant : tous étaient accourus, apportant leur offrande, dans cette ville où avait brillé la gloire de l'héroïne. La ville d'Orléans avait reçu des sommes plus que suffisantes pour désintéresser M. Foyatier; elle ne pouvait déshonorer par un marchandage inutile la reconnaissance de la France.

Vainement on essaye de prouver que M. Foyatier a renoncé librement à son œuvre, qu'il n'y a pas eu une surprise indigne des magistrats qui président à l'administration de la ville d'Orléans. On ne peut nier qu'on n'ait traîné le grand sculpteur d'humiliation en humiliation, qu'on ne lui ait disputé le salaire de sa gloire, qu'on ne l'ait condamné enfin à une sorte de supplice que sa dignité blessée ne pouvait endurer; on ne peut nier, enfin, qu'au moment où l'on essayait les combinaisons contre M. Foyatier, celui-ci n'écrivit au ministère d'État pour réclamer l'exécution des bas-reliefs.

Il est certain que si le monument n'a pas été achevé par M. Foyatier, c'est que les fonds ont manqué. Rétablissez les 42.000 francs employés en fêtes, et vous aurez en caisse plus qu'il ne fallait pour tenir les engagements pris vis-à-vis du sculpteur, et vous ne l'auriez pas réduit à la nécessité de subir vos conditions. Faut-il appuyer ces allégations d'un document irréfutable? Qu'on relise l'arrêt de la cour des comptes, qui, rejetant le compte fourni par la ville d'Orléans, déclare que 81.981 francs 89 centimes sur les fonds de la loterie ont été employés « contrairement à la loi du 21 mai 1836, à l'ordonnance réglementaire intervenue pour son exécution, ainsi qu'aux instructions ministérielles sévèrement réitérées dans l'intérêt du bon ordre et de la moralité publique. »

Nous ne sommes pas vengeurs de la morale publique offensée, mais nous avons le droit que nous revendiquons. Une somme de 82.000 francs a été mal employée; en présence des fantaisies du conseil municipal et du blâme de la Cour des comptes, nous demandons l'exécution du contrat, et en vérité il serait inexplicable que la ville d'Orléans se refusât à rendre des comptes et se renfermât dans le silence.

Répondra-t-elle que le monument est achevé? qu'elle a confié l'exécution des bas-reliefs au jeune sculpteur orléanais à qui elle doit la statue de Pothier? Mais croyez-vous que, parce qu'on aura représenté le sage et judicieux Pothier enveloppé dans sa toge et coiffé du bonnet de docteur, on sera de force à sculpter les bas-reliefs de la statue de Jeanne d'Arc, à faire revivre la vierge inspirée, marchant au combat sous le regard de Dieu, et laissant deviner, à travers la ferveur de la prière, l'invincible courage qui va sauver la France? Il faut, pour écrire cette poésie sur la face du monument, la comprendre comme M. Foyatier l'a comprise.

Avouons-le avec tristesse, Jeanne d'Arc n'a pas été heureuse en France. Pendant longtemps, elle n'y a trouvé que l'humiliation du plus lâche abandon; et puis il s'est rencontré un homme qui, ajoutant à cette ingratitude les honteuses imaginations de la vieillesse débauchée, a profané la mémoire de la vierge martyre.

Mais voici le dix-neuvième siècle, et Jeanne d'Arc va être vengée ! Non. Lorsque sa statue se dresse aux yeux de tous, il faut que les calculs de messieurs d'Orléans lui infligent des bas-reliefs au rabais. C'est cette dernière humiliation que vous pouvez, messieurs, épargner à l'héroïne de Domrémy, et que vous lui épargnerez !

Le tribunal,

Attendu que la ville d'Orléans n'a pas pris d'engagement formel à l'égard de l'exécution des bas-reliefs par Foyatier;

Que quel que soit le rapport de ces bas-reliefs avec la statue, ils en sont assez distincts pour pouvoir être convenablement exécutés par une autre main,

Déclare Fontenelle et Vallès non recevables dans leur demande contre Vignat ès nom (maire d'Orléans), et les en déboute.

POLICE CORRECTIONNELLE DE PARIS

PRÉSIDENCE DE M. ROHAULT DE FLEURY

AUDIENCE DU 11 JUILLET 1861

AFFAIRE GRIMALDI CONTRE CALLEY-SAINT-PAUL

M. Grimaldi porte plainte en abus de confiance et distribution de dividendes fictifs contre M. Calley-Saint-Paul, administrateur général de la Société des Salines de l'Est.

Me Jules Favre soutient la plainte en ces termes :

MESSIEURS,

Les faits dont M. Grimaldi se plaint sont des plus graves qu'on puisse rencontrer dans l'histoire des sociétés en commandite. Ils constituent à la charge de M. Calley-Saint-Paul des actes dont les actionnaires de la société doivent se plaindre, puisqu'ils leur ont causé un préjudice incontestable et des plus caractérisés. Ils sont empreints d'une criminalité qui ne saurait être longtemps discutée, et ont été accomplis par M. Calley-Saint-Paul dans des conditions telles que nous pouvons, sans passer par les préliminaires d'une instruction, en démontrer la réalité. Pour cela, je n'aurai besoin que d'invoquer les actes mêmes qui émanent de M. Calley-Saint-Paul, ses rapports aux actionnaires, les bilans qu'il a présentés et les inventaires qu'il a dressés.

M. Grimaldi lui reproche d'avoir opéré sur les actions de l'Union financière un jeu véritable, dans le but d'amener une hausse fictive, qui a porté préjudice à la société; en second lieu, d'avoir, en 1859, alors que la société était en perte, distribué des dividendes; et enfin, au moyen d'une manœuvre que je ferai connaître, de s'être emparé d'une partie de l'actif social, en déguisant cette opération par des combinaisons qui devaient tromper les actionnaires, fait constituant un abus de confiance.

M. Calley-Saint-Paul est administrateur général de la Société des

Salines de l'Est, il est député au Corps législatif. Il a débuté dans la vie par diriger un cabinet d'affaires. Bientôt, il a hanté le monde de la finance, et, au mois de mai 1856, il fondait l'Union financière et industrielle, affaire considérable, au capital de 100 millions, divisé en deux cent mille actions, de 500 francs chacune, soit 40 millions de plus que la société du Crédit mobilier qui, cependant, a la prétention d'être une vaste opération financière et de remuer assez de millions.

L'article 5 des statuts vous fera connaître le but de l'Union :

« ART. 5. Les opérations consistent : 1° à soumissionner tous emprunts soit en France, soit à l'étranger, et à les réaliser; 2° à souscrire ou acquérir tous effets publics, toutes actions ou obligations, dans les différentes entreprises industrielles ou de crédit déjà fondées ou à fonder, soit en France, soit à l'étranger; 3° à vendre ou à donner, en nantissement d'emprunts, tous effets, actions ou obligations, et à les échanger contre d'autres valeurs; 4° à recevoir des sommes en comptes courants; 5° à opérer tous recouvrements pour le compte de compagnies financières et industrielles, à payer leurs coupons d'intérêts ou de dividendes, et généralement toutes autres dispositions; 6° à prêter sur effets publics, sur dépôt d'actions ou obligations, à ouvrir des crédits en comptes courants sur dépôt de ces dernières valeurs; 7° à tenir une caisse de dépôt pour les titres des entreprises industrielles et financières; 8° à faire toutes opérations ordinaires de banque; 9° à acquérir ou vendre toutes marchandises. »

On voit, d'un mot, que l'objet de la société était financier, industriel et commercial; c'était à ces opérations que le capital devait être appliqué, et non à d'autres, et le gérant, quel que fût d'ailleurs le pouvoir considérable dont il allait être investi, ne pouvait pas disposer du capital de la société, l'aliéner, le transformer, le faire disparaître, pour le jeter dans d'autres hasards.

La faculté d'aliéner le capital était déniée à M. Calley-Saint-Paul, — que le tribunal le remarque bien, — non-seulement par la loi, mais encore par les statuts de sa société. L'article 7 porte que le capital de 100 millions pourra être augmenté, et que la société sera constituée dès que la souscription aura atteint le nombre de cinquante mille actionnaires.

« Cette constitution, dit l'article 7, résultera d'une déclaration faite par le gérant. »

L'article 13 définit la situation de chaque actionnaire; il dit que chaque action donne droit à une part proportionnelle au nombre des actions émises.

L'article 41 dit que : « Les produits nets, déduction faite de toutes charges, constituent les bénéfices.

« Sur ces bénéfices, on prélève annuellement :

« 1° 5 pour 100 du capital versé des actions émises;

« 2° 10 pour 100 des bénéfices pour le fonds de réserve.

« Ce qui reste est réparti dans la proportion suivante :

« Aux actionnaires, 80 pour 100 ; 10 pour 100 au gérant, et 10 pour 100 sont mis à la disposition de celui-ci pour rémunérer les services rendus par les principaux employés ; ce qui ne serait pas réparti serait versé au fonds de réserve. Le payement des dividendes se fait annuellement aux époques fixées par le gérant.

« Toutefois, pour le prmier semestre de chaque année, le gérant sera autorisé à distribuer les bénéfices réalisés jusqu'à concurrence de 5 pour 100 par an, du capital versé sur les actions émises, après les déductions proportionnelles déterminées dans le § 1er du présent article. »

Après cette lecture, il n'est pas douteux que les intérêts étaient prélevés sur les bénéfices, et qu'il ne pouvait y avoir d'intérêts qu'autant qu'il y avait des bénéfices.

L'article 25 institue un comité de surveillance, composé de trois membres.

Dans une société qui allait se mouvoir avec un capital si considérable, il était indispensable pour les actionnaires de contenir dans certaines limites les pouvoirs des gérants. Cependant ces pouvoirs étaient les plus énormes qu'on puisse imaginer ; jamais je n'en ai connu qui puissent leur être comparés.

Ordinairement, le gérant d'une société exécute les volontés des actionnaires ; il peut les diriger, mais il ne les gouverne pas d'une façon absolue ; ce n'est pas un maître souverain. M. Calley Saint-Paul, lui, a voulu une situation qui a été une dictature véritable ; tous les pouvoirs ont été remis entre ses mains, et nous ne rencontrons pas trace de l'action du comité de surveillance.

L'article 27 porte en substance que l'assemblée générale régulièrement constituée représente l'universalité des actionnaires ; elle se compose des cent plus forts actionnaires, dont la liste est arrêtée par le gérant un mois avant la convocation. Les actionnaires inscrits deux mois avant la confection de la liste peuvent seuls y figurer.

On a souvent comparé la constitution des sociétés en commandite à la constitution politique des sociétés civilisées ; en effet, le gérant représente le pouvoir exécutif ; les actionnaires, le pouvoir délibératif ; et comme celui-là ne peut avoir d'autorité réelle qu'à la condition de sortir du pouvoir délibératif, de s'inspirer de lui, il s'ensuit que le gérant est le bras qui exécute, tandis que les actionnaires sont la tête qui conçoit.

Ici c'est le pouvoir délibératif qui dépend du gérant, car c'est le gérant qui le compose ; l'assemblée générale est composée des plus forts actionnaires, mais le gérant est le maître d'admettre ou de ne pas admettre, et par conséquent de composer les assemblées qui peuvent délibérer sur ses actes. Mais voici qui est plus extraordinaire encore : l'assemblée est entièrement dans les mains du gérant, en

vertu de l'article 33, qui porte que l'assemblée est présidée par le
gérant ; bien mieux encore, le gérant gouverne lui-même les délibérations ! En doutez-vous? L'article 35 lève à cet égard toute équivoque ; il dit :

« L'ordre du jour est arrêté par le gérant ; aucun autre objet que ceux
à l'ordre du jour ne peut être mis en délibération. »

De telle sorte que si un actionnaire veut faire une observation, il
lui est impossible de la faire sans l'autorisation du gérant ; et si
celui-ci trouve des inconvénients à cette observation, elle n'est pas
faite ; et si le gérant est engagé dans une voie mauvaise, il continue à
y marcher sans que personne puisse l'arrêter.

Aussi, cet acte de société, qui renferme des choses si exorbitantes,
n'a-t-il point été porté à la connaissance du public. Ordinairement
de pareils actes sont publiés *in extenso* dans les journaux ; celui-ci ne
l'a été, dans les *Petites-Affiches*, que par un extrait des plus incomplets. Non seulement la publicité sérieuse, telle que la veut la loi,
n'a pas été donnée, mais les extraits publiés sur les actions elles-
mêmes l'ont été en caractères véritablement microscopiques ; on semble avoir épuisé toutes les ressources de la typographie pour empêcher la lecture de cet extrait ; c'est qu'en effet il était périlleux de
mettre en évidence les articles 35 et 37.

Quoi qu'il en soit, l'acte de société avait prévu que les destinées
de l'Union financière pourraient ne pas être prospères. Sous le
titre XII, nous voyons ce qu'il y aura à faire en cas de dissolution et
de liquidation.

L'article 16 est ainsi conçu :

« En cas de perte de moitié du capital souscrit, la dissolution de la
société pourra être prononcée avant l'expiration du délai fixé pour sa
durée, par une décision de l'assemblée générale.

« Le mode de convocation et de délibération prescrit par l'article 44 pour
les modifications aux statuts est applicable à ce cas.

« Art. 47. A l'expiration de la société, ou en cas de dissolution anti-
cipée, la liquidation sera faite par les soins du gérant, avec les pouvoirs
les plus étendus pour réaliser à l'amiable l'actif social. La liquidation
pourra, en vertu d'une délibération de l'assemblée générale, faire le
transport à une autre société des droits, actions et obligations de la compagnie dissoute, etc. »

Ainsi, la société peut être, en cas de liquidation, transportée à une
autre compagnie, mais il faut qu'elle ait été dissoute, et en vertu
d'une délibération de l'assemblée générale, on pourra faire le transport des droits, actions et obligations de la société à l'autre compagnie.

L'Union financière était appelée à de très hautes destinées. M. Calley-Saint-Paul a fait appel aux personnages les plus autorisés, et, à la date du 8 mai 1856, il se présentait chez Me Dufour, notaire, pour déclarer que la société était constituée, que plus de cinquante mille actions avaient été souscrites, et qu'en conséquence, la société pouvait se mettre à l'œuvre.

De 1856 à 1860, la société n'a rien fait de sérieux, si ce n'est un emprunt départemental de la ville de Paris pour une somme de 50 millions, si bien qu'en 1860, M. Calley-Saint-Paul s'est trouvé forcé de s'arrêter brusquement et d'avouer que, dénué de toute espèce de ressources, il allait se tirer d'embarras par une transformation.

Il fit une tentative pour entrer dans l'entreprise du Crédit industriel. Il y avait souscrit pour 60 millions; puis, plus tard, se voyant engagé dans une mauvaise spéculation, il a demandé l'annulation de sa souscription. Un procès s'ensuivit, qui lui donna gain de cause. Au commencement de 1869, M. Calley-Saint-Paul, ayant réuni ses actionnaires, était dans la nécessité de leur avouer que ses opérations n'avaient pas été fructueuses et qu'une brèche était faite au capital.

Comment réparer cette perte? M. Calley-Saint-Paul avoue que pour y parvenir il s'est lancé dans une affaire, je ne dirai pas véreuse, mais compromise, mal conduite. Il pensait que cette affaire discréditée, remaniée par lui et relancée dans le monde, pourrait devenir sérieuse; cette affaire, c'était la Compagnie des Salines de l'Est, dont le capital était entre les mains de M. le duc de Rianzarès. Ce capital était représenté par vingt-cinq mille actions, qui, à 500 francs l'une, faisaient 12.500.000 francs. M. Calley-Saint-Paul a acheté d'un bloc ces actions moyennant 2.900.000 francs et les a portées dans son bilan pour 7.500.000 francs; il réalisait ainsi, en apparence, un bénéfice de plus de 4 millions.

Telle est l'opération de M. Calley-Saint-Paul, sans consulter le conseil de surveillance de l'Union financière encore debout à cette époque; il s'est donc placé en dehors des statuts sociaux. En effet, les articles 46 et 47 permettaient la dissolution de la société en cas de perte de la moitié du capital, et le transport à une autre société des droits, actions et obligations de la compagnie dissoute; mais pour cela il fallait une décision de l'assemblée générale. Il viendra plus tard, je le sais, demander à ses actionnaires un bill d'indemnité. M. Calley-Saint-Paul a assez d'intelligence, je ne dirai pas qu'il a assez vécu, pour savoir la valeur des faits accomplis; quel est donc l'actionnaire assez hardi pour critiquer un acte irrévocable, alors surtout qu'on le lui présente comme pouvant sauver le capital entamé?

Dans son rapport du 4 avril 1860, à l'assemblée générale qu'il présidait, M. Calley-Saint-Paul dit notamment :

« Je suis amené à vous proposer d'abandonner nos projets, nos espérances, et d'agir comme de sages pères de famille, de renoncer aux
séductions de la spéculation, et de rentrer dans la voie de ces placements
où l'on trouve à la fois sécurité pour le capital, certitude d'un revenu,
et probabilité de dividendes. »

M. Calley-Saint-Paul ne s'aperçoit pas qu'il fait singulièrement, le
jour où il parle, la critique de la veille. Qu'était-il avant? Un spécu-
lateur effréné, entraînant ses actionnaires dans la spéculation. Il a
essayé, il n'a pu atteindre ces hautes régions où l'on spécule avec la
lumière et la foudre; il redescend sur la terre, il redevient un sage
père de famille, et, battu qu'il a été par la tempête, il conseille à ses
actionnaires d'entrer dans le port.

« Je cède, dit-il, à une énergique conviction, et je subis les exigences
d'une conscience impérieuse. »

Je crois plutôt que M. Calley-Saint-Paul subit les exigences d'événements qu'il n'a pu dominer, et que ces événements sont d'accord
avec sa conscience; j'admets qu'il est sage, parce qu'il lui est impossible de ne pas l'être.

« Les valeurs qui composent votre portefeuille, dit-il plus loin, me
donnent la conviction que votre capital est réellement intact. Serai-je
certain de le préserver de toute atteinte et de lui faire produire un revenu
suffisant pour parer aux frais généraux et à l'intérêt que vous êtes en
droit d'attendre? Sans hésitation, je dis : Je ne le crois pas. »

Ainsi voilà qui est clair, le capitaine a amené son pavillon, il déses-
père de braver la tempête, et déclare qu'il lui serait impossible de
faire des entreprises suffisantes pour parer aux frais généraux et à
l'intérêt du capital.

« L'affaire des Salines de l'Est, dit le rapport, passée en 1842 des mains
de l'État dans celles d'une société dont le principal intéressé était le duc
de Rianzarès, avait eu des phases diverses. Après des années de grande
prospérité, elle avait vu ses revenus décroître sensiblement, ses actionnaires se décourager. Le moment était, dit-on, opportun pour acheter
les actions, prendre en main la direction et redonner à cette société tout
ou partie de son ancien lustre. »

Et plus loin :

« Les quinze mille actions nous ont été délivrées. »

J'avais donc raison de dire que c'était un fait accompli; il n'y a
plus à délibérer, le capital de l'Union financière et industrielle a été
employé à payer ces quinze mille actions qui entrent dans l'actif de
l'Union financière et industrielle. Je me trompe, et vous allez voir,
par la suite des explications données par M. Calley-Saint-Paul, que
l'Union financière va disparaître, se fusionner, et entrer dans la

Société des Salines, laquelle va échanger ses actions contre les actions primitives de la Société de l'Union financière.

« Toutes ces considérations, dit M. Calley-Saint-Paul, nous ont engagé à maintenir sur notre bilan aux actions des salines leur valeur nominale de 500 francs, bien que nous ne les ayons achetées que 260 francs, et qu'en ajoutant un million de fonds de roulement, elles ne nous coûtent réellement que 333 fr. 33. »

Les actions de l'Union financière avaient perdu 100 fr. 66, lesquels, répétés quinze mille fois, donnent un chiffre qui atteint 2,500,000 fr. Eh bien ! M. Calley-Saint-Paul n'a employé à l'acquisition de ces actions que 233 fr. 33, et il a cru devoir les faire figurer pour 500 fr. ; c'était un moyen ingénieux de faire disparaître 166 fr., 66 de perte par action.

Voici un passage dans lequel M. Calley-Saint-Paul propose la mise en liquidation de la société, le partage de l'actif, et l'opération à forfait de cette liquidation par la Société des Salines :

« On pourra, dit-il, répartir une action des anciennes Salines entièrement libérées de 500 francs en échange de deux actions de l'Union financière, libérées de 250 francs, recevoir le coupon d'intérêts échu en janvier, et abandonner à forfait à la Société des Salines le soin de notre liquidation, à la condition de nous payer, le 1er octobre 1861, pour dividende final, une somme de 12 fr. 50 par action. »

L'assemblée approuva les comptes du gérant, arrêtés au 1er avril, ainsi que les propositions dont il vient d'être parlé. Elle déclara donner à M. Calley-Saint-Paul un quitus entier et définitif. Cette résolution de l'assemblée est une preuve évidente de sa subordination complète, ou de son intelligence. Elle n'a pas le moindre sens, si ce n'est de permettre à M. Calley-Saint-Paul, suivant son intérêt ou son caprice de déchirer les statuts de la société à laquelle les actionnaires de l'Union financière avaient adhéré.

Et maintenant était-il possible de réunir les nouveaux ou les anciens actionnaires des Salines de l'Est ? Était-il possible de délibérer avec eux et d'opérer la reconstitution de la Société de l'Union financière, qui se transforme ? Il n'y avait plus d'autres actionnaires des Salines que la Société de l'Union financière, que cet être moral pour le compte duquel on venait d'acheter les Salines. Vous savez que M. Calley-Saint-Paul était détenteur des quinze mille actions achetées à M. le duc de Rianzarès ; qu'il devait garder dans sa caisse jusqu'au 15 mai. Il est donc évident qu'il n'y avait plus d'actionnaires avant le jour où les quinze mille actions auraient été remises aux actionnaires de l'Union financière en remplacement de leurs anciens titres ; que dès lors, si l'on fait une réunion d'actionnaires, l'assemblée ne sera qu'une simulation. Or, le 17 avril, avant toute répartition des actions, il simule une réunion d'actionnaires qui n'existent plus ou n'existent pas encore.

De tout ce qui précède je conclus que la société ayant été en perte en 1858 et en 1859, les prétendus bénéfices distribués par le gérant n'existaient pas : premier point. Il résulte encore du rapport du 4 avril que pour se relever, la Société l'Union financière s'est fusionnée avec une autre compagnie dont elle a pris les actions à bas prix pour les revendre à un prix inférieur, principe financier à la mode, qui a été souvent appliqué, qui a fait la base d'un jugement rendu.

Il est évident qu'on a cherché à faire une majoration, rétablissant, au moyen d'un équilibre fictif, le capital absorbé en partie.

Je reproche à M. Calley-Saint-Paul d'avoir trafiqué sur ses propres actions et d'avoir employé à son profit une part notable du capital social qui lui avait été confié. Je dis qu'il s'est livré à un véritable jeu, spéculant pour son compte personnel au détriment des actions de l'Union financière. Il ne saurait y avoir de doutes sur la matérialité des faits du 15 mai 1856 au 29 septembre 1859. M. Calley-Saint-Paul a racheté 20.952 actions ; il en avait émis 51.549, il a ensuite réduit le chiffre de ces actions émises à 31.597. Il ne dépend pas d'un gérant, et même des associés, de changer les conditions statutaires sans porter ces stipulations nouvelles à la connaissance du public. Elles ne peuvent être modifiées que par l'unanimité des actionnaires, et encore les statuts ne peuvent être modifiés que dans des conditions particulières. Il n'y a pas d'assemblée générale qui puisse diminuer le capital social. Le capital devait être de 100 millions ; or, le jour où, par le rachat de ses actions, M. Calley-Saint-Paul en a fait disparaître 20.953, la société n'a plus reposé que sur 31.597 actions. De là le déficit pour les tiers qui avaient traité avec une société au capital de 52.549 actions et qui sont exposés à une erreur dont M. Calley-Saint-Paul est responsable.

Pourquoi M. Calley-Saint-Paul a-t-il employé une somme de plus de 6 millions à ces rachats d'actions? Quelle raison a pu l'y déterminer? N'ayant pas entendu ses explications, il serait peut-être téméraire de se prononcer; mais quand on considère que le rachat de ces actions a eu pour effet une prime de 150 francs par action, il est permis de dire que toutes les combinaisons de M. Calley-Saint-Paul n'ont eu pour cause qu'un jeu qui a dû profiter à quelqu'un ; ce quelqu'un, je ne le connais pas, mais je connais l'article du Code pénal qui défend ces tripotages malhonnêtes. Le 23 juillet, les actions étaient à 527 fr. 50; leur cours a longtemps varié entre 500, 490, 410 francs.

Dans les derniers temps, elles s'étaient relevées à 480; l'écart entre ces différents cours a été de 280 francs sur une pareille valeur! C'est là un jeu effréné qui a trompé les personnes intéressées au profit de celui qui tenait les cartes dans ses mains.

La société a été détournée de ses véritables voies. Une saignée abondante, trop abondante, a été faite au capital social placé dans les mains de M. Calley-Saint-Paul, et cette saignée n'a eu d'autre but, d'autre résultat que de lui permettre de se livrer, dans son intérêt personnel, à des opérations autres que celles pour lesquelles la société avait été fondée. Les actionnaires ont-ils su, ont-ils autorisé ces achats avant leur consommation? Pas plus qu'ils n'ont connu l'acquisition des Salines de l'Est. Ces achats ne leur ont été révélés qu'à l'assemblée du 30 mai 1859, alors que tout était consommé depuis longtemps. La délibération qui a été prise à cette époque prouve une fois de plus que M. Calley-Saint-Paul était le maître souverain de proposer ce qui lui plaisait au vote de l'assemblée générale.

Dans le procès-verbal de cette assemblée de 1859, tel qu'il a été publié dans les journaux industriels, il n'est pas dit que le capital a été employé à ces rachats ni quel a été le résultat de cet amortissement. Ces choses si intéressantes pour le public, on ne les lui fait pas plus connaître qu'on ne les avait signalées à l'attention des actionnaires. Il est vrai que M. Calley-Saint-Paul a fait signifier à M. Grimaldi un acte extrajudiciaire dans lequel il l'avertit de ne pas tomber dans des erreurs. Dans cet acte, il rectifie (c'est son expression) le texte du rapport à l'assemblée, qui diffère quelque peu de la délibération imprimée, ce qui prouve que M. Calley-Saint-Paul a plusieurs exemplaires de délibérations; qu'il en a à l'usage du public, à son propre usage, et à l'usage de son défenseur; c'est l'édition de ce document qui a été faite en dernier lieu qu'il a livrée pour sa justification; la première seule avait été connue du public.

Et, chose étrange, M. Calley-Saint-Paul, qui arrache aux actionnaires un bill d'indemnité, retarde jusqu'au mois d'octobre 1859 le moment où il révélera aux tiers la situation, c'est-à-dire le fait du rachat, l'amortissement et la réduction du capital. Ainsi, six mois s'écoulent sans que la délibération soit publiée, et la publication faite après coup est inexacte.

J'aborde maintenant l'exposé du dernier grief que je reproche à M. Calley-Saint-Paul. Ici mon embarras est grand, je l'avoue; je voudrais qualifier cet acte sans sortir des bornes de la modération que je me suis imposée, et j'avoue que c'est à grand'peine, car il est le plus coupable de ceux que j'ai rencontrés; M. Calley-Saint-Paul est parvenu à s'appliquer... (je cherche le mot le plus doux), à s'appliquer une portion notable du capital social. L'opération est aussi simple qu'elle est énorme. Vous savez que M. Calley-Saint-Paul, le 4 avril 1860, annonce à ses actionnaires qu'il vient d'acheter moyennant 2.500.000 francs, quinze mille actions qui vont composer le nouveau fonds social de l'Union financière et industrielle. L'Union financière, convertie en fabrique de sel, aura un capital représenté par quinze mille actions des Salines de l'Est. Il est dit, dans la délibération du 4 avril 1860, que ces quinze mille actionsse partageront les bénéfices, c'est-à-dire qu'elles seront représentées par quinze mille parts. Si elles sont représentées par quinze mille parts, il n'y a rien à dire; mais si une personne venait ajouter une part à ces quinze mille et s'en emparer, évidemment elle commettrait un détournement; c'est ce qu'a fait M. Calley-Saint-Paul; il a ajouté mille parts aux quinze mille, et il a partagé avec M. Chalandré. Voici comment il a procédé. Vous n'avez pas oublié cette autorisation qu'il s'était donnée d'être maître de l'ordre du jour; il a fait ce qu'il a voulu de ses actionnaires qu'il a considérés comme des espèces de soliveaux; il leur a fait voter, à ces bons actionnaires, que le gérant seul pouvait composer les assemblées générales comme il l'entendait, fixer lui-même l'ordre du jour, et modifier, changer à son gré, les statuts sociaux.

J'ai dit, messieurs, et j'ai prouvé que tout ceci n'était qu'une fiction, un non-sens, qu'il ne pouvait pas y avoir d'assemblée générale le jour en question, puisque les quinze mille actions étaient dans les mains de M. Calley-Saint-Paul, en dépôt, et qu'elles devaient être échangées plus tard contre les titres de la Compagnie de l'Union. Eh bien ! le 18 avril 1860, M. Calley-Saint-Paul va simuler une délibération de l'assemblée générale, je maintiens le mot, parce que je ne trouve que celui-là dans ma pensée, et j'ai le droit de tenir ce langage, puisque je me suis présenté dans vos bureaux pour avoir la délibération de cette fameuse assemblée générale, composée par vous de personnes auxquelles vous aviez distribué les actions dont vous étiez dépositaire, c'est-à-dire de vos portiers, de vos domestiques. Vous avez supposé une assemblée, ou (c'est la même chose) vous avez composé une fausse assemblée pour vous faire attribuer des avantages extraordinaires.

Voici ce que porte ce procès-verbal :

« Procès-verbal de l'assemblée générale de tous les actionnaires. »

Or, je le répète, dans cette assemblée générale, composée de tous les actionnaires, figuraient M. Calley-Saint-Paul, ses domestiques ou commis, auxquels il avait distribué des actions.

Qu'est-ce à dire? Voilà un seizième du fonds social qui est créé en dehors des statuts, en dehors de la volonté des actionnaires, un seizième qui est remis à M. Chalandré, cogérant, et à M. Calley-Saint-Paul; n'est-ce pas le détournement d'une partie d'un capital

social? Ce que vous prenez sous forme de bénéfices, c'est une partie
du capital, c'est une action consolidée immobilisée, qui vous donne
un droit. Vous êtes assuré, par cette délibération, de la propriété
d'un seizième du fonds social. Quel est le fonds social apparent?
Quinze mille actions. Eh bien! il y en a maintenant seize mille.

Je vous reproche donc d'avoir composé une assemblée imaginaire
et d'y avoir pris une résolution coupable qui faisait passer une partie
du capital dans vos mains; vous avez employé la ruse et la dissimulation pour prendre à vos actionnaires leur argent; mais, sachez-le
bien, la justice ne saurait approuver ni tolérer de pareilles choses.

Vous dites que le fonds social se divise en quinze mille actions,
donnant droit à un quinze millième des bénéfices et du capital : c'est
encore un mensonge; les actions ne donnent pas droit à un quinze-
millième, puisque vous venez de prendre un seizième, puisque vous
vous constituez sur le capital de la société une propriété personnelle
sous un prétexte hypocrite.

L'opération est, en effet, très simple, et n'a pas besoin d'être longtemps étudiée. Dans la délibération, on dit que chacun des actionnaires aura droit au prélèvement de 30 francs avant que les actions
de jouissance puissent prendre part aux bénéfices; mais si le bénéfice est de 60 francs, par exemple, ces 30 francs entreront en partage avec les actions de jouissance, et dès lors le titre que vous avez
mis aux mains des actionnaires n'est plus un titre réel, il ne leur
donne plus droit à un quinze millième sur toutes les valeurs de la
société, puisque, après le prélèvement de 30 francs, vous venez
prendre part pour un seizième aux bénéfices, et non seulement ce
sera le revenu que vous attaquerez, ce sera encore le fonds, puisque,
au bout de cinq ans, ces actions ainsi consolidées, vous pourrez les
vendre, les jeter sur le marché, et alors ce ne sera plus un quinze
millième qui appartiendra à chacun des actionnaires, mais un seize
millième. Ce fait, que vous ne pouvez dénier, est puni par l'article 408
du Code pénal : le fait est accompli au moyen de manœuvres que j'ai
le droit de qualifier de frauduleuses.

Tels sont, messieurs, les faits que j'avais à établir devant vous. Je
demande pardon au tribunal de la longueur de ces développements,
et peut-être de la vivacité que j'y ai mise : ce sont les dénégations
de mon adversaire qui l'ont un peu provoquée. Et puis, je le dirai,
nous avons peu, quant à nous, l'habitude de ces sortes de combinaisons; nous marchons dans le chemin de la vie, demandant à un travail bien dur, assurément, une très modeste rémunération; mais nous
sommes heureux et fiers de mériter l'estime de ceux au milieu desquels
nous vivons, et particulièrement de la magistrature qui nous juge
aux divers pas de notre carrière. Si, dans d'autres carrières, il est

possible d'arriver rapidement à la richesse, je n'ai rien à dire quand la fortune est honorablement acquise. Je suis bien loin de blâmer systématiquement ceux qui se livrent aux vastes opérations financières; ce que je leur demande, ce que la loi exige, ce que la magistrature leur rappellera, c'est que le *tien* et le *mien* ne se confondent pas. Ces règles de l'éternelle équité sont la sauvegarde des sociétés, la base sur laquelle repose la civilisation comme la justice. Ces règles, dont vous êtes les souverains appréciateurs, ont été méconnues par M. Calley-Saint-Paul; il faut qu'il en porte la peine.

Le tribunal, reconnaissant dans les agissements de M. Calley-Saint-Paul l'intention frauduleuse du capitaliste voulant réparer les brèches de sa fortune, le condamne à 3.000 francs d'amende; et admettant des circonstances atténuantes, compense entre lui et M. Grimaldi les dommages-intérêts respectivement dus, et condamne encore par corps M. Calley-Saint-Paul à tous les dépens.

FÊTE

DONNÉE A M. BERRYER LE 26 DÉCEMBRE 1861, PAR LE BARREAU

A l'occasion du cinquantième anniversaire de son inscription au tableau des avocats de la cour de Paris.

M. le bâtonnier Jules Favre s'exprime ainsi :

Je crois être l'interprète de votre pensée en vous proposant un toast à l'illustre héros de cette fête de famille, au glorieux stagiaire de 1811, resté debout à notre barre, où ses triomphes semblent le rajeunir, à notre ancien bâtonnier, à notre éminent et bien-aimé confrère, à M° Berryer. (*Bravo! bravo! Vive Berryer! Tout le monde se lève, bat des mains. — M° Berryer s'agite sous le poids d'une profonde émotion. — Immense acclamation.*)

Ce que nous entendons honorer en lui, dans cette solennelle confraternité, c'est l'avocat qui nous est demeuré fidèle et qui a jeté sur notre robe le double éclat de son génie oratoire et de sa mâle indépendance. (*Bravo! bravo! — Les acclamations redoublent.*) Que d'autres célèbrent la constance de sa foi, la générosité de son dévouement et la domination de sa redoutable parole, couvrant le bruit de nos luttes politiques pour retentir dans la postérité, nous, nous le saluons avec orgueil comme le vétéran du droit et de la défense. (*Oui, oui, honneur à Berryer! Applaudissements.*)

La fortune, par une rare faveur, l'a toujours éloigné du pouvoir, et depuis longtemps assis dans le camp des vaincus, il y a porté sa grande âme et son irrésistible puissance. Champion infatigable du malheur, ennemi courageux de l'arbitraire et de l'illégalité, gardien sévère de nos traditions, il est au milieu de nous le maître vénéré de l'art de bien dire, et nul ne songe à lui disputer le premier rang, que lui assigne notre admiration. Aussi avons-nous tous accueilli avec joie cette occasion de nous presser autour de lui pour couronner sa brillante carrière par l'impérissable témoignage de la profonde sympathie de tous les barreaux de la France. Pour moi, je remercie Dieu, et après lui, vous mes confrères, de m'avoir permis, comme représentant l'ordre, de marquer cette heure unique et, je l'espère, féconde dans son histoire, qui nous réunit tous dans une pensée commune et nous montre, par l'honneur rendu à notre chef, la grandeur et la vitalité de notre chère profession. (*Applaudissements prolongés.*) La tâche qu'elle nous impose est de nous dévouer sans réserve à la recherche du juste, au culte du beau, au maintien de nos franchises, à la défense des libertés publiques et privées. Nous n'en serons pas tout à fait indignes, mes chers confrères, si, rapprochés par les sentiments, les travaux, les devoirs, nous comprenons combien il nous est doux et profitable de nous aimer les uns les autres, et de placer notre force dans l'union dont cette fête est le gage. Ainsi, notre illustre maître aura jusqu'au bout vaillamment servi notre cause, puisque, après avoir été notre modèle pendant un demi-siècle, il devient aujourd'hui l'ardent foyer où se réfléchissent en un lumineux faisceau les intelligences et les cœurs de tous ses confrères de France ! Que notre gratitude, nos respects, notre affection soient sa récompense !

COUR IMPÉRIALE DE LA SEINE

AUDIENCE DU 21 FÉVRIER 1862

Délit de presse. — Affaire du *Courrier du dimanche*. — M. Laurent Lapp, gérant ;
M. Pelletan, rédacteur.

MM. Pelletan et Lapp interjettent appel du jugement du tribunal correctionnel, en date du 20 décembre 1861, qui les a condamnés, le premier à trois mois d'emprisonnement et 2,000 francs d'amende, le second à deux mois de la même peine et 2,000 francs d'amende, pour avoir, en publiant dans le *Courrier du dimanche* un article intitulé : *La liberté comme en Autriche*, commis le délit d'excitation à la haine et au mépris du gouvernement.

Me Jules Favre, défenseur de M. Pelletan, s'exprime en ces termes :

Lorsque M. Pelletan me fit l'honneur de me confier le soin de sa défense, j'étais forcé malheureusement de la préparer trop à la hâte, étant dévoré par les travaux de chaque jour. En essayant de me placer par la pensée en face de l'article incriminé et du jugement qui le déclare coupable, je me suis senti agité d'inquiétudes et assiégé d'embarras qu'il me serait difficile de traduire. C'est la première fois que, depuis le 2 décembre, je suis appelé à paraître à la barre d'une cour de justice pour m'y expliquer sur l'application des lois politiques qui régissent la presse. De quelle langue puis-je me servir ? Comment puis-je aborder la discussion ? Où en sont les limites ? Où sont mes droits ? Que puis-je toucher ? Où dois-je m'arrêter ? Je n'avais point à me poser ces redoutables questions lorsque, entrant dans la vie publique, au moment du grand et généreux élan qui suivit la révolution de Juillet, je cherchais à protéger de ma parole incertaine, mais déjà, comme toujours, convaincue, les hardiesses des écrivains qui passionnaient la foule. La lice était ouverte à toutes les franchises, et pourvu qu'elle fût courtoise, la lutte, quelle qu'elle fût, était acceptée. Les temps sont bien changés, je suis loin de le méconnaître. La France se dirige par d'autres idées, elle se plie à d'autres maximes. Ce serait une grave erreur que de confondre des situations qui n'ont de commun que l'apparence. Sans doute, il s'agit toujours de faire respecter les lois et de sauvegarder la société. C'est encore la pensée qu'on incrimine, mais la juridiction est changée. Sans vouloir rechercher la raison qui a toujours fait considérer le jury comme le complément de la liberté de la presse, sans vouloir établir ici de parallèle, ce qui serait contraire à toutes les convenances, je déclare sans peine qu'on ne peut désirer des juges plus éclairés. Eh bien ! malgré ces avantages, malgré ces analogies, peut-être à raison même de ces avantages et de ces analogies, je cherche avec hésitation quelle méthode peut me servir de guide et comment, chargé par mon devoir de mettre en lumière la vérité politique, je puis atteindre ce but à la fois difficile et nécessaire.

Puis-je tout dire à cet égard? Non ! Puis-je dire au moins ce que je pense? Non encore ! Puis-je dire ce que tout le monde pense ? Bien moins encore ! J'ai pour étroit horizon un convenu qu'on n'a pas besoin de définir et qui, à chaque expansion de mon intelligence ou de mon cœur, m'arrête et me contient dans une rigoureuse enceinte qu'il m'est interdit de franchir.

Cette contrainte entraîne avec elle deux conséquences forcées, l'une pour moi, l'autre pour mes auditeurs. La gêne légale qui m'est imposée peut me faire heurter à des fautes involontaires. Mais ceux qui m'entendent ne sont-ils pas disposés à me croire différent de ce que je suis ou de ce que je veux paraître? La pente naturelle de leur esprit et cet irrésistible attrait qu'inspire la réalité ne les conduiront-ils pas à me prêter des sous-entendus, des allusions, de perfides équivoques? Si j'étais libre, nul ne me soupçonnerait de ruse et de finesse. Mais chacun sait que je ne le suis pas; chacun, et surtout les moins hardis, s'appliquent à me supposer du courage, de l'habileté, et me voici, sans l'avoir voulu, devenu séditieux de par l'interprétation complaisante de ceux qui craignent tellement que je ne le sois, qu'ils se chargent eux-mêmes de la besogne.

Ces mots, qui ne sont à vrai dire qu'une maladroite confession, un examen public de conscience, paraissent très exactement traduire les périls auxquels est exposé l'écrivain que la notoriété signale et qui ne se sent aucun goût à la démentir. Le voici qui prend la plume. Tous le regardent; quelques-uns l'épient. Que va-t-il écrire? Très certainement ce qu'il pense. Mais non, il ne le peut. Mais il a tant d'art! la langue française a de tels prodiges ! Précise comme l'algèbre, lumineuse comme le soleil, elle est aussi flexible que le son dont les ondes brisées pénètrent par les espaces les plus subtils. Donc, il est arrêté à l'avance que l'écrivain s'évertuera à secouer toutes les entraves. Nous le lirons avec nos yeux ; nous disséquerons sa pensée; nous atteindrons le mystère dérobé sous la trame calculée de propositions irréprochables. Et voici que, séduits par les spécieuses amorces d'une telle entreprise, les hommes les plus honnêtes, les juges les plus intègres et les plus calmes peuvent arriver à punir un délit dont ils sont les seuls auteurs, par un raffinement d'esprit qui les élève de beaucoup au-dessus de l'écrivain qu'ils frappent.

Je suis convaincu que la condamnation que le tribunal a prononcée n'est due qu'à cette illusion.

Plus je lis et relis l'article incriminé, moins j'y rencontre la justification des appréciations des premiers juges. Quel en est le sens? Comment le résumer? L'auteur a eu le dessein de louer le régime libéral et d'en faire ressortir les avantages. Il a pris un titre piquant : *La liberté comme en Autriche*. Y a-t-il un crime, un délit, dans cette préoccupation ou dans la forme sous laquelle elle est condensée? Je ne saurais le croire. Qu'est-ce, en effet, que le régime libéral? C'est le système politique qui donne aux citoyens d'une nation le droit de se gouverner par des mandataires librement choisis, de contrôler leurs actes par une presse libre, de voter l'impôt, de surveiller efficacement et de limiter les dépenses publiques. Ce régime du droit a précisément son contre-pied dans celui qui a reçu le nom de droit délégué absolu, divin, et qui place le principe de l'autorité au sein d'une famille, l'exerçant sur le pays sans contrôle. Ce dernier système a formé le droit public en France jusqu'en 1789.

A cette époque mémorable, la nation a recouvré ses droits, et elle les a fièrement écrits dans une constitution qui est demeurée le phare lumineux des temps modernes, mais dont l'application n'a pas tardé à être singulièrement troublée. Le premier Empire, en effet, a été la résurrection du principe de l'autorité absolue. Ce qu'il a été, ce qu'il faut penser de sa grandeur, de sa gloire et de ses revers, je ne saurais le dire ici; c'est là un sujet qui, bien qu'historique, ne peut être aujourd'hui touché.

Ce que chacun sait, c'est que la France, ployant sous le poids d'une coalition étrangère, vaincue, humiliée, envahie, morcelée, s'est réveillée sous le souffle libéral que la Restauration a répandu sur elle. Nul ne contestera que le spectacle de cette nation si maltraitée, se relevant de ses défaites, réparant ses désastres, rétablissant ses finances, ne soit un salutaire et profitable enseignement, et qu'il n'y ait eu une punition dans le châtiment infligé à ce vieux roi qui, après avoir violé la constitution jurée à son sacre, expiait en exil ses folles témérités.

Après lui commence la deuxième ère de liberté. La France s'était donné un roi constitutionnel. Quand elle le voyait avec orgueil, entouré d'une nombreuse famille, d'une garde nationale dévouée, d'une armée brillante et fidèle, nul ne pouvait soupçonner les désastres que la Providence lui réservait.

C'est surtout à la peinture de cette époque que l'écrivain s'attache.

Il la montre glorieuse et grande. « Elle aurait pu, dit-il, se jeter dans les aventures, enivrer la nation de gloire, l'éblouir par le faste, par de magiques dépenses. Elle ne l'a pas voulu ; elle a cependant donné au pays un grand éclat, des hommes d'élite, une littérature féconde, un mouvement artistique et intellectuel puissant. Et cependant ce *régime* n'est plus ! La France ne se gouverne plus elle-même. Elle écrit dans ses constitutions des principes immortels qu'elle laisse à l'état de théories. Pendant qu'elle retourne ainsi en arrière, qu'elle imite des temps et des exemples effacés, voici que la vieille Autriche, le rempart de l'absolutisme, s'ébranle et s'émeut au souffle de la liberté. On voit l'antique maison de Habsbourg, qui descend d'un château féodal, mettre sa main dans la main du vassal affranchi, briser son blason et, tout en inclinant son sceptre devant Dieu, d'où tout vient et où tout retourne, reconnaître qu'il a pétri les rois de la même argile que les peuples, et que la seule légitimité est dans la consécration de l'opinion publique. Elle ouvre les comices ; elle décrète la liberté de la presse ; elle proclame la responsabilité des agents du pouvoir et les garanties des citoyens. Vaincue par nous, elle nous devance dans la voie du progrès, et nous pouvons souhaiter la liberté comme en Autriche. »

Voilà l'article dans son analyse ! En quoi s'écarte-t-il de la vérité ? En quoi excite-t-il à la haine et au mépris du gouvernement ? Renferme-t-il tous ces délits ? Oui, dit le jugement. Oui, il est animé d'un esprit d'hostilité évidente, de dénigrement systématique. L'hostilité n'est pas un délit, le dénigrement n'en est pas un non plus. Mais, dites-vous, il a pour but de déverser l'outrage. Le jugement impute à délit cette opinion que le régime libéral a produit des talents *aujourd'hui disparus.* Est-ce sérieusement qu'on relève de pareilles assertions ? MM. de Chateaubriand, Cousin, Villemain, Guizot, Royer-Collard, Barrot, Delavigne, Lamartine, Victor Hugo, Béranger, qu'auraient-ils été sans le régime libéral ? N'est-ce pas la liberté qui les a inspirés, pris par la main pour les produire dans le monde et illuminer leurs fronts ? Qu'auraient-ils été si leur pensée n'avait pu rayonner qu'au travers des barreaux de la censure ? Ainsi, il est permis, sans outrager, sans exciter à la haine et au mépris du gouvernement, de rappeler les services rendus par cet esprit libéral.

L'auteur parle de la guerre. Le régime libéral pouvait la faire : enflammant la nation, il pouvait la précipiter sur l'Europe, effrayer le monde. Mais il ne l'a pas voulu ! En quoi cela peut-il exciter à la haine et au mépris du gouvernement ?

L'écrivain raconte ce que le régime libéral aurait pu faire et ce qu'il n'a pas fait. Il ne voulait pas de la guerre sans excuse et sans nécessité. Certes, ce jugement ne saurait s'appliquer à la campagne d'Italie. J'ai connu des hommes qui, avant cette guerre, ne la croyaient pas nécessaire, et qui ont changé d'opinion depuis; mais on reconnaîtra que les hommes de l'opinion de M. Pelletan l'ont toujours considérée comme nécessaire aux intérêts de la France. Nous ne pouvons oublier les ovations décernées à l'empereur, lorsqu'il partait après avoir dit : « Des Alpes à l'Adriatique. » L'écrivain a blâmé les guerres qui seraient sans excuse et sans nécessité, et que le régime libéral n'a pas permises. Il a critiqué la constitution, dites-vous? « Il y a deux constitutions, dit-il, l'une mystique, l'autre réelle. » N'est-ce pas le langage de tous les hommes officiels, à commencer par celui du rédacteur de la constitution qui nous régit? Les principes de 1789 : voilà le symbole, la base, le fondement! L'édifice en diffère. Des nécessités passagères, dit-on, obligent de renoncer à la liberté. Sa statue est voilée ; sous ses draperies, on l'aperçoit, on l'adore ; on espère qu'étant perfectible, elle deviendra parfaite. C'est ce qu'a dit M. Pelletan !

Mais il compare la France à l'Autriche, et quant au régime libéral il donne la préférence à cette dernière? C'est là une appréciation qui en elle-même n'a rien d'offensant ; elle a été faite par tous, et en particulier par M. de Rémusat. N'est-ce pas un fait immense de voir l'Autriche se régénérer par la liberté? Vaincue, écrasée sur les champs de bataille, menacée par une nouvelle et sanglante leçon en Vénétie, contenant d'une main mal assurée les populations hongroises, elle cherche son salut dans une constitution. Et si cette constitution égale en garanties celle de la France, cela est assurément très étonnant, car elle est partie plus tard et de plus loin ; mais si elle la dépasse? Or, à cet égard, il suffit de comparer. La presse périodique en Autriche est dispensée de l'autorisation, elle est libre, moyennant un cautionnement très modéré. Elle n'est point soumise à l'action des lois par les tribunaux. N'est-ce pas là une supériorité immense? Au moment où cette constitution fut votée, la *Patrie* a exprimé la même réflexion. Aussi n'est-ce pas aux termes, mais au sens général que le jugement s'attache. Ce sens est une excitation à la haine : c'est donc un procès de tendance! Vous supposez que le *Courrier* n'a pas d'autre but que de prouver l'abaissement de la France, dû aux institutions actuelles. Cette conclusion est le fait du jugement, on ne la rencontre pas dans les paroles de l'écrivain. Il a rappelé un régime qui n'est pas le sien, pas plus que celui de l'Autriche, la monarchie de Juillet. Si le lecteur en tire cette conséquence que l'état présent vaut moins, c'est là une opération qui lui appartient. Tout dépend du point de vue. Il est facile de raisonner sur les affaires publiques sans parler la même langue. Aussi, ce qui me semblerait abaissement, peut vous paraître progrès. Il y a des publicistes qui prétendent que la plus grande dignité, la plus grande force d'une nation est dans son obéissance. Voilà la France soumise, exécutant fidèlement les ordres qui lui sont donnés ; et tout est préparé pour que son action soit subordonnée. D'un bout à l'autre de l'empire, une pensée règne en souveraine et se transmet avec la rapidité de l'éclair. Partout elle est acceptée, partout elle est imposée, et nul ne murmure, nul n'élève une plainte, nul ne se permet de juger les affaires de l'Etat. La presse entonne un chant d'allégresse, de louanges. Beaucoup appellent cette situation le dernier mot de la civilisation. Le gouvernement épargne à ses gouvernés l'embarras de penser et de vouloir.

Tel n'est pas, ou tout au moins tel ne parait pas être cependant l'avis du tribunal. Et nous trouvons ici cette consolation que le régime libéral a une telle valeur morale que les défenseurs du pouvoir ne veulent pas qu'on l'accuse d'en être distinct ; ils rendent par là l'hommage le plus pur et le plus désintéressé au grand principe de la liberté. Et c'est en cela qu'ils se rencontrent, sans le savoir, avec les écrivains courageux et consciencieux du *Courrier du dimanche*. Ont-ils, en effet, ramassé dans nos discordes civiles quelques-uns de ces anciens drapeaux qui étaient le signe du ralliement de nos luttes éteintes ? Non, ils ont arboré celui qui, dans leur pensée, doit attirer tous les hommes de cœur et de probité, celui de la liberté ! C'est pour obtenir le triomphe de cette grande cause qu'ils combattent. Etrangers à tout esprit de coterie, mais convaincus qu'une nation ne peut être forte et heureuse que lorsqu'elle n'abandonne pas la direction de ses destinées, ils cherchent avec courage à rappeler la génération qui grandit, nous enveloppe et va nous succéder, au culte du vrai, à la connaissance des droits éternels de l'homme, au souci de sa dignité. Ils le conjurent de travailler sans relâche à la défense de ces nobles conquêtes de l'esprit pour que, de l'étude théorique, puissent descendre l'application et la pratique.

Ils ne sont pas seuls dans cette voie : M. de Rémusat et beaucoup d'autres les y accompagnent. Voilà leur *Credo!* Qu'a-t-il d'inquiétant et de subversif ?

Quant à celui qui est descendu dans la lice et qui a plus particulièrement mis sa poitrine à découvert, qu'est-il ? et comment doit-il être jugé ?

Je voudrais vous faire pénétrer au fond de son âme pour vous montrer combien sont à la fois énergiques et purs ces sentiments mûris à la double flamme de sa conscience et de sa vertu. Homme de labeur intellectuel, rude pionnier de cette œuvre incessante que l'humanité accomplit, il ne demande sa satisfaction qu'à l'étude patiente, aux douceurs des lettres, à cette plénitude dont le cœur est rempli lorsqu'on a la certitude d'avoir fait son devoir. Sur cette route difficile qu'il parcourt avec l'éclat d'un talent justement populaire, il est entouré de l'auréole de sa probité politique, qui n'a jamais été soupçonnée. Il n'a jamais rencontré un adversaire qui ait pu lui dire : « Vous n'êtes pas aujourd'hui ce que vous étiez hier. » Les orages se sont déchaînés, les gouvernements sont tombés, les constitutions ont été désertées, le pays a été témoin de changements à vue soudains, de défaillances inattendues. Cependant quelques-uns sont demeurés debout, et Pelletan est de ce nombre.

N'avoir jamais changé, être demeuré sourd aux provocations de l'ambition et de la fortune, s'être fièrement détourné des faciles sentiers où s'engageait la foule des nouveaux convertis, en reniant leurs croyances, mais en rétablissant leur maison et en avançant dans leur carrière, c'est là, n'en doutez pas, une grandeur qui en vaut bien d'autres ! Elle donne à l'âme trop de sérénité et de calme pour qu'elle puisse s'allier avec les passions d'un agitateur, et, quelles que soient les formules changeantes des lois sur la presse, c'est aux séditieux seuls que vous pouvez réserver les rigueurs de l'amende et de la prison.

La cour confirme par son arrêt le jugement du tribunal.

TRIBUNAL CIVIL DE PÉRIGUEUX

PRÉSIDENCE DE M. SAINT-ESPÈS-LESCOT

AUDIENCE DU 8 FÉVRIER 1862

AFFAIRE DE M. BROU DE LAURIÈRE. — MARIAGE DES PRÊTRES

M. Brou de Laurière, engagé dans les ordres, mais n'exerçant plus le saint ministère, voulut contracter mariage. MM. les maires de Périgueux et de Cendrieux s'y opposèrent, tout en déclarant qu'ils n'avaient à cet égard aucune opinion, et qu'ils s'en remettraient à la justice pour l'interprétation des textes incertains.

Me Jules Favre, avocat de M. Brou de Laurière, s'exprime en ces termes :

Comme le tribunal le pressent, je n'ai rien à dire des faits qui ont amené le procès soumis à sa haute sagesse. M. Brou de Laurière, engagé dans les ordres, mais n'exerçant plus le saint ministère, veut contracter mariage : le peut-il ? L'opposition faite par les maires de Périgueux et de Cendrieux, qui, déclarant n'avoir aucune opinion, s'en remettent à votre justice en présence de l'incertitude des textes, cette opposition est-elle fondée ? Telle est la double question à résoudre.

Au seuil de cette grave discussion, une douloureuse surprise s'empare de moi. Quoi ? après tant d'efforts déployés par l'intelligence humaine pour arriver à une législation rationnelle et précise ; après tant de veilles, de nobles travaux, de dissertations profondes, après tant de légitimes aspirations vers un régime qui trace à chacun ses droits et ses devoirs, nous en serions encore réduits à hésiter sur un point aussi capital que celui qui met en question l'ordre civil tout entier et la liberté de conscience !

D'un côté, j'entends les docteurs demander d'une voix unanime la consécration de ce grand principe. De l'autre, les tribunaux semblent le méconnaître. Le plus auguste de tous, celui dont les décisions sont reçues comme des oracles souverains, penche vers le passé et, docile aux inspirations d'un autre âge, ramène violemment la société en arrière, au risque de la replonger dans un abîme dont elle se croyait pour toujours délivrée.

Reconnaître que le prêtre peut se marier, c'est déclarer à la fois le mariage un contrat civil et le prêtre un citoyen. Lui refuser ce droit, c'est revêtir Rome de la pourpre impériale, c'est soumettre l'autorité nationale au joug détesté d'une domination étrangère. (*Mouvement.*)

Où peut être le prétexte d'une si grave, d'une si dangereuse résolution?

J'ouvre le Code, qui contient la réglementation des droits et des devoirs des citoyens. Le mariage, ce grand acte de la vie humaine, n'a été ni dédaigné ni rapetissé..... Le Code civil prend l'enfant au berceau; il protège sa faiblesse, défend son patrimoine, et le conduit pour ainsi dire par la main jusqu'au delà des limites de son adolescence. A ce moment décisif, où se découvrent devant lui des perspectives nouvelles que la bonté de Dieu a rendues si riantes, où l'amour ouvre dans son âme de fortes et fécondes sensations; à ce moment, dis-je, le législateur abandonnera-t-il le jeune homme à ses passions? Non, son union est d'avance réglementée avec sagesse, pour que des désordres n'en soient pas la conséquence. Tout est prévu avec cette sage simplicité qui est l'attribut des lois modernes, dont la source se puise dans la philosophie. La loi, comme la religion, gouverne et épure ses passions. Elle fait du mariage le fondement de la famille, la base de l'Etat. Et c'est au nom de ces intérêts sacrés qu'elle en détermine rigoureusement toutes les conditions.

Ainsi on voit figurer dans ses textes tout ce qui est relatif aux empêchements, lesquels sont tirés de l'âge, de la parenté, d'un lien antérieur. Mais elle n'établit aucune distinction de races, de castes, de religion, car au-dessus des règles qu'elle consacre, planent ces deux principes qui dominent et éclairent le Code civil : la liberté de conscience, l'égalité devant la loi.

C'est là l'esprit du Code civil, et j'ai le droit d'affirmer qu'il n'y a pas un mot qui permette de croire que le prêtre y trouve un empêchement à son mariage.

On vous convie d'introduire dans la loi une exception qui n'a pas été écrite : celle qui retranche le prêtre de la société française, le découronne et lui fait perdre sa qualité de citoyen. Je ne pourrais la comprendre, cette exception, qu'en supposant ses partisans convaincus que la règle interdisant le mariage du prêtre catholique est étroitement liée au dogme religieux, qu'on ne peut détruire l'une sans porter atteinte à l'autre. Prévenir une attaque à la religion, n'est-ce pas un devoir qu'il faut accomplir à tout prix? La grandeur de ce but n'explique-t-elle pas les plus téméraires hardiesses? S'il importe de maintenir intact le dépôt sacré des lois civiles, qu'est cet intérêt auprès de celui qui tend à sauvegarder la religion elle-même?

Nul doute que ce sentiment, inspirant les mœurs, frappant d'un incurable discrédit le prêtre qui renonce au ministère, n'ait engendré dans de droites et pures consciences ces scrupules dont est sortie la jurisprudence que je dois combattre.

Eh bien! pour la combattre dans son fondement, j'oppose cette proposition très nette : Le célibat du clergé n'est point essentiellement lié au dogme. C'est une institution canonique, postérieure de quatre siècles à l'établissement de la religion catholique, et il pourrait disparaître sans qu'aucun des dogmes de cette religion fût seulement effleuré.

J'ajoute que les décisions de l'Eglise qui ont définitivement ordonné le célibat n'ont jamais été admises régulièrement en France; elles n'ont jamais été introduites dans notre droit civil, et n'ont jamais été reconnues par la magistrature. Si, à une époque rapprochée de 1789, des mariages de prêtres ont été annulés, c'est qu'alors la doctrine religieuse se trouvait mêlée à la puissance civile, c'est que la magistrature était jusqu'à un certain point subordonnée au pouvoir religieux.

Au surplus, cette règle du célibat a été anéantie par la législation moderne; ses auteurs s'en sont nettement expliqués.

Je formulerai donc ainsi les trois propositions que j'aurai à développer :

1° La règle du célibat des prêtres est une institution contingente, humaine;

2° La règle du célibat des prêtres n'a jamais fait partie de notre droit public;

3° La règle du célibat des prêtres a été définitivement proscrite après 1789, et le niveau que le Code civil a fait passer sur le front de tous les citoyens ne saurait être faussé par une loi sacerdotale. (*Sensation.*)

Demandons-nous quelle peut être l'origine du célibat. De quoi s'agit-il, si ce n'est de la violation la plus manifeste des desseins du souverain ordonnateur de toutes choses? Remontant à l'essence même des choses, cherchons à découvrir la raison cachée des institutions humaines. Faudrait-il beaucoup d'efforts pour démontrer que celle-ci n'est pas en harmonie avec le dessein général qui préside à l'ordre admirable du monde? Jetez les yeux autour de vous. Ne voyez-vous pas que tout se féconde, tout naît, tout se perpétue par cette merveilleuse loi de l'attraction de l'amour? N'admirez-vous pas ce prodigieux ensemble de créations nécessaires qui composent le milieu qui nous enveloppe, nous entraîne, nous domine? Partout les êtres se rapprochent et multiplient, partout, comme par un divin concert, les forces opposées se confondent et s'absorbent. Et de cette attraction mystérieuse, de cette immense et féconde alliance naît la vie universelle, où l'homme peut n'être qu'un accident, mais où, supérieur à tous par son intelligence, il peut être salué comme le roi de la création, puisqu'il connaît Dieu, qu'il se connaît et qu'il connaît son semblable, puisqu'il est gouverné par des lois morales qui lui apprennent le renoncement et le sacrifice.

L'homme échappe-t-il à cette loi suprême de l'amour qui étend son niveau sur tout ce qui existe, et qui confond tous les êtres dans son muet accomplissement ?

Écoutez. Je vous parlais tout à l'heure du livre de la loi; prenez celui de la religion. Remontons par la pensée à travers la nuit des âges écoulés. Rien n'existe. Les temps vont commencer. Comme un astre radieux qui dissipe les nuées pour éclairer le firmament, l'univers sort des mains du souverain ordonnateur. Il le suspend à la voûte éthérée, l'entoure d'une atmosphère ; il établit les saisons, les lois de création, et quand chaque brin d'herbe est à sa place, il appelle l'homme qu'il pétrit du limon de la terre. Ce sera sa plus belle création. Il lui donne le rayon de la beauté; il l'anime de son souffle, puis il fait passer devant lui tous les animaux de la terre. Et cependant tout lui manque encore. Dieu le voyant seul lui dit : Tu ne dois pas être isolé. Puis, le plongeant dans un doux sommeil, il tire de son sein celle qui sera plus que lui, qui sera sa joie, sa consolation, sa force pendant le court passage de la vie. Et Dieu dit encore que la femme quittera son père et sa mère, que l'homme quittera le foyer domestique. Tous les deux ne feront qu'un, et ils formeront cette branche féconde d'où surgira la population de la terre. (*Marques d'approbation. — Des applaudissements, réprimés par M. le président, se font entendre sur plusieurs points de la salle.*)

Faut-il insister après cela et demander le maintien du célibat, de cette loi qui détermine des passions qui dessèchent le cœur ? Faut-il qu'on laisse ainsi s'immoler des générations qui viennent offrir l'holocauste de leur propre nature à Dieu qui n'en veut pas ? (*Nouveau mouvement.*)

L'antiquité ne connaissait pas le célibat. Chez la nation juive, on l'avait en horreur, et le célibat était proscrit dans le sacerdoce. Il n'était pas permis à un pontife de s'allier à une femme qui ne fût pas honorable. Chez les autres peuples, les législateurs proscrivirent le célibat et en firent une sorte d'état de déchéance. Partout la plus sainte institution a été celle du mariage.

Et comment en a-t-il été à l'époque de l'institution du christianisme ? Nous voyons le Christ choisir autour de lui des apôtres engagés dans les liens du mariage ; tous, à l'exception de saint Paul et de saint Jean, étaient mariés Or, voici ce que saint Paul lui-même, dans une épître à Tite (chap. I, †. 5, 6, 7), dit du célibat des prêtres :

« La cause pourquoi je t'ai laissé en Crète, c'est afin que tu corriges les choses qui restent, et que tu constitues des prêtres par les villes, comme aussi je te l'ai ordonné. A savoir s'il y a quelqu'un qui soit irrépréhensible, mari d'une seule femme, ayant enfants fidèles, non accusés de dissolution ou désobéissants. Car il faut que l'évêque soit sans crime comme dispensateur de Dieu, non point fier ni colère, ni adonné au vin, ni batteur, ni convoiteux de gain déshonnête. »

Dans la première à Timothée (chap III, †. 1, 2, 4, 5), saint Paul dit encore :

« Parole fidèle : Si aucun a affection d'être évêque, il désire une œuvre excellente. Mais il faut que l'évêque soit irrépréhensible, mari d'une seule femme, conduisant honnêtement son ménage, ayant ses enfants sujets en toute chasteté. Car si quelqu'un ne sait conduire son ménage, comment aura-t-il soin de l'Eglise de Dieu ?

Pendant les quatre premiers siècles, les prêtres se sont mariés ; les évêques ont eu des femmes et des enfants, et plusieurs papes même se sont conformés à cette coutume.

C'est en 314, au concile d'Ancyre, que pour la première fois la question se pose, que la contestation s'établit ; mais elle est résolue dans le sens de la pureté de la doctrine. Le concile d'Ancyre n'admet pas le célibat. Il dit :

« Les diacres qui, à leur ordination, ont protesté qu'ils prétendaient se marier, s'ils l'ont fait ensuite, demeurent dans le ministère ; s'ils n'ont rien dit dans leur ordination et se marient ensuite, ils seront privés du ministère. »

Cette règle est la consécration du mariage des prêtres.

Mais il faut dire que, dès cette époque, s'accréditait la doctrine que le mariage est antipathique à la sainteté du sacerdoce. Quelle peut être son explication ? Il n'en est pas d'autre que le sentiment exagéré du sacrifice. La religion chrétienne, en se fondant, eut à lutter contre des obstacles de toute nature. Les plus terribles ne furent pas les persécutions, car lorsque la tête d'un martyr tombait, il naissait de son sang une foule de disciples. Ce qui devint surtout pour elle un sujet de deuil, ce furent les rivalités intestines, les divisions sur la doctrine, la corruption des mœurs. On voulut alors que les prêtres donnassent l'exemple d'une sainteté exceptionnelle. Mais il n'en est pas moins vrai que, pendant ces premiers siècles, le mariage des prêtres fut admis, et ces siècles ne furent ni les moins grands ni les moins féconds.

Dans toutes les sociétés civiles, les novateurs, qui veulent aller au delà du but marqué, apportent toujours le trouble et le désordre.

C'est ce qui arriva alors. Comme une pieuse consolation aux douleurs du célibat, on vit s'introduire la coutume des agapètes. Je veux parler de ces vierges qui vivaient en communauté ou qui s'associaient à des ecclésiastiques dans un but de charité. Sous prétexte de religion, elles portaient le trouble dans le sacerdoce. Placées à côté du prêtre, elles contribuaient à exalter les âmes, trop souvent à allumer de coupables passions. Écoutez ce que dit Durand de Maillane dans son *Dictionnaire du droit canonique*, au mot *Agapète* :

« Agape en grec signifie amour, d'où vient qu'on appelle *agapetæ*, *agapètes*, c'est-à-dire *bien-aimées*, des vierges qui vivaient en communauté, ou qui s'associaient avec des ecclésiastiques par un motif de piété ou de charité. »

Ces vierges étaient aussi appelées par les ecclésiastiques *sœurs adoptives*; on leur donnait aussi le nom de *sous-introduites*. La dénomination n'y fait rien; c'étaient toujours des femmes dont la fréquentation ne pouvait être que très dangereuse pour des gens consacrés au célibat. Il ne faut pas être surpris si le concile de Nicée fit un canon exprès pour défendre aux prêtres et aux autres clercs l'usage des femmes sous-introduites, et ne leur permit de retenir auprès d'eux que leurs proches parentes, comme la mère, la sœur et la tante. Saint Jérôme disait de son temps, touchant l'usage des agapètes, qui apparemment n'était pas aboli depuis les défenses du concile de Nicée :

« Unde agapetarum pestis in Ecclesias introit? »

Nous venons d'entendre saint Jérôme condamner les agapètes. Tous les Pères de l'Église s'élèvent contre cet usage. Ecoutons saint Grégoire de Nazianze. »

« Je ne sais, dit-il, s'il faut mettre ces femmes équivoques au rang des femmes mariées ou des non mariées, ou s'il faut les mettre dans une troisième classe; mais quand vous devriez vous fâcher contre moi, je ne saurais louer cet usage. »

Voici ce qu'en disait à son tour saint Cyprien :

« C'est une conduite fort suspecte de refuser une femme légitime et d'en prendre une qui ne l'est pas. C'est promettre devant les hommes la chasteté, et se promettre à soi-même de ne point s'abstenir de femmes, c'est donner en même temps deux preuves opposées, l'une de chasteté, l'autre d'incontinence, preuves qui se découvrent et se trahissent l'une l'autre; c'est vouloir être adultère et eunuque tout ensemble. »

Je ne répéterai point ces dernières paroles de saint Cyprien; je n'ai pas le droit d'aller aussi loin qu'un Père de l'Église. (*Rires dans l'auditoire.*)

Le concile de Nicée, tenu en 325, proscrit l'institution des agapêtes. A ce même concile, où furent agitées toutes les grandes questions de dogme, où furent jetés les fondements mêmes de la loi catholique, formulés en un symbole qui se transmet de génération en génération dans la bouche de tous les chrétiens; à ce concile, la question du mariage des prêtres fut nettement posée et longuement discutée. Elle fut résolue en faveur de la validité des mariages ecclésiastiques.

Trois ans après, un concile fut tenu à Gangres, en Paphlagonie, dans le but de décider une querelle entre saint Basile et Eustache. Ce concile condamna Eustache et promulgua plusieurs canons : 1° Anathème contre ceux qui blâment le mariage et qui disent qu'une femme vivant avec son mari ne peut être sauvée; 2° anathème contre ceux qui abandonnent leurs enfants sous prétexte de vie ascétique.

Deux siècles plus tard, en 680, a eu lieu le concile œcuménique de Constantinople, qui se prononce formellement pour la validité, la nécessité du mariage, et condamne la doctrine contraire, qui alors florissait à Rome.

A cette époque, il n'y avait pas de pape dominant par le pouvoir temporel. L'Église de Rome, tantôt vaincue, tantôt victorieuse cherchait à établir sa prédominance. Tandis qu'en 680 le concile de Constantinople obligeait les prêtres à rester avec leurs femmes, l'empereur Justinien s'était laissé arracher par le Pape, en 530, un décret dans lequel les mariages des prêtres sont déclarés radicalement nuls et exposent les prêtres à des peines corporelles. Peu après, cependant, Justinien revient sur sa décision et se contente de déclarer que si un prêtre contractait mariage, il devrait renoncer au saint ministère. Cela est juste. Nul ne doit soutenir le contraire. Que le prêtre qui se marie renonce à l'autel, c'est ce que voulait en dernier lieu l'empereur Justinien; nous ne demandons pas plus que lui aujourd'hui.

Le premier concile qui ait positivement interdit le mariage des prêtres est celui de Saint-Jean de Latran, tenu à Rome en 1123. Mais tous ne s'inclinèrent pas, et l'on vit la résistance se prolonger pendant plusieurs siècles encore.

Ce n'est que le concile de Trente qui, en 1545, par une déclaration solennelle, prescrit d'une manière définitive la règle du célibat.

Je vous demande si la seule date que je viens de faire briller à vos yeux n'est pas une démonstration sans réplique. Le moyen âge finit; l'esprit nouveau apparaît. Descartes est au berceau. Newton va venir. Les lois morales, entourées d'une obscurité profonde, vont se révéler; la société est déjà inondée des clartés de l'aurore. Et c'est à cette époque qu'a été irrévocablement établi ce dogme du célibat des prêtres ! Il n'existait pas avant, et il a fallu, pour l'imposer, que l'Église épuisât ses foudres et fit entrevoir des peines éternelles.

Donc, quinze siècles et demi se sont écoulés depuis l'apparition du Christ sur la terre, depuis l'épanouissement sublime de cette religion d'amour qui a transformé le monde. Et c'est seulement alors que la doctrine du célibat prévaut, qu'elle est définitivement établie par les pontifes, qui veulent asseoir sur ce monde temporel la suprématie absolue du sacerdoce. Mais, dans ce siècle où le génie de Colomb se révèle, ne voyez-vous pas apparaître le spectre de Luther, qui, lui, au nom de la nature humaine, qu'on n'outrage jamais en vain, va s'élever contre la simonie de l'Église de Rome, et, au nom des corruptions qu'il signale, va prêcher une réforme qui divisera la chrétienté ! (*Mouvement prolongé.*)

Ici l'histoire jette sur la question qui nous occupe la moins douteuse des lumières. Quel est, en effet, celui qui a préparé les décisions des conciles de Latran et de Trente ? C'est ce moine fougueux du onzième siècle, Hildebrand, devenu le pape Grégoire VII, qui, parti des derniers rangs de la société, parvint jusqu'au faîte des grandeurs, et vit humilié à ses pieds, en chemise de pénitent, le chef du pouvoir temporel, l'empereur d'Allemagne Henri IV. Il est le premier pape qui ait fait entendre des paroles menaçantes contre le mariage des prêtres. Ne voulant pas encore convoquer les conciles, dont il n'était pas sûr, il savait imposer ses volontés d'une autre manière. Un archevêque, à Milan, résiste contre ce qu'il croit être une violation des lois divines et humaines. Que fait le Pape ? On va le voir. La puissance de Rome, si humiliée de nos jours, rassemble une troupe de mercenaires allemands ; elle met à sa tête un clerc nommé Landulfe, et l'envoie combattre à Milan. L'archevêque se barricade et se défend ; mais, vaincu, il demande grâce, résigne ses fonctions, et son successeur, convaincu par cet enseignement, consent à reconnaître la règle du célibat. (*Sourires dans l'assemblée.*)

Cette règle a eu pour but d'établir une domination absolue sur le prêtre, en l'arrachant aux influences de la famille. Elle n'a jamais été acceptée en Allemagne, et cette contrainte n'est pas étrangère à la Réforme, qui, cinq cents ans plus tard, déchire la chrétienté et porte à la puissance des papes un coup si terrible.

A ce concile de Trente, séparé de Grégoire VII par trois siècles passés, le roi de France et l'empereur d'Allemagne font protester par leurs ambassadeurs contre la règle qu'on cherche à établir. Voici la réponse du Pape Pie IV :

« Il est évident que le mariage introduit dans le clergé détachera les prêtres de la dépendance du Saint-Siège, en tournant toute leur affection vers leurs femmes, leurs enfants et leur patrie; que leur permettre de se marier, c'est détruire la hiérarchie et réduire le Pape à être évêque de Rome. »

Et le cardinal Carpi ajouta :

« Que les prêtres une fois mariés, leurs femmes, leurs enfants seraient autant d'otages de leur obéissance à leur prince, et que bientôt la puissance du Pape ne dépasserait pas les barrières de Rome. »

J'ai donc le droit d'affirmer qu'interdire le mariage des prêtres c'est rompre le lien qui rattache le citoyen à sa patrie, c'est permettre que le sol de notre pays soit occupé par une armée dont le chef est à Rome. Je puis donc affirmer encore que la règle du célibat ne se rattache en rien au dogme, qu'elle laisse en dehors tout ce qui touche à la foi, qu'elle est extérieure, et qu'elle pourrait être changée sans que la religion fût modifiée.

Si de l'histoire de l'Église nous passons à celle de la législation civile, nous n'y rencontrerons aucun monument qui contrarie cette appréciation. Si nous interrogeons le texte de la loi, nous n'y trouverons aucune disposition qui sanctionne la défense ecclésiastique. Je me trompe, il en est une ; mais quand vous saurez tout à l'heure de quelle main elle est signée, quand je vous la montrerai tâchée de sang, vous serez épouvantés. (*Sensation.*)

L'empereur Charlemagne, qui s'est occupé largement de législation, a reproduit les lois de Justinien et décrété sagement que le prêtre qui se marie ne pourra plus exercer le saint ministère.

Les canons du concile de Trente ont été vainement présentés à la France, qui, grâce à l'indépendance de ses parlements, les a repoussés. Tous les historiens sont d'accord à cet égard, et les registres du Parlement viennent confirmer mon argumentation.

J'ai dit qu'un seul édit fait exception dans notre législation civile ; il est du 4 août 1564, et porte la signature de l'ordonnateur de cette mise en scène terrible qui s'appelle la Saint-Barthélemy :

« Les prêtres, moines, religieux profès, décrète Charles IX, qui se sont mariés, seront contraints de quitter leurs femmes et de retourner en leurs couvents et première vocation, ou de se retirer hors du royaume. »

Merlin pense que cette déclaration était purement politique et dirigée contre les huguenots. Au surplus, je ne pense pas que personne dans cette enceinte veuille se faire le champion de ce roi qui tira sur son peuple du haut du balcon de son palais. (*Nouvelle sensation.*)

Si plus tard, avant 1789, quelques dérogations au vrai principe se sont produites, c'est qu'alors les deux pouvoirs étaient étroitement liés ; j'ai tort : le pouvoir religieux dominait de toute sa hauteur le pouvoir civil, et les parlements, se conformant à l'esprit du temps, donnaient parfois raison aux prétentions des évêques. Néanmoins, à cette époque les ecclésiastiques étaient | souvent relevés de leurs vœux, et ils contractaient mariage.

Tel était l'état des choses jusqu'à la fin du dix-huitième siècle, siècle glorieux pendant lequel la raison humaine livre de si éclatantes batailles. La Révolution de 1789 arrive. La philosophie renverse le vieil édifice de la féodalité ; le principe de l'indépendance du pouvoir civil est proclamé, le mariage est déclaré contrat civil, et l'autorité séculière n'est plus condamnée à se traîner à la remorque de l'autorité ecclésiastique. La société victorieuse proclame ses dogmes dans la constitution de 1791. Cette constitution règle minutieusement tout ce qui est relatif aux droits des citoyens, et aucun empêchement au mariage des prêtres n'est formulé.

Le 19 juillet 1793, un décret de la Convention stipule que « les évêques qui apporteraient, soit directement, soit indirectement, quelque obstacle au mariage des prêtres, seront déportés et remplacés ». Éternel retour des mêmes excès et des mêmes violences ! Cette parole de haine proférée par les législateurs de 1793 est, à travers les temps, une réponse aux anathèmes du concile de Trente.

J'ai dit que la constitution de 1791 proclame le mariage un contrat civil. Ici l'on m'arrête, et l'on me répond qu'un principe nouveau apparaît dans le concordat qu'au sortir de la période révolutionnaire le hardi capitaine crut devoir conclure avec le Saint-Siège. Je n'ai pas à discuter la valeur politique de cet acte ; j'aurais de graves observations à soumettre à votre sagesse. Mais je dirai que cette tentative, émanée d'une grande et sublime pensée, fut gênée dans l'exécution par de mesquines entraves qui me permettent d'assurer que si les deux puissances se rapprochaient, c'était pour se tromper et se disputer une prédominance que chacune d'elles ambitionnait pour soi-même.

Cet acte fameux devait concilier deux puissances rivales, et donner à la société, comme fondement stable, leur solennel accord. Jetez les yeux sur les années qui nous séparent de lui. Demandez-vous si la querelle est éteinte, et si, pour être emprisonnées dans un cercle officiel, les passions dont la racine est dans l'intimité même de la nature humaine sont calmes ou désabusées. Cherchez autour de vous, et dites-moi si l'antagonisme n'est pas aussi profond, aussi absolu que par le passé. C'est que, quoi qu'on fasse, il n'y a aucun moyen humain de faire coexister, en les soumettant à un système commun, deux principes opposés. Cette fausse paix engendrera toujours la lutte. Pour être sourde et contenue, elle n'en sera ni moins violente ni moins acharnée, jusqu'à ce que les hommes soient assez sages, assez forts pour résoudre le problème par le seul moyen véritablement efficace, la liberté. (*Mouvement.*)

Si j'avais à faire l'histoire du concordat, avec des documents authentiques, je démontrerais que chaque partie a cherché à jouer l'autre; que chacune d'elles s'est plus ou moins prise au piège; que chacune s'est amoindrie en croyant se fortifier, et que, pour dominer sa rivale, elle a plus ou moins transigé avec son propre principe.

Je n'en veux pas d'exemple plus éclatant, plus instructif, que celui même qui nous occupe. Il arrive, en effet, que ce concordat, qui devait consacrer la prédominance du pouvoir civil, se retourne contre lui et lui porte une atteinte considérable.

Aujourd'hui, pour repousser la demande que nous soumettons au tribunal, on se sert précisément des lois que le Concordat a faites pour contenir le pouvoir épiscopal. Le législateur a formulé des garanties qui lui paraissaient nécessaires dans l'article 6 de la loi organique du 18 germinal an X, lequel est ainsi conçu ;

« Il y aura recours au conseil d'État dans tous les cas d'abus de la part des supérieurs et autres personnes ecclésiastiques. Les cas d'abus sont l'usurpation ou l'excès de pouvoir, la contravention aux lois et règlements de la République, l'infraction aux règles consacrées par les canons reçus en France. »

L'article 26 de la même loi dispose :

« Ils (les évêques) ne pourront ordonner aucun ecclésiastique s'il ne justifie d'une propriété produisant au moins un revenu annuel de 300 fr., s'il n'a atteint l'âge de vingt-cinq ans, et s'il ne réunit les qualités requises par les canons reçus en France. »

Que signifient ces dispositions? Rien, sinon la volonté bien résolue, de la part de l'État, de dominer et d'absorber la puissance ecclésiastique. Ce n'est pas du dogme religieux qu'il s'inquiète; c'est de la police, de la sûreté, de l'ordre que l'on prévoit. On fera respecter les préceptes dont font partie les *canons reçus en France*, et non les autres !

J'ai souvent relu ces textes de concordat, et, chaque fois, je suis étonné que les évêques aient accepté cette juridiction du conseil d'État que leur impose l'article 6.

Et c'est par cette porte bâtarde que la législation des canons serait entrée dans notre droit public ! Telle n'était certainement pas la pensée du législateur. S'il a présenté le Concordat à l'Église, age-nouillée devant lui et lui demandant ses autels, il savait qu'il tenait dans ses mains la clef de la geôle où il pourrait enfermer la vérité religieuse. (*Sensation prolongée.*)

Ce concordat, qui a précédé d'une année la présentation et la discussion du Code civil, pouvait-il être entendu comme rendant au mariage le caractère de sacrement pour une classe de citoyens, divi-sant la nation en deux catégories, les catholiques et ceux qui ne le sont pas? Les discours des orateurs du gouvernement sont là pour

témoigner le contraire. Chacune des paroles de tous ceux qui ont
pris part à ces travaux proteste contre une semblable supposition.

Écoutez comment s'exprimait Portalis en présentant au Corps
législatif la loi organique du Concordat :

« Quelques personnes, dit-il, se plaindront peut-être de ce que l'on n'a
pas conservé le mariage des prêtres. Ces dangers (du célibat) sont écartés
par nos lois, dont les dispositions ont mis dans les mains du gouvernement les moyens faciles de concilier l'intérêt de la religion avec celui de
la société. En effet, d'une part, nous n'admettons plus que les ministres
dont l'existence est nécessaire à l'exercice du culte, ce qui diminue considérablement le nombre des personnes qui se vouaient anciennement au
célibat. D'autre part, pour les ministres mêmes que nous conservons, et
à qui le célibat est ordonné par les règlements ecclésiastiques, « la défense
« qui leur est faite du mariage par ces règlements n'est point consacrée
« comme empêchement dirimant dans l'ordre civil ». Ainsi leur mariage,
s'ils en contractaient un, « ne serait point nul au yeux des lois politiques
« et civiles », et les enfants qui en naîtraient seraient légitimes. Mais, dans
le for intérieur et dans l'ordre religieux, ils s'exposeraient aux peines
spirituelles prononcées par les lois canoniques, ils continueraient à jouir
de leurs droits de famille et de cité ; mais ils seraient tenus de s'abstenir
de l'exercice du sacerdoce. Conséquemment, « sans affaiblir le nerf de la
« discipline de l'Église, on conserve aux individus toute la liberté et tous
« les avantages garantis par les lois de l'État. »

Ainsi parlait l'un des auteurs de la loi. L'année suivante, en
avril 1803, le Corps législatif étant saisi du projet de Code civil, titre
du mariage, le même Portalis s'explique en termes non moins caté-
goriques :

« Sous l'ancien régime, dit-il, les institutions civiles et les institutions
religieuses étaient intimement unies. Depuis, la liberté des cultes a été
proclamée; il a été possible alors de séculariser la législation. On a organisé cette grande idée qu'il faut souffrir tout ce que la Providence souffre,
et que la loi, qui ne peut forcer les opinions religieuses des citoyens, ne
doit voir que des Français, comme la nature ne voit que des hommes. Si
les ministres de l'Église peuvent et doivent veiller sur la sainteté du
sacrement, la puissance civile est seule en droit de veiller sur la validité
du contrat. Les réserves et les précautions dont les ministres de l'Église
peuvent user pour pourvoir à l'objet religieux ne peuvent, dans aucun
cas ni en aucune manière, influer sur le mariage même, qui, en soi, est
un objet temporel. « C'est d'après ce principe que l'engagement dans les
« ordres sacrés, le vœu monastique et la disparité du culte, qui, dans
« l'ancienne jurisprudence, étaient des empêchements dirimants, ne le
« sont plus. »

Pendant la discussion, M. Réal proposa d'écrire en tête du titre
que le mariage est un contrat purement civil; et si sa proposition,
accueillie par le comité de législation, n'eut pas de suites, c'est que
le consul Cambacérès la jugea inutile à cause de l'évidence même de
la vérité qu'elle énonçait.

II.   13

Que dire après de telles autorités, et comment comprendre qu'en dehors de l'Église, dans des assemblées de jurisconsultes, le principe contraire ait prévalu?

Il est vrai qu'on cite l'autorité même de Portalis, et l'on m'oppose deux lettres qu'il a écrites sous le premier Empire, en qualité de ministre des cultes, la première, en date du 14 janvier 1806, à l'archevêque de Bordeaux; la seconde, du 30 janvier 1807, au préfet de la Seine-Inférieure, à Rouen, et dans lesquelles cet homme d'Etat se prononce contre le mariage des prêtres. Mais ici, qu'on ne l'oublie pas, c'est la volonté violente de l'empereur qui se plaçait au-dessus des lois, et Portalis, en signant les deux circulaires, ne faisait qu'exécuter et transmettre des ordres souverains.

Voici :

« Le ministre des Cultes à l'archevêque de Bordeaux.

« Monsieur l'archevêque,

« J'ai la satisfaction de vous annoncer que Sa Majesté Impériale et Royale, en considération du bien de la religion et des mœurs, vient d'ordonner qu'il serait défendu à tous les officiers de l'état civil de recevoir l'acte de mariage du prêtre B...

« Sa Majesté Impériale et Royale considère le projet formé par cet ecclésiastique comme un délit contre la religion, la morale, dont il importe d'arrêter les funestes effets dans leur principe.

« Vous vous applaudirez sans doute, Monsieur l'archevêque, d'avoir prévu, autant qu'il était en vous, les intentions de notre auguste empereur, en vous opposant à la consommation d'un scandale dont le spectacle aurait affligé les bons et encouragé les méchants.

« J'écris à M. le préfet de la Gironde pour qu'il fasse exécuter les ordres de Sa Majesté Impériale et Royale. J'en fais également part à LL. Exc. les ministres de la Justice et de l'Intérieur.

« La sagesse d'une telle mesure servira à diriger l'esprit des administrations civiles dans une matière que nos lois n'avaient point prévue. »

Cette dernière phrase : *dans une matière que nos lois n'avaient point prévue,* vous fait connaître la pensée du jurisconsulte, qui plie sous l'autorité du maître.

Voici maintenant la lettre adressée au préfet de la Seine-Inférieure. De même que la première, elle constate que la loi ne s'occupe pas du mariage des prêtres, et nous représente l'empereur suppléant par sa volonté au silence du Code.

« Le ministre des Cultes au préfet de la Seine-Inférieure.

« Monsieur le préfet,

« S. Em. le cardinal-archevêque de Rouen m'instruit qu'un mariage vient d'être contracté par un prêtre devant l'officier civil de cette ville. J'ignore l'hypothèse particulière de cette affaire; mais je crois devoir profiter de cette occasion pour vous offrir quelques règles de conduite en pareille circonstance.

« La loi civile se tait sur le mariage des prêtres.

« Ces mariages sont généralement réprouvés par l'opinion ; ils ont des dangers pour la tranquillité et la sûreté des familles.

« Un prêtre catholique aurait trop de moyens de séduire s'il pouvait se promettre d'arriver au terme de sa séduction par un mariage légitime. Sous prétexte de diriger les consciences, il chercherait à gagner et à corrompre les cœurs et à tourner à son profit particulier l'influence que son ministère ne lui donne que pour le bien de la religion.

En conséquence, une décision de Sa Majesté, intervenue sur le rappo.t de S. E. M. le grand juge et sur le mien, porte que l'on ne doit point tolérer les mariages des prêtres qui, depuis le Concordat, se sont mis en communion avec leur évêque et ont repris ou continué les fonctions de leur ministère. On abandonne à leur conscience ceux d'entre les prêtres qui auraient abdiqué leurs fonctions avant le Concordat, et qui ne les ont plus reprises depuis. On a pensé, avec raison, que les mariages de ces derniers présenteraient moins d'inconvénients et moins de scandale. »

Une autre fois l'empereur, au camp de Schœnbrunn, apprend qu'un prêtre a séduit une jeune fille et qu'il demande à l'épouser. Il ordonne que ce prêtre sera enfermé dans une maison de correction, et que la jeune fille sera reconduite par la gendarmerie auprès de ses parents. Ici encore l'arbitraire est au-dessus de la loi.

Le 8 janvier 1813, Portalis, toujours d'après les ordres de l'empereur, écrivait aux préfets de faire savoir aux maires que l'intention du gouvernement était qu'il ne fût reçu aucun mariage entre des blancs et des négresses, ni entre des nègres et des blanches.

Voilà jusqu'à quel point allait l'arbitraire de celui qui alors se croyait tout permis. Mais laissons là ces choses. Elles trahissent par leur origine le faible qui les frappe de mort devant un tribunal puisant ses inspirations dans sa conscience et dans la loi.

Ainsi éclairés par l'histoire, par les textes, par les travaux et les opinions des législateurs, examinons maintenant les diverses phases de la jurisprudence.

La question ne semblait pas devoir être résolue dans un sens contraire à la liberté des cultes et de la conscience. Il en a été autrement. Nul doute que cette erreur des jurisconsultes n'ait pour source cette fausse idée du Concordat d'allier la religion à la politique, de les faire se soutenir l'une par l'autre à l'aide de concessions réciproques.

Le premier arrêt, cité pour mémoire à cause de sa date, est celui de la Cour de Bordeaux, 20 juillet 1807. Il est de l'époque de la circulaire que l'on connaît. Passons. Le deuxième est de 1818. Lorsqu'un roi, rapportant, après tant de mauvais jours, à son peuple qui le bénissait, des paroles d'amour, annonçait le règne de la loi, on vit avec espoir la question du célibat se présenter devant la cour de

Paris. Mais celle-ci déclara, 18 mai 1818, le mariage des prêtres contraire à la législation.

La question sommeille jusqu'en 1828. Un jeune prêtre, M. Dumonteil, demande à contracter mariage. Le débat fut solennel ; il émut vivement l'opinion. Dans cette cause, un avocat jeune encore, M. Mermilliod, enlevé prématurément au barreau, déploya un talent remarquable, et son plaidoyer restera comme une œuvre de conscience et de dialectique. La cour de Paris, arrêt du 27 décembre 1828, décida la question en faveur des canons. La révolution de 1830 empêcha la cour de cassation de se prononcer. A cette époque, il semblait que la France fût prête pour d'autres destinées. La question fut reprise et portée devant la cour de Paris, qui, le 14 janvier 1832, lui donna la même solution. Pourvoi en cassation, et la chambre des requêtes, 21 février 1833, rendit un arrêt de rejet.

« Attendu, dit cet arrêt, qu'il résulte des articles 6 et 26 de la loi organique des cultes de germinal an X que les prêtres catholiques sont soumis aux canons qui alors étaient reçus en France, et par conséquent à ceux qui prohibaient le mariage aux ecclésiastiques engagés dans les ordres sacrés ;

« Attendu que le code civil et la Charte ne renferment aucune dérogation à cette législation spéciale, l'arrêt attaqué, en interdisant le mariage dont il s'agit, n'a violé aucune loi. »

La question se présenta plus tard devant la cour de Limoges pour un prêtre nommé Vignaud. Cette cour, après un premier arrêt de partage, rendit, le 17 janvier 1846, un arrêt déclarant qu'en l'état de la législation, le sieur Vignaud, ordonné prêtre catholique, était, par le fait même de cette ordination, frappé d'une incapacité légale relativement au mariage. Pourvoi en cassation par Vignaud ; arrêt de rejet, le 23 février 1847, dans les mêmes termes que celui relatif à Dumonteil.

Cet arrêt Dumonteil, messieurs, causa en France une vive émotion. On résolut d'empêcher le retour d'une pareille violation du principe civil de notre législation. Portalis fils présenta à la Chambre des députés, le 23 février 1833, une proposition ainsi conçue :

« Il est interdit aux tribunaux d'admettre, dans aucun cas, d'autres empêchements au mariage que ceux qui sont nominativement énoncés au titre du *Mariage* du Code civil. »

Et voici comme il la développe :

« Cette proposition, dit-il, a pour but unique de consacrer une de nos plus importantes lois civiles, qui est ébranlée et reniée par la jurisprudence de quelques cours du royaume. Au titre du *Mariage*, le Code civil limite les exceptions au droit commun et détermine les seuls empêchements qui peuvent être opposés à la célébration d'un mariage ; néanmoins, quelques tribunaux ont cru devoir admettre d'autres incapacités. La liberté

religieuse ne serait plus en effet qu'un vain mot si la doctrine qui a dicté
l'arrêt de la cour de Paris et l'arrêt de rejet de la cour de cassation, dans
l'affaire Dumonteil, prévalait en France. »

M. Dupin aîné, le vaillant procureur général près la cour de cassation, s'associa aux idées exprimées par M. Portalis ; mais il combattit
sa proposition, et voici les motifs qu'il donna à la Chambre des
députés :

« Pour une raison calme et froide, dit-il, pour des législateurs, pour
une assemblée délibérante, y a-t-il de quoi perdre la tête, parce qu'il y a
un arrêt ? Renverser des lois parce que les juges auront pu se tromper !
Un arrêt isolé n'a jamais fait jurispru-
dence. Pour qu'il y eût jurispru-
dence, il faudrait qu'il y eût succession de décisions uniformes sur cette
question. Ici, ce n'est qu'un arrêt qui n'est pas même contradictoire : il
a intercepté la question, il l'a arrêtée sur le parvis du temple ; il est donc
permis de la porter jusque dans le sanctuaire, et de la soumettre à une
nouvelle délibération ; et par conséquent, la Cour de cassation, si remarquable par la vertu de ses magistrats, par l'élévation de ses lumières, de
sa science et de sa moralité, peut revenir sur sa propre jurisprudence.
« Il ne faut jamais se décourager en présence d'un seul et unique arrêt,
surtout lorsqu'on peut croire qu'il y a dans les motifs qui ont dicté cet
arrêt des préjugés religieux qui, pour être respectables, ne doivent pas
faire désespérer que la question de droit ne reprenne le dessus. En proposant une nouvelle loi, ne risquez-vous pas de compromettre la question ?
c'est supposer qu'une loi est nécessaire. Si nous faisons une loi, c'est dire
que celle qui existe ne suffit pas. Si, après avoir reçu votre consécration,
cette loi n'était pas adoptée par l'autre Chambre, vous resteriez avec une
velléité impuissante, et vous auriez compromis la question. Elle est plus
forte dans la situation actuelle des choses, appuyée qu'elle est sur le principe de la liberté de conscience écrit dans la loi. La seule conséquence
qu'on puisse tirer de la situation actuelle de cette question, c'est qu'il y a
une bonne loi et un mauvais arrêt. »

Devant ces déclarations si nettement concluantes, la proposition
de M. Portalis, après avoir été prise en considération, n'eut pas
d'autre suite.

Enfin, une dernière preuve que ni la loi de germinal, ni le Code
civil, dans la pensée de ceux qui les ont faits, ne consacrent le célibat
perpétuel, que par conséquent le prêtre qui abandonne le sacerdoce
peut se marier, c'est qu'en 1813 Napoléon voulut faire une loi pour
interdire ces mariages.

Voici comment M. Dupin raconte ce fait, dans son discours, à la
Chambre des députés, même séance du 25 février 1833 :

« Lorsqu'en 1813 nos armes devinrent malheureuses, des jeunes gens,
fatigués de la conscription, effrayés des pertes énormes de l'armée,
entraient au séminaire, se faisaient ordonner prêtres, mais sans y apporter
une vocation sérieuse, avec l'intention au contraire de rentrer dans la vie
civile à la première occasion favorable. Le chef du gouvernement, général
d'armée avant tout, principalement quand il s'agissait de la conscription,

qui était le recrutement de sa force, n'entendait pas qu'on pût éluder cette loi. Il assembla son conseil d'État. Après plusieurs moyens proposés : — Il vaudrait mieux, dit Napoléon, faire une loi qui défendît le mariage des prêtres. — Mais, dit Berthier, ce serait porter atteinte à la liberté des prêtres qui voudraient quitter leur ministère pour se marier. — C'est précisément pour qu'ils ne le puissent plus que j'ai besoin de la loi, répliqua l'empereur. — Ainsi, c'est parce que les moyens de la législation existante étaient insuffisants, c'est parce qu'il n'y avait pas de loi qu'on proposait d'en faire une. Ainsi, la nécessité de présenter un projet de loi fut reconnue au sein d'un conseil d'Etat où étaient tous les hommes qui, depuis 1789 jusqu'à 1813, avaient marqué dans la Révolution, où étaient les rédacteurs du Concordat, du Code civil, de tous nos Codes. N'est-ce donc pas là le certificat le plus authentique d'absence de toute loi prohibitive du mariage des prêtres? Eh bien! cette loi qui n'existait pas alors n'a pas été faite depuis. »

Aux arrêts des cours de Paris et de Limoges, à celui de la chambre des requêtes de la cour de cassation, il nous sera permis d'opposer les jugements de sept tribunaux de première instance, qui se sont prononcés en faveur de la saine doctrine, et ont reconnu que la loi ne s'opposait pas au mariage des prêtres. Ces tribunaux sont :

Celui de Sainte-Menehould, 18 août 1827 ;
Celui de Nancy, 23 avril 1828 ;
Celui de Cambrai, 7 mai 1828 ;
Celui de la Seine, 26 mars 1831 ;
Celui d'Issoudun, 22 juin 1831 ;
Celui de Périgueux, 31 mars 1832 ;
Celui de Bellac, 26 juin 1845.

Si de la jurisprudence nous passons à la doctrine, nous voyons que presque tous les auteurs qui ont écrit sur le Code civil sont unanimes pour déclarer que la règle du célibat n'est pas reconnue par notre législation. Je me contente de citer le dernier, le plus autorisé, le vénérable M. Demolombe, qu'une récompense bien légitime vient d'appeler à éclairer la cour suprême des lumières de sa vive intelligence. Voici ce qu'il écrit dans son *Cours de Code civil*, t. III, p. 209 :

« Dans l'ordre civil, il n'y a pas des catholiques et des protestants, et des juifs ; il n'y a pas des canons de l'Église dans l'ordre civil, il n'y a que des Français, il n'y a que la loi commune ! et les officiers de l'état civil n'ont, en aucune façon, le droit de s'enquérir des opinions religieuses de chacun, pas plus que des engagements spirituels qu'aurait pu contracter envers la société religieuse, à laquelle il appartient, le Français qui se présente devant eux ! Le jour donc où le prêtre, renonçant à son ministère, et bien entendu à ses avantages et à ses immunités, rentre dans la vie civile, revendique les obligations et les droits qui résultent également pour tous les Français de la loi commune ; ce jour-là, la loi commune, en effet, ne peut plus voir en lui que le citoyen, que le Français ; le prêtre a disparu ! le fonctionnaire public a donné sa démission !

Ecoutons le même auteur, commentant les articles 6 et 26 de la loi de germinal an X :

« Comment, s'écrie-t-il, de ce que l'article 6 de la loi du 18 germinal an X met au nombre des cas d'abus l'infraction des règles consacrées par les canons reçus en France, de ce que l'article 26 déclare que les ecclésiastiques ordonnés par les évêques doivent réunir les qualités requises par les canons reçus en France, vous en concluez que tous les canons de l'Église, les canons du moins autrefois reçus en France, sont relevés dès ce moment par la puissance séculière et revêtus de l'autorité législative ?

« Si cet argument est fondé, s'écrie M. Serrigny, je me fais fort d'en faire sortir logiquement l'ancien régime tout entier. »

N'est-ce pas, en effet, par les canons de l'Église qu'étaient autrefois défendus les mariages en ligne collatérale, jusqu'au huitième degré (d'après la supputation catholique), les mariages d'un chrétien avec une juive, d'un fiancé avec une autre que sa fiancée, etc.? N'étaient-ce point encore les canons de l'Église qui exigeaient que le mariage fût célébré par un prêtre, etc., etc.? Or, si les articles 6 et 26 de la loi du 18 germinal an X ont remis en vigueur les canons prohibitifs du mariage des prêtres, ils ont nécessairement, et du même coup, rétabli tous les autres empêchements ; cela est inévitable, car ces articles sont généraux et absolus. Mais ces conséquences seraient impossibles, ou plutôt, il faut bien le dire, elles seraient extravagantes ; donc, l'argument tiré de la loi du 18 germinal an X ne saurait subsister, Eh! mais vraiment, à ce compte, on n'aurait pas eu besoin d'abolir le divorce le 8 mai 1816 ; c'est la remarque de M. Valette (sur *Prudhon*, t. II, p. 415-418) et elle est très juste, car le divorce aussi était défendu par ces canons que la loi de germinal aurait relevés.

Il vient d'être question, dans les commentaires auxquels s'est livré M. Demolombe, d'une citation de M. Serrigny. Voici le passage tout entier qu'il consacre à la question, dans sa *Revue du droit français et étranger*, édition de 1845, p. 393 :

« Si l'on admet pour vrai le principe posé par la cour de cassation, je me fais fort d'en faire sortir logiquement l'ancien régime tout entier, et de ne pas laisser debout un seul vestige de toutes nos libertés. Si l'officier de l'état civil peut s'enquérir de la profession religieuse des parties, notre principe de liberté des cultes et toutes ses conséquences s'évanouissent. Pour être conséquent, il faut rendre les actes de l'état des citoyens au clergé ; il faut dire que toutes les lois qui ont aboli la perpétuité des vœux monastiques sont abolies, car il est impossible logiquement de distinguer entre les vœux monastiques et les vœux dans les ordres de la prêtrise ; il faut mettre le bras séculier à la disposition de l'Église et en faire l'instrument de ses décisions. Si les canons reçus autrefois en France sont aujourd'hui des lois, il faut exterminer tous les hérétiques excommuniés par l'Église, conformément au serment qu'elle faisait prêter à nos rois lors de leur couronnement. Voici, en effet, l'une des promesses

qu'ils faisaient au moment de leur sacre : « Le roi promet aussi d'exter-
« miner de bonne foi, selon son pouvoir, tous hérétiques notés et con-
« damnés par l'Église. »

J'ai dit que presque tous les auteurs qui ont écrit sur le Code civil
ont été favorables au mariage des prêtres. Un seul fait exception.
M. Marcadé (*App. au tit. du Mariage*, t. I, p. 419) fait en faveur du
célibat un raisonnement que quelques personnes trouvent puissant,
mais qui est au moins original par ses prétentions à une allure juridique.

« Cette obligation (du célibat) que le candidat au sacerdoce contracte
librement et en majorité, à la face de la société entière et avec cette
société même représentée par l'évêque, cette obligation, disons-nous, est
bien certainement permise par la loi, elle est légale ; or, toutes les conventions légalement formées tiennent lieu de loi à ceux qui les ont faites
(art. 1134); donc l'engagement pris par le prêtre de garder le célibat est
et reste obligatoire, même civilement. »

Cette étrange argumentation est victorieusement combattue par
M. Demolombe. Il répond ainsi à Marcadé :

« On invoque l'article 1134 du Code civil ! Eh bien ! je demande si l'on
irait jusqu'à l'article 1142, et si l'on accorderait à l'évêque une action en
dommages-intérêts, devant les tribunaux, contre le prêtre qui déserte le
sanctuaire. Je doute très fort qu'on accepte cette conséquence ; et pourtant, si l'article 1134 est applicable, l'article 1142 doit l'être aussi nécessairement, car il en est la sanction indispensable ! mais la vérité est que,
dans tout ceci, la loi civile n'a rien à faire, parce qu'il ne s'agit pas, en
effet, d'une convention civile ! Ce n'est point envers l'État que le prêtre a
pris l'engagement de ne pas se marier ; c'est uniquement envers ses chefs
spirituels. Il a fait un vœu, il n'a pas fait un contrat. »

Je bornerai là, messieurs, cette longue discussion, pour ne pas
abuser de la bienveillance du tribunal devant lequel j'ai l'honneur
de porter la parole.

C'est ainsi que toutes les preuves que nous fournissent l'histoire,
la législation, la doctrine, s'accumulent et se pressent pour rendre
éclatante, victorieuse, lumineuse comme l'évidence, irrésistible comme
la vérité, cette proposition que le prêtre est dans la société moderne
un citoyen protégé par la loi, et qu'on ne peut le dépouiller du bénéfice de ce droit sans usurper les droits de Dieu, sans attenter à sa
conscience ; bien plus, qu'en soumettant les règles légales aux prescriptions canoniques, on agenouille l'État au seuil du sanctuaire, on
met le prêtre au-dessus du magistrat, on viole la loi civile pour
y introduire, par la force des règles, des maximes qu'elle repousse,
qu'elle ne saurait admettre sans se suicider.

Je n'ai pas cherché mes armes dans des considérations puissantes
qui se présentent naturellement à vos esprits, mais que je néglige

pour n'être pas accusé d'agrandir démesurément cette enceinte et de transformer ce prétoire en une arène législative.

Si je voulais invoquer les droits éternels qui ont leur source dans les principes mêmes de toutes choses et que Dieu a placés dans notre cœur, l'intérêt sacré de la société, qui a besoin avant tout d'ordre, de paix, de liberté, il me serait facile de démontrer que cette loi du célibat, considérée comme une arche sainte, est un autel à double face. A l'une, j'entends gémir des victimes ; à l'autre, j'écoute les blasphèmes des révoltés. (*Mouvement d'attention.*)

Quelques-uns, je le sais, transfigurés par ce sacrifice, atteignent ces hautes et sereines régions où les hommes n'ont pas d'accès. La charité les dévore, la science les soutient, la candeur les sauve. Mais comptez ces héros chrétiens dans cette foule sacrée qui se presse à l'entrée de la carrière, enivrée d'illusions, ignorante de la vie, enflammée par un zèle que refroidira bien vite la connaissance des choses positives.

Ils n'apprendront que trop tôt, ces martyrs d'une foi inconsidérée, qu'on ne violente jamais en vain la nature, qu'elle se venge par de cruelles représailles, et qu'elle terrasse l'orgueil insolent qui la nie. Alors commenceront des douleurs dont Dieu seul connaît l'amertume ; alors, il faudra livrer des combats incessants, où les forces s'épuisent, où le cœur se dessèche, où l'on ne se sauve qu'en se mutilant. (*Sensation.*)

Est-ce là qu'a voulu Dieu, lui dont la bonté égale la puissance, lui le souverain ordonnateur des merveilles qui nous entourent, et dont la plus admirable se résume dans cette loi mystérieuse d'attraction et d'amour qui fait la force, la gloire, la fécondité de l'univers ?

J'en appelle à tous ceux qui ont un cœur. Quand ils ont ressenti en eux cette puissance assurée qui permet à l'homme de se reposer en lui-même et d'avoir confiance dans sa destinée, n'est-ce pas le jour où leur union avec une femme aimée complète leur existence ? Avant, ils étaient troublés, inquiets, agités ; leur bonheur sentait la fièvre ; leur âme errante ne savait où se fixer. Les voici dans leur maison. Le soir s'est fait au dehors ; tout est silence, obscurité. Mais là, au foyer, brille une douce clarté. Elle éclaire le travail de l'ouvrier, de l'artiste, de l'avocat, de l'homme de lettres. Les heures s'enfuient. Il ne songe pas à les retenir ; il est courageusement à sa tâche. Sa femme lui sourit. Dans ce berceau, l'ange gardien veille sur la tête adorée de son enfant. N'est-ce pas là la grandeur et la joie de l'homme ? Disparaissez, fausses jouissances, folles vanités, ambitions dévorantes ; vous n'êtes rien en face de ce simple tableau !

Eh bien, il y aura dans la société un homme qui le verra avec désespoir, car le bonheur n'est pas fait pour lui. Devant le sourire de la vierge, il doit détourner les yeux, car ce sourire allumerait dans son âme un séditieux incendie. Les enfants, il ne peut les aimer, car pour les comprendre il faut être père.

De quel droit lui infligez-vous ce supplice ?

Et s'il y échappe secrètement ?...

Je m'arrête. Je ne veux pas fouiller vos greffes, interroger les statistiques, prêter l'oreille aux révélations de la police. J'aurais trop d'avantages si je touchais à ces lamentables sujets. Je les écarte, et vous ramène, vous les ministres de la loi, à son interprétation sévère. (*Agitation prolongée.*)

Quelles que soient vos croyances, dans ce temple du droit vous ne vous souvenez plus que des austères devoirs que votre auguste fonction vous impose. Un jour viendra où la vérité philosophique aura la force de s'affirmer dans l'État, en laissant libres et inviolables non seulement le domaine de la conscience, mais les pratiques qui en sont la conséquence. Jusque-là, et pour préparer cet avènement, attachons-nous avec énergie aux précieuses conquêtes qui consacrent notre égalité civile et légale. Les événements qui se pressent ne nous enseignent-ils pas qu'une lâche faiblesse pourrait la compromettre ? N'avons-nous pas entendu se formuler des espérances qui menaçaient le pays du retour vers un ordre de choses impossible ?

Magistrats de la nation, dépositaires de la puissance la plus auguste, j'ai le droit de vous signaler nos inquiétudes, de vous montrer à l'horizon les signes précurseurs de la tempête, et de m'écrier avec le poète :

> O navis, referent in mare te novi
> Fluctus! o quid agis? fortiter occupa
> Portum.

Eh bien, ce port où la France a déjà trouvé son refuge dans des jours analogues, ce port où ces grands jurisconsultes du seizième siècle ont défendu son indépendance, sa nationalité contre les usurpations de Rome, c'est le droit civil. C'est lui qui est encore notre ancre de salut. Vous avez à décréter sa déchéance ou sa suprématie. J'attends sans crainte le choix de vos consciences.

M. Bourgade, procureur impérial, après avoir injurié M. Brou de Laurière en le qualifiant d'apostat, cite l'opinion de tous les jurisconsultes opposés au mariage des prêtres, et en particulier celle de M. Delangle et de M. Dupin, qui soutiennent que le caractère du prêtre catholique est indélébile, et celle de M. Cormenin, qui dit que le prêtre ne doit avoir d'autre femme que l'Eglise, d'autre famille que l'humanité, d'autres enfants que les pauvres. Il dit qu'il n'y a pas de religion catholique sans la confession auriculaire, et pas de confession possible sans le célibat des prêtres.

A l'audience du 8 février 1862, le tribunal, sans attendre le jour fixé pour le prononcé du jugement, a rendu un jugement de partage, dans les termes suivants :

« Le tribunal,

« Ouï les avocats et avoués des parties, ensemble les conclusions du ministère public;

« Attendu qu'il y a partage,

« Ordonne qu'il sera plaidé de nouveau à une audience qui sera ultérieurement indiquée. »

La cause fut plaidée pour la seconde fois les 25 et 31 juillet 1862.

Mᵉ Mie plaida pour M. Brou de Laurière.

A l'audience du 31 juillet, le tribunal a rendu le jugement suivant :

« Ouï les avocats et avoués des parties, ensemble les conclusions du ministère public;

« Attendu qu'aux yeux du Code Napoléon, le mariage est un contrat purement civil, auquel sont aptes tous les citoyens qu'il n'en a pas formellement déclarés incapables;

« Qu'on chercherait en vain dans nos lois une prohibition contre le mariage du prêtre catholique, auquel son entrée dans les ordres sacrés ne fait perdre ni sa qualité ni les droits du citoyen;

« Que la loi organique des cultes de germinal an X est tout aussi muette que le Code sur ce point important;

« Que là où le législateur se tait, il n'appartient pas aux magistrats de suppléer à son silence, en allant chercher dans des considérations morales et religieuses, respectables sans doute, mais sans racine dans la loi civile, une prohibition que celle-ci n'a pas édictée;

« Par ces motifs,

« Le tribunal vidant son jugement de partage du 8 février 1862, et donnant acte à MM. les maires de Périgueux et de Condrieux de ce qu'ils s'en remettent à justice,

« Dit et ordonne que, par ces officiers de l'état civil, il sera procédé aux publications et célébration du mariage de Brou de Laurière avec Elisabeth Fressanges;

« Ordonne, en outre, la mention du présent jugement sur les registres de l'état civil desdites communes de Périgueux et de Condrieux. »

TRIBUNAL CIVIL

DE PREMIÈRE INSTANCE DE LA SEINE

PRÉSIDENCE DE M. BENOIT-CHAMPY

AUDIENCES DU 2 ET DU 9 JANVIER 1863

Affaire Noé contre Villemessant, rédacteur du *Figaro*.

M. de Noé est accusé par M. de Villemessant d'avoir corrigé, au bureau du journal *le Figaro*, l'épreuve d'un article qui allait paraître, et d'avoir substitué, au mot *plébéien* les mots *comme étant de roture*, dans le compte rendu d'une querelle entre MM. de Caderousse-Grammont et Dillon, querelle qui se termina par un duel où M. Dillon perdit la vie. Cette accusation était d'autant plus grave que cet article rendait impossible toute réconciliation entre les deux adversaires, et devint ainsi la cause d'un homicide.

M. de Noé, atteint dans son honneur, cite M. de Villemessant devant le tribunal civil de première instance de la Seine, où Me Jules Favre lui prête l'appui de sa parole. Nous ne donnons pas ici sa plaidoirie, parce qu'elle est incomplète et qu'elle renferme des détails fatigants pour le lecteur. Mais voici la réplique que fit Me Jules Favre au plaidoyer de Me Lachaud, défenseur de M. de Villemessant.

Le tribunal a senti que, dans une question qui touche essentiellement à l'honneur des citoyens, des explications complètes étaient indispensables; et, suivant moi, ce n'est pas un spectacle dénué de grandeur que celui de l'attention scrupuleuse avec laquelle vous voulez bien suivre chaque détail de cette querelle, témoignant ainsi, au milieu des graves soucis dont vous accablent vos travaux, que vous tenez en estime singulière et que vous couvrez d'une protection bienveillante ces biens rares que nous nommons la bonne renommée et la considération publique.

Aussi bien, messieurs, m'est-il permis d'ajouter qu'un intérêt plus élevé semble apparaître derrière les personnalités qui sont à votre barre. Ce n'est pas seulement, en effet, l'opinion d'un journaliste, à l'occasion de laquelle un citoyen est venu saisir votre justice, c'est une sorte de jugement que ce journaliste aurait prononcé, après une instruction, après des témoignages recueillis, et le public se trouverait ainsi averti que toute espèce de défense ultérieure serait impossible.

C'est ainsi, messieurs, vous vous le rappelez, que M. de Villemessant a procédé. Comprenant à merveille que son honneur attaqué méritait une réparation, c'est dans la perte de M. de Noé qu'il a prétendu la chercher. Pour cela, il s'est improvisé lui-même en magistrat; il a dressé son tribunal; il y a appelé ceux dont il a recueilli les dépositions; puis il a prononcé sa sentence; il l'a répandue à profusion; il a fait appel à tous les organes de la publicité; il a déclaré bruyamment que tout était consommé et que M. de Noé ne pourrait jamais lutter contre la condamnation contradictoire qui avait été prononcée contre lui.

C'est là, messieurs, une nouveauté; et, il faut en convenir, si la foule en admire la hardiesse, les gens sages doivent s'en effrayer. Où sera la limite? Demain, le plus illustre, le plus pur d'entre nos citoyens peut être saisi à son tour, traîné à la barre du tribunal secret de M. de Villemessant et exécuté par lui.

Le tribunal veut-il maintenir un pareil précédent? Le peut-il consacrer par sa décision? N'en aperçoit-il pas toute l'énormité et tous les périls? Et quel que soit d'ailleurs le jugement que vous porterez sur cette grave affaire, n'est-il pas certain que vous flétrirez, comme elles le méritent, de semblables manœuvres, que vous apprendrez à M. de Villemessant, que s'il lui appartient de distribuer la critique, la satire, l'intrigue, l'insulte, la diffamation, si c'est là son rôle, il ne peut prétendre plus haut, et qu'à vous seuls est réservé l'auguste privilège de prononcer sur des questions d'honneur et de vérité?

C'est là, messieurs, si je ne me trompe, ce qui fait l'importance réelle de ce débat; car M. de Villemessant s'abrite, non derrière sa pensée, mais derrière un fait quasi judiciaire qu'il invoque, et dont lui-même serait l'organisateur. C'est ainsi que le débat se présente à votre appréciation. Vous avez à vous demander de quel côté se trouve la vérité: quel est l'imposteur, ou de celui qui accuse ou de celui qui se défend.

A cet égard, messieurs, on a cherché à affaiblir la défense que j'ai eu l'honneur de présenter, en l'accusant d'avoir cherché son secours dans la passion. Mes honorables adversaires m'ont charitablement reproché d'avoir dissimulé la faiblesse de ma cause, en recourant à un système de violentes attaques.

Je ne crois pas, messieurs, avoir mérité un tel blâme. Dans une question de cette nature, là où la ligne qui sépare la vérité du mensonge n'a pour ainsi dire que l'épaisseur de la moralité de chacune des parties, il était indispensable de savoir en face de qui nous nous trouvions. Non pas, messieurs, qu'il fût de mon goût d'aller, par des investigations indiscrètes, rechercher ce qui n'est pas du domaine de cette cause, et le tribunal me rendra cette justice que j'ai dédaigné de semblables avantages ; mais en me tenant dans mon procès, mon devoir était de regarder M. de Villemessant à l'œuvre et de savoir de quoi il était capable. Je l'ai jugé comme écrivain, parce que c'est l'écrivain qui nous attaque, parce que c'est l'écrivain qui doit être apprécié par la justice de notre pays.

Est-il vrai, oui ou non, et quels que soient à cet égard les détours habiles dans lesquels son honorable avocat s'enveloppe, est-il vrai, oui ou non, que son journal vive de personnalités, qu'il pousse l'art de l'insinuation jusqu'aux extrémités dernières, que souvent il le pousse jusqu'à dévoiler de respectables intimités ? J'ai dit, messieurs, qu'il s'attaquait aux faibles, et je le maintiens, car si j'ai encouru les colères du *Figaro*, c'est parce que je l'ai fait condamner pour avoir diffamé une femme. Et la semaine prochaine, il est encore appelé en police correctionnelle pour avoir, par les allusions les plus honteuses, cherché à jeter le venin sur une personne du sexe, que sa qualité seule aurait dû placer à l'abri de ses coups.

Si je voulais, messieurs, multiplier ces exemples, rien ne me serait plus facile, et par là je légitimerais le jugement que j'ai été en droit de porter et dans lequel je persévère. Oui, je m'afflige, au nom de la dignité des lettres, que de semblables entreprises soient possibles et qu'elles aient du succès. Il est bon que ceux qui s'y livrent soient connus, afin qu'ils soient jugés, et le jour où leur parole est placée dans la balance de la justice, il faut qu'on sache ce qu'elle y peut peser, en mesurant sa valeur morale.

C'est là, messieurs, ce que j'ai dit, et je n'ai pas franchi cette limite. Encore une fois, j'ai emprunté aux condamnations judiciaires prononcées contre le *Figaro* le texte même du jugement que je me suis cru en droit de porter contre lui, et j'ai dit que l'attitude qu'il prenait dans ce procès était conforme à toutes ses habitudes, à tous ses précédents, et qu'elle n'était pas de nature à déterminer la confiance de la justice.

D'autant plus, messieurs, qu'ainsi que je prenais la liberté de le faire observer tout à l'heure, la question qui s'agite entre M. de Villemessant et M. de Noé est, pour ainsi dire, toute personnelle. Si on l'élève dans les régions pures de la vérité, on n'aperçoit plus que les deux contestants placés l'un vis-à-vis de l'autre, et alors on comprend quelle peut-être la nécessité de comparer les deux paroles qui s'échangent. Mais quand il s'agit de résoudre pratiquement les difficultés qui les divisent, les règles d'application sont, grâce à Dieu, plus positives et plus simples, et je vous demande la permission de vous les rappeler d'un mot pour que la question, nettement posée, puisse être clairement résolue.

Mes adversaires ont sans cesse répété que M. de Noé ne faisait contre M. de Villemessant aucune espèce de preuve, et que par conséquent il devait succomber dans son action.

Je n'accepte pas, messieurs, une pareille défense; elle est diamétralement contraire aux principes qui nous gouvernent. M. de Noé n'a rien à prouver, c'est à M. de Villemessant qu'il appartient d'apporter ses preuves, et c'est sur la nature de ces preuves que le débat doit s'engager. En effet, le point de départ n'est pas un article publié dans le *Figaro*. Cet article lui appartient. Avant la révélation du procès, il est incontestable qu'il ne pouvait en décliner la responsabilité; depuis cette révélation, il le peut moins encore. M. de Villemessant a été dans la nécessité de reconnaître que cet article avait été dicté par lui à son secrétaire, M. de Bragelonne; je n'avais pas besoin de cet aveu. Du 19 octobre jusqu'au 24 novembre, cet article est demeuré dans les colonnes du *Figaro*, signé par M. de Villemessant, sans réclamation de la part de qui que ce soit, sans rétractation du rédacteur en chef. Il est donc certain que moralement comme légalement, cet article est son œuvre, qu'il doit lui être imputé, qu'il doit en accepter sans réserve la responsabilité. Un jour est arrivé où cette responsabilité lui a paru gênante et dangereuse. Alors il a cherché à s'en dégager sur autrui. Il a dit que M. de Noé lui avait apporté cet article, plus tard qu'il l'avait inspiré, et, comme preuve de ce qu'il avançait, il a cherché à établir que M. de Noé en avait corrigé l'épreuve.

Prenez garde, messieurs, et si je ne me trompe, là est le nœud du procès. Au moment où M. de Villemessant s'engage dans une pareille voie, il prend l'obligation de prouver ce qu'il avance; s'il ne le prouve pas, le fait légal et moral dont j'ai posé tout à l'heure les bases incontestables demeure, à savoir qu'il est seul rédacteur de l'article en question et que, seul, il en doit accepter la responsabilité.

C'est donc à M. de Villemessant qu'il appartient de faire cette preuve, contraire à la vraisemblance des choses, contraire à la situation légale, que cet article ne lui appartient pas, qu'il a été inspiré, qu'il est l'œuvre au moins morale de M. de Noé qui aurait participé à sa rédaction.

M. de Noé, en présence de cette preuve, que M. de Villemessant prétend bruyamment avoir faite, proteste contre une semblable assertion; il y oppose la sienne, et en même temps il critique les éléments de preuves qui sont fournis par M. de Villemessant, et il s'efforce de les détruire.

Que résultera-t-il de ce débat? Il peut y avoir, messieurs, trois solutions morales qui se présentent et l'indiquent à l'avance. Ou bien il sera démontré que M. de Villemessant en impose, et si cela est

prouvé, il est évident qu'il doit perdre son procès. Ou bien il sera
établi, et c'est l'hypothèse complètement opposée, que M. de Noé
est un imposteur, et alors il est évident que M. de Villemessant doit
gagner son procès. Mais je suppose, et c'est la troisième hypothèse,
qu'une obscurité plane sur les détails qui ont été présentés par l'un
et l'autre des combattants, que résultera-t-il de ce doute? la justification de M. de Villemessant? En aucune manière : le doute profitera à M. de Noé, car encore une fois, ce qu'il y a de certain et
de légal au procès, c'est que M. de Villemessant a fait l'article du
19 octobre 1862, qu'il là inséré dans son journal, qu'il en a accepté
la responsabilité; c'est à lui qu'il appartient de prouver que cette
responsabilité peut être rejetée sur autrui. Si sa preuve n'est pas
complète, si elle n'est pas suffisante, la première vérité reprend son
empire, et en conséquence il demeure établi que témérairement, sans
aucune espèce de preuve, sans indice suffisant, M. de Villemessant.
pour se tirer d'une situation difficile, a imputé à M. de Noé des faits
qu'il n'a pas établis, et alors, messieurs, l'action de M. de Noé se
trouve justifiée.

Je ne crois pas, messieurs, qu'il soit possible de répondre quoi que
ce soit de raisonnable à cette argumentation. Je devais vous la présenter tout d'abord pour vous mettre en garde contre l'erreur de
l'adversaire qui, entraîné par les nécessités de sa cause, par la vraisemblance de la situation d'un demandeur condamné à prouver,
disait à M. de Noé : C'est à vous qu'il appartient d'établir que M. de
Villemessant en impose ; si vous ne faites pas cette preuve, M. de
Villemessant doit sortir vengé de cette enceinte.

Je vous arrête; M. de Noé est ici véritablement le défenseur; il
se plaint au civil d'une diffamation; il a voulu laisser à son adversaire toute espèce de latitude; il aurait pu l'appeler devant la juridiction correctionnelle, et là M. de Villemessant eût été frappé
sans que des témoins eussent été entendus. M. de Noé a élargi la
juridiction; il a voulu que toute espèce de justification appartînt
à son adversaire; il l'a déclaré : c'est la vérité qu'il me faut, la vérité
seule peut me venger. Les adversaires sont en face l'un de l'autre,
c'est à M. de Villemessant à produire cette preuve, et encore une
fois, si la preuve est convaincue de fausseté, si elle est insuffisante,
dans l'un et l'autre cas M. de Villemessant doit succomber.

Ajouterai-je, pour fortifier une argumentation de cette nature,
que s'il en était autrement, l'honneur des citoyens, la paix des
familles, ce que nous avons de plus cher et de plus précieux, serait
livré à l'audace d'un journaliste; et lorsqu'il lui plairait, comme dans
la cause, de lancer contre un citoyen une calomnie, par cela seul
que sa preuve serait à peu près faite et qu'il aurait réuni, parmi ses

familiers et ses complaisants, des certificateurs intéressés, mettant
leur prose à la suite de la sienne il faudrait que l'innocence et la
vertu vinssent humblement s'incliner devant sa licence, et lui demander
pardon d'avoir été outragées?

Les choses, messieurs, ne peuvent ainsi se passer. J'interroge la
loi, j'invoque les règles du sens commun et du juste. C'est M. de Noé
qui a été pour ainsi dire traduit par M. de Villemessant à la barre de
l'opinion, c'est M. de Noé qui a été diffamé. M. de Noé n'accepte pas
cette juridiction, il veut la vôtre ; que M. de Villemessant se défende,
et s'il se justifie, s'il le fait complètement, alors M. de Noé succombera.

Mais pour se justifier, quelles sont les preuves qu'invoque M. de
Villemessant? Il y en a de trois sortes : la preuve littérale, la preuve
orale et les vraisemblances.

La preuve littérale, messieurs, était de beaucoup la plus forte ; elle
devait rassurer vos consciences, elle résultait pour ainsi dire naturellement de ce débat spécial. Il s'agit, en effet, de savoir si M. de
Noé a corrigé une épreuve, s'il a rédigé, inspiré ou modifié un
article. Si M. de Noé a écrit quelque chose, il était tout simple qu'on
le confondît en lui présentant l'œuvre de sa main.

Je disais à la dernière audience que M. de Villemessant avait combiné son plan d'attaque de telle manière qu'il était impossible que
ses lecteurs ne crussent pas qu'il avait entre les mains la note émanée
de M. de Noé. Je ne reviendrai pas sur cette démonstration, que le
tribunal voudra bien compléter en prenant connaissance des pièces.
Je dis que lorsque M. de Villemessant a lancé contre M. de Noé
son incroyable diatribe, *chacun est demeuré persuadé que la pièce accusatrice était dans les bureaux du* Figaro.

Elle n'y était pas, messieurs. Le jour même, ou le lendemain,
M. de Noé faisait à M. de Villemessant sommation de la produire.

Mon honorable adversaire, par un de ces artifices d'audience qui
ont toujours du succès, malgré leur banalité, répondait que M. de
Noé avait engagé une guerre facile, et dont il connaissait à l'avance
le succès, qu'il savait que M. de Villemessant n'avait plus l'épreuve
entre les mains.

Où est la justification de cette assertion? M. de Villemessant a-t-il
jamais fait à cet égard des confidences à M. de Noé? Comment
aurait-il pu en être instruit? Comme tous au contraire, M. de Noé
a cru à un faux ; il a supposé qu'abusant de je ne sais quelle simili-
tude d'écriture, on aurait la hardiesse de produire devant le tribunal
une pièce contre laquelle il se pourvoirait à l'extraordinaire. Il ne
pouvait pas lui venir dans la pensée que M. de Villemessant fût assez
hardi pour alléguer la correction d'une épreuve ou d'un manuscrit
sans avoir dans les mains le manuscrit ou l'épreuve.

Il ne l'avait pas cependant, et lorsqu'on l'a interrogé sur le point de savoir ce qu'elle était devenue, il a répondu qu'il l'ignorait. Il n'a pas dit, comme l'a plaidé son honorable défenseur, qu'il était impossible qu'un semblable papier fût conservé. Il a dit simplement : Je ne suis plus retourné à l'imprimerie, et je n'ai pas su à ce moment ce qu'était devenue cette note. *Je n'ai pas su à ce moment*, c'est-à-dire, messieurs, et vous trouverez ce détail dans toutes les réponses, comme dans tous les articles du *Figaro*, qu'on se réserve toujours, par des phrases incidentes, par des nuances qui viennent colorer la pensée et permettre de la dénaturer, on se réserve toujours l'événement ultérieur qu'on ne saurait prévoir.

Il n'y a pas de précision dans une pareille réponse. La note existe-t-elle ou n'existe-t-elle pas? voilà la demande qui est posée à M. de Villemessant. Il déclare qu'au moment où il a quitté l'imprimerie, il ne sait pas ce que la note est devenue. Eh bien! j'ai plaidé et je maintiens que la note, pas plus que l'épreuve, n'ont pu disparaître.

Mon adversaire s'est targué, à l'audience dernière, d'un certificat délivré par le chef d'une maison d'imprimerie et qui constaterait que les épreuves ne sont jamais conservées. Que toutes les épreuves ne soient pas conservées, je le comprends; mais que la première épreuve sur laquelle des modifications importantes sont opérées soit détruite, c'est ce que je nie énergiquement. Elle subsiste au moins pendant quelque temps, le temps nécessaire pour que la publication du journal soit achevée, et pour qu'on puisse faire face à toutes les réclamations que cette publication peut entraîner. C'est là une mesure de prudence indispensable. Les manuscrits ne disparaissent qu'au bout de quelques semaines; ces manuscrits ont dû exister entre les mains des compositeurs, ils ont dû être rétablis à la rédaction; il est matériellement impossible que M. de Villemessant ne les ait pas vus, et si, comme il le prétend, une correction de la nature de celle qu'il indique avait été faite par un étranger, M. de Villemessant eût été le plus imprudent des rédacteurs, en ne conservant pas par devers lui la pièce originale. Vainement a-t-on à cet égard cherché à vous faire prendre le change; il est impossible de ne pas reconnaître que les deux mots qui avaient été ajoutés à l'article étaient de nature à envenimer singulièrement la querelle. Tous nous sommes d'accord ici, l'article du *Figaro* n'était pour ainsi dire que le feu mis à la mèche incendiaire qui devait amener l'explosion. M. de Villemessant ne s'est fait à cet égard aucune illusion, et, avec l'habitude qu'il a des choses de la vie, il a parfaitement deviné qu'il y avait dans cet article comme une sorte d'appel aux armes; il a voulu que la provocation fût plus forte, en cherchant à aggraver la qualification dont il se servait. Il a dit que tout d'abord il avait songé à une sorte d'insulte enveloppée dans un mot vague, *entraîneur*; puis, c'était le mot *plébéien*, et, sa phrase ne lui paraissant pas encore assez ron-flante, il a imaginé les mots *comme étant de roture*, parce que ce dernier mot porte avec lui je ne sais quelle blessure dont l'amour-propre doit irrémédiablement souffrir.

Il y avait dans cette substitution une intention. Si cette intention n'appartenait pas à M. de Villemessant, il est clair que cette substitu-tion a dû le frapper; qu'il a dû s'émouvoir qu'un étranger, M. de Noé, quelle que fût d'ailleurs sa qualité, quelle qu'eût été la courte con-versation qu'il avait engagée avec lui dans la cour de l'imprimerie, se fût permis de modifier si gravement cet article, et il aurait, si les choses s'étaient ainsi passées, inévitablement conservé par devers lui l'épreuve.

Il ne l'a pas conservée, il ne sait pas ce qu'est devenu le manuscrit, il n'en peut rendre aucune espèce de compte à la justice. A cet égard il s'enveloppe dans un système de réticences que je n'ai pas besoin de signaler davantage; mais en même temps, et c'est là l'un des points les plus graves de la cause, il combine sa rédaction de manière qu'elle ne puisse pas le compromettre vis-à-vis de la justice, et que, d'un autre côté, elle établisse vis-à-vis de l'opinion que la note existe entre ses mains, qu'il le certifie, qu'elle confond ainsi toute espèce de protestation ultérieure de M. de Noé.

Vous connaissez, en effet, cet incident sur lequel mon honorable adversaire a passé avec une légèreté que je m'explique. Il est assez facile de remplacer un argument par de l'esprit, quand, à cet égard, on est aussi riche que le défenseur de M. de Villemessant; mais il ne s'agit pas ici de faire sourire par une épigramme. Le changement dans le texte d'une pièce aussi importante que ce prétendu procès-verbal, envoyé par M. de Villemessant à M. le président de la cour d'assises, ne peut être une espièglerie. M. de Villemessant, qui s'en permet beaucoup, doit cependant rencontrer quelques limites, et il ne serait pas mal que ces limites se trouvassent aussitôt qu'il touche à la justice.

Eh bien! M. de Villemessant écrit à M. le président de la cour d'assises en lui envoyant le certificat de Roucolle, dans lequel je lis:

« En ce qui me concerne, j'affirme avoir communiqué à M. de Noé l'épreuve de la *petite* note sur laquelle M... »

Nous allons voir qui tout à l'heure...

«... a changé le mot plébéien. »

L'épreuve de la petite note! Et quand il s'agit de composer le procès-verbal pour le public, on change l'épithète de la note et l'on écrit:

« En ce qui me concerne, j'affirme avoir communiqué à M. de Noé l'épreuve de la *présente* note sur laquelle... »

Voilà, messieurs, la substitution qu'on fait subir à la rédaction du procès-verbal.

Croirez-vous, comme l'a dit mon honorable adversaire, que cette substitution a été le produit d'une erreur? Si cette erreur était insignifiante, s'il n'y avait pas là une perfidie savamment combinée, bien qu'il s'agisse de M. de Villemessant, nous pourrions avoir la complaisance d'ajouter foi à cette explication; mais quand il est certain qu'on a voulu surprendre la bonne foi publique, quand il est certain qu'en l'adressant au public, on a pris une épithète neutre qui rendait possible cette réponse : la note n'existe plus, nous ne pouvons pas la représenter; quand il est certain qu'en l'adressant au public, on a voulu faire croire que la note était sous les yeux de Roucolle, ce ne peut être une erreur, messieurs! C'est un machiavélisme odieux, un mensonge artistement combiné. Et là, j'ai le droit de dire, non pas seulement que l'adversaire ne rapporte pas la preuve littérale sans laquelle toute autre disparaît et s'évanouit, mais encore que cette preuve littérale se retourne contre lui et l'écrase, à ce double titre : d'abord parce que le manuscrit n'est pas sorti de ses mains, et que l'épreuve, si elle a été corrigée par M. de Noé, il la détruit; en second lieu, parce qu'il a donné la mesure de sa mauvaise foi dans l'altération qu'il a fait subir à son procès-verbal, ayant ainsi deux rédactions, l'une secrète, l'autre officielle, l'une pour la justice, l'autre pour le public, et cherchant à surprendre la religion de tout le monde.

C'est ainsi que, sur ce premier point du procès, j'établis, par ces documents irrécusables, que M. de Villemessant ne fait pas de preuves, qu'il se condamne lui-même, qu'il montre avec la plus grande évidence que ce n'est pas M. de Noé qui a corrigé la note, que cette note lui appartient; mais que, vaincu par la violence de la situation qui lui a été faite à Versailles, il a voulu à tout prix chercher dans la personne de M. de Noé un éditeur responsable pour se décharger du poids de cette lourde responsabilité.

J'ai donc le droit de dire, en ce qui concerne ce premier point du débat, non pas seulement que M. de Villemessant ne fait pas de preuves, ce qui suffirait à le faire condamner, mais que les preuves qu'il produit s'élèvent contre lui comme un chef de terrible accusation.

Il est bien autrement encore en ce qui touche les preuves orales; celles-ci vont se retourner contre la témérité de M. de Villemessant avec une puissance que certainement vous avez déjà pressentie.

D'abord, je dirai, comme pour la preuve littérale, que la preuve orale n'a pas été faite par lui ; mais ce qu'il y a de pis, c'est qu'il a voulu la fabriquer et la falsifier. Il aurait mieux valu pour lui qu'il se présentât avec sa seule assertion, que de chercher dans les combinaisons qu'il a imaginées un soutien à l'accusation dirigée contre M. de Noé.

J'avais dit à la dernière'audience, en parlant de ce singulier procès-verbal, rédigé par M. Balathier de Bragelonne, qu'il m'était impossible, sans manquer à tout ce que je devais à la justice, à moi-même, de considérer de semblables pièces comme étant des enquêtes régulières, et de donner à ces déclarations le nom de témoignages.

Mes honorables adversaires se sont récriés avec véhémence. Comment, ont-ils dit, est-ce que c'est le serment qui fait la vérité? est-ce que c'est la présence du juge qui peut établir l'honnêteté du serment? Mais ce sont là de vains simulacres ; le serment peut être une garantie; la justice, à coup sûr, ne doit pas le dédaigner; mais, en dehors de ce précieux recours, on rencontre encore tout ce qui peut satisfaire la conscience du juge, et lorsqu'un homme probe d'ailleurs, dont la délicatesse ne saurait être suspectée, donne sa signature, cette signature est un témoignage de la vérité, tout aussi bien que cette parole tombée de ses lèvres après l'invocation du saint nom de Dieu.

Voilà ce que les adversaires n'ont pas craint de plaider sérieusement.

En vérité, que de semblables théories soient professées en face d'esprits irréfléchis et frivoles, je le comprends; mais, aux pieds de la justice, que valent-elles, je le demande, et à qui mes honorables adversaires espèrent-ils faire illusion? Comment! toute la sagesse des temps passés, toutes ces prescriptions que les âges'nous rappellent et que les législateurs se sont transmises comme un symbole héréditaire de prudence, de circonspection et de force morale; tout cela, messieurs, n'était qu'un dérisoire échafaudage qui disparaîtra au souffle magique de M. de Villemessant ou de ses défenseurs? Les serments en justice, allons donc ! il suffit que M. de Villemessant ait institué M. de Bragelonne, que M. de Bragelonne se |soit mis dans son fauteuil et qu'inquisiteur civil, il ait dressé sur son registre le procès-verbal de la déposition des témoins qu'il a entendus.

Je ne discute pas ces choses. Je me contente de rappeler quelle a été de tous les temps la juste réprobation dont ont été entourés et ceux qui donnent, et surtout ceux qui mendient des certificats. Le certificat, c'est le moyen d'enchaîner sa conscience. Le certificat peut être obtenu grâce à l'obsession, à la familiarité, à toutes ces circonstances intimes qui pèsent sur la volonté et la dénaturent. Le certificat fait que celui qui est appelé à donner son témoignage en est jugé indigne ; il n'a plus sa liberté morale, il l'a, à l'avance, abdiquée au nom d'un intérêt privé.

Dès lors, dans une cause d'honneur, là où tout est particulièrement délicat, comment serait-il possible de venir, avec des certificats préparés, escamoter, pour ainsi dire, l'œuvre de la justice, et prétendre qu'une enquête régulière a été faite et qu'il n'y a plus rien à y opposer?

Nous ne connaissons pas ces procédures ténébreuses, et pour nous, ce que nous revendiquons, ce sont les franchises de la loi civile ; c'est le serment, dont il est possible de se railler dans d'autres sphères, mais qui doit au moins, dans la région sereine où se meut votre puissance, conserver son prestige, son éclat et sa sainteté.

L'appareil de votre justice, la présence de ce magistrat impartial parlant au nom des intérêts sociaux, relevant la conscience qui est prête à défaillir, dissipant les ténèbres qui peuvent obscurcir l'intelligence, aidant la mémoire et cherchant consciencieusement la vérité : est-ce à vous, messieurs, qu'il faut apprendre que ce sont là les véritables garanties que nous sommes en droit de réclamer pour la manifestation complète et libre de cette vérité ? — Et toutefois, j'ai omis la plus importante. Prendre Dieu à témoin ! l'acte le plus solennel et le plus juste, puisque c'est la conscience qui se glisse dans les affaires de ce monde, afin de les élever et de les purifier ; être placé en face de la justice, protection la plus efficace et la plus sûre, puisque la justice représente le pouvoir le plus impartial et le plus désintéressé, ce ne serait pas assez ! Fermez la porte de votre prétoire..., le peu que je vaux disparaît, et, quant à vous, votre puissance est singulièrement amoindrie. Ce qui fait notre force, c'est l'opinion, c'est le jugement de tous, c'est la publicité et la contradiction. Nous l'invoquons dans la loi civile, dont elle est la perfection et la véritable force ; le jour où elle sera introduite dans la législation criminelle, il faut l'espérer, de graves abus ne seront plus possibles.

Mais, dans tous les cas, et pour ne pas sortir de la cause qui m'occupe, est-ce que le tribunal ne comprend pas que M. de Noé a été dépouillé de ces garanties souveraines, et que, dans cette enquête à huis clos, à laquelle a procédé M. de Villemessant, M. de Noé a été sur le bureau du *Figaro* égorgé en secret par son adversaire qui s'est constitué à la fois son ennemi et son juge ?

Je dis que M. de Noé a été dépouillé de ce droit ; je me trompe, il a rencontré un jour la contradiction. Oui, à la cour d'assises de Versailles, et l'on en a fait à l'audience une éloquente peinture. Une scène émouvante s'est passée là ; M. de Noé était accusé, et M. de Villemessant témoin. M. de Villemessant avait prêté serment de dire toute la vérité ; on l'a pressé de faire connaître quel était l'inspirateur prétendu de l'article du *Figaro* ; il a parlé de parole d'honneur ; M. de Noé s'est levé : Je vous dégage, lui a-t-il répondu. Alors M. de Villemessant a essayé de parler, et le démenti de M. de Noé est tombé sur sa tête comme la foudre. L'effet de la contradiction a été tel, mon honorable adversaire a été forcé d'en convenir lui-même, que M. de Villemessant confondu, écrasé, a vainement cherché, en allant à sa place, une main qui fût tendue vers la sienne.

Voilà la contradiction, voilà ce qu'elle a produit, et c'est précisément parce que vous en avez senti le poids que, fuyant la lumière, vous avez cherché les ténèbres pour y préparer votre œuvre!

Vous avez parlé de témoins! Je vous croirais si vous les aviez désirés; mais loin de les désirer, vous les avez *pratiqués*. Si vous aviez agi honnêtement et comme un homme loyal, vous auriez imprimé le lendemain dans votre *Figaro* que M. de Noé était un imposteur et que vous en aviez les preuves. Alors la justice aurait pu entendre les parties et les témoins; alors les garanties que je réclame auraient été invoquées par M. de Noé et lui auraient profité; alors ce cortège d'hommes que vous traînez à votre suite avec leurs certificats, ils auraient paru devant la justice, et nous aurions pu les discuter; ils n'auraient pas été enchaînés d'avance par votre volonté; dès lors la preuve eût été sérieuse. Et c'est à nous que vous faites ce singulier reproche de l'avoir empêchée! Nous aurions, dites-vous, traduit devant la justice comme défendeurs ceux qui devaient être témoins! Vous oubliez que vous les aviez à l'avance marqués de votre sceau, que M. de Bragelonne les avait chambrés, qu'il leur avait fait signer ce qu'il avait rédigé lui-même, qu'ils ne s'appartenaient plus, qu'ils étaient devenus votre propriété et qu'ils ne pouvaient plus être témoins.

Qui a fait ces choses? Vous, M. de Villemessant, et si vous les avez faites, c'est parce que vous ne vouliez pas des preuves sérieuses et légales; et, quand je disais à la dernière audience que vous vous étiez précipité du foyer de la cour d'assises vers l'imprimerie où vous vouliez pratiquer vos témoins, j'étais dans la vérité.

Ah! messieurs, il est très facile à mon adversaire de railler, de faire sourire. Comparer la vitesse d'une locomotive avec celle des chevaux de fiacre de Versailles, c'est se préparer une épigramme dont le succès est certain. Cependant, il est aussi une fable qui vous apprend que la tortue peut quelquefois arriver plus vite que le lièvre : tout dépend du point de départ. Eh bien! au moment où finissait l'incident de Versailles, il n'y avait plus de départ de chemin de fer, et cette locomotive aux ailes de feu, elle devait encore se reposer dans la gare de la compagnie jusqu'à huit heures. Une heure de perdue, messieurs, ce pouvait être un désastre pour M. de Villemessant. Immédiatement, il se jette en voiture, il gagne Paris, il y arrive avant huit heures et demie, ce qui eût été impossible s'il eût pris le chemin de fer; et s'il n'eût pas eu un intérêt considérable à venir ainsi par cette voie extraordinaire, très certainement il eût attendu huit heures. Mais sa résolution fut bientôt prise; avec une promptitude qui honore son esprit d'invention, que nul n'a besoin de louer, tant il se révèle par lui-même, il avait arrêté son plan; il court à l'imprimerie, et là, je le répète, s'il eût été loyal, après avoir entendu ses prétendus témoins, il aurait provoqué une enquête contradictoire. Il ne le fait pas; il charge M. de Bragelonne de rédiger un procès-verbal et des certificats. M. de Bragelonne fait signer ces certificats par les personnes que vous connaissez. Voilà ce que M. de Villemessant appelle son enquête, son procès-verbal, ses témoignages et ses preuves orales.

Et moi, messieurs, au nom de l'honnêteté publique, de la morale et de la loi, je lui réponds : Votre enquête n'est qu'une dérision, mais elle signifie surprise, piège, machination frauduleuse. Si vous n'aviez eu rien à craindre, vous n'auriez pas ainsi pipé les dés avec lesquels vous prétendiez jouer; mais vous les aviez ainsi préparés, parce qu'encore une fois, vous vouliez à tout prix arriver au résultat que vous vous étiez proposé. Vous vous sentiez perdu, vous étiez écrasé par l'opinion, et en face de ce vieux soldat qui vous regardait comme un homme qui n'a rien à craindre de vous, vous avez été dans la nécessité d'accepter votre confusion. Vous avez voulu vous en relever, et c'est pour cela que vous avez imaginé cette singulière entreprise d'un procès-verbal, confié à M. de Bragelonne et se perpétuant, se continuant par les signatures de Roucolle et des autres ouvriers de M. Kugelmann.

Que dirai-je de ce procès-verbal? M. Balathier de Bragelonne en a été le rédacteur principal. Quelle était sa qualité pour le faire? Il l'avoue avec une très grande naïveté, il n'était que la partie elle-même, puisqu'il était son mandataire.

M. de Villemessant n'a pas de preuve littérale, il n'a pas de preuve orale. Il a cherché à en fabriquer une ; l'échafaudage qu'il a élevé n'est qu'une surprise contre la religion de la justice. Il est donc certain que jusqu'à présent son article demeure avec la responsabilité dont il ne saurait se dégager, et, s'il n'a rien à invoquer de plus puissant, il restera démontré qu'afin d'échapper à la justice et à la réprobation des honnêtes gens, il a voulu chercher la résurrection de son honneur dans l'assassinat moral qu'il a prémédité contre M. de Noé.

Il est vrai qu'il invoque les vraisemblances, et c'est ici que l'honorable adversaire a révélé l'essor de son habileté merveilleuse. Vraiment, en lisant sa plaidoirie, je me suis senti pris d'un regret profond de n'avoir pu l'entendre dépenser, en réponse à l'attaque, toute cette argumentation si déliée, si courante, allant à son but avec une dextérité puissante qui, jusqu'à un certain point, pouvait vous faire illusion.

Que vous a-t-il dit? je le résume et ne crois pas être infidèle.

M. de Noé, étranger à M. de Villemessant; n'a pu venir au bureau du journal le 17 octobre que pour y chercher le secours de sa publicité; prétendre qu'il est venu solliciter M. de Villemessant de se taire, c'est évidemment un paradoxe, et nul ne le croira. M. de Noé voulait donc qu'on parlât, disait l'adversaire, parce qu'il voulait qu'on se battît; il était l'ennemi de tout arrangement; il ne voyait à cette querelle d'autre solution qu'une rencontre violente, et le *Figaro* devait sonner le moment du combat. C'est donc dans ce but et dans ce but unique que M. de Noé vient trouver M. de Villemessant. D'ailleurs, ajoute l'adversaire, pourquoi lui aurait-il laissé le numéro du journal belge? C'était afin que M. de Villemessant pût rédiger son article. Pourquoi vient-il reprendre ce journal? afin de voir l'épreuve et de pouvoir la corriger. Et, l'article étant publié, loin de manifester la moindre indignation de ce que la parole donnée avait été trahie, M. de Noé demeure dans la même attitude. Il y a mieux, le 24 octobre, après le duel, il revient, et ce sont les colonnes du *Figaro* qui reçoivent sa confidence, ainsi que le récit détaillé de cette malheureuse catastrophe. Tout s'enchaîne, a dit l'honorable adversaire; M. de Noé n'est venu au *Figaro* que pour avoir sa publicité; il l'a provoquée, il ne l'a point désavouée, il l'a demandée de nouveau, il a gardé le silence jusqu'au jour où M. de Villemessant a été dans la nécessité de parler; étant lié par sa parole d'honneur, il a fallu que M. de Noé l'en dégageât. A ce moment commence la lutte. M. de Villemessant invoque toutes ces circonstances comme la preuve de la vérité de ses assertions.

La réponse n'est pas difficile, elle va, j'espère, paraître victorieuse, par le redressement de quelques erreurs.

Que M. de Villemessant, en effet, ne puisse et ne doive être considéré que comme un journaliste ordinaire, j'en conviens; qu'on ne vienne à lui qu'afin d'obtenir le secours de sa redoutable feuille, je ne le dissimule pas davantage. Mais seulement il ressort des faits que le tribunal connaît et de quelques-unes des circonstances que je demande la permission de rappeler, qu'au moment où M. de Noé est venu trouver M. de Villemessant, le duel n'était pas résolu. On négociait, et quant à M. de Noé, il espérait obtenir une rétractation de M. de Caderousse, il l'avait demandée; le 17 octobre, le jour même, il avait envoyé à M. de Caderousse le modèle de cette rétractation. Or, il voulait que cette rétractation parût dans un journal, il voulut faire choix d'une feuille; cette feuille, je l'ai expliqué, devait surtout être le *Figaro*, précisément à raison du monde dans lequel vit M. de

Caderousse, et où il pouvait être plus particulièrement atteint par cette rétractation. C'est là le motif de la visite de M. de Noé à M. de Villemessant.

Cependant on a fait à M. de Noé une objection considérable et que je comprends. On lui dit : Mais vous avez supporté la publication de cet article, et vous n'avez adressé à M. de Villemessant aucune espèce de reproche; vous avez attendu que M. de Villemessant vînt en cour d'assises vous accuser d'en avoir été l'inspirateur pour lui renvoyer, par un démenti, la responsabilité de cet article qui, en réalité, vous appartenait. Si les choses s'étaient ainsi passées, M. de Villemessant ne triompherait pas encore; mais c'est le contraire qui est vrai. Comment la justice a-t-elle connu l'article du *Figaro*? Est-ce par la notoriété publique? Non; tous les magistrats sont bien excusables de ne pas lire ce journal. Au milieu du deuil que la catastrophe de Dillon a répandu dans tous les esprits, il était tout simple qu'un incident de cette nature s'effaçât. Il ne disparaîtra pas, car il y a là une main intéressée à montrer quel a été le véritable instigateur de cette déplorable affaire. Cette main, ce sera celle de M. de Noé. Dans l'interrogatoire qu'il subit devant le juge d'instruction, à la date du 30 octobre, spontanément, il fait la déclaration suivante, dont vous allez comprendre toute la gravité :

Une circonstance fâcheuse s'était produite le dimanche précédent : le Figaro, dans un numéro de ce jour-là, avait annoncé, sans nommer personne, qu'un duel devait avoir lieu entre un membre du Jockey-Club, portant une couronne de duc dans son blason, et un journaliste ; il y était dit que le duc se retranchait derrière son écusson pour refuser satisfaction à la roture, mais que l'affaire devait avoir lieu, et au pistolet. Je pense que cet article malheureux a eu une fâcheuse influence sur cette affaire.

Je le demande à tous ceux qui m'entendent, à tous ceux qui ont un cœur et une intelligence, si M. de Noé eût été l'auteur, — car l'inspirateur, c'est l'auteur, — si M. de Noé eût été l'auteur d'un semblable article, est-ce qu'il eût eu l'effronterie, le cynisme et la folie de le dénoncer à la justice? Est-ce qu'il s'en serait plaint au magistrat? Est-ce qu'il aurait appelé l'attention sur un fait qui, tôt ou tard, devait tourner à sa honte et qui, peut-être, pouvait entraîner sa condamnation? Est-ce que, au contraire, il ne l'aurait pas enseveli dans le plus complet silence?

Vous dites que jamais M. de Noé ne s'est plaint de vous. Oui, tant que M. Dillon était encore debout, tant qu'on avait à espérer qu'il pourrait être protégé par une négociation. Après sa mort, alors qu'il s'agissait d'atténuer la position de celui qui avait été son témoin, quand il fallait aussi éviter vos mordantes épigrammes et le style acéré avec lequel vous attaquez les réputations, on est allé à vous, on vous a ménagé, on vous a demandé le secours de votre journal. Mais quand, vis-à-vis de la justice, M. de Noé a été dans la nécessité de parler, son cœur s'est ouvert, il a laissé échapper cette blessure secrète, il a montré que M. de Villemessant, abusant de la communication qui lui avait été faite, avait rédigé cet article, qui avait pesé d'un poids considérable dans cette déplorable affaire : « Je pense, a-t-il dit, que cet article malheureux a eu une fâcheuse influence sur cette affaire. »

Voilà, messieurs, dans quels termes et dans quels sentiments se trouvait M. de Noé vis-à-vis de la justice! Voilà quel est celui *qui a fait connaître aux magistrats, pour la première fois, l'existence de l'article du 19 octobre!*

S'il en est ainsi, que devient l'argumentation des adversaires? Comment oseront-ils soutenir maintenant que M. de Noé s'est enfermé dans un lâche silence et qu'il n'a pu recourir à M. de Villemessant, sans témoigner ainsi, de la manière la plus énergique, que M. de Villemessant n'avait fait qu'exécuter ses instructions? Ses instructions, grand Dieu! mais il s'en éloigne avec horreur; il déclare que cet article a été pour beaucoup dans la mort du malheureux Dillon; il déclare que cet article a été fait malgré sa volonté; il est impossible de le dire avec plus d'énergie; il provoque ainsi, autant qu'il est en lui, M. de Villemessant à s'expliquer, et le jour où M. de Villemessant est placé devant lui à la cour d'assises de Versailles, il le confond par un démenti.

Je sais qu'à ce moment M. de Villemessant cherche à se cacher derrière une équivoque qu'il répète aujourd'hui. Il déclare, comme il a déclaré à la cour d'assises de Versailles, que si M. de Noé n'a pas été attaqué par lui, c'est uniquement parce qu'il était lié par une parole d'honneur, donnée le 17 octobre, quand M. de Noé est venu le trouver, lui apporter le journal belge et le presser de faire l'article en question.

Ici encore, M. de Villemessant va être confondu, et je vais démontrer, par des pièces qui émanent de lui, qu'il fait abus volontaire de ses souvenirs.

Une parole d'honneur a été donnée, oui; mais à quelle époque? Après ce duel, au moment où M. de Noé est venu trouver M. de Villemessant pour lui apporter le récit exact et détaillé de toutes les circonstances du fait. — A l'audience dernière, mon honorable adversaire a tiré contre M. de Noé un parti cruel de ce récit. A l'entendre, M. de Noé aurait joué, dans cette rencontre, un rôle qui serait de nature à le compromettre, et il semble que, témoin de Dillon, il aurait à l'avance combiné toutes les chances pour qu'elles fussent fatales à son adversaire.

Je m'étonne que le défenseur de M. de Caderousse ait pu tenir un pareil langage, et qu'il ait si vite oublié avec quelle générosité M. de Noé, témoin de Dillon, a songé à protéger son salut. S'il n'est pas possible à M. de Caderousse de conserver à cet égard quelque gratitude pour celui qui lui a rendu ce service, il me semble, messieurs, qu'il était assez émiuent pour qu'il imposât au moins à son défenseur quelque réserve. Si M. de Noé et M. de Caderousse sont sortis purgés de l'accusation dirigée contre eux, ils n'ont pas pour cela affranchi leur cœur des regrets mortels qu'une pareille rencontre a dû y laisser. Mais au moins ne faut-il pas y ajouter par des imputations calomnieuses; au moins ne faut-il pas faire de M. de Noé je ne sais quel spadassin émérite qui, trahissant ses devoirs de témoin, cherche, au moyen d'un jeu qui ne serait pas loyal, à compromettre la vie de son adversaire. L'événement n'a que trop prouvé quelle était l'inexpérience du malheureux Dillon vis-à-vis de l'habileté de M. de Caderousse. C'est dans des conjonctures aussi cruelles que M. de Noé prend la pensée de *rédiger*, et rédige dans le *Figaro*, de sa propre main , un article qui doit sauver M. de Grammont-Caderousse. Encore une fois, il me paraît peu généreux et peu convenable de s'en emparer aujourd'hui contre lui.

Quoi qu'il en soit, c'est au moment où M. de Noé est venu trouver M. de Villemessant, après la mort de M. Dillon, que M. de Villemessant lui a donné sa parole d'honneur de ne rien dire de tout ce qui s'était passé. Ce qui le prouve, c'est M. de Villemessant lui-même. Il a demandé à une autre personne, à l'un de ses rédacteurs, M. Eugène Charette, une déclaration relativement à la scène postérieure à la mort de Dillon.

M. de Villemessant cependant, je l'ai dit, a essayé d'équivoquer. Quand il a su qu'il était assigné devant la cour d'assises et qu'il allait être interrogé sur l'article du *Figaro*, il a cherché à prendre les devants, en préparant, en faisant l'opinion par un article du journal dont il dispose. Il veut transporter au 17 la parole donnée le 24; et je lis dans son interrogatoire : « *Depuis la fatale issue de cette rencontre* (et les témoins ne s'étaient réunis pour la première fois que le 21 octobre), *j'ai donné ma parole d'honneur que je ne le dirais pas.* »

Vous niez aujourd'hui; mais alors que vous n'y aviez pas d'intérêt, vous précisiez. Ce n'est pas *avant*, mais *depuis* le duel, que vous avez donné votre parole d'honneur. C'est le 24 octobre, alors que M. de Noé est venu vous apporter le récit du duel, et non le 17. Si vous n'avez pas donné votre parole le 17, j'ai le droit de dire que votre échafaudage de mensonges s'écroule. Vous n'avez pu donner votre parole d'honneur qu'autant qu'il a été question de publicité dans votre feuille.

Si en effet M. de Noé, témoin de M. Dillon, eût méconnu avant
le duel ses devoirs au point de porter au *Figaro* des notes de nature
à rendre le combat inévitable, c'était alors qu'il lui importait de
s'envelopper dans le mystère, de demander à M. de Villemessant
toute garantie pour que son nom fût caché; alors la parole d'honneur
aurait été demandée et donnée comme le 24. Et s'il y a eu une parole
d'honneur donnée le 24, depuis la fatale rencontre, j'ai le droit de
dire qu'il n'y a eu qu'un article demandé, l'article du 26. S'il n'y a
eu qu'un article demandé, tout ce que dit M. de Villemessant disparaît. M. de Villemessant a écrit l'article, il en a accepté la responsabilité jusqu'au 24 octobre. Le 18 novembre, devant la cour d'assises
de Versailles, il l'a répudiée; on l'a écrasé par une dénégation. Alors,
il a essayé, en faisant comparaître à la barre de son journal les personnes qui lui étaient les plus dévouées, d'édifier une preuve qui
tombe. Il est certain que lorsque M. de Noé s'est présenté le 17 chez
M. de Villemessant, ce n'a pas été pour demander qu'un article fût
rédigé; il lui apportait des indications pour l'avertir que le duel
pourrait avoir lieu, et pour avoir, le cas échéant, une place dans le
journal afin d'y insérer la rétractation. Il est impossible que les faits
se soient passés autrement.

J'ajoute, en invoquant ici, non plus les vraisemblances, mais les
habitudes journalières avec leur force toute-puissante, qu'il est également impossible que M. de Villemessant ait pu ignorer la correction qui aurait été faite par M. de Noé, qu'il ne l'ait pas sue à l'instant même et qu'il ne s'en soit pas préoccupé. Le rédacteur en chef
doit, sous peine de mort de son journal, revoir les épreuves, parce
qu'il est impossible que le bon à tirer définitif se donne sans qu'il se
soit rendu compte de toutes les expressions contenues dans son
journal, autrement ce serait la plus grande des imprudences. Sous
la législation actuelle, et quelle que soit d'ailleurs la législation qui
régisse la presse, quand les mœurs, la situation des personnes peuvent être attaquées par un journaliste, quand un mot seul peut contenir un délit et même un crime, il est indispensable que le rédacteur donne un bon à tirer, soit sur le manuscrit, soit sur la première
épreuve. Et, messieurs, vous n'avez pas besoin d'enquête à cet égard,
ces choses vous sont assez familières, leur nécessité parle avec assez
d'éloquence pour que chacun soit convaincu qu'il est impossible
qu'elles se passent autrement. Donc, à supposer que MM. de Villemessant et de Bragelonne aient quitté l'imprimerie à trois heures,
certainement l'un ou l'autre y est revenu; nul ne vient dire le contraire. MM. de Bragelonne et de Villemessant ne peuvent pas avoir
la prétention d'être crus sur parole; ils sont l'un et l'autre parties au
procès, et en conséquence, quand ils racontent qu'ils n'ont pas remis

les pieds à l'imprimerie, ils énoncent un fait tellement invraisemblable que nous ne sommes pas dans la nécessité de les croire. Ils sont donc revenus forcément à l'imprimerie, et il est impossible qu'il en soit autrement, le jour où le journal se tirait. Dès lors, si M. de Villemessant, en cherchant à faire prendre le change sur l'époque à laquelle la parole d'honneur sur le secret de l'article avait été donnée, veut surprendre la religion de la justice et imputer ses torts à M. de Noé, la justice, aujourd'hui mieux éclairée, ne se laissera pas prendre à de pareils pièges et renverra la responsabilité à qui elle appartient.

D'autant plus, messieurs, et c'est par là que je termine ces trop longues explications, que M. de Villemessant se juge et se condamne lui-même par la multiplicité et la hardiesse des procédés qu'il emploie. Ah! certes, je ne connais pas de plus redoutable et de plus fécond adversaire, M. de Villemessant l'a dit dans un article que j'ai mis sous vos yeux : « J'ai une double cuirasse, mon journal et ma plume, et je puis à l'aide de ces armes défier tous mes ennemis. »

Il en use largement; car à propos de ce procès de M. de Noé, il a inondé la publicité de ses œuvres, il a adressé ses numéros du *Figaro* à toute la terre. Ce n'a pas été assez pour lui, il a encore pensé qu'il était bon de menacer M. de Noé de procès imaginaires. C'est ainsi qu'on force l'opinion. Ah! ces grands directeurs de la pensée publique ont étudié Machiavel, leur maître, qui leur a appris que l'arme la meilleure, c'était le mensonge. Dire à la foule : Nous allons attaquer! c'est attaquer, et on n'a plus besoin ensuite de se livrer à un combat qui pourrait être dangereux. C'est ainsi que, par des manœuvres artificieusement combinées, M. de Villemessant a tourné contre ce malheureux M. de Noé l'opinion publique tout entière; c'est ainsi que M. de Noé a vu les hommes qui, la veille, avaient pour lui l'estime la plus cordiale, s'éloigner de lui comme d'un pestiféré. Il avait été marqué au front, il était imposteur; M. de Villemessant avait prononcé cette sentence; M. de Villemessant réservait encore dans l'avenir des procès non moins scandaleux, et qui allaient établir la honte de M. de Noé.

Et en même temps, chose étrange! M. de Noé se trouvait exposé à un procès de M. Kugelmann, fondé sur ce que Roucolle avait remis à M. de Noé, sans aucune espèce de mandat, l'épreuve en question. Or, messieurs, n'oubliez pas que tout le système de M. de Villemessant repose sur ce que Roucolle aurait eu, au contraire, mission de remettre cette épreuve.

C'est ainsi qu'à force d'habileté on se compromet, et que les adversaires se prennent à leurs propres pièges. En voulant entasser toutes ces insinuation qui viennent se grouper autour de M. de Noé pour le perdre, les adversaires ont montré la faiblesse de leur système.

Tout est invention, calomnie, petitesse; c'est afin de sortir d'une situation impossible qu'on a choisi M. de Noé, et qu'on l'a immolé en holocauste. On n'a pas pris garde si l'on allait empoisonner ce qui lui reste de vie, si l'on devait souiller une existence qui n'a pas passé sans éclat et sans honneur; il était nécessaire à la justification de M. de Villemessant, on a tout mis sous les pieds.

Messieurs, c'est là une entreprise qui ne saurait trouver grâce devant vous, M. de Noé a réclamé, comme une réparation légitime qui lui est due, des dommages et intérêts qui ont provoqué des explications fâcheuses de la part de mon honorable adversaire. Cent mille francs! s'est-il écrié, c'est trop ou c'est trop peu, et l'on ne comprend guère comment, dans une question d'honneur, on puisse faire intervenir une mesure quelconque pour établir judiciairement quelle est la valeur de telle ou telle réputation.

Tel n'est pas notre dessein, messieurs. Il nous fallait donner à l'assignation une formule juridique; nous l'avons fait. Si M. de Noé eût réclamé les dépens, on l'aurait raillé en sens contraire. Et d'ailleurs, permettez-moi de le dire, il serait temps que, dans des causes de cette nature, les honnêtes gens se dépouillassent de cette faiblesse qui les empêche de regarder en face ces traitants de scandale, et de les attaquer par le seul côté faible de leur cuirasse. (*Marques nombreuses d'approbation dans l'auditoire, comprimées aussitôt.*) M. de Villemessant triomphe parce qu'il réussit à ses yeux, le succès légitime toutes les audaces; mais quand il est frappé, il souffre et il insulte encore. Tenez, j'ai parlé d'une sentence émanée de ce tribunal, et par laquelle vous avez fait justice d'insinuations honteuses, parmi lesquelles la plume de M. de Villemessant avait été, jusque dans la famille, attaquer l'honneur de deux femmes. Eh bien! M. de Villemessant, condamné au civil, a trouvé encore le moyen de ridiculiser cette situation et de s'en venger; mais, sous sa vengeance, le dépit se laisse deviner. Tout ce qui est dirigé contre son honneur le laisse calme, mais tout ce qui peut l'atteindre dans ses intérêts le fait fléchir. Et quant à nous, nous croyons qu'il est bon que la justice intervienne enfin, et qu'elle répare par de l'argent ce qui peut causer un préjudice immense sous tous les rapports.

M. Noé a-t-il souffert? M. de Noé est un vieux soldat; il a été forcé, par suite d'infirmités précoces, de déposer son épée; sa situation est plus que modeste : *il travaille pour vivre.* Il écrivait dans les journaux, dans la *Revue des Deux-Mondes,* dans la *France hippique.* Mon honorable adversaire a même ajouté qu'il avait essayé de se glisser dans les colonnes du *Figaro.* Grâce à Dieu, messieurs, il n'en a pas été reconnu digne, et mon honorable adversaire en a dit la raison: son article était *sérieux,* il ne pouvait pas convenir à la rédaction du *Figaro*. Dans les journaux honnêtes où il est accueilli, M. de Noé vit de sa plume, courageusement. Ce procès, messieurs, lui a fermé toutes les portes. De par M. de Villemessant, il est décrété d'imposture : c'est assez pour que sa signature avilie ne puisse plus figurer dans une feuille honnête. Vous le relèverez sans doute de cette déchéance imméritée ; mais n'est-ce rien que de l'avoir soufferte, que d'avoir traversé ces jours d'anxiété, d'angoisses, et de privations, auxquels l'a condamné cette autocratie d'un nouveau genre, devant laquelle, sachez-le bien, aucun honnête homme ne baissera les yeux ! Il est nécessaire, pour que justice soit faite, qu'une condamnation sévère intervienne contre M. de Villemessant et répare le préjudice causé.

A la dernière audience, on s'est fait une arme cruelle contre M. de Noé de trois oppositions sollicitées par M. de Villemessant sur le chiffre éventuel de l'indemnité réclamée. M. de Noé a demandé 100.000 francs ; les adversaires ont entre les mains 2.032 francs d'oppositions, et ils montent au Capitole! Quelle générosité ! Voici un vieux militaire appartenant à une ancienne et illustre famille que des désastres ont atteinte. Combien n'y a-t-il pas de gloires mêlées aux plus lamentables débris ! et quel est donc le rôle de ces insulteurs publics qui, cherchant à effacer les unes, ne se souviennent que des autres? M. de Noé s'est trouvé ainsi frappé ; il a eu des créanciers, il cherche aujourd'hui à les désintéresser par son travail, et c'est M. de Villemessant qui veut se jeter à la traverse et arracher de ses mains cette plume, qui ne peut avoir de valeur qu'autant qu'elle sera considérée.

Mais, en vérité, vous avez été bien imprudent en vous aventurant sur un terrain de cette nature. Il n'y avait peut-être qu'une personne dans cette enceinte à laquelle il ne fût pas permis de parler de créanciers impayés. Cette personne, c'est vous, monsieur de Villemessant! Deux fois vous avez déposé votre bilan... (*Quelques bravos éclatent dans l'auditoire ; ils sont réprimés par les huissiers.*) Une première fois, avec un passif de 9.115 francs et un actif de 467 francs. Votre faillite, déclarée à Blois, fût clôturée pour insuffisance d'actif. Une seconde fois à Paris, en 1844. Vous aviez un actif de 50.000 francs, un passif à peu près égal, et vous avez offert à vos créanciers 15 pour 100 payables en trois années !

Êtes-vous réhabilité? Non!

Est-ce que j'aurais parlé de ces choses? J'en aurais rougi ! Mais quand je vois M. de Villemessant, oubliant non plus toute espèce de générosité et de convenance, mais toute sorte de prudence et de circonspection, ne pas considérer ce qu'il a été et provoquer les coups de ses adversaires, j'aurais commis une lâcheté si je ne vous avais pas

montré ce qu'il est et aussi ce qu'il prétend être. Ce qu'il prétend
être ! C'est un Aristarque moderne ; il veut qu'il lui appartienne de
distribuer le blâme et la louange ; il fait tour à tour comparaître dans
ses colonnes les réputations les plus élevées comme les existences les
plus douteuses ; il livre toutes les infirmités morales à la risée publique,
et augmente, autant qu'il lui est possible, les blessures que sa plume
a déjà faites. Ah ! qu'il se complaise dans ce rôle, je ne le lui dispute
pas ; mais qu'il veuille s'élever jusqu'à celui de juge, oh ! messieurs, je
supplie votre justice de l'arrêter dans une pareille entreprise, de lui
apprendre qu'il ne lui est pas permis de toucher à ces choses, et qu'il
se trompe quand il a la prétention de faire de votre tribunal une cour
d'appel, confirmant, en les adoptant, les motifs de la sentence du
Figaro.

Après la réplique de Mᵉ Lachaud, le tribunal déclare le vicomte de Noé
mal fondé dans sa demande, et le condamne aux dépens.

M. de Noé interjette appel de ce jugement.

COUR D'ASSISES D'AIX

AUDIENCE DU 24 MARS 1864

AFFAIRE ARMAND

M. Armand, accusé de tentatives d'homicide sur un de ses domestiques, Maurice Roux, est défendu d'abord avec beaucoup d'éloquence par Me Lachaud, qui avait bien voulu se charger de la défense au moment de la maladie de Me Jules Favre. Après la réplique de M. l'avocat général Reybaud, Me Jules Favre s'exprime ainsi:

MESSIEURS LES JURÉS,

Je croyais être en droit d'espérer, après onze jours de laborieux débats, après un interrogatoire long et lumineux, après l'audition de cent soixante témoins, après un brillant réquisitoire et une éloquente plaidoirie, que nous touchions enfin au terme de ce déplorable procès et qu'il n'y avait plus de place que pour un verdict déjà prononcé dans votre conscience.

Je me suis trompé; le ministère public insiste et me force à descendre dans l'arène.

Permettez-moi de vous le dire avec sincérité: quand j'avais prié mon si habile confrère et ami, Me Lachaud, de prendre la parole, je savais par expérience quelle est la fécondité de ses ressources; elle égale la noblesse de son cœur et la solidité de son esprit; j'étais certain d'un succès, et lorsqu'à l'audience d'hier, bravant l'ordre de M. le président par une infraction que nous devons regretter, tout en la comprenant, l'auditoire a éclaté en applaudissements, que la cour en soit bien convaincue, il n'y avait dans l'expression irréfléchie et spontanée de l'opinion publique rien qui ressemblât à cette odieuse vénalité que le ministère public aura regret d'avoir signalée dans cet incident.

Mais qu'il me soit permis d'ajouter que ce talent si souple, si varié, si puissant, n'avait dans l'affaire actuelle, aucune application.

véritable. Le danger contre lequel la défense avait à lutter n'existait plus; il s'était dissipé dès les premiers jours de ce débat.

Dès ce moment, messieurs, je désirais en être écarté, et je me sentais le cœur obsédé de pensées amères que j'aurais voulu y renfermer. Il nous paraissait surtout utile de se préoccuper du sort de l'accusé, alors même que sérieusement nous ne pouvions concevoir aucune inquiétude. C'était une faiblesse; mais il faut que chaque affaire porte avec elle son enseignement. Dans celle-ci des paroles sévères doivent être prononcées, et il importe de faire appel à la moralité qui se trouve au fond de toutes les consciences.

C'est là le rôle que je voudrais remplir, et, vous le voyez, il est supérieur à l'affaire. L'accusé, l'accusateur, le procès, n'existent plus; mais il reste un drame lugubre, et c'est à ce drame que je voudrais demander sa raison d'être. (*Bruits confus au dehors. — Interruption.*)

M⁰ Jules FAVRE. Si le huis clos est fait contre nous de toutes les manières...

M. LE PREMIER PRÉSIDENT. Qu'on tienne les portes closes.

M⁰ Jules FAVRE. Je disais, messieurs, que si le sort de l'accusé ne me paraît pas en question, sa justification doit et peut être complétée par l'examen de tous les faits qui ont rendu son accusation possible.

Je dis, et c'est là ce que j'essayerai de démontrer devant vous, que non seulement l'accusation n'existe plus, mais qu'elle n'a jamais existé, en ce sens que les faits sur lesquels elle s'appuie étaient de telle nature, qu'un esprit sérieux et réfléchi a peine à comprendre que la justice s'y soit jamais arrêtée.

C'est là, messieurs, ce que j'entends vous exposer. Je le dirai avec l'intention de ne blesser personne, et si dans mon langage, que j'essayerai de rendre calme et modéré, se rencontrait quoi que ce soit qui pût avoir un semblable caractère, je le désavouerais par avance. Mais en même temps je m'exprimerai, messieurs, avec cette ferme indépendance dont nous ne pouvons nous dépouiller en paraissant à votre barre et qui, si elle n'existait pas dans nos cœurs, se lèverait vivante en face de nous, dans vos consciences qui nous protègent et nous inspirent.

C'est là, messieurs, permettez-moi de le dire, ce qui fait la grandeur véritable de ce procès, l'intérêt puissant et unanime qu'il excite dans le monde entier. Nous sommes accablés de toutes parts de correspondances qui s'écrient qu'Armand est innocent et qu'il faut le sauver. Nous rencontrons des avocats d'office dans les moindres bourgades; des magistrats, des hommes de lettres, des propriétaires, des négociants, des femmes, s'irritent à la pensée que cet innocent a pu subir une captivité si longue et si imméritée.

Je pourrais, messieurs, faire passer sous vos yeux quelques-unes de ces correspondances qui, pour la plupart, contiennent des exemples de simulation qui sont exactement la reproduction des scènes qui ont été jouées par Maurice Roux. Mais, quant à moi, je ne m'arrête pas à cette superficie, et je vais au fond des choses.

Je comprends à merveille que cet intérêt ait été surexcité par une situation si dramatique et si douloureuse; la mise en scène, d'ailleurs, l'a considérablement grandi ; mais, soyez-en sûrs, c'est moins de la cause d'Armand que tous ceux qui nous écrivent se préoccupent, que d'eux-mêmes. Ils sentent à merveille que sa cause est leur cause, et que chaque honnête homme se trouve troublé dans sa sécurité par un événement sans exemple, démontrant aux plus incrédules comment, avec les intentions les plus pures et les plus louables, la justice peut arriver à d'inexplicables erreurs.

Quant à moi, je m'interroge, et je me demande si demain je ne puis pas être l'objet d'une accusation semblable, et si la justice, précisément parce que je ne suis pas le premier venu en ce monde, et que je n'ai pas le privilège de la pauvreté, ne ferait pas entendre contre moi ces appels aux passions populaires qui ont été dirigés contre Armand.

Voilà ce qui inquiète et trouble les consciences, et voilà ce qui appelle la thèse que j'entends soutenir devant vous. Ce n'est plus un intérêt particulier qui me guide, car pour ce qui est de l'accusation, il n'en reste plus rien, elle n'a pour dernier refuge que l'instruction. Tout ce qui s'est passé devant vous, elle en a fait bon marché ; elle s'est démentie elle-même, et au milieu des contradictions dont elle vous a présenté l'affligeant spectacle, c'est à peine si, dans les ténèbres de sa pensée, elle peut saisir un système obscur auquel elle se rattache. J'entends la confondre dès sa première heure, et lui démontrer que si elle avait voulu y voir clair, ou plutôt si elle n'avait pas été conduite par des hommes chez lesquels la passion peut exister avec toutes ses erreurs, si enfin elle n'avait pas été sous l'empire d'une idée préconçue, elle était dès l'abord complètement impossible.

Sous ce rapport, messieurs, il faut en convenir, nous différons étrangement, M. le procureur général et moi.

Vous l'avez entendu à l'audience d'hier, et les paroles que vous venez d'entendre n'ont été que la continuation du premier réquisitoire.

M. le procureur général vous a dit qu'il avait abordé cette accusation avec hésitation et méfiance ; nous nous en sommes bien aperçus quand il a déclaré que le système de l'acte d'accusation était inacceptable et inadmissible, qu'il ne pouvait être cru par aucun esprit sérieux ; mais je suis sûr, pour ma part, que les auteurs de l'acte d'accusation pourraient, avec non moins de raison, renvoyer la même attaque à M. le procureur général, pour le système nouveau qu'il a mis en avant.

Nous sommes donc en présence d'une contradiction perpétuelle, et je puis dire officielle, entre le premier et le dernier acte de la procédure. Les magistrats ne sont pas plus d'accord que les médecins. Mais quant à moi, ce que je déclare devant vous, messieurs, c'est que je n'ai jamais varié dans ma conviction. J'ai été, par cette famille éperdue, informé de cet événement affreux au moment même où il a été commis, et j'en attesterai ceux qui sont venus chercher auprès de moi des consolations, que dans aucun cas mon cœur ne leur eût refusées, mon premier mot a été de dire : La justice est en présence d'une indigne comédie, elle n'aura qu'à regarder pour la reconnaître.

Est-ce qu'il y avait de ma part, messieurs, intuition particulière? est-ce qu'il y avait intelligence supérieure, ou extraordinaire divination? Non, messieurs; mais rappelez-vous, au milieu de tous ces faits dont vous avez été témoins, ces paroles si loyales et si fermes prononcées par Armand, lorsqu'il a été mis, dès l'origine, en présence de Maurice Roux. J'en ai été frappé dès le premier moment! De plus, il n'y a vraiment pas de mobile sérieux au crime; on ne peut pas croire qu'un homme se porte à une violence criminelle pour un motif aussi léger que celui qui vous a été signalé.

Étaient-ce là, messieurs, les seules raisons qui m'aient décidé? Non : il y en avait une autre, dont on n'a pas assez tenu compte, et qui est cependant décisive.

On avait trouvé la victime prétendue les mains liées derrière le dos, les pieds attachés avec un mouchoir et une corde roulée autour du col, et ma première pensée fut celle-ci : Ce sont trop de précautions pour un crime qui a avorté; et la multiplicité des moyens mis en face de la nullité des résultats me démontrait qu'il n'y avait pas un crime, mais une comédie. Ce qui le démontrait surtout sans réplique, alors comme aujourd'hui, c'est que les mains liées derrière le dos étaient une précaution complètement inutile pour arriver à une strangulation.

Je reviendrai plus tard sur cette considération, et je ne vous en parle ici uniquement que pour vous peindre l'état de mon âme au moment même où la famille Armand me fit l'honneur de venir me consulter. Je la rassurai de mon mieux, et lui dis que les magistrats, qui sont tant de fois témoins de scènes semblables, découvriraient bien vite la vérité, et ne pouvaient être dupes de cette comédie. Mais quelle ne fut pas ma stupéfaction quand j'appris qu'Armand avait été arrêté, que le procès se poursuivait, et que je le vis chemi-

ner avec cette déplorable précipitation qui assurément mérite d'inquiéter vos consciences.

Un crime prétendu avait été découvert le 7 juillet au soir. Quinze
jours après, l'ordonnance de M. le juge d'instruction était rendue.
Nous fîmes de vains efforts pour obtenir la communication des pièces.
Elle nous fut refusée, messieurs, et je ne puis résister au devoir qui
m'oblige de mettre sous vos yeux deux lignes de l'arrêt de la chambre
des mises en accusation, par lesquelles cette communication fut
refusée : « Attendu, dit l'arrêt, que, tant que dure cette première
période des poursuites, le prévenu ne doit pouvoir répondre que
sous la seule inspiration de sa conscience aux questions qui lui sont
adressées..... »

C'est d'un autre âge, messieurs, et mes souvenirs se reportent
malgré moi à l'époque où l'accusé comparaissait devant ses juges,
seul et sans défenseur. Quoi ! dans une accusation où tout n'est
qu'hypothèse, il n'a pas même le droit, la possibilité de se défendre !
Comme homme et comme chrétien, je forme des vœux sincères
devant vous, en cette circonstance solennelle, pour que le législateur modifie un tel état de choses, et que l'humanité pénètre enfin
dans notre Code d'instruction criminelle.

Voilà donc un homme arraché subitement à sa famille, à ses affections, précipité du faîte de la considération et de l'estime dans
l'abîme d'une accusation sans fond, présenté à cette ardente population de Montpellier comme l'assassin de son domestique ; et, quand
quinze jours se sont écoulés, et que l'instruction est terminée, il
demande à grands cris que les pièces lui soient communiquées ; elles
lui sont refusées, sa conscience doit lui suffire ! Et quarante-huit
heures après, l'arrêt de mise en accusation était rendu : chose sans
exemple !

Lorsque j'appris ces faits, je compris immédiatement en face de
quel danger je me trouvais, et je le déclare ici sans emphase, c'était
autant de la justice de mon pays que du sort de l'accusé que j'avais
souci.

Je courus chez M. le garde des Sceaux, et je dois lui rendre ici ce
public hommage qu'il écouta ma plainte. Je ne parle pas, messieurs,
de sa bienveillance : elle est acquise à quiconque porte notre robe.
Mais ce fut avec un esprit d'humanité, dont je lui serai éternellement
reconnaissant, qu'il me fit la promesse de faire tout ce qui était
compatible avec son devoir, pour arrêter cette déplorable précipitation de la justice, qui pouvait la conduire à une irrémédiable erreur.

Cependant le pourvoi que nous avions relevé pour la forme, et
pour gagner du temps, devant la cour de cassation, fut rejeté, et là,
une lettre de M. le procureur général près la cour de Montpellier

nous apprit que la magistrature avait ainsi, contrairement à ses règles ordinaires, précipité la procédure, « parce que l'opinion publique exigeait une prompte satisfaction ».

Ainsi, au lieu de dominer, la justice subissait une pression.

C'était pour nous, messieurs, une raison d'être plus fermes. J'avais sollicité un renvoi malgré la résistance d'Armand, qui voulait être jugé à tout prix, qui était à cette époque ce qu'il est aujourd'hui devant vous, qui nous disait : Je suis dans la vérité qu'ai-je à craindre ? Il nous a fallu une force irrésistible pour le vaincre. Heureusement que l'affection (je l'espérais) s'en est un peu mêlée : il a vu nos cœurs, il a compris à merveille qu'afin d'éviter un malheur qui aurait pu faire couler les larmes éternelles de sa famille, nous nous placions ainsi entre lui et la justice, qui n'était pas suffisamment éclairée.

Cependant, malgré ma demande, l'affaire fut fixée au mois d'août.

J'ignore par quelle intervention, quoique je la devine, ce résultat fut changé. Un délai de trois mois nous fut accordé.

A son échéance, le défenseur qui a l'honneur de paraître devant vous était frappé d'une grave et cruelle maladie. Vous dire ses angoisses, sa douleur, le chagrin qu'il éprouvait en pensant que la noble tâche qui lui avait été confiée ne pourrait être remplie par lui, et que cette responsabilité dont Dieu seul connaît l'étendue lui échappait, ceci, messieurs, ne peut être traduit par aucune langue humaine !

Mais je me trompe, toutes ses inquiétudes, toutes ses terreurs, l'amitié se chargea de les dissiper, et quand je sus que Lachaud consentait à tout abandonner, à laisser toutes ses affaires pour courir au secours de l'accusé, ah ! je fus désormais sans crainte et je pensai qu'Armand n'aurait plus rien à regretter.

Vous savez, messieurs, quel fut l'incident qui signala la soirée du 17 novembre : une nouvelle comédie! Maurice Roux prétendit avoir été frappé, la nuit, dans une rue obscure de Montpellier.

J'entendais, à l'audience d'hier, M. le procureur général, dont la parole dans cette affaire a été si grave, si mesurée, si pleine de modération, je vous parle de son réquisitoire, vous dire qu'il ne voyait pas quel intérêt pouvait avoir eu Maurice Roux à jouer cette comédie. Mais n'est-il pas certain que, malgré les recherches infructueuses auxquelles on s'est livré, l'ombre la plus épaisse et la plus ténébreuse couvre encore un mystère qui intéresse et regarde évidemment la famille Armand, contre laquelle on a voulu l'exploiter? M. le procureur général ne comprend-il pas que le salut de Roux dut avant tout préoccuper Armand? Mais ne voyez-vous pas que, si Roux eût succombé sous les attaques d'un criminel, si l'accusateur n'eût pu être démenti devant tous, la tête d'Armand n'était plus sur ses épaules?

Voulez-vous savoir comment ce sentiment était compris par Armand lui-même? Il nous a fatigués de demandes incessantes pour venir en aide de sa propre bourse au salut de Maurice Roux, et ce n'est qu'avec la plus grande peine que nous sommes parvenus à lui faire comprendre qu'une semblable demande ne manquerait pas d'être mal interprétée. Il s'informait de sa santé, de la gravité de sa blessure, et il n'avait pas d'autre préoccupation que l'état de cet homme. « Je veux me voir face à face avec lui, disait-il, je veux le confondre ; pourvu que Dieu le laisse sur la terre! »

Il est donc certain qu'en parlant à des hommes de sens et de bonne foi, je n'ai pas besoin d'insister pour prouver que ce funeste incident tournait contre l'accusé. Lachaud peut vous le dire mieux que moi, qui étais à ce moment retenu dans mon lit. Il peut vous dire l'état d'effervescence de cette population de Montpellier dans cette funeste journée, quelle excitation, quels cris! Aussi M. le procureur général avait-il raison de dire que des clameurs hostiles se faisaient entendre jusque dans le prétoire de la justice. La cour a compris alors tout le danger de la situation, et nous serions ingrats si nous ne lui témoignions pas notre reconnaissance pour l'arrêt qu'elle a rendu. Oui, c'est elle qui s'est dessaisie de ses puissantes et loyales mains ! C'est elle qui a déclaré que, dans l'état des esprits, la manifestation de la vérité courait de graves périls, et plus tard, devant la cour de cassation, son arrêt a été, je ne dirai pas notre seul, mais notre plus sérieux argument.

Tout à l'heure on demandait comment et pourquoi M. Armand n'avait pas voulu comparaître devant ses juges naturels. Ah ! que M. l'avocat général a été mal informé, lui qui a tant de renseignements divers, et dont les informations se glissent jusque dans les hôtelleries d'où sa police lui transmet des indications vraies ou fausses, mais assurément indignes de cette audience ! Si M. l'avocat général avait connu la vérité, il aurait su, et cela lui était facile, que M. Armand avait constamment protesté contre cette procédure de la cour de cassation qui, en prolongeant sa captivité, le jetait dans un véritable désespoir.

Je le dis ici, messieurs, parce que j'en dois revendiquer la responsabilité; c'est sur moi seul que doit retomber le reproche qui, tout à l'heure, était adressé à l'accusé par M. l'avocat général. Je rencontrais autour de moi des opinions contraires, on pensait que la cour de cassation pourrait hésiter. Quant à moi, jamais je n'ai varié, et j'ai cru que, dans l'état où se trouvaient les esprits à Montpellier, il serait dangereux, inhumain, d'y faire juger un accusé qui rencontrerait un jury ferme, j'en suis sûr, mais auquel les témoins n'auraient pas le courage de dire la vérité. Et c'est ainsi, messieurs, que nous sommes venus devant vous, où au moins cette vérité a pu se manifester sans que la moindre agitation vînt troubler le cours de vos séances paisibles, devant une magistrature qui a laissé, comme on le disait justement hier, toute espèce de latitude à l'accusation comme à la défense.

Aussi, messieurs, qu'est-il arrivé ? N'est-il pas certain qu'à l'heure où je parle, c'est l'évidence qui nous éclaire, et qu'entre vous et moi il n'y a plus de différence de conviction ? Pourquoi, comment ce phénomène s'est-il opéré ? Lorsque l'accusé a paru devant vous, n'était-il pas sous le poids de la réprobation naturelle que devaient exciter dans vos consciences la grandeur et la férocité de son crime ? Rappelez-vous les termes de l'acte d'accusation : « Il a poussé la cruauté jusqu'au délire. » Il s'agit, disait-on, d'un homme riche, très-riche, qui maltraite ses gens, les assomme ; il a voulu se défaire de son valet, parce que ce valet l'avait insulté ; la cruauté fait partie des traditions de cette famille ; et toutes autres choses, messieurs, qui sont encore présentes à vos consciences, et que M. le procureur général est venu aggraver par l'autorité des paroles sévères et cruelles qu'il a prononcées au commencement de ce débat.

Ces paroles, vous ne les avez pas oubliées. Vous vous rappelez que M. Armand nous a été représenté comme un être orgueilleux et brutal, ayant l'habitude de frapper ses domestiques à la tête, et vous avez encore comme moi dans l'oreille et dans le cœur cette phrase qui m'a cruellement blessé : *Le millionnaire est en prison!...*

Oui, c'est là l'acte d'accusation, et c'est ainsi, messieurs, que, sous prétexte d'établir l'égalité devant la justice, on crée pour une certaine classe la plus dangereuse des inégalités ! Est-ce qu'il y a ici des pauvres et des riches, des millionnaires et des artisans ? Est-ce que tous les citoyens qui paraissent devant vous ne dépouillent pas les qualités extérieures qui peuvent les décorer ? Est-ce qu'ils ne sont pas des créatures de Dieu comme vous, revêtues de l'inviolabilité naturelle qui les protège malgré le droit éternel donné aussi à la société de se protéger elle-même, c'est-à-dire de réprimer les délits en frappant ceux qui s'en sont rendus coupables ?

Si je révèle ces faits, c'est qu'ils caractérisent ce procès, c'est qu'ils lui donnent sa véritable physionomie ; c'est le procès du pauvre contre le riche qui a produit ces déplorables excitations, et devant la justice, c'est encore ainsi qu'il a été présenté. C'est précisément pourquoi je cherche à rétablir la vérité, et quand l'accusé vous est dénoncé comme millionnaire, je vous dis, moi : Il est homme, il est votre égal ; bien qu'accusé, il est présumé innocent, et nul n'a le droit de le flétrir avant que votre sentence ait prononcé.

Eh bien, messieurs, malgré toutes les préoccupations qui pouvaient assiéger vos esprits après de si terribles épreuves, lorsque M. le premier président interrogeait Armand, j'en appelle à vos souvenirs, quand vous avez vu cette figure noble et simple, que vous avez entendu cette parole sympathique et vraie, quand vous avez vu qu'il ne reculait devant aucune difficulté, qu'il se créait à lui-même des objections, qu'il se jetait impétueusement dans le débat, ne pouvant pas prévoir quel serait le caractère de telle question, comme un homme qui n'a rien à redouter parce qu'au milieu de tous ses ennemis il se sent invincible, parce qu'il sait qu'il est protégé par cette divine cuirasse de diamant qui est la vérité, vous vous êtes dit : — Cet homme ne saurait être coupable; — et assurément, lorsque vous sortiez de cette enceinte après cette première séance, je ne suis pas téméraire en disant qu'il n'y avait plus d'accusé, et ce verdict qui avait été prononcé déjà par votre sagesse, mais que vous réserviez dans vos cœurs, il l'était également par toute la France. Car, chose remarquable, le même effet s'est produit en même temps partout, par une sorte de commotion électrique, et le retentissement de cet interrogatoire nous est arrivé de toutes parts avec le caractère qui devait lui être attribué, c'est-à-dire la conviction qui se produisait dans tous les esprits.

Oh! qu'il me soit permis de le dire, et certes tout le monde le sait, ce n'est pas l'esprit de courtisanerie qui domine dans ma nature, je dois ici l'hommage d'une reconnaissance publique au magistrat qui a dirigé ces débats. On a pu croire dans le principe qu'il ne serrait pas assez ses questions, et qu'il donnait trop de latitude à l'accusé : noble condescendance qui honore la magistrature! Vous l'avez vu, ne refusant, soit à l'accusation, soit à la défense, aucune liberté, écartant tous les obstacles, allant droit à la vérité, parce qu'elle est supérieure à tout, et laissant aussi à celui qui doit se justifier toute la latitude qui peut faire éclater son innocence. Encore une fois, messieurs, l'expérience a été décisive, et quant à nous, qui avions une conviction depuis longtemps établie, nous sommes sortis complètement soulagés de cette première épreuve. M. Armand ne cessait de nous répéter : « Que craignez-vous? je suis dans la vérité, je ne puis me tromper. » J'ai à mes côtés son défenseur, son ami, ce généreux avocat qui n'a pas voulu prendre la parole, bien qu'assurément il eût éloquemment disculpé l'accusé, Me Lisbonne, qui est aujourd'hui pour nous un ami, un camarade chéri; eh bien, je l'adjure de dire si jamais, alors qu'il a assisté à cette longue agonie, à cette captivité de huit mois de ce malheureux, et qu'il a recueilli toutes ses confidences, si jamais il est sorti de sa bouche quoi que ce soit de contraire à la vérité. Non, et il a eu raison de répondre, avec une espèce de brusquerie dont M. le président ne s'offensait pas, lorsque, cherchant quelle était la pensée véritable de l'accusé, il lui disait : — Voilà votre système. — Non, répondait-il, je n'ai pas de système. Et en effet, il n'en a pas ; il est ce qu'il est, il est Armand le vrai, le bon, le juste, un homme sur lequel la société s'est égarée. Le voilà tel qu'il vous est apparu par suite de ces communications sympathiques, irrésistibles, qui vont du cœur au cœur, qui opèrent une conquête à laquelle il est impossible de se soustraire. Aussi, messieurs, je le répète, après avoir entendu M. Armand, vous avez été convaincus.

Puis on est entré dans le débat. A-t-il été moins significatif? Mais, dès les premiers témoignages, l'accusation a été en défaut, et voilà que le principal de ceux qu'elle fait entendre présente, en ce qui concerne l'un des points les plus importants du procès, — je veux parler de la ligature des mains, — une contradiction inattendue avec tous les autres témoignages. M. Bayssade, commissaire de police, prétend qu'il a vu et parfaitement vu que les mains étaient liées derrière le dos. Je n'ai pas à insister, maintenant où il faut être rapide, sur la différence de cette version avec celle qui est la vraie. Ce qui importait, c'était d'attribuer à tous les témoins leur véritable caractère, et de faire pressentir au jury le rôle qu'ils avaient dû jouer ; cette première épreuve a été décisive.

Il en vint une autre. Le témoin sur lequel l'accusation comptait le plus pour dissiper toute obscurité, Marie Hauterive est entendue. Que dit-elle? Quand on lui demande si M. Armand se trouvait dans la chambre conjugale à huit heures et demie, elle répond, non pas avec fermeté, mais enfin elle répond qu'elle n'a pas vu M. Armand dans la couche conjugale, qu'elle y a vu madame Armand seule, que la chambre était suffisamment éclairée, et qu'en conséquence elle ne s'est pas trompée. L'interrogatoire se poursuit; elle prétend qu'à neuf heures et quelques minutes elle a vu M. Armand mangeant dans la chambre ou le salon à côté. Enfin elle déclare, sur une interpellation qui lui est faite, qu'à huit heures et demie elle a entendu M. Armand qui fredonnait dans sa chambre au moment où il faisait sa toilette, qu'à neuf heures un quart, elle s'est présentée à la porte de la chambre de madame Armand où elle n'a pu entrer, et qu'ainsi arrêtée à la porte, elle a posé sur une tablette extérieure la tasse d'infusion qu'elle avait préparée. — Qu'est-ce à dire, messieurs, si ce n'est que l'alibi était établi de la manière la plus péremptoire et que la base même de l'accusation s'écroulait?

Eh bien, messieurs, c'est ici que je vous demande la permission d'appliquer mon système et de vous dire que cet alibi aurait pu être vérifié dès le 8 juillet, et que là prétention de l'instruction de ne pas l'avoir trouvé est une prétention que je ne pourrais admettre à aucun prix.

Qu'est-ce, en effet, qu'un alibi? C'est la démonstration que l'accusé
ne se trouvait pas sur le lieu du crime au moment où il est commis.
Il fallait dès lors se rendre compte de toutes les actions de M. Armand
de huit à neuf heures. Si M. le juge d'intruction avait pris ce soin,
évidemment il eût facilement découvert que de huit à neuf heures
M. Armand n'avait pu descendre à la cave, précisément parce qu'il
était dans sa chambre, où la domestique l'avait entendu fredonner.
Est-ce le procédé qui a été suivi? Non. Quelle est la question qui a
été posée dans l'instruction à Marie Hauterive? — Avez-vous vu
M. Armand dans le lit de sa femme à huit heures et demie? — Et cette
fille ayant répondu négativement, on en a conclu qu'il devait être
dans la cave, sans aller plus loin, sans lui adresser d'autres questions,
sans faire une seule confrontation! Comprenez-vous cela? Un homme
juste, vénéré, entouré de toute sa famille, et défendu contre un semblable crime par l'impossibilité morale la plus absolue! Eh bien,
parce qu'une fille de service dit qu'elle ne l'a pas vu là où il prétend
être à une heure précise, à huit heures et demie, l'accusation en conclut que l'alibi n'est pas justifié, et que déjà il s'élève une présomption accablante contre l'accusé. Mais, messieurs, un homme, tout
intelligent et exercé qu'il soit, peut-il exactement rendre compte de
l'emploi de son temps à un moment donné? Si l'on me demandait où
j'étais précisément hier à huit heures et demie ou à neuf heures et
demie, je suis convaincu que je me tromperais d'un quart d'heure
ou d'une demi-heure! Que voulait dire la réponse de M. Armand?
Que le 7 juillet, de bonne heure, conformément à son habitude, il
avait été à un moment de la matinée dans la chambre de sa femme,
qu'il y avait passé un temps plus ou moins long. Dès l'instant que ce
fait était établi, l'alibi était acquis irrévocablement. Il fallait fouiller
ces circonstances, contrôler la déclaration de cette fille de service,
c'est-à-dire la mettre vis-à-vis de M. Armand et de madame Armand.
Madame Armand, vous le savez, a déclaré conformément à la réponse
de son mari que celui-ci était avec elle, et c'est avec raison que
Lachaud disait que, même pour sauver son mari, cette noble et sainte
femme n'aurait pas menti. Mais enfin je veux que sa qualité, sa tendresse bien naturelle, mais exceptionnelle et héroïque, la pussent
pousser dans une circonstance aussi grave à ne pas dire la vérité; au
moins, quand on a pour l'alibi, d'un côté la déclaration de M. Armand
et celle de sa femme, d'un autre côté la déclaration équivoque de
cette fille, qui disait, non pas : « Je ne l'ai pas vu dans la maison »,
mais : « Je ne l'ai pas vu dans le lit », — c'était bien le moins de faire
subir une confrontation à ce témoin, et c'est ce dont on ne s'est pas
avisé. On s'est arrêté à cet alibi, de cette façon qu'il a porté non pas
sur la cave, sur le lieu du crime, mais sur la couche conjugale, qui

n'était nullement en question dans le procès, et cette prétendue instruction n'a rien établi autre chose que ce dire de Marie Haute-rive : A huit heures et demie, M. Armand n'était pas dans le lit de sa femme. Mais il pouvait être dans la maison, et le juge d'instruction ne l'a pas demandé !

Et vous croyez qu'en présence de pareilles constatations, je n'ai pas le droit de dire que cet homme a été sacrifié ! Si, au premier pas de la procédure, on avait acquis cette vérité, la porte de la prison ne se serait pas fermée sur lui : le juge d'instruction l'a déclaré. Et c'est ainsi qu'il procède !

Sommes-nous alors en sécurité ? Sur un fait de cette nature, une servante interrogée peut errer. Pour nous, nous croyons que Marie Hauterive se trompe : M. Armand était dans le lit de sa femme ; c'est à un autre moment, un instant auparavant, qu'elle l'a entendu fre-donner ; toutes ces choses se concilient et s'expliquent à merveille. Mais quand même elle ne se tromperait pas, sommes-nous donc ainsi exposés à ce qu'une fragilité de notre mémoire sur l'emploi de notre temps à un quart d'heure près, sans aucune espèce de vérifica-tion, entraîne une accusation capitale qui, tombant sur nous, vient désoler notre existence, et attriste notre famille ! En vérité, c'est à en frémir, et il était utile que ces constatations fussent faites encore une fois pour empêcher le retour de semblables légèretés.

Mais ce n'est pas tout, messieurs, et nous allons à chacune des phases de la procédure faire la même constatation, car j'ai le droit de dire que si, après l'interrogatoire de M. Armand, il n'y avait plus d'accusé, après la déposition de Marie Hauterive, il n'y avait plus de procès. Mais nous allons, avec la même facilité, voir disparaître l'accusateur. N'avez-vous pas encore devant les yeux cet homme qui s'est avancé dans cette enceinte pour soutenir l'infâme version qu'il a présentée lors de la procédure ? M. le procureur général prétend le venger, il reproche à mon ami Lachaud d'avoir été trop sévère pour lui. Quant à moi, je n'en veux rien dire, et j'en détourne les yeux avec horreur et dégoût. Seulement je retiens, pour la fixer dans vos souvenirs, l'impression que certainement il a produite sur vos con-sciences.

Vous l'avez vu, cet homme qui, dans la matinée du 7 juillet 1863, aurait été l'objet d'une agression sauvage de la part de son maître, et qui, après avoir été cruellement assommé par lui, aurait été lâche-ment étranglé, garrotté des pieds et des mains afin que le supplice fût à la fois ignominieux et barbare, et sa tenue a été digne de son caractère et de sa personnalité ! J'ai dit que je ne voulais pas revenir sur ces affligeants détails, mais cependant M. l'avocat général m'y force, et, je l'avoue, ce n'a pas été sans un pénible étonnement que j'ai entendu essayer, par l'organe du ministère public, cette tâche impossible d'une demi-réhabilitation d'un pareil homme. M. l'avocat général apprécie avec une sorte de légèreté et de dédain tous les vices que le cours des débats a accumulés sur sa tête. Vous avez entendu ses maîtres. M. Madier de Lamartine, bien qu'il ait été satisfait de son service, vous a suffisamment fait connaître en quoi il consistait. Quant à MM. de Félix et Duplessis, ils l'ont constamment surpris en flagrant délit de mensonge et d'infidélité, et ce vaniteux, cet homme qui, pour me servir des expressions que j'ai rencontrées à regret dans le réquisitoire de M. l'avocat général, *jouissait de son physique;* cet homme qui se posait comme un Lovelace d'antichambre et qui, dans ses déportements de carrefour, ne craignait pas de recevoir de l'argent de celle qu'il conduisait à la cour d'assises, cet homme avait aussi la faiblesse de prendre le bien d'autrui, notamment celui de ses maîtres. M. Duplessis a déclaré qu'il avait vu disparaître de son cabinet des objets mobiliers que Roux seul avait pu enlever. Mais à l'audience et pour ne citer que le débat oral, il a dit que, quand Maurice Roux était parti, les fournisseurs, qui devaient être payés avec l'argent que M. Duplessis donnait à son domestique, étaient venus réclamer, et qu'il avait dû écrire au commissaire de police; que celui-ci avait averti Roux père, dont personne n'a jamais contesté la probité, et que c'étaient les économies du père qui avaient payé les détournements du fils.

Voilà la vérité sur cet homme, votre témoin, celui que vous voulez présenter comme un être intéressant auquel le salut de M. Armand doit être sacrifié. Quand vous avez parlé de ses faiblesses, il vous a plu de prendre dans votre réquisitoire un ton de raillerie qui, pour ma part, m'a vivement blessé. Qu'importe qu'il soit placé dans les derniers rangs de la société? Est-ce que nous ne sommes pas accoutumés à y rencontrer de la délicatesse et de l'honneur? Est-ce que nous n'exigeons pas avant tout des domestiques qui nous servent la gravité et la régularité des mœurs? Est-ce qu'il est permis, dans une cour de justice, de venir présenter sous un semblable jour des débauches impures qui conduisent les malheureuses qui en sont les complices jusqu'au crime le plus abominable? Ah! vous avez dit que ce séducteur de servantes devait être jugé humainement, oui, et c'est pour cela que je le flétris! Je comprends les faiblesses, mais je m'indigne de la bassesse et de l'ignominie, et je ne veux pas les voir autorisées par la misère.

Vous niez cette honte, mais cela est écrit dans la procédure criminelle : M. Sisteron a déclaré que cette malheureuse Philomène n'avait jamais eu que lui pour amant, et quand M. l'avocat général affirmait que, dans la procédure instruite contre elle, il n'y avait rien qui pût incriminer Maurice Roux, M. l'avocat général se trompait, qu'il me permette de le lui dire. Ses paroles éveillaient en moi le sentiment qui y a toujours existé, une sympathie pleine de pitié pour la pauvre mère délaissée et une indignation profonde contre le séducteur, indignation qui certainement doit être aussi dans le cœur de MM. les jurés. Ah! je le sais, messieurs, la loi française est proclamée sage et morale par quelques jurisconsultes dont je n'ai jamais partagé l'avis, parce qu'elle interdit la recherche de la paternité, c'est-à-dire parce qu'elle donne au sexe le plus fort l'odieux privilége de prendre cette fragile et faible créature, d'en faire un instrument de plaisir, et de la chasser ensuite avec le fruit qu'elle porte dans ses entrailles en en détournant son regard. Quant à moi, cette loi m'a paru la honte de la civilisation, et je suis convaincu que bien des crimes qui se commettent n'en sont que la triste conséquence. Quant à celui-là, est-ce qu'on en peut douter? est-ce que je ne trouve pas dans l'interrogatoire cité par M. l'avocat général la justification de ce qui a toujours obsédé ma conscience? On a interrogé Philomème, écoutez ce qu'elle répond :

« *D.* La prudence vous commandait d'accomplir votre accouchement ailleurs que dans la maison de votre honorable maître; il est étonnant que vous n'ayez pas fait les frais d'un voyage dans ce but.

« *R.* Si j'avais eu de l'argent, les choses ne se seraient pas passées ainsi. Mais je suis dans un complet dénûment, j'espérais que mon séducteur, Maurice Roux, ancien cocher de M. Madier de Lamartine et demeurant actuellement en la même qualité chez M. Duplessis, à Alais, me viendrait en aide dans ces circonstances; il m'avait assuré qu'il viendrait à Pont-Saint-Esprit. Mon espoir a été déçu ; c'est ce qui m'a réduite à la triste position où je me trouve. »

Est-ce que je n'ai pas le droit de dire que devant Dieu cet homme est plus coupable que cette malheureuse créature qu'il a entraînée dans le mal? Il lui enseignait ses tristes pratiques de libertinage, il attisait ses passions du récit de ses amours, et après avoir fait palpiter dans ses flancs cette créature que l'aveu de sa paternité aurait protégée, il l'a abandonnée au dénûment, à la misère et au désespoir; c'est lui qui l'a prise par la main pour la déshonorer, et c'est lui qui l'a conduite dans la maison centrale.

Tel est l'homme, messieurs, que M. l'avocat général voudrait réhabiliter, et ce sont là les faiblesses, les défaillances, les grossières amours qui devraient tout au plus, à l'entendre, provoquer de votre part quelques sourires! Oh! non, c'est l'indignation qui doit marquer au front cet homme comme étant un séducteur émérite, se riant des douleurs qu'il provoque, et ne cherchant que la volupté après laquelle il court.

Aussi, vous le savez, dans la maison de M. Armand il parle d'infan-

ticides. Que s'est-il passé entre lui et Lucie Abraham? je l'ignore. Je
rencontre, dans une correspondance qui témoigne de sa part une
intelligence développée, une promesse de mariage incessamment
répétée à cette fille; j'y rencontre toujours ce système de mensonges,
d'artifices, de fraudes; ces paroles caressantes qui doivent aller au
cœur de cette malheureuse. Il est certain, messieurs, qu'elles ont été
entendues, mais qu'est devenu son fruit? Un voile épais est jeté sur
ces choses, et ce n'est pas à moi qu'il appartient de le soulever. Les
larmes de Lucie Abraham à cette audience en ont dit assez, et dès
lors la moralité de Roux est irrévocablement établie.

C'est entre cet homme et M. Armand que vous avez à juger;
j'accepte cette alternative posée par M. le procureur général. Au
milieu des ténèbres dans lesquelles l'accusation se débat, elle n'avait
que ce témoin. Le voilà restitué à son véritable caractère, qui est
l'infamie. De l'autre côté, vous avez un homme honnête, généreux,
juste, qui, jusqu'à cette déplorable accusation, n'avait jamais rencontré que des regards reconnaissants tournés vers lui; un homme
dont les douces relations, la générosité, la charité ont été attestées
devant vous et ne se sont jamais démenties. Encore une fois, messieurs, j'accepterais la question posée sur ce terrain, et je serais sans
aucune espèce d'inquiétude.

Mais ce que je tiens à constater, ce qui est certainement resté gravé
dans votre souvenir, c'est l'impression produite sur vos esprits par la
comparution de cet homme, qui a bien été à cette audience ce qu'il
est réellement. Ah! j'en conviens, il n'avait plus derrière lui la tra-
duction intelligente de M. le juge d'instruction; il était livré à lui-
même, ses réponses sont directement arrivées jurqu'à vous, et vous
vous les rappelez! Elles étaient empreintes de ce caractère de fourberie et de fausseté qui ne peut tromper personne. Vous aviez
entendu la vérité la veille; le lendemain, c'était le mensonge qui
paraissait devant vous. Et de même qu'il n'y avait plus d'accusé
quand Armand avait parlé, de même il n'y avait plus d'accusateur
quand Maurice Roux a regagné ignominieusement son banc. Cependant, c'est cet homme qui a fait illusion à M. le juge d'instruction!
C'est cet homme qui est devenu le pivot de l'accusation; qui, au premier jour, s'est présenté avec obstination comme le dénonciateur
d'Armand, et qui s'est trouvé dans des conditions telles, que la justice
a cru qu'il lui était permis d'avoir confiance en lui!

Eh bien, messieurs, souffrez que j'examine, à l'aurore de cette
affaire, les raisons véritables et sérieuses de cette confiance. Je conviens que le cadre dans lequel Maurice Roux était placé se trouvait
fort différent de celui où sa figure s'est présentée devant vous; et
lorsque M. le commissaire de police tout d'abord, M. le juge d'in-

struction ensuite, l'ont vu presque enveloppé dans les ombres de la mort, « un cadavre », comme l'ont dit les témoins, il est naturel que leur âme ait reçu une violente commotion de pitié. Saisis de commisération pour la victime, qu'ils la couvrent d'un intérêt contre lequel je suis bien loin de m'élever ! Seulement, s'il n'est pas défendu aux magistrats d'obéir aux inspirations de leur sensibilité, il faut toujours que ces inspirations soient gouvernées par la droiture de la raison, par le sang-froid de la réflexion.

Or, quand Maurice Roux a été trouvé dans la cave, son état matériel protestait contre l'hypothèse que l'accusation aujourd'hui voudrait faire triompher devant vous. C'est là que se place, à mes yeux au moins, avec une force irrésistible, l'observation que je vous présentais tout à l'heure, et qui avait frappé mon esprit aussitôt que j'ai eu connaissance des préliminaires de cet odieux procès. Que M. Armand, homme du monde, qui ne sait pas combien de semblables simulations sont fréquentes, voyant cet homme couché sur le sol de la cave les pieds garrottés, les mains liées derrière le dos, une corde autour du col, ait dit : « Ce n'est pas un suicide, — comme chacun le pensait, — c'est un homicide, » cela se comprend. Je ne veux pas revenir sur la plaidoirie de Lachaud. Je serais téméraire d'y ajouter quoi que ce soit. Je ne veux pas reprendre une à une ces preuves éclatantes, victorieuses, de l'innocence d'un homme qui, en présence de l'hypothèse d'un suicide, s'écrie : « C'est un assassinat, il y a un meurtrier, il faut le chercher ! Mais je dis que si une semblable pensée a pu venir à M. Armand, elle ne pouvait venir à un homme expérimenté en ces sortes de choses, comme M. le commissaire de police et M. le juge d'instruction. Et pourquoi ? par les raisons que je vais faire valoir tout à l'heure. C'est que, incontestablement, si la scène avait eu une vérité quelconque, elle ne se serait pas passée comme l'a tracée la constatation matérielle faite par les témoins. Je suppose que Maurice Roux ait été victime d'un crime, que l'agresseur ait voulu l'étrangler, il est incontestable qu'il ne lui eût pas lié les mains derrière le dos, il est incontestable qu'il ne lui eût pas lié les pieds. Ces opérations étaient complètement inutiles. Dès l'instant qu'il l'avait saisi de manière à faire passer autour de son cou une corde, il était maître de sa vie, et s'il ne l'a pas étranglé, c'est qu'il ne l'a pas voulu. Mais vous trouvez un homme dont les mains sont attachées derrière le dos, dont les pieds sont liés avec un mouchoir : c'est la reproduction des scènes de simulation que vous rencontrez dans toutes les lettres qui nous ont été écrites, et qui contiennent la constatation judiciaire, authentique, de tant de comédies du même genre. Toutes les fois qu'un homme veut faire croire qu'il a été l'objet de violences, alors que lui seul s'est rendu coupable d'un crime, il prend soin de s'attacher les mains derrière le dos. Ici, comme le fait de lier les mains derrière le dos n'avait évidemment pas eu pour objet de dominer les forces de la victime, comme elle était censée avoir succombé à un crime différent, la strangulation, il devait être certain pour tout observateur attentif et réfléchi, que les mains liées derrière le dos n'étaient qu'une mise en scène, et qu'on avait en face de soi non une victime, mais un comédien !

Que dire de la ligature des pieds ? on vous en a parlé. Mais en vérité supposer qu'un homme intelligent comme M. Armand ait voulu, après avoir terrassé sa victime, signer son meurtre en mettant aux pieds de son domestique, *Armand fecit*, au moyen d'un mouchoir tiré de sa poche, afin que la justice ne l'ignorât pas, c'était évidemment une simplicité singulière ; il y avait là pour tout magistrat une démonstration plus éloquente que toutes les preuves matérielles ensemble.

Eh bien, nul ne se doute de ces choses. L'opinion est émue, on est en face d'un crime. M. Armand a dit qu'il y avait un crime ; on recherche le meurtrier. Je comprends cela au premier moment. Mais voici que la scène va singulièrement s'aggraver et qu'elle se compliquera (permettez-moi de le dire) d'éléments que je ne puis pardonner à la justice, et sur lesquels il faut que je m'explique avec sincérité.

Quels sont-ils ? La victime, recueillie dans la cave, était sur le point d'expirer. Cependant on la rappelle immédiatement à la vie. Vous n'avez qu'à jeter les yeux sur le rapport du docteur Brousse, premier médecin qui ait été appelé, et vous verrez que les mouvements exécutés sur la poitrine ʃont bientôt rétabli la respiration, laquelle du reste, n'était pas complètement absente, car, en ce cas, la vie aurait été éteinte. La respiration rétablie, comme on était en face d'un cas d'asphyxie, il est certain que le malade devait graduellement reprendre ses forces, et revenir à un état de complète guérison. Je ne blâme aucunement la précipitation des médecins qui, en présence de phénomènes très graves, ont soumis le malade à une médication héroïque, cause véritable de la maladie qui a suivi : mais je constate des faits.

Vous savez que, transporté dans sa chambre, Maurice Roux a été reconnu par M. Surdun, second médecin appelé, comme n'étant pas dans un état immédiatement périlleux. Cela est si vrai, que M. Surdun s'est retiré à onze heures du soir, laissant le malade avec deux agents de police.

Ici, qu'il me soit permis de le dire, se passe une scène qui, à tous les points de vue, mérite votre attention, et dont j'ai droit de

m'affliger. Les agents restent seuls avec le malade qui est encore
dans un état de demi-asphyxie. Ils commencent un interrogatoire.
De quel droit? que s'est-il passé entre ces hommes et Maurice Roux?
Nous l'ignorons. Je n'entends incriminer personne. Je l'ai dit, et ma
pensée sera suffisamment comprise. Mais je proteste de toutes mes
forces contre ces errements singuliers de la procédure criminelle,
car ils sont dangereux à tous égards; ils sont contraires à toutes les
règles. Voilà un malade qui appartient à la justice: le juge d'instruction seul doit l'interroger. Je n'admets pas ces opérations à l'aide
desquelles, soit avec des pressions de main, soit avec l'alphabet,
on veut arriver à découvrir la vérité. Les interrogatoires par sug-
gestion, les interrogatoires qui peuvent fournir à cet homme, dont
vous connaissez la moralité, une idée qui ne se serait pas emparée
de son cerveau, qui ont pu la faire germer là où elle va déterminer des ravages, je les repousse de toutes les forces de mon
honnêteté.

Cependant ce qu'il faut constater, c'est que, lorsque le matin
le nom d'Armand étant sorti de ce mécanisme échangé entre le
prétendu malade et ses interrogateurs appartenant à la police,
lorsque le matin, M. le procureur impérial et M. le juge d'instruction prévenus, lorsque ces deux magistrats sont en présence d'un
homme dont l'état s'améliore, d'un homme qui n'est pas menacé
de mort immédiate, ils vont continuer avec les mêmes procédés.
Et au lieu d'attendre ce que les médecins avaient prédit, que le
malade fût rétabli pour s'expliquer et répondre, ils recommencent
ce singulier et dangereux exercice de l'alphabet. Ils arrivent à combiner des phrases, ce qui démontre de quelle lucidité et même de
quelle force d'esprit Maurice Roux jouissait à ce moment. Vous
pourrez faire l'expérience par vous-mêmes; mais vous n'en avez pas
besoin, et vous le comprenez suffisamment, une pareille opération
entraîne avec elle des difficultés considérables. Elles l'étaient surtout
pour Roux, dont l'éducation est incomplète. Quant à moi, en face
de ces moniteurs et de cet élève, j'avoue que lorsque la liberté de
mon semblable est en jeu, il m'est difficile de me défendre d'une
sérieuse inquiétude. Ce que je dis n'est démenti par personne; alors
qu'il est certain que le malade pouvait parler, puisqu'aucun désordre
n'existait dans son larynx, qu'aucune paralysie n'était remarquée,
alors qu'un médecin consulté ne s'y serait pas trompé, le juge
d'instruction eût dû surseoir et se défier des épreuves préliminaires
qui pouvaient si facilement conduire à des erreurs irréparables. Supposez une inspiration subite de la part de cet homme, lorsque la
première lettre qui se présente étant celle du nom de son maître,
il continue à reconnaître les autres lettres qui composent ce nom, et

conduit ainsi à une découverte contraire à la vérité. Est-ce que la cupidité n'a pas pu enflammer son cerveau ? N'a-t-il pu improviser une simulation ignoble dont vous allez voir le triste dénoûment ? Je ne crois pas que les choses se soient ainsi passées, mais je raisonne par hypothèse pour protester contre de semblables procédés, aussi dangereux que nouveaux, contraires au véritable esprit qui doit inspirer la vérité, comme au salut de celui qui est accusé. Le champ doit être libre pour l'accusateur, mais c'est bien le moins que la justice attende que la parole lui soit revenue, avant de prendre une décision dont les conséquences doivent être si fatales.

Remarquez quel est l'homme vis-à-vis duquel elle se trouve. Ce n'est point un repris de justice, un vagabond, un homme sans feu ni lieu. Il avait de quoi donner toutes les garanties, il les donne à M. le juge d'instruction, il lui dit : « Dans laquelle de mes propriétés voulez-vous que je me retire ? je m'engage à n'en pas sortir et à m'y constituer prisonnier volontaire. » Il disait vrai, il avait son innocence pour lui. Eût-il été coupable, la justice ne pouvait-elle pas le faire surveiller ? Est-ce que l'arrêter aux yeux de la population n'était pas le dénoncer comme coupable, exciter les passions du peuple et s'exposer à créer pour la justice d'inextricables erreurs ? Oh! nous n'en avons vu que trop la preuve ! Mais à ce moment, Maurice Roux, interrogé par le procédé de l'alphabet, faisant connaître son maître, le désignant comme son assassin, arrivant, quoiqu'il mette très-imparfaitement l'orthographe, à des phrases très correctes, n'était-il pas dans un état qui devait inspirer à la justice une méfiance considérable, et cette méfiance ne devait-elle pas s'accroître après tous les événements qui se sont ensuite succédé ?

On vous a dit que Maurice Roux avait persévéré dans ses déclarations, et que c'était précisément cette obstination qui avait touché la justice, en même temps que l'impossibilité d'expliquer une simulation aussi odieuse. Je ne m'attache pas à cette dernière idée, sur laquelle je pourrais dire un mot, quoique ce soit bien accessoire; je tiens à rester dans la force et l'intensité même de mon raisonnement. Je suis au chevet de Roux, je me place par la pensée dans la conscience du juge d'instruction. Comme honnête homme je me demande ce que j'aurais fait. Et à coup sûr, sans vouloir blesser M. le juge d'instruction, je n'aurais pas agi comme lui. Je n'aurais pas surtout cherché la confirmation du témoignage de Maurice Roux dans l'épreuve singulière qu'il a cru devoir lui faire subir.

Ah! nous sommes tous ici unanimes; ne pas croire en Dieu, c'est un immense malheur ; et l'homme qui a dépouillé toute croyance erre en ce monde, sans boussole et sans lumière, condamné à la satisfaction grossière de ses appétits matériels, ou n'ayant pour le sou-

tenir que l'appui dangereux d'une philosophie décevante. C'est précisément parce que j'y crois, parce que je le vénère et le respecte,
parce que les choses religieuses m'apparaissent plus grandes et plus
saintes, que les voir profanées est pour moi le plus affligeant spectacle.

Que s'est-il passé le 14 juillet? Maurice Roux était à l'hôpital. Là on
le crut, ou on ne le crut pas malade, je n'ai pas intérêt à me livrer à
cet examen. Ce que je sais, c'est qu'il ne se faisait pas illusion. Alors
que le juge d'instruction lui disait : « Vous allez probablement
paraître devant Dieu », il riait en lui-même de l'inquiétude du juge,
et savait à merveille qu'il avait devant lui suffisamment de jours pour
chiffrer sa réclamation. Au surplus, sur ce point, nous avons la déclaration du docteur Dupré, qui nous dit que son état s'était amélioré.
Nous avons aussi la déclaration de M. Triadou, qui l'a reçu à l'hôpital
le 8, et qui a dit que les pronostics, à cette époque, étaient favorables, qu'aucune espèce de symptôme n'inspirait l'ombre d'une
inquiétude. Il est bien certain que les propos tenus par Maurice
Roux à la digne religieuse avaient éveillé, dans le cœur de cette
noble femme, des craintes que le médecin désavouait, et qu'il y avait
là un supplément de comédie de la part de cet homme, pour arriver
à l'acte suprême qui a servi à tromper le juge d'instruction.

Quel était-il, cet acte? Vous le savez. Le juge d'instruction l'a consigné dans un interrogatoire et en a déposé à l'audience. Il a saisi
cette occasion pour arriver à la manifestation de la vérité. Il s'est
mêlé aux prières du prêtre. Il était là, près du malade, près de celui
qu'il croyait mourant, et il vous a fait la peinture, encore présente
à vos souvenirs, de cette scène qu'il appelle solennelle, et que, pour
ma part, je considère comme si affligeante.

Quoi! au moment où cet homme va s'approcher de l'Eucharistie,
quand il croit recevoir Dieu en lui, quand, dans sa conscience, dans
son cœur, dans son être, tout doit appartenir à ce grand acte, quand
il ne doit avoir que des paroles de mansuétude et de pardon, la justice est là, elle se place entre l'hostie et les lèvres du mourant, elle
empêche Dieu d'arriver jusqu'à sa créature, afin d'y surprendre la
parole qu'elle opposera plus tard à l'accusé! Profanation! Messieurs,
disons-le bien haut, et n'ayons à cet égard aucune faiblesse qui nous
empêche de faire entendre la vérité! Scène digne d'un autre âge!
Épreuve dans laquelle la religion est réduite à un simple moyen de
procédure, la confession abaissée jusqu'à je ne sais quelle investigation dont la justice doit profiter et qui aboutit en définitive à la
communion dont M. le greffier a dressé procès-verbal.

Quelle est la conséquence de tous ces faits? Admettez un instant
que Maurice Roux ait été sincère. Les magistrats l'ont cru, et je suis

bien convaincu de la loyauté parfaite de M. le juge d'instruction : ce que j'accuse, c'est sa prudence; ce qu'il a fait n'est pas d'un magistrat réfléchi. Une pareille démarche ne pouvait aboutir qu'à l'erreur et au plus détestable mensonge.

Dans l'acte d'accusation on dit que les habitudes de Maurice Roux étaient pieuses, et qu'il s'était approché avec componction du sacrement de l'Eucharistie. Rappelez-vous la déposition de Ségala, de cette espèce de héros de barrière paraissant devant vous le sourire aviné sur les lèvres, avec ce dandinement impur qui caractérise si bien ses détestables habitudes, et vous disant avec une désinvolture cynique : Je suis l'ami et l'*alter ego* de Maurice Roux. Eh bien! voilà l'homme qui a joué cette scène de honteux sacrilège, et qui, par ses mensonges, a entraîné dans l'erreur la justice, qui, au lieu de le dominer, se mettait à sa suite et se livrait complètement à lui. Mais ce qui le contrôle et achève de le peindre, ce sont les réponses qu'il a faites devant vous, lorsque, interrogé par M. le président sur ses habitudes, sur la foi qu'il avait apportée dans l'accomplissement de cet acte religieux, il a répondu avec cynisme et avec le ton dégagé qui se rencontre dans tout son interrogatoire.

Le lendemain du jour où Roux avait été sanctifié par ce grand acte, où, suivant le juge d'instruction, il était prêt à rendre son âme à Dieu, le magistrat a la singulière idée de confronter la prétendue victime avec l'accusé. Et je lis ici dans le procès-verbal quelque chose que je dois relever, qui m'afflige et me prouve l'illusion singulière dans laquelle se trouvait l'auteur de toute cette procédure : .

« En cet instant, ayant fait conduire à l'hospice Saint-Éloi l'inculpé Armand, nous l'avons mis en présence de *sa victime*. »

Roux n'est plus un témoin, c'est *la victime* d'Armand! Armand n'a plus à se défendre, le juge d'instruction parle de victime et consigne ce mot dans son procès-verbal!

Vous allez voir comment cette *victime*, sanctifiée par le sacrement de l'Eucharistie, va comprendre les devoirs qu'une action aussi sainte devrait lui inspirer.

Armand s'était approché, Maurice Roux lui dit : « Misérable, que t'ai-je fait pour m'avoir ainsi tué? »

L'interrogatoire continue ainsi. Je ne veux pas vous fatiguer par sa lecture. Vous vous rappelez la scène qui a éclaté à votre audience, ces paroles apprises par cœur, répétées d'un ton terne et sourd par cet homme qui cherchait en vain dans son âme vide un sentiment qui n'y était pas. Quant à M. le juge d'instruction, cela l'impressionne vivement. Pour moi, cela aurait suffi à me convaincre que j'étais en face d'un imposteur.

Si Maurice Roux avait reçu Dieu avec piété, il aurait été inspiré par un sentiment d'amour, conséquence du rapprochement de la créature et du divin Créateur. S'il avait accusé, il l'aurait fait avec douceur; il aurait trouvé en lui des sentiments généreux. Sa nature eût été complètement transformée par cette association à l'Être suprême, qui l'avait visité et couvert de ses ailes.

Eh bien, cette victime prétendue, ce moribond, cet homme qui vient de s'unir à Dieu, voici comme il termine son interrogatoire. Un coup de pied passe à travers ses draps, dirigé contre Armand, le manque; mais il atteint un agent de police, qui est renversé.

Je le demande à tous les hommes de bonne foi: est-ce que de semblables scènes ne sont pas significatives et de nature à dessiller tous les yeux? Est-ce que le juge d'instruction n'aurait pas dû comprendre que Maurice Roux ne disait pas la vérité?

Cependant l'illusion a continué. M. le juge d'instruction, voulant que sa conviction fût entière, s'est adressé à des médecins qui ont été chargés de contrôler l'état de Roux, et de dire, d'après les données de la science, quelles conclusions elle en pouvait tirer.

Ici va éclater encore, et avec une évidence bien plus forte, tout ce que j'avais l'honneur de dire relativement à la singulière illusion dans laquelle la justice était tombée, et que, pour ma part, je ne saurais comprendre.

En effet, la cause se réduisait à des termes extrêmement simples. Il fallait que l'assertion de Maurice Roux fût contrôlée, et que des actes vinssent confirmer ses paroles. Il fallait que l'état pathologique constaté par les médecins fût en complète conformité avec ses déclarations.

Quelles étaient ces déclarations? Je vous les rappelle, sans mettre sous vos yeux le texte des interrogatoires. Maurice Roux avait précisé ceci: Descendu dans la cave à huit heures et demie, il avait été suivi par son maître. Agenouillé pour prendre du bois, il avait vu à sa gauche son maître se dresser devant lui, prendre une bûche, lui dire ces paroles: « Je vais t'apprendre si ma maison est une baraque! » et le frapper sur la tête. Il était tombé étourdi, avait ensuite senti qu'on le liait, et qu'il se passait quelque chose d'extraordinaire.

Ce sont là les premières déclarations de Maurice Roux. Dès lors, quel était le devoir du juge d'instruction? C'était de s'enquérir, en consultant les hommes de la science, de l'état du corps de Maurice Roux, de savoir si cet état était tel qu'il prouvât la vérité de ses déclarations. Il fallait de toute nécessité que la nuque, sur laquelle le coup de bûche avait été appliqué, portât la trace de cette contusion violente. Elle avait dû être violente; cela ne peut être contesté puisqu'elle avait produit une commotion.

Il fallait donc rencontrer sur la nuque la trace de ce coup. Si la trace n'existait pas, Maurice Roux en imposait.

Le juge d'instruction a-t-il fait ce qui était nécessaire pour découvrir la vérité? Je ne doute pas un instant qu'il n'ait employé tous ses efforts dans ce but; mais ce que j'affirme avec une égale autorité, c'est que, s'il avait voulu ne pas arriver à ce résultat, il n'eût pas agi autrement qu'il n'a agi. En effet, que s'est-il passé, lorsque Maurice Roux a été examiné dans la cave par le docteur Surdun? Je ne remets pas sous vos yeux le rapport de ce médecin; je n'en lirais des passages que s'il s'élevait entre l'accusation et moi la moindre contradiction.

M. Surdun n'a remarqué aucune espèce de trace sur la nuque, voilà ce qui est constaté dans le rapport officiel qui a servi de base à l'acte d'accusation.

Maurice Roux est transporté dans sa chambre. A deux heures du matin, l'une des personnes qui le soignent s'aperçoit qu'il porte souvent la main vers le cou; qu'il semble y indiquer une douleur, et alors l'un des étudiants en médecine qui se trouvaient près de son lit examine le cou et y aperçoit, non pas la trace d'une commotion, mais une simple érosion. Ce n'est rien qu'une érosion, ou plutôt une excoriation, pour me servir des termes mêmes employés par M. le docteur Surdun.

Ainsi, le 8 juillet au matin, la constatation est celle-ci : Rien. Le cou, visité par les médecins, n'offre pas de trace, ou plutôt il en existe une légère, une simple excoriation, et c'est là, messieurs, précisément ce qui aurait dû être vérifié par M. le juge d'instruction pour s'assurer au moins si cela était compatible avec la déclaration.

Eh bien, permettez-moi de vous dire que M. Surdun a compris la gravité de la question; il a provoqué les investigations de M. le juge d'instruction, et lui a fait sentir qu'il importait de presser les opérations, parce que la trace de l'érosion allait disparaître. Voici, en effet, ce que je trouve dans une lettre de M. Surdun, écrite à la date du 9 juillet 1863, et adressée à M. le juge d'instruction :

Maurice Roux présente une *très légère* écorchure de deux centimètres de longueur sur un centimètre dans sa plus grande largeur, marquée en long sur la saillie du muscle trapèze droit, à quatre centimètres et demi environ de l'insertion supérieure de ce muscle sur la crête occipitale externe. Cette mesure n'est exacte qu'autant que la tête est légèrement inclinée en avant pour bien voir cette petite plaie *superficielle*.

« Il serait très important de pouvoir déterminer d'une manière exacte : 1° si cette petite lésion a été produite par un corps contondant et couvert d'aspérités; 2° si le coup a été porté avec une violence suffisante, dans cette région, pour produire la syncope. La *précision* et l'*affirmation*, qui sont, je crois, rigoureusement nécessaires en cette occurrence, m'ont engagé à beaucoup de réserve et à vous soumettre mes doutes, en vous priant de m'adjoindre, pour la détermination de ces faits, un médecin jurisconsulte dont les lumières et l'expérience sont tout à fait indispensables; *et, cela, le plus tôt possible, car cette plaie superficielle pourrait n'être bientôt plus qu'une trace imperceptible.* »

Ainsi le 9 juillet, c'est-à-dire quarante-huit heures après le crime, M. Surdun constate une simple érosion, et il veut que cette érosion soit immédiatement vérifiée, car la trace imperceptible pourrait bien disparaître.

Je ne raisonne pas; je me contente simplement de faire appel à votre bon sens pour vous rappeler que ce qui se passe pour une érosion est précisément le contraire de ce qui a lieu pour une ecchymose. L'ecchymose ne laisse pas de trace à la surface, et l'altération des tissus intérieurs se manifeste par des signes connus de tout le monde.

Il est donc bien établi que la déclaration de M. Surdun ne peut pas se rapporter à une ecchymose. Mais je ne m'arrête pas à ces questions, et je vais droit au fait juridique, à celui qui va nous occuper.

Voilà donc l'attention des juges mise en éveil; il faut qu'ils fassent vérifier le cas par des médecins.

Et en effet, le juge d'instruction rend une ordonnance, sur les termes de laquelle j'appelle toute votre attention, Voici comment elle est conçue :

« Nous, Henri Amilhau, juge d'instruction de Montpellier, vu les rapports de MM. Brousse et Surdun, docteurs en médecine, commettons MM. Dumas et Dupré, professeurs à Montpellier, de se transporter, après serment, et de procéder aux recherches ayant pour objet les faits suivants :

« 1º Un coup porté sur la nuque peut-il occasionner une commotion? Peut-il occasionner une syncope?

« 2º Est-il nécessaire qu'un coup ait été violent ou très violent pour provoquer la commotion et amener la syncope, quand ce coup est porté dans la région précisée dans le rapport de M. Surdun?

« 3º Un coup porté sur la nuque et susceptible d'amener la commotion ou la syncope doit-il toujours laisser au moment même des traces marquées de contusion et en particulier des ecchymoses? Desquelles visites et recherches, MM. Dumas, Dupré et Surdun nous adresseront immédiatement un rapport *détaillé* contenant, sur les questions soumises, avis *motivés* conformément à la loi.

« Fait à Montpellier, le 10 juillet 1863.

« *Le juge d'instruction,*

« H. J. AMILHAU. »

Eh bien, messieurs, je dis qu'un rapport qui doit être fait sur de telles questions ne peut aboutir à aucune espèce de conclusion, parce que ces questions sont des questions théoriques. Le juge d'instruction, au lieu de borner la discussion à un fait précis, l'a portée au contraire dans le domaine élevé de la science. Ce n'est pas ainsi qu'il fallait procéder, il fallait s'en tenir au fait en lui-même. On s'est égaré dans des généralités, et Dieu sait combien les opinions peuvent diverger sur un même fait pris au point de vue théorique! Ce que la science était appelée à constater, c'était le fait matériel, et c'est là précisément ce qu'on n'a pas l'air de demander et ce qu'on n'a pas demandé en effet. Ainsi dans la dernière question on demande, non pas si la trace existe (nous sommes au 10 juillet, remarquez-le bien), mais si la trace doit avoir existé au moment même où le crime a été commis. La question ainsi posée, cela soit dit sans vouloir nuire à M. le juge d'instruction, était posée d'une manière fausse et captieuse.

Après avoir ainsi établi ce que je reproche à M. le juge d'instruction, je passe maintenant à MM. les docteurs, et je ne puis m'empêcher de leur adresser également un reproche.

Qu'a demandé M. le juge d'instruction? Il a demandé un avis détaillé et motivé. Qu'a-t-il obtenu? trois mots, trois monosyllabes : *oui, non et non*.

Et c'est avec ces trois mots que vous avez édifié votre procédure criminelle? c'est avec ces trois mots que depuis huit mois vous tenez cet innocent en prison, que vous avez passionné l'opinion publique contre lui, que vous avez pu répandre ces calomnies officielles, dont je ne vous accuse pas, mais qui n'en pèsent pas moins sur sa vie!

Trois mots! alors que le juge a demandé un avis détaillé et motivé! Je ne puis supposer qu'une chose, c'est que les médecins n'ont pas compris sa pensée. Mais ce qui m'étonne en même temps, c'est que, quand il a reçu ce rapport, il ne leur en ait pas demandé un autre, car enfin, il faut qu'une opinion, quand elle est exprimée, repose sur des phrases qu'on puisse discuter. Malheureusement ce rapport ne contient rien, absolument rien que ces trois mots : *oui, non et non*. C'est un couteau qui tranche, ce n'est pas une pensée qui éclaire.

Voilà ce que c'est que ce rapport, ce simulacre de rapport, car je ne saurais lui laisser ce nom. Aussi, quand il m'a été apporté par la famille, et qu'avec ardeur j'ai dévoré cette constatation médicale, j'ai senti une douleur profonde, dont je décharge aujourd'hui mon âme qui en a été si longtemps oppressée. Je me suis demandé comment il était possible, avec la législation libérale qui nous régit, avec cette magistrature qui ne veut que la vérité, que de pareils faits pussent se produire, et j'ai douté en me demandant si de même je ne pourrais pas être moi aussi l'objet d'une violence et d'une persécution semblables.

Non seulement telle est l'impression pénible que devait produire ce rapport, mais il nous a encore conduit forcément à cette conviction qu'il n'y avait pas, qu'il ne pouvait y avoir de coup ni de commotion.

Aujourd'hui, le doute n'est plus possible.

Vous avez entendu les témoins; le plus intéressant, parmi eux, est sans contredit celui qui le premier a soigné le malade, car les dissertations plus ou moins savantes qui nous ont été présentées par les hommes éminents, devant les études desquels je suis prêt à m'incliner, ne valent pas les observations techniques recueillies au lit du patient par la sœur de charité ou la garde-malade. Eh bien! ce témoin, que vous a-t-il dit? Que ces phénomènes, qu'on s'est plu à énumérer, n'ont jamais apparu.

Triadou a été interrogé, et voici quelle a été sa réponse à l'audience :

« Je n'ai pas remarqué que ce fût un coup à la nuque; c'était une simple excoriation, et trace en a existé plusieurs jours. »

Un autre témoin a constaté seulement trois lignes radiées au cou.

« Quand Maurice Roux a été apporté à l'hôpital, il marchait, dit-il, vers sa guérison. »

Quant à M. Dupré, il s'en est expliqué avec plus de détail, et voici ce qu'il dit :

« J'ai constaté une excoriation, une sorte d'érosion, sur la partie droite de la nuque; les cartilages du cou étaient parfaitement conservés. »

Et lorsque M. le président lui a demandé s'il avait remarqué les symptômes d'une commotion, il a répondu sans hésiter : *Aucun*, de la manière la plus formelle.

Voilà, messieurs, ce qu'on aurait pu savoir dès le 10 juillet, si l'on avait voulu le savoir, si l'on en avait pris les moyens. Loin de là, on a suivi une route qui devait conduire à l'erreur. On a posé des questions vagues et captieuses qui devaient amener les réponses qu'elles ont amenées. Et tandis qu'on devait s'éclairer et faire éclater l'innocence de cet homme et l'imposture de son dénonciateur, la justice n'a pas pris les moyens nécessaires pour trouver et connaître la vérité.

Que voulez-vous que je vous dise sur l'alibi? Vous avez entendu les témoins, vous avez entendu la femme de chambre de madame Armand qui déclare avoir entendu fredonner l'accusé dans sa chambre à huit heures et demie.

Quant à Maurice Roux, de ce qu'il a les mains liées derrière le dos, résulte-t-il une preuve en faveur de l'accusation? N'est-ce pas plutôt, s'il joue la comédie odieuse qui maintenant éclate à tous les yeux, un simulacre de sa part?

Enfin, pour ce qui est du mutisme, il n'existait pas en réalité. Il est évident que cet homme, qui donnait tous les signes d'intelligence possible, n'était pas paralysé.

Eh bien, rien de tout cela ne frappe les yeux de la justice. Elle ne veut pas voir qu'il n'y a pas eu de coup donné ; elle se bande les yeux, afin que la réalité lui échappe.

Voilà la vérité, je l'affirme et j'ai le droit de dire non seulement qu'Armand sortira de ces débats acquitté, mais qu'il n'a jamais été accusé, et que son innocence aurait éclaté dès le premier jour, si la magistrature, obéissant à un sentiment généreux, n'avait pas craint, en repoussant l'accusation, de paraître se mettre au service du fort contre le faible. Aux clameurs qui s'élevaient de tous côtés, je comprends qu'on ait perdu la tête, qu'on se soit lancé à l'aveugle à la recherche de l'impossible ; mais aujourd'hui que la vérité s'est fait jour, que cette funeste affaire serve d'exemple, que ce soit la dernière victime de semblables erreurs, et qu'à l'avenir les innocents ne soient plus menacés.

Si tout cela est vrai, et vous en êtes comme moi convaincus, qu'ai-je besoin, messieurs, de vous fatiguer davantage ? Évidemment c'est inutile. Et quand il est bien établi que l'alibi protège Armand, qu'il n'y a pas eu de corps de délit, qu'il n'y a pas eu de coup porté, à quoi bon, après l'admirable plaidoirie qui vous a été présentée hier, revenir sur des faits qui établissent d'une façon si claire qu'Armand a été victime d'une imposture de la part de celui qui est venu ici jouer sa grossière comédie ?

Vous le savez, messieurs, et je vous le disais il n'y a qu'un instant, cet homme avait l'intelligence si saine et si présente, que, dès le lendemain, dans la nuit, il était capable de suivre la composition des mots sur un alphabet.

Rien ne lui échappait, et quand on nous a demandé dans quel but, selon nous, il pouvait contrefaire le muet, la réponse est bien simple, et vous le comprenez, messieurs, aussi bien que nous ; il voulait donner une apparence de gravité à l'état qui lui valait l'intérêt de tous. Il était bien aise de pouvoir composer son rôle, il observait à merveille tout ce qui se passait autour de lui. Qui sait si ce n'est pas à ces observations qu'a été due l'érosion qu'on a remarquée à deux heures du matin ? Elle n'y était pas quand on l'a relevé ; mais autour de lui les magistrats ont causé, ils ont cherché à se rendre compte de son état ; il a entendu parler de violences possibles sur sa personne ; alors cet être malade, qui ne pouvait que remuer les yeux quand il était question de feindre le mutisme, se sera fait cette écorchure et l'aura fait apparaître aux yeux de l'étudiant.

Quoi qu'il en soit de cette conjecture, ce qu'il y a de certain, c'est que le mutisme était joué.

Ce n'est pas sans dessein que je lui ai posé à l'une de vos audiences cette question qui m'a valu de sa part une réponse qui a été à bon droit relevée à l'audience d'hier. J'avais voulu savoir s'il avait essayé de parler, et vous savez comment la parole lui a été rendue. Il a parlé comme par miracle, au moment où il a cru qu'il était au courant de son rôle, qu'il pouvait le jouer et tromper la justice. Malheureusement, il y a réussi.

Mais quant à cette simulation, qui est démontrée pour moi comme la lumière du jour, est-ce que la scène du 17 novembre ne vient pas encore la démontrer d'une manière évidente pour tout le monde?

Suis-je obligé de rentrer dans ces détails, et, après ce qu'a dit Lachaud, de vous rappeler que, le 17 novembre, il a voulu sortir seul, qu'il a refusé le secours du sergent de ville, qu'il s'est attardé sans raison dans la rue, qu'il a suivi un chemin opposé à la destination vers laquelle il devait se diriger? N'est-il pas certain qu'il s'est perdu volontairement? et ce personnage qu'il vous représente dans son récit comme sympathique à ses souffrances, ce beau jeune homme, couvert d'un chapeau rond et d'un paletot noir, qui a commencé par dire : « qu'Armand est une canaille », n'est-ce pas l'esprit familier de cet être pervers qui l'assiège pendant la nuit, qui lui inspire ses desseins? Est-ce qu'il ne l'a pas évoqué pour tromper encore une fois la justice? N'est-il pas certain que dans cette rue il s'est frappé lui-même, qu'il s'est entamé de ses propres mains le cuir chevelu, pour obtenir ainsi le sang qui devait tacher les bandelettes avec lesquelles il comptait se présenter le lendemain devant la cour d'assises? C'était un complément dramatique qu'il avait inventé, et quand les médecins se sont opposés à ce qu'il se rendît à l'audience, il a été de mauvaise humeur; il aurait voulu que le public de Montpellier l'escortât sur une civière de commande, afin d'obtenir des dommages-intérêts plus considérables et une ovation plus triomphale.

Est-ce que cette scène ne le démontre pas? Je n'en retiens qu'une circonstance.

Cet homme, frappé dans la rue des Augustins, aurait été, suivant le témoignage des docteurs, atteint d'une subite commotion, car, en arrivant à l'*Hôtel de la Croix-de-Malte*, sa voix était lente et difficile, et il ne retrouvait pas ses idées. Et cependant, sur les lieux mêmes, il les avait bien retrouvées, puisqu'il poussait des cris assez forts pour être entendus à 200 mètres de distance : « Au secours! à l'assassin! »

On arrive près de lui, et cet homme qui a de la peine à articuler une parole, qui est là la face contre terre, c'est-à-dire qui, au moment où l'on approche, a voulu se donner la physionomie d'une victime, afin que personne ne pût croire qu'il venait de combiner un nouveau simulacre, cet homme est cependant si bien maître de ses esprits et de ses sens, qu'au bras de celui qui l'accompagne il raconte toute son histoire et éclate en imprécations contre Armand.

La vérité tout entière n'apparaît-elle pas à votre pensée? Ai-je besoin d'efforts nouveaux pour la faire luire à vos yeux? Ce serait faire tort à votre intelligence que d'insister davantage.

Si d'ailleurs vous vous arrêtez sur certains autres détails, vous voyez luire aussitôt la possibilité de la trame qu'il a ourdie; vous voyez toutes ses passions mauvaises qui se résument en sa personne dans une haine profonde de la domesticité. Vaniteux, débauché, infidèle, il s'armera contre un maître rigoureux, mais juste, qui ne veut pas subir tous ses écarts, et qui, jaloux de maintenir chez lui une autorité moins élastique que celle qu'on rencontre chez M. Madier de Lamartine, fait des reproches à son domestique, et s'attire, au lieu de mauvaises réponses, ces sourdes protestations de la haine sombre et farouche préméditant dans la solitude le dessein odieux qu'elle osera exécuter.

N'est-ce pas l'attitude qui a été prise par cet homme? n'est-ce pas le tableau vivant de cette perversité qui est un des fléaux de la société moderne, mais qui, je l'espère, disparaîtra grâce aux bienfaits de la civilisation, de l'éducation et de l'adoucissement de nos mœurs? N'est-ce pas aussi le dernier mot, la moralité de ce procès, et n'ai-je pas le devoir de protester contre les dernières paroles de M. le procureur général, qui nous disait qu'un acquittement serait un scandale et ferait douter de l'infaillibilité de la justice? Eh bien, cet acquittement, il nous le faut, car il ressort de la manière la plus évidente de la question subsidiaire que vous avez posée vous-même. Est-ce que votre obligation n'est pas, en effet, de tout prouver? Vous avez affirmé dans l'acte d'accusation que Maurice Roux avait été assommé et étranglé. Vous aviez raison de parler ainsi, et vous ne pouviez dire autrement, car c'est sur sa seule parole que vous avez prononcé; il est votre unique témoin. Il a déposé trois fois; dans deux interrogatoires, il a fait connaître que les actes s'étaient succédé sans interruption, et qu'il s'en était bien rendu compte. Il l'a dit encore à cette audience. Il ne vous est donc pas possible de vous séparer de cette solidarité; elle est acquise aux débats; il vous est interdit d'aborder une autre version, qui ne serait maintenant pour vous qu'une œuvre de pure fantaisie.

Maurice Roux a déclaré que ces actes se sont accomplis simultanément. Le prouvez-vous? Non, la preuve en est impossible, et vous déclarez vous-mêmes que ce système est inadmissible. Quel est donc votre système? Vous supposez qu'Armand serait descendu une

seconde fois à la cave ; vous l'avez dit dans votre premier réquisitoire. Remarquez, je vous prie, quel chef-d'œuvre de logique ! vous
ne pouvez pas seulement établir qu'il y soit allé une seule fois, et
vous l'y faites maintenant descendre à deux reprises différentes !

Je ne veux pas non plus relever les contradictions qui existent
entre M. le procureur général et M. l'avocat général. M. le procureur général avait abandonné les propos rencontrés sur les lèvres de
certains témoins de Montpellier, et M. l'avocat général a voulu au
contraire les recueillir. Il s'est placé ainsi en complète contradiction
avec le chef de son parquet. Ne nous occupons pas de toutes ces
choses. Qu'importe que la femme Caze, dans son intempérance de
langue, ait pu répandre un bruit faux ? Ce n'est pas dans tous les cas
sur un semblable bavardage que l'on peut fonder une accusation.
De tous les faits avancés, il n'y en a donc aucun qui subsiste.

Et quant à la question subsidiaire, voyons en quoi consiste le
système du ministère public. Car enfin Armand comparaît ici sous
l'accusation d'un meurtre, d'une tentative d'assassinat. Il a frappé
son domestique pour lui donner la mort ; et s'il l'a ensuite attaché
par le cou, s'il lui a lié les mains derrière le dos et garrotté les jambes,
ce n'est que pour mieux assurer son crime. Voilà le texte de l'accusation. Il vous est impossible d'en modifier un fait ; mais vous voudriez
maintenant en changer la moralité. D'après votre système, que j'ai
écouté avec soin, vous supposez qu'après avoir frappé son domestique sans vouloir lui donner la mort, Armand l'avait garrotté pour
faire croire à un simulacre de suicide ou d'assassinat. Eh bien,
Lachaud a eu raison de dire que, si une pareille supposition était
admissible, Armand ne serait pas seulement un assassin, mais un
monstre. Supposez que dans un moment de colère, dans un instant
d'emportement irréfléchi, Armand eût frappé cet homme avec une
bûche et l'eût vu gisant à ses pieds ; mais il vous a dit lui-même : Je
serais allé à son secours ! Et en effet si un tel malheur lui fût arrivé,
soyez bien persuadés, messieurs, qu'il aurait voulu racheter cette
faute au prix de son sang. Non, messieurs, vous ne pouvez croire à
une pareille infamie. Après la scène qui vous a été racontée et qui
s'est passée entre lui et M. Corvetto, cette scène où, après lui avoir
renversé son chapeau parce que celui-ci l'avait insulté, Armand va à
sa rencontre, se jette dans ses bras, le prie de tout oublier, cette
scène depuis laquelle il n'a cessé d'être son meilleur ami, toute supposition de ce genre est impossible. Et quand on vient vous dire
qu'en face de ce domestique abattu à ses pieds, au lieu d'être éclairé
par un mouvement de pitié, il a été assez abandonné de Dieu pour
se ruer sur lui et se livrer à cet étrange calcul : Je vais le garrotter,
lui entourer le cou et faire croire ainsi à un suicide ; ne le croyez

pas, messieurs ! Est-ce que ce n'est pas violer la raison ? Est-ce que l'esprit de M. le procureur général n'a pas protesté contre sa parole, quand il a présenté un pareil système ? Non, messieurs, Armand n'est pas cet homme ; il n'est pas un assassin, il n'est pas ce monstre compliqué, combinant ces moyens subsidiaires qui révoltent la conscience plus encore qu'un crime irréfléchi.

Il est honnête homme, et vous allez l'acquitter.

Quant à moi, je suis coupable de retenir si longtemps ce verdict qui est déjà sur vos lèvres. Je n'aurais pas voulu le retarder, et Dieu m'est témoin que si j'ai agi ainsi, c'est que j'ai senti que j'avais un grand devoir à remplir, et qu'en face d'une procédure qui contenait les actes que j'ai à bon droit qualifiés, il importait que le monde entier les connût pour les juger en même temps que vous.

Mais pour vous, dans la sphère où se meut votre libre et indépendante conviction, c'est le salut de l'accusé qui doit vous préoccuper, en même temps que celui de la société auquel il est intimement lié. Et vous voyez à quel danger effroyable la sagesse des magistrats nous a permis d'échapper ! Si, en effet, dans une autre enceinte, assaillie par le bruit des clameurs populaires, la vérité n'eût pu se manifester, si ma voix se fût brisée sans écho devant des résolutions qui l'auraient étouffée, un innocent aurait pu monter sur l'échafaud, et sa famille en deuil, l'erreur reconnue, aurait vainement demandé à ses juges un époux, un parent, un protecteur qui lui aurait été ravi.

La condamnation d'un innocent, messieurs, on l'a dit avec raison, c'est le désespoir de tous les honnêtes gens, et plus encore, laissez-moi ajouter, c'est leur mise en suspicion. Mais non ! Voici le jour où éclate la réparation, où se fait la réhabilitation. Ah ! il est le plus beau qu'on puisse imaginer sur la terre; nulle joie plus pure, plus vraie, ne peut exister que celle qui inonde mon cœur se reposant dans l'honnêteté des vôtres ; et quand je vous livre le sort de cet homme, je sais que la sentence sera la gloire des juges, le salut de la société, l'apaisement de toutes les mauvaises passions.

Le prévenu est acquitté et mis immédiatement en liberté. Mais malgré la déclaration de non-culpabilité, la cour condamne M. Armand à 20,000 francs de dommages-intérêts et aux frais de l'incident.

Aussi M. Armand se pourvoit-il immédiatement en cassation. L'arrêt de la cour d'assises d'Aix est cassé, et la cause est renvoyée au tribunal civil de Grenoble. A l'audience du 19 janvier 1865, Me Jules Favre prend la parole en ces termes :

TRIBUNAL CIVIL DE GRENOBLE

AFFAIRE ARMAND

MESSIEURS,

Si je n'avais à m'occuper que du résultat juridique de l'action intentée par Maurice Roux contre M. Armand, je pourrais, je devrais peut-être, malgré la remarquable et habile plaidoirie que vous avez entendue à l'audience d'hier, attendre, dans un respectueux silence, la décision que la sagesse de vos consciences a déjà prononcée; mais en acceptant la tâche que m'a imposée M. Armand, j'en ai compris toute l'étendue; sa cause, je puis le dire, est devenue la mienne, et je lui dois tout ce que mon intelligence et mon cœur peuvent inspirer d'élans. Pour moi, ce n'était point assez d'avoir brisé ses fers, il fallait en effacer la trace, le venger et faire briller sur son front ce rayon divin d'innocence, dont la clarté dissipe toutes les obscurités et tous les doutes.

Cette transfiguration, messieurs, elle s'est opérée sur les bancs de la cour d'assises d'Aix par la seule force de la vérité, par cette puissance seule que l'honnête homme exhale, et jamais, j'en appelle à tous ceux qui ont assisté à ce grand drame, il ne s'en est vu de plus satisfaisante et de plus complète; dès la première heure, l'évidence avait éclaté, et elle n'a fait que grandir pendant le cours de ces longs débats. Il semblait que ce fût comme un flot impétueux, montant jusqu'à la conscience de tous et courbant toutes les intelligences sous son ascendant dominateur. Aussi, messieurs, le verdict était-il rendu bien avant d'être prononcé, et nul n'aurait osé émettre un doute sur son résultat. Vous savez comment il fut accueilli.

Cependant, au loin, grondaient de sombres passions. Leur écho eut un retentissement jusqu'aux pieds de la justice; surprise un instant, égarée, la loyauté des magistrats fut trompée, et de cette erreur naquit l'arrêt du 25 mars dernier, qui fut déféré à la cour de cassation. De cet arrêt vous savez ce qu'il advint : les mains puis-

17

santes de la cour suprême l'ont mis en poussière, et c'est vous, messieurs, qui êtes chargés de dire le dernier mot sur cette grande
question, qui est à la fois criminelle et sociale. C'est de votre intelligence que nous attendons l'éclaircissement de toutes les incertitudes
et l'apaisement de toutes les passions. Et quant à moi qui ai l'insigne
honneur de concourir à cette œuvre, je ne puis oublier, en paraissant
à cette barre, ni les liens si anciens qui m'unissent à ce généreux
pays, ni les souvenirs du passé. Il y a vingt-cinq ans, je paraissais ici
bien jeune, défiant de mes forces, mais confiant comme aujourd'hui
dans la sainteté de la justice, venant, au nom du fils de la victime
des factions populaires [1], demander pour elle la faveur d'une solennelle réhabilitation, réclamer le droit de protester contre d'indignes
calomnies, et de venger celui qui avait payé sa dette vis-à-vis de la
société, contre les lâches attaques des ennemis survivant à son supplice.

Vous le savez, messieurs, ma faible voix a été entendue, votre sentence a provoqué d'unanimes acclamations, et, quand je me reporte
à ces temps éloignés, j'y retrouve ces mêmes sentiments de respect
et de reconnaissance vis-à-vis des magistrats qui m'écoutent encore
aujourd'hui dans cette enceinte.

Mais, hélas! depuis cette époque lointaine, que de souvenirs douloureux je suis forcé de traverser! que d'amis absents! que de vides
au milieu de nous! que de généreuses existences éteintes!

Ici, messieurs, où je rencontre, près de tant de confrères éminents,
un accueil sympathique dont je suis heureux et fier, je serais bien
ingrat si je ne payais pas cette dette d'amitié. Mais au lieu d'y affaiblir mon âme, je la retrempe à ces souvenirs; s'ils ont vécu, ces
hommes que nous aimons encore, même après qu'ils ne sont plus,
dans le culte du devoir et du droit, ils ont honoré leur profession;
sachons donc être dignes d'eux, et, pour cela, ne désespérons jamais
du triomphe de la vérité, même quand elle est un instant obscurcie;
et de même que j'ai trouvé votre justice vigilante et ferme quand je
l'invoquais au nom du fils de la victime, quand je viens la réclamer
au nom de la victime elle-même, au nom de celui qui a souffert d'une
abominable calomnie, je suis sûr qu'elle ne me fera pas défaut.

Au surplus, je suis dans la nécessité, pour rencontrer, je ne dirai
pas un sujet de doute, mais au moins un motif de discussion, de monter à ces hauteurs; car, si je restais dans la sphère du procès lui-
même, je chercherais vainement sa raison d'être, son explication légale.
Je ne la trouve pas, elle n'existe pas.

Mais j'entre dans ma cause, et je vais chercher à préciser très net-

1. Simon Didier, fils de Paul Didier.

tement quels sont les points qui plus particulièrement doivent attirer votre attention, et qui certainement seront appréciés par vous.

De quoi s'agit-il ? d'une demande en dommages-intérêts. Sur quoi est-elle fondée ? sur l'allégation de violences qui auraient été commises par M. Armand contre la personne de Maurice Roux. Quelle est la nature de ces violences ? Elles ne peuvent constituer ni crime ni délit. En effet, messieurs, ces deux questions ont été discutées devant la cour d'assises d'Aix, et elles y ont été résolues. Le jury a répondu par son verdict, en premier lieu, que M. Armand n'était pas coupable d'avoir attenté à la vie et à la personne de Roux ; en second lieu, qu'il n'était pas coupable de lui avoir porté des coups et fait des blessures volontaires.

Vous le voyez, messieurs, on ne saurait être plus explicite. Aussi, par la fatalité de sa situation, par une de ces impossibilités qui ont pesé même sur la plaidoirie de mon honorable et habile contradicteur, Roux ne pouvait pas, dans le peu de mots qu'il a employés, ne pas se heurter à la déclaration du jury ; et il se mettait en contradiction avec elle quand il disait, dans ses conclusions, que les actes qui étaient la source du préjudice et qui demandaient une réparation, « des actes auxquels M. Armand s'était livré à son encontre. »

Voici comment, avant le verdict du jury, je l'avoue, mais ma conviction était entière à cet égard, voici comment, pendant le quart d'heure de la délibération du jury, je rédigeai les conclusions que je vous demande la permission de vous lire ; car elles délimitent le terrain exact où doit se renfermer la discussion :

« Attendu que tout demandeur doit justifier de l'existence du fait sur lequel s'appuie son action ;

Que, lorsqu'il s'agit devant la juridiction criminelle comme partie civile, cette justification doit porter sur l'existence même du crime ou du délit imputé à l'inculpé ;

Attendu, dans l'espèce, que Maurice Roux, entendu comme témoin dans une poursuite de tentative d'assassinat sur sa personne dirigée contre M. Armand, s'est, au moment de la clôture du débat, porté partie civile ; que, dès lors, il doit prouver ou la tentative d'assassinat en question ou tout au moins un fait criminel ou délictueux s'y rattachant ;

Attendu qu'outre la question relative à la tentative d'assassinat, la cour a posé au jury une question subsidiaire de coups et blessures sur la personne de Roux ;

Attendu que la réponse du jury étant négative sur les deux questions, *le fait disparaît complètement, non seulement quant à l'intention criminelle, mais encore quant à la matérialité même* ;

Attendu que Roux, témoin unique dans la procédure, en ce qui concerne le fait reproché à Armand, ne peut, comme demandeur, s'appuyer sur sa propre déclaration, détruite au surplus et par son indignité et par tous les autres faits de la cause ;

Que, dans de pareilles circonstances, la cour ne pourrait accueillir ses conclusions sans violer la chose jugée, et se mettre en contradiction avec l'évidence des preuves qui ont déterminé son verdict;

Par ces motifs, déclare Roux non recevable, etc. »

Qu'a fait Maurice Roux après l'arrêt de la cour de cassation, qui remettait tout en question? Le voici ; son procédé est infiniment simple : il a signifié à M. Armand, à la date du 12 août 1864, l'arrêt de la cour de cassation. C'est là son titre ; c'est sur ce document qu'il s'appuie pour réclamer 50.000 francs de dommages et intérêts :

« Attendu que le sieur Roux a le plus pressant intérêt pour que sa demande reçoive une solution judiciaire, j'ai... signifié au sieur Armand l'arrêt rendu par la cour de cassation le 7 mai dernier, et en outre lui ai donné assignation pour comparaître à Grenoble par-devant le tribunal civil... à l'effet de s'entendre condamner à la somme de 50,000 francs, à titre de dommages-intérêts et en réparation du préjudice, etc., etc. »

Ainsi la demande de Maurice Roux n'est motivée que sur le pressant intérêt qu'il a d'obtenir une somme de 50.000 francs. Assurément, messieurs, c'est un motif comme un autre, mais je ne sache pas qu'il soit très juridique; Maurice Roux rencontrerait sur ce terrain un trop grand nombre de concurrents, et M. Armand ne saurait véritablement comment se défendre. Il faut donc chercher ailleurs un autre motif, cet autre motif, nous le chercherions vainement dans la procédure civile, car cette procédure, encore une fois, est tout entière dans les quelques lignes que je viens de mettre sous vos yeux. Articule-t-on quelques nouveaux faits ? Aucun... Réclame-t-on une investigation nouvelle ? Pas davantage. Nos adversaires ne prétendent rien au delà de ce qui a été déjà apprécié par le jury ; et c'est précisément, messieurs, sur ces documents qu'ils vont se fonder pour établir la validité de leur demande.

J'aurais pu, messieurs, les arrêter aux premiers mots, et leur dire que de cette procédure criminelle aujourd'hui complètement close, de ce débat oral qui ne leur appartient pas, il n'y a pas un élément qui puisse devenir une base solide et juridique de la décision civile qu'ils sollicitent de vous. Je ne l'ai pas fait, messieurs ; j'ai voulu, au contraire, épargner au tribunal des discussions qui auraient pu ressembler à une sorte d'inquiétude éprouvée par M. Armand ou par ses conseils. Ils ne sollicitent que la lumière ; d'où qu'elle vienne, ils seront reconnaissants à ceux qui la feront jaillir. Ils ne redoutent d'objections d'aucune sorte ; ils sont prêts à répondre à toutes, bien convaincus qu'ils sont dans la vérité et qu'ils sauront la démontrer à leurs juges.

Cependant, messieurs, tout en faisant ces larges concessions, il ne m'est pas possible de dissimuler l'étonnement que m'a fait éprouver je ne dirai pas le système, je vais l'examiner dans un instant, mais tout au moins le procédé qui a été suivi par mon honorable adversaire.

Quelles sont, messieurs, les pièces sur lesquelles il s'est appuyé pour établir la thèse qu'il a très nettement posée, à savoir : que Maurice Roux pouvait demander des dommages-intérêts à M. Armand parce que celui-ci se serait rendu coupable vis-à-vis de lui de coups volontaires? Mon honorable adversaire s'est borné à des extraits d'une publication qui n'est qu'une œuvre de librairie, plus ou moins exacte, mais qui, à coup sûr, n'a jamais eu un caractère officiel et juridique. Que cette publication soit répandue par M. Armand, qui, ne désirant que la manifestation la plus complète de la vérité, la cherche même dans des documents incomplets, cela se comprend à merveille. Que M. Armand y puise même les éléments relatifs à sa défense, quitte à subir la contradiction de son adversaire, rien de mieux encore! Mais que le demandeur, celui, ne l'oubliez pas, messieurs, qui doit apporter à la justice la preuve faite, l'élément sur lequel le tribunal s'appuiera pour condamner, ou, s'il n'a pas cet élément, qui doit solliciter une investigation nouvelle, une mesure préparatoire pouvant dégager la cause des obscurités qui l'enveloppent encore; que le demandeur, dis-je, apporte une publication à laquelle M. Armand est complètement étranger, et qu'il puisse dire, non pas en la lisant, mais en la consultant, en en citant des fragments : Voici la preuve, voici tels témoignages, tels rapports, telles observations; Maurice Roux a été battu, c'est Armand qui lui a donné un coup; ce coup est assez grave pour placer Maurice Roux dans l'état où il est et, en conséquence, Armand lui doit 50,000 francs de dommages-intérêts; c'est là, messieurs, vous l'avouerez avec moi, ce qui est nouveau, et, j'ai le droit de le dire, souverainement illégal et dangereux. Si jamais il était permis d'introduire dans les habitudes judiciaires une preuve tirée d'une pièce qui, en réalité, n'appartient à personne, qui n'a aucun caractère juridique, dont aucune des parties ne peut, ne veut prendre la responsabilité, il est incontestable qu'on aboutirait aux plus étranges et aux plus intolérables conséquences.

De cette publication je ne veux dire qu'un mot, c'est qu'elle est une analyse, mais une analyse nécessairement abrégée des débats qui se sont déroulés devant la cour d'assises d'Aix. Je dis nécessairement abrégée, messieurs, et je n'en fais pas un reproche aux auteurs de cet écrit : les débats ont duré quatorze jours; les audiences étaient de six à sept heures; il aurait fallu, pour être complet, mettre sous les yeux du public un fatras indigeste qui, assurément, eût lassé sa patience. M. Armand, cependant, a fait relever par des sténographes du Sénat la totalité de ces débats; si vous le désiriez, cette sténographie passerait sous vos yeux, et, c'est le seul intérêt de mon observation, justifierait ce que je dis, à savoir que cette publication est nécessairement incomplète : et, si elle est incomplète, messieurs, quels éléments juridiques pouvez-vous y puiser pour prononcer une condamnation? Que vous y trouviez des éléments de justification, encore une fois, je le comprends, car les faits qui y sont cités sont exacts; mais si d'autres faits, exacts aussi, n'y sont pas rapportés, qui peut vous dire que ces faits ne seraient pas également justificatifs? Et comment! vous, juges civils, interrogeant, je le veux, et je ne soulève pas ici cette grande et difficile question, interrogeant les documents de la procédure criminelle pour asseoir votre conviction, vous ne voudriez pas les connaître dans leur entier! vous vous contenteriez d'une froide analyse! vous ne sauriez pas tout ce qui a été dit par les témoins! Évidemment, si vous suiviez un pareil fil conducteur, vous aboutiriez à l'erreur nécessairement; et mon honorable adversaire n'y a pas songé quand il a fait de ce seul document la base de sa discussion.

Peut-on, au moins, messieurs, pour appuyer ce document et le compléter, consulter la procédure criminelle qui résulte de l'information faite devant le juge d'instruction de Montpellier? J'ai dit tout à l'heure, messieurs, qu'il n'était pas dans ma pensée de soulever une question de cette nature; je le pourrais cependant, et je crois, messieurs, qu'avec les véritables principes, je n'aurais pas de peine à démontrer que, lorsqu'une procédure a été suivie d'un verdict d'acquittement, cette procédure a cessé d'exister; qu'elle peut avoir été tellement bouleversée par les témoignages oraux, par les incidents de l'audience, qu'il y aurait un danger considérable à y puiser un élément de conviction quelconque. Que les juges puissent la consulter à titre de renseignements, la parcourir pour voir si une enquête nouvelle est nécessaire, soit! Mais une procédure émanée d'un juge d'instruction dessaisi, laquelle n'a été qu'un acte préparatoire, une sorte d'introduction à ce grand et solennel débat qui, d'après la législation moderne, fait seul la conviction du jury, cette procédure n'a plus de valeur juridique, elle ne peut enchaîner vos consciences, elle ne peut être invoquée, elle ne peut être visée dans aucune de nos discussions; elle n'est pas une base légale de condamnation.

Quelle est, messieurs, la conséquence de ces observations, qui me paraissent, quant à moi, tout à fait incontestables? C'est que, dans l'état du débat, il n'y a rien qu'une affirmation de Maurice Roux, et son système. Quand même, à côté de ces éléments si fragiles et si suspects, je rencontrerais, pour m'y attacher et les discuter, tous ces autres éléments que je viens d'écarter d'une main, au nom des principes, mais en me promettant, à l'exemple de mon honorable adversaire, de les consulter à mon tour et d'y trouver des éléments

de justification : quand bien même, dis-je, je serais condamné à
entrer dans cette discussion de détails, ce sera encore sans crainte ;
et en interrogeant séparément la partie caractéristique de la procédure, et l'action de Maurice Roux, je lui dirai d'abord : « Que venez-
vous faire ici ? Vous demandez 50,000 francs de dommages-intérêts
à M. Armand ; pourquoi ? — Parce que M. Armand a maltraité Maurice
Roux ? — Dans quelle circonstance ? — Le 7 juillet 1863, il lui a donné
un violent coup de bûche sur la nuque, un coup si violent, qu'il a été
suivi d'un long évanouissement. » C'est là le fait criminel, délictueux,
que vous signalez à la justice, pour obtenir la réparation du préjudice qui en aurait été la conséquence !

Vous avez entendu, messieurs, les explications de mon honorable
adversaire ; elles ne laissent aucun doute. Eh bien ! je l'arrête dès ses
premiers mots et je lui réponds : « Ce que vous faites, vous n'avez
pas le droit de le faire ; ce que vous dites, vous ne pouvez pas le dire.
Toutes ces questions ont été examinées et tranchées ; le jury a été
interrogé ; sa décision est souveraine ; et, comme le fait sur lequel
vous voulez que le tribunal se prononce est un fait qui se rattache
nécessairement aux questions tranchées, il est incontestable que vous
n'avez plus le droit de soulever ce débat. »

Ainsi vous n'avez rien dans la main, pas une arme qui puisse
m'atteindre.

L'action ! Si je l'envisage, je la trouve mort-née ; le passage lui est
partout interdit ; et, à moins que vous ne demandiez au tribunal de
réviser la décision du jury, il faut bien que vous vous incliniez enfin
devant cette solution souveraine que tous nous devons environner de
nos respects.

Voilà, messieurs, ce que j'ai à dire en ce qui concerne la nature
légale de l'action qui vous est soumise. Quand je l'examine sous son
écorce extérieure, avec la physionomie légale qu'elle a prise à cette
audience, je la repousse précisément parce qu'elle ne peut pas se
produire.

Mais, messieurs, vous l'avez compris, ce n'est pas à ces seules
observations que je prétends borner la réponse de M. Armand, et la
plaidoirie de mon honorable adversaire mérite une réponse plus
complète ; je vous demande la permission de la faire, cela étant établi, cependant, et en conservant comme une base indestructible de
discussion, que l'action de Maurice Roux ne repose que sur une pure
allégation ; qu'elle n'est accompagnée d'aucun autre document qui
puisse devenir la base de votre décision, et en même temps qu'elle
est en complète contradiction avec la décision souveraine du jury,
tout à l'heure je pourrai dire avec la jurisprudence, avec l'arrêt de la
cour de cassation. Mais enfin, je le reconnais, des intérêts si graves

sont engagés dans cette affaire, qu'elle mérite des explications plus amples ; et quant à moi, si je cherche par l'effort de mon esprit à dégager du milieu de tous ces détails, dans lesquels il serait périlleux d'entrer, les deux grands faits qui s'en détachent, j'y vois d'abord la réhabilitation plus complète, s'il est possible, de M. Armand, sa justification, qui ne doit laisser aucun doute dans les esprits de ceux qui me font l'honneur de m'entendre. Mais j'y vois quelque chose de plus grand encore : c'est le droit, c'est la justice, qui ont été mis en échec par une décision imprudente ; c'est le verdict du jury, auquel une contradiction si grave a été adressée, que la cour de cassation, sentant à merveille le péril, a signalé les raisons capitales qui devaient entraîner l'annulation de l'arrêt de la cour d'assises d'Aix.¦

Nous aurons donc, messieurs, à nous demander à la fois quelles sont les raisons, je ne dirai pas nouvelles, mais tirées de l'étude attentive des faits, qui doivent complètement dissiper les doutes qu'on a essayé encore d'amasser autour de cette cause, et en même temps quels sont les arguments juridiques qui vous font un devoir de respecter le verdict du jury des Bouches-du-Rhône, et de proclamer, dans une sentence qui sera accueillie avec une reconnaissance unanime, les grands principes, les principes éternels qui protègent en effet cette décision.

Mais avant de me livrer à cet examen, que je tâcherai de rendre aussi rapide que possible, et qui malheureusement m'entraînera dans trop de détails encore, permettez-moi de vous dire un mot très sommaire des circonstances dans lesquelles le procès se plaide.

Vous le savez, messieurs, au mois de juillet 1863, vivait à Montpellier une famille parfaitement heureuse, riche, considérée, unie. Il semblait que la Providence ne lui eût rien épargné de ce qui contribue au bonheur de ce monde. Son chef, M. André Armand, était arrivé à une position relativement brillante, et il l'avait conquise par son amour du travail, par sa régularité, par une sagesse qui ne s'est jamais démentie. Resté orphelin de bonne heure, élevé par un oncle qui l'aimait tendrement, et auquel il a rendu en soins et respects tout ce qu'il en a reçu de bienfaits pendant son enfance, M. Armand a été bien vite formé à ces traditions sévères de bon sens, de travail, d'ordre, qui sont, vous le savez, un garant de succès.

Ce qu'on appelle le bonheur, messieurs, c'est souvent la sagesse, c'est le commandement de soi-même avant tout. L'homme qui veut se livrer à tous les entraînements qu'il rencontre, peut sans doute éblouir la foule, mais il est rare qu'il obtienne un succès légitime. Vivant dans une sphère modeste, ami de la retraite, cherchant avant tout les satisfactions du cœur, M. Armand n'a pas connu les éblouissements de la fortune ; et s'il est devenu riche, riche dans une proportion limitée, il ne l'est devenu, comme je le disais, que par les moyens les plus honnêtes et les plus avouables.

Il a épousé une femme qu'il adore; et, comment ne l'adorerait-il pas? elle lui est attachée non pas seulement par le devoir, mais par l'abnégation la plus sublime et la plus simple. Ces grandes, ces précieuses qualités, si communes chez ce sexe à la fois si faible et si fort, et qui chaque jour nous donne ces leçons opposées de délicatesse et de vaillance, on les trouve réunies et comme concentrées dans ce cœur excellent de madame Armand, aux vertus de laquelle le malheur a donné un si vif éclat.

Vous le savez, messieurs, elle a toujours été la compagne de son époux, dans ses bons et dans ses mauvais jours; elle a séché ses larmes dans la prison; elle voulait être à cette audience, messieurs, et c'est moi qui ai eu la sévérité de l'en bannir : je redoutais pour elle ces émotions douces et cruelles à la fois; et je n'ai pas voulu que ses pleurs, tant de fois versés en secret, pussent paraître au tribunal et au public qui me font l'honneur de m'entendre une sorte de moyen d'exciter l'attendrissement, ou d'obtenir un succès d'audience. (*Sensation.*)

M. Armand avait près de lui un cousin, M. Camille Armand, pratiquant, comme lui et comme sa femme, ces vertus domestiques qui font la joie et la force des familles; et tous, vivant ainsi dans le culte des affections intimes, semblaient à jamais défier le malheur. M. Armand, ayant atteint son but, ayant conquis la fortune par son travail, s'était retiré des affaires. Mais il est actif et vigoureux; il fallait à son esprit un aliment, et le repos lui est odieux; il avait acheté une vaste terre, et il l'avait convertie, grâce à ses soins, en un fructueux vignoble. Il s'y était livré à de grands défrichements, pour lesquels il avait employé de nombreux ouvriers. Nous verrons, messieurs, plus tard apparaître sur la scène quelques-unes des personnes avec lesquelles il a été en relation à cette occasion. Mais ainsi vivait M. Armand, ne demandant rien, n'ambitionnant que la continuation d'une existence qui chaque jour lui faisait bénir Dieu qui la lui avait donnée; il ne se doutait pas qu'il avait un précipice entr'ouvert devant lui !

Le 1er avril 1863, Maurice Roux entre chez M. Armand. Maurice Roux était un homme taciturne, sombre, qui n'avait des domestiques que les défauts; il paraissait au-dessus de sa condition par son intelligence, et en même temps une certaine humeur romanesque l'en éloignait. M. Armand l'avait pris sans avoir pu obtenir de renseignements; mais comme il soignait très bien les chevaux, qu'il était habile cocher, il devint, après être resté quelques jours à l'essai, domestique en pied dans la maison. M. Armand, vous le savez, mes-

sieurs, ne tarda pas à quitter Montpellier, et vers la fin d'avril il fit
un voyage à Paris avec sa famille ; il y resta deux mois, et il ne rentra à Montpellier que dans les derniers jours de juin.

A son retour, il fut frappé de l'aspect embarrassé de son domestique : il en attendait un accueil affectueux, et il ne l'obtint pas.
Il ne demanda aucune explication ; seulement, comme l'irrégularité
de ce garçon devenait plus grande, M. Armand lui fit quelques
observations, observations convenables et douces[1] ; et j'ai le droit de
le dire, même en présence des allégations de Maurice Roux, car les
scènes dont il parle ne sont attestées par personne.

Je sais parfaitement, messieurs, que le 6 juillet au soir il est venu
dans la cuisine ; que là il a fait entendre des paroles étranges et
presque sinistres ; que son imagination inquiète semblait enfanter je
ne sais quel fantôme de crime, dont il a entretenu la cour d'assises.
Ces éléments, nous les recueillerons plus tard ; je me contente, quant
à présent, d'affirmer au tribunal ce qui résulte de la procédure, à
savoir que rien à cet égard n'a été établi en dehors de sa peur ; et je
dis que ce jour-là, pour M. Armand, avait été semblable à tous les
autres. M. Armand a gagné la chambre où il devait trouver son
repos ordinaire, sans se douter que la foudre était sur sa tête.

Le lendemain 7 juillet, vers huit heures un quart, Roux vient
ouvrir les volets de la chambre de son maître. M. Armand se lève
alors, comme de coutume, et il se rend dans la chambre de madame
Armand, près de laquelle il reste jusqu'à neuf heures et demie, comme
elle l'a attesté. Puis, on le voit prenant son repas du matin, calme,
souriant, comme un homme dans son état naturel et ordinaire,
causant avec ses amis[2], s'occupant d'affaires, sortant, vaquant aux
occupations accoutumées, rentrant à midi. A cette heure seulement, il s'aperçoit que son domestique, qui aurait dû dresser le couvert, n'est pas à son poste ; il s'en inquiète, il le fait chercher ; il
s'adresse à son carrossier. Une pensée sinistre lui traverse le cerveau :
Maurice Roux lui a paru inquiet et sombre ; il a pu être en proie
à quelque hallucination ; l'état de cet homme ne lui paraissait pas
naturel. M. Armand, en conséquence, va chercher un serrurier et
fait ouvrir la porte de la chambre de Maurice Roux ; il visite la
remise, l'écurie ; il le cherche partout, et ne le trouve pas. C'est
ainsi que s'écoule cette funeste journée du 7 juillet 1863.

Vous savez, messieurs, que la domestique Marie Hauterive, qui
était déjà descendue à midi à la cave, comme elle le faisait tous les
jours, y descend encore le soir à sept heures, c'est-à-dire au moment
du repas, pour y aller chercher le vin, que dans cette saison extrê-

_____
1. Dépositions femme Caucanas et Marie Hauterive.
2 Dépositions Birotteau, Luzuties, Bruyas, Pugnaire. (Procédure écrite.)

mement chaude, on trouve ainsi au frais. Elle remonte effrayée :
elle a entendu un bruit extraordinaire qu'elle ne sait d'abord à quoi
attribuer : est-il l'effet d'un animal ou d'un homme? Elle l'ignore.
M. Armand la fait redescendre avec le concierge; et quand on lui
dit que Maurice Roux est couché dans la cave, il y descend lui-
même. La cave était fermée; mais, comme une porte à claire-voie
permet d'apercevoir à l'intérieur, on voit qu'un homme est couché
dans une position inquiétante. A l'instant, M. Armand provoque la
venue du serrurier; il va lui-même chercher le médecin, le commissaire de police. C'est lui qui est le plus actif à provoquer les investigations.

L'état de Maurice Roux vous est connu, j'y reviendrai plus tard
avec détail; seulement, qu'il me soit permis de le dire, car cette
réflexion soulage ma conscience : si je comprends à merveille|que le
public et M. Armand, avec son tempérament vif et impétueux, aient
été fortement impressionnés par la vue de cet homme ainsi garrotté
et presque inanimé, je m'étonne, messieurs, que la pensée de la
simulation ne soit pas venue à M. le commissaire de police et à M. le
juge d'instruction, quand l'un et l'autre ont été appelés.

Et en effet, messieurs, cette pensée de simulation, pour des
hommes expérimentés et qui ont pu voir de tels faits, ou du moins
entendre parler de tant de cas semblables, elle devait naître tout
naturellement de l'inutilité des appareils dont Roux était enveloppé,
et surtout de la disproportion évidente et frappante des moyens de
destruction qui avaient été employés avec le résultat obtenu. Car on
avait voulu étrangler cet homme, et il avait autour du cou six
tours de corde, c'est-à-dire qu'on l'avait étranglé six fois, et il vivait
encore! Il avait autour du cou six tours de corde, et la corde n'était
pas nouée, et les bouts en étaient flottants!

Puis ses mains avaient été liées derrière le dos. Et comment? dix
tours à un poignet, trois à l'autre. Enfin, elles étaient séparées.l'une
de l'autre par un intervalle de 8 à 10 centimètres.

Pourquoi aussi le sol ne portait-il la trace d'aucune espèce de
lutte? n'avait-il donc pu s'en engager aucune?

Et encore, comme si ce n'était pas assez de ce cortège de précautions tout à fait insolites, et qui ne devaient pas aboutir au résultat
probablement espéré par le meurtrier prétendu, les pieds étaient
liés également; ils étaient liés par un mouchoir qui portait les initiales de M. Armand.

Messieurs, j'ai le droit de parler de ces impressions, car, quant à
moi, je fais appel aux souvenirs de ceux qui m'ont raconté ces
funèbres détails le 9 juillet 1863, c'est-à-dire aussitôt qu'ils les ont
connus, aux souvenirs des membres de la famille de M. Armand qui

habitent Paris, et qui m'ont consulté; quant à moi, lorsque j'ai entendu ces détails; lorsque, sur ma demande, j'ai obtenu cette réponse : qu'il n'y avait eu aucune espèce de lutte, et que la victime prétendait avoir été ainsi liée, je n'ai pas douté un instant qu'on ne fût dupe d'une simulation. J'en dirai plus tard les raisons physiques; et ces raisons me paraissent d'un ordre si démonstratif, que, ou je me trompe fort, ou il n'y aura pas une seule conviction qui ne soit en harmonie avec la mienne. Cependant, messieurs, vous le savez, cette pensée ne vint à personne; plusieurs parlaient d'un suicide : M. Armand repoussa cette hypothèse. Non, dit-il, c'est certainement un crime. Et alors on interroge les gens de la maison; on apprend que le matin, vers neuf heures, s'étaient présentés deux inconnus, un homme et une femme; la femme seule avait parlé au concierge; c'était une étrangère; elle avait demandé Maurice Roux; elle disait venir d'Alais. A Alais, Maurice Roux avait une maîtresse. Cette femme avait voulu voir Maurice Roux. On lui avait répondu qu'il était à l'écurie, distante de cinquante mètres de la maison, et elle n'y était pas allée; elle avait disparu, il avait été impossible de savoir ce qu'elle était devenue dans la journée. Et vous comprenez très bien que M. Armand, recherchant l'explication d'un fait obscur, ait un instant rattaché la visite de ce personnage mystérieux au crime auquel Maurice Roux venait de succomber.

Quoi qu'il en soit, messieurs, après avoir été délié, Maurice Roux fut transporté dans sa chambre, où il ne tarda pas à reprendre complètement le sentiment. Quelles que soient à cet égard les observations qu'on ait pu faire sur son état physique, sur le mutisme dont il était frappé, les procès-verbaux, que nous interrogerons plus tard, nous démontreront que, quand il était couché dans sa chambre, il avait sa parfaite connaissance, que son intelligence était entière et le mettait parfaitement en communication avec les impressions extérieures. Et ce fut grâce à cette intelligence qu'on arriva à obtenir de lui les révélations les plus inattendues.

Je ne veux pas, messieurs, à la barre de ce tribunal, insister sur des observations qu'il me serait facile de présenter, que je devrais peut-être renouveler, sur la nature étrange des procédés auxquels on s'est livré dans le cours de cette instruction; j'écarte toutes ces choses. Mais cependant il m'est impossible de ne pas faire remarquer au tribunal que Maurice Roux, resté seul avec un agent de police, Delousteau, a été de sa part l'objet d'un examen particulier; que Delousteau et après lui un étudiant en médecine, Vialette, ont essayé d'obtenir de lui des réponses.

Maurice Roux ne parlait pas, il feignait de ne pouvoir parler; car alors qu'il comprenait, qu'il roulait les yeux, qu'il levait les bras, qu'il faisait des gestes, il aurait pu parler, et il ne voulait pas. Et j'expliquerai de la manière la plus complète, je l'espère, quel était l'intérêt qui le poussait à jouer ce rôle de simulation, à vouloir paraître muet, afin d'observer tout ce qui se passait autour de lui.

C'est alors que cet agent de police, Delousteau, l'interroge, et reçoit ses réponses par des signes. Il lui demande si les assassins étaient plusieurs. Non! Quel était l'assassin ; si c'était une personne de la maison. Roux répond que oui. Et Delousteau, allant ainsi d'élimination en élimination, d'affirmation en affirmation, arrive très-facilement jusqu'à la personne de M. Armand, et il obtient un signe affirmatif. Et pour que ce signe affirmatif ait plus de gravité, pour qu'il puisse devenir un élément juridique, Delousteau et Vialette, l'un agent de police, l'autre étudiant en médecine, *ces témoins que l'instruction n'a entendus que le 28 février, quinze jours seulement avant l'ouverture des débats d'Aix*, s'avisent d'abord de saisir la main de Roux, qui doit répondre par une simple pression ; et en second lieu de mettre sous ses yeux un alphabet, de lui en montrer les lettres ; et les lettres désignées servent ainsi à composer des mots. C'est par ce procédé que Maurice Roux arrive à désigner son maître. Et lorsque M. le juge d'instruction est venu trouver Roux, le matin, il a répété l'expérience, et il a obtenu de lui non seulement cette désignation, mais encore des réponses en règle, qu'avec une parfaite lucidité d'esprit, et malgré son ignorance complète de l'orthographe, Maurice Roux lui faisait entendre comme l'aurait fait un professeur de grammaire.

Je mettrai un peu plus tard sous les yeux du tribunal le procès-verbal qui constate ce fait étrange, dangereux à mon sens ; car, pour ma part, je ne recommande à aucun magistrat de semblables moyens d'investigations ; et, quelle que soit la légitime impatience d'un juge d'instruction d'obtenir de la part de celui qui peut disparaître d'un moment à l'autre sous le poids de la maladie une révélation attendue, cependant, messieurs, il est prudent de ne pas se livrer à de pareils jeux d'esprit, qui, s'ils ne conduisent pas toujours à l'erreur, peuvent souvent permettre le succès de l'imposture.

Quoi qu'il en soit, voici M. Armand accusé! Vous comprenez, messieurs, quel sera son étonnement ; il prend d'abord une semblable imputation avec dédain ; puis, quand vient le juge d'instruction qui ordonne une confrontation, M. Armand s'irrite, s'indigne.

Je passe toutes ces scènes, et beaucoup d'autres que j'ai vues avec une douleur infinie, et je me contente de dire que dans cette affaire, alors qu'il n'y avait qu'un témoin et que ce témoin était un homme que la moindre investigation aurait mis à la place qui lui appartenait, alors que celui qu'il accusait était protégé par son rang, par son caractère, par ses qualités bien connues, sur la foi de ce seul témoin, M. Armand fut mis en état d'arrestation. Je le sais, M. le juge d'instruction en a déposé à l'audience de la cour d'assises, il a cru agir avec toute la réserve possible ; un mandat lui avait été donné, il en a retardé l'exécution lorsque M. Armand avait invoqué un alibi qu'il n'a pas trouvé justifié. L'alibi ne s'est pas trouvé justifié! Mais il a éclaté devant la cour d'assises avec une telle évidence que chacun en a été frappé ! Et pour le reconnaître, il suffisait de regarder. M. Armand avait dit : Je n'ai pas pu être dans la cave ; car à huit heures et demie j'étais dans ma maison, jétais dans ma chambre ; ou plutôt, j'étais dans la chambre de madame Armand ; j'étais dans le lit de madame Armand.

Savez-vous ce qu'a fait M. le juge d'instruction? Au lieu d'inter-roger le témoin sur tous ces faits, il a concentré l'interrogatoire sur un seul ; et quand Marie Hauterive a répondu qu'elle n'a pas vu M. Armand dans le lit de madame, sans s'inquiéter si elle l'avait vu ailleurs, M. le juge d'instruction a dit : Armand est coupable ; et il l'a fait incarcérer. C'est-à-dire qu'aux yeux de cette population si impressionnable de Montpellier, on a désigné l'homme riche, le mil-lionnaire, on a dénoncé M. Armand comme un millionnaire, à ce moment dangereux où la haine du riche était devenue un mal social ; et tandis que Maurice Roux, le pauvre, la malheureuse victime, était entouré de toutes les sympathies, on en a eu la preuve plus tard, toutes les colères, toutes les menaces, toutes les vengeances s'amas-saient contre l'homme riche et dénaturé qui n'avait pas craint de porter sa main coupable sur son domestique.

Aussi ne voyons-nous que trop quelle a été la funeste influence de toutes ces passions sur l'instruction judiciaire. Chose sans exem-ple, dans une affaire d'une nature aussi délicate, où il n'y a qu'un témoin, où tout est obscur, où il est du devoir du magistrat de pro-céder lentement, de se livrer à des investigations nombreuses, de ne rien laisser dans l'ombre, on laisse tout ignorer à l'accusé, maintenu au secret le plus rigoureux ; après quinze jours, l'instruction est ter-minée, et une ordonnance de prévention est rendue.

Je sollicitais avec confiance et avec énergie, tant j'étais par intui-tion pénétré du sentiment de l'innocence de M. Armand, je sollici-tais la communication des pièces ; je demandais le temps de faire un mémoire à la chambre des mises en accusation. Eh bien ! on me répondait que la communication des pièces est une vaine formalité, qu'il n'y a pas à s'y arrêter dans une affaire de cette nature. Voici, messieurs, les motifs par lesquels la cour appuyait son opinion :

« Considérant... que jusqu'à la fin de l'instruction, le secret des investigations auxquelles se livrent les magistrats lui a paru indispensable à leur action et que tant que dure cette première période des poursuites, le prévenu ne doit pouvoir répondre que sous la seule inspiration de sa conscience aux questions qui lui sont adressées... »

Ainsi, voilà un malheureux arraché à sa famille, mis au secret. Cependant on instruit contre lui; les passions, malgré la volonté de la justice, sont ameutées contre sa cause; quinze jours se sont passés depuis la découverte du prétendu crime, M. Armand veut se justifier, il demande la communication de la procédure; on lui répond par un refus; il doit avoir assez de sa conscience, et sa conscience lui fournira les moyens de se justifier.

Mais l'information a pris fin; écoutez ceci :

« ..... Que le prévenu n'a aucun droit de contrarier les recherches nouvelles que la chambre d'accusation peut ordonner, et qu'il doit attendre le moment où, son droit de défense s'étant agrandi par sa qualité d'accusé, il pourra prendre part contradictoirement, et avec l'assistance de son conseil, à tous les actes auxquels le ministère public jugera nécessaire de procéder;

« Que, sans doute, le procureur général, chef de l'action publique, peut *officieusement* autoriser cette communication dans certains cas dans lesquels il pense qu'elle n'offre aucun danger pour la sûreté de ses investigations, mais que, lorsque le magistrat croit devoir la refuser, les chambres d'accusation, qui ne peuvent procéder qu'*officiellement*, ne peuvent l'ordonner... »

Ainsi c'est de mon innocence, c'est de ma vie, c'est de mon honneur qu'il s'agit; je ne suis pas encore accusé, mais je suis sous la main de la justice qui poursuit dans l'ombre mon accusation; et, parce que cette dernière consécration n'a pas été donnée à mon triste sort, je dois tout ignorer; et ce que je dirais à mon juge est à l'avance frappé de prévention; ce que je dirais à mon juge doit avoir pour but de contrarier ses recherches, doit égarer sa religion. Et voici qu'au mépris de toutes les règles qui protègent le citoyen, qui font de lui un présumé innocent, c'est un être suspect, qui, du fond de sa prison, sollicite en vain que la lumière se fasse; qui ne connaîtra pas les charges qui pèsent sur lui, jusqu'à ce qu'enfin on l'ait élevé à cette hauteur d'accusé qui lui permettra de se défendre.

Vous me pardonnerez, messieurs, d'avoir mis sous vos yeux le texte même des considérants de cet arrêt : je le devais, ne fût-ce que pour l'édification des temps où nous vivons, et pour espérer, s'il se peut, un progrès, un pas en avant, au milieu des théories qui prévalent encore, malgré les attaques dont elles ont été tant de fois l'objet. Et assurément, messieurs, s'il se rencontre une cause qui fasse éclater la dureté de la loi, c'est bien celle dans laquelle nous sommes.

M. Armand, si complètement justifié devant la cour d'assises d'Aix,

M. Armand, devenu l'objet d'une sorte de culte de la part de tous ceux qui ont appris à le connaître, il est ici, messieurs, condamné à l'avance à ignorer toutes les charges contre lesquelles il aura plus tard à se défendre; sa conscience doit lui suffire, et tout le reste lui est refusé!

Le voici donc qui est traduit à la cour d'assises. Le crime ayant été commis le 7 juillet 1863, l'arrêt de la chambre des mises en accusation est rendu dix-huit jours après le crime prétendu, c'est-à-dire le 25 juillet; M. Armand est traduit aux assises du mois d'août, au milieu de l'effervescence des passions populaires soulevées par ce procès. Messieurs, vous le savez, ce fut grâce à l'intervention de M. le garde des Sceaux que l'affaire fut remise au mois de novembre. J'ai dit dans une autre enceinte, et je le répète ici, pour ma part, je lui en aurai une éternelle reconnaissance.

Au moment de comparaître devant ses juges, un fait nouveau se produisit, fait marqué du doigt de Dieu; car non seulement il mettait le sceau à ce vain assemblage d'artifices et de simulacres, derrière lesquels Maurice Roux avait abrité sa détestable et criminelle spéculation, mais encore il permettait, j'en étais sûr, à la justice de s'honorer par un acte d'indépendance et de courage, dont nous devons la remercier bien haut et publiquement. Le 18 novembre, en effet, l'affaire allait se dérouler devant la cour d'assises de Montpellier, quand, le matin, un bruit inattendu circule dans la foule : Maurice Roux a été la victime d'un nouvel attentat; on l'a relevé pendant la nuit, tombé sous les coups d'un meurtrier; et, quant à lui, ce qu'il demande, ce n'est pas que l'affaire soit ajournée, c'est qu'on lui permette, le lendemain, d'arriver à la cour d'assises porté sur une civière. C'était là, messieurs, son calcul; et il avait bien compté sur la passion populaire, sûr de l'exciter par un tel spectacle. Mais voyez-vous cet homme, la tête ensanglantée, le visage pâle, porté ainsi sur un brancard au milieu de deux ou trois mille personnes qui lui auraient fait cortège! Il est incontestable que, dans de pareilles conditions, si la justice conservait sa fermeté, son calme, il échappait aux témoins, et la vérité ne pouvait se produire. Je rends grâce à la fermeté de la cour d'assises de Montpellier, présidée par M. le premier président, et qui, comprenant qu'il était impossible de procéder aux débats de l'affaire de M. Armand, la renvoya à une autre session.

Ce n'était là, messieurs, que le premier pas dans la voie où l'on était forcément engagé, et il n'était pas possible, quand de pareils symptômes s'étaient produits, que la cour de Montpellier demeurât saisie. Telle fut l'opinion de la cour de cassation, qui renvoya l'affaire devant la cour d'assises d'Aix.

Là, ainsi que je vous l'ai dit, tout changea ; mais M. Armand comparaissait devant ses juges sous le poids de la plus terrible prévention. Cette opinion publique qui l'avait écrasé à Montpellier, elle l'avait suivi à Aix ; c'était encore le maitre barbare et dénaturé, qui avait voulu tremper ses mains dans le sang de son domestique pour le plus futile motif ; mais c'était là son tempérament. Et M. le procureur général, expliquant les faits, le disait dans le langage le plus cruel pour nous : « Il assomme ses gens et ne les paye pas ; et, quand il veut les frapper, c'est à la tête qu'il vise, afin de faire couler leur sang. »

Est-ce qu'il n'y avait pas là, messieurs, quelque chose qui dût décourager la défense et la rendre presque impossible ? Eh bien, à peine cet homme s'était-il levé, à peine s'était-il expliqué, que son âme rayonnait tout entière et venait atteindre celle de ses juges ; il s'échappait quelque chose de plus fort que la volonté humaine, et que les âmes subissent quelquefois sans pouvoir s'en rendre compte : c'est la vérité ! Et comme à chaque question il répondait suivant sa nature, quelquefois avec impétuosité, quelquefois aussi sans réfléchir qu'il pouvait se compromettre, chacun vit, messieurs, qu'il était impossible que cet homme fût imposteur, et qu'il n'était pas coupable. Et cette généreuse et franche nature, ce caractère loyal et chevaleresque, ce mélange de vivacité, de familiarité, d'emportement quelquefois et de calme, toutes ces qualités se reflètent dans son interrogatoire, et lui impriment le sceau indestructible de la vérité.

Aussi, après cet interrogatoire, la vérité s'était faite, et l'évidence était complète. Je vous fais grâce, messieurs, de toutes les séances qui suivirent, et dans lesquelles il était impossible de ne pas remarquer que chacun des incidents venait appuyer la démonstration de l'innocence de l'accusé.

Ainsi, lorsque Marie Hauterive fut entendue, elle signala ce fait capital, qui aurait pu facilement être relevé dans l'instruction, qu'elle avait entendu chanter son maitre dans la chambre voisine à huit heures et demie, au moment où le crime pouvait se commettre dans la cave.

Quand on en vint à expliquer la ligature des mains, il y eut une lutte entre des témoins qui se trompaient, je le veux bien, et ceux qui de visu déposaient de la vérité, qui disaient comment les bras avaient été entourés par une ligature, laquelle ne peut être faite que par la personne elle-même, et ne peut pas être l'œuvre d'un criminel. Il y avait dix tours de corde sur le bras droit, trois tours sur le poignet gauche, et puis un petit bout de la corde réunissait les deux bras, et les deux bouts de la corde étaient flottants.

Enfin, tout ce cortège de preuves qui, avant d'avoir passé au

II. 18

creuset de la discussion, étaient écrasantes contre l'accusé, tout ce cortège de preuves se réduisit à néant.

Et quand cet homme vint, dans son ignominie, apporter à la cour d'assises ses tristes mensonges, quand il balbutia dans ses misérables inventions, quand, interrogé notamment sur ce phénomène du mutisme, il eut le triste courage de dire : Oui, je suis resté muet, sans pouvoir parler. — Et comment la parole vous est-elle venue ? lui demanda-t-on. — Elle m'est revenue par un débouchement. Voilà comment il expliqua l'un des principaux événements de ce drame ; et sur tous les autres faits ses réponses méritent la même confiance.

Mais la vérité se fit jour pendant ces longs débats ; si bien que, lorsque le verdict du jury fut prononcé, alors que la salle était vide, grâce à un incident que chacun connaît, autour du palais de justice stationnait une foule frémissante, impatiente, qui attendait l'accusé avec des transports d'enthousiasme dont rien ne peut donner une idée. C'est que depuis quelques jours la situation était complètement changée ; et, en vérité, l'innocence de M. Armand était devenue manifeste pour tout le monde. Les femmes lui apportaient des fleurs, les hommes ambitionnaient l'honneur de lui serrer la main : c'était une sorte d'ovation qui lui était décernée ; elle n'avait rien d'agressif ; c'était l'opinion publique venant sanctionner le verdict du jury. Il fallait que M. Armand serrât toutes ces mains, qu'il acceptât tous ces empressements, et à peine parvenait-il à se soustraire aux applaudissements et aux vivat de la foule.

Est-ce que vous croyez que je rappelle ces choses par un vain sentiment de gloriole ? Non assurément. Mais, quand un accusé a entendu proclamer son innocence, après que tant de terribles soupçons sont venus l'atteindre, quand l'opinion publique l'accueille ainsi, quand elle lui décerne une sorte de couronne, quand de sa main puissante elle efface la tache qu'un instant d'erreur lui a imprimée, est-ce qu'elle ne lui doit pas une réparation ? Est-ce que je n'ai pas le droit de l'invoquer et le devoir de vous dire que vous êtes en face d'un honnête homme accusé de la plus atroce des calomnies ? Il a le droit de vous montrer ses blessures, car ces blessures sont celles de l'honneur d'un citoyen qui a souffert pour la loi, au nom de la loi, et par le fait de la justice égarée malgré elle.

Cependant je conviens que cette opinion unanime ne fut pas partagée par les magistrats composant la cour d'assises d'Aix, et ils l'exprimèrent dans un arrêt que vous connaissez, mais dont il importe cependant, car il se lie entièrement à la cause actuelle, de remettre les termes sous vos yeux :

« Attendu que, s'il résulte de la déclaration du jury qu'Armand n'est pas coupable d'avoir volontairement porté des coups, ni fait des blessures à Maurice Roux, cette solution n'exclut pas l'existence matérielle du fait, mais seulement sa criminalité;

« Attendu qu'appelée à statuer, dans sa conscience, sur les conclusions prises par la partie civile, la cour, tout en respectant la décision du jury, et sans se mettre en contradiction avec elle, peut et doit rechercher si Armand n'est pas l'auteur d'un fait matériel ayant occasionné à Maurice Roux un préjudice, et lui donnant droit à une réparation;

« Attendu qu'il est résulté des débats la preuve que, dans la journée du 7 juillet dernier, Armand a maladroitement porté à Maurice Roux un coup qui peut lui être imputé à faute, et des conséquences duquel il est responsable;

« Attendu que ce coup a gravement altéré la santé de Maurice Roux, qu'il l'a rendu incapable pour longtemps de reprendre l'exercice de sa profession, et que les dommages-intérêts auxquels il a droit doivent suppléer pour lui aux moyens d'existence qu'il ne pourra plus désormais obtenir qu'incomplètement de son travail;

« Par ces motifs:

« La cour, sans s'arrêter aux exceptions proposées par Armand, et faisant droit, au contraire, aux conclusions prises par Maurice Roux, condamne Armand à payer à ce dernier, à titre de dommages-intérêts, la somme de 20,000 francs; le condamne de plus aux dépens de l'incident.»

Avant le verdict du jury, messieurs, Maurice Roux avait déclaré se porter partie civile. Après ce verdict, il prit des conclusions que j'ai essayé de combattre. Alors il se produisit un fait bien étrange, mais bien caractéristique. Les débats venaient de finir. Si une lumière quelconque s'en était échappée, si elle devait en effet frapper les yeux des magistrats, la cause d'Armand, même à leurs yeux, était irréparablement gagnée. Le jury avait prononcé sur le fait criminel, et sur l'absence de participation à ce fait. Voilà ce qui était souverainement et irréfragablement jugé, et ce qui ne pouvait être remis en discussion. Aussi l'embarras de Maurice Roux était extrême, quand, au pied de la cour d'assises, il était dans la nécessité de formuler sa demande en dommages-intérêts. L'article 358, sur lequel je m'expliquerai un peu plus tard, lui en donnait le droit; mais en user n'était pas chose facile, alors que la double question dont je vous ai parlé avait été posée au jury et résolue négativement par lui. Je ne peux mieux faire que de mettre sous les yeux du tribunal le texte même des conclusions prises par Maurice Roux, et qui peignent à merveille l'anxiété dans laquelle il se trouvait. Vous allez voir qu'il ne qualifie rien et qu'il ne pouvait rien qualifier. Il se tient dans le domaine du fait, et c'est sur ce fait qu'il raisonne pour demander des dommages-intérêts.

« Attendu que les actes auxquels s'est livré le sieur Armand à l'encontre du sieur Roux ayant eu pour résultat d'empêcher ce dernier de pouvoir continuer à l'avenir l'exercice de sa profession de cocher ou toute autre, il lui est dû par le sieur Armand réparation du préjudice à lui causer aux termes de l'article 1382 du Code Napoléon.

« Conclut, le sieur Roux, à ce qu'il plaise à la cour condamner le sieur Armand à lui payer la somme de 50.000 francs à titre de dommages-intérêts, et aux dépens.

Vous savez, messieurs, que la cour, faisant droit en partie aux conclusions de Roux, lui accorda 20,000 francs de dommages-intérêts.

Tout ce que je pourrais dire en parlant de cet arrêt ne pourrait qu'affaiblir le souvenir de l'impression profonde qu'il a produite. Je ne crois pas que jamais réprobation plus unanime et plus osée ait accueilli une décision de la justice.

Si je mettais sous vos yeux tous les articles dans lesquels cet arrêt a été jugé avec une sévérité extrême, j'abuserais certainement de votre patience. L'émotion fut complète, profonde, durable. Et quelle en était la source, messieurs? Elle était double. On y voyait une sorte de défi jeté à la décision du jury. La contradiction dans laquelle la cour d'Aix se plaçait, malgré les observations par lesquelles elle espérait y échapper, était si nette, si formelle, que c'était comme la preuve d'un antagonisme existant entre les deux juridictions, et qui menaçait singulièrement celle à laquelle nous tenons comme à une de nos plus précieuses institutions.

Mais l'émotion produite par cet arrêt avait une autre cause. Rien n'est plus grand que le pouvoir que la justice exerce; mais en même temps rien n'oblige plus. La responsabilité qui naît du jugement porté par l'opinion publique atteint les magistrats, même les plus éminents. Ils ne sauraient y échapper; et précisément parce qu'ils sont entourés d'une considération méritée, il faut qu'à chaque instant ils en soient dignes et que leurs œuvres ne révèlent jamais rien qui puisse paraître à toutes les consciences une infraction à la vérité.

Or ici, messieurs, l'arrêt a été rendu le lendemain du jour où, par la bouche de M. le premier président, ont été prononcées les paroles que vous allez entendre, et qui assurément sont d'une conciliation impossible avec l'arrêt du lendemain. Voici, en effet, comment M. le premier président termine son résumé, et comment il établit la situation respective de Maurice et d'Armand :

« Telle est, messieurs, je crois, l'analyse exacte des moyens qui vous ont été présentés, soit par l'accusation, soit par la défense. Je n'y ajoute qu'une observation qui me frappe depuis le commencement de ces débats, et que je crois devoir vous soumettre.

En général, dans les causes qui vous sont soumises, vous avez en présence un accusé qui se défend, la société qui l'accuse, et rien de plus. Les intérêts de l'accusé sont sacrés; ceux de la société ne le sont pas moins; mais ils sont vastes, généraux, et, s'ils ne touchent directement à personne, il est plus facile de les perdre de vue, et de se laisser toucher, au profit de l'accusé, par des considérations d'indulgence.

« Aujourd'hui la situation est différente, et les choses se dessinent autrement.

« Vous avez, d'un côté, Maurice Roux qui dit à Armand : Vous m'avez
assassiné, le 7 juillet, dans votre cave ; vous m'avez assassiné en me frappant, en me liant, en m'étranglant.

» Vous avez, d'un autre côté, Armand qui dit à Maurice Roux : Vous
m'accusez d'être votre assassin, vous en imposez sciemment. C'est vous
qui m'assassinez tous les jours, depuis huit mois, en me calomniant, en
m'arrachant, comme vous l'avez déjà fait, mon repos d'esprit et ma
liberté, et en cherchant à m'enlever mon argent, mon honneur et ma vie.

« Eh bien ! messieurs, c'est entre ces deux hommes que vous avez à
choisir. Acquitter l'un, c'est moralement condamner l'autre. Un verdict
qui proclamera l'innocence d'Armand impliquera ceci aux yeux du
monde ; il dira à Maurice Roux :

« Vous avez froidement conçu, froidement exécuté la plus odieuse des
spéculations.

« Pour vous procurer de l'argent, ce qui est le plus vil des mobiles,
vous êtes descendu à la cave et vous y avez organisé cette fable d'une
strangulation consommée sur vous par la main de votre maître.

« Cette fable indigne, vous l'avez soutenue avec audace devant votre
victime, dont les dénégations ne vous ont pas ébranlé, dont l'innocence
ne vous a pas touché, dont le malheur ne vous a pas fait fondre en
larmes.

« Cette fable, vous l'avez soutenue devant la justice, au milieu de ses
solennités ; vous l'avez soutenue devant Dieu, le jour même où il est venu
vous visiter sur votre lit de douleur, outrageant ainsi à la fois et sa
bonté et sa puissance.

« Vous êtes un scélérat, vous êtes un monstre, et il n'est pas dans
notre langue d'expression assez énergique pour vous flétrir.

« Voilà, messieurs, le sens qui sera donné à votre arrêt. Si vous croyez
devoir le rendre, rendez-le, je suis le premier à vous le demander. Mais
avant de le faire, regardez-y à deux fois, surtout lorsque, des deux
hommes entre lesquels le conflit est engagé, l'un est pauvre, isolé, dénué
de tout ; l'autre est riche, puissant, secondé par toutes les influences.

« Et maintenant, entrez dans la chambre de vos délibérations. Que
Dieu vous y accompagne, qu'il vous éclaire, et qu'il vous donne l'intelligence nécessaire pour discerner la vérité et la force nécessaire pour la
proclamer. »

Eh bien, l'intelligence et la force, le jury les a trouvées. Le jury
est entré dans la chambre des délibérations, et il y a été accompagné
par l'auguste pensée de Dieu, dont il était un moment l'image sur la
terre. Il a compris la sainteté de sa mission, la responsabilité qu'elle
lui faisait encourir, et il a dit non sur toutes les questions. C'est-à-
dire, messieurs, et c'est M. le premier président qui parle, il a dit à
Roux : « Vous êtes un scélérat, vous êtes un monstre ; il n'est pas
dans notre langue d'expression assez énergique pour vous flétrir. »

Voilà ce qui, aux yeux du monde, est tombé de la bouche de M. le
premier président : et ces paroles lui étaient dictées par la force
morale de la vérité. Eh bien, messieurs, c'est la bouche qui a prononcé ces paroles qui, le lendemain, condamnait la victime au profit
du scélérat et du monstre ; c'est la même bouche qui autorise la spé-

culation qu'elle a flétrie, et qui dit que cet acte indigne, abominable, sera récompensé par 20.000 francs de dommages-intérêts! Et vous voulez, messieurs, que l'opinion publique ne se soulève pas en présence d'une pareille contradiction! Et quand on rencontre dans l'arrêt cette autre expression, comme résultant des débats, que c'est maladroitement qu'Armand avait fait des blessures à Maurice, comment est-il possible de ne pas voir dans une pareille expression quelque chose entièrement en dehors de la vérité? Où est donc la maladresse? où la trouver? D'où est-elle sortie? Du débat! Car, c'est M. le premier président qui le proclame, il y a un innocent vis-à-vis d'un monstre, ou une victime vis-à-vis d'un coupable; l'un est un innocent, et l'autre est un odieux personnage! Et c'est le juste qui succombe, et c'est le crime qui triomphe, et cela par un arrêt de la cour!... En vérité, était-il possible de porter une décision qui soulevât davantage les consciences? Et cette émotion, elle se prolongea jusqu'au pied de la cour de cassation. Son arrêt était attendu comme un événement public, et il était impossible qu'il en fût autrement. Une affluence énorme assiégeait son prétoire, et ce fut au milieu de cette assemblée religieuse, recueillie, que se fit entendre la voix d'Ambroise Rendu. Là, messieurs, dans un langage plein de science, d'autorité et de mâle indépendance, il expliqua avec une force merveilleuse quelles étaient les raisons sociales qui exigeaient la cassation de cet arrêt fatal ; il fit comprendre que la dignité de la justice, tout aussi bien que le repos des citoyens, était intéressée. Jamais, au dire de tous ceux qui ont eu le bonheur de l'entendre, il ne s'était montré si élevé. Hélas! ce fut son dernier triomphe: la mort, par un jeu cruel, semblait l'attendre après cette dernière victoire, consacrée d'une manière plus éclatante par un irréparable deuil.

Quant à la cour de cassation, elle sympathisa avec ces nobles accents, et, le 7 mai 1864, elle rendit cet arrêt accueilli par la faveur de tous, qui soulageait toutes les consciences honnêtes, et qui faisait justice de l'arrêt du 25 mars. Mon honorable adversaire vous a dit que cet arrêt n'avait été brisé que pour défaut de motifs. Oui, c'est en effet cette condition essentielle qui en a amené la cassation; mais la cour aurait méconnu ses devoirs si elle n'avait pas très-nettement tracé la doctrine en vertu de laquelle la cassation avait été prononcée, et vous allez voir que cette doctrine repose sur la souveraine et absolue décision du jury toutes les fois que cette décision porte sur un fait se rattachant entièrement à l'intention criminelle :

Sur le moyen proposé à l'appui du pourvoi, et pris de la violation de l'article 350 du Code d'instruction criminelle et de la chose jugée, et de l'article 7 de la loi du 20 avril 1810;

« Vu les articles 350 et 358 du Code d'instruction criminelle et l'article 7 de la loi du 20 avril 1810;

« Attendu que si l'article 358 du Code d'instruction criminelle autorise la cour d'assises, après que l'accusé a été acquitté, à statuer sur les dommages-intérêts prétendus par la partie civile, cette attribution doit se concilier avec le respect dû à la chose jugée; que la loi ne permet pas, en effet, que la vérité judiciaire, souverainement reconnue par la déclaration du jury, puisse, dans un intérêt privé, être contestée ou contredite par l'arrêt rendu sur les intérêts civils;

« Que cet arrêt est donc soumis à l'obligation d'établir, dans les termes les plus explicites et les plus précis, qu'il n'existe aucune contradiction entre ce qui a été jugé au criminel et ce qui a été jugé au civil;

« Qu'il ne suffit pas d'énoncer, comme le fait l'arrêt attaqué, que la déclaration de non-culpabilité n'exclut pas l'existence matérielle du fait, mais seulement sa criminalité, puisque cette déclaration de non-culpabilité étant indéterminée et pouvant porter aussi bien sur le fait matériel que sur le fait moral, il demeure incertain si c'est l'intention criminelle ou si c'est l'existence du fait qui a été écartée;

« Qu'il ne suffit pas non plus d'ajouter, comme le fait encore cet arrêt, que la cour d'assises ne prétend pas se mettre en contradiction avec la déclaration du jury, et qu'elle ne prend que le fait matériel, puisque la contradiction peut résulter, quelle que soit la déclaration du juge, des faits constatés qui peuvent contenir en eux-mêmes la contradiction niée en termes généraux par la cour d'assises;

« Qu'après la réponse du jury, tant sur la question principale que sur la question résultant des débats, réponse d'où résulte qu'Armand n'était coupable ni de tentative d'homicide volontaire sur la personne de Maurice Roux, ni de lui avoir volontairement porté un coup et fait une blessure dans la journée du 7 juillet 1863, l'arrêt attaqué déclare qu'il est résulté des mêmes débats que, dans la journée du 7 juillet, Armand a maladroitement porté à Maurice Roux un coup qui peut lui être imputé à faute, sans expliquer comment il était possible de concilier cette imputation avec la déclaration du jury;

« Que cette explication était d'autant plus nécessaire, que les réponses du jury et l'arrêt de condamnation civile portaient sur un seul et même fait, et que dès lors, avant de s'en saisir, l'arrêt devait constater d'une manière expresse que la déclaration du jury, en proclamant Armand non coupable, n'avait pas exclu sa participation matérielle aussi bien que sa participation morale au fait qui lui était imputé;

« Qu'il suit de là que l'arrêt ne renferme pas les éléments nécessaires pour que la cour de cassation puisse apprécier si la cour d'assises, en jugeant civilement, n'a point excédé les limites de son droit et empiété sur la chose jugée au criminel; qu'il importe que la cour de cassation puisse exercer un contrôle qui est l'unique sanction des règles qui séparent les deux juridictions et l'unique garantie du principe de la chose jugée;

« Que l'arrêt attaqué, qui a condamné Armand à 20,000 francs de dommages-intérêts envers Maurice Roux, se trouve donc dénué de motifs, et ne donne aucune base juridique à cette condamnation, d'où suit une violation expresse de l'article 7 de la loi du 20 avril 1810;

« Par ces motifs, la cour,

« Casse et annule l'arrêt de la cour d'assises des Bouches-du-Rhône, du 25 mars dernier, qui condamne Armand, sur les conclusions prises par

Maurice Roux, partie civile, à payer à ce dernier la somme de 20.000 francs, et aux dépens de l'incident; et pour qu'il soit statué sur ladite demande à fin de réparation civile, renvoie les parties devant le tribunal civil de Grenoble à ce déterminé, par délibération prise en chambre du conseil. »

La cour de cassation demeura donc profondément fidèle à la saine interprétation de la loi et à sa propre jurisprudence; elle ne fit qu'ajouter un monument de plus à ceux que vous connaissez, et dont quelques-uns vous ont été cités; jurisprudence bien contestable, à coup sûr, et qui, au dire de quelques-uns, et je me place parmi eux, laisse encore aux tribunaux criminels une sphère trop large, en ce qu'elle leur permet de scruter le vague dans lequel nécessairement sont enveloppées les déclarations du jury, de dédoubler pour ainsi dire sa pensée, pour en recueillir ce qui peut rester de criminel, même après l'appréciation souveraine du Jury. Mais enfin, je le reconnais, la jurisprudence est ainsi; l'article 358 du Code d'instruction criminelle, si dangereux à mon sens, cet article exceptionnel, cet article exorbitant de droit commun, et qui, sous le prétexte de simplifier les procès, expose souvent les juges à sacrifier ouvertement le droit, il a laissé cette extension. Oui, on peut réclamer des dommages-intérêts, même contre l'accusé acquitté, et toutes les fois que la déclaration du jury est de telle nature qu'elle laisse subsister, avec le fait matériel, la preuve de la participation de l'accusé à ce fait, il est loisible à la cour d'assises jugeant souverainement de rencontrer dans cette double circonstance de l'existence du fait, d'une part, le lien qui rattache l'accusé à ce fait, d'autre part, les motifs d'une condamnation à des dommages-intérêts. Mais au moins faut-il qu'il n'y ait à cet égard aucune espèce de doute; car la jurisprudence que j'indique pèche surtout par là, que la poursuite nouvelle qui est intentée au mépris, suivant moi, de la maxime *Non bis in idem* contre un accusé acquitté d'un crime, et qui, nonobstant, peut être poursuivi pour un délit, cette jurisprudence, dis-je, s'appuie sur ce que ne dit pas le jury. On pénètre pour ainsi dire dans sa conscience, on fait la part de ce qu'elle a voulu et de ce qu'elle n'a pas voulu, et c'est du sein de cette obscurité que le magistrat a fait jaillir son pouvoir. Mais au moins faut-il reconnaître que, quand il s'agit d'un fait constant à l'égard duquel on veut intéresser la participation de l'accusé, il faut que du débat lui-même naisse la preuve qui rattache l'accusé au fait; j'en prends un exemple qui a été bien des fois cité, et qui en effet ne peut souffrir aucune espèce de controverse; je veux parler du duel. Le duelliste peut être absous, mais il n'en a pas moins porté la main sur son semblable; et, quoiqu'il s'agisse de ce qu'on appelle une rencontre d'honneur, il n'en a pas moins violé une des lois fondamentales de l'ordre social ; il a attenté ou à la vie ou à la personne de son semblable. La décision du jury, qui écarte de lui toute espèce de prévention en le déclarant non coupable, ne peut pas détruire ce lien, et, par cela même que ce lien existe, la responsabilité peut en naître.

Mon honorable adversaire citait, dans l'audience d'hier, le crime de banqueroute frauduleuse ; la banqueroute frauduleuse peut faire naître des faits de même nature ; il est incontestable que des détournements, des écritures falsifiées, qui sont dénoncés au jury comme un élément du crime de banqueroute frauduleuse, peuvent être innocentés par lui ; mais que cependant les faits existant, l'accusé étant reconnu coupable de ce fait, la cour peut rencontrer dans ce double élément les motifs d'une condamnation.

C'est ce qu'a dit la cour de cassation dans son arrêt du 26 décembre 1873 ; mais, encore une fois, il faut qu'on rencontre, après la décision du jury, cette double circonstance : un fait certain et non équivoque, établi par les preuves des débats, et, en second lieu, établie également par le débat, la participation de l'accusé à ce fait. Toutes les fois que la réponse du jury a laissé ce double élément debout, la cour, jugeant au point de vue civil, peut allouer des dommages-intérêts ; seulement, dans cette sphère même, armée des pouvoirs que lui donne l'article 358 du Code d'instruction criminelle, la cour est encore assujettie à des règles dont elle ne peut s'écarter sans violer la loi.

M. Faustin Hélie, dont le travail si remarquable a précédé l'arrêt de la cour de cassation, expose ces principes dans un langage lumineux et plein d'autorité. Le premier de ces principes est celui-ci : Que la cour d'assises ne peut puiser ses éléments de conviction que dans le débat ; il faut que ce soit des documents judiciaires qui se sont révélés devant elle que naisse la preuve et du fait et de la participation de l'accusé à ce fait.

Mais ce n'est pas assez : il faut encore que le jugement que la cour d'assises va rendre ne soit pas en contradiction avec le verdict du jury, et c'est là précisément que se présente la distinction, que tout à l'heure je prenais la liberté d'exposer au tribunal, sur le fait de participation établie malgré et après la décision du jury ; car il est bien certain que si, sous l'impression de l'exemple que je prenais tout à l'heure, le jury, par sa déclaration, a détruit à la fois et le fait et le lien qui le rattache à l'accusé, ou si entre le fait et l'accusé, bien que le lien ne soit pas rompu d'après la déclaration du jury, se plaçait une circonstance ayant donné au fait lui-même un caractère légitime, il n'est plus possible à la cour d'assises de prononcer une condamnation sans se mettre en contradiction formelle avec la déclaration du jury; et c'est là, messieurs, ce qu'elle ne peut pas faire sans violer la loi.

Mon honorable adversaire parlait, à l'audience d'hier, de l'arrêt rendu dans l'affaire Souesme. Cet arrêt vient fournir un exemple de plus à l'appui de la démonstration que je me propose d'établir. Quel fut le fait? Mon honorable adversaire ne l'a pas rappelé, et cependant cela était indispensable.

L'accusé Souesme, dans un moment d'emportement, avait porté un coup de fourche à son fermier Corbasson, et lui avait donné la mort. Il fut traduit devant la cour d'assises d'Orléans, qui prononça son acquittement.

Le jury avait à répondre à une double question : celle de l'homicide et celle de coups et blessures. Le jury ayant fait une réponse doublement négative, la cour d'assises reprit précisément la question qui avait été posée au jury; elle déclara que Souesme avait porté un coup volontaire à Corbasson et lui avait ainsi donné la mort.

Il est donc certain que la cour d'assises était en contradiction avec le verdict du jury, et c'est pour cela que l'arrêt de la cour fut cassé.

Les différents arrêts dans lesquels les juges ont statué sur des faits purement civils viennent confirmer la jurisprudence sur laquelle je m'appuie.

Dans le rapport si complet de M. Faustin Hélie, je rencontre l'arrêt de la cour suprême du 7 mars 1855. Cet arrêt, qui statue sur le pourvoi formé contre un jugement rendu en matière civile, mais à l'ocasion de faits précédemment soumis à la juridiction correctionnelle, pose les principes dans les termes les plus formels.

« ... Attendu que, lorsque la justice répressive a prononcé, il ne saurait être permis au juge civil de méconnaître l'autorité de ses souveraines déclarations ou de n'en faire aucun compte; que l'ordre social aurait à souffrir d'un antagonisme qui, en vue seulement d'un intérêt privé, aurait pour résultat d'ébranler la foi due aux intérêts de la justice criminelle, et de remettre en question l'innocence du condamné qu'elle aurait reconnu coupable, ou la responsabilité du prévenu qu'elle aurait déclaré n'être pas l'auteur du fait imputé; que la chose jugée au criminel, soit sur l'existence ou la non-existence du fait générateur des deux actions, soit sur la participation ou la non-participation du prévenu à ce fait, a une influence souveraine sur le sort de l'action civile; que la déclaration de culpabilité du prévenu devenant ainsi, pour l'action civile poursuivie ensuite, un titre irréfragable qui ne permet pas au condamné de contester le fait qui a engagé sa responsabilité, il faut, par une nécessaire et juste réciprocité, que l'affirmation de l'innocence absolue du prévenu par la justice répressive soit aussi pour lui un titre irréfragable contre les prétentions contraires de la partie civile; que l'action civile ne conserve son indépendance vis-à-vis du prévenu acquitté que dans les cas où la déclaration de non-culpabilité n'exclut pas nécessairement l'idée d'un fait dont le prévenu ait à répondre envers la partie civile, en telle sorte que la recherche ou la preuve de ce fait ne puisse pas aboutir à une contradiction entre ce qui a été jugé au criminel et qui serait jugé ensuite au civil. »

Je ne crois pas qu'il soit possible d'exprimer et de résumer en termes plus clairs et plus pleins d'autorité la doctrine que je vous demande de consacrer. En définitive, la cour de cassation exige ce que la loi commande : c'est le respect de la juridiction, c'est l'inviolabilité de la décision du jury quand elle a été rendue de telle manière que le lien qui attache l'accusé au fait se trouve nécessairement rompu. Alors, messieurs, il n'est plus possible de reprendre au civil la question souverainement appréciée ; autrement ce serait tout remettre en question, ce serait renverser les bases mêmes sur lesquelles la justice repose. Il est donc nécessaire, et c'est la seconde règle developpée par M. Faustin Hélie, que la décision du juge civil soit parfaitement d'accord avec la décision du juge criminel, et ne vienne pas nier le fait que le premier a affirmé.

Enfin, et c'est une troisième règle, il faut que le juge civil, en dehors du fait incriminé sur lequel le juge criminel s'est expliqué, prouve la faute qui, sans être un délit, puisse devenir le principe de la responsabilité.

Une troisième règle enfin impose à la cour d'assises la condition de constater la faute ou le quasi-délit qui a causé le dommage et qui est la source de la réparation. La faute, en effet, quand l'acquittement a fait disparaître le crime ou le délit, est la base unique de la responsabilité de l'agent, et il importe de ne pas la confondre avec la criminalité qui n'existe plus, quoiqu'elle sorte des mêmes faits. Il y a là une opération délicate dans laquelle les cours d'assises ont plus d'une fois échoué. La loi n'établit la responsabilité civile des faits qui ont occasionné un préjudice qu'autant qu'ils sont le résultat d'une faute ; il faut donc constater cette faute, mais à côté et en dehors du délit, en maintenant les faits dégagés de leur criminalité et en établissant leur imputabilité à un autre titre. Cette double condition est la base juridique des dommages-intérêts, et vous l'avez reconnu en déclarant d'abord que, « pour qu'il y ait lieu à des dommages-intérêts, il faut qu'il y ait faute » (arr. 19 décembre 1817), et en ajoutant ensuite, dans une espèce où la cour d'assises s'était bornée, en allouant des dommages-intérêts, à relever un fait qui n'avait pas le caractère d'une faute, « que l'arrêt a violé le principe posé dans l'article 1382, en déclarant le fait imputable à l'agent, sans avoir établi qu'il y avait faute de sa part » (Arr. 10 juillet 1862.)

Ainsi, messieurs, nécessité pour le juge civil, dans les termes de l'article 358 du Code d'instruction criminelle, de ne rechercher les éléments de ses décisions que dans le débat lui-même ; nécessité de conformer sa décision à la décision souveraine du jury ; et s'il peut, en dehors de cette décision, trouver un principe de responsabilité, nécessité de constater la faute d'où ce principe résulte.

Si je fais l'application de ces règles si claires et que je pourrais dire, après la discussion à laquelle je viens de me livrer et les rapports que j'ai eu l'honneur de faire passer sous vos yeux, si pleines d'autorité; si, dis-je, je veux examiner la question légale dans laquelle se trouve la demande de Maurice Roux et la décision qu'il sollicite de vous, est-ce que j'aurais besoin de beaucoup d'efforts pour démontrer qu'à tous les points de vue la demande de Maurice Roux est inadmissible, précisément parce qu'elle viole chacune des règles que M. Faustin Hélie a mises dans une si complète lumière ?

De quoi s'agit-il en effet, et que vous demande-t-on? Vous avez entendu mon honorable adversaire, et assurément son langage est débarrassé de tout artifice; eh bien! il a été l'écho affaibli du réquisitoire que nous avons entendu à Aix. Que vous a-t-il dit, en effet ? Que M. Armand était un maître violent et brutal, que ses habitudes étaient mauvaises, qu'il frappait ses domestiques, et que, pour la moindre injure, il les accablait de coups de bâton. Et c'est ainsi qu'après avoir expliqué, d'une part, la violence d'Armand, de l'autre, le caractère inoffensif de Roux, mon honorable contradicteur a essayé d'établir que, dans la matinée du 7 juillet, Maurice Roux étant descendu à la cave, étant agenouillé pour prendre du bois, M. Armand était arrivé derrière lui, qu'il s'était armé d'une bûche, et que, en lui faisant entendre ces paroles dérisoires : « Je vais t'apprendre si ma maison est une baraque! » il lui avait asséné sur la nuque un coup si violent, que Maurice Roux était tombé dans un complet évanouissement.

Voilà ce que mon honorable adversaire plaide, voilà ce qu'il vous demande de consacrer; telle est la base légale de la demande en dommages-intérêts.

Eh bien! je n'ai qu'un reproche à lui faire : c'est que tout ceci a été jugé souverainement par le jury de la cour d'assises d'Aix, et il n'est plus possible d'y toucher. Je vais plus loin, tout ceci a été plaidé, le système n'est pas neuf; tout à l'heure, je vais vous montrer comment, par une singulière naïveté dans ce procès, l'accusation a douté d'elle même, comment elle a reculé épouvantée devant sa propre image, et a été forcée, pour conquérir un semblant de force, de déserter son œuvre première et d'aller se chercher dans une autre hypothèse une existence nouvelle. En effet, dans le principe, l'acte d'accusation se dressait terrible contre M. Armand : on avait accordé une confiance complète à toutes les déclarations de Maurice Roux. Or, que racontait celui-ci? Il disait qu'après avoir été ainsi abattu aux pieds de son maître, il s'était senti garrotté, étranglé; qu'il était resté dans cette situation de huit heures et demie du matin à sept heures et demie du soir, et qu'on était venu l'arracher à la mort au moment où elle allait venir.

Tout ceci est dans l'acte d'accusation.

Le 7 juillet au matin. entre huit heures et huit heures et quart, il était descendu à la cave au bois pour faire la provision de la journée. Il se trouvait à genoux, près de la porte d'entrée, occupé à remplir son tablier, quand tout à coup il entendit Armand son maître, et le vit près de lui. Ce dernier lui dit alors : « Je t'apprendrai si ma maison est une baraque ! » et presque instantanément il lui asséna sur le derrière de la tête un coup violent qui le fit tomber la face contre terre. La commotion produite par cette agression paralysa les forces de Maurice Roux, mais n'amena pas pourtant une syncope complète ; aussi put-il, sans se rendre compte de ce qu'on faisait de lui, sentir son corps violemment comprimé, puis il s'évanouit. Il reprit ses sens beaucoup plus tard et sembla ne revenir à lui que pour apprécier l'horreur de sa situation ; une heure encore, ce malheureux allait expirer, sans que la justice pût découvrir l'auteur du plus odieux attentat.

Mais il est arrivé que lorsque j'ai eu connaissance du rapport des médecins, quand j'ai su quelles étaient les réponses de Maurice Roux et le système impossible derrière lequel il se retranchait, toutes mes prévisions se sont trouvées justifiées. Je n'ai plus eu besoin de conjecturer la simulation, elle était démontrée pour moi ; car, quelque puissante que soit la calomnie, elle n'est pas encore parvenue à détruire les lois de la physique. C'est un malheur pour Roux, mais il faut qu'il s'y résigne, jusqu'ici la physique lui échappe. Il est complètement impossible qu'un homme reste ainsi lié pendant onze heures sans que la mort s'ensuive. Il est également impossible que Maurice Roux soit resté lié pendant ce temps sans qu'il se soit produit une tuméfaction considérable. Il n'y avait pas de tuméfaction, bien que la mort fût proche. Mais, grâce à Dieu, il n'y a eu qu'un simple évanouissement.

Il est donc démontré par là que Maurice Roux est un imposteur. Je sentais ces choses comme un homme du monde ; mais je ne pouvais pas les démontrer. Je m'adressai alors à un homme considérable dans la science, à un homme environné de l'estime universelle, et sur lequel je pouvais faire d'autant plus état, qu'il a la confiance de la justice. C'est le doyen de la Faculté de médecine de Paris, illustré par de nombreux travaux de médecine légale, et tout le monde sait quelle est son autorité.

J'ai parlé de M. Tardieu, et vous avez tous lu sa remarquable consultation. On m'a reproché d'avoir été chercher son témoignage ! En vérité, M. Armand était bien coupable, bien osé, d'essayer de se défendre ! Il aurait mieux fait de se laisser tranquillement égorger... Eh bien ! son défenseur n'a pas été de cet avis ; il a pensé que M. Armand devait se défendre, repousser l'imposture ; et c'est alors que, sentant sa faiblesse, il a tendu ses mains vers la force. Il s'est adressé à M. Tardieu ; et M. Tardieu, l'homme éclairé, savant, généreux, à peine avait-il lu cette procédure, que j'avais envoyé copier

par un secrétaire, car on m'avait refusé toute espèce de facilité, que
sa conviction a été aussi rapide que la mienne, et vous savez comment
il l'a exprimée loyalement, sincèrement, avec autorité, et non sous
le vain prétexte de ces dissidences, de ces querelles d'école, que vous
faites apparaître comme des fantômes qui ne peuvent qu'obscurcir
la vérité. Il s'agissait de retenir les mains égarées de la justice au
moment où elle allait frapper un innocent, un citoyen qui n'avait pas
mérité ses rigueurs. Eh bien! M. Tardieu a pris la plume; il a écrit
comme un homme convaincu et ayant conscience de sa mission.

J'aurais voulu faire savoir au monde entier sur quelles bases fragiles s'établissait cette indigne, cette monstrueuse accusation. Je ne
demandais que la lumière, et, quand elle est arrivée, vous savez ce
que l'accusation est devenue.

M. Tardieu, je le répète, a écrit; et quand on a vu le témoignage
d'un homme si compétent, quand M. Tardieu eut prouvé invinciblement
que Maurice Roux était un monstre, l'accusation s'est effrayée; elle a
compris qu'elle avait fait fausse route; et alors M. le procureur général n'a pas voulu suivre ses errements; il a abandonné son premier
système pour se jeter dans un second. Ce n'était plus le maître qui
avait voulu assassiner son domestique: c'était un homme violent qui
avait voulu lui infliger une correction. Que la pensée première existât
encore dans l'esprit de quelques hommes inintelligents, ou sous les
yeux desquels n'avaient point passé tous les documents de la procédure, cela se pouvait; mais quant à M. le procureur général, qui les
avait examinés, et qui est intelligent et loyal, il lui était impossible
de rester dans une pareille voie. Voici ce qu'il dit dans son réquisitoire:

« Voilà le système de Roux! On assure qu'il a un grand succès près de
certaines personnes. Pour moi, je ne voudrais en blesser aucune: mais
franchement, ceux qui croient à ce système ne me paraissent pas bien
exigeants sur les lois de la vraisemblance et du bon sens, ni de bien judicieux observateurs de la nature humaine. Ah! je comprends que, quand
on se trouvait placé entre deux systèmes qui rivalisaient d'invraisem-
blance, le système de l'accusation et celui de la défense, on se partageât
cet embarras de conscience; j'ai commencé par l'éprouver comme un
autre: *Non ignora mali, miseris succurrere disco.* Oui, quand l'accusation
professait cette opinion choquante qu'Armand était descendu à la cave
tout exprès pour y assassiner son domestique, les meilleurs esprits pouvaient et devaient hésiter; on n'était satisfait ni d'un côté ni de l'autre; et
moi-même, je le répète, en le recevant ce dossier, sur lequel je ne comp-
tais guère, des mains de la cour de cassation, j'en abordai l'étude avec
toutes sortes de scrupules et de méfiances, et ces expressions, je me le
rappelle, sont celles-là mêmes dont je me servis en écrivant à M. le garde
des Sceaux. Mais aujourd'hui, il ne s'agit plus de cela. Armand n'est plus
un maître qui s'en va étrangler son domestique plein de vie; c'est un
homme qui cède à un mouvement de violence, qui se trouve ensuite effrayé

par les conséquences imprévues de cette violence, et qui se détermine à en commettre de nouvelles pour cacher les premières. Rien n'est moins extraordinaire, rien du moins n'est plus facilement acceptable, tandis que le système de la simulation, je n'en connais pas qui soit en plus violente opposition avec le bon sens. C'est ce qu'il s'agit de prouver. »

Je comprends que quand on se trouve placé entre ces deux systèmes si différents au point de vue de la criminalité, l'hésitation soit permise; je comprends qu'on abandonne une opinion qu'on a crue vraie, et dont la fausseté a été démontrée; mais quand M. le procureur général nous dit que son premier système est un système inadmissible, à coup sûr il donne beaucoup à douter pour le second.

Voilà donc, messieurs, ce qui concerne le fait qu'on a plaidé devant vous et qui a servi de base à la question subsidiaire posée devant le jury: M. le procureur général a dit que M. Armand s'était rendu coupable d'un mouvement d'emportement, qu'il avait frappé son domestique sans avoir l'intention de lui donner la mort; et le jury a répondu qu'Armand n'était pas coupable de ce fait, qu'il n'avait point frappé Maurice Roux. Il est donc certain que le jury a détruit le fait, et qu'il est impossible de concevoir l'une sans l'autre les différentes phases de ce drame. Il n'y a point eu de coup. Mais, ce coup existât-il, comme il ne pouvait avoir été donné par Armand, comme le jury a répondu que le coup n'avait pas été porté par lui, il est constant qu'il n'y a de sa part ni fait matériel ni participation à ce fait.

Mais, messieurs, ce n'est pas la seule raison pour laquelle je repousse de la manière la plus formelle l'étrange système plaidé au nom de Maurice Roux.

Mon honorable adversaire s'est mis parfaitement à son aise et n'a abordé aucune difficulté de sa tâche. A coup sûr, ce n'est pas moi qui lui en ferai un crime; en acceptant la défense de Maurice Roux, il a prouvé une fois de plus que le barreau est au service de tous les malheureux. Dans une cause solennelle et grave, quand un homme se plaint, sa plainte fût-elle insensée, s'il porte le poids des souffrances qu'il a éprouvées, et s'il ne peut se défendre aux pieds de la justice, rien n'est plus honorable que le rôle si dignement rempli par mon éloquent adversaire. Mais enfin les difficultés étaient telles que je comprends qu'il ne les ait pas abordées. Cependant, qu'il me permette de le lui dire : il a raisonné sur un coup. Mais il ne s'agit pas seulement d'un coup; il s'agit d'un coup accompagné d'étranglement, de ligatures des mains, de ligatures des pieds. Tous ces faits sont inséparables; car les ligatures, elles ont été la conséquence de la commotion, qui aurait été elle-même le résultat du coup sur la nuque. Lorsque le cou a été attaché, on a attaché également les mains, on a attaché les pieds; c'est au moins ainsi que doit s'expliquer la progression, la génération des faits. Il n'est pas possible à mon honorable adversaire de séparer toutes ces choses, de prendre ce qui lui convient et d'écarter ce qui le gêne. Il faut affirmer les faits dans leur ensemble. Un coup a-t-il été porté? Armand s'est-il rendu coupable de cet acte de violence? S'il est l'auteur de ce fait, il est l'auteur des ligatures et de la strangulation. C'est lui qui a lié les mains, c'est lui qui a lié les pieds, c'est lui qui a étranglé Maurice Roux. Mais s'il n'a pas étranglé, s'il n'a pas lié les mains, s'il n'a pas lié les pieds, il est certain qu'il n'a pas porté le coup.

Vous n'avez pas osé dire que M. Armand avait étranglé Maurice Roux, et je le comprends, car vous auriez été non-seulement en contradiction avec la déclaration du jury, mais vous auriez eu à vous expliquer sur toutes ces impossibilités physiques qui ont bouleversé l'accusation, et si complètement, qu'elle a été forcée de se donner à elle-même un démenti.

Je n'ai pas voulu aborder cette partie du débat; mais j'y ramène le tribunal. Il y a là des faits complexes qu'il est impossible de désunir. Il y a une victime, et la voilà; il y a là un homme qui aurait dû être condamné; il y a là un monstre et un infâme scélérat. Ce n'est pas seulement un homme qui a reçu un coup de bâton à la nuque qui vient vous demander justice, c'est encore un homme qui a été garrotté, étranglé, lié aux pieds et aux mains. Il est impossible que toutes ces choses ne soient pas constantes. Ce sont les faits de M. Armand, ou ce sont les faits de Maurice Roux. Voilà la victime, ou voilà l'imposteur.

Il fallait donc envisager les faits dans leur ensemble. Il fallait se demander comment le coup avait été porté, comment les ligatures, comment la strangulation avaient été opérées, et, en s'appuyant sur tous ces faits, en tirer des conséquences contre M. Armand. Mais mon honorable adversaire a bien vite reconnu qu'il se mettrait par là en contradiction avec la déclaration du jury, et que c'était vous demander de la reviser. Je comprends parfaitement que mon honorable adversaire n'ait pas voulu être si logique. Mais alors il combat dans l'arène, complètement dépourvu de cuirasse, ou du moins il n'en a qu'une bien légère, celle que lui fournit la main intéressée de son client; il est forcé pour combattre de s'enfermer dans la déclaration de Maurice Roux. Mais cette déclaration, il ne peut pas la scinder; il faut qu'il l'accepte telle qu'elle a été faite.

Maurice Roux a été entendu plusieurs fois; il a varié dans ses interrogatoires; mais il y a des circonstances sur lesquelles ses déclarations sont uniformes. Or, il n'a jamais dit que ces ligatures eussent été faites sur sa personne par une autre main que celle de M. Armand. Dans sa première déclaration, il explique qu'il s'est senti lié par

M. Armand, qu'il a été abattu, que M. Armand s'est livré sur lui à des actes de strangulation, de ligature des pieds et des mains. — Dans sa seconde et sa troisième déclaration, Maurice Roux dit qu'il a été *alourdi*; qu'on s'est livré sur sa personne à des actes extraordinaires, qu'il s'est ensuite senti étranglé et lié. — Dans son interrogatoire devant la cour d'assises, il a dit qu'Armand s'était précipité sur lui, et pour me servir de son expression, qu'il lui avait *jonché* le cadavre.

Voilà la procédure. Il n'est pas permis d'isoler la déclaration de votre client; il n'est pas permis de prétendre qu'Armand n'aurait porté qu'un coup à son domestique : Armand a voulu le tuer, ou Armand ne lui a rien fait. Armand ne s'est pas borné à lui asséner un violent coup de bûche sur la nuque : Armand a cherché à l'étrangler, et lui a lié les mains et les pieds; et ce sont tous ces faits complexes qui justifient Armand, précisément parce qu'ils lui ont été imputés devant la cour d'assises, et parce qu'ils sont solidaires. On n'a étranglé Roux que parce qu'on lui a asséné un coup sur la tête; on ne lui a attaché les pieds que parce qu'on lui a lié les mains; et par cela seul qu'on n'a pas commis ces derniers actes de violence, on n'a pas commis le premier. Et c'est ainsi que mon honorable adversaire, n'ayant présenté qu'une face de la question, a eu le malheur d'être en contradiction avec la déclaration du jury. Mais s'il avait voulu l'envisager dans son intégrité, il aurait été dans la nécessité, pour justifier son apparence de préjudice, de reprendre la totalité du réquisitoire de M. le procureur général, et de ne faire grâce à Armand d'aucune des incriminations qu'on y rencontre. C'est-à-dire, messieurs, que la demande qui vous est soumise, c'est tout simplement l'arrêt du 25 mars 1864 à remettre en lumière, moins ce mot qui avait singulièrement offensé la conscience publique, le mot *maladroitement*, mais qui était une sorte d'hommage indirect rendu au principe de la loi, et que mon honorable adversaire vous convie d'effacer. Si vous l'en croyez, et si ses conclusions doivent être admises, il faut que de votre main vous déchiriez le verdict du jury et que vous écriviez : Armand est condamné à 50.000 francs de dommages-intérêts, parce qu'il a volontairement porté à son domestique un coup qui a été suivi des actes les plus criminels.

Ramenée à ces termes, la cause était jugée; il n'y avait qu'à rapprocher l'arrêt de la cour de cassation du verdict du jury, pour démontrer le peu de fondement de la demande de Roux.

Vous m'excuserez si je suis entré dans ces détails nécessaires; mais il fallait établir les principes légaux, il fallait venger la loi, rétablir la vérité, et dès lors votre bienveillance m'était, à tous ces points de vue, acquise. Je la sollicite encore, messieurs, car, malgré mon désir, ma tâche n'est pas terminée; et comme, en définitive, il s'agit ici moins de la vérité juridique que de la vérité morale; comme tous ici nous sommes impatients de la saisir, nous de la démontrer, vous de la proclamer; comme vous avez une mission considérable à remplir, celle d'éclairer, et, s'il est possible, de faire jaillir la lumière, vous me permettrez de répondre rapidement à la partie de la discussion de fait de mon honorable adversaire, et de vous démontrer, non pas qu'Armand est innocent, mais qu'il est dès à présent établi par les preuves les plus flagrantes, les plus formelles, les plus victorieuses, que vous êtes en face d'un homme qui a égaré la justice par les plus odieux mensonges, par les plus criminels calculs, par les plus basses spéculations, et que vous pouvez, messieurs, suivant la voie qui vous a été ouverte par M. le premier président de la cour d'Aix, montrer à tous ceux qui ont soif de la justice de quel côté doit pencher la balance.

Si les débats qui se sont déroulés devant la cour d'assises d'Aix étaient connus de vous, je pourrais être bien bref dans cette partie de ma tâche, et me borner à résumer les documents que votre mémoire vous rappellerait en entier. Malheureusement, il n'en est pas ainsi, et je me trouve placé entre ce double écueil, de trop dire, ou de ne pas assez dire. Toutefois, comme il m'est impossible de vous retenir trop longtemps dans cette enceinte, je dois me borner, et j'espère que les courtes citations que j'emprunterai à la procédure pourront complètement satisfaire vos consciences et préparer les démonstrations auxquelles je dois me livrer.

Avant d'aller plus loin, je constaterai que le terrain de la discussion s'est rétréci. On veut bien concéder, comme l'a fait M. le procureur général, que M. Armand n'a pas eu tout d'abord le dessein de tuer son domestique; qu'emporté par la chaleur du sang, par la vivacité de son caractère, n'ayant pu se maîtriser lui-même, il aurait atteint d'un violent coup son domestique, mais que les dernières violences n'auraient été que la conséquence de la première; qu'elles n'étaient pas préméditées ou n'auraient pas eu pour but de donner la mort. Et, pour rendre vraisemblable une pareille accusation, mon honorable adversaire a beaucoup insisté sur certaines parties de la procédure, desquelles il entendait tirer la preuve qu'en effet M. Armand s'était signalé depuis longtemps par la violence et la brutalité de ses habitudes.

L'embarras que j'éprouvais tout à l'heure a été partagé, je le comprends, par mon honorable adversaire, dans l'étude consciencieuse à laquelle il s'est livré. Il était impossible de tout résumer, de tout dire, et il a dû choisir, il n'a pas eu la main aussi impartiale que je l'aurais désiré. Mais enfin il se trouvait en face de contradictions, et je comprends qu'il ait cherché à compléter ses renseignements à sa manière.

Eh bien, j'ose affirmer, cette partie des débats en main, que l'enquête à laquelle on s'était livré avec une patience minutieuse s'est complétement évanouie; qu'il n'en est rien resté ou à peu près rien; qu'une foule de témoins sont venus déposer, non-seulement de l'honorabilité commerciale d'Armand, dont mon adversaire faisait hier un éloge tant soit peu dérisoire, mais encore et surtout de l'excellence de son cœur, de la générosité de ses sentiments, de ses sympathies affectueuses, de ses mœurs douces et bienveillantes : tout cela, j'en conviens, coloré par le feu méridional. Le soleil est si beau dans ce pays, que quelquefois, peut-être, il pénètre un peu trop les habitants de ses rayons. Armand a donc son rayon de soleil; sa vivacité est grande; et, s'il m'était permis de vous le faire connaître comme je le connais moi-même, je vous dirais qu'avec tout cela, il y a en lui les sentiments d'une inflexible droiture qu'il s'applique d'abord à lui-même, mais dont il veut faire un niveau sous lequel l'humanité tout entière doit se baisser. L'humanité s'y refuse quelquefois; elle a ses caprices, alors surtout qu'on cherche ce type parmi des travailleurs qui aiment à réaliser un bon salaire avec le moins d'ouvrage possible. Et malheureusement Armand s'est trouvé en relations avec beaucoup de personnes de ce genre.

J'ai dit qu'il avait fait opérer un défrichement; pour cela, il a eu recours à de nombreux ouvriers accourus de tous les points de la localité, qu'on mettait à la besogne, mais dont il était assez difficile de contrôler le travail. Or, M. Armand aime que le travail s'exécute. Il a un ennemi, j'en conviens, et il lui a déclaré une guerre qui explique son succès : cet ennemi, c'est la paresse. Il ne la souffre pas près de lui; il est impitoyable vis-à-vis d'elle, même quand il la rencontre sous la bure. J'en suis bien fâché pour lui; mais toujours est-il qu'il ne l'excuse pas et qu'il lui dit son fait. Quelquefois la paresse se fâche, et de là des querelles de la nature de celles dont vous a entretenu l'instruction. Mais est-il donc extraordinaire que, parmi quatre à cinq mille ouvriers qui se sont succédé dans les exploitations agricoles de M. Armand, il s'en soit rencontré une dizaine qui aient montré des dispositions récalcitrantes, et qui, par suite, aient eu à souffrir des justes exigences de leur maître ? Ce sont ces dix personnes tout au plus qui ont fait entendre quelques plaintes; mais quand ces plaintes se sont produites devant la cour d'Aix, elles se sont réduites à néant, et l'on a vu que M. Armand s'est montré, vis-à-vis de ces hommes, patient quelquefois jusqu'à l'excès.

Cependant, dit mon honorable adversaire, chez M. Armand, cette patience dont je fais l'éloge, elle se traduit par des violences corporelles, par des coups de bâton ; et il vous a montré un de ces ouvriers, le sieur Blanc, qui aurait été l'objet d'une voie de fait de la part de M. Armand : celui-ci lui aurait donné un coup de canne sur la tête.

A ce sujet mon honorable adversaire n'a mis sous vos yeux que quelques dépositions ; il ne pouvait pas les reproduire toutes ; peut-être, cependant, aurait-il dû aller plus loin dans la lecture de ces *Causes célèbres*. S'il eût tourné quelques feuillets, il aurait trouvé l'explication de ce fait qu'il présentait comme si accablant pour M. Armand, et que d'autres témoignages ont tout à fait détruit.

Le sieur Blanc, en effet, était un valet employé à la campagne d'Armand. Il a été frappé par Armand, cela est vrai ; le sang a coulé, je suis forcé de le reconnaître. Mais ce que mon honorable adversaire n'a pas dit au tribunal, c'est que ce Blanc a été ici l'agresseur. M. Armand venait après une assez longue absence visiter ses terres. Il entre dans une grange, et voit une charrette de foin qui n'était pas déchargée ; et à côté de cette charrette, la paresse, sous la forme de Blanc, qui se trouvait nonchalamment couché près d'une crèche, alors qu'il aurait dû accomplir son travail. M. Armand en fait l'observation. Là-dessus, l'ouvrier, qui était un jeune homme vigoureux et fort, se lève, se jette sur M. Armand, le saisit à la gorge. La chemise, le gilet de flanelle de M. Armand cèdent ; ils sont entièrement déchirés. Sur quoi, M. Armand repousse l'agression par la force. Il avait une canne à la main, non plombée ; il en frappe celui qui venait de le saisir ; de là cette blessure à la tête dont on vous a parlé. Qu'y a-t-il là d'extraordinaire, et comment peut-on voir dans ce fait si naturel la preuve d'une violence habituelle? Il en a été déposé devant la cour d'Aix, par un témoin déjà entendu dans l'instruction, le sieur Verdier. Voici ce qu'il raconte :

VERDIER (*Paulin*), propriétaire à Montpellier. Il y a cinq ou six ans, se trouvant à la campagne de M. Armand, il entrait avec lui dans l'écurie, quand un domestique se présenta d'un air insolent et dit à M. Armand : « Faites-moi mon compte. — Je ne paye pas ici, répondit M. Armand ; venez à Montpellier dimanche, et on vous payera. » Le domestique se jeta alors sur M. Armand et lui déchira sa chemise. Le témoin voulut les séparer ; mais il reçut lui-même un coup sur le nez, et comme il s'était retourné, il ne put voir si M. Armand avait répondu à l'agression du domestique par un coup de canne ou par un coup de poing.

On rappelle le témoin PARGOIRE, qui maintient sa première déclaration.

M. VERDIER. Ce que dit le témoin est inexact. Je garantis qu'il n'y avait pas dans l'écurie qu'Armand et moi avec le domestique.

PARGOIRE. Ce n'est pas dans l'écurie que le coup a été porté.

VERDIER. Comment! ce n'est pas dans l'écurie que la scène a eu lieu ; c'est trop fort!

M. LE PREMIER PRÉSIDENT, à *M. Verdier*. Il y a deux faits, le fait de l'écurie et le fait de la cour. — R. Nous étions seuls dans l'écurie, M. Armand et moi, après notre visite au pailler, quand le domestique est venu et s'est

jeté sur M. Armand; et c'est après que j'eus cherché à les séparer, que le
cocher est venu et a emmené M. Armand. Pour moi, je suis resté auprès
du domestique. Nous l'avons mené ensuite devant la porte de la cuisine ;
là nous l'avons lavé, puis renvoyé.

ARMAND. Je prie M. le Président de demander au témoin si je ne lui ai
pas dit que je voulais porter plainte contre cet individu.

LE TÉMOIN VERDIER. Évidemment, puisqu'il lui avait sauté dessus.

Voilà la scène, messieurs ! Est-ce qu'elle n'est pas la plus simple du
monde, et méritait-elle ces accents tragiques dont on s'est servi
vis-à-vis de M. Armand ? Est-ce qu'un maître qui est ainsi saisi par les
cheveux et au cou par un valet qui menace de l'étrangler, et qui se
porte à des violences contre sa personne, n'a pas le droit de se
défendre ? Est-ce que l'agression ne mérite pas d'être repoussée par
la force ? M. Armand porte une canne ; tous les propriétaires peuvent
en avoir une, c'est tout simple ; il en a frappé son domestique, le
coup a porté sur la tête, le cuir chevelu a été légèrement entamé.
Mais Blanc s'est si bien senti dans son tort, que non seulement il n'a
pas porté plainte, mais qu'il a sollicité la faveur de n'être pas poursuivi ; et en effet, grâce à la mansuétude de M. Armand, aucune plainte
n'a été déposée contre lui.

M. Armand est ainsi fait : vif, impétueux ; mais aussitôt ce premier mouvement passé, il n'y pense plus. Voilà pourquoi il n'a pas
poursuivi Blanc. Et, si vous voulez bien connaître quel était véritablement son caractère vis-à-vis de ses ouvriers, interrogez plutôt les
témoins dont la situation et l'autorité ont pu vous inspirer toute
sorte de confiance ; M. Hilaire, par exemple, curé d'une paroisse où
M. Armand a dirigé longtemps une grande exploitation industrielle,
témoigne dans des termes ainsi conçus :

HILAIRE (Marie-Etienne), curé de Flaviac. Il connaît M. Armand depuis
quatorze ans. Lorsque l'affaire s'ébruita dans sa paroisse, il crut qu'il s'agissait d'un homonyme. A ses yeux, moralement et physiquement, M. Armand
était incapable de commettre un semblable attentat. Il connaît son caractère ; il est vif, mais bon. Il pourrait citer mille exemples de son bon
cœur. Arrivait-il qu'une femme, étant obligée de nourrir son enfant, ne
pût travailler : « Mettez votre enfant en nourrice, disait-il, et si votre salaire
ne vous suffit pas, je suppléerai de ma poche. » Combien de personnes
connaît le témoin à qui M. Armand a rendu de grands services ! C'est une
belle âme ! mon ministère m'a permis de l'apprécier.

Il a occupé de quatre-vingt-dix à cent dix ouvriers ; je n'ai jamais entendu
dire qu'il se soit livré, vis-à-vis d'aucun d'eux, à la moindre violence, à
la moindre voie de fait, et cependant, on le sait, dans les petits villages,
les cancans ne chôment pas. Quant à sa moralité, elle est au-dessus de
tout soupçon.

Il n'est pas orgueilleux, comme on le dit. Il s'est toujours montré
simple et bon avec tous les paysans de sa paroisse. A l'église, il n'a jamais
voulu de place réservée, il se mettait près de la première bonne femme
venue.

On a souvent parlé au témoin de cette affaire, et jamais il n'a rien entendu dire contre Armand. C'est tout autre chose de Roux. On a fait devant lui le pari (il regrette de n'avoir pas pris le nom des parieurs, mais il ne croyait pas être appelé à déposer) que Maurice Roux recommencerait à Aix la scène et la comédie de Montpellier.

Ainsi, messieurs, voilà le pasteur de la paroisse : il connaît à merveille les antécédents et le caractère de M. Armand, et il vient déposer dans des termes qui doivent certes rassurer vos consciences. L'autorité de ce témoin peut-elle être détruite par cette tourbe de gens sans aveu qui sont venus à la cour d'assises d'Aix, les uns comblés des bienfaits de M. Armand, et donnant ainsi le spectacle de la plus noire ingratitude, les autres, un Touchat, menteur, ayant subi des condamnations criminelles pour vol ; un Gervais, sans domicile, ne pouvant dire d'où il était venu, n'ayant jamais été au service de M. Armand, ainsi que l'atteste son livret produit devant la cour d'assises, par conséquent inconnu de ce maître, qui ne l'avait jamais vu, menaçant de le poursuivre ; puis, après les débats, se retirant dans l'ombre d'où il était sorti ?

J'ai là des témoignages nombreux, pris à l'audience même, d'où il résulte que M. Armand a conservé à son service, pendant de longues années, bon nombre d'ouvriers et de serviteurs, lesquels sont venus rendre justice, non seulement à son honnêteté et à sa droiture excessive, mais encore à sa bonté vis-à-vis d'eux.

Ainsi, voici un témoin nommé Lafont, un cocher qui est resté pendant deux ans au service de M. Armand et qui ne l'a quitté que parce que, marié et devenu père, il n'a pas voulu se séparer de sa famille. Il est arrivé, un jour qu'il ne conduisait pas les chevaux au gré de M. Armand, que celui-ci en fit l'observation à son cocher, qui, s'en trouvant offensé, offrit de lui remettre les guides. Mais quant à ce cocher jeté en bas du cabriolet, et laissé étendu dans la poussière, ce sont des souvenirs classiques de mon adversaire. Il a vu Hippolyte traîné par ses chevaux, fuyant le monstre qui allait les dévorer. Non, messieurs, on a gagné tout simplement les portes de Montpellier.

Je ne veux pas mettre sous les yeux du tribunal les déclarations de tous les témoins qui sont venus à l'envi déclarer que si, en effet, M. Armand était vif, emporté, il était en même temps un modèle de générosité, qu'il venait au secours de toutes les infortunes. Mais, messieurs, pour vous mettre à même de mieux apprécier son caractère, de le connaître tel qu'il est, permettez-moi de mettre sous vos yeux quelques-unes de ces déclarations, et de vous dire, comme nous l'avons dit déjà, Lachaud et moi, devant la cour d'Aix, que nous ne savons pas un homme qui puisse subir pareille épreuve et en sortir triomphant comme M. Armand, dans la vie duquel on a fouillé en vain pour y rencontrer non-seulement une tache de déshonneur, mais

quoi que ce soit qui puisse lui être reproché, et qui, au jour de cette
humiliation souveraine, a trouvé plus de cent personnes pour venir
déposer en sa faveur, non pas en termes vagues et nébuleux, mais
en prenant fait et cause pour lui, en apportant leurs confidences aux
pieds de la cour, pour lui montrer, pour lui faire juger quelle était
l'excellence de ses sentiments.

BARRE (*Adrien*), avocat, ancien avoué au tribunal civil de Montpellier.

Il connaît M. Armand depuis vingt ans; il a été mêlé à toutes ses affaires
et à celles de sa famille. Ses relations intimes avec M. Armand datent
surtout de l'époque où, par la mort de M. Armand oncle, la société existant entre les deux oncles et le neveu s'est trouvée dissoute. En possession
de la confiance du défunt, c'est lui, M. Barre, qui a été chargé de la rédaction de son testament. Ce fut, à proprement parler, plutôt un pacte de
famille qu'un testament ordinaire. L'oncle avait pour le neveu toute
l'affection d'un père; il en avait d'ailleurs rempli envers lui toutes les
obligations. Le neveu, de son côté, avait été la cheville ouvrière de la
maison, et c'est à son intelligence, à son activité, qu'elle était surtout
redevable de sa grande prospérité. De là, quand l'oncle vint à tomber
malade, une lutte de reconnaissance entre celui-ci, qui voulait laisser à
son neveu un legs assez important, et le neveu, qui ne voulait rien recevoir, satisfait qu'il était de la position que son oncle l'avait aidé à conquérir. La lutte avait lieu en famille, en présence de la femme du testateur. Le neveu résista longtemps; il lui fallut céder quand l'état du malade
s'aggrava. Et comment le fit-il? En n'acceptant que le simple legs de la
jouissance à vie de l'habitation du second étage de la maison que son
oncle venait de faire bâtir, et qu'il donnait par son testament à M. Camille
Armand son fils. Mais l'acceptation de ce legs si modeste était encore une
preuve des sentiments qui animaient l'oncle et le neveu; la pensée du
mourant était d'assurer par là à ses enfants la continuation facile de la
bienveillante protection que son neveu leur avait toujours témoignée en
les considérant comme les siens.

Tout ceci est bien touchant, n'est-ce pas? c'est un peu éloigné de
nos mœurs. Mais il faudrait avoir entendu ce débat de générosité
entre l'oncle et le neveu! En scène, un pareil combat serait sifflé
peut-être par quelques sceptiques; mais pour les gens de cœur, ils
n'ont pas assez d'applaudissements à lui donner.

Chose singulière, et qui témoignait de la profonde reconnaissance de
l'oncle pour le neveu, il était prévu par le testament même que si, au
moment du mariage de M. Camille Armand fils, l'habitation du premier
étage sur le devant, jusqu'alors commune entre la mère et le fils, venait
à cesser, madame Armand mère, que son mari aimait cependant beaucoup, irait habiter le deuxième étage du corps de logis sur le derrière,
tandis que M. Armand neveu continuerait, lui, d'occuper l'appartement du
même étage sur le devant.

Son oncle lui a légué cet appartement; il se fait un plaisir d'en
jouir, parce que là il vit au milieu de la famille de cet oncle qui
l'affectionnait; mais il ne se croit pas quitte en exerçant son droit,
et il paye régulièrement à Camille le prix de ce legs. Écoutez M. Barre:

L'oncle mourut. Que fit alors M. Armand neveu? il pria le témoin de rédiger une clause, qui fut plus tard inscrite sur ses livres, par laquelle chaque année, il portait au crédit du compte de M. Camille Armand une somme de 1.000 francs. Ainsi, en apparence, la volonté de l'oncle était respectée, son legs était accepté, et sans pourtant en bénéficier, le neveu témoignait de sa reconnaissance pour le testateur.

Pour un homme qui, au moindre mot, assomme les gens, ce sont là des sentiments de délicatesse qui ne se rencontrent pas souvent chez ceux qui les respectent. Et, sachant à merveille que la violence et la méchanceté s'allient mal avec la droiture, avec la générosité, avec tous ces nobles sentiments du cœur qui font la véritable grandeur de l'homme, je dis que M. Armand a été l'objet d'indignes calomnies de la part de ceux qui l'ont accusé, et que ceux qui sont venus déposer contre lui ne le connaissaient pas ou le connaissaient mal.

Voulez-vous d'autres dépositions?... Un honorable négociant de Lyon, M. Girodon, dit :

GIRODON (*Adolphe*), négociant à Lyon.

Il ne sait rien de l'affaire criminelle, mais il a quelques mots à dire sur le caractère d'Armand. Pendant de longues années, ajouta-t-il, ma maison a fait des affaires importantes avec M. Armand, qui, comme fileur-moulinier, nous envoyait des marchandises. Entre les fileurs et les négociants, il y a toujours de petits conflits; nous avons passé par ces épreuves, et je dois dire que si nos contestations se sont toujours terminées promptement, c'est par le fait de M. Armand. Il est très vif de caractère, mais il revient très promptement.

Dans nos contestations, c'était nous qui faisions des réclamations à M. Armand. Il les discutait avec beaucoup de courtoisie, et, s'il voyait que nous tenions bon, il proposait des conditions qui terminaient le débat. Un jour, il n'en fut pas ainsi. Soit que les questions fussent plus délicates ou plus nombreuses, il advint que le débat s'anima par degrés, et que nous arrivâmes à des mots aigres. M. Armand, s'apercevant qu'il nous avait blessés, s'arrêta tout à coup, et dit : « Nous sommes bien fous de nous faire de la peine, j'accepte toutes vos réclamations. » Le débat fut fini, et nous nous quittâmes les meilleurs amis du monde.

Voilà l'homme : il a offensé son prochain, il demande excuse; ce prochain est un ami, il ne veut pas qu'un seul nuage puisse planer un instant entre leur affection.

Mais la nuit porte conseil, et toujours bon conseil aux bonnes gens. Il lui reste un sentiment qui l'afflige. Peut-être ne s'est-il pas assez réconcilié avec cet ami, et le lendemain il va sceller cette réconciliation par une réconciliation nouvelle.

Le lendemain, au moment où nous le croyions sur la route de Montpellier, nous le vîmes entrer chez nous. Que nous voulait-il? Bien peu de chose, je vous prie de le retenir. M. Armand n'avait pas voulu quitter Lyon sans nous serrer la main et s'assurer que la scène de la veille n'avait

laissé aucun souvenir irritant dans nos esprits. J'ai été en relation avec
bien des hommes, mais je n'ai jamais rencontré de rapports aussi excellents et aussi agréables que ceux que j'ai eus avec M. Armand.

Et c'est là celui qu'on vous représente comme un homme dur,
cruel envers ses domestiques ; c'est là celui à qui l'on reproche de se
livrer à leur égard à toutes sortes de violences!

Mais si vous voulez connaître plus intimement encore M. Armand,
écoutez cette déposition d'une femme pleine de sens et de cœur,
madame Twead, qui a longtemps vécu familièrement avec M. et
madame Armand :

Madame Twead (*Charlotte-Suzanne*), professeur de langues modernes, —
Elle demeure depuis onze ans dans la maison de M. Armand. Elle entendait souvent le domestique de M. Armand chanter en pansant son cheval,
et elle avait remarqué qu'il s'acquittait de son travail avec soin.

Deux ou trois jours avant l'événement, il cessa de chanter, d'où le
témoin conclut qu'il était enrhumé ou qu'il devait avoir une grande
tristesse.

Le témoin rapporte qu'un autre domestique, nommé Antoine, avait eu
l'occasion de lui parler de M. Armand. « Oh! monsieur est bien bon,
m'a-t-il dit un jour. Il lui arrive bien quelquefois pour une bêtise de me
dire des gros mots, mais nous ne sommes pas arrivés à l'octroi que tout
est passé, et il plaisante avec nous. » Ce domestique a été très bien soigné
pendant une longue maladie qu'il a faite chez M. Armand, qui montait
souvent jusqu'au quatrième étage pour s'informer de lui, et madame
Armand avait fait venir une sœur de charité pour le veiller.

Quant au caractère de M. Armand, le témoin le croit trop vif, trop
prompt, pour rien faire avec préméditation : chez lui, tout est spontané.

Le témoin a entendu dire par Camille Armand, son propriétaire, que
s'il avait de bonnes qualités, il les devait à son cousin, qui n'avait jamais
cessé de s'occuper de lui depuis son enfance.

Le témoin termine ainsi : « Pour ce qui est de Madame Armand, je la
crois si bien née, que lors même qu'elle aurait eu un mari méchant, elle
lui aurait toujours témoigné le dévouement et le respect que l'on doit à
un mari. Elle est tellement esclave de ses devoirs, qu'elle n'aurait jamais
manqué de l'entourer de soins et de respect; mais pour avoir montré un
amour aussi héroïque que celui dont elle a fait preuve tout cet hiver, il
fallait que son mari ne fût pas en effet méchant. »

Ah! que cette appréciation de la vieille dame est douce au cœur!
Il appartenait à la délicatesse d'une femme de justifier M. Armand
par l'amour de la sienne.

Je vous ai fait suffisamment comprendre que M. Armand est honnête, qu'il est bon, et qu'il ne mérite pas les détestables incriminations qui ont été dirigées contre lui.

Quant à Maurice Roux, qu'en dirai-je? C'est la plaidoirie de mon
honorable adversaire qui me force de faire un parallèle entre cet
homme et Armand. C'est avec une grande tristesse que je m'y
résigne. Que peut-il y avoir de commun entre ces deux hommes?

Quel lien peut les unir, si ce n'est la circonstance fatale qui les a passagèrement rapprochés, et qui a été une source de calamités et de désespoir pour la famille Armand?

Roux non seulement est né dans d'autres conditions que M. Armand, mais il a de tout autres sentiments; il a perdu le respect de soi-même, la dignité de son âme, le culte de ses devoirs et toutes ces qualités saintes que nous honorons sous la bure comme sous la broderie et les dentelles, et qui font véritablement la créature grande et forte, non seulement aux yeux de Dieu, mais aux yeux de ses semblables. Mais est-ce à dire que, parce qu'un homme est né dans une condition humble, il doive oublier toute moralité? Est-ce à dire que nous devrons passer condamnation sur ces défauts et lui montrer je ne sais quelle insouciante indulgence, qui, équivalant à un verdict d'impunité, conduirait une classe entière de la société à la dégradation? Ce serait crime de lèse-humanité. Loin de nous de pareilles faiblesses; ce sont les mêmes règles morales qui doivent gouverner tous les hommes. Ah! quelle que soit leur condition, la même lumière d'en haut les éclaire; ils sortent tous de la même origine, et, après avoir suivi des routes diverses dans ce monde passager, ils doivent tous se confondre dans le sein du Dieu immortel.

Il ne faut donc pas dire que Roux, par cela seul qu'il est pauvre, doit être jugé différemment que M. Armand: rien de moins, rien de plus. Or, qu'a-t-il été, Maurice Roux! Je ne veux pas rechercher tous les actes de sa vie, à Dieu ne plaise! Je prends seulement ce que m'offre la procédure. Or, elle constate que, lorsque le commissaire de police de son pays a été interrogé, il a répondu que Roux était en effet d'une honnête famille, élevé dans de bons principes et par de bons exemples. Il n'est que plus répréhensible, s'il n'a suivi aucune de ces traditions. Son père était un travailleur modeste; lui, il n'avait pas atteint l'âge de dix-huit ans, qu'il se livrait à des habitudes de paresse et de débauche; vaniteux à l'excès, cherchant à faire figure dans le monde par les plus détestables moyens, il avait déjà affligé la vieillesse de son père, et pour me servir d'une expression triviale, mais énergique, du commissaire de police, il avait fait de telles *fredaines*, qu'il avait été dans l'obligation de quitter le pays en y laissant des dettes.

Il entre en service, et mon honorable adversaire triomphe du certificat qui lui a été donné par un de ses maîtres que l'on appelle M. Lamartine-Madier (il ne faut pas confondre avec M. de Lamartine). M. Madier, se disant de Lamartine, qui pendant neuf années à eu Maurice Roux à son service, s'en est montré satisfait, et lui a donné de bons certificats; il paraît même être avec son domestique dans une correspondance familière dont je ne veux pas rechercher l'intérêt, ce n'est pas ma cause; seulement, messieurs, il m'appartient de dire, avec les documents du procès, que ce M. Madier de Lamartine n'est pas une très excellente caution : c'est un maître indulgent à l'excès, et vous allez en juger. Il a en effet, devant la cour d'assises d'Aix, donné sur Maurice Roux d'excellents renseignements; mais on lui demande quelle est sa moralité. Maurice Roux a séduit la femme de chambre d'une de ses parentes. Eh bien, M. Madier de Lamartine trouve cela tout naturel, très agréable; il ne s'en préoccupe pas (*Sourires dans l'auditoire.*) Voici ce qu'il se contente de dire : « Gardez, si vous voulez, votre fille de chambre; quant à moi, je suis content de mon cocher, et je ne le renverrai pas. » Il en est toujours content. A la bonne heure! C'était, comme on l'a très bien dit, un maître commode, d'autant plus qu'il tolérait de la part de Maurice Roux des absences qui se prolongeaient quelquefois toute la nuit. On lui a posé des questions; on lui a demandé : « Pourquoi et comment Maurice Roux a-t-il quitté votre service? — Parce qu'il voulait se marier », répondit-il. Il déclare ensuite que son domestique s'absentait quelquefois le soir, qu'il !ne se gênait pas pour prendre le cheval de son maître et aller à la ville; mais, dit-il, je le tolérais. Il ajoute que Maurice Roux allait à l'hôtel, au même hôtel que son maître. Le tribunal comprend bien sans que je m'explique davantage; cette question de logement est délicate. Je continue à lire.

M° LACHAUD. Je dois cependant faire connaître à MM. les jurés que le témoin, dans sa déclaration écrite, a dit s'être adressé au commissaire de police au sujet des absences de nuit de son domestique, et que le fait lui avait été confirmé par le commissaire de police, qui avait même ajouté qu'on avait dressé contre Roux un procès-verbal, et qu'il avait été traduit en police pour s'être trouvé au café à des heures indues.

M. DE LAMARTINE. Je suis étonné de cette déposition.

M° LACHAUD. C'est vous qui l'avez signée.

LE TÉMOIN. J'ai dû considérer le fait comme bien léger, puisque je n'ai pas renvoyé mon domestique.

Ainsi, voilà un maître dont le domestique découche, dont le domestique est condamné par le tribunal de simple police pour tapage nocturne, et le maître considère ce fait comme si léger, qu'après l'avoir consigné dans sa déposition écrite, il ne le reproduit pas dans la déposition orale, et quand on le lui rappelle, il trouve que ce n'est que bagatelle.

Un domestique qui découche, bagatelle! Comment! nous en sommes là! nous n'exigerions pas de nos gens la moralité dont nous leur devons l'exemple! Ils sont investis de notre confiance, ils font pour ainsi dire partie de notre famille, ils sont en contact avec ce que nous avons de plus respectable et de plus cher, avec nos femmes

et nos enfants ; et nous souffrirons qu'ils découchent ! et nous souffrirons qu'ils se livrent au jeu, à la débauche ! et quand on nous parlera
de leurs galanteries et des périls qu'ils peuvent faire courir à d'innocentes et malheureuses jeunes filles, nous répondrons comme
M. Madier : « Gardez vos femmes de chambre ! » Si mon honorable
adversaire n'a pas pour son client d'autre caution que celle de
M. Madier de Lamartine, je crois pouvoir lui déclarer qu'elle est trop
frivole pour que j'aie à m'y arrêter davantage.

Mais nous avons d'autres témoins, ceux-là plus sévères et meilleurs
appréciateurs des qualités de leurs domestiques. Voici un honorable
magistrat, un juge près le tribunal d'Alais, chez lequel Maurice Roux
a été en condition ; c'est M. Duplessis. Eh bien, en très peu de
mots, il va nous dire son opinion sur Maurice Roux. J'emprunte ceci
à la procédure écrite, à laquelle j'accorde un peu plus d'autorité
qu'au compte rendu que je mettais tout à l'heure sous les yeux du
tribunal.

M. Duplessis dit :

« Je pris à mon service, comme cocher, Maurice Roux, au mois de
mai 1861, et je ne l'ai renvoyé qu'au mois de décembre 1862. Pendant la
première année, avant de m'en débarrasser, j'appris qu'il était *joueur*,
coureur de filles, menteur, et qu'il découchait assez souvent. »

Sur quoi M. Duplessis, qui ne professe pas les mêmes opinions que
M. Madier de Lamartine, croit de son devoir de donner congé à son
domestique ; et en effet il le renvoie. Mais voici ce dont il s'aperçut :

« Plus tard j'ai reconnu qu'il avait bu une certaine quantité de mon
vin, et qu'il avait disparu de mon cabinet certains petits objets mobiliers
que lui seul peut avoir pris. Je n'ai pas cherché à me procurer la preuve
de ces vols. »

Et non seulement Maurice Roux a fait disparaître de chez M. Duplessis divers objets mobiliers qui n'ont pu être enlevés que par lui,
mais M. Duplessis a déposé que, lorsque Maurice Roux s'était
retiré, on lui avait apporté différentes notes de fournisseurs et de
gens qui n'avaient pas été payés, et qu'il avait été dans la nécessité
de solder après le départ de son domestique.

Ainsi, voilà la moralité de cet homme, c'est un magistrat qui le dit :
il est joueur, menteur, voleur et coureur de filles.

Il est en relation avec une fille, Lucie Abraham ; il dit qu'il veut
l'épouser. On lui rapporte que cette fille a vécu dans le désordre, et
cet homme a l'impudence de dire : « Je sais toutes ces choses ; mais
il y aura un repas de fiançailles : j'irai m'asseoir à côté de cette fille
pour prendre ma part au festin, et après je la planterai là. »

Que M. Duplessis ait chassé Maurice Roux, je le comprends à merveille, car vous voyez ce qu'il est : c'est un homme couvert de dettes,

qui veut vivre au-dessus de sa condition, et qui tentera pour cela tous les moyens possibles, même les plus criminels; c'est un homme qui séduit des femmes de chambre, et vous allez voir ce qu'il en fait. Voici la déposition de M. Sisteron, au service duquel était Philomène Dessert.

« M. SISTERON, banquier à Pont-Saint-Esprit. J'avais à mon service, depuis neuf mois, la fille Philomène Dessert, lorsqu'au moment où l'on s'y attendait le moins, cette fille accoucha et donna la mort à son enfant. Il était de notoriété que cet enfant était de Maurice Roux, et comme cette fille m'avait été vivement recommandée, que d'un autre côté j'avais entendu dire peu de bien de Maurice Roux, je fis tous mes efforts pour rompre leurs relations.

« Me LACHAUD. N'est-il pas établi dans le pays que Maurice Roux prenait tout l'argent de cette fille et le dépensait pour ses plaisirs ?

« R. Cet homme exerçait sur elle une grande influence. Les réclamations d'une nuée de créanciers et de fournisseurs qui survinrent, après que je l'eus mise à la porte, à la suite du malheur qui lui était arrivé, m'apprirent que cette fille faisait des comptes, et gardait l'argent que je lui donnais chaque jour pour les dépenses de la maison. Cela me parut louche, je cherchais l'explication de cette conduite, et je sus que Maurice lui soutirait tout son argent.

« Je dois ajouter que cette fille lui ayant écrit à ce moment de venir à son secours, on raconte qu'il aurait eu l'inhumanité de lui répondre par un refus. »

Le voilà, celui qui se porte accusateur contre Armand! voilà le résultat de ses ignobles débauches! Il séduit des femmes de chambre et les rend mères, et il leur soutire leur argent. Il vit de ses voluptés. Après les avoir trompées, il les dépouille et les précipite dans la corruption et dans le crime : car c'est Philomène Dessert qui le déclare; abandonnée par ce scélérat de bas étage qui se rit des souffrances de cette malheureuse, comme il se rit de ses propres devoirs, Philomène Dessert a été réduite à cette extrémité horrible où la faiblesse peut succomber. Elle était en face du déshonneur : elle a commis un crime, un grand crime, qu'il faut flétrir avec la loi. Mais, messieurs, notre loi, il faut le reconnaître, ne permet de rendre qu'une justice incomplète, quand, à côté de la mère coupable qui a porté la main sur son enfant, et qu'elle condamne, elle laisse impuni le séducteur qui l'a entraînée dans le mal, qui lui a pris son argent, qui l'a conduite sur les bancs de la cour d'assises, et qui rit ensuite de la condamnation de sa malheureuse victime. (*Sensation profonde.*)

Eh bien! voilà ce qu'à été Roux vis-à-vis de Philomène Dessert, qu'il a perdue; car, je vous l'ai dit, elle a été condamnée. Dans son interrogatoire, réduite à confesser son crime, elle dit : « Si j'avais eu de l'argent, les choses ne se seraient pas passées ainsi; mais je suis dans un complet dénûment, j'espérais que mon séducteur Maurice

Roux me viendrait en aide... Il n'est pas venu... C'est ce qui m'a réduite à la triste position dans laquelle je me trouve aujourd'hui. »

« *D.* Au lieu d'en venir au crime dont vous vous êtes rendue coupable, vous auriez dû demander au père de votre enfant les secours nécessaires pour le garder, et vous ne seriez pas aujourd'hui inculpée du crime d'infanticide.

« *R.* Mon séducteur savait que j'étais enceinte et devait venir à Pont-Saint-Esprit le dimanche 26 mai. S'il fût venu et s'il m'eût apporté l'argent qui me manquait, je n'aurais certes pas pensé à me débarrasser de mon enfant; mais j'étais sans un centime, et je n'ai pas eu le courage de faire connaître ma position à mes maîtres. Maurice Roux avait promis de m'épouser. »

Et, couvert du sang de son enfant, de la condamnation de la mère, après avoir bravé impunément la justice humaine, mais non la justice de Dieu, qui permet à ma parole de marquer son front d'infamie, cet homme a continué ses détestables exploits. Il est entré chez M. de Félix, et voici ce que M. de Félix a déclaré :

M. Faustin DE FÉLIX, propriétaire et négociant à Avignon. Il a eu Maurice Roux pour cocher, à sa sortie prétendue immédiate de chez M. de Lamartine, amenée, lui dit Roux, par des malentendus avec les domestiques. Son service, assez bon dans les commencements, se relâcha bientôt. Un jour même, il s'absenta dès neuf heures du matin et ne revint qu'à neuf heures du soir. Interrogé sur cette absence, Roux lui répondit qu'il était allé dans la montagne, qu'il s'était endormi, et qu'il n'était revenu qu'après s'être réveillé. Madame de Félix avait eu déjà plusieurs fois à se plaindre de lui. Puis, il montrait assez de suffisance. Aussi le témoin lui régla-t-il son compte, vers le 16 ou le 17 mai. Ce jour-là, il avait reçu une lettre d'un cocher et une dépêche télégraphique, et il dit au témoin : « Monsieur ne sera pas étonné que je rentre au service de M. Lamartine; cela est bien naturel, après les dix ans que j'ai passés chez lui. »

« Plus tard, ajoute le témoin, Roux rencontra mon homme d'affaires, et lui dit : — Si je sortais de chez M. Lamartine, monsieur voudrait-il me reprendre? — N'espérez pas rentrer à son service, lui fut-il répondu. Je dois ajouter, en terminant, qu'il résulte des confidences qu'il a faites à la cuisine, pendant son séjour chez moi, que Maurice se vantait d'avoir passé trois mois à Paris, où il avait fait la noce, avant son entrée à la maison. Il m'avait donc menti en me disant qu'il venait de quitter M. de Lamartine. Si j'avais connu cette circonstance, je ne l'aurais certes pas pris à mon service. »

C'est après qu'il a servi ces différents maîtres que nous retrouvons Maurice Roux, sans place, à Montpellier, où il s'est présenté dans la maison de M. Armand; pour le malheur de ce dernier, il y a été admis; et là, Maurice Roux témoigne dans sa correspondance avec Lucie Abraham de sa satisfaction d'être entré dans une si bonne maison, quoique « ça demande des renseignements partout ». Mais en même temps, fidèle à ses principes, et j'ai là, messieurs, des lettres qui le prouvent, il se fait donner de l'argent par Lucie Abraham, qui lui en demandait :

« ...Et en même temps, dans ta lettre, il faudra y mettre un mandat de 12 francs, par le moyen que je ne fais pas grands frais; mais, tu sais, il faut manger, et le voyage est très cher...

« ...Je te le répète, envoie-moi 12 francs par un mandat; tu n'as qu'à aller à la poste, tu verses 12 francs, on te donnera un bulletin que tu mettras dans ta lettre. »

Toujours la même moralité! Il tire de l'argent des filles qu'il séduit « Mais surtout, ajoute-t-il, qu'on ne sache pas que je sors de chez M. Duplessis! »

Je comprends à merveille qu'il redoutât un pareil renseignement; car M. Duplessis eût dit la vérité à Armand.

Je n'abaisserai pas les yeux du tribunal sur cette triste correspondance; je ne veux pas rechercher, ce qui a occupé un instant les magistrats de la cour d'Aix, si réellement Lucie Abraham a été enceinte, et si ce n'est pas une seconde fois que, grâce à la conduite de Roux, un enfant a disparu : ce sont là des mystères sur lesquels je n'ai pas le droit de jeter les yeux et dont je les détourne avec horreur et dégoût; mais ce que je puis affirmer, après avoir remué toute cette fange à laquelle j'ai été dans la nécessité de toucher, c'est que nous sommes en face d'un être immonde, comme, grâce à Dieu, on en rencontre rarement, qui vit de ses débauches et de ses vices, qui emploie les plus funestes pratiques pour satisfaire ses passions, qui apparaît devant vous couvert des dépouilles de ses maîtresses qu'il a trompées, et qui porte la responsabilité de la mort d'une innocente créature et de la condamnation de sa mère. (Sensation profonde dans l'auditoire.)

Est-ce que vous trouverez dès lors étonnant que cet être se soit livré à des spéculations odieuses, sur lesquelles il me reste à appeler votre attention? Ah! il pouvait y être disposé, messieurs, par ses habitudes, par ses antécédents, et aussi par ses lectures. Pendant que M. Armand était à Paris, Maurice Roux est resté à la campagne, au milieu de cette tourbe de gens parmi lesquels nous avons rencontré Joseph Blanc, Moule, Touchat et les autres. Là, il a pu entendre parler des exigences sévères d'Armand, et c'est sur la connaissance de son caractère qu'il a fondé les bases de sa détestable entreprise, mûrie avec soin, exécutée avec une profonde et savante perversité. Mais peut-être avait-il déjà trouvé son modèle.

Nous l'avons su, et Boucharin, le régisseur, en a déposé : Roux, qui était obéissant et docile, surtout quand on ne lui commandait rien, qu'il n'avait rien à faire (et il s'acquittait merveilleusement de ce travail), Roux se livrait, à la campagne, à de nombreuses lectures.

Il affectionnait surtout les *Mémoires d'un valet de chambre, ou les Mystères d'un enfant trouvé*. Je laisse à juger par d'autres ce que peut être cet ouvrage : c'est une œuvre romanesque, pour ne pas dire désordonnée ; mais enfin, on y rencontre une scène qui est presque, je ne dirai pas la répétition, mais le programme de celle qui, plus tard, a été accomplie par Maurice Roux. En effet, nous lisons à la page 10 du Tome III une aventure mystérieuse, qui a bien pu fournir à l'imagination d'ailleurs maladive, de cet homme, une histoire qui plus tard lui a servi à la perpétration de son dessein.

« Au même instant, avant que j'eusse pu prévoir cette attaque, on me saisit par derrière, un mouchoir me fut appliqué sur la bouche et noué derrière la tête en guise de bâillon ; puis, malgré ma résistance désespérée, je me sentis à la fois accablé de coups, poussé et presque emporté jusque dans une de ces petites rues montueuses qui, à cet endroit, débouchent sur le boulevard ; le mouchoir étouffait mes cris ; le grand nombre d'assaillants paralysait mes forces ; cette scène fut si prompte que j'étais déjà jeté et terrassé au fond de l'allée obscure d'une maison de cette rue, avant que j'eusse pu me reconnaître. Le mouvement occasionné par cette violence fut sans doute à peine remarqué des passants, ou considéré par eux comme une de ces rixes ignobles, assez fréquentes aux abords des théâtres. Renversé sur les pavés de l'allée, criblé de coups, dont plusieurs m'ensanglantèrent le visage, ma tête porta rudement contre une pierre ; le choc fut tel que je perdis à peu près connaissance. Au milieu d'une souffrance à la fois profonde et sourde, qui semblait vouloir faire éclater mon crâne, j'entendis une voix dire :

« Il en a assez... allons-nous-en... voilà la sortie. » Il se passa ensuite un assez long espace de temps pendant lequel je n'eus d'autre perception que celle de douleurs très aiguës : puis, peu à peu, je repris mes sens ; j'étais glacé et comme perclus ; j'essayai de me relever, j'y parvins avec peine ; sans savoir presque ce que je faisais, je sortis en chancelant de l'allée. La nuit était noire, la rue déserte, il tombait une neige épaisse ; l'action du grand air me rappela tout à fait à moi-même. Je me souviens seulement alors clairement de l'agression dont je venais d'être victime...

« ...La température de cette cave humide et sombre était presque tiède. Lorsque, après la première nuit passée dans une sorte de torpeur du corps, de la pensée, je vis poindre la pâle lueur du matin à travers la voûte de mon réduit, j'éprouvai, chose étrange ! une sorte de jouissance à me dire : Je ne sortirai pas... de la journée, je n'aurai à m'inquiéter ni de mon pain ni d'un asile... »

Nous n'avons pas, bien entendu, à demander à MM. les romanciers la moindre fidélité aux traditions médicales ; ils sont libres de leur prose, « *quidlibet audendi* » ; et certes, ils en usent largement ; mais on peut comprendre comment, dans le cerveau de Maurice Roux ces lignes, commentées et méditées par lui, ont pu produire un certain ravage ; il a pu croire, dans son ignorance, à la possibilité d'un état léthargique qui permît d'entendre ce qui se disait autour de soi, bien que, cependant, on se trouvât plongé dans un véritable évanouissement,

Voyez quelle analogie frappante il y a entre les deux scènes : celle du romancier et celle de l'imposteur. Je puis certainement en tirer cette induction : que la scène du 7 juillet est le fait d'un imposteur, et qu'elle ne peut s'expliquer que par une comédie scélérate jouée par Maurice Roux.

J'entre dans le fait même, et, par de très courtes observations, en rapprochant les diverses dépositions de Roux, j'espère faire passer dans votre âme la conviction qui anime la mienne.

Il a fallu, messieurs, pour cette scène du mois de juillet 1863, choisir un terrain favorable; ce terrain devait être la maison de M. Armand, car, hors de là, il était extrêmement difficile à Roux de tendre un piège à son maître. Or, dans la maison de M. Armand, quel était le lieu le plus propre à la trame que Maurice Roux allait audacieusement ourdir? C'était évidemment la cave; non que cette cave soit un lieu obscur et désert : M. le premier président nous avait engagé à en faire un plan. Il a été exécuté en relief; on pourrait le mettre sous les yeux du tribunal, et il verrait que cette cave est parfaitement éclairée, qu'elle est divisée en plusieurs compartiments séparés par un vaste corridor. La maison de M. Armand se compose de plusieurs étages habités par vingt locataires, dont chacun a sa cave. C'est une sorte de ruche, un va-et-vient continuel que cette cave, car elle sert non-seulement à déposer le vin et le bois, mais toutes sortes de marchandises. Il y a dans la maison un épicier en gros, qui a dans cette cave un dépôt de ses marchandises, et lui ou ses garçons y descendent constamment.

Cependant, je reconnais que cette cave au bois, dans laquelle Maurice Roux a été trouvé, est dans l'endroit le plus reculé de tout ce système de caves; elle est assez vaste, éclairée sur la rue par un large soupirail, et sur le corridor par une porte à claire-voie.

Maintenant, il fallait, pour rendre sa fable vraisemblable, que Maurice Roux pût indiquer pourquoi et comment il était descendu à la cave; c'était là un premier embarras, et voici ce qu'il imagine. Vous connaissez le service dont il a été chargé : il devait monter à la cuisine de l'eau et du bois; il s'était acquitté de son office vis-à-vis de la femme de chambre et de la cuisinière : il avait monté l'eau; il avait apporté le bois nécessaire : on était au mois de juillet, il n'en fallait pas une grande quantité. Cependant, il dit dans son interrogatoire que, n'ayant pas monté assez de bois, la cuisinière lui en avait redemandé, qu'il allait en chercher sur cet ordre, et que c'est en ce moment qu'Armand serait descendu derrière lui, se serait saisi d'une bûche, et lui en aurait asséné un coup sur la nuque.

Malheureusement, Maurice Roux est ici en complète contradiction avec la cuisinière, Marie Caucanas : celle-ci déclare qu'elle a trouvé, quand elle est revenue-du marché, la provision de bois demandé, que ce bois lui avait été apporté par Roux :

« A mon retour, je trouvai des sarments de plus et du bois, ce qui me prouva que Maurice, après mon départ pour le marché, c'est-à-dire après huit heures et quart, était descendu à la cave et en était remonté. »

Il y a mieux, Marie Hauterive, la femme de chambre de madame Armand, dit que Maurice Roux, à son retour de la cave à la cuisine, où il apportait du bois, avait pris sa casquette et des allumettes, disant : « Je vais à l'écurie. »

Voilà donc Maurice Roux en état de contradiction, dès sa première déclaration. Il n'a pu redescendre à la cave, puisqu'il avait déjà monté tout le bois demandé par les domestiques ; et la femme de chambre l'a vu prendre sa casquette et dire : « Je vais à l'écurie. » S'il est redescendu à la cave, pour la quatrième fois, car de son aveu même il y était déjà descendu trois fois, c'est furtivement ; il n'y est pas retourné pour aller chercher du bois, mais pour exécuter son détestable dessein. Ainsi donc, je le répète, dès sa première déclaration, Roux se trouve en contradiction avec la vérité.

Je disais que la cave était un lieu favorable en apparence ; mais elle présentait aussi des inconvénients pour l'accomplissement de son projet. Ce que Roux n'avait pas prévu, ce qui n'a malheureusement pas été constaté par l'instruction, faite avec trop de rapidité, c'est que, dans cette matinée du 7 juillet 1863, et notamment à l'heure même où, selon Maurice Roux, le crime aurait été commis, il y avait dans la cave les commis de l'épicier, et ensuite la tante de M. Armand. Quatre personnes sont venues dire à l'audience qu'elles étaient dans la cave entre huit heures un quart et huit heures et demie ; qu'elles y ont séjourné jusqu'à dix heures du matin, et qu'elles n'ont absolument rien entendu. Je me trompe! une de ces quatre personnes a entendu madame Armand, la tante, mère de M. Camille Armand, qui était dans sa cave [1], occupée à faire mettre par ses domestiques de l'huile dans des brocs, s'enquérir qui versait de l'eau qu'elle entendait tomber d'en haut dans le corridor même.

Eh bien! je demande comment ces personnes, qui ont pu s'arrêter à un détail si insignifiant, n'auraient pas entendu les paroles violentes prononcées par M. Armand d'un ton irrité : « Je vais t'apprendre si ma maison est une baraque! »

Et d'ailleurs cette scène va bientôt vous apparaître dans toute sa nudité, dégagée de toute fantasmagorie et de toute importance.

Ainsi, M. Armand aurait assailli son domestique sans qu'il y eût

1. La cave où était madame Armand et celle où a été trouvé Maurice Roux ne sont séparées que par une autre cave.

lutte ni résistance, sans même que le domestique s'en aperçût; il aurait pris une bûche à ses côtés sans que Maurice Roux le vît!... Toute cette histoire est réellement incroyable ; mais ce sur quoi je vais appeler votre attention, c'est son impossibilité. Vous savez déjà que les témoins qui auraient pu entendre cette scène n'ont rien entendu ; il résulte aussi de l'instruction que la cave a été parcourue en tous sens pendant toute cette journée. A midi, c'est-à-dire au moment où le soleil projetait par le soupirail une clarté assez grande dans cette partie de la cave, une clarté nécessairement plus considérable qu'à sept heures et demie du soir, la fille Hauterive est descendue, comme à l'ordinaire, pour chercher le vin nécessaire au repas de midi ; elle a pris le vin au caveau, en passant devant la porte à claire-voie de la cave où était Roux ; elle n'a rien vu ; personne n'a rien vu. Voici la déposition de Marie Hauterive :

« Le témoin ajoute qu'à midi, Maurice n'étant pas là, elle est allée à la cave chercher du vin. Son maître lui a demandé si elle avait vu Maurice ; elle a répondu : Non. En sortant de table, M. Armand lui a dit : Dès que Maurice rentrera, vous me l'enverrez ; j'ai à lui parler. »

Le sieur Caze, concierge de la maison, n'est pas seulement descendu dans la cave, mais il s'est approché de la claire-voie tout à fait dans l'angle, debout ; je n'ai pas besoin de dire ce qu'il y venait faire ; il l'a dit avec un euphémisme de langage (on rit) ; il était placé près de la claire-voie, à six heures du soir ; lui aussi n'a rien vu.

Et Maurice Roux aurait été, dès huit heures et demie du matin, l'objet d'une violence qui l'aurait placé, à sept heures et demie du soir, entre la vie et la mort ! Il aurait été étranglé, garrotté, lié, tant aux pieds qu'aux mains ! Eh bien, tout cela est impossible.

Nous rencontrons déjà dans ces préliminaires la preuve de cette impossibilité ; la preuve de cette scène n'a pu se passer comme Maurice Roux le raconte.

Mais il faut aller plus loin, et insister sur les causes physiques et physiologiques qui vont démontrer que cet homme est un imposteur, et que non seulement M. Armand n'est point coupable du fait qu'il lui impute, mais qu'un seul homme a pu en être l'auteur, et que cet homme, c'est Maurice Roux. Il ne peut exister aucun doute à cet égard : ce n'est pas un meurtrier qui a fait toutes ces choses, c'est un menteur ; nous ne pouvons voir là l'œuvre d'un assassin, mais bien l'œuvre d'un homme qui a voulu surprendre la religion de la justice. Comment, en effet, les choses se sont-elles passées? Je vous disais, en exposant le fait, que pour ma part j'avais été subitement frappé de cette pensée que le fait dénoncé ne pouvait être qu'une simulation. Pour les gens du monde, il était possible de s'y tromper ; mais ce n'est pas à votre expérience de magistrats qu'il faut apprendre combien il y a de personnes qui se sont liées, soit à un arbre, soit à un lit, pour faire croire à un assassinat et tromper la justice, et avec quel sang-froid et quelle habileté elles ont procédé à leurs odieuses manœuvres !

Voyons, nous sommes vis-à-vis du corps de Maurice Roux; il est couché : quelle est sa position? Il a la face contre terre. Le sol ne présente la trace d'aucune espèce de lutte, et cependant Maurice Roux a autour du cou une corde qui l'enroule six fois. Nous l'avons fait mesurer, elle avait 3ᵐ,75 de longueur. Il a les poignets attachés avec une corde de 3ᵐ,25, et avec cette circonstance qu'il y a dix tours au poignet droit, trois tours au poignet gauche; chaque tour est arrêté par un nœud de tavelle, et les poignets sont réunis par un bout flottant de 8 à 10 centimètres. Quant aux pieds, ils sont également liés, mais avec un mouchoir de poche; ce mouchoir a été reconnu appartenir à M. Armand et porte ses initiales.

Eh bien, messieurs, ces constatations me suffisent pour démontrer qu'il n'est pas possible que M. Armand ait fait ces choses, et qu'il est certain, au contraire, que c'est Maurice Roux qui en est l'auteur.

Pour cela, mon raisonnement est bien simple : Roux, dans l'hypothèse qu'il a cherché à faire triompher, aurait été la victime d'une agression meurtrière; s'il en est ainsi, il faut admettre que M. Armand a voulu lui donner la mort. Comment s'y sera-t-il pris? Je suppose qu'il ait rencontré quelque résistance, il l'aura dominée; mais si la résistance a été nulle, vous n'admettrez pas qu'un meurtrier ait besoin de se livrer, sur le corps de sa victime, à des pratiques cruelles et tout à fait inutiles, qui demandent un long temps, et sont par conséquent compromettantes; car, pendant qu'il les exécute, la victime peut être secourue.

Toutes ces choses sont tellement élémentaires, qu'il est inutile de les exposer.

Donc, s'il n'y a pas eu de lutte, et le corps de Roux n'en porte aucune trace, je le demande, le meurtrier étant le maître de sa victime, pouvant la dominer à ce point qu'il lui lie le cou par six tours de corde, comment et pourquoi lui attachera-t-il les mains derrière le dos? Comment surtout aura-t-il recours à un mode de ligature qui est de sa nature extrêmement difficile ? Cela peut se comprendre si l'on suppose que Roux l'ait faite lui-même; mais c'est contraire à la nature des choses, si c'est M. Armand qui l'a opérée. Comment surtout, et c'est une observation qui a été pour moi un trait de lumière, comment supposer qu'un meurtrier qui a à sa disposition trois fois plus de corde qu'il n'est nécessaire pour étrangler sa victime, comment, après avoir employé cette quantité très gênante de corde, 3ᵐ,75, n'a-t-il pas noué et a-t-il laissé les bouts flottants? Qu'on me l'explique, si c'est possible.

Quoi! on peut donner la mort à Maurice Roux! Pour la lui donner il n'est pas besoin de corde, il suffit de la pression de la main. Il n'est pas besoin en tout cas de 3 ^m, 75 de corde, un mètre suffit. Mais non! le meurtrier entoure le cou de sa victime de six tours de corde, il les laisse assez lâches pour que la victime ne soit pas étranglée, il ne les serre pas ; il laisse les bouts flottants!

Dira-t-on encore que M. Armand s'est précipité sur Roux, qu'il lui a *jonché* le cadavre, l'expression de Roux lui-même? Tout cela est absurde, monstrueux, et, à moins de faire abstraction de sa raison, il faut bien admettre que ces simples réflexions suffisent pour venger M. Armand.

Et puis, je le demande, quand un homme a ainsi à sa disposition une quantité de corde très considérable pour étrangler sa victime, à quoi bon le meurtrier ira-t-il lui attacher les mains derrière le dos? Afin de faire croire à un suicide? Mais c'est l'hypothèse contraire qui doit se présenter. Et enfin, voyez-vous M. Armand, un homme intelligent : il a à sa disposition 3^m,75 de corde, trois fois plus qu'il ne lui en faut pour attacher les poignets ; il fait une ligature exigeant au moins une demi-heure pour être accomplie normalement ; il prend son mouchoir de poche qui porte ses initiales, et, avec ce mouchoir, il lie les pieds de sa victime, afin, sans doute, de signer son crime. Ah ! si la justice avait toujours en sa présence des criminels aussi naïfs; si chaque assassin apportait devant elle un certificat signé de lui, constatant qu'il a attenté aux jours de sa victime, elle aurait à remplir une tâche bien commode.

Tout cela ne démontre-t-il pas de la manière la plus péremptoire, sans qu'il soit besoin d'aller au delà, qu'un meurtrier n'a pu être l'auteur d'un pareil attentat. Mais, si l'on veut retourner la question, c'est ici que l'évidence nous apparaît non moins grande, et qu'il ressort, aussi certainement que dans la première hypothèse, que si ce n'est pas un meurtrier, c'est un imposteur qui a commis le crime. Car nous rencontrons précisément dans les faits que je signalais tout à l'heure une disproportion extrême entre les moyens employés et le but qu'il s'agit d'atteindre.

Voilà donnée la preuve qui est, suivant moi, la victorieuse démonstration de la dissimulation de Maurice Roux.

Mais ce n'est pas la seule, et en examinant de plus près les déclarations que Roux a produites devant la justice, nous les trouvons tellement infectées de mensonge, qu'elles ne peuvent émaner que d'une volonté perverse. Il ne peut pas y avoir ici de plus ou de moins ; et comme l'a très bien dit M. le premier président, ou Roux a dit la vérité, ou il est un infâme scélérat. Il a voulu perdre un innocent ; il a constamment persévéré dans ses déclarations, qu'il est impossible de diviser. Quelles sont-elles? Il a dit dans son premier interrogatoire, et il a confirmé par des réponses parfaitement concordantes, qu'il a été lié au cou et que cette ligature avait été précédée d'un coup derrière la tête.

« Qu'il (Roux) a d'abord reçu sur le derrière de la tête un coup de bûche qui l'a renversé et étourdi; que, se précipitant sur lui, Armand lui a passé une corde autour du cou qu'il a fortement serrée, puis il lui a lié les mains derrière le dos, et enfin, prenant son mouchoir, il lui a noué les jambes au-dessus des chevilles. »

Voilà, messieurs, la déclaration de Roux, et la voilà tout entière; il est impossible de la diviser et de se prévaloir des contradictions dans lesquelles il serait tombé dans un autre interrogatoire. Dans le premier qu'il a subi, il a fait connaître au juge d'instruction, au moyen de l'alphabet, comment les choses se seraient passées; il a très clairement dicté les phrases au juge d'instruction, qui les a recueillies, et vous voyez la concomitance de chacun des faits. C'est à huit heures et demie qu'il a été assommé, garrotté, étranglé, et il est resté dans cet état jusqu'à sept heures et demie du soir. Le lendemain, il fait une nouvelle déclaration; elle diffère un peu de la première. La voici :

« J'avais déjà monté deux fois du bois. A ce moment, la cuisinière m'ayant prié de lui en porter du plus gros, je redescendis à la cave. Je me mis à genoux pour envelopper dans mon tablier ce bois que j'allais monter. Tout à coup, sans que j'aie entendu le moindre bruit qui m'annonçât son arrivée, je vis devant moi mon maître Armand. Je le reconnus parfaitement; il était vêtu de vêtements sombres qui me parurent noirs. Il me dit : *Je vais t'apprendre si ma maison est une baraque*. Je me sentis aussitôt frappé à l'aide d'un bâton ou d'une bûche derrière la tête. Je fus étourdi, et je tombai sans connaissance. Je ne sais exactement l'heure qu'il était, mais j'affirme que c'était entre huit heures et demie et neuf heures. Dans l'état d'étourdissement dans lequel j'étais plongé, *je ne sentis pas qu'il m'étranglait et qu'il me liait mes bras et mes jambes à l'aide d'un mouchoir*. Je ne puis dire combien de temps je restai dans cette position; mais à mon réveil je me sentis suffoqué, je finis par me rendre compte que j'étais lié. Je suis resté là jusqu'au moment où l'on est venu me porter secours. J'entendais du bruit dans les caves voisines; mais je ne pouvais appeler. »

Vient enfin cette troisième déclaration :

« Je me sentis alourdi, dans l'impossibilité de crier et de faire un mouvement. *Il m'a semblé qu'il se livrait sur moi à quelque acte extraordinaire, et je me suis trouvé étranglé et lié*. »

Rapprochez ces trois interrogatoires, rapprochez le troisième, et le premier même, modifiés par la nuance du second, où, dans son évanouissement, il perçoit très bien que M. Armand se livrait sur lui à des violences extraordinaires, inouïes, et vous arriverez à cette conséquence forcée, que Roux, déposant sous la foi du serment, raconte qu'il a été frappé d'un coup de bûche, étranglé, garrotté à huit heures et demie du matin. Or, à sept heures et demie du soir, on le trouve sans connaissance. A-t-il des tuméfactions, soit aux mains, soit aux pieds? Nullement. La face, au lieu d'être rigide et violacée, est au contraire livide, comme dans un commencement d'asphyxie. Mais il était évident pour les médecins que cette asphyxie ne faisait que commencer, et, devant le commissaire de police, ils ont reconnu que Roux n'aurait pu supporter cet état plus d'une demi-heure ou trois quarts d'heure.

Il est donc certain, avoué par l'accusation elle-même et par tout le monde, par M. le procureur général lui-même, que Roux a menti. J'ai mis tout à l'heure sous vos yeux les passages du réquisitoire dans lesquels cet honorable magistrat reconnaissait que l'accusation, telle qu'elle s'était d'abord présentée dans l'acte d'accusation, était choquante.

M. le procureur général, en effet, a parfaitement compris qu'il était impossible de maintenir l'accusation telle qu'elle s'était d'abord produite, et il s'est trouvé dans la nécessité de soutenir ce système des plus étranges : qu'Armand avait frappé Maurice Roux et l'avait laissé sans mouvement dans la cave; qu'il était remonté, qu'il était redescendu à une époque qu'il lui est impossible de fixer, mais ceci importe peu; que là, pour dissimuler son crime, Armand avait lié et garrotté Maurice Roux.

Je n'ai pas besoin de vous dire, messieurs, que ce système ne s'appuie sur rien, qu'il n'est qu'une fantasmagorie pure, qu'un acte désespéré de la part d'une accusation qui s'évanouit, et je ne lui fais pas l'honneur de le discuter; je m'attache seulement aux déclarations de Maurice Roux; elles sont le seul document légal sur lequel vous puissiez vous appuyer. Ce document, de l'aveu de tout le monde, de l'avis de M. le procureur général lui-même, c'est un mensonge. Or, si un homme a été capable de mentir à la vérité dans tous ses interrogatoires, en face de la justice, s'il a maintenu son dire, qui aurait pu faire tomber la tête d'un innocent, dont il espère avoir la fortune, qu'est-il, et quel monstre apparaît à vos regards? Ne mérite-t-il pas toutes les qualifications que lui donnait avec vérité M. le premier président de la cour d'assises d'Aix dans son résumé?

Eh bien! vous le savez, messieurs, Maurice Roux a été adjuré en face de la cour tout entière; il a été interrogé dans le cours de l'instruction; on a eu recours aux moyens les plus énergiques pour obtenir de lui la vérité, moyens dont je ne puis rien dire, je m'en suis expliqué, mais de telle nature que, quand, dans une autre enceinte [1],

1. Corps législatif, session 1864.

je faisais connaître la procédure criminelle de mon pays, lorsque je rappelais par quelles œuvres détestables, par quelles profanations la justice faisait intervenir les choses saintes comme un moyen d'arracher la vérité, le fait a été nié. Mais j'ai là les procès-verbaux ; le fait est incontestable, et il est certain qu'un jour, lorsque, à l'hôpital, cet homme se jouait de tout le monde, quand il savait à merveille qu'il n'était pas aux portes du tombeau, quand de tendres religieuses s'étaient chargées de lui donner leurs soins, qu'elles voulaient réconcilier cet homme avec Dieu dans un mystère auguste, un magistrat a cru que là où pouvait succomber la justice humaine, il pouvait s'adresser à la justice de Dieu. Quand l'aumônier apparaît avec la sainte hostie, un magistrat l'arrête, et, se plaçant entre le prêtre et cette créature, il reprend l'interrogatoire du juge et la plume du greffier. Eh bien ! sans m'expliquer davantage sur ce moyen que j'ai suffisamment condamné, je dis que l'homme qui a résisté à un acte aussi solennel et qui a persévéré à soutenir un mensonge, celui-là est un imposteur qu'il faut flétrir non-seulement pour l'honneur de la vérité, mais pour l'honneur de la magistrature ; il faut que l'erreur soit reconnue, qu'on sache quel a été celui qui a trompé tant d'honorables magistrats ; quel est celui qui a soutenu cet abominable mensonge qu'il a été lié, garrotté, étranglé depuis huit heures et demie du matin jusqu'à sept heures et demie du soir. Le fait est reconnu mensonger ; ce mensonge, c'est son œuvre ; ce mensonge, il aurait pu faire tomber la tête d'un innocent, plonger toute une famille dans le désespoir. Oui, je le répète, ce mensonge est son œuvre, il faut qu'il en porte la responsabilité, et puisqu'il a l'audace d'exploiter son infamie, il faut que son infamie l'écrase ! (*Profonde sensation.*)

Ce n'est pas assez, il faut poursuivre jusqu'au bout ce système d'une détestable imposture, et vous montrer comment cet homme a voulu toujours tromper les magistrats, et malheureusement il y est parvenu ; je le démontrerai, je crois, d'une manière victorieuse.

Je ne mets pas sous vos yeux les preuves scientifiques qui me permettent de vous tenir ce langage : le rapport de M. Tardieu ; celui de M. Tourdes, professeur de médecine légale à la Faculté de Strasbourg ; de M. Rouget, professeur de physiologie à la Faculté de Montpellier ; de M. Jacquemet, professeur agrégé à la même Faculté ; de M. Gromier, de M. Pirondi, professeurs des écoles secondaires de médecine de Lyon et de Marseille ; de tous les médecins qui ont reconnu que le phénomène de la strangulation devait nécessairement amener la mort dans le temps que j'indiquais tout à l'heure, et que dès lors les déclarations de Roux étaient mensongères.

Mais il a parlé d'un évanouissement qui aurait été la suite d'un coup porté sur la nuque au moyen d'une bûche, du phénomène de la

commotion, sur lequel on a très longuement disserté devant la cour
d'Aix. Je ne reproduirai pas tous ces détails, et je me hâte d'arriver
à ce qu'il y a de considérable dans la cause, à ce qui démontre une
fois de plus l'imposture dans laquelle cet homme s'est lancé pour surprendre la justice. Il aurait été frappé d'un coup à la tête, dites-
vous? — Nous nions que ce coup ait été porté, et pour attester cela,
nous avons les documents les plus irrésistibles, ceux qui ne peuvent
tromper personne quand ils sont soigneusement étudiés. Quels sont-
ils? M. Surdun a dressé un rapport au moment même ou l'action
s'est passée; il a examiné le corps de Roux avec le plus grand soin, et
vous savez que dans ce rapport il déclare avoir visité notamment la
nuque et n'y avoir rien rencontré. Voici le passage :

« J'examinai la nuque avec précaution, sans déranger le malade, et *ne
trouvai rien.* »

Eh bien, messieurs, au moment ou le crime prétendu venait d'être
commis, ou plutôt, je me trompe, c'est ici qu'il est très important
de ne pas confondre, *onze heures après le crime commis,* M. Surdun
examine la nuque du malade, et il est convaincu qu'il n'y a rien à la
nuque, il n'y remarque aucune trace de coup; c'est seulement le lendemain qu'il aperçoit non pas une contusion, mais une légère excoriation.

« Cependant, le lendemain, je vis dans cette région, au niveau et tout
près de l'insertion supérieure du muscle trapèze droit, *une petite excoriation* placée en long sur la saillie de ce muscle, de couleur brune, de deux
centimètres de longueur et d'un centimètre dans sa plus grande largeur. »

Je ne veux pas me livrer à une longue dissertation médicale, ni
mettre sous vos yeux les autorités desquelles il résulte que l'excoriation n'a rien de commun avec la contusion; que la contusion, accompagnée d'ecchymoses, produit des désordres qui se traduisent par
des traces extérieures. Ce que je constate, c'est qu'au moment où
M. Surdun a examiné le corps, quand les ecchymoses auraient dû se
produire, alors qu'un coup de bûche aurait dû amener les contusions,
et tous les phénomènes qui l'accompagnent, à ce moment, il n'y
avait rien. M. Surdun le déclare.

Un peu plus tard, le malade a été porté à l'hôpital, dans le service
de M. Dupré, et M. Dupré a déclaré, devant la cour d'assises, qu'il
s'était livré à une investigation complète du corps de Maurice Roux;
qu'il n'avait remarqué qu'une petite écorchure, résultant du sciage
des cordes, peut-être d'un coup d'ongle. Il n'y avait rien autre
chose.

« Le témoin remarqua au cou trois lignes en apparence parallèles, consistant en une rougeur brunâtre disparaissant dans les cavités. C'étaient
bien réellement des écorchures, et tout autre chose que des sugillations.

Le témoin se les expliqua par l'effet d'une corde tournée autour du cou, et comme en sciant. Il aperçut sur le derrière de la nuque, à droite, une autre petite écorchure de la couleur et de la nature de celle du cou, et n'en différant que par la forme ; du reste, pas la moindre ecchymose, ni de gonflement; pas d'altération, même de la peau la plus voisine. Les cartilages et la glotte paraissaient bien conservés, le larynx légèrement endolori, mais intact. Un gonflement, et comme une sorte de rougeur aux bras et aux jambes, et sous le sein gauche une égratignure pareille aux marques que ferait une piqûre d'épine ou la griffe d'un chat. Cependant la tache de la nuque le préoccupait ; il fit raser les cheveux et ne trouva pas autre chose. »

Il est donc certain, d'après le témoignage même du docteur Dupré, qui a vu Maurice Roux quelques heures après M. Surdun, qu'il n'y a pas eu de coup porté, qu'il n'y avait qu'une simple érosion, c'est-à-dire une déchirure de la peau.

Cependant il y aurait eu une commotion, c'est-à-dire une paralysie du cerveau, et Maurice Roux, après son évanouissement, aurait été livré à un véritable état d'insensibilité qui aurait suspendu l'exercice de ses actes intellectuels, qui l'aurait frappé d'une véritable immobilité et notamment de mutisme.

Et en effet, messieurs, vous savez que ce n'est que le lendemain, quand il est à l'hôpital, que Maurice Roux paraît recouvrer la voix.

Il a expliqué devant la cour d'assises comment son évanouissement était arrivé. Je lui ai posé cette question qui lui a été transmise par M. le premier président :

« D. Quand vous étiez ainsi dans votre lit, et qu'on vous brûlait, pourquoi ne parliez-vous pas? — R. Je ne pouvais ; si je l'avais pu, je l'aurais fait parfaitement. Je m'y suis efforcé cinq ou six fois, même à l'hôpital; enfin j'ai entendu un *débouchement*; c'est alors que j'ai pu parler, autrement je ne pouvais pas. »

Eh bien, messieurs, si nous avions besoin d'une nouvelle preuve de l'imposture de Roux, nous l'aurions dans ce détail. Cet homme s'est imaginé qu'il parlait à des gens aussi ignorants que lui; il a cru que le phénomène du mutisme pouvait tenir à ce que le gosier était bouché, et il a cru qu'ensuite il pouvait se déboucher. Il prétend avoir entendu un débouchement, et c'est ainsi qu'il explique le retour de la parole. Les médecins l'ont interrogé à cet égard, et ils ont déclaré, ce qui est élémentaire dans la science médicale, que la commotion peut certainement amener le mutisme, mais à condition de suspendre l'ensemble de toutes les facultés.

Quand, en effet, il y a paralysie dans les muscles de la langue, dans ceux du gosier, lorsque l'intelligence se trouve frappée, le mutisme, comme conséquence peut s'ensuivre.

Quelquefois les phénomènes se présentent isolément; mais ici le malade levait les yeux, remuait les lèvres. Maurice Roux a tiré la langue; toutes ses facultés, en ce qui concerne le gosier et la bouche, étaient intactes; les médecins l'ont visité; il n'y a eu à cet égard aucun doute. Il est donc certain qu'il n'était pas muet, qu'il faisait le muet, afin de pouvoir surprendre les observations qui s'échangeaient autour de lui, afin de rendre son état intéressant; c'était une pratique à la fois perfide et prudente qui lui permettait de mieux jouer son rôle. Tous les médecins que nous avons consultés à cet égard ont été du même avis; tous ont pensé que ce prétendu phénomène du mutisme ne pouvait être considéré que comme un élément de la comédie jouée par Roux, et la déclaration de M. Tardieu est là pour le prouver :

« Le témoin, M. Tardieu, n'hésite pas à déclarer que le mutisme était certainement simulé. Et si l'on s'appuie, pour combattre son opinion, sur ce fait que Roux, se sentant revenir à la vie, n'aurait pu retenir l'expression de ses sentiments ou réprimer la douleur que devaient lui causer les brûlures qu'on lui avait faites, il a deux réponses : la première, c'est que Roux n'avait pas à retenir l'expansion de sa joie, puisqu'il n'avait pas eu conscience du danger que cette simulation lui avait fait courir; la seconde, c'est que le commencement de l'asphyxie a produit une insensibilité qui a pu se prolonger et l'empêcher de sentir la douleur causée par ces brûlures. »

M. Tardieu s'exprime un peu plus bas sur la même constatation :

« La commotion, si elle avait existé, aurait dû se produire immédiatement après le coup, et avant la strangulation. Or, Roux déclarant qu'il a perçu des bruits autour de lui, il est évident que la commotion n'existait plus. On a tout confondu; il y a des effets communs à la commotion et à l'asphyxie : d'où l'erreur des médecins.

M. le premier président. — Mais le mutisme? — R. Un caractère de la commotion, c'est sa généralité. Or, vous avez reconnu chez Roux le retour de l'intelligence, de la vue, du mouvement même; par conséquent, la faculté de la parole devait exister aussi chez lui. »

M. Tourdes est exactement du même avis :

« Quant au mutisme prolongé et absolu du malade, qui disparaît subitement à un moment donné, on ne peut l'attribuer aux effets de la strangulation, et les circonstances rendent sa simulation non douteuse. »

M. Rouget, professeur à la faculté de Montpellier, s'exprime ainsi :

« Analysant toutes les circonstances du mutisme, le docteur ne voit qu'erreurs et contradictions. Dès le début de l'attentat, Maurice Roux dit s'être trouvé dans l'impossibilité d'appeler à son secours; rappelé à la vie, non-seulement il accuse une douleur au larynx, mais il continue à ne pouvoir crier ni gémir. Et cependant c'est dans la période la plus grave de la strangulation que ses gémissements l'ont fait découvrir, alors qu'il était sans connaissance; à plus forte raison, reprenant ses sens, devait-il, à moins de suivre un plan arrêté, pouvoir parler, car il résulte des constatations que le larynx était complétement intact, et la commotion partielle des nerfs qui président à la voix et à la parole est absolu-

ment inadmissible. Aussi voit-on plus tard cette faculté de la parole lui
revenir subitement, et ce n'est pas l'intelligence qui lui faisait défaut,
puisqu'il composait des mots à l'aide d'un alphabet. Le témoin, sur ce
point, déclare qu'il est convaincu que Maurice Roux a simulé l'*aphonie*
et le *mutisme*. »

Eh bien, messieurs, quand on interroge l'état dans lequel se trouvait Roux au moment de son mutisme, on demeure convaincu, par
les preuves physiologiques les moins contestables, de la comédie qu'il
a jouée. Il était en effet non seulement en parfaite possession de son
intelligence, mais encore tous ses mouvements étaient libres.

Vous n'avez qu'à jeter les yeux sur l'interrogatoire du 8 juillet 1863,
et vous verrez que non seulement Maurice Roux répondait par des
signes, mais que ses yeux roulaient dans leurs orbites, ce qui prouve
qu'il comprenait les questions qui lui étaient faites, et qu'en même
temps il sentait bien quelle en était la gravité. Ainsi, il lève les bras ;
puis, dans l'interrogatoire que lui fait subir M. le juge d'instruction,
nous remarquons d'abord qu'il répond par l'alphabet ; que la construction de ses phrases s'enchaîne très bien, qu'elles sont parfaitement
orthographiées et saisies. Ces phrases sont assez longues ; M. le juge
d'instruction en a rapporté une par lettres majuscules ; il a reproduit
autant qu'il était en lui le jeu alphabétique de cette conversation.

D. Avez-vous bien reconnu Armand? — *R.* Il répond affirmativement.
D. A quoi l'avez-vous reconnu? — *R.* Le témoin nous fait comprendre
qu'Armand lui a parlé et qu'il l'a bien vu.
D. Que vous a-t-il dit? — *R.* ici, à l'aide de l'alphabet, nous avons
réuni sur les indications du témoin les lettres suivantes : J, e, v, a, i, s,
t', a, p, p, r, e, n, d, r, e, s, i, m, a, m, a, i, s, o, n, e, s, t, u, n, e,
b, a, r, a, q, u, e.

Roux a dicté sa réponse par les lettres de l'alphabet, qu'il désignait à l'aide de signes. Je crois qu'il n'y a qu'un homme très intelligent qui puisse s'accoutumer à ce genre de conversation. Or, si
Maurice Roux a pu converser ainsi, c'est une preuve évidente qu'il
jouissait de toutes ses facultés mentales.

Il y a plus, il avait la liberté de ses mouvements ; je le vois dans le
même interrogatoire :

D. Vous considérez donc Armand comme un homme cruel, capable
de tuer? — *R.* Le témoin nous *met la main sur sa poitrine*, ; il nous regarde
et fait un long signe affirmatif.
D. Réfléchissez ; c'est une action horrible que vous lui imputez, mais
vous commettez un crime plus horrible si vous l'accusez faussement. —
R. Le témoin *lève la main droite et fait le geste de prêter serment...*
D. Eh bien, si vous mentez, vous assumez la plus grande de toutes les
responsabilités : Armand sera poursuivi, jugé, et peut-être condamné à
une peine irréparable. Persistez-vous? — *R.* Ici le témoin nous regarde,
sourit, *met la main sur son cœur* et nous fait un long signe affirmatif. —

D. Vous jurez donc sur le salut de votre âme, devant Dieu qui va peut-être vous appeler à lui, qu'Armand vous a assassiné dans les circonstances que vous m'avez déclarées? — *R.* Signe affirmatif; *de plus, il fait un geste très énergique.*

D. Savez-vous que, si vous survivez, et s'il est reconnu que vous l'avez faussement accusé, vous êtes passible d'une peine bien sévère? —*R.* Le témoin fait un geste qui signifie : Si ce n'est pas vrai, qu'on me coupe le cou.

Je demande s'il est possible que jamais un pareil sujet ait été frappé d'une commotion. Comment les médecins de Maurice Roux ont-ils pu déclarer la commotion, et comment le juge d'instruction a-t-il pu y croire?

Un peu plus loin encore :

« Nous avons alors conduit Armand près de Maurice Roux. Dès que ce dernier l'a vu, son regard est devenu vif, animé; sa physionomie a pris une expression extraordinaire, et qu'il est impossible de rendre. Puis il nous a lancé un regard et montré Armand du doigt.

« Cette scène a duré quelques secondes, et les témoins seuls peuvent en rendre compte. Mais il n'est pas possible de la consigner.

« Misérable, s'est écrié Armand, tu oses m'accuser! » — L'œil du malade ne s'est plus adouci. Il a dévoré Armand du regard et a tenu toujours ses yeux fixés avec une fermeté inouïe sur celui qu'il accusait.

« Tu m'accuses! » répète Armand. — Signe très affirmatif du malade. — « Mais tu es fou! C'est impossible! Tu m'accuses! » — Signe affirmatif de Maurice Roux, dont le regard ne quitte plus Armand.

« Comment! tu oses dire que je t'ai assassiné! Mais je suis ton maître. « Voyons, mon ami, je ne suis pas méchant, tu le sais, je suis bon. »

« Ici le regard de Maurice prend une grande expression de colère. Il s'agite et fait des signes violents de dénégation. « — Messieurs, nous dit « Armand, vous ne le croyez pas, n'est-ce pas? Cet homme est fou, ou « bien méchant. »

« Nous avons alors renouvelé à Maurice Roux toutes nos questions d'Armand. Ses réponses ont toujours été identiques et toujours très énergiques.

« Demandez-lui, ajoute Armand, s'il n'a pas vu, dans la matinée, une « femme venue d'Alais. » Le témoin répond négativement.

« ARMAND. — Mais tu as reçu des lettres d'une fille d'Alais?

« Il répond affirmativement.

« ARMAND. — Où sont-elles et qu'en as-tu fait?

« Ici le témoin fait un signe sur le mur, qui signifie qu'il les a brûlées avec une allumette. »

Et ce comédien qui joue cette pantomime, qui roule les yeux, qui fait des signes avec la main sur son cœur, qui, lorsqu'on lui parle d'une lettre qu'il a reçue la veille et qu'on n'a pas retrouvée, fait sur le mur un signe indiquant qu'il a pris une allumette et brûlé cette lettre; cet homme aurait eu une commotion cérébrale qui l'aurait empêché de parler, et la parole lui serait revenue par suite du *débouchement* dont il a parlé!...

Non, évidemment. Nous sommes ici en face de la plus détestable, mais aussi de la plus flagrante des impostures ; et, dès l'instant qu'il est établi que Roux a fait une histoire mensongère, qu'il s'est fait muet quand il pouvait parler, insensible quand il avait toute sa sensibilité ; que ce concert criminel a été ourdi par lui pour perdre un innocent, nous n'avons pas besoin d'insister davantage : l'imposture est démontrée ; et si l'imposture est démontrée, si Armand n'est pas coupable, c'est Roux qui a imaginé cette trame, qui a creusé cet abîme pour y engloutir à son profit l'honneur de toute une innocente famille.

Et, messieurs, il a été bien près d'arriver à ses fins, quand il a voulu donner une nouvelle édition de sa première comédie. Donc, le 18 novembre 1863, pour se rendre intéressant, pour paraître devant la cour d'assises dans une attitude dramatique qui pût entraîner les esprits, enlever la condamnation de l'innocent, et par cette condamnation atteindre les richesses qu'il avait rêvées, il imagine une seconde fable. L'affaire avait été fixée au 18 : il arrive trois jours avant à Montpellier.

Il faut vous dire, messieurs (je n'insiste pas sur ces détails, quoiqu'ils soient caractéristiques), que, soit par suite de la faiblesse de l'administration égarée, soit par suite d'un malentendu, Roux avait été déjà dans cette ville l'objet d'une ovation véritable. Lorsqu'il était sorti de l'hôpital, contre l'ordre du médecin, une foule nombreuse avait fait entendre sur son passage des clameurs de nature à effrayer tous les maîtres de Montpellier, ce qui semblait prouver que la guerre sociale était véritablement arrivée.

La police l'avait entouré de ses faveurs, si bien que, pour distraire ses loisirs, on lui avait donné ses entrées au spectacle, où il allait admirer les chefs-d'œuvre qu'il était si habile à imiter. S'il sortait dans la ville, il savait feindre la souffrance ; il marchait appuyé sur un grand bâton, et il devenait l'objet de l'empressement des bonnes âmes qui venaient lui offrir soit un bouillon, soit un verre de vin et même quelques pièces de monnaie.

Mais nous voici au 17 novembre, Roux est de retour à Montpellier. Dès le matin, il est sorti pour faire l'exhibition de toutes ses souffrances. Il rentre pour dîner, s'acquitte à merveille de cette fonction ; et puis, à six heures, il sort avec son père, il fait différentes courses. Où va-t-il ? chez M. Bertrand, son avocat ; car il avait déjà le dessein de se porter partie civile, son imposture n'a jamais eu d'autre but.

Mais, pour aller chez M. Bertrand, il se rend d'abord chez M. Rivière avec son père ; il fait ensuite, seul (il n'a pas voulu être accompagné), différents circuits dans les rues de Montpellier. Ces faits sont essentiels dans la cause; il s'en détache une clarté telle qu'il est impossible de la nier.

J'entrerai dans les détails, et, le plan de la ville de Montpellier à la main, je vous montrerai que, pendant plusieurs heures du soir et de la nuit, Maurice Roux a erré dans les rues, cherchant à se procurer des témoignages pour arriver à la scène définitive qu'il avait rêvée, mais n'allant jamais là où il devait aller.

Dans son premier interrogatoire, il dit que c'est à sept heures qu'il a voulu aller de chez M. Rivière, rue Blanquerie, chez M. Bertrand, rue du Palais : il ne trouve pas M. Bertrand; mais il a fait la rencontre d'un être inconnu, fantastique, qui lui tient ce langage : « N'est-ce pas vous, me dit-il, qui êtes la victime d'Armand?... Cette canaille est allée vous trouver à la cave. »

Roux a fait la peinture de cet inconnu; elle peut s'appliquer à beaucoup de gens :

« Il est de taille ordinaire, il n'est pas gros, il est brun, il porte une moustache noire cirée et la mouche; il était couvert d'un chapeau noir et vêtu d'un pardessus, il était très bien mis; il portait une canne mince surmontée d'une petite pomme. »

Il n'a pas donné d'autre signalement.

Cet homme s'empresse de lui témoigner de l'intérêt. Pour cela, que fait-il? Il dit du mal de M. Armand, il l'appelle un maître cruel et dénaturé. Il l'a attendu à la porte de M. Bertrand. Ils parcourent ensemble les rues de la ville, s'asseoient sur le banc d'un café qu'on appelle *Café du Palais*. A onze heures, l'homme qui ne l'a pas quitté ou presque pas, le frappe dans la rue déserte des Augustins où il l'a entraîné.

Dans son second interrogatoire, plus explicite, ce ne serait plus à sept heures du soir, ni dans la rue de la Blanquerie, que la rencontre entre Roux et l'inconnu aurait eu lieu, mais à huit heures du soir, et près de la porte du Peyrou. Ils causent encore ensemble, et dans quels termes : « Armand est un misérable, une canaille. » Puis Roux quitte l'inconnu, va chez M. Bertrand, ne le trouve pas encore et vient s'asseoir sur le banc du *Café du Palais*, où, vers neuf heures, l'inconnu vient le rejoindre. Ils auraient fait là une station d'une heure.

Or, messieurs, on a interrogé de nombreux témoins; j'en ai les noms; je puis les faire passer sous les yeux du tribunal. Eh bien! tous ont déclaré qu'à ces heures de la soirée, à leur entrée ou à leur sortie du café, ils n'avaient vu personne; que personne n'était sur le banc du café; que personne ne pouvait y être; car un vent glacial soufflait sur la ville de Montpellier ce jour-là et rendait les bancs du *Café du Palais* inhospitaliers, surtout pour un malade. Donc Roux ment ici, comme il a déjà menti dans son premier interrogatoire.

Mais ce n'est pas fini, et nous ne touchons pas encore au dénoûment de cette étrange scène.

Roux et l'inconnu quittent le banc. Roux va de nouveau chez
M. Bertrand, qui est encore absent. Il va rejoindre l'inconnu, qui
l'a attendu près de la porte. Ils se promènent ensemble du *Café du
Palais* à la porte du Peyrou et *vice versa* jusqu'à dix heures et demie;
puis ils se séparent. Alors Roux erre dans les rues; il rencontre, il
pouvait être onze heures vingt minutes, rue de l'Aiguillerie, le brigadier de police Pujin, qui lui demande où il va : il répond qu'il se
rend chez M. Rivière. Il n'est pas dans le bon chemin, l'agent de
police veut l'y remettre, et lui offre même de l'accompagner. Roux
répond : « Non j'irai bien tout seul. » Il va dans la direction du
Peyrou. Là, nouvelle rencontre de l'inconnu. Il est minuit (il a dit
tout à l'heure onze heures), et alors Roux, qui peut à peine marcher
lui qui est sur pied depuis cinq heures d'horloge, depuis sept heures
du soir, et qui doit être impatient de gagner sa demeure, Roux s'engage, à la suite de l'inconnu, dans la rue écartée des Augustins, où
il reçoit un coup de canne sur la tête.

Voilà les déclarations de Roux.

Mais attendez, messieurs : vous êtes en face d'un homme qu'on
veut toujours tuer et qu'on ne tue jamais. Il a reçu un coup de bûche
sur la nuque, et on ne l'a pas tué. Il a eu six tours de corde autour
du cou, et il n'a pas été étranglé. Il reçoit un coup de canne sur la
tête, et il ne sera qu'égratigné.

L'inconnu s'esquive, satisfait d'avoir accompli ce miracle. Quant à
Roux, il pousse des cris qui ont été entendus à plus de deux cents
mètres. Un nommé Goury a entendu ces cris et a pris peur; il a
fallu, pour qu'il osât s'approcher, qu'un allumeur de gaz, Claude
(Jean), vînt lui prêter main-forte.

J'oubliais de dire qu'à dix heures et demie, quittant la maison
Bertrand, Roux a dit (toujours dans son interrogatoire) qu'il se rendait
chez M. Rivière chercher son père qui l'y attendait, mais qu'il ne
savait quelles rues il avait suivies, et pourtant il en venait quelques
heures avant!

Le 15 décembre, le juge d'instruction, désirant combler cette
lacune, voulut connaître exactement cet itinéraire, et chargea Amalou, brigadier de police, de parcourir avec Roux les rues qu'il avait
suivies. Remarquez-le bien, il oublie d'aller chez M. Rivière, et
conduit Amalou à la rue des Augustins, après un trajet à peine d'un
quart d'heure. Ce qui fait que, puisqu'il est sorti à dix heures et
demie de chez M. Bertrand, il serait arrivé à dix heures trois quarts
rue des Augustins, où il prétend avoir été frappé, alors qu'au contraire il a été rencontré à onze heures vingt minutes par le brigadier

Pujin dans une direction opposée, et qu'il a été relevé à minuit dans cette même rue des Augustins, au moment, dit-il, où le mystérieux inconnu venait de prendre la fuite.

Mais cet homme, qui était par terre, qui avait crié assez fort pour qu'on l'entendît à deux cents mètres, il ne peut plus parler, il est atteint de mutisme! Second mutisme! C'est la commotion! Il lui est impossible de se tenir sur ses jambes. Voici Goury et Claude qui le prennent chacun sous un bras, et ce malheureux est dans un tel état de commotion et d'insensibilité qu'il roule par terre, entraînant ses deux soutiens. Il est porté à l'*Hôtel de la Croix de Malte*, et là les médecins déclarent qu'ils sont en face d'un nouveau crime.

Ne disait-on pas, dans Montpellier, que Maurice Roux avait reçu vingt-sept coups de poignard, et qu'il avait été jeté dans trois puits différents! Il est dès lors assez simple que les médecins se fussent trompés aussi et qu'ils crussent à un crime.

Eh bien, cet homme demande à être porté à la cour d'assises pour y déposer étendu sur une civière!

On examine la plaie, les médecins déclarent qu'elle a été faite avec un bâton, et qu'elle n'a pu être l'œuvre de Maurice Roux.

Je réponds que M. Tardieu était à Montpellier, où il était venu pour déposer. Il a demandé officieusement et officiellement à voir le malade. M. le juge d'instruction le lui a refusé, et, quand mon honorable adversaire faisait le reproche à M. Tardieu de n'avoir pas visité Maurice Roux, il ignorait certainement que les portes de la *Croix de Malte* lui avaient été fermées par la justice. Les trois médecins commis ont été seuls chargés de ce soin; ils ont agi sans doute avec toute conscience, et je ne veux en aucune manière incriminer leur rapport; mais lorsqu'à la suite d'une instruction longue et minutieuse, dans laquelle les soupçons ont porté à peu près partout, il a été impossible de découvrir cet être fantastique avec lequel Roux aurait échangé cette conversation d'un autre monde, j'ai le droit de dire qu'il faut reléguer toute cette scène du 17 novembre au nombre de ces images malsaines qui peuvent naître dans un cerveau échauffé, altéré de sang et d'argent. Maurice Roux voulait arriver à tout prix à cette conquête qui devait l'enrichir, et il avait bien compris qu'alors que le soupçon de ce nouveau crime pèserait sur M. Armand, il serait certainement condamné.

Je suis bien loin, messieurs, d'avoir épuisé toutes les preuves de détail que je pourrais faire passer sous vos yeux; mais, messieurs, si je ne me trompe, votre conviction est complète et votre fatigue est grande; l'augmenter serait une témérité que je ne me pardonnerais pas, et j'espère qu'à l'heure où je parle, je puis considérer ma tâche comme complètement achevée. Non, il ne peut être douteux pour personne qu'Armand a été légitimement acquitté par la cour d'assises des Bouches-du-Rhône, et ce verdict, qui a été accueilli par les accès d'enthousiasme, par les acclamations unanimes de la population d'Aix, il a été ratifié par la France intelligente tout entière, par la magistrature elle-même, heureuse d'avoir échappé à la responsabilité terrible d'un arrêt où elle pouvait être engagée.

Mais ce qui résulte de ce verdict, ce qui résulte de la démonstration que nous donne chacune des phases de ce procès, c'est que vous êtes en face d'une de ces perversités, comme il s'en produit rarement, grâce à Dieu, qui, contenant en elles les passions les plus venimeuses et les desseins les plus monstrueux, peuvent méditer et exécuter des projets artificieusement préparés, et de nature, par leur apparence, à tromper ceux qui apportent cependant à les découvrir les investigations les plus scrupuleuses.

Eh bien, quand cet homme a le courage de demander des dommages-intérêts; quand, après la leçon que lui a donnée la cour de cassation, il se redresse encore; quand il ne consent pas à être oublié; et quand de la fange où il a croupi si longtemps, il veut atteindre la fortune de cet homme dont il a fait le désespoir, il mérite, non pas une condamnation pénale, que vous ne pouvez pas prononcer, mais un jugement qui descendra de ce siège, et qui sera pour la conscience publique une légitime satisfaction.

Quoi! messieurs, il n'a tenu qu'à un fil que son détestable dessein ne fût couronné de succès! Supposez qu'au mois de novembre 1863, Armand eût été jugé; supposez qu'il l'eût été sous l'impression terrible de cette nouvelle et sanglante comédie du 17 novembre. Oh! j'en frémis : il était possible que l'échafaud se dressât pour faire tomber la tête d'un innocent; que la société eût à porter son deuil, et qu'impuissante à la réparation, elle eût à enregistrer cette nouvelle victime, qui, jointe aux autres, gémirait au bord de la réparation, sans pouvoir jamais l'obtenir.

Mais, je le demande, est-ce que le mal qui a été fait n'a pas été assez grand! Est-ce que Roux ne peut pas se féliciter dans sa déplorable malice? Est-ce qu'il n'a pas fait le désespoir de toute la famille Armand? Est-ce que vous ne compterez pour rien la douleur poignante, la stupeur de cet homme de bien, arraché brusquement à ses affections, à sa famille, à ses affaires, à la considération de tous; retranché tout vivant du monde où l'on s'estime, où l'on s'aime, pour être jeté dans celui où l'on est l'objet de toutes les haines, de toutes les animadversions, de toutes les malédictions; enfermé dans sa cellule, poursuivant en vain les preuves de son innocence qui lui échappent; passant des nuits sans sommeil, des jours agités, voyant près de lui sa compagne désespérée qui lui cache à peine ses larmes,

ses amis qui ne peuvent lui faire parvenir leurs impuissantes consolations; puis, même au jour de cette réhabilitation, quand l'opinion
publique se prononce en sa faveur avec un tel éclat, l'étrange erreur
de la magistrature?...

A quelque distance de là, l'orage gronde; une population furieuse
se déchaîne, égarée elle-même par cette pensée que la justice a pu
laisser pencher sa balance du côté de la richesse; elle se rue sur la
maison de l'accusé et se livre aux plus coupables violences; les personnes ne sont pas respectées, et la famille de l'honorable et courageux défenseur, que nous appelons notre ami, Me Lisbonne, est
l'objet d'indignes traitements; et pendant trois jours ces scènes de
sauvagerie viennent affliger la France.

Est-ce que ce n'est pas assez ? Est-ce que cet homme n'a pas déjà
trop souffert? Est-ce qu'il n'est pas temps que le jour de la réparation luise sur sa tête sans aucune espèce de nuage?

Eh bien, messieurs, ce n'est pas pour lui que je parle; je suis sollicité par un intérêt plus grand, supérieur au sien; car cette cause met
en présence un audacieux qui a voulu abuser de la justice et violer sa
majesté, et l'erreur qui, se traînant à sa suite dans des voies tor-
tueuses, est arrivée jusqu'à jeter le défi à l'œuvre de la justice elle-
même.

La justice! y a-t-il en ce monde une puissance plus auguste, plus
nécessaire ? On pourrait, au besoin, concevoir une société asservie:
la dignité en serait abaissée, le bonheur y serait compromis; mais si
elle était gouvernée par le sentiment de la justice, elle pourrait un
jour reconquérir son droit; dès qu'il disparaît, les hommes retournent à la sauvagerie. Ah! ce n'est pas assez, messieurs, de professer
pour ce sentiment un culte théorique, il faut le protéger et le
défendre dans ses manifestations extérieures; il faut que les décisions souveraines soient inattaquables, qu'elles soient placées au-
dessus des passions des hommes; les citoyens s'inclineront alors
devant elles dans un respectueux silence.

Ce privilège, que vous avez raison de revendiquer pour vous-
mêmes, vous ne voulez pas, vous ne pouvez pas en dépouiller cette
juridiction dont l'éminent rapporteur de la cour de cassation a dit
avec raison que, seule, elle était assez forte dans les temps modernes
pour porter le poids des condamnations criminelles. Augmentez,
n'affaiblissez pas le prestige du jury; et puisque cette grande décision est offerte à votre indépendance et à votre sagesse, suivez,
messieurs, la voie qui vous a été ouverte par la cour de cassation;
que vos puissantes, que vos loyales mains rétablissent sur leur piédestal témérairement ébranlé, les saintes et augustes images de la
justice et de la loi.

Après la plaidoirie de Me Giraud, Me JULES FAVRE réplique en ces termes :

MESSIEURS,

Tout en rendant hommage au talent et au zèle du défenseur de
Maurice Roux, tout en reconnaissant qu'il s'est généreusement
acquitté de sa tâche, il m'est impossible, par respect pour la vérité,
pour la dignité de la justice, de lui concéder les dernières considérations qui ont terminé sa réplique ; ces considérations, il n'était pas
bon de les faire valoir, il est utile, il est sage de les combattre,
   Non, messieurs, il n'est pas vrai que devant la justice, et dans
cette cause peut-être moins que dans toute autre, la lutte soit engagée
entre le pauvre et le riche. Faire entendre de telles paroles pour
passionner le débat, pour remuer les mauvais instincts de la foule,
pour allumer dans le cœur des uns de coupables convoitises et dans
le cœur des autres des craintes chimériques, c'est là, messieurs, une
mauvaise entreprise, à laquelle la justice ne s'associera jamais.
Devant vous, messieurs, tout se nivelle, et chaque jour votre justice,
indépendante et ferme, le prouve aux populations reconnaissantes.
Je dirai même, et assurément je serais loin de m'en plaindre, que s'il
était possible qu'elle eût jamais des préférences, des faiblesses, elle
irait droit au malheur, à ceux-là, qui, par leur situation sociale,
paraissent tout d'abord plus dénués de protection et de défense. Et
alors même, messieurs, que cette protection leur échapperait, que la
dureté sociale pèserait sur elles de tout son poids, les classes pauvres,
dans ce sanctuaire, rencontreraient, avant les juges qui connaissent
leur situation, des patrons bienveillants qui leur tendraient la main
et les relèveraient de leurs appréhensions.
   Aussi, messieurs, est-ce un argument usé et qui doit être condamné au nom des vérités éternelles que j'ai invoquées, que de prétendre que cette cause se présente avec ce caractère : que Maurice
Roux, c'est le domestique intéressant, luttant contre le maître avide
et dur, qui aurait abusé de sa personne. Ce n'est pas, messieurs, le
tribunal le sait bien, et je rougirais de me défendre d'un pareil
reproche, ce n'est pas l'homme du peuple que j'ai attaqué : celui-là,
j'ai passé ma vie à le défendre ; celui que j'ai attaqué, que j'attaque,
contre lequel je m'acharnerai jusqu'à mon dernier souffle, c'est
l'homme vicieux et pervers; j'ai cherché dans la procédure crimi-

nelle, que mon honorable adversaire n'a que superficiellement interrogée, et j'y ai trouvé les preuves accablantes qui démontrent et
l'indignité et la profonde immoralité de Maurice Roux, de l'accusateur.

J'ai fait plus, j'ai voulu, messieurs, ce à quoi mon honorable
adversaire résiste avec une obstination qui m'étonne, j'ai voulu que
cet accusateur eût au moins le courage de ses propres déclarations,
et qu'au lieu de les déserter misérablement, de les repousser pour les
commodités de ses convoitises actuelles, il les envisageât telles qu'il
les avait produites à la justice. C'est là, en effet, le seul document
juridique sur lequel il puisse s'appuyer. Il ne le veut pas, cependant!
Et je comprends, messieurs, que, non pas pour gagner un procès
impossible, mais pour faire quelque figure, pour se donner le droit
de jeter à M. Armand d'inutiles et injustes invectives, il se soit
résigné à ce parti désespéré. Mais heureusement, messieurs, après
cette lutte engagée à votre barre, votre sagesse prononcera comme
un arbitre souverain; et quant à moi, je suis sans inquiétude sur le
résultat de votre décision. Cependant, puisque notre adversaire le
veut, il faut, messieurs, que malgré ma fatigue j'entre encore en
lice; je le ferai sommairement, m'attachant aux objections principales
qui m'ont été faites par le défenseur de Maurice Roux, et essayant
de mettre à côté de chacune d'elles une réponse que je crois devoir
être victorieuse.

Examinons d'abord l'accusation dirigée contre le système que j'ai
produit à l'audience d'hier. Dois-je accepter le reproche d'avoir
complètement bouleversé le Code d'instruction criminelle, d'avoir,
pour me servir de l'expression de mon honorable adversaire, porté
sur lui une main téméraire?

En vérité, si j'avais commis ce crime, je l'avoue, j'en porterais
assez légèrement la responsabilité. Je ne comprends pas, je n'ai
jamais compris ce respect fétichiste pour l'œuvre des hommes qui
consiste à plier devant elle un genou idolâtre et à prétendre que
l'humanité est arrivée au *summum* de la perfection et qu'elle ne peut
faire un pas de plus.

Mais mon honorable adversaire ne se rappelle-t-il pas que ce Code
qui suivant lui, est l'arche sainte à laquelle il n'est pas permis de
toucher même dans une décision judiciaire, a été remanié il y a peu
d'années encore? Ainsi la chambre du conseil était composée de
trois juges; on a changé cela, et aujourd'hui, c'est le juge d'instruction qui lui seul la forme tout entière.

N'a-t-il pas été question, l'année dernière, de modifier les dispositions relatives à la liberté provisoire? Et vous savez, messieurs, que
dans le cours de l'avant-dernière législature, on a introduit dans

l'instruction criminelle des dispositions entièrement nouvelles, instituant une justice sommaire à laquelle les rédacteurs du Code n'avaient pas songé. Laissons donc de côté, messieurs, les respects exagérés; si les lois sont mauvaises, vieillies, insuffisantes, il faut les changer; c'est la seule mission des législateurs.

Devant vous, messieurs, devant la justice, nous devons nous livrer avec vous à un double travail : d'abord celui qui procède de nos consciences, qui naît de l'examen que nous permettent nos faibles lumières. C'est là, messieurs, le noble privilège de vos hautes fonctions; mais c'est le privilège de notre indépendance de pouvoir nous exprimer librement, même vis-a-vis du législateur et de son œuvre; car nos paroles ne seraient plus qu'un acte de servitude si nous étions dans la nécessité de courber le front devant le texte de la loi et de nous interdire toute espèce de critique.

Mais après ce premier travail calme, qui peut contenir la lumière philosophique à l'aide de laquelle marche la jurisprudence, ce commentaire vivant de la loi écrite, se place l'application; l'application, qui exige de la part du juge un respect scrupuleux de la volonté du législateur, au-dessus de laquelle il ne lui est jamais permis [de s'élever; car, s'il lui est possible, je ne dirai pas de l'étendre, de l'élargir, mais au moins de lui assigner une portée que la nécessité des choses ou la pression des mœurs impose, au moins ne doit-il jamais sortir du cercle dans lequel il a été enfermé.

Aussi, tout en exprimant ma pensée sur l'article 358 du Code d'instruction criminelle, tout en faisant observer au tribunal que cet article était dangereux; qu'en plaçant vis-à-vis l'une de l'autre deux juridictions, il provoquait leur rivalité et leur antagonisme; qu'il violentait le droit commun en arrachant au domaine paisible de la justice civile la connaissance des intérêts qu'il y a danger à porter devant la justice criminelle; tout en faisant ces observations, qui ne sont pas de moi, et que je répète avec un illustre maître, je disais que cet article 358 du Code d'instruction criminelle devait être observé, appliqué, mais que, pour le faire, il ne fallait pas l'aggraver; que sous prétexte de conserver intacte la puissance civile attribuée aux cours d'assises, il ne fallait pas investir ces cours du droit antisocial de faire échec à la justice criminelle, de nier ouvertement ses décisions.

C'est là en effet, messieurs, qu'il faut aboutir, et quelles que soient sur ce point les distinctions et les subtilités dans lesquelles mon honorable adversaire s'est jeté, j'ai le droit de lui répondre que la question posée en ce moment à la conscience du tribunal est une question de vérité et de bon sens.

Et cela est si vrai que mon honorable adversaire, malgré lui et quoi qu'il en ait, subit la contrainte de la logique, à laquelle il n'est donné à personne d'échapper, et que, balbutiant la faute, il plaide constamment le crime. Ainsi, après avoir essayé d'écarter la volonté, qui est l'élément du crime, il termine sa plaidoirie et la résume en ces mots : « Armand a assommé sa victime ! » Oui, la vérité est là : il l'a assommée, ou il ne l'a pas assommée ; il l'a étranglée, ou il ne l'a pas étranglée ; il l'a garrottée, ou il ne l'a pas garrottée.

Or, comme le verdict du jury a été négatif sur toutes ces questions, vous voyez bien que votre procès n'est autre chose qu'une insurrection contre ses décisions, et qu'avec un zèle hypocrite dont je ne suis pas dupe, vous voulez que la juridiction civile détruise l'ouvrage de la juridiction criminelle.

Eh bien, c'est là ce qui serait profondément dangereux : ce serait un funeste exemple donné, ce serait la lutte de deux principes qui doivent se concilier et s'entendre ; ce serait l'anarchie tombant du siège de la justice et apprenant à tous le mépris de la loi et des décisions des magistrats.

C'est pourquoi, toutes les fois que l'occasion s'est présentée, et qu'il n'a pu être douteux qu'une décision de la cour rendue au civil était en opposition avec la décision du jury, la cour de cassation a impitoyablement cassé.

J'ai dit, messieurs, et je maintiens qu'à mon sens la jurisprudence sur tous ces points est trop large ; que dédoubler en certains cas la pensée criminelle, et, après le verdict souverain du jury, conserver encore le droit de transformer l'acte innocenté en un délit, y voir la possibilité de la poursuite au civil, fondée sur l'existence de ce délit, constitue un danger, et cela précisément parce que, d'après notre loi, qui peut être imparfaite, le jury ne s'explique pas sur le fait qui s'est passé ; que sa réponse est vague, qu'elle est inconsistante, qu'elle laisse lieu à un commentaire. Or, c'est dans ce commentaire et dans ses ténèbres qu'on puise pour le juge civil le droit de prononcer la condamnation en dommages-intérêts. Là est le vice. Mais, quand l'obscurité n'existe pas, quand il est clair pour tous que la réponse du jury a anéanti la participation de l'accusé au fait matériel, si la participation au fait matériel existe, et même jusqu'à un certain point le fait matériel lui-même, la condamnation au civil qui viendrait l'affirmer malgré cette déclaration serait en opposition avec elle, précisément parce qu'elle reposerait exclusivement sur cette participation qui a été niée par le verdict souverain du jury.

C'est là, messieurs, et sans rentrer dans les détails qu'il a plu à mon honorable adversaire de rappeler, à cette audience, la distinction à laquelle il faut s'attacher, et c'est celle que vous trouverez dans tous les arrêts que lui-même a cités.

Il est revenu sur cette affaire *Souesme*. Mais, dans cette affaire, le fait matériel n'était pas contesté : il ne l'était pas par l'accusé, et il ne pouvait pas l'être, car, dans la rixe engagée entre Souesme et son fermier Corbasson, Souesme avait donné à Corbasson un coup de fourche qui l'avait transpercé.

Quand le jury avait déclaré que Souesme n'était coupable ni de tentative de meurtre, ni d'homicide, ni de coups et blessures volontaires, il avait prononcé au point de vue de la criminalité, et il était impossible de remettre cette criminalité en question au point de vue civil.

Mais il n'avait pas pu détruire le fait matériel de la mort de Corbasson, pas plus qu'il n'avait détruit le fait matériel, indispensable, de la participation de Souesme à cette mort. Cette participation constituait donc contre Souesme un fait qu'on pouvait considérer comme une faute. C'est ainsi que l'a envisagé la cour d'Orléans, après le tribunal de Montargis.

Ici, messieurs, est-ce que nous rencontrons une hypothèse de cette nature ? Évidemment non. Tout est défini ; il est incontestable que l'acte reproché à M. Armand existe ou n'existe pas, qu'il en est ou qu'il n'en est pas l'auteur, et pour arriver à dire qu'il existe, et que M. Armand en est l'auteur, il faut supposer non-seulement l'intention criminelle, détruite par la déclaration du jury, mais encore la perpétration de tous les faits accessoires qui ont accompagné le fait principal.

Or, comme tous ces faits accessoires constituent, au point de vue de la criminalité, une criminalité excessive de leur auteur et qu'ils soulèvent une légitime réprobation, par cela même que la réponse du jury a été négative et qu'elle a dû nécessairement porter sur l'intention et sur l'ensemble des faits, cette intention et cet ensemble de faits sont détruits en ce qui concerne M. Armand, et par conséquent les remettre en question, c'est aller directement contre le verdict du jury.

Mon honorable adversaire m'a opposé des théories qui ont été exposées par un honorable et savant jurisconsulte, qui trouve que la jurisprudence de la cour de cassation ne va pas assez loin ; car, à son sens, le jury ne décide jamais rien. Le jury déclare que l'accusé n'est pas coupable ; et cependant le fait peut être encore mis en question, et l'on peut devant les tribunaux civils arguer de la culpabilité de celui qui a été acquitté par la cour d'assises ! Que M. le professeur Ortolan professe, préconise de telles doctrines, libre à lui, messieurs. M. Ortolan sera seul de son avis, et quant à moi, je souhaite que son isolement dure toujours ; car si jamais il pouvait faire des prosélytes, et s'il était entendu, comme il l'enseigne, que

l'homme descendant des bancs de la cour d'assises, publiquement
réhabilité par un verdict du jury, puisse être, comme l'est aujourd'hui
M. Armand, conduit devant les juges civils; que là le même drame
puisse se répéter ; que là les mêmes témoins puissent être entendus,
les mêmes incriminations se produire, il vaudrait beaucoup mieux, au
lieu d'entourer le jury de respects menteurs, anéantir immédiatement
sa juridiction, renverser ses attributions, et conserver l'unité dans la
justice.

Mais, au surplus, l'article de M. Ortolan me paraît singulièrement
perdre de sa valeur quand on examine sa date et son objet.
M. Ortolan a, et tout le monde le sait, une imagination vive: c'est
aussi un homme du Midi; M. Ortolan aime les causes difficiles, les
thèses aventureuses, et lorsque l'arrêt de la cour d'assises d'Aix a été
rendu, quand s'est élevé contre cet arrêt cette immense clameur qui
avait ces deux sources que j'indiquais à l'audience d'hier : le sentiment de la justice violemment froissé par l'expression contenue dans
l'arrêt et par l'arrêt lui-même, et en même temps le sentiment de
légitime inquiétude inspiré par ce défi jeté à la juridiction du jury,
alors même que tout le monde accablait l'arrêt de la cour d'Aix,
M. Ortolan a généreusement pris sa défense, et c'est un pamphlet à
propos de l'affaire Armand dont mon honorable confrère vous a cité
quelques fragments. Écoutez plutôt comment l'article commence; le
caractère de M. Ortolan est trop franc, sa conscience est trop pure
pour qu'il cherche à déguiser ses intentions :

« Je prends pour thèse de cet article que la cour d'Aix, en condamnant
à des dommages intérêts, dans les circonstances où son arrêt s'est produit,
l'accusé Armand, a non seulement usé d'un droit, mais que du moment
qu'elle avait la conviction que cette réparation était due, elle a rempli un
devoir en la prononçant; que l'accomplissement de ce devoir était d'autant plus louable qu'il y fallait plus de fermeté, plus de résistance à l'entraînement; que de telles décisions, loin de troubler l'administration de
la justice, l'honorent, — et c'est pour cela, au milieu des exclamations
contraires, que je tiens à honneur, au nom de la ferme science, de le dire
et de l'écrire. »

M. Ortolan était de cet avis ; la cour de cassation a été d'un avis
contraire, et je ne crains pas de dire qu'en même temps que l'arrêt
de la cour d'Aix, la dissertation de M. Ortolan a été mise en poussière. M. Ortolan et son client Maurice Roux pourront invoquer ces
doctrines lorsqu'ils auront formé un pourvoi contre votre décision ;
quant à moi, messieurs, je suis sûr que si M. Ortolan ne change pas
d'avis, la cour de cassation lui donnera tort une seconde fois.

Laissons de côté toutes ces choses ; elles sont sans intérêt au
procès, et ces écrits pleins de vivacité, téméraires, suivant moi, dans
lesquels M. Ortolan va jusqu'à dire qu'il n'y a jamais rien de jugé au

criminel, au mépris de tout ce qui a été écrit, enseigné, décidé, depuis qu'il existe une justice criminelle et une justice civile, tout ceci ne saurait avoir aucune espèce de force dans le débat, et cet élément doit demeurer conséquemment comme une preuve d'un rare courage de la part du professeur qui a signé cet article.

Il faut revenir aux principes, et ces principes, je les ai posés. Toutes les fois que la réponse du jury laisse manifestement subsister le fait matériel et la participation de l'agent à ce fait, la responsabilité civile peut être invoquée ; toutes les fois qu'il est douteux que le jury ait prononcé sur cette responsabilité ou cette participation, la cour de cassation estime qu'il est encore possible de débattre cette question au civil. Mais toutes les fois, au contraire, que pour des juges de bon sens, pour un homme, pour celui qui ne veut pas mettre des subtilités à la place de sa raison, il est manifestement certain que les réponses du jury s'appliquent à l'intention qui seule fait participer l'agent au fait, il n'est plus possible de reprendre le débat devant la justice civile, tout est souverainement jugé, et, comme l'a très-bien dit l'arrêt de cassation de 1855, la décision au criminel fait la loi de tous, et tout de même qu'elle aurait pu être opposée d'une manière irréfragable à l'accusé et que, sauf le cas de réhabilitation, si rare, si difficile, l'accusé aurait été irrémissiblement courbé sous la condamnation, l'acquittement lui profite, et il n'est pas possible de remettre en question ce qui a été décidé souverainement et pour tous.

Je ne veux pas en dire davantage sur cette question de droit, parce qu'elle est, à mon sens, lumineuse autant qu'élémentaire, et ce serait faire injure à votre sagesse et à votre science que de discuter davantage.

L'application s'ensuit ; elle est aussi claire. Il est inconstestable qu'après avoir entendu les deux plaidoiries de mon honorable adversaire, on est dans la nécessité de reconnaître que ce que Maurice Roux demande, c'est que vous déclariez que M. Armand est l'auteur volontaire de blessures et de coups sur sa personne.

Il n'y a pas, en effet, d'autre explication possible, et mon honorable adversaire l'a bien prouvé en n'essayant pas même d'en produire une ombre.

Ah ! la cour d'Aix, elle a été plus courageuse ; elle a dit que M. Armand avait blessé *maladroitement* son domestique. *Maladroitement!...* On se demande, messieurs, comment cela était possible. Où était l'explication d'une pareille accusation ? Comment, dans quelle circonstance M. Armand avait-il pu faire à Maurice Roux les blessures dont celui-ci se plaignait ? Et à l'instant même apparaissent, avec cette force saisissante de l'évidence, toutes les raisons qui détruisent cette expression derrière laquelle la cour d'Aix avait prétendu abriter son arrêt.

Maladroitement prendre une bûche, maladroitement en donner un coup sur la nuque de son domestique agenouillé! Maladroitement le renverser! Maladroitement le fouler aux pieds! Maladroitement le prendre par le cou et y faire six ligatures, enfin l'étrangler! Maladroitement lui lier les mains derrière le dos, pour étouffer sa résistance! Maladroitement lui lier les pieds! Allons donc, messieurs! Quelle que soit la majesté de la justice, la raison et la vérité lui sont supérieures; elle ne peut prétendre aux légitimes respects qui lui sont dus qu'à la condition d'être respectueuse elle-même devant cette grande divinité de l'opinion.

Eh bien! messieurs, la cour d'Aix a essayé de trouver dans ces biais une explication de son arrêt. Mais je rends cette justice à mon honorable adversaire qu'il ne l'a pas suivie sur ce terrain.

Où est donc la faute? Je mettais hier sous vos yeux la jurisprudence de la cour de cassation, qui, à cet égard, est nette et formelle. Il faut que la cour, jugeant au point de vue civil, établisse la faute qu'aurait commise l'accusé acquitté, et il faut que cette faute se produise dégagée de toute espèce d'intention criminelle.

Ici, messieurs, qu'on me dise comment la faute aurait été commise; qu'on la sépare de l'intention criminelle; jusque-là, je n'ai rien à répondre, puisque mon honorable adversaire n'a rien articulé et qu'il s'est borné à reproduire, en l'aggravant, le récit de sa première plaidoirie.

M. Armand, a-t-il dit, est un maître brutal; sa colère a été allumée par un propos de son domestique. Il est descendu à la cave, et a asséné un coup sur la nuque de Maurice Roux. Mon honorable adversaire ne veut pas s'occuper des violences postérieures. Voilà son système résumé en quelques mots.

Or, je lui réponds : Ce système a été celui du procureur général de la cour d'assises d'Aix. J'ai mis sous les yeux du tribunal cette partie de son réquisitoire, et mon honorable adversaire n'a rien répondu; il n'y avait, en effet, rien à répondre.

Ce système a précisément contre lui la réponse du jury; car il implique nécessairement la participation volontaire et coupable de M. Armand à cet acte. Et que mon honorable adversaire ne pense pas me donner le change, en disant que M. Armand n'a voulu qu'infliger une correction à son domestique, et que ce fait pouvait échapper à la juridiction criminelle. Quel est donc votre langage? Un maître n'est pas coupable quand il inflige une correction à son domestique!

Mais si Armand avait commis un pareil fait, il est incontestable qu'il eût été traduit justement devant la justice et justement condamné.

Isolons par la pensée ce premier fait de toutes les circonstances qui l'ont suivi : Armand descend; il assène un coup sur la nuque de Maurice Roux. Eh bien! pour ce fait, Armand, traduit en police correctionnelle, eût subi la peine qu'il aurait encourue. Voilà le fait et ses conséquences.

Il est difficile d'expliquer autrement le coup imputé à M. Armand; et c'est ici précisément que le droit se rattache au fait, et qu'a lieu l'application de cette maxime de la jurisprudence de la cour de cassation, que toutes les fois que la décision du jury, en détruisant l'intention, a détruit le lien qui rattachait l'agent au fait, la justice civile ne peut plus, en soutenant cette même intention, rétablir ce même lien qui avait été souverainement brisé.

Ce n'est pas en voulant faire tout autre chose que M. Armand a blessé son domestique; non, s'il l'a frappé, c'est dans un but détestable, c'est pour satisfaire une ignoble passion, c'est afin de se venger des paroles insolentes de son domestique; c'est pour cela qu'il l'a frappé, et frappé volontairement. Eh bien! sur ce fait, le jury a dit non; et vous voulez que le tribunal dise oui. Il y aurait là un antagonisme véritable, et votre décision n'échapperait pas à la censure de la cour de cassation.

Mais, je l'ai dit, il ne suffit pas de justifier M. Armand en disant de la manière la plus péremptoire que ce procès odieux, qui n'aurait jamais pris naissance sans l'arrêt si regrettable de la cour d'assises d'Aix, manque de base juridique; il faut encore faire justice complète des accusations qui se sont produites à cette audience avec une grande vivacité; c'était une condition nécessaire de la réplique, mais aussi avec des détails qui seront pour nous de nouveaux enseignements, et qui nous permettront de faire, si cela est possible, luire une clarté plus vive sur ce débat.

Mon honorable adversaire est revenu sur la peinture qu'il a faite du caractère de M. Armand; il veut qu'il soit à tout prix un maître cruel et brutal; il vous a parlé de scènes qui se seraient passées avec ce Joseph Blanc; et quant à lui, il trouve que rien n'est plus naturel qu'un serviteur s'élance à la gorge de son maître et s'efforce de l'étrangler. C'est sans doute un goût de situation de sa part; et je suis bien convaincu qu'en dehors de cette cause il n'y persévérerait pas. (*Hilarité dans l'auditoire.*) Quant à moi, tout en regrettant profondément que M. Armand ait été dans la nécessité de se défendre, il m'est impossible de ne pas reconnaître qu'il en avait le droit.

Un domestique honnête, quelle que soit sa pauvreté, et je nie qu'il soit pauvre quand il est rangé et qu'il fait un bon emploi de la rémunération de son travail, un domestique honnête doit écouter les observations de son maître, quelles qu'elles soient : il n'est pas auto-

risé à se livrer contre lui à des actes de violence ; et quand cet
homme auquel Armand ordonne de décharger une charretée de foin
quitte le lieu où il est couché, et vient longtemps après, une demi-
heure, trois quarts d'heure après, trouver M. Armand, lui saute à la
gorge et lui déchire sa chemise ; quand Armand, qui ne veut pas
subir la strangulation, donne à ce domestique un coup de canne,
qui a fait couler le sang, j'en conviens, M. Armand n'est-il pas dans
le cas d'une défense légitime ? Cela est tellement vrai qu'il a voulu
porter plainte. Mais croyez-vous qu'avec les mœurs de ce pays, avec
cette disposition à accuser les riches, disposition malheureuse et que
la justice devrait s'attacher à apaiser au lieu de l'exciter, croyez-vous
que Joseph Blanc n'aurait pas été le premier à porter plainte contre
Armand s'il eût pu en espérer une indemnité quelconque ?

Vous nous dites qu'Armand n'a pas saisi la justice ; cela est vrai :
il a été généreux, il en avait le droit. Mais si Armand avait eu tort,
il est incontestable que son adversaire, qui avait été si rudement
châtié, aurait jeté les hauts cris, et que M. Armand aurait été traduit
en police correctionnelle.

Ne voyez-vous pas que, entraîné par les nécessités de votre cause,
vous allez donner la main à cette tourbe impure qui, sortie de
Saint-Marcel, est venue vomir contre M. Armand les accusations les
plus odieuses ?

Vous vous appuyez encore sur un Touchat, condamné à six mois
de prison ; mais je rencontre dans la déposition de ce témoin la
preuve même que M. Armand n'a exercé aucune violence contre qui
que ce soit, et notamment contre le cocher. Mais vous-même, dans
votre plaidoirie, et c'est ce qui m'avait autorisé à faire un retour
involontaire vers mes souvenirs classiques, quand vous avez représenté ce domestique arraché violemment de son siège et roulant dans
la poussière, c'était de votre part un enjolivement ; votre cause
peut bien se permettre cette licence, qui est à coup sûr très-inno-
cente ; mais cet enjolivement était de votre fait, vous n'en avez
trouvé la justification nulle part.

Il est parfaitement vrai cependant que Touchat, ce débiteur
insolvable de M. Armand, cet homme si moral et si pur, qui a été
condamné à six mois de prison pour escroquerie ; il est vrai que ce
Touchat a déclaré qu'il avait vu de loin, à environ un kilomètre, une
querelle entre M. Armand et son cocher. Mais voici la déposition du
cocher lui-même, et vous allez voir si elle pouvait autoriser mon
honorable adversaire à lancer son accusation ; car enfin je l'ai loué
dans sa réserve et dans sa modération ; je ne lui demande pas de persévérer dans ces bonnes dispositions, mais je lui demande au moins
de l'exactitude. Eh bien, voici ce que dit Lafont à ce sujet :

« Un jour que je conduisais M. Armand à la campagne, il fut pris d'une irritation subite, et m'apostropha dans les termes les plus désobligeants. Je descendis de mon siège et lui remis les guides, en lui disant de se pourvoir ailleurs. Il ne voulut pas les prendre, et m'invita à remonter à ma place. Je le reconduisis en ville… »

Donc, quant à la batterie, quant au cocher roulé dans la poussière, c'est une invention, une imagination de Maurice Roux, auquel mon honorable adversaire a prêté peut-être une oreille trop complaisante. Tout en demandant pardon au tribunal d'insister sur ces détails, je les mets sous ses yeux pour lui montrer comment, lorsqu'un homme est accablé, quand il est dans le malheur comme l'a été M. Armand, toutes les mauvaises passions se déchaînent contre lui, comment tous les ressentiments éclatent pour l'empêcher de se relever.

Et voilà sur quelle déposition mon honorable adversaire se croit autorisé à faire entendre contre M. Armand des calomnies aussi révoltantes !

En vérité, est-ce qu'il n'est pas permis à un honnête homme de s'affliger et de s'indigner quand il voit ainsi travestir la vérité, quand il voit les bouches impures de certains témoins transformer en faits accusateurs les faits les plus simples du monde, faits qui s'expliquent à merveille, et qui, au contraire, honorent l'accusé ?

Ah ! si M. Armand avait voulu faire poursuivre devant la justice criminelle tous ceux qui, dans le cours de ce procès, ont trahi la vérité manifestement, contrairement aux preuves qu'il avait entre les mains, rien ne lui eût été plus facile. Et mon honorable adversaire m'en donne ici l'occasion : voici ce Touchat qui déclare avoir vu Armand conduisant seul : le fait est faux. Il a dit devant la cour d'assises qu'Armand avait battu son domestique : le fait est faux. Mais qu'importe ? Touchat avait une passion à satisfaire, une dette à payer ; il s'est donné quittance en maltraitant son créancier : ces procédés ne sont pas nouveaux, ils sont à l'usage de beaucoup de débiteurs. Ah ! si mon honorable adversaire n'a pas d'autre caution, je l'engage à mettre un peu plus de modération dans ses invectives contre M. Armand.

Vous avez parlé de M. Corvetto, et vous avez dit que, lui et M. Armand, c'étaient deux vivacités réunies ; mais vous avez encore méconnu le caractère de la déposition de M. Corvetto, qui déclare non pas simplement que son chapeau a été renversé par M. Armand, mais qu'il ne l'a été que parce qu'il avait insulté M. Armand. Le témoin rend compte d'une discussion entre lui et M. Armand pour un règlement d'architecte. M. Armand exigeait un mémoire en règle, et pour remplir cette condition, il manquait certaines pièces importantes :

CORVETTO (Louis), architecte à Montpellier. Le témoin rend compte d'une discussion qui a eu lieu entre lui et M. Armand, à l'occasion d'une demande en règlement d'honoraires qui lui étaient dus par la succession de M. Armand oncle. M. Armand exigeait un mémoire en règle, et pour remplir cette condition, il manquait certaines pièces importantes. « J'exposai la difficulté, ajoute-t-il, et comme M. Armand ne voulait pas encore payer, emporté par un mouvement de colère, je dis : « Si vous payez les « autres comme vous me payez, il n'est pas étonnant que vous soyez riche ! » A ces mots, M. Armand s'élança sur moi, me renversa mon chapeau ; nous nous bousculâmes, et on nous sépara. « Ce soir au cercle, lui dis-je, « je vous parlerai devant tout le monde. » M. Armand, revenant à lui, me dit : « Oubliez ce moment de vivacité provoquée par l'offense que vous « avez faite à ma probité ; je reconnais que j'ai eu tort. » Et depuis nous avons vécu dans les meilleurs termes. »

Est-ce que tout ceci ne vous apprend pas le caractère de M. Armand ? Est-ce que vous ne voyez pas comment, même avec ses qualités excellentes et nobles, son dévouement, son humanité et sa disposition à répandre des bienfaits sur tous ceux qui le servent, cet homme a en même temps un caractère vif, emporté, impétueux ; peu maître de ses premiers mouvements, mais revenant de même, parce que la bonté a le dessus ; n'ayant jamais offensé gravement personne ; et pour attester tout cela, cent témoins à décharge qui viennent déposer des faits de délicatesse, de droiture et de bonté exquise, qui parfois ont arraché des larmes à toute l'assistance ; et pour l'accuser, des hommes comme Joseph Blanc, Touchat, Gervais, qui n'a jamais pu indiquer son domicile, sur le livret duquel ne figure pas son entrée chez M. Armand, et qui, après l'avoir menacé d'une action devant le juge de paix, n'a jamais réalisé sa menace !

Il faut donc que, malgré tout son désir d'humilier M. Armand et de rendre vraisemblable la scène du 7 juillet, Maurice Roux renonce, et renonce d'une manière absolue, à ce système consistant à représenter M. Armand comme un homme violent, brutal et capable de donner la mort à un domestique.

Quant à Maurice Roux, est-il vrai, comme me l'a reproché mon honorable adversaire, que je me sois laissé entraîner à trop de dureté ? Quoi ! messieurs, quand je rencontre un homme sur mon passage, un homme qui par ses mensonges odieux a jeté le deuil dans une famille honorable et conduit un innocent au bord de l'échafaud ; qui a compromis la justice, et dont les méchantes actions ont pendant trois jours, sous le coup de passions que je m'explique, tenu une malheureuse ville dans l'agitation et le trouble, je serais forcé, je ne dirai pas de ménager cet homme, mais de m'incliner devant cette menace que cet homme est pauvre, qu'il appartient à cette corporation nombreuse qu'il a derrière lui et dont les sympathies ne peuvent être impunément froissées ! Allons donc ! j'ai la vérité pour moi, et je

l'exprime comme je le sais faire. Si Maurice Roux était innocent, s'il
avait dit la vérité, je ne chercherais pas dans des artifices de langage
le moyen de l'obscurcir. Mais quand il m'est démontré que son âme
pervertie a rêvé la richesse et qu'il a employé des moyens criminels
pour l'obtenir, je manquerais à tout ce que je dois à la justice, à tout
ce que je me dois à moi-même, si je mettais dans mes paroles d'indignes et dangereux ménagements. Non! Roux doit vous être connu
tout entier, tel qu'il est. Remarquez que s'il a été possible à mon
honorable adversaire d'étendre sur ses vices le voile complaisant de
ses railleries et de ses insinuations, quand il est arrivé au fait lui-
même, quand il s'est heurté à mon argumentation, dans laquelle
j'avais convaincu Roux de mensonge en le prenant par ses actes,
mon honorable adversaire a gardé le silence, il a passé à côté. C'était
tout simple, il y avait là des difficultés insolubles, et je ne sache pas
de réponse aux vérités que j'ai essayé d'établir. Mais je ne fais à
mon honorable adversaire aucune concession; je maintiens dans son
entier le jugement que j'ai porté sur Maurice Roux, le droit et le
devoir que j'ai de l'exprimer : ce n'est pas parce que Maurice Roux
n'a pas reçu d'éducation qu'il peut se passer de moralité. Ne vivons-
nous pas tous auprès de ses pareils, qui souvent nous édifient par
leurs qualités et leurs vertus ? Dans tous les cas, ce que nous sommes
en droit de leur demander, c'est la régularité, c'est l'accomplissement fidèle de leurs devoirs; c'est la moralité, sans laquelle il n'y a
aucune garantie de l'exécution des deux premières conditions.

Eh bien! Roux, quel est-il? J'ai parlé du jugement porté sur lui
par le commissaire de police de son pays, qui a déclaré qu'il l'avait
quitté tout jeune en y laissant des dettes; que c'était un mauvais
sujet. Mon honorable adversaire a-t-il répondu quoi que ce soit? Non!

Il est extrêmement facile, encore une fois, de chercher à jeter le
doute sur certaines circonstances de fait; mais voilà un fait positif;
c'est le point de départ. Voici cet homme sorti d'une honorable
famille; il appartient à des parents qui ont vécu modestement. Cet
homme rêve la richesse, et l'a rêvée de très bonne heure, vous l'allez
voir; elle lui était nécessaire, car il avait des visées au-dessus de sa
condition. Je ne dirai pas qu'il y était poussé par son intelligence,
mais par sa vanité et par ses aspirations; et tous ceux qui l'ont vu
ont dit avec raison qu'il paraissait plus qu'un domestique, et se livrait
surtout à d'innombrables galanteries. Eh bien! cet homme qui a
quitté son pays dans de telles circonstances, il va servir chez M. Madier, non de Lamartine, mais il s'appelle simplement Madier; il ne
faut pas confondre; il a servi, dis-je, chez M. Madier.

J'ai rappelé la déposition de M. Madier, ou plutôt je l'ai expliquée.
Mon honorable adversaire s'en est indigné; suivant lui, M. Madier

est en dehors du débat; il est invulnérable. Je lui demande pardon, il est dans le débat, puisqu'il est témoin; sa parole m'appartient, et je puis la livrer au tribunal avec mes appréciations. Mais mon honorable adversaire, qui voit si bien la paille dans mon œil, n'aperçoit pas la poutre dans le sien, quand, après avoir vengé Maurice Roux d'attaques qui, suivant lui, auraient été téméraires, il s'en est pris à M. Duplessis. Et qu'a-t-il dit de M. Duplessis?

Vous l'avez entendu, M. Madier est au moins un homme du monde, riche, élégant et galant; c'est mon honorable adversaire qui l'a dit, et en conséquence M. Madier peut avoir pour ses domestiques une indulgence qui n'est pas de mon goût, mais qui est du sien. Et cela lui est nécessaire.

Quant à M. Duplessis, c'est un magistrat, un honorable père de famille; et dès lors, si je voulais appliquer à mon honorable adversaire sa propre sévérité, je lui dirais qu'il y a quelque chose de singulier à présenter un témoin quinquagénaire, un juge au tribunal civil d'Alais, paraissant devant la justice, y déposant sous la foi du serment, comme venant répéter je ne sais quels commentaires d'actes fabuleux qui lui seraient revenus à la mémoire. Est-ce une manière digne de parler d'un témoin? J'en laisse mon adversaire parfaitement juge. Quant à moi, je ne critique pas, je ne recherche que les faits. J'avais dit, en ce qui concerne M. Madier, qu'il n'avait pas toujours été satisfait de son domestique. En effet, voici ce qu'il disait devant le juge d'instruction :

« Pendant le temps que Maurice resta chez moi, plus particulièrement vers la fin, je fus plusieurs fois prévenu qu'il faisait de fortes dépenses, d'où l'on concluait qu'il devait me voler. Tenu en garde sur ce point, je réglais régulièrement avec lui pour les dépenses de la maison, et jamais, je puis le dire, je ne l'ai trouvé en défaut. Plusieurs personnes disaient aussi que ce domestique faisait des absences la nuit; M. le commissaire de police, à qui je m'adressai pour savoir si cette dernière accusation était vraie, c'est-à-dire si elle était fondée, me dit qu'en effet il l'avait vu le soir plusieurs fois à des heures indues, à tel point qu'il fut une fois compromis et traduit par suite en tribunal de police. Plusieurs fois madame Madier (Victor), ma parente, se plaignait à moi de ce que mon cocher allait chez elle pour y voir Philomène alors à son service. Je fis observer chaque fois à ma parente que, content de mon cocher, je n'avais pas à le réprimander sur ses assiduités auprès de Philomène, mais que c'était à elle à faire des remontrances à sa cuisinière. »

Vous voyez ce que pense de Maurice Roux M. Madier. On lui dénonce son cocher comme débauchant une jeune servante, il dit : « Je ne m'occupe pas de cela; je ne veux pas réprimander mon cocher pour ces choses..... »

Il sort la nuit; il se fait condamner pour tapage nocturne par le tribunal de simple police; M. Madier n'a pas le droit de s'en formaliser.

J'avais donc raison de dire que si M. Madier donnait à Maurice
Roux des certificats excellents, il fallait les contrôler. Je l'ai fait,
principalement avec sa déclaration, qui pouvait, jusqu'à un certain
point, les combattre.

Quant à ce qui concerne M. Duplessis, mon honorable adversaire
n'a pas craint de vous dire que M. Duplessis, au lieu de déposer la
vérité, avait recherché la fiction, et qu'il s'était plu à faire le portrait
au naturel d'un valet libertin, joueur, voleur et menteur. Je n'ai pas
à répondre à de telles critiques. La déposition de M. Duplessis paraî-
tra sous vos yeux, et vous apprécierez.

Je disais que M. Duplessis s'était expliqué sur le compte de Maurice
Roux en des termes équivoques, et je ne les rappelle au tribunal que
sommairement. C'était un domestique joueur, voleur, coureur de
filles, menteur, et qui découchait assez souvent. Mais, dit mon honorable adversaire, M. Duplessis s'est expliqué dans une déposition
supplémentaire, et il a dit qu'il croyait Maurice Roux incapable
d'une pareille simulation.

Je me suis permis, j'en demande pardon au tribunal et à mon honorable adversaire, de l'interrompre par une dénégation au moment
où il avançait cette assertion. Mais voici la partie de la déposition à
laquelle il fait allusion. M. Duplessis, en effet, a été entendu deux
fois; la première, voici comment il répond :

« Je pris à mon service, comme cocher, Maurice Roux, au mois de
mai 1861, et ne l'ai renvoyé qu'au mois de décembre 1862. Pendant la
première année, avant de m'en débarrasser, j'appris qu'il était *joueur*,
coureur de filles, menteur, et qu'il découchait assez souvent.

« Plus tard, j'ai reconnu qu'il avait bu une certaine quantité de mon
vin, et qu'il avait disparu de mon cabinet certains petits objets mobiliers
que lui seul peut avoir pris. Je n'ai pas cherché à me procurer la preuve
de ces vols.

« Je sus qu'il avait été chez un coiffeur et parfumeur, qu'il y avait pris
pour 80 ou 90 francs de marchandises, en recommandant de ne pas envoyer
la petite caisse à la maison ; qu'il devait à Ruiz, horloger-bijoutier, environ 150 francs, et qu'il devait aussi une certaine somme à Froizoni et à
Andrieu, tous deux tailleurs. J'écrivis immédiatement au commissaire de
police de Bourg-Saint-Andéol, afin qu'il pût faire rendre les objets qu'il
aurait encore, s'il ne pouvait pas les payer. Il me répondit immédiatement que ses parents lui avaient donné assez d'argent pour payer ses
dettes, et qu'il serait probablement à Alais avant sa lettre.

« Il ajouta que Maurice était un mauvais sujet, et que ce n'était pas la
première fois que ses parents étaient obligés de payer ses dettes, et que
du reste son père était un honnête homme. Revenu à Alais, Maurice
paya, etc., etc. »

La seconde fois, on lui pose cette question, et vous allez voir
comment il y répond :

« Lorsque j'ai dit dans ma première déposition que Roux était menteur, c'est parce qu'il lui était arrivé souvent d'altérer la vérité dans les rapports qu'il avait avec moi pour son service, et que je savais de plus que, pour se donner du crédit auprès de mes fournisseurs, il ne craignait pas d'avancer des faits qu'il savait faux. »

C'est en vérité ce qu'on appelle mentir, quand on altère la vérité, quand on ne la respecte pas. Maurice Roux ne craignait pas d'avancer des faits qu'il savait faux, et, quand il a quitté M. Duplessis, il a laissé, comme dans son pays, des dettes. Il demandait de l'argent à son maître pour payer de la marchandise, et il ne la payait pas. M. Duplessis a été dans la nécessité de la payer après son départ. Si bien que cet honnête domestique, pour lequel mon honorable adversaire sollicite non seulement la justice du tribunal, mais encore les passions populaires, aurait pu et aurait dû être condamné comme coupable de vols domestiques, si M. Duplessis n'avait pas été aussi indulgent. Maurice Roux a reçu l'argent de son maître, il se l'est approprié; pour se procurer du crédit auprès des fournisseurs, il leur a fait des mensonges, il leur a raconté des faits faux. C'est ce que mon honorable adversaire appelle le *parangon* de la moralité.

Continuons et voyons ce que dit M. Duplessis :

« Mais je ne puis conclure de là, qu'il peut accuser quelqu'un d'un assassinat qu'il n'aurait pas commis. Je déclare un fait : ce n'est pas à moi à en tirer les conséquences. »

Qu'est-ce que cela signifie, et quelle est l'induction qu'il faut en tirer? Eh bien, c'est que M. Duplessis la laisse tirer au juge d'instruction; que c'est un homme réservé, prudent, un magistrat, c'est tout dire. M. Duplessis comprend très bien la gravité de la question qui lui est posée; il n'en prend pas la responsabilité; il laisse au juge d'instruction le soin de tirer l'induction, il nous le laisse à nous-même; mais il l'a dit : *Mendax semper mendax;* c'est un axiome qui n'a pas été fait seulement pour l'antiquité; et un homme qui est un coureur, un joueur, un voleur, un menteur, ne peut pas assurément inspirer grande confiance.

M. Duplessis parle du vol de son vin, de divers objets, et il termine ainsi sa déposition :

« Quant aux vols dont je me plains, il a été pris dans mon cabinet une canne, quelques jours avant que Roux quittât la maison; ce qui m'a fait supposer qu'il pourrait bien l'avoir prise, c'est que j'ai trouvé cachées dans la remise et sous la paille une assez grande quantité de bouteilles vides qui avaient été prises pleines par Roux, dans le caveau qui contenait mon vin. »

(Déposition du 17 juillet 1863.)

Que voulez-vous, messieurs? mon honorable adversaire a pour toutes les fautes des domestiques une indulgence plénière. C'est un cocher qui prend le vin de son maître, il le boit, il cache ensuite les bouteilles vides dans la paille ; que voulez-vous ? il faut bien passer quelque chose aux faiblesses humaines !... Très-bien ! faites usage de cette moralité dans votre logis, je n'ai rien à y voir.

M⁰ GIRAUD. Permettez, je ne suis pas au procès, maître Jules Favre; il y a une limite : mon client y est, il vous appartient; mais quant à moi, je ne vous appartiens pas.

M⁰ Jules FAVRE. Je ne vous y mets pas.

M⁰ GIRAUD. Si, vous m'y mettez.

M⁰ Jules FAVRE. Permettez-moi de vous dire que, dès l'instant que vous pouvez en être blessé, offensé, j'en exprime ici mon sincère regret. Rien n'est plus loin de ma pensée. Je me suis servi d'une phrase, d'un mot qui vous déplaît, je le retire, et à coup sûr je serais bien malheureux si, au milieu de ce barreau que j'aime et au sein duquel j'ai reçu un accueil si sympathique, j'avais la mauvaise fortune, par un écart de parole, de pouvoir atteindre le cœur loyal de mon honorable adversaire.

Non, je n'ai rien voulu dire qui puisse vous atteindre ; je raisonnais d'une manière générale, et, pour reprendre une phrase qui ne vous était pas appliquée, je dirai que si cette morale peut convenir à ceux qui la professent, rien de mieux, mais que le domestique qui se rend coupable de pareils faits est indigne de confiance; et si plus tard je le surprends dans une situation qui provoque la démonstration de son mensonge, il m'est parfaitement permis de conclure du passé au présent, et l'indignité de l'acte établi contre Maurice Roux autorise parfaitement le jugement que nous aurons à porter sur sa conduite postérieure.

J'en dirai autant, et je suis fâché de poursuivre cette démonstration mais enfin j'y suis absolument obligé; j'en dirai autant en ce qui concerne les relations de cet homme avec la fille Philomène Dessert, et, mettant la personne de mon honorable adversaire à l'écart, il faut bien que je parle de sa défense.

J'avoue que j'ai été singulièrement surpris de lui entendre affirmer sans preuves certaines que Philomène Dessert était d'une conduite irrégulière et qu'elle avait eu des relations avec d'autres personnes. Il a été plus loin, ses insinuations ont été claires; or, un devoir de confraternité ne va pas jusqu'à la faiblesse, et mon honorable adversaire ne me refusera pas, je pense, le droit nécessaire de réfuter ce que je rencontre dans sa réplique. Eh bien, il a affirmé pour disculper cet homme, que Philomène était dans la maison de M. Sisteron, qu'elle y avait fait ses couches, qu'elle y avait plusieurs amants. Il a aussi fort maltraité Lucie Abraham. Je lui demande quelles sont les preuves de leur infamie.

Oui, Philomène a été condamnée, c'est vrai; elle vous a dit pourquoi. Je ne m'insurge pas contre la chose jugée, je la respecte; seulement j'ai regretté que la loi ne permit pas d'élargir l'enceinte criminelle, et j'ai dit, ce qui est au cœur de tous les honnêtes gens, que le séducteur qui précipite sur les bancs de la cour d'assises la fille qu'il a perdue, est coupable devant Dieu, est coupable devant tous les hommes de cœur du meurtre de l'enfant et de la condamnation de la mère.

J'ai mis sous les yeux du tribunal la déclaration de Philomène. Cette fille a dit positivement que, si elle a été réduite à cette déplorable extrémité, c'est qu'elle manquait d'argent; elle en a demandé à son séducteur, qui lui en a refusé. Et quant à M. Sisteron, dont la parole vaut bien celle de M. Madier, M. Sisteron, qui doit être respecté, non seulement parce qu'il est témoin, mais encore parce qu'il est honorable, M. Sisteron affirme que Maurice Roux enlevait l'argent à cette malheureuse fille, qu'il se faisait donner de l'argent par elle, et que c'est précisément à raison de cette spoliation que cette malheureuse est restée sans ressource et qu'elle a été poussée au crime.

Et vous voulez qu'en présence d'une pareille énormité nous ayons pour Maurice Roux des égards qui feraient jeter sur sa faute un voile complaisant? que nous ne le déchirions pas? que nous ne montrions pas à nu, tel qu'il est, ce misérable? et qu'en même temps nous ne recueillions pas dans la procédure criminelle les éléments qui nous permettent de jeter sur son caractère un regard plus approfondi?

Vous avez parlé de cette correspondance avec Lucie Abraham; je n'y ai pas fait d'emprunts, si ce n'est pour dire quo, lorsqu'il était entré chez M. Armand, Maurice Roux était inquiet des renseignements qu'on pouvait prendre, et qu'il avait écrit à sa maîtresse, à la date du 6 mars 1863 : « Surtout qu'on ne prenne pas de renseignements chez M. Duplessis. »

Mais auparavant, dans cette même correspondance, il s'était livré tout entier, et nous pouvons y surprendre quelques-uns des secrets de cet homme, qui voulait avant tout s'enrichir.

Certains exemples fameux avaient dû influer sur son imagination; car il disait, à la date du 10 janvier :

« Dans ta lettre, tu me dis que je devais partir pour Alexandrie : ma bien-aimée, oui. Je te dis du moment que j'ai dit à mon frère que je voulais me marier, il m'a répondu que non. C'est alors, ma Lucie, que je lui ai répété trois ou quatre fois que je partais pour la Chine. »

Ainsi, messieurs, il songe à s'expatrier; il voulait s'expatrier pour obtenir de l'argent; il voulait être riche, riche à tout prix.

Dans une autre lettre de cette époque, je lis une phrase qui fait

naître une sinistre réflexion ; il dit à sa maîtresse qu'il veut se sacrifier pour elle, et que pour elle il exposera sa vie :

« Sois bien sage ; travaille bien ; que moi j'expose ma vie pour toi et
pour mon enfant. »

M. LE PRÉSIDENT. De quelle date ?

Mᵉ Jules FAVRE. Sa lettre est du 13 janvier 1863. C'est au moment
où il cherche une place. Il écrit aussi en ce qui concerne ses parents :

« Car mes parents sont des ingrats envers moi. Du moment que je suis
arrivé au Bourg, les querelles me menacent de me faire du mal ; pour
éviter tous les malheurs, je suis parti. »

Que signifient ces paroles ? Je l'ignore ; et, rapprochées de projets
téméraires et aventureux, de lointains voyages, elles indiquent assez
que c'est une imagination mal réglée, qui dédaigne de chercher dans
les occupations ordinaires de sa condition ou dans les salaires d'un
domestique l'opulence qu'il rêvait.

Nous sommes ici en face d'un être profondément immoral ; d'un
être qui réunit en lui tous les vices, d'un être qui a donné lieu contre
lui aux plus graves et aux plus légitimes soupçons, et c'est de cet
homme que nous avons à juger la conduite dans la journée du 7 juillet 1863. A cet égard, le tribunal n'a pas oublié les démonstrations
que j'ai présentées et qui sont demeurées sans réplique. C'est mon
honorable adversaire que j'interpelle comme défenseur, et je lui dis :
« Vous avez séparé les coups des violences qui les ont suivis », cela
est impossible ; vous ne pouvez pas nous forcer à faire abdication de
notre bon sens, pour les commodités de votre raisonnement. C'est le
même homme qui a fait toutes ces choses, c'est la même pensée qui y
a présidé. Et toutes ces choses sont la conséquence du crime ; car
c'est après avoir abattu son domestique que M. Armand l'a terrassé,
qu'il l'a égorgé, qu'il l'a étranglé.

Mais, au surplus, je raisonne ici, non pas seulement avec l'autorité
toute-puissante du bon sens, je raisonne avec les déclarations de
Maurice Roux, auxquelles je ramène son défenseur qui s'en est écarté
et qui n'avait pas le droit de le faire.

Vous êtes demandeur, et vous ne pouvez pas prétendre que votre
première assertion ne contienne pas la vérité. Car, si vous abandonnez une partie de cette assertion pour choisir une autre partie qui
vous convient, vous frappez de discrédit l'assertion tout entière.

Eh bien, pour vous juger, il faut vous prendre dans vos faits, dans
vos déclarations, dans votre raisonnement. Or, qu'avez-vous dit ? que
votre maître vous a terrassé, puis lié, garrotté, qu'il vous a étranglé,
qu'il vous a quitté, après vous avoir mis dans cette situation dès
huit heures et demie du matin.

Voilà votre déclaration. Eh bien! j'ai dit que cette déclaration était forcément mensongère. Qu'a répondu mon honorable adversaire? Rien : il ne pouvait rien répondre. J'ai poursuivi la démonstration, et j'ai dit alors que Maurice Roux avait déclaré qu'il avait été abattu d'un coup de bûche, puis lié et étranglé. J'ai dit que la strangulation ne pouvait être le fait d'un meurtrier; car le luxe des moyens employés aurait été en complète disproportion avec le résultat obtenu.

J'ai énoncé là une vérité de bon sens, et il n'est pas un homme, surtout celui qu'on suppose animé par la colère, par la vengeance, préoccupé du soin de sa conservation personnelle et du désir de s'assurer par la mort de sa victime le silence qui doit le protéger; il n'est pas un homme qui, tenant sa victime sous ses pieds, ayant à sa disposition une corde de 3^m,75, ne l'eût pas étranglée avec un seul des tours de cette corde, Eh bien! il y a six tours, de cette corde, et Maurice Roux n'est pas étranglé. J'ai dit encore, messieurs, que la ligature des mains était faite de telle nature qu'il était impossible qu'elle eût été faite par un meurtrier, et qu'elle devait nécessairement avoir été l'œuvre de l'imposteur lui-même.

Ah! je le sais, messieurs, sur ce point, devant la cour d'assises, un grand débat s'est élevé, et ce commissaire de police, dont mon honorable adversaire invoquait tout à l'heure le témoignage, et qui aurait aussi parlé d'un coup qui avait été aperçu sur la nuque de Maurice Roux dans la soirée du 7 juillet 1863, ce commissaire a soutenu que les mains étaient liées par un ou plusieurs tours de corde, mais enfin par des tours de corde qui les enroulaient toutes les deux et les maintenaient réunies dos à dos. Or, le fait est matériellement faux; il a été prouvé faux par les démonstrations techniques auxquelles on s'est livré devant la cour d'assises. Il a été prouvé faux par la déclaration de Servent, qui a lui-même coupé la corde; il a été reconnu faux par le témoin Bosc et par d'autres témoins. J'invoque d'ailleurs, à ce sujet, une autorité qui ne vous sera pas suspecte, c'est celle du rapport de M. Surdun. M. Surdun décrit la position des mains et de la corde au moment même où il rédigeait son premier rapport; voici ce qu'il a dit :

« La corde qui avait servi de lien était de chanvre, d'un diamètre de cinq à six millimètres, et point neuve. Elle faisait plusieurs tours, *de cinq six sur un poignet, trois sur l'autre.* »

Il est donc certain que les mains n'étaient point liées ensemble; qu'un poignet était attaché par trois tours, et l'autre par dix tours, maintenus par des nœuds de tavelle.

J'ai dit enfin, et c'est là encore une démonstration de bon sens, qu'un homme, dans une cave habitée, où de huit heures et demie à quatre heures on ne cessait de circuler; que cet homme, qui peut être surpris d'un moment à l'autre, n'a pas intérêt à multiplier les chances qui peuvent le faire découvrir; il n'a pas intérêt à entourer de dix tours de corde l'un et de trois tours de corde l'autre, les poignets de la victime; il ne se livrera pas dans ce moment à une opération longue et difficile.

Mais si, au contraire, ce n'est pas un meurtrier qui a fait toutes ces choses, l'opération devient facile, et tout s'explique.

Mon honorable adversaire vous a dit que Maurice Roux ne pouvait avoir étudié cet exercice de ligature sur soi-même, et qu'il n'avait pu, par conséquent, acquérir l'habileté dont M. le docteur Gromier a donné des preuves devant la cour d'assises. Mais remarquez que Roux est un cocher, qui, par état, manie la ficelle à chaque instant; il n'avait pas besoin de leçons... D'ailleurs, qu'ai-je besoin de toutes ces conjectures? Le fait ne peut émaner que de l'un ou de l'autre, du meurtrier ou de la victime; il est inadmissible que M. Armand en soit l'auteur; il ne peut donc émaner que de Maurice Roux, et, dès qu'il en est ainsi, Roux est un imposteur, un misérable calomniateur.

Voilà en ce qui concerne la corde. Quant à mon argumentation en ce qui concerne le mouchoir, mon honorable adversaire a-t-il répondu quoi que ce soit? Il n'a rien répondu; il reconnaît par là que la démonstration est sans réplique; et assurément son zèle est trop ardent, son talent trop considérable, pour qu'il n'ait pas cherché, dans les ressources de sa cause, quoi que ce soit qui puisse faire illusion sur la force démonstrative de l'argument que j'ai présenté.

Il résulte donc de tout ceci, il est établi par le silence même que le défenseur de Roux a gardé sur tous ces points essentiels, que M. Armand n'a pu commettre aucun des faits, et que c'est Maurice Roux qui en est l'auteur; l'absence du meurtrier est prouvée; il n'y a plus qu'un imposteur qui ait pu accomplir toutes ces actions.

Et enfin, pour protéger M. Armand, j'ai non seulement ces preuves tirées de l'état matériel dans lequel se trouvait Maurice Roux, des ligatures qui entourent son cou, ses mains et ses pieds; mais j'ai invoqué aussi un fait que mon honorable adversaire n'a que très imparfaitement combattu, et qui est important dans la cause; je veux parler de l'alibi. Je reconnais que l'instruction n'a pas fourni sur ce point des explications suffisantes, et c'est ici le cas de renouveler nos regrets de la précipitation avec laquelle a été conduite cette instruction où l'on a négligé les procédés les plus élémentaires, les seuls d'où pouvait jaillir la vérité. Ainsi, au début de l'information, M. Armand n'a pas été confronté avec la fille Marie Hauterive; il l'a été seulement devant la cour d'assises. Voici comment la question a été posée par le juge d'instruction à Marie Hauterive.

D. Affirmez-vous, sous la religion du serment, qu'à huit heures et demie vous avez trouvé M. Armand debout, habillé, dans la salle à manger, où il déjeunait?

R. Oui, entre huit heures et demie et neuf heures moins un quart.

Armand a déclaré qu'à huit heures et demie du matin il était dans le lit de madame Armand. Or, M. Armand n'a jamais varié dans ses déclarations, et n'a jamais été convaincu d'avoir altéré la vérité. Il peut avoir manqué de mémoire, mais il est toujours invariable dans ses déclarations.

Et puis, faites la part de l'émotion d'une servante qui témoigne pour la première fois devant la justice. Elle se possédait mal; elle s'est engagée dans cette voie; elle l'a poursuivie. La mémoire lui a-t-elle fait défaut? Je n'en sais rien; ce qu'il y a de certain, c'est que Marie Hauterive, interrogée sur ce fait, a répondu négativement, et que, le juge d'instruction s'est contenté de cette déclaration.

Mais, à la cour d'assises, elle a persisté à dire qu'elle n'avait pas vu M. Armand dans le lit de sa femme. C'est alors que M. le président lui a posé une autre question :

D. Quelle heure était-il quand Armand vous a demandé le pain pour déjeuner?

R. Neuf heures à peu près...

ARMAND. M. le premier président veut-il demander à la femme de chambre si elle m'a entendu fredonner ce jour-là comme j'en ai l'habitude en faisant ma toilette?

Marie HAUTERIVE. Oui, j'ai entendu M. Armand chanter comme d'habitude.

M. LE PREMIER PRÉSIDENT. A quelle heure?

Marie HAUTERIVE. C'était quand madame m'a sonné pour aller lui chercher un bain. Je pense qu'il s'habillait; je ne l'ai pas vu.

Or, c'est à huit heures et demie que madame Armand a sonné sa femme de chambre pour faire apporter un bain.

Mon honorable adversaire vous disait que c'est pendant ce moment que M. Armand avait pu descendre à la cave. Or, Armand fredonnait, et c'est précisément à ce moment que Roux se livrait à ses abominables pratiques. L'alibi se trouve donc parfaitement établi, et il aurait été établi d'une manière irréfragable si dès le commencement de l'instruction on eût mis la femme de chambre en présence de l'inculpé.

Ainsi, M. Armand était chez lui, il n'a quitté sa chambre qu'à neuf heures et demie; il a fait son déjeuner habituel. M. Armand n'est pas descendu dans sa cave, et personne n'a pu l'y voir descendre, précisément parce qu'il n'y est pas descendu.

On a prétendu qu'une femme Case aurait déclaré à un témoin avoir vu son maître descendre à la cave. Interrogée, elle a nié ce propos, en présence de ce même témoin, avec une fermeté qui ne s'est pas démentie même quand elle a été mise en état d'arrestation, et placée entre deux gendarmes. Et il a été reconnu qu'il n'y avait pas lieu de douter de la vérité de sa déclaration, puisque M. le président a ordonné la mise en liberté de la femme Case.

Mais le coup sur la nuque? Il existe, nous dit-on, puisqu'on en a vu la trace. Et moi, je réponds que cette trace n'existait pas le 7 juillet au soir ; c'est M. Surdun qui l'a écrit après avoir visité le malade avec soin.

Et sur ce point, messieurs, je regrette qu'on ait distrait du dossier une pièce qui devait y figurer et qui a été remise à Maurice Roux par une volonté que je ne veux rechercher ni connaître. Jusqu'ici nous ignorions son existence ; nous étions en face d'un seul rapport. Celui que mon honorable confrère vient de me communiquer complète ma conviction et m'autorise à caractériser, en termes plus énergiques, les actes de cette première information.

Je dis que, le 7 juillet 1863, Maurice Roux n'a pas reçu de coup à la nuque. Je sais bien que M. Bayssade a dit avoir remarqué la cicatrice le soir même, et avoir appelé sur cette découverte l'attention de M. Surdun, qui a déclaré devant la cour ne pas se souvenir de cette circonstance. Mais M. Bayssade a déjà été pris en flagrant délit de défaut de mémoire en ce qui concerne les cordes, et par conséquent ce témoin, sur ce point, ne peut pas inspirer une confiance absolue. M. Bayssade a été entraîné, dans toute cette affaire, par un zèle qui peut être fort louable, mais qui certainement lui a fait méconnaître peut-être les véritables éléments du procès. Je préfère donc à sa déposition le rapport circonstancié de M. Surdun, qui dit :

« J'examinai la nuque avec précaution, sans déranger le malade, et ne trouvai rien. Cependant, le lendemain, je vis dans cette région, au niveau et tout près de l'insertion supérieure du muscle trapèze droit, une petite excoriation placée en long sur la saillie de ce muscle, de couleur brune, de deux centimètres de longueur et d'un centimètre dans sa plus grande largeur. »

Ainsi, il n'y avait rien le soir, et le lendemain, lorsque Maurice Roux est parfaitement maître de ses mouvements, qu'il peut porter la main derrière son cou, M. Surdun remarque une légère érosion, une légère excoriation. Quelle est sa nature scientifique?

Je ne veux pas faire de théorie, ni vous dire ce que c'est qu'une érosion, et ce qu'on appelle une ecchymose. Nous savons tous que l'excoriation, une déchirure de la peau, n'a rien de commun avec la contusion qui aurait été produite par le coup de bûche. Ce sont deux choses différentes, et quand on signale une excoriation, on ne signale pas une contusion.

Aussi, quand nous avons entendu M. Dupré devant la cour d'assises, nous avons posé cette question; il est affirmatif, autant qu'il est possible. Il a déclaré... (je mettrai à côté de ce qui m'appartient ce qui a été recueilli par la sténographie). Voici ce que dit M. Dupré :

« J'aperçus sur le derrière de la nuque, à droite, une autre petite écorchure, de la couleur et de la nature de celle du cou, et n'en différant que par la forme. Du reste, pas la moindre ecchymose, ni de gonflement; pas d'altération même de la peau la plus voisine... Cependant, la tache de la nuque me préoccupant, je fis raser les cheveux; mais je ne trouvai pas autre chose. »

Voilà, messieurs, la déclaration de l'honorable M. Dupré, dont l'attention a été spécialement attirée sur la nuque, et qui l'a parfaitement examinée; et il dit qu'il n'y avait qu'une érosion, qu'une égratignure, et il a affirmé que cet accident ne pouvait produire en aucun cas la commotion.

Mon honorable confrère m'arrête et me dit : Voilà un rapport signé Dumas, Dupré et Surdun, qui dit le contraire. Mais je dis, et je m'adresse surtout au ministère public : Comment ce rapport n'a-t-il pas été produit en cour d'assises? M. Dupré, suivant vous, a altéré la vérité, vous l'avez parfaitement insinué dans votre plaidoirie : pour un témoin, c'est forfaire à son serment. Eh bien! aujourd'hui, on produit cette pièce : où était-elle? Je le demande à mon honorable adversaire, qui la lui a envoyée? M. Dumas? Je n'ai rien dit de sa personne; mais comment M. Dumas avait-il cette pièce en sa possession? Il l'a gardée! Il existe un rapport que nous ne connaissons pas! Comment cela se fait-il, et pourquoi ne nous en a-t-on pas donné connaissance?

Ce n'est pas à moi de résoudre ces questions; elles sont graves, et je n'ai pas à dire au tribunal quelle est leur importance. Ainsi, dans une affaire de cette gravité, quand il s'agit de la tête d'un homme, voici une pièce distraite, un témoignage qui se produit seulement quand la justice civile est saisie d'un débat d'argent!

Ah! messieurs, j'avais déjà éprouvé et manifesté une profonde tristesse des lacunes de l'information; je ne savais pas que cette tristesse pût être augmentée encore par une révélation de ce genre. Il faut parler sans détour. Cette pièce, elle a été rédigée sous les yeux et par ordre de M. le juge d'instruction et de M. le procureur impérial : pourquoi l'ont-ils rendue à M. Dumas, qui l'a gardée? C'est une question que M. le procureur impérial ne peut pas résoudre, je le comprends.

M. LE PROCUREUR IMPÉRIAL fait signe de la tête qu'il ne peut expliquer ce fait.

Mᵉ Jules FAVRE. Mais je vais essayer de suppléer à ce qu'il ignore.

En lisant cette pièce, je vois qu'elle a été rédigée par l'ordre de M. le juge d'instruction ; voyons ce qu'elle contient.

Mon honorable adversaire dit qu'il est question d'un coup, et, en effet, voici quel est le résumé de ce rapport.

« .....De ce qui précède, nous concluons que le nommé Roux (Maurice) porte des traces incontestables d'un coup sur la région cervicale posté-rieure. »

Tout ceci est bien vague. Quel est ce coup porté? Quel est l'agent au moyen duquel il a été opéré? Il n'est pas question de cela ; ces messieurs ne croient pas devoir s'expliquer davantage; mais à côté de leurs conclusions et avant leurs conclusions se trouve une consta-tation qui, si elle eût été produite au lieu d'être cachée, dérobée du dossier criminel, eût été pour la défense un moyen victorieux. Vous allez en juger. Écoutez ce que mon honorable adversaire vous a lu, mais sur quoi vous n'avez peut-être pas porté votre attention :

« Mis en présence de ce blessé, couché sur le dos, et dont la face est pâle, bien que l'expression de sa physionomie soit assez calme, nous avons constaté qu'il porte à la région cervicale postérieure, immédiatement au-dessous de la racine des cheveux, une *excoriation* ovalaire d'un cen-timètre et demi de largeur, effet d'un *frottement* brusque exercé sur la partie. »

Que devient le coup de bûche? Je vous demande, où est-il? Le frottement brusque exercé sur la partie postérieure du cou. En quoi donc M. Dupré a-t-il altéré la vérité à l'audience?

Et comprenez-vous alors pourquoi le document est resté dans la poche de M. Dumas? Où est la justice, quand un fait de cette nature peut se produire? Et s'il se renouvelait, s'il n'était pas dénoncé énergiquement, non seulement par ma voix, qui n'a aucun mérite à être courageuse, mais par votre voix, qui est autrement autorisée, que deviendraient les innocents? (*Profonde sensation.*)

Quoi! voici un procès-verbal dressé sur le débat de l'affaire et qui est d'une importance capitale; il vient renverser l'accusation et la défense ne le connaîtra pas! et on lui substitue le document que voici, et que je recommande, non pas seulement à tous les amis de la liberté civile, mais à tous ceux qui, dans leur pays, ont quelque souci de la dignité de la justice, de la liberté et des droits des citoyens.

On consulte les professeurs de la Faculté, les médecins sur la ques-tion de savoir quelle a pu être la conséquence du fait qui était signalé. Écoutez :

« Nous Henri Amilhau, juge d'instruction de Montpellier, vu les rap-ports de MM. Brousse et Surdun, docteurs en médecine, commettons MM. Dumas et Dupré, professeurs à Montpellier, de se transporter, après serment, et de procéder aux recherches ayant pour objet les faits suivants :

« 1° Un coup porté sur la nuque peut-il occasionner une commotion? Peut-il occasionner une syncope?

« 2° Est-il nécessaire qu'un coup ait été violent ou très violent pour provoquer la commotion et amener la syncope, quand ce coup est porté dans la région précisée dans le rapport de M. Surdun?

« 3° Un coup porté sur la nuque et susceptible d'amener la commotion ou la syncope doit-il toujours laisser au moment même des traces marquées de contusion et en particulier des ecchymoses?

« Desquelles visites et recherches, MM. Dumas, Dupré et Surdun nous adressseront immédiatement un rapport *détaillé* contenant, sur les questions soumises, avis *motivés* conformément à la loi.

« Fait à Montpellier, le 10 juillet 1863.

« *Le juge d'instruction,*
« H. J. AMILHAU. »

Quelle est la réponse du médecin sur la première question? Oui; sur la deuxième question? Oui; sur la troisième question? Non.

Et c'est sur ce rapport que l'accusation est formée!... Que demande le juge d'instruction? On a blâmé M. Tardieu d'avoir appelé ce rapport monosyllabique; je ne lui fais pas ce reproche; je lui fais le reproche d'avoir été dressé contrairement à la commission rogatoire du juge d'instruction, et je reproche à l'information d'avoir accepté un rapport qu'elle aurait dû déposer. Que dirait le juge d'instruction? « Desquelles visites et recherches MM. Dumas, Dupré et Surdun nous adresseront immédiatement un rapport détaillé contenant, sur les questions soumises, avis motivés conformément à la loi. »

Et où est le détail? Il est dans ces trois mots, qui feront tomber la tête d'un innocent!... Voilà toute la rédaction. Seulement, que devient la commotion, je vous le demande, quand il est démontré aujourd'hui que c'est une petite excoriation ovalaire, qui est l'effet d'un frottement brusque exercé sur la partie? Que devient le coup de bûche, l'évanouissement? Qui a donc terrassé cet homme?

Tout cela est anéanti. Voilà la vérité... Mais la vérité, on la confisque, et l'innocent va être condamné!... Et l'on rapporte une simple réponse en trois lignes, j'ai tort, en ces trois mots; et ces trois mots permettent à l'accusation de conserver son système.

Mon honorable adversaire me disait que ce document pouvait me gêner. Non. Je remercie Dieu qui a permis qu'une partie de la vérité se fît jour, et qu'il nous fût donné de comprendre, par le péril extrême qu'Armand a couru, la détestable erreur, l'esprit de vertige qui ont pesé sur ceux, que je ne veux ni connaître ni nommer, qui l'ont dépouillé de ses moyens de défense. (*Sensation profonde.*)

Oui, voilà l'extrémité à laquelle il a été conduit; et aujourd'hui qu'il s'agit de savoir s'il a été facile de porter un coup à la nuque, eh bien, ce prétendu coup porté à la nuque, c'était une excoriation ovalaire, et ce coup a été produit par « *un frottement brusque exercé sur la partie* ».

Où est votre pièce, et que devient-elle? Elle reste dans la poche de M. Dumas. Et quand je qualifie Maurice Roux d'imposteur, ignorant cette pièce décisive que M. Dumas conservait dans son portefeuille, je ne serais pas dans la vérité! Et maintenant est-ce qu'il n'est pas certain que cet homme, qui n'avait à la nuque que cette excoriation ovalaire, effet d'un frottement brusque exercé sur la partie, n'est pas tombé dans un évanouissement qui l'a privé de la parole, et que ce mutisme était une indigne dissimulation? N'est-il pas vrai que Maurice Roux a tout inventé?

Ici, mon honorable adversaire m'arrête et me dit : « Cependant il a été réduit à un état d'insensibilité réelle; car cette insensibilité a résisté à l'application de cette eau bouillante appliquée en guise de compresse sur les avant-bras, et qui ne lui a pas arraché un gémissement? » Oui, vous avez raison; mais l'insensibilité, elle résulte non du coup, mais du commencement d'asphyxie produite par la strangulation, et c'est précisément ce que nous dit le rapport qu'on a jugé à propos de supprimer, parce qu'il aurait éclairé la cause sur ce point.

Nous avions toujours pensé ainsi; mais nous aimons mieux l'entendre de la bouche de notre honorable adversaire même, puisque Maurice Roux a produit ce document. Voici, en effet, ce que je lis dans la suite de ce procès-verbal :

« Les phénomènes observés par deux d'entre nous, il y a quelques jours, ne sauraient être que la conséquence de la compression plus ou moins violente que ce lien aurait exercée sur les voies aériennes, de manière à déterminer une congestion pulmonaire grave, et sans doute la mort, si des secours intelligents n'étaient intervenus pour mettre un terme à l'asphyxie imminente. »

Ainsi, messieurs, ces médecins, qui ont soutenu en cour d'assises que l'évanouissement était la conséquence de la commotion, ils avaient écrit que *l'évanouissement était la conséquence du commencement d'asphyxie*, ils s'étaient rencontrés avec MM. Tardieu, Tourdes, Rouget, Jacquenet et Perondi, qui l'avaient dit également. Et tous ces phénomènes s'expliquent; en effet, rien n'est plus simple. Cet homme qui n'a jamais reçu aucun coup de bûche; cet homme qui est descendu dans la cave où il est resté toute la journée pour y consommer son criminel dessein; cet homme qui, quelques minutes plus tard, eût peut-être succombé; à l'heure où la femme de chambre descendait à la cave, il pousserait un gémissement, afin d'être découvert dans un état artificiel qui pût faire supposer la scélératesse de celui dont il voulait la fortune. Dans ce but, que fait-il? A sept heures un quart, il commence à s'enrouler la corde autour du cou; il y fait six tours; il n'y a pas de nœuds, et les bouts sont flottants : il s'attache les pieds avec un mouchoir; il s'attache les mains derrière le dos; mais dans cette position, comme je le disais, et si on répète l'expérience, on verra qu'elle est exacte, la contraction se fait sur son cou, et il est atteint d'une véritable asphyxie. Oui, il n'a tenu qu'à un fil qu'il succombât à sa tentative criminelle et que, frappé par la Providence, il expiât sa propre scélératesse.

Je remercie Dieu qu'il n'en ait pas été ainsi, non seulement pour M. Armand, qui en aurait souffert, mais aussi pour la justice, pour laquelle cette cause est un grand exemple, et qui apprendra, j'en suis sûr, à respecter autrement et les prescriptions de la loi et les droits des citoyens.

Mais n'est-il pas certain que cet homme, après avoir ainsi placé cette ficelle autour de son cou, après avoir ainsi attaché ses pieds, après avoir ainsi attaché ses mains, dix tours au poignet droit et trois tours au poignet gauche, au moment où la femme de chambre va accomplir son service à la cave, n'est-il pas certain que cet homme se sera couché et roulé dans le charbon? Alors l'évanouissement était complet, l'asphyxie allait entraîner la mort; il est parfaitement vrai que le pouls ne battait plus, que cet homme était sur le point d'expirer; que si la corde qui liait le cou n'eût pas été coupée, il succombait.

C'est quand il était ainsi privé de sensibilité qu'il a pu supporter, sans pousser des gémissements, les compresses d'eau bouillante et les remèdes héroïques qu'on lui a administrés. Il est revenu à lui, et c'est ici que se manifeste avec la dernière évidence la simulation de la perte de la voix; car il n'y a pas eu de commotion, le fait est certain.

Maurice Roux a trompé tout le monde; mais je n'ose plus dire qu'il a trompé les médecins, en présence de leur rapport.

Reste le mutisme. S'il n'était pas le résultat de la commotion (et il ne peut être le résultat de la commotion qu'à la condition d'amener une paralysie dans les organes de la voix et dans les lèvres, car on parle par la voix, on parle par les lèvres), le mutisme ne pouvait être à aucun point de vue le résultat de la syncope et de l'évanouissement. Il arrive quelquefois, la science en a plusieurs exemples, que des hommes qu'on sauve de la pendaison ne peuvent parler. Pourquoi? C'est parce que la trachée-artère est atteinte, c'est parce qu'il se manifeste dans l'intérieur des voies respiratoires des désordres tels, que les cordes vocales sont sinon brisées, au moins profondément paralysées. Eh bien, tous les médecins ont reconnu que chez Roux tout cet appareil était intact, qu'il n'y avait absolument rien qui pût gêner l'émission de la voix. Et je rencontre encore, dans cette cir-

constance importante, la preuve de la dissimulation de cet homme
criminel, la preuve de la comédie qu'il a continué à jouer.

Il a voulu tout voir; il a voulu s'emparer de toutes les circonstances
pour arriver à se faire un système, et il a gardé le silence jusqu'au
8 juillet au soir; puis le soir, au lieu de procéder comme la nature,
c'est-à-dire de tâtonner et d'essayer, comme fait un homme frappé
de paralysie qui, lorsqu'il se remet en marche, chancelle, il a parlé à
voix basse.

Et cet homme qui était resté pendant tant de temps sans pouvoir
parler, faisant même des efforts qui n'étaient qu'une habileté de plus,
poussant des gémissements et articulant à peine quelques mots, quand
on lui demande comment il va, il répond : « Pas mal. » Seulement il
a senti quelque chose qui se *débouchait* dans son gosier. A partir de
ce moment, il parle comme tout le monde; il est complètement
débarrassé de son mutisme.

En est-ce assez, messieurs, et faut-il ajouter d'autres réflexions?...

M. LE PRÉSIDENT. — Maître Favre, il y a un point sur lequel le tribunal désirerait avoir des éclaircissements : c'est celui de la disparition de la clef.

Me Jules FAVRE. — En effet, il en a été question devant la cour
d'assises d'Aix. On l'avait recherchée, et on se demandait comment
cette clef avait été perdue. Cette clef n'a jamais été retrouvée ; sa
disparition reste un mystère, et en face d'un mystère, on ne peut que
se livrer à des suppositions. Mais il y a au moins de graves soupçons;
on a essayé de les dissiper, on n'y est pas parvenu. Qu'est-ce à dire?
Mais n'est-il pas bien simple d'imaginer que ROUX a fait disparaître
cette clef, soit dans les interstices des murs et des fondations, soit
même en la passant par le soupirail de la cave, auprès duquel il pouvait arriver facilement, grâce à un tas de bois, soit en la remettant à
un complice? En effet, messieurs, et sur ce point la chose est bien
loin d'avoir été complètement éclaircie, j'ai dit au tribunal, et je puis
insister à cet égard, que, dans la matinée du 7 juillet, deux personnes
s'étaient présentées chez M. Armand. L'une de ces personnes était la
femme Anne Pontet, et l'autre, le maçon Sabatier. Que venaient-ils
faire à Montpellier, où ils étaient arrivés la veille à huit heures du
soir? On ne sait, et il a été impossible d'obtenir d'eux des explications
suffisantes. Ce dont on est certain, c'est que leur moralité est plus
que douteuse. La femme Pontet a tenu dans une ville du Midi un de
ces établissements sans nom qui marquent du sceau de l'infamie ceux
qui les exploitent. La femme Pontet s'est trouvée en relation avec
Maurice Roux dans des circonstances que j'ignore et que je n'ai point
à rechercher. Elle était à Alais; elle avait vu la fille Lucie Abraham,
elle lui avait dit qu'elle venait à Montpellier. On ne voit pas bien ce

que cette femme venait faire dans la maison de M. Armand. Elle
quitte Alais en disant qu'elle va à Nimes; et Sabatier déclare aussi
qu'il va y chercher de l'ouvrage. Quand la femme Pontet se présente
dans la maison d'Armand, Sabatier était resté de l'autre côté de la
rue. Or, remarquez qu'il était de huit à neuf heures du matin; c'est
le moment où le crime se serait accompli. Sabatier se serait trouvé
près du soupirail.

La femme Pontet disparaît. On lui avait dit que Maurice Roux était
à l'écurie, qui est à cinquante pas de la maison; elle n'est pas allée
le rejoindre. Il est neuf heures du matin, le train partait à midi. Elle
avait trois heures devant elle, et on ne la revoit pas. Depuis ce
moment elle est insaisissable, et les recherches de la justice ont été
vaines.

Vous comprenez très bien que M. Armand, qui savait que ces gens
étaient venus dans sa maison, conçut d'abord la pensée d'un crime et
put croire qu'ils en étaient les auteurs. On a fait des recherches pour
les trouver, et ce n'est que lorsque l'affaire a été renvoyée devant la
cour de Montpellier, vers la fin d'octobre, qu'on a pu les saisir; ils
avaient disparu. Ils avaient trompé tous les renseignements que la
justice voulait prendre sur eux. Rien n'est plus suspect que leur attitude; elle l'a été plus encore devant la cour. Ainsi quand cette femme
Pontet a été interrogée sur ce qu'elle venait faire à Montpellier, elle
a répondu : « Je venais à Montpellier pour savoir si les bains de Cette
étaient ouverts. » Or, on était au mois de juillet, et les bains de Cette
s'ouvrent au mois de mai. Cette femme venait donc pour tout autre
chose. Sabatier a dit qu'il était venu à Montpellier pour chercher de
l'ouvrage; eh bien, il ne s'est présenté à aucun chantier pour en
demander.

Il est donc incontestable que ces deux individus sont venus à
Montpellier dans un but mystérieux, caché, connu de Maurice Roux,
dont les relations antérieures peuvent justifier nos soupçons. Que
voulez-vous que je vous dise? Est-ce que ce sont là des preuves? Non,
certes; mais ce sont des conjectures, et de la plus haute gravité, qui
vous font voir que cette question de la clef a préoccupé l'accusation
comme la défense. La clef a pu être cachée dans les interstices de la
cave, elle a pu être passée dans la rue par le soupirail.

Mais ce qu'il y a de certain, c'est que Roux a organisé lui-même la
criminelle entreprise dont il voulait rendre victime M. Armand; c'est
qu'il a organisé la scène du 17 novembre, car mon honorable adversaire n'a pas eu raison de mes objections si graves, en mettant sous
vos yeux le rapport des médecins, qui disent que le coup de canne a
été porté par une main étrangère. Oui, c'est cet homme, qui a toujours
l'incroyable chance de rencontrer des assassins qui l'étranglent sans

l'étrangler, qui l'assomment sans l'assommer, et qui ne peut accuser que son maître ou un être mystérieux qui se serait exposé à sa place. c'est lui qui a organisé la scène du 17 novembre.

La scène du 17 novembre n'est donc pas plus vraie que celle du 7 juillet.

La partie civile a cherché à aggraver la position de M. Armand, et il nous a fallu, pour faire triompher la vérité, remuer toute la vie de Maurice Roux. Qu'en est-il sorti? Que Maurice Roux était bien l'homme préparé à ourdir une trame perfide, à s'y complaire, à y persister. Il connaissait à merveille le milieu dans lequel s'exploitaient toutes ces criminelles manœuvres; il savait qu'il pouvait compter sur d'utiles auxiliaires ; il en avait acquis la preuve dans ses promenades à travers la ville, où, feignant la souffrance, il recueillait des ovations aux cris de : A bas les maîtres! poussés par la foule. Il savait toutes ces choses, et c'est ainsi qu'après le prétendu attentat du 17 novembre, il voulait venir à l'audience avec cette mise en scène qui eût été si redoutable pour l'accusé. Ce fait suffirait à lui seul pour juger l'homme. Mais nous n'en avons pas besoin ; et c'est dans l'étude intime des faits qui se rattachent plus particulièrement à l'accusation que se rencontre la double démonstration et de l'innocence de l'un et de la tentative monstrueuse de l'autre.

Mon honorable adversaire m'a reproché de m'être servi, pour m'y appuyer, de l'autorité des paroles de M. le premier président de la cour d'assises d'Aix. Pouvais-je faire mieux? Et ces paroles solennelles, tombées de sa bouche au moment où le débat se terminait, où toutes les impressions étaient encore vivantes, où il fallait les personnifier pour que le jury pût s'en pénétrer, est-ce qu'elles ne sont pas le miroir fidèle où vos consciences peuvent voir de quel côté est la vérité, de quel côté est le mensonge? M. le premier président l'a dit : il faut choisir, choisir non plus, messieurs, au point de vue d'un procès impossible, et qui aurait pour conséquence de vous insurger contre la décision souveraine du jury, mais pour satisfaire la conscience publique qui réclame enfin une sentence de bon sens, de vérité, d'indépendance, qui dise non-seulement qu'Armand n'est pas coupable, mais qu'il a été injustement persécuté par l'imposture heureusement démontrée d'un homme que la Providence a arrêté dans l'exécution de ses mauvais desseins.

A l'audience du 28 janvier, le tribunal a rendu le jugement suivant :

« Attendu, en effet, que l'objet de l'accusation consistait dans un fait complexe et indivisible, puisque, d'une part, il se composait d'un coup porté sur la nuque, de la ligature des mains et des pieds et de celle du cou, ayant produit un commencement de strangulation; que, d'autre part, le jury n'aurait pas pu diviser ces éléments du fait, et répondre affirmativement sur l'un, négativement sur les autres :

« Que le jury a donc répondu d'une manière indivisible : *Non, l'accusé n'est pas coupable;* que cette réponse, appliquée *à la ligature*, implique que ce fait est étranger à Armand, tout à la fois quant à la *criminalité* et quant à la *matérialité*, puisque, n'ayant pas été commis sans intention criminelle, dire que l'accusé n'est pas coupable, c'est dire nécessairement qu'il n'est pas l'auteur ;

« Que si cette réponse écarte aussi la *criminalité*, quant *au coup sur la nuque*, on ne peut pas dire qu'elle en laisse subsister, contre l'accusé, la *matérialité*, alors que la réponse du jury : *L'accusé n'est pas coupable*, signifiant qu'il n'est pas l'auteur de la ligature, et cette réponse ne pouvant pas être divisée, et s'appliquant à l'élément du coup aussi bien qu'à celui de la ligature, signifie aussi qu'il n'est pas l'auteur du coup ;

« Que les circonstances, telles qu'elles résultent du témoignage unique sur lequel était basée l'accusation, ne font que confirmer cette appréciation.

« Qu'Armand, en effet, serait venu volontairement à la cave pour y suivre son domestique ; que volontairement il se serait armé d'une bûche, qu'il lui en aurait porté un coup volontairement ; qu'en un mot, dans le fait du coup à la nuque, l'intention se serait trouvée unie au fait matériel, d'une manière aussi inséparable que dans le fait de la ligature ; d'où l'on doit conclure que, par sa déclaration, le jury a écarté, dans l'un comme dans l'autre fait, la matérialité aussi bien que l'intention coupable ;

« Attendu que décider le contraire, et isoler, dans le verdict du jury, le fait du coup à la nuque de celui de la ligature, pour arriver à dire que si, pour ce dernier fait, la matérialité et la criminalité ont été effacées, la matérialité reste dans le premier, qui peut dès lors servir d'élément à une demande en dommages, ce serait créer une distinction que le jury n'a ni faite ni pu faire, *interpréter son verdict pour lui donner un sens contraire à celui qui en ressort, et méconnaître ou s'exposer à méconnaître l'autorité de la chose jugée ;*

« Attendu, en effet, que si la cour d'assises, en vertu de l'article 358 du Code d'instruction criminelle, et les tribunaux civils, saisis par action principale, peuvent condamner à des dommages envers la partie civile l'individu acquitté par le jury, ce n'est que dans le cas où le verdict du jury laisse subsister un fait matériel dont l'accusé serait l'auteur et qui pourrait lui être imputé à faute, en d'autres termes, lorsque la déclaration de *non-culpabilité* n'exclut pas nécessairement l'idée d'un fait dont l'accusé aurait à répondre envers la partie civile, en telle sorte que la recherche ou la preuve de ce fait ne puissent pas aboutir à une contradiction entre ce qui a été jugé au criminel et ce qui serait jugé au civil ;

« Que c'est là un principe certain, incontestable, établi par la jurisprudence de la cour de cassation ;

« Qu'on ne saurait admettre, en effet, que dans toutes les espèces soumises au jury, le fait matériel survive à la déclaration de non-culpabilité, et puisse devenir le fondement d'une condamnation à des dommages ;

« Qu'il est facile de concevoir, au contraire, des espèces d'une nature telle, que le jury ne puisse écarter la criminalité sans reconnaître par là que le fait matériel n'est pas imputable à l'accusé ;

« Que celle qui a été soumise au jury des Bouches-du-Rhône appartient à cette catégorie, puisqu'il est évident que le prétendu coup et les violences qui l'ont suivi ne pouvaient pas exister sans intention coupable, et que, dès lors, le verdict du jury a écarté le fait *tout entier*, et par conséquent tous les éléments qui le constituaient; qu'on doit, du moins, présumer qu'il les a écartés tous, alors que la réponse du jury étant indivisible s'applique *à tous*, avec le sens qu'elle a, unique, nécessaire, incontestable;

« D'où il suit qu'admettre que le fait matériel *du coup a survécu* à la déclaration de non-culpabilité, serait admettre une chose en contradiction avec cette déclaration, ce qui ne peut pas être : d'où la conséquence aussi que la demande de Maurice Roux doit être rejetée. »

TRIBUNAL CORRECTIONNEL DE LA SEINE

PRÉSIDENCE DE M. DOBIGNIE

AUDIENCE DU 5 AOUT 1864

PROCÈS DES TREIZE

Le 13 mars 1864, huit jours avant l'ouverture du scrutin pour l'élection de deux députés dans la première et la cinquième circonscription de la Seine, une réunion électorale tenue chez M. Garnier-Pagès, et à laquelle assistaient M. Carnot, candidat, et plusieurs députés au Corps législatif, est dissoute par la police et suivie d'une perquisition chez M. Dréo, gendre de M. Garnier-Pagès, et, trois mois après, chez un grand nombre d'autres citoyens de Paris et de quelques villes des départements.

Le 24 juillet 1864, M. le procureur impérial près le tribunal de première instance de la Seine requiert contre M. Garnier-Pagès et douze autres personnes, sous l'inculpation d'avoir fait partie d'une association non autorisée et composée de plus de vingt personnes. Les treize citoyens prévenus sont renvoyés en police correctionnelle du tribunal de la Seine, le 5 août 1864.

Après l'interrogatoire des prévenus et le réquisitoire de M. l'avocat impérial Malher, M⁰ Jules Favre, défenseur de M. Garnier-Pagès, s'exprime en ces termes :

MESSIEURS,

En me levant pour répondre au réquisitoire que M. l'avocat général vous a fait entendre dans l'audience d'hier, il m'est difficile de me défendre d'un sentiment de profonde tristesse. Je me demande où nous sommes et où nous allons; et quand je mesure du regard la carrière qui a été parcourue par notre pays depuis soixante années, quand je considère les sacrifices qu'il a faits, les efforts d'intelligence qu'il a déployés, toutes les larmes, tout le sang qu'il a versé, je me demande si la théorie du progrès n'est pas une amère dérision, et si les peuples ne sont pas condamnés à tourner éternellement dans le cercle vicieux de leurs erreurs, de leurs fautes et de leurs malheurs,

Quoi! messieurs, ce qui depuis de longues années est considéré comme l'essence même du droit primordial sur lequel repose la

société moderne, ce qui est consacré par la législation, par la pratique, par les mœurs, par la nécessité même des choses, tout cela,
subitement et sans explication possible, devient le prétexte d'un
délit, et voici que les hommes les plus honorables, les plus justement
estimés, des hommes qui sont revêtus du caractère sacré de mandataires du peuple, sont amenés aujourd'hui à la barre d'un tribunal de
répression, qu'ils sont signalés comme des violateurs de la loi, et
qu'il sont menacés dans leur liberté et dans leur fortune!

Et comme si ce n'était point assez de ce sacrifice officiel que la
rigueur du ministère public propose à la conscience nationale, il
faut encore ajouter à ces hommes, et par présomption, tous ces suspects qui forment autour d'eux comme un immense cortège innommé,
nécessaire pour compléter le chiffre légal sans lequel la prévention
n'est qu'une dérision, et qui viennent à votre audience, représentés
par nous et croyant être la véritable conscience du pays, protester
contre ce qu'ils considèrent comme une violation évidente de la loi.

Tel est le spectacle, messieurs, qui nous est offert; et, j'ai le droit
de le dire, ce spectacle serait de nature à contrister singulièrement
ceux qui ont quelque foi dans le progrès de la liberté, s'ils étaient
disposés à ouvrir leur cœur à des sentiments de découragement, et
s'ils n'avaient la conviction profonde que ce ne sont que des défaillances et des épreuves passagères que le pays ne subira pas toujours.

Au surplus, ce sentiment de profonde tristesse, je l'éprouverais
encore si j'étais l'ami de ce pouvoir que je n'ai pas le droit de conseiller, comme le disait très-bien hier, à l'audience, M. le président,
mais que j'ai le droit et le devoir de contrôler, de critiquer et de
condamner. C'est un droit, c'est un devoir auquel je ne faillirai pas,
et je l'accomplirai toujours dans la mesure de mes forces... Si j'étais,
dis-je, l'ami de ce pouvoir, je ne pourrais me soustraire au même
sentiment de tristesse, car je me demande ce qu'il peut gagner à de
semblables luttes. Il est investi d'une force immense; jamais, depuis
de longues années, il ne se rencontra pouvoir qui pût en user si
librement. Il voit s'abaisser devant lui toutes les résistances, il dispose
de la pensée publique : lui seul peut l'inspirer; et au moyen d'un
système ingénieux qui met à la fois dans ses mains et la propriété et
l'intelligence, il est le seul qui, à vrai dire, ait le droit de parler au
pays. S'agit-il d'une élection, il en décide à son gré : tout son temps
lui appartient, il peut choisir son heure comme il lui plaît, il a autour
de lui une légion de fonctionnaires dévoués qui concourent tous à la
même œuvre. Il désigne à l'avance ses candidats; il a, pour les faire
réussir, tous les prestiges de la puissance publique, et la pression
nécessaire que cette puissance exerce autour d'elle.

Eh bien! messieurs, tout cela ne lui suffit pas, et voici que la

simple notion du droit primordial des électeurs, la faculté de se concerter, de composer des réunions qui ont toujours été considérées
comme l'exercice naturel du droit électoral, lui paraît une condition
de gouvernement impossible. Il vient donc demander, par une exception qui ne s'est jamais rencontrée, une application nouvelle d'une
loi qui existe depuis trente ans et qui n'a jamais été entendue comme
on vous propose de l'entendre aujourd'hui.

Messieurs, encore une fois, si j'étais l'ami de ce pouvoir, je ne me
réjouirais pas de lui voir faire, devant l'Europe entière, un pareil
acte d'humilité, et je me demanderais comment il peut conserver
dans le pays l'influence morale qui lui est nécessaire pour le gouverner, quand il est dans la nécessité de s'armer en guerre, au milieu de
la paix la plus profonde, contre ce qui a toujours été regardé comme
un droit auquel personne ne pouvait toucher.

Et comment d'ailleurs, messieurs, a-t-on procédé? Quels ont été
les moyens d'investigation employés contre les prévenus qui sont à
la barre? On les accuse d'avoir organisé une association non autorisée, et, s'il faut en croire ce que nous avons entendu, ce qui est
tombé du plus haut, de la parole du ministère public, ce serait une
sorte d'usurpation ambitieuse et téméraire qui se serait glissée jusqu'à
leurs cœurs égarés et qui les aurait poussés à établir un État dans
l'État, et à chercher, au moyen d'un gouvernement occulte, à faire
échec à la puissance du jour.

Mais s'il en est ainsi, messieurs, leurs actes sont publics, patents.
Ils se sont révélés par les moyens les plus ouverts : c'est par des circulaires, par des articles de journaux; c'est en prenant pour ainsi
dire le pays à témoin de leurs actes, qu'ils auraient violé la loi
pénale. Eh bien! messieurs, quand on a de la sorte la main pleine de
preuves, on descend dans leurs domiciles privés, on fait irruption dans
leurs familles; rien n'est sacré pour les investigations de la justice :
les correspondances intimes, les lettres de la mère à la fille, de la
fille à la mère, tout cela sera l'objet d'une recherche curieuse; les
lois de l'amitié, de la pudeur, rien n'arrêtera les nécessités impérieuses
et inflexibles de cette puissance qui veut, avant tout, arriver à son
but et se donner le facile, mais stérile plaisir de l'étalage des sentiments intimes d'hommes qui n'ont rien à redouter, qui vous livrent
le secret de leurs cœurs comme la publicité de leurs actes, et qui, du
haut de leurs consciences, défient leurs ennemis, sachant très-bien
qu'ils sont les plus forts.

Ces moyens sont-ils donc ordonnés par la loi? Est-ce une nécessité
de la cause? Ah! s'il en était ainsi, nous serions téméraires, nous qui
avons l'honneur, sous la sauvegarde de votre indépendance, de participer à la sainte action de la justice, de dire quoi que ce soit qui pût

affaiblir l'autorité des lois. Mais, je vous le demande, messieurs, ne serait-ce pas par une altération indigne des mœurs publiques? Ne serait-ce pas par un abaissement de l'esprit national, dont nous aurions tous à rougir, que de semblables pratiques pourraient être considérées comme nécessaires pour protéger la société? Quoi! ce qui offense toutes les consciences honnêtes, ce qui a produit dans le pays, malgré son assoupissement, une émotion bien légitime, ce serait la pratique journalière et l'exercice naturel d'un droit qui a été attribué à la justice pour la protection des intérêts qui lui sont confiés?... Non! non! messieurs, le Code d'instruction criminelle ne saurait autoriser de pareils abus! Je ne disconviens pas qu'il ne donne le droit d'investigation au magistrat, mais celui-ci doit en user avec une grande modération. Oui, le Code d'instruction criminelle lui donne le droit d'investir la maison d'un citoyen, d'y pénétrer, d'y faire des recherches, mais alors seulement que ces recherches sont indispensables à la découverte des preuves d'un crime, alors que la société est, je ne dirai pas ébranlée dans ses fondements, — assurément je n'en exige pas autant, — mais quand elle est inquiète, alarmée, quand il s'agit de faire justice d'un malfaiteur. Alors on s'introduit dans le sanctuaire domestique pour y chercher une preuve ; quand on la trouve, on s'en empare, on la soumet aux juges. Et encore faut-il que ce soit une preuve, encore faut-il qu'on rencontre dans ces perquisitions ce qui doit servir à établir la conviction du juge. Mais faire admettre en principe que nos maisons peuvent être fouillées, que nos papiers peuvent être mis en liasses sans examen, qu'on peut dévaliser nos demeures, emporter ce que nous avons de plus secret, pour livrer tout cela, d'abord à un commissaire de police, ensuite à un juge d'instruction, cela n'est pas tolérable, cela n'existe pas dans la loi. Autrement, il faut dire que la France est la dernière des nations, et qu'après lui avoir enlevé la liberté de penser, on lui a également enlevé la liberté d'écrire, sous le voile de l'amitié, toutes ces choses secrètes qui sont l'épanchement du cœur entre personnes liées par la plus étroite intimité! Pour mon compte, si cette jurisprudence pouvait prévaloir, je n'oserais plus confier à qui que ce soit ces secrets inviolables dont je ne dois compte qu'à ceux que j'aime; et je les renfermerais au plus profond de moi-même, car je ne voudrais pour rien au monde que l'on pût, un jour, dévoiler ce qui était sorti de mon âme pour aller à une âme aimée, et le profaner en le divulguant aux yeux de tous.

Messieurs, cette interprétation de la loi, vous avez entendu comment elle a été repoussée par les protestations des citoyens qui sont à votre barre. Mais ne croyez pas que ce soit là un effet isolé des circonstances. Toutes les âmes généreuses, toutes les intelligences élevées, qui se sont occupées de ces sortes de matières, n'ont qu'une opinion et n'ont point attendu les débats qui sont ouverts devant vous pour la manifester.

Ainsi, j'extrais de l'opinion d'un publiciste dont le nom ne sera certainement pas suspect dans cette enceinte, les détails que voici. Il parle aussi des nécessités de la loi, nécessités impérieuses devant lesquelles il faut s'incliner. Mais il reconnaît, messieurs, en comparant la législation française avec la législation anglaise, que si en Angleterre la liberté individuelle est respectée, elle est singulièrement compromise dans notre pays :

« Ce ne sont pas seulement, dit-il, les lois qui protègent les citoyens, c'est aussi la manière dont elles sont exécutées, c'est la manière dont le gouvernement exerce le pouvoir. En Angleterre, l'autorité n'est jamais passionnée; ses allures sont modérées et toujours légales; aussi n'y connaît-on pas les violations du domicile d'un citoyen, auxquelles on est si sujet en France, sous le nom de visites domiciliaires; on respecte le secret des familles, en laissant intactes les correspondances...

« L'étranger voit chez nous toutes les copies bâtardes des constitutions étrangères, toutes, excepté celles qui tendraient à naturaliser chez nous les grandes et belles garanties de la liberté. Ne devons-nous pas en effet rougir, nous peuple libre, ou qui du moins nous croyons tel puisque nous avons fait plusieurs révolutions pour le devenir, ne devons nous pas rougir, disons-nous, en songeant que même l'Irlande, la malheureuse Irlande, jouit, sous certains rapports, d'une plus grande liberté que la France de Juillet? Ici par exemple, vingt personnes ne peuvent se réunir sans l'autorisation de la police, tandis que dans la patrie d'O'Connell des millions d'hommes se rassemblent, discutent leurs intérêts, menacent les fondements de l'empire britannique sans qu'un ministère ose violer la loi qui, en Angleterre, protège le droit d'association. »

Celui, messieurs, qui faisait entendre ces généreuses paroles, c'est le prince Louis Bonaparte, et dès lors j'avais raison de dire que je ne pouvais placer ma cause sous un plus haut patronage. Il voyait alors quels étaient les véritables intérêts de la société et ceux du pouvoir. Il les faisait connaître dans ces enseignements. Il ne m'appartient pas, messieurs, d'expliquer les raisons pour lesquelles ces généreuses maximes ont été mises en oubli. Mais ce qu'il y a de certain, c'est que j'ai le droit de les provoquer et de vous dire que si la loi a des nécessités sévères, si malheureusement dans le Code d'instruction criminelle, qui date de 1810, se rencontrent trop souvent des prescriptions qui ne sont pas tempérées par le respect de la dignité humaine, au moins c'est à la sagesse des magistrats, à leur esprit de modération qu'il appartient de corriger ce que ces lois ont de défectueux et d'offensant pour la conscience universelle.

Au surplus, je l'ai dit et je le répète, tout en protestant comme homme, comme citoyen, contre les perquisitions opérées chez mes amis, je m'en réjouis jusqu'à un certain point, car elles ont démontré le néant des espérances qui ont motivé cette poursuite.

Ne croyez pas que ce soit pour aboutir à ce triste procès en association non autorisée, qu'on a mis en mouvement de si redoutables puissances, et que la main ministérielle a fait apercevoir la foudre qu'elle tenait encore cachée, mais dont elle était prête à frapper la tête de ces Titans téméraires qui prétendaient escalader l'Olympe où l'on s'est enfermé. Non, non, on présumait, et, vous allez tout à l'heure en avoir la preuve, qu'il existait tout autre chose. Vous savez ce qu'on a trouvé et à quoi la prévention en est réduite. Elle ne veut rien négliger dans l'ardeur de son zèle; elle s'empare des parcelles qu'elle rencontre, quand le tout qu'elle cherchait lui échappe: elle saisit je ne sais quel vain fantôme dont les contours mal définis flottent au-dessus de ses réquisitions, et elle tente d'arriver à ce chiffre de vingt personnes avec treize inculpés seulement, rapprochement que la logique inflexible du bon sens vulgaire a saisi, et qui est à la fois la satire et la condamnation de votre poursuite!

Oui, on cherchait autre chose. Mais comme on n'a rien trouvé, on est dans la nécessité de se contenter de ce qu'on a, et véritablement ce qu'on a n'est pas bien redoutable pour les hommes qui sont à votre barre, et qui ont à discuter la prévention qu'on leur impute.

Quant à moi, appelé le premier à l'honneur de m'en expliquer, ayant à côté de moi tant d'illustres confrères, tant de nobles amis, tant de maîtres que je vénère, je dois me borner à quelques réflexions très courtes, pour établir aussi clairement que possible les principes légaux qui, suivant moi, repoussent de la manière la plus péremptoire la prétention du ministère public.

En effet, quelle que soit la situation modeste à laquelle nous sommes réduits en fait de liberté, quel que soit le long avenir de souffrances et de conquêtes qu'on nous a fait et que nous sommes condamnés à parcourir, je ne puis croire cependant que la loi, telle qu'elle existe, fasse des *comités électoraux* des associations qui ont besoin de l'autorisation de la police. A mon sens, une semblable interprétation serait la méconnaissance des principes sur lesquels repose la loi elle-même, ce serait la contradiction la plus flagrante de la pratique de cette loi, qui peut bien être considérée comme sa virtuelle interprétation; ce serait enfin la négation des principes philosophiques et politiques sur lesquels la société est assise. Et le jour où cette interprétation serait adoptée, le despotisme seul resterait en face de l'anarchie, car ce serait l'anarchie qu'il aurait décrétée, afin de mieux régner sur les populations asservies.

Pour moi, messieurs, je ne puis croire à un pareil résultat, et je vais, si vous me le permettez, vous en déduire simplement la raison.

Est-il vrai, comme M. l'avocat impérial l'a soutenu à l'audience d'hier, que la loi relative aux associations prévues dans l'article 291 du Code pénal nous soit applicable? C'est avant tout à l'article 291 que je m'attache, messieurs; car, vous le savez, la loi de 1834 n'en a été que l'application et le développement. L'article 291 semblait laisser un refuge à la liberté; la loi de 1834 a prétendu le lui ravir. Ainsi, d'après l'article 291, une association pouvait être fractionnée en groupes de moins de vingt personnes; alors elle semblait à l'abri des dispositions de la loi. La loi de 1834 a pensé que ce fractionnement était un subterfuge, un moyen d'éluder la volonté du législateur de 1810; elle a poursuivi jusque-là les derniers efforts du droit d'association.

C'est donc à bien préciser le caractère et l'esprit de l'article 291 que nous devons tout d'abord nous attacher, et véritablement, messieurs, rien n'est moins difficile, rien n'est plus élémentaire; aussi me suis-je étonné que l'organe du ministère public, dans son remarquable réquisitoire, n'ait pas avant tout songé à définir l'association et la réunion, l'association et le comité, et à rechercher entre tous ces faits des points d'assimilation ou de différence.

Il est incontestable, en effet, messieurs, qu'au moment où l'article 291 a pris place dans le Code pénal de 1810, on était bien loin de prévoir la question qui vous occupe, et jamais loi n'a été appliquée à une matière qui lui fût plus étrangère. L'article 291, et tous les monuments législatifs sont là pour nous l'apprendre, n'a été que le complément, le sceau de la législation qui proscrivait les clubs, les réunions dans lesquelles les citoyens s'assemblaient librement pour discuter les affaires publiques.

Je n'ai rien à dire, messieurs, de cette période de notre histoire qui témoigne de l'instabilité de nos esprits et de la fragilité de nos résolutions. Si j'avais une vue rétrospective à jeter sur ces pages, qui sont mêlées de tant d'agitations, j'aurais peut-être à dire que nous sommes découragés bien vite, que nous avons pris peur de nous-mêmes, et qu'au lieu de marcher vaillamment, le front levé, dans ce large et fécond sentier de la liberté, nous nous sommes effrayés du bruit qui se produisait autour de nous, et nous nous sommes réfugiés dans les carrières de la servitude. Certes, quand on contemple et la France et l'Angleterre, il est permis de concevoir une telle pensée.

Mais, encore une fois, je n'ai pas besoin de me livrer à ces considérations; je prends le Code tel qu'il existe.

Le législateur de 1810 a voulu, par un suprême effort, fermer la porte à toute espèce de réunions libres. Il a pensé aux associations qui pouvaient s'appliquer aux diverses manifestations de la pensée humaine, et il les a toutes proscrites, qu'elles eussent pour objet la

politique, la religion ou la littérature. Mais quel a été son dessein ?
Je ne veux pas, messieurs, vous fatiguer par des citations inutiles,
tant l'évidence à cet égard me semble incontestable. L'article 291 est
évidemment une loi de défiance ; c'est une loi par laquelle le pouvoir
se défend contre les agresseurs qu'il se suppose. J'aurai tout à l'heure
l'occasion de vous citer des paroles qui ont une valeur historique,
celles que prononçait M. Guizot en s'expliquant sur l'article 291. Il
disait que cet article était encore une expression de la servitude, et
il espérait le voir bientôt disparaître de la législation d'un pays libre.
C'était après les grandes commotions qui avaient marqué la fin du
dernier siècle et le commencement de celui-ci, que le législateur
s'était cru autorisé à prendre ces mesures extrêmes, évidemment
contraires aux droits primordiaux dont les hommes doivent jouir
dans une société libre et régulière.

Seulement, la rigueur de l'article 291 ne doit pas être exagérée, et
en l'expliquant historiquement, il faut l'entendre tel qu'il a été édicté.
Le législateur a fait à l'esprit d'association une dernière concession,
bien faible assurément, mais qui cependant ne doit pas être méconnue.
Il a permis l'association même politique, l'association même religieuse,
l'association même littéraire, lorsque cette association était composée
de moins de vingt personnes ; il ne l'a trouvée coupable que lorsque
les associés dépassaient le nombre de vingt, parce qu'alors se réalisait à ses yeux cette pensée que vous rencontrez dans la bouche de
tous les orateurs des gouvernements qui se sont succédé, la pensée
d'une usurpation souterraine, d'une prétention de gouvernement,
d'une lutte de puissance à puissance. C'est le nombre qui fait la force :
quand ce nombre est misérable, et qu'il ne peut pas éveiller l'attention du pouvoir public, le fait reste à coup sûr le même ; mais comme
il n'est pas dangereux, on ne songe pas à le proscrire.

Ainsi, retenons comme des vérités que nul ne peut contredire :
d'une part, que l'article 291 a été dirigé contre les sociétés populaires
qui ont la prétention de gêner l'exercice du gouvernement ; d'autre
part, que tout en proscrivant les associations de plus de vingt personnes, le législateur de 1810 a toléré celles qui n'atteignent pas ce
nombre.

Mais qu'a-t-il entendu par ce nom d'*association*, et comment devons-
nous le comprendre à cinquante-quatre ans de distance, alors que
nous avons à appliquer le texte qui a été édicté en 1810 ?

Est-ce que l'association sera la réunion quelconque de citoyens se
rapprochant pour leurs intérêts, leurs plaisirs ou leurs affaires ? Non,
et ce serait méconnaître l'essence même des choses, ce serait se jouer
des idées partout acceptées, que de l'entendre ainsi. L'association est
un être moral ; elle suppose non pas seulement un lien qui rapproche

les hommes, mais encore une convention qui la rend permanente et obligatoire; des intérêts qui se confondent, qui vont à un but commun; une durée pour ainsi dire indéfinie, ou fixée à une certaine période de temps. Si vous ne rencontrez aucun de ces caractères dans une réunion quelconque, vous pouvez affirmer qu'il n'y a pas d'association, et ces caractères une fois constatés, ils ne forment encore qu'un des éléments de l'association. C'est précisément parce qu'elle est un être collectif que chacun de ceux qui en font partie est lié par un nœud obligatoire; parce que le but est commun, qu'il est permanent, que nous rencontrerons aussi des moyens d'action communs, une sorte d'administration, un ensemble d'efforts, d'*agissements*, pour me servir d'un mot qui a la prétention d'entrer dans l'usage général aujourd'hui, et de recevoir le droit de bourgeoisie au moins dans la littérature juridique. Il faut que tout cet ensemble de faits témoigne de la part des associés une existence collective, partant d'un point pour aller à un autre, avec tout ce cortège de moyens communs sans lesquels évidemment il n'y aurait pas d'association.

C'est là, messieurs, ce que dit très-bien M. Faustin Hélie dans son ouvrage sur le Code pénal, dont je vous demande la permission de mettre quelques lignes sous vos yeux, parce qu'elles résument mieux que je ne pourrais le faire ce point de droit :

« Il faut, dit-il, en premier lieu, qu'il y ait association; toute association suppose deux éléments : un but déterminé et un lien qui unisse les associés. Le caractère fondamental des associations est donc la permanence; leur signe distinctif, une constitution organique... Le mot *association* contient la véritable solution de toutes les difficultés qui peuvent s'élever à cet égard; c'est dans ce mot que les juges doivent puiser le principe de leur décision.

« Il suit de là que toutes les réunions accidentelles, qui n'ont point le caractère d'associations permanentes, ne tombent pas sous la prohibition; et en effet, les réunions et les associations sont choses tout à fait distinctes : les réunions ont pour cause des événements imprévus, instantanés, temporaires; les associations, au contraire, ont un but déterminé et permanent. Se réunir, c'est vouloir s'éclairer et penser ensemble; s'associer, c'est vouloir se concerter, se compter et agir. A la vérité, il est de l'essence des associations d'avoir des réunions; ces réunions en sont une condition nécessaire, et elles forment même l'un des indices qui les révèlent; mais elles empruntent alors leur criminalité du fait même de l'association dont elles sont l'exécution et les effets. Cette distinction entre l'association et les simples réunions fut formellement reconnue dans la discussion de la loi du 10 avril 1834 : « Nous faisons une loi contre les « associations dit le garde des Sceaux... »

Écoutez ceci, c'est le garde des Sceaux d'alors qui parle, M. Barthe. (*M⁰ Jules Favre se retourne du côté de M. l'avocat impérial. — Sourires.*)

« Nous faisons une loi contre les associations, dit le garde des Sceaux, et non pas contre les réunions accidentelles et temporaires qui auraient pour objet l'exercice d'un droit constitutionnel. »

Ces paroles furent rappelées par M. Girod (de l'Ain) dans son rapport à la Chambre des pairs, et il ajouta :

« Si cette déclaration surabondante n'est pas dans la loi elle-même, elle en forme du moins le commentaire officiel et inséparable. »

Un autre membre de la chambre, M. Rœderer, ajoutait encore en appuyant la loi :

« La loi n'autorise pas plus à inquiéter qu'à interdire les réunions, soit fortuites, soit habituelles ; elle ne regarde que les associations. A la vérité, la distinction des réunions et des associations n'est pas tellement nette et tranchée qu'elle ne permette quelques méprises ; on craint que le ministère public ne les confonde quelquefois. Je crois que l'on peut se rassurer contre ces appréhensions. L'objet immédiat de la loi est de frapper les associations existantes, les associations patentes, organisées et armées pour la guerre qu'elles ont déclarée au gouvernement de l'État.

« L'objet plus éloigné est de donner à ce gouvernement le moyen de prévenir la renaissance d'une association du même genre, c'est-à-dire hautement déclarée, organisée, armée, militante. La partie politique de la loi *ne va pas plus loin que les associations formant État dans l'État*, et qui, comme disait Mathieu Molé, placent un corps vivant dans le cœur de la nation. »

Ainsi, les réunions qui ont pour objet l'exercice d'un droit constitutionnel, les réunions dans lesquelles on obéit à une nécessité temporaire, dont le but est limité, qui commencent avec cette nécessité et qui finissent avec elle, ne peuvent être confondues avec des associations que par une logomachie qu'en vérité je ne saurais m'expliquer, et contre laquelle protestent à la fois et le sens commun, et le sens juridique, et le texte très formel de la loi.

Non, l'association ne saurait être une réunion. L'association a le caractère d'un être organisé, elle a le caractère de permanence, elle a le caractère de collectivité, de force commune, d'ensemble de moyens qui ne se limitent pas à tel ou tel fait isolé : elle offre au contraire dans son action un ensemble de faits, d'efforts, de buts qui sont poursuivis avec une égale activité par tous les associés. Voilà ce que c'est que l'association.

Encore une fois, l'association n'a rien de commun avec la simple réunion, et quand la réunion a pour objet, comme l'a dit M. le garde des Sceaux, l'exercice d'un *droit constitutionnel*, la faire considérer comme une association qui ne peut exister qu'à la condition d'être autorisée par la police, c'est tout simplement la supprimer et par conséquent porter atteinte à l'ordre constitutionnel lui-même.

Si donc nous envisageons le texte de la loi, nous arrivons à cette conséquence incontestable que l'association et la réunion sont deux faits entièrement différents, et nous n'avons plus qu'à nous demander à quel ordre de ces faits appartient le *comité électoral.*

Or, messieurs, il suffit de poser la question pour la résoudre. Il est manifeste que par cela seul qu'un comité électoral se réunit pour s'occuper d'une élection, c'est-à-dire d'un fait accidentel, qui commence au moment où l'élection est décrétée, qui se termine quand l'élection est consommée, par cela seul, dis-je, un comité électoral ne peut jamais être une association ; il est, comme le disait M. Barthe, *la réunion de citoyens assemblés pour l'exercice d'un droit constitutionnel.*

Savez-vous dans quel cas il serait possible qu'un comité électoral tombât sous le coup soit de l'article 291, soit de la loi de 1834? C'est dans le cas où la réunion électorale ne soit qu'un prétexte, et où, en réalité, ceux qui composeraient cette réunion seraient des associés voulant faire, en dehors de l'élection, de la propagande politique ; voulant se servir de moyens qui ne peuvent en aucune manière concourir au succès de toute élection; voulant enfin fonder ce qu'on a appelé avec raison, et je retiens cette expression parce qu'elle peint parfaitement la situation, *un gouvernement occulte qui fasse échec au gouvernement existant.*

Ah! si vous faites cette preuve, si vous établissez une telle situation, vous pourrez alors appliquer la loi de 1834, non pas aux comités électoraux, ce qui serait un crime contre l'élection, mais à ce qui n'est qu'un mensonge de comité électoral, une fraude à la loi, une usurpation des pouvoirs publics, que vous avez le droit de poursuivre.

Voilà, messieurs, si je ne me trompe, le sens juridique de la loi de 1834 parfaitement défini; car cette loi, je l'ai dit, n'est que l'article 291 expliqué.

Je consulte encore à cet égard le commentaire de M. Faustin Hélie ; il ne laisse aucun doute sur ce point.

« Le but unique de la loi du 10 avril 1834, dit M. Faustin Hélie, a été de donner à cette prohibition une force nouvelle, de manière qu'elle ne puisse être éludée.... Si l'incrimination a été développée et étendue, le principe est resté le même, car la loi n'a posé aucune règle nouvelle. Ce qu'elle punit encore, c'est l'association telle que l'article 291 l'avait définie, l'association de plus de vingt personnes, ayant pour objet de s'occuper de religion, de politique et de littérature. Ce principe fondamental, qui résulte implicitement du texte de la loi, a d'ailleurs été proclamé à diverses reprises dans le cours des discussions législatives. »

Ainsi, messieurs, à vrai dire, la loi de 1834 n'est ici qu'une explication, une aggravation, si vous voulez, de l'article 291. Mais le principe reste le même : proscription des associations de plus de vingt personnes, liberté complète pour les réunions, surtout pour celles qui ont pour objet *l'exercice d'un droit constitutionnel.*

De telle sorte qu'il faut, pour que le ministère public puisse requérir l'application de la loi de 1834, ou de l'article 291, ce qui est la même chose, qu'il prouve d'abord que la réunion dans laquelle il voit une association se compose de plus de vingt personnes, qu'il le prouve non pas par des raisonnements vagues, avec des phrases sentimentales, mais en nommant les personnes, en les chiffrant, en les faisant asseoir vingt et une sur les bancs de la police correctionnelle, — et s'il n'y a dans la réunion que treize personnes, et non pas vingt, la prévention ne peut pas être sérieuse.

Telle est la première obligation du ministère public : prouver que la réunion se compose de plus de vingt personnes. Mais quand il aura prouvé ce premier point, il lui faudra encore démontrer que cette réunion était une association organisée qui n'avait pas pour objet l'exercice d'un droit constitutionnel. Si cette réunion, fût-elle composée de cinq cents personnes, veille à l'exécution des lois, si elle jouit d'un droit accordé par la constitution, vous ne pouvez y porter atteinte sans toucher à la constitution elle-même.

Voilà ce que nous apprend le texte de la loi.

Ces considérations peuvent-elles être affaiblies par la discussion à laquelle la loi a donné lieu, et rencontrons-nous dans les paroles prononcées par les orateurs du gouvernement un mot qui puisse nous faire douter de la légitimité de cette déduction? Messieurs, il suffit, au contraire, de jeter les yeux sur la discussion à laquelle on s'est livré, soit à la Chambre des pairs, soit à la Chambre des députés, pour demeurer convaincu que le législateur de 1834 non-seulement n'a pas voulu porter atteinte à la liberté des réunions électorales, que non seulement il se serait cru coupable de lèse-constitution et de forfaiture s'il avait voulu empêcher la formation des comités électoraux, mais même qu'on a fait à cet égard toute espèce de réserves, et que, dès lors, vouloir aujourd'hui, après trente ans d'une pratique exclusive de l'interprétation que l'on attend de vous, détourner la loi de son véritable esprit, la violenter dans son texte et dans ses dispositions, c'est en réalité une entreprise dont je ne saurais comprendre l'imprudence.

Voici dans quels termes il était question à la Chambre des pairs des réserves relatives aux comités électoraux. Déjà, dans son rapport, l'honorable M. Martin (du Nord) s'en était expliqué ; mais ses explications étaient accompagnées de restrictions qui pouvaient laisser quelque inquiétude, et vous allez voir que, chemin faisant et dans le cours de la discussion, ces inquiétudes se sont dissipées.

M. Martin (du Nord) disait en effet :

« Vous croirez sans doute qu'il convient de satisfaire les scrupules honorables qui se manifestent à l'occasion des prochaines élections :

nous vous proposons de déclarer hautement dans la loi qu'elle ne peut avoir pour conséquence de priver les citoyens, dans le moment où le pays est appelé à exercer une de ses plus importantes prérogatives, du droit de se réunir, de balancer les titres des candidats, d'apprécier leur conduite politique, et de désigner à la confiance publique les hommes qui leur en paraissent les plus dignes. Ces réunions, provoquées par le besoin d'un moment et par des circonstances qui ne se manifestent que de loin en loin, ne sauraient avoir aucun caractère dangereux ; mais l'époque à laquelle elles pourront être vraiment utiles doit être déterminée, et ce ne peut être que celle où la convocation du collège aura appelé les citoyens à s'occuper des grands intérêts qu'elle soulève ; il faut aussi reconnaître que si ces réunions s'affiliaient à d'autres réunions du même genre dans d'autres départements, elles dégénéreraient en associations dont l'existence légale serait dès lors subordonnée à la condition de l'autorisation.

Conformément à ces observations, la commission avait proposé un article de loi, dans lequel les comités électoraux étaient subordonnés à cette double condition de ne pouvoir se réunir que dans la période électorale, et de ne pouvoir s'affilier avec les comités électoraux des départements voisins.

C'était, messieurs, en réalité, non-seulement amoindrir, mais anéantir la liberté du suffrage, et les honorables députés qui intervinrent dans cette discussion justement qualifiée de solennelle, le comprirent à merveille : ils firent sentir au gouvernement lui-même qu'il était impossible d'accepter ces restrictions, et vous allez voir que dans le cours de la discussion toute distinction a en effet disparu.

L'article qui était proposé par la commission fut repris sous la forme d'un amendement, mais il fut complètement écarté, par cette raison décisive que la loi de 1834, pas plus que l'article 291 ne pouvait toucher à la liberté électorale, qui devait demeurer entière, qui avait pour elle le fondement d'un droit et d'un devoir civique dont aucune espèce d'entrave ne pouvait gêner l'exercice.

D'abord, messieurs, au cours de la discussion, les orateurs de l'opposition qui combattaient, c'était leur droit, le principe même de la loi, eurent à s'expliquer sur cet article 291. Leurs explications amenèrent à la tribune un des personnages les plus considérables de l'époque, et qui à ce moment obtenait les acclamations de la majorité de la Chambre. Un des orateurs de l'opposition, M. Salverte, le conduisait à la tribune, en lui rappelant une de ses opinions les plus célèbres.

M. Salverte, citant les paroles mêmes de M. Guizot, s'exprimait ainsi :

« M. Guizot disait : « L'article 291 du Code pénal, je me hâte de le
« dire du fond de ma pensée, est mauvais. Il ne doit pas figurer éternel-
« lement, longtemps si vous voulez, dans la législation d'un peuple libre.
« Sans doute, les citoyens ont le droit de se réunir pour causer entre eux

« des affaires publiques; même il est bon qu'ils le fassent, et jamais je ne
« contesterai ce droit. Mais l'article 291 n'en est pas moins écrit dans nos
« lois, quelque vicieux qu'il soit. »

« Vous voyez, messieurs, continuait M. Salverte, qu'à cette époque
l'honorable M. Guizot regardait l'article 291 comme mauvais, comme
vicieux. Il ajoutait, ce qui est également important : « Le gouvernement,
« là où il trouvera un danger véritable, appliquera l'article 291, il con-
« jurera le danger. Il l'a déjà fait. »

J'ai dit que M. Guizot avait été appelé à s'expliquer sur cette interpellation de l'honorable M. Salverte. Vous allez voir en quels termes
il l'a fait, et vous serez frappés de cette singulière particularité d'un
ministre qui vient demander le vote d'une loi contre les associations,
et qui reconnaît qu'il a fait, pendant de longues années, partie d'une
association, non pas électorale, mais essentiellement politique, ayant
son organisation, sa caisse, son budget, ses agents, sa presse, ses
brochures particulières, ajoutant même qu'à l'heure où il parle devant
cette Chambre, à laquelle il demande un acte de docilité que, bien
entendu, elle ne lui refuse pas (sourires), il fait encore partie de cette
grande société.

Voici, messieurs, comment s'explique M. Guizot :

« MESSIEURS,

« Non seulement j'ai fait partie de la Société *Aide-toi, le ciel t'aidera;*
mais cette société fut fondée, en 1827, par quelques-uns de mes amis, et
je n'hésitai pas un instant à m'associer à leurs efforts; ces efforts avaient
pour but déterminé et unique de lutter en faveur des libertés électorales
contre les menées dont, au su de tout le monde, l'administration qui
existait alors s'était rendue coupable. La société se forma, je fus appelé à
faire partie de son comité; j'eus même l'honneur de le présider. Les élections, se consommèrent : vous savez quelle Chambre est sortie de ces élections la Chambre de 1827; une Chambre, je n'hésite pas à le dire, monar-
chique et constitutionnelle, loyale et libérale, venue avec l'intention de
résister et de soutenir en même temps; une Chambre qui nous a donné
une loi sur les élections et une loi sur la presse, qui ont été nos meilleurs
moyens de résistance légale de 1827 à 1830; une Chambre, enfin, qui a
fait l'adresse des 221, adresse que, pour mon compte, je regarde comme
un des plus beaux monuments de notre histoire; adresse dans laquelle,
non seulement avec les formes les plus convenables, mais avec les sentiments les plus sincères, les premiers droits du pays, les droits de cette
Chambre à l'indépendance et à la résistance ont été solennellement reven-
diqués et consacrés. »

Ainsi s'exprimait M. Guizot : il glorifiait cette adresse des 221 qui,
à l'audience d'hier, a été de la part de M. l'avocat impérial l'objet
d'un blâme... (*M. l'avocat impérial fait un signe de dénégation.*) Si je me
suis trompé, je ne demande pas mieux que d'être rectifié. Il me
paraissait très-difficile de concilier ce blâme avec le dévouement au

gouvernement actuel; car sans la révolution de Juillet, il est probable que l'Empire n'existerait pas aujourd'hui.

Quoi qu'il en soit, vous voyez, messieurs, dans quels termes M. Guizot disait qu'il avait fait partie de la Société *Aide-toi le ciel t'aidera*. Et il allait plus loin, car il disait à la Chambre qu'il en faisait encore partie; il annonçait que cette société était parfaitement conciliable avec la loi proposée, qu'elle était patriotique, qu'elle servait les véritables intérêts du pays, parce qu'elle permettait aux citoyens de se défendre contre les fraudes dont l'administration... d'alors, pouvait se rendre coupable. (*Rires.*)

Telle était l'attitude de M. Guizot, et je me garderai bien de mettre sous les yeux du tribunal tous les discours, si éloquents d'ailleurs, qui furent prononcés à cette occasion; je veux concentrer son attention sur ce qu'il y a de spécial au procès actuel dans cette discussion, c'est-à-dire sur ce que devint cette pensée manifestée par le rapporteur de la commission, qu'il croyait, quant à lui, protéger le droit électoral en n'autorisant les comités électoraux que sous les conditions indiquées tout à l'heure.

Cette pensée ne fut pas, messieurs, du goût de tous les membres de la Chambre.

Ainsi, M. Martin (du Nord), ayant soutenu son amendement, fut combattu par presque tous les membres de l'opposition, qui demandèrent le rejet de toute restriction de nature à être interprétée contre la liberté du suffrage et à entraver les comités électoraux.

Sur les observations d'un grand nombre de membres de la gauche, l'article 5 fut retiré. C'était l'article que la commission avait proposé, et il est facile de comprendre quel en était l'esprit en parcourant les explications qu'avait données l'honorable rapporteur. Mais bien que l'article 5 fût retiré, les inquiétudes n'étaient pas calmées, et M. Legrand, s'en rendant l'interprète, disait :

« L'article 5 est retiré, mais il me semble que l'observation de M. le rapporteur n'est pas suffisante. M. le rapporteur a dit que la disposition de la loi ne s'appliquait pas aux réunions électorales. Cette déclaration sans doute serait rassurante, si déjà, il y a quinze jours, M. le rapporteur n'était pas venu, au nom de la commission, déclarer que cette loi pouvait s'appliquer aux réunions électorales, et s'il n'avait pas formulé un amendement comme exception. Je crois qu'on pourrait appeler de la doctrine de M. le rapporteur à la doctrine de M. le rapporteur. Que le gouvernement vienne déclarer que la loi ne s'applique pas à ce que nous appelions autrefois comités électoraux ou réunions électorales, et alors je retirerai mon amendement. »

Écoutez, messieurs, quelle fut sur cette interpellation la déclaration solennelle de M. le garde des Sceaux.

« Le gouvernement, dit M. le garde des Sceaux, s'est déjà plusieurs fois expliqué sur ce point. Il a déclaré que les réunions électorales dont parlait l'amendement de la commission ne sont pas comprises dans la présente loi. Nous faisions une loi contre les associations, et non pas une loi contre les réunions accidentelles et temporaires qui auraient pour objet l'exercice d'un droit constitutionnel; c'est après cette explication que les divers amendements ont été retirés; je la confirme de nouveau devant la Chambre. »

Que voulez-vous trouver de plus clair, et comment, en présence d'une semblable déclaration, peut-on loyalement soutenir que la loi de 1834 a eu en vue les comités électoraux, et qu'elle s'y applique?

Je ne veux pas à cet égard qu'il reste un seul doute. Vous avez entendu dans quels termes parfaitement nets il a été dit par le dépositaire de l'autorité, par le garde des Sceaux, par le ministre ayant spécialement la mission de représenter la pensée du gouvernement, que les comités électoraux étaient complètement en dehors de la loi. Je désire, messieurs, qu'il ne subsiste pas la moindre équivoque en ce qui touche tout ce qu'on a appelé les affiliations et ce qui en réalité ne saurait être une affiliation, mais ce qui est la communication de comité à comité, sans laquelle il n'y a pas d'élections possibles. A moins que vous ne vouliez des élections dérisoires, des élections qui ne fassent que consacrer la servitude des sujets vis-à-vis de leur maître, il faut bien que vous reconnaissiez aux électeurs le droit de se concerter, de se réunir.

Voici, messieurs, des paroles de M. de Tracy. M. de Tracy voulait dissiper tous les doutes.

« La reprise de l'amendement de M. Legrand a été motivée par une affirmation du ministre, par une allocution de M. Thil, et c'est l'une et l'autre que je combats. Il faut bien que je me serve des indications que me fournit le projet même de la commission. Eh bien, je dis que ce projet, en ayant l'air d'affranchir les élections de toutes les dispositions rigoureuses de la loi, les y soumet de fait, en défendant ce qu'on appelle les affiliations, car je ne comprends pas... »

Celui qui parlait ainsi a été plus tard ministre de l'empereur, ou plutôt du président. Il a eu l'honneur de siéger dans les conseils du président, M. Louis Bonaparte.

« Je ne comprends pas, dit-il, comment on peut s'occuper d'élections en défendant de franchir la distance quelquefois très courte qui sépare un département d'un autre. Je vais plus loin, et je dis qu'avec l'article 1er il n'y aura pas plus de réunions pour des élections de députés que pour des élections quelconques qui jouissent de la moindre des libertés; vous serez à la disposition de la simple interprétation des tribunaux de police correctionnelle... »

Il prévoyait très clairement l'avenir, M. de Tracy.

« En équivoquant éternellement sur les mots de délit et de contravention, vous en êtes arrivés à ce point que les tribunaux correctionnels seront les arbitres de vos droits électoraux. Je vous le demande, telle peut-elle être votre intention? Cependant, sans nul doute, ce seront les tribunaux de police correctionnelle qui jugeront de vos droits électoraux. »

C'est après ces explications, messieurs, que M. Odilon Barrot se lève à son tour et fait entendre ces paroles :

« Non seulement je n'appuie pas l'amendement, mais il me parait avoir de très grands inconvénients. Un principe a été posé, c'est que la réunion ne doit pas être confondue avec l'association. Eh bien! Il y aurait quelque danger à nous enlever le bénéfice de ce principe. Excepter de la loi les réunions pour l'exercice de tel ou tel droit politique, ce serait, par voie d'exclusion, supposer que toute réunion pour l'exercice de tous autres droits politiques, et, Dieu merci, ils sont nombreux dans notre Charte...» Ceci date de 1834, je prie le tribunal de ne pas l'oublier. (Sourires.)
« ... tomberait sous l'application pénale de la loi. Il y aurait donc danger dans cet amendement; et maintenant je prends acte de la déclaration loyalement faite par M. le garde des Sceaux et par l'honorable M. Thil, et de la distinction fondamentale qui existe **dans** l'esprit de la loi contre l'association proprement dite et la réunion. »

Sur quoi M. Caumartin dit :

« Je demande la question préalable sous le mérite des observations de M. le garde des Sceaux et de M. Odilon Barrot. »

La question préalable est mise aux voix et adoptée.

Est-ce clair, messieurs?

Je demande à toutes les consciences honnêtes, — il n'y a pas besoin d'être jurisconsulte pour comprendre ces choses, — comment il est possible de se servir de la loi de 1834, dans laquelle le droit électoral a été spécialement réservé, à propos de laquelle les déclarations les plus solennelles, les plus précises, ont été faites par les hommes de l'autorité; comment il est possible de se servir de cette loi pour atteindre ce droit électoral que précisément elle protège.

Il faudrait dire hautement qu'il n'y a plus ni vérité légale, ni bonne foi dans la discussion, mais qu'il n'y a que piège et méprise, si, après des déclarations de cette nature, on nous frappait en invoquant la loi de 1834.

Mais ce n'est pas seulement dans la discussion des Chambres, c'est dans la pratique, dans l'exécution de la loi que je vais rencontrer la confirmation éclatante de cette interprétation qui ne saurait, à mon sens, souffrir aucun doute.

N'est-ce donc rien que la pratique d'une loi qui existe déjà depuis trente ans et plus? Si nous étions en matière civile, nous pourrions invoquer la prescription! Et si je me tourne du côté de la plus vulgaire des murailles, j'y aperçois un jour de souffrance à travers lequel passe un rayon de lumière douteuse. Depuis trente ans il existe, depuis trente ans les objets sont ainsi disposés; le propriétaire en peut jouir... Et moi, moi homme, moi citoyen, devant cette loi qui existe depuis trente ans, qui s'applique depuis trente ans, je n'ai aucun droit d'invoquer le bénéfice de cette consécration, je ne puis rien, je ne suis que poussière, je suis moins que ce larmier! Ah! j'avoue, messieurs, que ma dignité en est singulièrement humiliée! (*Mouvement dans l'auditoire.*) Il y a trente ans, trente ans que la loi est ainsi entendue, que, sans aucune contestation possible, sans qu'on ait rédigé un seul procès-verbal, sans qu'un homme politique ait été inquiété, sans qu'on ait jamais songé à venir critiquer l'exercice du droit électoral, la loi de 1834 a tout permis, tout toléré, tout con- sacré. Tout toléré et tout consacré... car, enfin, ces entraves dans lesquelles on voudrait nous enfermer et que, pour ma part, je n'accepte pas, cette obligation d'être dans une période, de choisir son temps sans dépasser vingt jours avant l'élection, et de s'abstenir s'il y a encore vingt et un jours avant l'élection, c'est-à-dire cette nécessité de faire abnégation de ce qu'il y a de plus vivant, de plus viscéral dans l'homme..... Ah! messieurs, je ne puis croire que le législateur me l'ait imposée, qu'il m'ait réduit à une pareille condi- tion, et je prouverai qu'il n'en est rien.

Mais la pratique vient déposer en faveur de mon appréciation. Je le répète, jusqu'au jour où je vis, la loi de 1834 a toléré et consacré les réunions électorales dans toute espèce de conditions, à toutes les époques, avec tout ce que vous appelez des affiliations, c'est-à-dire avec le concert de comité à comité, même avec un comité central siégeant à Paris ou dans telle ou telle autre ville, et ayant des cor- respondances électorales. Jamais on n'avait songé à appliquer la loi de 1834 à ces comités, parce que cette loi n'a pas été faite pour eux.

Je ne veux pas fatiguer le tribunal par de longues citations. Je vais de suite aux faits les plus considérables, et ces faits ne manquent pas.

Ainsi, nous sommes en 1847. C'est une époque d'agitation, j'en conviens; mais c'est l'agitation de l'esprit humain qui veut faire un pas en avant, qui sent sa force, qui, fier et glorieux des conquêtes acquises et comprenant la grande mission qu'il tient du passé, veut que le présent s'illustre à son tour. Le suffrage universel devait sortir de cette crise. Le suffrage universel! en voici les auteurs! — aujour- d'hui, les glorieux confesseurs, et cela ne fait qu'ajouter à la recon- naissance publique dont ils reçoivent de toutes parts les marques, et à la légitime renommée qui les entoure. Être persécuté, souffrir pour la justice, c'est là, messieurs, la condition humaine, et nous sommes loin de nous en plaindre.

Mais je reviens à 1847. A cette époque, cette pratique des comités électoraux était universellement appliquée. Vous savez, messieurs, et on l'a dit avec raison, que le gouvernement de Juillet a été renversé pour avoir résisté à l'exercice du droit de réunion. La question a été posée sur le droit de se réunir en lui-même, que le gouvernement de Juillet a contesté. Quant aux comités électoraux, ils se réunissaient librement. On me communique la relation imprimée du banquet de la réforme électorale et parlementaire du 9 juillet 1847. Je ne sais, messieurs, à quelle plume est due cette relation. C'est une plume poétique, enthousiaste. On y parle de la douce soirée du 9 juillet, des banderoles qui flottent, des becs de gaz qui font partout jaillir leurs vives lumières. Je passe ces choses, et j'arrive à ce qu'il y a d'essentiel. « ... Le comité central des électeurs du département de la Seine et les comités d'arrondissement avaient provoqué une manifestation éclatante de l'opinion publique en faveur de la pétition pour la réforme électorale et parlementaire ; cette manifestation a été grande et solennelle. »

Ainsi, voilà la loi de 1834 prise en flagrant délit, je ne dirai pas d'indulgence et de tolérance, mais de consécration et de protection officielle ; car je ne pense pas que M. l'avocat impérial fasse aux hommes qui dirigeaient alors les destinées de la France, l'injure de supposer qu'ils ne comprenaient pas les lois ou qu'ils avaient la faiblesse de ne pas oser les appliquer. Qu'ils fussent menacés, nul ne l'ignore, et ils apercevaient clairement l'orage qui grondait à l'horizon. Avec moins d'obstination, ils l'auraient conjuré ; en sachant être des hommes de leur époque, ils auraient épargné à la France de grands malheurs. Mais ils avaient certainement le souci de leur défense personnelle ; et cependant ils n'ont pas songé un instant que la loi de 1834, qui eût été entre leurs mains une arme si puissante, leur permît de s'opposer à ces manifestations.

Elles ont lieu, et quels sont les hommes illustres que je rencontre, s'asseyant à ce banquet qu'on a plus tard qualifié de révolutionnaire, et contre lequel tant de déclarations officielles ont été proférées ? C'est d'abord M. Abbatucci ; il ouvre la marche ; voilà de quoi rassurer les gens inquiets ! Après lui, viennent beaucoup d'autres que je ne puis nommer tous : M. Beaumont (de la Somme), M. Berger, M. Boulay (de la Meurthe), M. Cambacérès, M. Chapuys-Montlaville, M. Larabit, M. Stourm, etc., et enfin pour finir par le plus illustre de tous, l'honorable M. Drouyn de Lhuys, aujourd'hui ministre des affaires étrangères,

> ... Rome alors admirait ses vertus,

qui, à cette époque, était un des défenseurs les plus énergiques du droit de liberté électorale, et ne perdait aucune occasion de faire entendre à ce sujet son éloquente voix.

Voilà ce qui se passait en 1847. La révolution de 1848 éclate...

Assurément, depuis, on a dirigé bien des reproches contre les hommes qui, à cette époque, ont risqué leur vie et qui ont accepté le fardeau du pouvoir. Ces reproches, j'entendais à l'audience d'hier M. l'avocat impérial les renouveler d'un ton dédaigneux et avec un grand courage. Oui ! ils ont accepté ce fardeau pour eux, que dis-je? ils l'ont pris. *Personne ne les a nommés*, dit M. l'avocat impérial. Oh ! cela est vrai ; mais si personne ne les a nommés, tout le monde les a acclamés, et devant eux, ils n'ont rencontré que des fronts qui s'inclinaient dans la poussière. Voilà, messieurs, ce que j'ai vu, et je n'aurais pas besoin de faire beaucoup de chemin pour trouver devant moi des traces de ce que je raconte.

Ces hommes ! ils ont pris sur eux de paraître au milieu de cette tempête, d'y saisir les pouvoirs qui étaient désertés, d'opposer leurs poitrines à tous les envahisseurs de la sécurité publique, à ceux qui, perdus par de détestables erreurs, rêvaient, non pas des crimes, mais des utopies impossibles, qui, en une nuit de délire, auraient pu plonger la France entière dans les ténèbres. Ils sont demeurés debout, sacrifiant leur avenir, et sachant à merveille qu'un jour ils seraient le point de mire des calomnies officielles de tous ces hommes à la suite, qui, esclaves de la fortune, cherchent à jeter la boue sur ceux qu'ils ont encensés quand ils étaient au pouvoir. Mais peu importe, ils ont pour eux leurs consciences, ils auront aussi l'histoire, ils auront surtout le témoignage de tous les honnêtes gens. (*Des applaudissements éclatent dans l'auditoire.*)

Ces hommes, tout le monde leur rendra cette justice qu'ils n'ont jamais gêné l'action électorale, qu'ils l'ont laissée à elle-même tout entière. On les accuse de n'y avoir mis aucune entrave ! c'est là, je ne dirai pas leur gloire, mais un de leurs principaux mérites, et aujourd'hui ils auraient encore à tenter cette expérience, et ils seraient sûrs qu'elle aurait la même fin que la première, que très-certainement ils ne suivraient pas un autre chemin.

Au milieu de cette pratique de la liberté électorale, les comités électoraux se sont réunis ; cela est incontestable, ces comités n'ont rencontré aucune espèce d'entraves.

Alors est arrivée une époque, pendant laquelle la compétition pouvait paraître ardente et solennelle. Huit mois se sont écoulés : les choses ont changé de face. Chacun a fait des fautes, et je serais un historien trop prolixe si je voulais en présenter seulement l'inventaire sommaire. Mais enfin, à ce moment, la France semble vouloir se précipiter au devant de destinées nouvelles, et voici qu'on l'y aide singulièrement. On va l'interroger. Je ne dirai pas qu'on a exercé la moindre pression, non ; mais vous qui nous accusez aujourd'hui de diriger l'opinion publique, qu'avez-vous fait au mois de novembre 1848? Et comment le pouvoir vous est-il échu? Le peuple est-il venu vous chercher à la charrue?... L'avez-vous violenté? Certes non; mais ne l'avez-vous pas quelque peu sollicité, et, pour ne pas sortir de la matière qui nous occupe en ce moment, est-ce que les comités électoraux n'ont pas été pour quelque chose dans les pratiques qui vous ont réussi?

En voici la preuve; tous les comités électoraux qui se réunissaient en France pour le vote de la présidence, avaient un congrès général à Paris; c'était le cercle de la rue Duphot, et les journaux de la République contenaient les publications qui émanaient de ce congrès.

On disait alors qu'il était imprudent de permettre ces publications. Ce n'est pas mon avis, et encore une fois, la faute serait à refaire que je m'en rendrais coupable encore.

Quoi qu'il en soit, voici ce qu'on lisait dans les journaux de la République, à la date du 22 novembre 1848 :

« Un congrès électoral de la droite, composé de rédacteurs de journaux des départements et des délégués d'un grand nombre des comités électoraux, a ouvert ses séances, samedi 18 de ce mois, dans le local du cercle de la rue Duphot; cent cinquante membres environ s'étaient fait inscrire..... »

Ainsi, les membres qui formaient le congrès électoral de la droite étaient au nombre de cent cinquante, ils n'étaient pas treize,

« Le bureau a été ainsi composé, etc. »

Je ne lis pas, messieurs, les noms; c'est complétement inutile.

« Après trois des discussions les plus approfondies, les plus sérieuses, relativement à la présidence, quatre questions ont été posées et résolues :
« 1° Convient-il, en tout état de cause, et quelle que soit la solution des questions suivantes, d'exclure le général Cavaignac?
« Oui, à l'unanimité.
« 2° La réunion décidera-t-elle que son avis est qu'il convient de voter de préférence pour M. Louis-Napoléon Bonaparte?
« Oui. »

Et voici, messieurs, d'autres journaux. Je vous fatiguerais par des répétitions inutiles, si je faisais passer sous vos yeux toutes les publications qui ont eu lieu à ce sujet, mais dans lesquelles, très-librement et en usant d'un droit qu'il eût été criminel de contester à celui qui voulait être ainsi nommé, on annonce la réunion du comité qui résume tous les autres, qui en est le grand directeur, qui est l'artisan de toutes les réclamations, de toutes les pétitions qui pourront arriver à Paris.

Et voici, messieurs, en quels termes cette réunion fait connaître le résultat de ses délibérations :

« La réunion, composée d'électeurs et de délégués de journaux et de comités électoraux de Paris et des provinces » (y a-t-il affiliation là ?), « siégant dans le local du cercle de la rue Duphot, à l'effet de délibérer sur la question du choix du président de la République, à élire le 10 décembre prochain, déclare : qu'elle croit devoir exprimer le vœu que les hommes nationaux refusent leurs suffrages au général Cavaignac, attendu qu'il a révélé ses instincts despotiques par plusieurs actes de violence et d'arbitraire contre la presse, ses instincts révolutionnaires par les paroles qu'il a prononcées à la tribune ; qu'elle a conseillé à ceux qui se rendaient à l'élection du 10 décembre, de voter de préférence pour Louis Bonaparte, afin d'arriver, régulièrement et pacifiquement, à une Assemblée nouvelle et au libre et entier exercice du vote universel... »

Ah! nous le voyons bien, c'est pour arriver au libre et entier exercice du vote universel, qu'on proposait la présidence de l'honorable candidat qui a réussi!...

Mais ce que je constate, messieurs, c'est que l'affiliation, comme l'appelle M. l'avocat impérial, était en permanence ; que les provinces correspondaient avec Paris ; que les comités électoraux échangeaient non pas seulement leurs vues, leurs idées, mais encore leurs mesures et leurs espèces ; que l'argent coulait à flots...

Vous nous parlez de souscriptions à dix ou vingt francs ; vous nous représentez comme un ministère des finances de l'avenir fort inquiétant ; vous faites montre de ces vingt pauvres mille francs dépensés dans le cours de trois élections. Combien je voudrais, pour l'honneur, pour la dignité, pour la sécurité de mon pays, que ses finances fussent conduites avec la même modération ! (Sourires.) Ah ! s'il était possible d'opérer rétrospectivement une saisie, non pas par visite domiciliaire, mais par simple examen de la correspondance administrative des comités formés par le gouvernement, je rencontrerais assurément beaucoup plus d'argent dépensé pour assurer le succès de ses élections. Ne nous provoquez donc pas sur ces choses... En vérité, cela n'est pas de bon goût, et puis cela pourrait avoir pour vous certains inconvénients.

Quoi qu'il en soit, je saisis en flagrant délit d'association ceux-là mêmes qui règnent aujourd'hui, et je pourrais leur dire que le pouvoir ne leur a été frayé que par les chemins qu'ils prétendent fermer derrière eux. La liberté est-elle donc leur patrimoine à eux seuls, et peuvent-ils nous condamner à la servitude? Eh bien, c'est là une compensation et un échange que nous ne voulons pas. La loi est faite pour tous. Elle vous protégea en 1848. C'est grâce à cette loi que vous avez pu réussir, que votre candidature s'est produite, que vos comités électoraux se sont réunis, qu'ils ont rayonné sur toute la surface de la France, que le prestige de votre nom a pu frapper les yeux éblouis de ces populations qui vous accueillaient comme un sauveur. Tout cela est bien, tout cela est légitime, tout cela a été fait légalement ; mais la loi n'a pas changé ; vous ne nous montrez aucun texte, et nous sommes encore sous l'empire de la loi de 1834, qui existait en 1848. Vous n'en avez cité aucune autre dans votre réquisitoire.

Je vous dis donc : ou l'élection du président a été entachée d'un vice radical, cette élection a été illégale, elle a été une monstrueuse violation de la loi ; ou bien les poursuites que vous inventez aujourd'hui sont imprudentes et contraires à la loi que j'ai le droit d'invoquer à mon tour.

Voilà le parti que j'entends tirer de cette pratique électorale constante depuis 1834 jusqu'en 1848, et comment je prouve qu'après le texte de la loi vient l'interprétation des Chambres, après l'interprétation des Chambres celle de la pratique. De ce triple ordre de raisonnements et d'idées naît la démonstration invincible, *invincible*, entendez-vous, de cette proposition : que la loi de 1834 respecte la liberté électorale, que les comités électoraux sont l'expression de cette liberté, et que gêner leur action, c'est attenter à la liberté électorale.

Ici je repousse de toutes mes forces, parce qu'elle est contraire à la loi, une distinction faite par M. l'avocat impérial dans son réquisitoire. Il s'est attaché à démontrer que les prévenus avaient réuni un comité électoral en dehors de la période électorale, qu'ils avaient correspondu avec les comités de province, et il a pensé que s'ils avaient réuni leur comité électoral dans la période électorale, il y aurait encore eu violation de la loi, car il ne veut pas même nous concéder cette réunion, mais qu'il y aurait eu là une circonstance que le tribunal devrait prendre en considération.

Messieurs, quant à moi, toutes ces distinctions me paraissent contraires à la loi. Et la justification de ma proposition, je ne la trouve pas seulement dans le texte de la loi, dans sa discussion, dans l'interprétation de la pratique... C'est surtout dans l'essence même des choses, c'est dans la substance philosophique et politique du droit que je rencontre l'impossibilité d'atteindre, à quelque époque que ce soit, le citoyen qui veut exercer son droit électoral, qui pour cela se concerte avec son voisin, échange ses idées, cherche à adoucir ses préventions, à rectifier son erreur et à arriver à un choix qui soit vraiment digne de celui qui doit en être honoré.

Ceci peut-il être contesté ? Je demande à M. l'avocat impérial de vouloir bien réfléchir un instant avec moi à la situation où nous sommes. Le suffrage universel a été décrété. Dans quelles circonstances l'a-t-il été ? J'ai parlé des grands événements de 1848 ; mais il m'est impossible de ne pas dire un mot de ceux de 1851. A cette

époque, l'attention du pays tout entier fut frappée, indépendamment
de la nature des événements qui s'étaient accomplis, de la déclaration
faite par celui qui prenait le pouvoir. Voici, en effet, dans quels
termes il rappelait que c'était au nom du suffrage universel que
venait de s'accomplir la révolution dont il était l'instrument. Il disait :

> « La constitution avait été faite dans le but d'affaiblir d'avance le pou-
> voir que vous allez me confier. Six millions de suffrages furent une écla-
> tante protestation contre elle, et cependant je l'ai fidèlement observée...
> Mais aujourd'hui que le pacte fondamental n'est plus respecté de ceux-là
> mêmes qui l'invoquent sans cesse, et que les hommes qui ont déjà perdu
> deux monarchies veulent me lier les mains, afin de renverser la République,
> mon devoir est de déjouer leurs perfides projets, de maintenir la Répu-
> blique et de sauver le pays, en invoquant le jugement solennel du seul
> souverain que je reconnaisse en France! le peuple. »

Il annonçait dans la même proclamation que le suffrage universel
était rétabli et que la loi du 31 mai 1850 était abrogée.

Après de semblables déclarations, lorsque les événements du 2 décembre l'eurent porté au pouvoir, alors qu'il annonçait solennellement vouloir maintenir la République, à laquelle il avait prêté serment; quand il disait que le suffrage universel était rétabli et que la
loi du 31 mai 1850 était abolie, n'est-il pas certain, messieurs, qu'il
s'ouvrait une ère nouvelle, reposant surtout sur la pratique libre,
sincère, du suffrage universel ?

Je me demande comment le suffrage universel pourrait être appliqué, si jamais les comités électoraux étaient confondus avec des
associations telles que celles qu'ont prévues l'article 291 et la loi de
1834?

Je disais tout à l'heure, et c'est à mon sens une vérité élémentaire,
que le droit de réunion en matière électorale est un droit constitutionnel. Ce n'est pas parce qu'il est écrit dans la loi ou parce qu'il a
été fait une réserve à son égard, que je puis l'exercer; c'est parce
qu'il est allié intimement à la qualité de citoyen français. Tout Français, sous l'empire de notre constitution, naît électeur, et aussitôt
qu'il a atteint sa majorité, la patrie attend de lui et lui demande
l'expression de sa libre opinion. Pour qu'il manifeste cette opinion,
il est absolument nécessaire qu'il s'éclaire, qu'il regarde autour de lui.

Or, est-ce que, par un mirage tout à fait incompréhensible, le
citoyen français qui vit en société serait condamné à se renfermer
dans l'isolement le plus absolu, alors qu'il s'agirait pour lui de réaliser un acte de collectivité? Il faut que je nomme un député, et pour
savoir qui je nommerai, il me sera interdit, même pendant la période
de vingt jours avant l'élection, d'aller voir mon honorable et vénéré
maître, M. Berryer, d'appeler au rendez-vous mon si spirituel et si

dangereux ami, M. Picard (*sourires*), je dis dangereux pour les autres, pas pour moi; il me sera impossible de les réunir, de me concerter avec eux; et si je me retourne du côté de mon honorable ami M. Marie, de mon vénérable bâtonnier M. Dufaure, et de mon ami M. Arago, aussitôt me voilà en flagrant délit d'association illicite! Car, bien que six seulement, nous avons une foule d'adhérents, une foule de jeunes amis qui espèrent, qui croient et qui aiment avec nous... Ah! si M. l'avocat impérial place des délits dans des *permanences morales*, des coopérations morales dans des espérances, je lui conseille d'élargir le cercle de ses réquisitions: cette salle n'est pas assez grande pour contenir tous les coupables, les prévenus vont se presser dans le prétoire, et autour de nous vous trouverez de quoi frapper tout à votre aise!

Non, me dit-on, toutes ces choses sont défendues; vous n'avez pas le droit de vous concerter, vous n'avez pas le droit de rechercher quel sera le meilleur député à élire dans le département de la Seine... Et pourquoi? Où donc est la restriction? La liberté n'est-elle pas le droit commun? Ne s'agit-il pas ici d'un droit constitutionnel, de l'exercice d'une faculté sans laquelle tout l'ensemble de votre société s'écroule?

Je vous entends dire constamment, dans vos pompeuses déclarations, que vous reposez sur le suffrage universel. Mais le suffrage universel, c'est nous, c'est moi qui vous parle. Le suffrage universel, ce n'est pas un mot d'ordre qu'il faille demander à la préfecture de police. Non, c'est dans ma conscience et dans mon intelligence que je prétends trouver la raison qui me détermine. C'est à mes amis, à ceux que j'aime, à ceux en qui j'ai confiance, que je m'adresse. Je les interroge, je les consulte, et j'en ai le droit parce que je suis homme, parce que je suis citoyen, parce que je me crois libre. Si vous me le défendez, c'est le masque que vous vous arrachez, et vous nous prouvez que cette liberté que vous proclamez si hautement, n'est que la servitude!

Voilà la vérité, messieurs, et philosophiquement comme publiquement, il est impossible de faire de l'exercice du suffrage universel une raison de temps, et si cela n'est pas possible, il ne l'est pas davantage d'en faire une raison de lieu.

Ce que j'ai dit pour le département de la Seine, je ne pourrais pas le dire pour le département de Seine-et-Oise? Quoi! parce que je suis séparé de Versailles par l'express d'un chemin de fer qui m'y conduit en vingt-cinq minutes, il y aura un point, à la station de Suresnes, je crois, où d'homme libre que j'étais en deçà, je deviendrai homme enchaîné au delà, où je n'aurai pas le droit de faire connaître ma pensée, de m'entendre avec mes amis..... En vérité, messieurs, quand

on discute ces choses, et qu'on pense à toutes les lumières qui ont
inondé notre pays, à tous les génies qui y ont brillé, à toutes les
richesses intellectuelles qui y ont été dépensées, on est prêt à mettre
son front dans la poussière pour y cacher son humiliation.

Quoi ! nous en sommes là ! Nous vous demandons si pour exercer nos droits de citoyens nous pouvons nous entendre, causer
ensemble, nous éclairer ! Vous nous dites : Vous êtes libres, mais à
la condition de ne pas voir ; vous êtes libres, mais à la condition de
ne pas parler ; vous êtes libres, mais à la condition de ne pas penser !
Ou plutôt, je me trompe, à la condition de penser ce que nous pensons nous-mêmes et d'accepter d'une main asservie ces bulletins que
nous vous proposons pour les placer dans l'urne officielle qui doit
réaliser le simulacre du suffrage et de la liberté!... Mais non ! Non !
nous ne voulons pas, et tant qu'il nous restera un souffle de vie,
nous protesterons, la loi à la main, contre votre système, et nous
invoquerons éternellement les règles de la dignité humaine contre
l'insolence des prétentions adverses. (*Vif mouvement dans l'auditoire.*)

Voilà, messieurs, comment le droit de réunion électorale repose sur
l'essence même du droit de l'électeur. Voilà comment il n'est possible
de le limiter ni par le temps ni par le lieu ! Voilà pourquoi je crois,
pour ma part, pouvoir songer, à l'heure où je parle, à ceux qui auront
l'honneur de me remplacer en 1869 ; pourquoi je crois avoir le droit
de jeter les yeux sur l'avenir ; de n'être ni assez aveugle ni assez
insoucieux des intérêts de mon pays pour attendre tout du hasard ou
de la volonté qui gouverne. Je veux veiller, je veux examiner, je veux
prévoir, et si je vois surgir une volonté libre, une âme fière, un
homme qui se soit mûri par l'étude, élevé par l'indépendance et par
le travail, un homme qui n'ait jamais courbé le genou devant une
puissance officielle, c'est à lui que je vais, et je n'attends pas que
l'heure soit sonnée, je le prends par la main, moi à qui Dieu a fait la
triste faveur de le précéder dans le chemin de la vie, et je lui dis :
Venez, tous mes efforts, tout mon dévouement, toutes mes sympathies sont pour vous...

Et vous voudriez, monsieur l'avocat impérial, me condamner à renfermer ces sentiments en moi-même, et parce je les aurai communiqués à mon voisin, à mon ami, parce que nous nous entretiendrons
de nos espérances constitutionnelles, parce que les uns et les autres
nous rêverons, insensés que nous sommes, la grandeur et la prospérité
de notre patrie par l'effort de notre dévouement, de notre talent, et
par le sacrifice de notre vie, nous serons des factieux ? Non ! non ! rien
ne nous fera admettre de pareilles doctrines. Elles ne sont pas vraies,
elles offensent tout ce qu'il y a en nous de raison, d'intelligence et
de cœur.

Non, je ne suis gêné par rien : ma liberté m'appartient ; je vois un citoyen libre, je vais à celui que je crois le plus digne. Quelle que soit l'époque de son avènement, je le protége, je tâche d'en faire un honnête homme qui résiste, le cas échéant, aux menaces, aux calomnies et même aux proscriptions. Je veux qu'il soit prêt à donner son sang pour la grandeur de son pays. Celui-là, je le désigne à mes amis ; j'exerce un droit sacré ; je ne suis pas un trangresseur de la loi.

C'est là ma religion et ma doctrine, c'est la religion et la doctrine de la loi. Il ne faut pas les laisser s'affaiblir dans nos mains. Quoi ! nous les abandonnerions, lorsque nos pères ont fait tant de sacrifices pour les conquérir ! Nous pourrions déposer ces armes qui ont servi à faire triompher la vérité ! Non, je dis que cela n'est pas possible.

Ainsi, messieurs, je maintiens dans toutes ses parties la proposition que j'ai eu l'honneur d'émettre, à savoir que la loi, interprétée d'après son texte, interprétée d'après les discussions qui l'ont précédée, interprétée d'après la pratique, interprétée enfin d'après son sens philosophique et son sens politique, doit nous conduire à cette conclusion que le comité *électoral*, en ce sens qu'il ne s'occupe que d'élections, qu'il ne songe qu'aux élections, qu'il ne prépare que des élections, que toute espèce d'autre but lui est interdit et qu'il se l'interdit à lui-même, que le comité électoral, dis-je, n'est pas défendu.

Et sur ce point je rencontre un auxiliaire dont le secours m'est infiniment précieux, c'est celui qu'à l'audience d'hier invoquait M. l'avocat impérial lui-même, je veux parler de M. le président du conseil d'État.

M. le président du conseil d'État n'entend pas la loi autrement que nous, et il était impossible qu'il en fût autrement. Il a été appelé à s'expliquer dans la séance du 14 mai 1864 sur la question des réunions électorales.

Vous savez, messieurs, ce qui s'était passé ; je ne reviens pas sur ces détails, qui pourraient cependant me fournir des armes redoutables, si je n'avais de si grandes considérations pour me servir d'appui.

Une première saisie avait été pratiquée chez M. Dréo : on attendait la dissolution de la Chambre ; on se réservait d'en opérer une autre chez Garnier-Pagès et chez Carnot. Tout cela était préparé dans l'ombre : on savait que ces messieurs ne déguisaient rien, et qu'avec une confiance bien naïve, qui prouve la pureté de leur conscience et de leur vie, ils sont à tous les instants prêts à subir les interrogatoires du commissaire de police ou de ses officiers.

A ce moment, il n'était question que des réunions, et Garnier-Pagès ayant protesté contre les perquisitions domiciliaires faites au domicile de son gendre, et contre la saisie de ses papiers domestiques, voici en

quels termes s'exprimait M. le président du conseil d'État. Vous allez
voir que la doctrine qu'il développe, si l'on met de côté (j'en demande
pardon au tribunal) les développements pleins d'ampleur auxquels se
livre M. le président du conseil d'État, vous allez voir que la substance même de la doctrine qu'il développe est véritablement celle
que j'ai l'honneur de plaider aujourd'hui :

« L'honorable M. Garnier-Pagès n'a pas oublié qu'il est ou qu'il a été à
la tête d'un vaste comité électoral, politique, ayant la prétention de
s'étendre sur toute la France par ses nombreuses affiliations, et de s'élever ainsi à la puissance d'un gouvernement occulte... »

Le voilà, c'est le gouvernement occulte ! M. Garnier-Pagès ne l'a
pas oublié, c'est incontestable, puisqu'il ne l'a jamais su. (Sourires.)
Il l'apprenait de la bouche de M. le président du conseil d'État, qui
avait la bonté de le lui dire, et qui voulait bien développer son thème
dans les termes que voici :

« Eh bien, le gouvernement est convaincu, et la justice dira bientôt
son jugement, car elle est saisie, le gouvernement est convaincu que le
comité formé par M. Garnier-Pagès est une véritable association non
autorisée, ayant de nombreuses affiliations en état de permanence, et
cherchant avec le temps à couvrir le pays d'un réseau électoral politique. »

Ce dernier mot était indispensable pour que la pensée de M. le président du conseil d'État eût un sens quelconque; s'il s'était arrêté au
mot « réseau électoral », il n'y avait pas de délit; le délit commence
avec le réseau politique, avec le gouvernement occulte.

« J'ai le droit, je pense, continue M. le ministre, de me dire bien
informé, non pas aussi bien que l'honorable M. Garnier-Pagès lui-même,
mais enfin la justice a saisi des correspondances. »

Et vous allez voir comment M. le président du conseil d'État était
bien informé. Il ajoute :

« Notez bien, messieurs, que la justice a mis la main, non pas sur les
lettres privées, mais seulement sur les correspondances qui contiennent
des allusions ou des renseignements directs pouvant éclairer le caractère
et les opérations du comité. »

Vous voyez, messieurs, combien les gouvernements sont bien infor-
més. Il y a au dossier, je crois, deux mille trois cent pièces saisies. On
en a cité tout au plus une centaine. Donc, on a saisi deux mille trois
cents pièces complètement inutiles. Ce sont des correspondances
privées. M. le président du conseil d'État ignorait toutes ces choses;
mais ce qu'il n'ignorait pas, c'est que pour que la loi soit applicable,
il faut que le comité électoral ait dégénéré en association, en autorité ayant la prétention d'être un gouvernement occulte et voulant
couvrir le pays d'un vaste réseau politique.

Qu'a-t-on trouvé, messieurs? Les prétentions qui étaient manifestées par le ministère public ont-elles été justifiées de près ou de loin?
Quant à moi, messieurs, arrivé ainsi au terme de cette longue discussion, j'ai le droit de dire résolûment que non.

Le ministère public n'a fait, sur aucune des parties de son réquisitoire, la preuve nécessaire pour la justifier. Il vous a dit, en effet,
messieurs, qu'à lui nécessairement incombait le fardeau de la démonstration de la pluralité des prévenus; il faut que le nombre en dépasse
vingt. Comment M. l'avocat impérial a-t-il fait cette preuve? Je
l'attends encore, et j'avoue qu'il m'a été impossible de la saisir, malgré les développements dans lesquels son zèle infatigable a cru
devoir entrer. Il nous a répété que le comité avait été en correspondance avec d'autres comités. Lesquels? Quels sont leurs noms? Pourquoi, s'il y a réellement vingt et un prévenus, n'y en a-t-il que
treize sur ces bancs? Est-ce que la loi peut avoir des caprices? Est-ce
qu'elle peut créer des catégories? Comment, messieurs, les prévenus
non cités, inculpés ainsi moralement, pourraient-ils accepter la
dédaigneuse immunité et l'indulgence de la prévention?

Quant à moi, je me sens blessé, et je pourrais dire à M. l'avocat
impérial que moi aussi je suis un des affiliés. Je n'ai fait partie d'aucun comité, c'est incontestable; mais si je n'en ai pas fait partie
matériellement, j'en ai fait partie moralement; je dois être également
ment atteint par la justice sévère du tribunal. Si cette justice
s'applique à mes amis, je ne veux pas séparer mon sort du leur. Ce
qu'ils ont voulu, je l'ai voulu; si mon temps, mes occupations ne
m'ont pas permis de coopérer matériellement à leur œuvre, j'étais
avec eux de cœur et d'âme.

Mais j'allais peut-être, par des précautions oratoires imprudentes,
qu'il aurait été possible de taxer de faiblesse, j'allais cacher au tribunal une participation effective à ce délit. Eh bien, il faut que je
l'avoue, j'ai été consulté, j'ai écrit, moi aussi. Si la condamnation
qui est sollicitée par M. l'avocat impérial était obtenue, je déclare
que c'est la dernière fois que j'écrirais; et comme il me plaît peu
que la police lise mes confidences les plus intimes, je me bornerais à
les faire de vive voix à mes amis, jusqu'à ce que la parole orale ait
été à son tour l'objet d'autres procédés qui entrent peut-être dans
les perspectives ultérieures. (*Mouvement dans l'auditoire.*) En somme, il
est incontestable que j'ai commis le même délit qu'on reproche aux
prévenus, et si je ne complète pas ce nombre de vingt et un,
nécessaire pour la poursuite, je fais au moins le quatorzième, quand
ce ne serait que pour sauver mes amis de ce nombre fatidique de
treize, qui semble les destiner à une condamnation certaine. (*Rires.*)

Messieurs, soyons sérieux. Je demande où sont les vingt. M. l'avocat impérial ne l'a pas dit, il s'est contenté de les placer dans une auréole au delà de laquelle il est impossible d'apercevoir autre chose que des raisonnements. C'est, dit-il, par le cœur qu'ils se sont associés à ce qui a été fait par le comité.

J'ai répondu, messieurs, que ce n'est pas là ce qui peut constituer une association. Il faut un lien, quelque chose de matériel, la participation à des réunions; il faut, en un mot, qu'on rencontre sur le terrain même de l'association, dans le sein de son organisation, l'action effective et réelle de celui qu'on appelle l'associé et que vous ne pouvez pas traiter d'affilié pour une simple correspondance.

En effet, messieurs, quelles sont les conditions faites par M. l'avocat impérial, et comment, en dehors de cette question de nombre, sur laquelle je rougirais de m'expliquer davantage, tant il m'est impossible de saisir une argumentation qui n'existe pas et qui n'a jamais existé, comment M. l'avocat impérial a-t-il donc prouvé l'existence de cette association non autorisée? Quelles ont été à cet égard les preuves qu'il a apportées à votre barre?

Si j'avais, messieurs, à retrancher ma discussion dans une partie que je pourrais appeler subsidiaire, et si j'examinais si réellement mes honorables amis se sont renfermés dans la période électorale, ah! je n'aurais pas de peine à démontrer qu'ils ont été à cet égard, et je me permets de leur en faire un reproche amical, infiniment trop réservés : ils n'ont pas connu leurs droits, c'est fort excusable, messieurs, par le temps qui court; car, par provision, on commence par les nier tous : rattrape qui peut; mais il est incontestable qu'il faut toujours une discussion pour arriver à faire triompher le sens libéral de la loi. Je n'ai donc pas à faire à mes amis une trop grosse querelle s'ils se sont montrés aussi timides et aussi réservés.

Ce que j'affirme, c'est qu'avec les pièces citées par le ministère public, il est impossible d'arriver à une autre démonstration que celle-ci : à savoir que pendant les périodes électorales des comités se sont formés, qu'ils ont fait œuvre de comité, qu'ils ont recommandé des candidats, qu'ils se sont mis en communication avec trois autres comités. Vous ne nous en nommez que trois, mais ils auraient pu se mettre en communication avec tous les citoyens de la France. C'était leur droit, c'était leur devoir. Ils étaient dans la période électorale, ils jouissaient donc de la franchise la plus complète. Voilà ce que prouvent les pièces citées par le ministère public.

Il faut le dire et le répéter, car j'ai déjà présenté ces considérations; mais on ne saurait trop y revenir, rien n'est plus instructif, rien n'est plus respectable et plus touchant que l'épreuve à laquelle ont été soumis les hommes honorables, les hommes de bien, les citoyens généreux qui sont assis aujourd'hui sur ces bancs, et qu'on voudrait frapper des lois pénales. On a saisi tous leurs papiers, deux mille quatre cents pièces!..... On les a lus, et chose inouïe, qui saisit de joie les cœurs honnêtes, on n'a pas trouvé dans ces deux mille quatre cents pièces émanées d'hommes de tout âge et de conditions diverses, l'expression, non pas d'un délit, mais même d'un mauvais sentiment. On s'est donné le plaisir d'essayer de les placer en opposition les uns avec les autres; on a saisi un instant de découragement sous la plume de l'un d'eux qui s'en expliquait dans un épanchement tout intime; on a pris une phrase pour la faire ressortir en l'éloignant des phrases qui la précédaient et la suivaient, et qui pouvaient l'expliquer. Il y a longtemps que cette méthode a été condamnée par le grand orateur, l'illustre défenseur d'Antoine, qui ne trouvait rien de plus vil que de se glisser dans la demeure d'un citoyen pour y surprendre les secrets de son cœur, ses faiblesses, ses défaillances, et pour défigurer ses épanchements.

Eh bien! je suis convaincu que les hommes qui sont ici ont complètement résisté à cette épreuve. Je n'ai pas à m'occuper, messieurs, de ceux que j'aime tout autant que les autres, car mon cœur n'en distingue aucun, mais qui ne m'ont pas confié leur défense. Mais quant à M. Garnier-Pagès, vous avez sa correspondance, et il faut le dire, vous y trouverez l'homme animé de cet amour du bien public qui ne l'a jamais abandonné, qui, en dehors des affaires, cherche à les surveiller en essayant d'y introduire cette charité, cet esprit de conciliation, cette loi philosophique qui n'a jamais cessé d'être son âme tout entière, et qu'il tient de son illustre frère, dont vous avez bien fait de rappeler la mémoire, car elle plane sur cette discussion, elle me couvre de son ombre, elle me protège.

Je l'ai connu enfant, j'ai su jusqu'à quel point il avait à l'avance fait le sacrifice de tout ce qu'il possédait à la grandeur, à la dignité, à la liberté de son pays. M. Garnier-Pagès qui est ici s'enorgueillit d'être son successeur; il est glorieux et fier de tenir d'une main fraternelle et ferme le drapeau que ce noble champion a si longtemps défendu. (*Les regards se tournent vers M. Garnier-Pagès, qui paraît éprouver une vive émotion.*)

Vous avez toutes ses lettres.

Je porte le défi d'y trouver un seul sentiment qui ne soit pas en harmonie avec ceux que je viens d'exprimer. Avant tout, messieurs, ce qu'il y a dans ces lettres, ce n'est pas seulement cet amour de la liberté, ce respect de la famille, cette confiance vis-à-vis de son gendre, son fils, dont il veut faire non-seulement un homme, mais encore un bon citoyen; c'est surtout, et c'est ce qui distingue Garnier-Pagès, ce qui le différencie de tant d'hommes politiques, même de ceux que la fortune a élevés le plus haut, c'est son rare désintéressement. Oui, Garnier-Pagès agit pacifiquement, légalement; il veut que le pays se révèle, qu'il use des droits qui lui restent; il veut que ses amis triomphent. Quant à lui, il se met sur le second plan, et si aujourd'hui il a l'honneur d'être assis sur les bancs du Corps législatif, il n'a passé que le dernier, lorsque tous ceux qu'il a pu faire réussir ont triomphé.

Je pourrais multiplier les citations. Voici une de ses lettres du 28 mars 1863 :

« Maintenant, en ce qui me concerne, je serai heureux si au dernier moment je puis réussir à concilier, et pour cela je suis parfaitement disposé à m'effacer complètement. »

Dans une autre lettre qu'il écrit à son gendre (avril 1863) :

« Peu importe le profit! Donnez-vous toute la peine. Faites votre devoir, et votre conscience, Dieu et moi, votre père après Dieu, nous vous tiendrons compte de vos efforts... »

Et avec une naïveté charmante, que n'ont pas déshonorée vos investigations, il ajoute :

« Vous voyez que je n'arrange pas mal la chose. Je mets le bon Dieu en camarade entre votre conscience et moi! Voilà de la fraternité bien entendue...

Allons, mon cher ami! ne vous découragez pas! Je sens bien que vous êtes un peu froissé. Il y aurait de quoi pour une âme vulgaire. Mais élevez-vous au-dessus de toutes ces petites vanités et faites pour le mieux. »

Et puis, dans un moment d'exaltation, quand il voit que les rangs électoraux vont s'ouvrir pour cette jeunesse que nous portons tous dans notre cœur, qui suivra notre faible trace, qui agrandira ce champ ingrat que nous cherchons à cultiver et à féconder, vous allez voir, messieurs, son cœur éclater tout entier. Écoutez ce qu'il écrit dans cette lettre, qui porte également la date d'avril 1863 :

« Enfin, voilà ce que je désirais! bravo, Corbon, bravo Floquet, bravo, Dréo, et *tutti quanti!* Comment! vous auriez tout le mal, toute la peine, et au dernier moment vous laisseriez effacer votre influence; vous auriez semé, et d'autres viendraient récolter; vous auriez le travail, et les autres le profit? Ce ne serait pas juste, il faut faire savoir votre activité et votre dévouement, et forcer tout le monde à compter avec vous.

« Pour moi, dites à Floquet que s'il désire que j'aille quelque part pour sa candidature, à Bayonne même, j'irai où il m'appellera. Dites et répétez à vos jeunes amis que j'irai où ils auront besoin de moi. Si Durier veut que j'aille à Pontoise où à Montauban, j'irai. Pour vous, vous ne me parlez plus de la Mayenne; tenez-vous et tenez-moi au courant. Je me regarde comme le vieux de la vieille qui doit vous léguer la tradition de mon frère Garnier-Pagès, et peu m'importe que j'arrive, pourvu que, vous, vous arriviez. »

Voyez quelle générosité naïve et quelle grandeur de sentiments!

Voilà l'homme, messieurs; c'est l'homme dévoué, généreux, qui ne demande que le succès et la grandeur de la patrie. Et c'est pour cela que vous voulez le traîner en police correctionnelle et le condamner, parce qu'il aurait eu et échangé toutes ces pensées dans sa correspondance avant le jour permis, c'est-à-dire quand la période électorale n'était pas ouverte!

Mais, sur ce point encore, vous vous trompez et vous confondez deux choses distinctes : la préparation du comité et l'existence du comité même. Ainsi, dans tout le cours de mars 1863, que s'est-il passé? M. Carnot a essayé de fonder un comité... C'était son droit, messieurs! Mais, en vérité, je me demande où nous vivons, de quoi nous parlons! Comment! on sait que le corps législatif touche à son terme, que les élections vont commencer. Voici un homme qui est dans la position de M. Carnot, ce *va-nu-pieds* de Carnot, qui n'est pas illustre seulement par le nom qu'il porte, mais encore par son noble dévouement, par les services qu'il a rendus, par son caractère si plein d'humanité, par cette fermeté douce qui peut tromper, quand on ne connaît pas la grandeur de son âme... Il n'a pas le droit d'ouvrir sa maison pour se demander quels sont les éléments qui composeront un comité? Non, non, vive le hasard, c'est-à-dire l'arbitraire et la force! Carnot n'en veut pas, messieurs; il cherche à s'éclairer, il appelle autour de lui plusieurs de ses amis. Garnier-Pagès, qui est à Cannes en ce moment, compose-t-il un comité à lui tout seul? Non, dites-vous; mais Dréo lui envoie des nouvelles de ce qui se passe, et M. l'avocat impérial, son cœur a dû en souffrir, a été condamné à fouiller cette correspondance, à y relever je ne sais quelles petites querelles faites par Dréo à tel ou tel, afin de pouvoir jeter comme autant de dards destinés à envenimer ces amis les uns contre les autres.

Votre but est manqué, monsieur l'avocat impérial : la concorde ne sera pas troublée; chacun sait qu'entre amis on a le droit de se gourmander, et ce qu'on pense tout bas, on se le dit tout haut. Quant à nous, nous avons l'habitude de ne rien nous cacher de ce que nous pensons les uns des autres. Ainsi ne nous avez-vous rien appris.

Mais en dehors de ces petites discussions, qu'y a-t-il? qu'avez-vous pu signaler? Vous avez lu le récit qui est fait par Dréo de toutes les tentatives de Carnot. Celui-ci n'arrive pas à son but. Garnier-Pagès écrit alors : « Il faudra essayer à notre tour. » Car, ce qu'ils voulaient tous, c'était la présentation de candidats qui pussent inspirer confiance au peuple et défendre la liberté.

Mais au mois de mars 1863, le 18, dans les pièces saisies, n'oubliez pas que M. l'avocat impérial a placé en mars les réunions du comité de M. Garnier-Pagès : il était à Cannes! mais cela ne fait rien, il y avait sa *présence morale*... Avec cela on fait bien des choses... Permanence morale, coopération morale, présence morale ! Eh bien, à cette date, il écrivait à son gendre :

« Maintenant, puisque vous n'avez su prendre l'initiative, allez où vous serez convoqué; et, au lieu de bouder contre qui que ce soit, unissez-vous à tous et cherchez à concilier tout le monde. »

Voilà le comité !... C'est un comité qu'on quête, qu'on cherche. Où est-il? Sera-t-il rue Saint-Roch? Sera-t-il rue de l'Université? Sera-t-il à la préfecture de police? C'est le seul lieu où l'on soit sûr de ne pas le rencontrer. Mais enfin, si on l'avait été chercher là, les prévenus ne seraient certainement par sur ces bancs... On le cherche, on ne le trouve pas, il n'y a donc pas encore de comité : M. Dréo le cherche.

J'ai regret de ne pas lire la totalité de ces lettres. Vous y verriez l'âme, le noble caractère de cet excellent, de ce *brave* Garnier-Pagès. Qu'il me pardonne ce nom vulgaire; mais il sait à quel point il trahit mes sentiments pour lui.

Dans chacune de ses lettres il dit à son gendre : Ne vous occupez pas de ma personne; conciliez, adoucissez, mettez de l'huile, que les ressorts ne grincent pas. Arrivons à constituer quelque chose d'harmonique et de bon.

Lorsque la période électorale vient à ouvrir, on se manifeste par la circulaire du 28 avril 1863, circulaire que vous connaissez.

Le *Moniteur* fait connaître, à la date du 1er mai, par un article qui n'était pas suffisamment bien rédigé pour être clair, que les journaux peuvent se compromettre en parlant des manifestes des comités électoraux; il semble, à la lecture de cet article, qu'il est rédigé contre les journaux; il ne semble pas qu'il le soit contre les comités.

Quant à Garnier-Pagès, fort de son droit, il fait, le 8 mai 1863, en pleine période électorale, la publication de son comité; et dans cette publication se rencontrent ces lignes, que je vous demande la permission de remettre sous vos yeux. Je ne veux pas lire la pièce tout entière. Je recommande seulement à votre attention ce qui suit :

« Sans autre droit que notre dévouement à la chose publique, sans autre prétention que le désir d'être utiles, sans autre but que le progrès dans la liberté, par la liberté, ne relevant que de notre bonne volonté, nous nous sommes groupés quelques-uns, pour former un comité consultatif pour les élections, ainsi que nous vous l'avons écrit par notre lettre du 28 avril. »

Quand M. l'avocat impérial vient dire que c'est un piège, une imposture, je lui en demande pardon, mais ce sont des expressions qui ne peuvent nous atteindre. Garnier-Pagès ne cache pas sa pensée.

Il a voulu former un comité consultatif, c'est-à-dire venir en aide à tous ceux qui s'adresseraient au comité; et plus bas il s'en explique clairement:

« Nous n'avons nullement l'intention de peser sur les décisions ou sur les choix des électeurs; nous n'avons donc à désigner aucune candidature. Inspirés seulement d'un sentiment profond de conciliation indispensable au développement de nos principes, nous nous efforçons, *si nous sommes consultés*, de mettre en harmonie les prétentions diverses, d'adoucir les rivalités, de rapprocher les esprits, de recommander l'union de tous ceux qui veulent sincèrement la liberté. »

Est-il possible de poser plus nettement la situation? Est-il possible de dire avec plus de franchise ce qu'on veut à ce monde politique auquel on s'adresse?

Durant le mois de mai 1863, le comité a été consulté un grand nombre de fois. M. l'avocat impérial s'est étonné de ne pas rencontrer de consultations dans ce dossier. D'abord on ne conservait pas de copies de ces consultations. Puis, s'il avait parcouru les journaux de cette époque, il y aurait trouvé la preuve des travaux nombreux du comité. La législation électorale, en effet, est incertaine; des obscurités s'y rencontrent; on a bien souvent besoin de l'expliquer.

Voilà, messieurs, quelle était la marche et le but du comité.

Enfin, quand le mois de juin est arrivé et que la période électorale est terminée, avec l'élection qui s'est prolongée par le ballottage, le comité, messieurs, envoie cette circulaire:

« Le comité siégeant rue Saint-Roch, n° 45, a terminé sa mission.

« Il se trouve nécessairement dissous à l'expiration de la période électorale.

« Les citoyens qui auraient besoin de consulter sur les difficultés juridiques peuvent toujours, comme par le passé, s'adresser aux auteurs du *Manuel électoral*. »

Il y a là un piège, dit M. l'avocat impérial. Lequel? Ne sont-ils pas des hommes honorables, agissant parfaitement au grand jour? Leurs noms ne sont-ils pas sur la couverture du *Manuel* dont ils sont les auteurs, et dans les agendas? Ces noms ne sont-il pas écrits dans nos cœurs?... Ne les trouvons-nous pas quand nous avons besoin d'eux? Le public ne les connaît-il pas? Les consulter, n'est-ce pas faire une chose toute simple? Ne sait-on pas que ce sont des factionnaires de la liberté qui sont toujours sous les armes et toujours prêts à rendre service quand cela est nécessaire?

Voilà, messieurs, comment ils ont été en permanence; un comité non pas électoral, car le comité électoral eût été en permanence, il n'y aurait pas eu de délit; mais un gouvernement occulte, couvrant la France d'un réseau politique!

On n'a rien dit, rien avancé, on n'a pas cité un fait, on n'a pas trouvé un indice d'où l'on puisse conclure que jamais chose semblable ait existé.

Il est arrivé seulement qu'à chaque élection le comité s'est de nouveau manifesté. Il s'est manifesté une première fois, en novembre 1863, pour l'élection de M. Pelletan ; une seconde fois, le 3 mars 1864, pour l'élection de M. Garnier-Pagès ; et enfin, dit-on, à l'occasion des élections dans les départements, le comité a été en relation avec le comité de Marseille, avec le comité du Bas-Rhin et celui des Vosges.

Ah ! il y a en ce monde de singulières fortunes. Le prévenu qui est assis en ce moment sur ces bancs, et qui y a été envoyé par la confiance des électeurs du Bas Rhin, ne doit pas attendre de ma part une défense qui sera si bien présentée par mon éminent confrère Me Hébert ; mais enfin M. Melsheim sait à merveille que s'il est traduit devant la police correctionnelle, c'est pour avoir voulu l'éviter, et que, s'il n'avait pas eu en contemplation cet écueil dont il se défiait, il aurait passé à côté sans l'atteindre. (Sourires.)

M. Melsheim a écrit trois lettres. On n'a parlé que de deux ; mais là se trouve un des faits d'affiliation que je suis dans la nécessité de confesser en ce qui me concerne, et que je remercie M. Melsheim de n'avoir pas fait connaître. C'est de sa part un acte de délicatesse dont je suis profondément touché ; mais il voit que j'en suis peu reconnaissant. (Sourires.) Il a écrit trois fois, et il a demandé comment il était possible de se conformer à la loi ; il a écrit pour savoir quelles étaient ses rigoureuses prescriptions. Première réponse de M. Garnier-Pagès, au nom du comité qui examine la loi, qui recherche comment elle peut être observée, et qui dit à M. Melsheim : Prenez bien garde, de ce côté-ci on peut risquer quelque chose ; mais en passant par là vous pouvez être sûr que vous n'avez rien à craindre. M. Melsheim n'est pas content, il s'adresse à un autre membre du comité. Enfin, il me fait l'honneur de m'écrire, et j'ai la scélératesse de lui répondre. (Rires.) J'essaye de lui expliquer comment il pourra ne pas violer la loi.

Voilà les trois points qui constituent l'affiliation. Ainsi, c'est parce que M. Melsheim n'a pas voulu encourir le reproche qui lui est fait aujourd'hui qu'il est tombé dans cet abîme ouvert sous ses pas. S'il n'eût pas consulté, il passait à côté du délit ; c'est pour avoir voulu l'éviter qu'il l'a commis ! (Rire général)

Quant à M. Bory, il s'est expliqué lui-même ; et avec cet accent de fierté qui distingue les habitants de sa ville natale, cette fierté que je partage quand je mets le pied sur cette terre où vivent encore les souvenirs de l'ancienne République phocéenne, alliés à je ne sais quelle saveur particulière qui fait de ses habitants les plus dignes des enfants de la France, il vous a dit : Les Marseillais ont voulu marcher seuls, ils ont pensé qu'ils n'avaient pas besoin des lisières de Paris. Seulement, entre gens qui savent l'orthographe, il n'est pas absolument interdit de s'écrire. Du moins, M. l'avocat impérial n'a pas encore dit que cela fût défendu.

Le comité de Paris avait donc envoyé au comité de Marseille certains renseignements. Le comité de Marseille, qui cherchait un candidat, s'était adressé à M. Garnier-Pagès, qui avait refusé; à M. Carnot, qui avait refusé... Ah! tous ces hommes qui sont dévorés d'ambition, qui se précipitent au travers de toutes les candidatures, vous le voyez, ils se sont trouvés dans la situation de notre honorable bâtonnier M. Dufaure,.. On est quelquefois dans la nécessité de les prendre, et l'on peut avoir le malheur de les manquer. (Sourires.) Ils avaient refusé... Les voici donc en communication avec Marseille. M. Bory a écrit deux lettres, si je ne me trompe, deux lettres de politesse à M. Carnot. Voilà l'affiliation!

Viennent les Vosges. Oh! c'est bien plus grave. Car là il y avait un comité électoral et un candidat pour lequel je n'ai assurément que le plus profond respect comme citoyen. Tout le monde sait la valeur intellectuelle de M. Buffet, la grâce de son langage, l'aménité de son caractère. Mais enfin on peut dire, sans porter atteinte à sa considération, qu'il n'est pas exactement dans la ligne que représente Garnier-Pagès. De telle sorte qu'une tentative ayant été faite pour savoir ce qui se passait dans les Vosges, le comité d'Epinal s'est redressé dans sa fierté patriotique 'et montagnarde. Il écrit, on lui répond; bref, on se querelle par correspondance. Affiliation, dit M. l'avocat impérial. En voici la preuve : vous vous querellez, donc vous formez une association; on ne se querelle qu'autant qu'on a un lien qui vous unit. (Rire général.)

Ce n'est pas ma faute, messieurs, si toutes ces choses provoquent le sourire; c'est qu'en vérité elles ne méritent pas autre chose!

Et que dirai-je enfin, pour terminer, de cette argumentation suprême de M. l'avocat impérial en présence du comité consultatif qui est réuni pour les élections des conseils généraux? Comité complètement distinct de ceux qui avaient existé jusque-là. Je le dis, puisque mon nom s'y trouve et qu'il ne figurait pas sur la liste des autres comités. Raison de plus! dit M. l'avocat impérial. Et puisque les noms sont changés, c'est une preuve évidente de la permanence du comité! Ceci, messieurs, me paraît fort, je l'avoue. M. l'avocat impérial a des secrets qui m'échappent. J'avais cru, messieurs, que la permanence, c'était l'identité. Il paraît que je m'étais jusqu'à présent trompé. Mais j'espère encore que le tribunal, qui dira son dernier mot, me donnera raison.

Et c'est ainsi, messieurs, qu'arrivant au terme de cette trop longue

discussion, je me demande, non pas comment elle a été défendue,
elle l'a été avec le zèle et le talent de M. l'avocat impérial, mais comment il lui a été possible de l'être; comment on a pu se tromper
ainsi et sur les choses, et sur les temps, et sur les hommes, au point
de confondre ce qui me paraît être, quant à moi, de la première et
de la dernière clarté de l'évidence, avec l'obscurité et les ténèbres;
au point de traduire, comme des malfaiteurs et des violateurs de la
loi, des hommes dont la vie est consacrée à la défendre, qui n'ont
d'autre désir que de la faire triompher dans le pays, qui n'espèrent
que dans la force morale pour assurer le succès de leurs légitimes
espérances !...

En vérité, s'ils pouvaient s'être trompés, si votre justice n'était pas
là, je ne dirai pas pour les protéger, ils ne le demandent pas, mais
pour reconnaître et proclamer le droit, quelle serait la moralité de
la doctrine qui aurait le dessus dans cette triste journée, dans cette
journée fatale pour la dignité nationale et les libertés publiques?

Le suffrage universel a été proclamé, la France entière a été affran-
chie. On a dit à cette grande âme qui l'agite : Désormais vous appartenez à vous-même, vous pouvez faire rayonner sur ce vaste
territoire la lumière de votre intelligence. D'un autre côté, le gouvernement, armé de toutes les forces qui sont dans ses mains, avec
l'organisation et la centralisation la plus puissante que l'Europe
connaisse, pouvant d'un coup de télégraphe concentrer et diriger la
volonté collective de tous ses fonctionnaires, le gouvernement pèse
sur cet ensemble, et il dit à ces intelligences : « Je vous mets sous le
boisseau, et s'il reste une fissure, ceux qui seront tentés d'y pénétrer
seront traduits en police correctionnelle, et ils seront condamnés. »

J'aurai mes candidats, je les ferai triompher, je dépenserai pour
eux toutes les forces dont je dispose. Quant aux candidats qui ne
pensent pas comme moi, qui ont l'audace de trouver que ma politique
n'est pas la plus grande des politiques, que le caractère de mon gouvernement n'est pas le plus généreux des caractères de gouvernement qui se soient présentés, s'ils s'assemblent, s'ils se réunissent,
s'ils osent parler, s'éclairer, réfléchir, ils iront en police correctionnelle, et je ne respecterai même pas la majesté du peuple qui rayonne
sur leurs fronts. Ce sera des bancs de la Chambre, où le libre suffrage
universel les aura fait asseoir, que je les ferai descendre, pour les
traduire devant la justice, et les faire condamner par elle !

Messieurs, si un pareil résultat était consacré, c'en serait fait à
jamais du suffrage universel; il faudrait jeter un voile sur notre pays,
qui ne serait plus qu'une terre d'embûches et de surprises.

Il resterait, cela est vrai, vos déclarations pompeuses ; mais, devant
les faits, elles ne seraient plus que de détestables mensonges.

J'espère qu'il n'en sera pas ainsi, et quand je vois à côté de moi
tous ceux qui m'entourent et qui me fortifient; quand je songe que,
lorsque ma voix ne se fera plus entendre, elle sera remplacée par
celle de mes maîtres; quand je vois Berryer, mon vieil ami, qui n'a
pas été seulement le plus grand des orateurs, mais aussi le plus noble
cœur et l'amant passionné et persévérant de la liberté qui couronne
son illustre vieillesse; quand je vois Marie, qui a servi son pays avec
le désintéressement et la pureté que tout le monde a admirés; et
Sénard, le courageux président de l'Assemblée nationale, qui a opposé
sa poitrine aux coups des agitateurs; et ces ministres de l'ancienne
monarchie, M. Dufaure, M. Hébert, qui ont cherché dans la mesure
de leurs forces si puissantes à faire triompher les principes qui sont
aujourd'hui obscurcis et niés; et toute cette jeune génération qui me
presse, qui est mon espérance, qui est mon amour, ah! je ne dis pas
seulement que cette cause triomphera (ce n'est là qu'un bien petit
accident dans notre vie politique), je dis que la liberté est impérissable, elle a de trop illustres champions, de trop nobles défenseurs,
et nous pouvons considérer d'un œil serein le nuage qui passe... le
soleil n'en sera pas obscurci. (*Mouvement enthousiaste dans l'auditoire. Des bravos, aussitôt réprimés, éclatent dans le fond de la salle.*)

(L'audience reste suspendue. Le tribunal se retire. Les prévenus, les
défenseurs et plusieurs des assistants entourent Mᵉ Jules Favre et lui
témoignent leur vive admiration. « Il n'y a plus de prévention,
s'écrie Mᵉ Berryer, il ne sert plus à rien de plaider. »

Les défenseurs et les prévenus se concertent.

Après un quart d'heure de suspension, le tribunal rentre en séance,
et l'audience est reprise.)

M. LE PRÉSIDENT. Mᵉ Marie, c'est vous, je crois, qui devez prendre
la parole.

Mᵉ MARIE. Mᵉ Berryer est chargé de faire une communication au
nom de la défense.

Mᵉ BERRYER. Monsieur le président, pendant que le tribunal a suspendu son audience, sans céder à de profondes et vives émotions,
sans obéir à des entraînements que l'admiration fait naître, après la
magnifique harangue que vous avez entendue, après cette plaidoirie
si complète, les prévenus tous ensemble et tous ceux de mes honorables confrères qui s'étaient associés à la défense, ne pensent pas
qu'il y ait rien à ajouter.

Nous ne trouvons dans notre intelligence et dans notre cœur rien
qui soit nécessaire, rien qui puisse être produit, rien qui atteigne à
la vérité, à la grandeur, à la noblesse des raisons qui viennent de
vous être présentées.

Élevés dans le respect de la magistrature, nous renonçons à pro-

longer la défense, convaincus que nous sommes qu'après de telles
paroles, après de telles démonstrations, après de telles vérités historiques, il n'y a pas un juge en France qui puisse prononcer une condamnation contre les hommes assis sur ces bancs.

M. LE PRÉSIDENT. MM. les autres défenseurs n'ont rien à ajouter?

Tous les défenseurs se levant. M° Berryer a parlé au nom de *nous tous.*

Le **tribunal**, après avoir délibéré dans la chambre du conseil, appliquant aux prévenus les articles 291 et 292 du Code pénal, 1 et 2 de la loi
du 10 avril 1834, condamne les *Treize* à 500 francs d'amende et aux
dépens.

Tous les condamnés interjettent appel de ce jugement devant la cour
impériale de Paris.

COUR IMPÉRIALE DE PARIS

CHAMBRE DES APPELS DE POLICE CORRECTIONNELLE

PRÉSIDENCE DE M. HATON DE LA GOUPILLIÈRE

AUDIENCE DU 24 NOVEMBRE 1864

LE PROCÈS DES TREIZE EN APPEL

Me Jules Favre réplique à M. le procureur général :

MESSIEURS,

J'aurais voulu, à cette heure décisive qui précède de si peu vos délibérations, que l'un des éminents jurisconsultes qui m'ont précédé dans cette carrière vînt, avec l'autorité particulière qui ressort de son caractère et de son talent, résumer ce débat si complet auquel vous avez apporté une attention si bienveillante et si soutenue. N'étant pas préparé à le faire, et désirant me tenir complètement à l'écart, je suis pris à l'improviste et ne cède qu'à la volonté de mes honorables amis, que la fatigue seule empêche de continuer leur devoir.

Aussi bien, messieurs, la tâche qui m'est imposée n'est-elle devenue facile, et je serais coupable d'une témérité que vous ne me pardonneriez pas, si je voulais rentrer dans un débat sur lequel leur parole a jeté une si vive lumière. Si je me lève, c'est moins, messieurs, pour éclairer vos consciences que pour remplir un dernier devoir et pour dire, comme jurisconsulte et comme homme politique, ce que je pense de ce procès. Ne croyez pas, messieurs, que les paroles qui tombent ainsi formulées de mes lèvres puissent être inspirées par un misérable orgueil : jamais je n'ai mieux senti et ma faiblesse et le besoin que j'aurais de m'en dépouiller.

Cette solennité, qui nous captive tous, emprunte sa grandeur, non pas seulement, messieurs, au talent de l'accusation et de la défense, mais encore et surtout au péril social que nous apercevons tous et dont tous nous sommes touchés à des points de vue divers.

M. le procureur général, remplissant ce qu'il croit être son devoir, vous dénonce des faits qui, à ses yeux, pourraient jeter dans cette grande société, à l'ordre de laquelle il est préposé, un trouble que sa charge lui impose l'obligation de prévenir.

Quant à nous, messieurs, avocats, citoyens, nous lui dénonçons, nous dénonçons à la cour, nous dénonçons à l'opinion publique, qui est notre juge suprême, l'erreur dans laquelle M. le procureur général tombe involontairement et le précipice qu'il côtoie sous prétexte de salut.

Voilà, messieurs, n'en doutez pas, ce qui fait l'intérêt particulier de ce débat. S'il était cantonné dans l'interprétation d'un article du Code pénal, quelle que fût d'ailleurs l'illustration des prévenus, il est incontestable que l'attention publique ne s'y attacherait pas avec cette persévérance, et peut-être, je ne suis pas téméraire de le dire, messieurs, quels que soient vos égards pour la défense, vous n'en auriez pas autorisé un semblable développement. Mais tous, je le répète, nous sommes loyalement sous l'empire de la même préoccupation, et c'est cette préoccupation que je vous demande la permission, dans la mesure de mes forces, de préciser en quelques courtes observations, me dégageant ainsi, si cela m'est possible, et des personnalités qui ne peuvent plus trouver place dans ce débat, et des allusions qui peut-être auraient dû y rester complètement étrangères. Les uns et les autres, nous défendons ici ce que nous croyons être le droit : c'est à vous, messieurs, de prononcer de quel côté se trouvent la vérité et la raison.

Je l'ai dit, ce qui me touche particulièrement dans ce débat, c'est la nature du droit compromis, et ce sont les conséquences inévitables de cette compromission. Nous nous sommes demandé, tant en première instance que devant la cour, comment la loi pénale, dont on voulait faire l'application aux prévenus, devait être interprétée; mais en même temps, messieurs, et pour que notre esprit ne s'égarât pas dans cette interprétation qui nous paraît facile, nous recherchions quelle devait être la portée de cette loi pénale, comparée, bien entendu, aux institutions politiques que, suivant nous, elle fausse et mutile. Et dès lors, si je ne me trompe, notre premier soin, avant de savoir ce qui nous est défendu, avant d'interroger ces textes restrictifs dans lesquels M.. le procureur général va chercher les raisons de ses sévérités, ce doit être de savoir où nous en sommes, de savoir ce qui nous reste de liberté disputée après tant de sacrifices, de déceptions et de douleurs, ce que nous avons à maintenir d'une main ferme et courageuse dans le cercle de la constitution et des lois dont nous n'entendons pas sortir.

Ah ! messieurs, si nous étions à l'aise comme des philosophes et des publicistes, si nous pouvions, d'une main calme et inoffensive, tracer à la société humaine les destinées qui doivent être le plus favorables à son développement, nous descendrions au fond de notre cœur, nous chercherions, en levant les yeux au ciel, le titre de notre céleste origine, et ce serait dans cette ineffable relation que se trouveraient les fondements de la constitution politique à laquelle notre raison s'arrêterait. Et alors, messieurs, tout ce qui serait légitime dans le développement intellectuel et moral de la créature humaine, tout ce qui ne blesserait pas le droit d'autrui, tout ce qui favoriserait l'esprit d'égalité, l'amour du prochain, la force dans l'individualité et dans l'action commune, tout cela deviendrait la raison des lois que nous aurions à décréter.

Mais nous n'en sommes pas là ! Nous avons à porter le poids des fautes de nos pères et de celles que nous avons commises nous-mêmes ; il nous est impossible de nous dégager de ce passé qui nous enserre et nous étreint, sans parler des violations éclatantes du droit que le succès a encouragées pour corrompre et perdre l'esprit public... Il faut donc compter avec toutes ces choses, il faut n'en négliger aucune pour être juste et ne pas encourir le reproche de théoricien voulant entraîner la société à des abîmes, en pensant qu'on peut lui procurer les améliorations qu'elle n'acceptera jamais.

Ceci étant entendu, quand j'examine ce que nous sommes, quel est l'état de la société française à l'heure où je parle, je le trouve très-exactement résumé dans le préambule de la constitution de 1852. Nous sommes les fils des hommes de 1789! Cette date immortelle est le point de départ de l'esprit nouveau qui a pris possession du monde, et qui désormais conservera son empire sur les générations futures, quels que soient d'ailleurs les échecs partiels que des événements essentiellement contingents peuvent lui faire subir.

Ne craignez pas, messieurs, que, en me plaçant à ce point de vue, je m'égare et que je reste trop longtemps en dehors des faits mêmes et des droits que je dois examiner devant vous. Si, en effet, on a pu impressionner cette société, si on a pu l'entraîner, si on ne peut lui commander qu'en lui montrant d'une main le drapeau tricolore, et de l'autre la révolution pacifique et glorieuse des idées par l'émancipation individuelle, il faut, à moins qu'on ne rencontre dans les textes une raison de décision contraire, que l'interprétation légale suive ce mouvement. Quand elle s'en écartera, elle nuira, soyez-en sûrs, aux intérêts généraux ; elle sera dans cette société une cause de trouble profond ; quand, au contraire, elle y sera conforme, elle assurera à cette nation la paix, l'ordre, le développement dont elle a tant besoin.

La constitution de 1789, à laquelle le législateur de 1852 a fait un appel positif, non pas platonique, mais pratique, qu'il a inscrite en tête de son œuvre, la constitution de 1789 a consacré, à l'encontre des passions du droit divin, qui auparavant régissait le monde, le pouvoir *consenti*, et c'est avec raison que mon illustre confrère, M° Dufaure, vous disait que nous étions de toutes parts pénétrés de cet esprit nouveau, et qu'il n'avait qu'à interroger le plus humble des faits de sa profession pour rencontrer le vivant témoignage que le prince qui est à la tête de la France, s'il tient sa couronne de Dieu, la tient aussi de la volonté nationale; c'est là son double titre. Que le premier remonte aux plus hautes origines, qu'il satisfasse à ce qu'il y a d'idéal et de mystique dans la conscience humaine, c'est incontestable; mais quant au second, c'est le seul que je reconnaisse comme étant véritablement politique et pouvant tomber dans la discussion.

Eh bien, ce qu'il importe au repos de cette société, c'est que vous ne donniez pas, par un zèle mal entendu, par une interprétation vicieuse de la loi, un démenti éclatant à cette déclaration; que vous ne nous ameniez pas à dire qu'elle est un leurre, une supercherie; qu'en déclarant qu'on procède de la volonté nationale, on s'arrange pour la fausser, et que, sur le lit de Procuste où on la couche, on ne lui laisse que les bras qui peuvent servir à ceux qui prétendent lui commander en maîtres.

Voilà le danger que nous voudrions éviter, non pas seulement à raison des conséquences que ce danger peut produire pour les personnes dont je viens de parler, mais parce que les principes mêmes sur lesquels repose, je ne dirai pas seulement la société française, mais la société européenne dans sa presque totalité, y sont fatalement intéressés.

J'ai dit, messieurs, que de la constitution de 1789 procédait non-seulement le pouvoir consenti, et je le montre dans son exercice le plus élevé, puisque c'est le pouvoir suprême; mais, on a eu raison de vous le dire, à côté du pouvoir suprême se rencontrent ceux qui contrôlent, qui conseillent, qui contiennent.

Vous les avez décrétés, vous voulez probablement les respecter, et, pour les respecter, nous vous demandons de les laisser naître, de ne pas les étouffer à leur berceau, de ne pas, sous prétexte d'un patronage qu'ils désavouent, placer, au lieu de la conscience publique, l'expression de votre autorité souveraine, de laisser nommer les députés par les électeurs au lieu de les faire choisir par vos préfets. Il est incontestable que si la racine de la puissance souveraine plonge encore dans la volonté nationale; que si, à côté de cette autorité suprême, il y a un pouvoir contrôleur, un pouvoir qui conseille, un pouvoir qui contient, un pouvoir qui a pour mission d'empêcher les exagérations, les abus, les fautes, les illégalités, dont le devoir est de tout examiner, de se rendre compte de chacun des détails et de s'opposer, avec l'arme de la vérité, à tout ce qui pourrait fausser la conscience publique, il est incontestable, dis-je, que ce pouvoir doit sortir pur des entrailles de la nation. Tout ce qui l'altère l'affaiblit, et tout ce qui l'affaiblit compromet le mécanisme même de votre gouvernement. Ah! vous croyez sauver cette autorité souveraine à laquelle, dans votre imprévoyance, vous faites le sacrifice des principes; mais le jour où elle sera au-dessus des principes, elle se trouvera en présence de faits violents; ce que vous lui réservez, c'est un choc auquel elle ne pourra pas se soustraire si la loi disparaît.

S'il est incontestable que le pouvoir a sa source suprême dans les rangs où se rencontrent ceux qui, plus particulièrement mandataires du peuple, sont chargés de contrôler, de conseiller et de contenir, quelle sera, messieurs, la conséquence qu'il faudra tirer de ce double fait? C'est qu'à moins de vouloir écrire dans la constitution des principes qui ne sont qu'une tromperie, il faudra laisser au suffrage universel toute sa latitude. Tout ce qui le gênera, tout ce qui empêchera qu'il ne puisse s'exercer avec intelligence, sera contraire à la constitution et au repos du pays. C'est là, messieurs, si je ne me trompe, la règle avec laquelle nous devons examiner la loi pénale dont M. le procureur général veut faire l'application, non pas aux matières politiques en général, mais à la matière électorale.

Il est en effet très-précieux de constater, et quant à moi j'en remercie M. le procureur général, que la discussion n'a pas équivoqué à cet égard. M. le procureur général a très nettement posé sa théorie : ce sont les comités électoraux qui sont proscrits par l'article 291 du Code pénal; les citoyens qui se réunissent au nombre de vingt et un ou de vingt-deux, pour s'occuper, non de politique, mais d'élections, ceux-là tombent sous le coup de la loi pénale, et quand bien même ils ont été acclamés par le suffrage universel, on les prend sur les bancs de la Chambre pour les conduire devant la police correctionnelle. Voilà la thèse de M. le procureur général, et, encore une fois, elle a été nettement posée.

Nous lui avons répondu : Cette thèse est la destruction du suffrage universel; si l'arrêt la consacre, il n'y a plus de suffrage universel, et les citoyens n'ont plus qu'à se demander à eux-mêmes quelle conduite ils doivent tenir. Voilà l'extrémité à laquelle vous êtes conduit, et tout cela est contenu dans votre discussion de la loi. D'un suffrage universel menteur, altéré, qui ne serait plus qu'un moyen de réunir des populations en groupes et de les conduire obéissantes, esclaves, à l'urne que vous auriez préparée et dont vous tiendriez toutes les clefs, nous n'en voulons pas; ce n'est pas là le suffrage universel, c'en est la parodie. Le jour où la France serait conduite à cet abaissement, on ne pourrait plus lui dire que, pour elle, l'ère des révolutions est fermée; on aurait au contraire jeté à la mer le talisman avec lequel le miracle avait été opéré, et on l'aurait renvoyée à toutes les agitations, à toutes les aventures, à tous les hasards dont vous la croyiez pour jamais sauvée !

Voilà pourquoi, messieurs, nous disons que tout ce qui dans l'interprétation de la loi pénale pourrait porter atteinte à la liberté du suffrage universel, se trouverait directement contraire à l'esprit de la constitution.

Et maintenant, est-ce que j'aurai besoin de beaucoup d'efforts, la loi à la main, après ces considérations qui me paraissent quant à moi dominer tout le débat, pour démontrer que, soit qu'il s'agisse des réunions, soit qu'il s'agisse d'associations permanentes, ou au contraire, temporaires, transitoires, l'article 291 du Code pénal n'a jamais été fait pour régir les droits qui appartiennent à l'électeur; que transporter cet article 291 dans le domaine électoral, c'est altérer, c'est fausser la loi, c'est présenter au pays ce spectacle toujours déplorable d'une interprétation juridique qui s'égare et donne à ceux qui doivent observer la règle posée par le législateur l'exemple de sa violation?

Ce que je dis est-il vrai? Vous allez le comprendre d'un mot, et je n'invente rien. Ici, je ne fais que préciser ce qui a été dit, beaucoup mieux que je n'aurais pu le faire, par les différents orateurs qui m'ont précédé.

L'article 291, on vous le disait tout à l'heure, ne pouvait assurément prévoir les réunions électorales ou les comités électoraux, puisqu'il a été décrété à une époque où le pouvoir despotique avait tout réglé. Mais, je le reconnais, et M. le procureur général a eu raison de le dire, tant qu'une loi est debout, elle doit être non seulement respectée, mais appliquée. Les pouvoirs successifs qui ont laissé subsister l'article 291 se le sont approprié, et si ce peut-être de notre part un argument d'interprétation, ce ne saurait être une sorte de fin de non-recevoir qui nous fasse écarter complétement l'application de l'article 291.

J'admets donc, messieurs, que juridiquement cet article soit applicable. Seulement, il ne nous est pas défendu de rechercher ce qu'a entendu le législateur qui l'a décrété, à quelle nécessité il a répondu et ce qu'il a entendu prescrire.

Or, messieurs, soutenir que l'article 291 a été écrit pour empêcher des réunions électorales ou des comités électoraux, c'est oublier l'histoire de notre pays. Faut-il vous rappeler qu'à l'époque glorieuse de 1789, dont je parlais tout à l'heure, toutes les espérances étaient devenues des réalités? Avec une sorte d'ivresse venant d'un peuple émancipé, cette grande et vive nation française s'était jetée dans la liberté; croyant qu'elle avait rencontré le remède à tous ses maux et qu'elle était assez grande, assez sage, assez forte, pour en supporter l'exercice; malheureusement, messieurs, il n'en fut rien.

Je n'ai pas la prétention de dire à quelles causes diverses ces funestes résultats ont été dus. Nous rentrerions ici dans des récriminations inutiles, et ce n'est pas quand le pays a été en proie à tant d'agitations et à tant de malheurs, qu'il faut faire, dans une cause de cette nature, appel à des passions éteintes. Ce qu'il y a de certain, c'est que ce droit suprême, accordé à tous les citoyens, a engendré des abus. Peut-être, messieurs, le philosophe qui retourne tristement ses regards en arrière peut-il croire que ceux-là mêmes qui en ont souffert ont manqué de cette fermeté civique qui leur aurait permis, après avoir traversé des jours d'orages et d'épreuves, d'atteindre enfin la terre promise sans avoir fait le sacrifice des principes qu'eux-mêmes avaient proclamés. Mais je l'ai dit, je ne veux faire le procès à personne ; je n'en ai pas le droit, je constate les faits.

Vous savez, messieurs, quelle fut l'action énergique et souvent criminelle des sociétés populaires qui, à cette époque, il faut le dire, pesaient d'un poids si lourd dans la balance des destinées du pays. Quelle en était la cause? Est-ce que ces sociétés étaient des comités électoraux? En aucune manière ; c'étaient des associations qui avaient pour objet de gouverner par la parole et par l'action, qui prenaient des décisions, qui édictaient des mesures, qui lançaient des proscriptions, et qui, à un moment donné, comme cela s'est vu plus tard, comme d'autres sociétés secrètes ont pu aussi le produire, jetaient dans la rue des masses qui venaient attenter à la majesté de l'Assemblée nationale.

C'est alors, messieurs, et je rappelle ici ce qui s'est passé en l'an I, si je ne me trompe, que la Convention elle-même fit apporter sur son bureau la clef du club des jacobins. Elle crut que la tranquillité publique ne pouvait être assurée qu'avec un décret, qu'elle rendit séance tenante, pour déclarer que les clubs étaient momentanément suspendus.

Les pouvoirs qui ont remplacé la Convention ont été placés sous l'empire des mêmes nécessités, et c'est à ces nécessités qu'ils ont obéi en défendant les sociétés populaires. L'article 291 est sorti nécessairement de cette idée et de ces faits; il n'a pas d'autre origine. Cet article a été fait contre les clubs ou fractions de clubs. C'est précisément pour empêcher qu'un gouvernement ne puisse s'établir dans le gouvernement, qu'un État dans l'État ne vienne troubler la marche du pouvoir exécutif, que l'article 291 a été édicté.

Je ne crains pas de m'égarer, tant les souvenirs auxquels je fais allusion sont présents à la mémoire de tous mes honorables auditeurs; mais, au surplus, j'emprunte ici à un homme dont le nom a été plusieurs fois et avec tant de raison cité, à l'honorable M. Faustin Hélie, ce qu'il dit sur l'historique de l'article 291. Ce ne sont que deux lignes, et vous allez voir, messieurs, par quelle violence d'interprétation il faut faire passer cet article 291 pour l'appliquer aux réunions électorales.

Voici ce que dit M. Faustin Hélie :

« C'est dans le souvenir de ces sociétés populaires, qui exercèrent pendant tout le cours de la Révolution une si grande influence sur les destinées du pays, que le législateur de 1810 a puisé la pensée de sa prohibition; il voulut fermer une plaie sociale qu'il avait vue longtemps envenimée par les factions. Les mots d'associations illicites, disait l'orateur du Corps législatif, rappellent de déplorables souvenirs. Quel est celui d'entre vous qui n'a été la victime ou le témoin de ces assemblées délibérantes où l'assassinat et la révolte . . . .

« Ces paroles, ajoute M. Faustin Hélie, en révélant les craintes qui ont dicté la loi, expliquent déjà son esprit préventif et le but qu'on se proposait. »

Eh bien! tout à l'heure, M. le procureur général nous parlait de sa bonne foi; je la crois, pour mon compte, entière; c'est à elle que je fais appel. Y a-t-il dans cette loi, caractérisée par les lignes que je viens de lire, quoi que ce soit qui ressemble au réquisitoire? En démontrant que la loi a été faite pour de tout autres nécessités, est-ce que je ne démontre pas aussi que vous la détournez de son véritable sens? Au lieu de sociétés populaires, il s'agit ici de sociétés électorales ou de réunions électorales, et celles-ci, non seulement elles ne menacent pas, mais elles soutiennent le gouvernement. C'est vous qui menacez le gouvernement, en voulant appliquer l'article 291, qui a été fait pour tout autre chose. Amis imprudents et téméraires, vous saisissez dans vos bras les colonnes du temple, heureusement trop fortes pour obéir à vos efforts; mais si ces efforts étaient assez puissants, c'est vous qui causeriez la ruine de l'ordre de choses que cependant vous croyez servir.

Oui, l'article 291 a été fait contre les sociétés populaires, il a été fait à une époque où il n'y avait pas de système électoral. Cet article a été appliqué par les gouvernements qui se sont succédé pour proscrire les sociétés secrètes. Si l'heure n'était pas aussi avancée, si le débat n'était pas épuisé, je prendrais l'engagement et je porterais à M. le procureur général le défi respectueux de rien trouver de contraire; je prendrais l'engagement de montrer, pour chacune des applications de l'article 291, de la part des jurisconsultes et des magistrats qui ont eu à se prononcer à cet égard, cette pensée qu'il y avait là, non l'existence d'un droit, mais un abus, un empiètement, une usurpation quelconque, à quelque degré qu'elle se trouve placée.

Ce que l'article 291 proscrit et punit, c'est un acte violent, contraire au gouvernement, un acte qui entrave sa marche, qui peut préparer son renversement, et cet acte se manifeste et se constitue par une association illicite.

On a invoqué dans le cours de ce débat, et, selon moi, avec une autorité, une puissance à laquelle M. le procureur général me paraît n'avoir rien opposé, — je lui en demande pardon, je le dis avec toute la déférence que je lui porte, — on a invoqué, dis-je, avec une grande autorité, cette pratique qui, depuis le Code de 1810, a jeté sur l'interprétation de l'article 291 une si vive lumière.

Je ne reviens pas sur les paroles éloquentes de mon honorable et illustre confrère, Mᵉ Berryer; je ne me demande pas si les gouvernements dont parlait M. le procureur général ne se sont pas perdus; l'histoire répond assez, non pas parce qu'ils auraient respecté, mais au contraire parce qu'ils ont méconnu, violenté la liberté électorale. Tant qu'ils s'y sont conformés, ils ont duré en France; le jour où ils ont voulu lui faire violence, ils sont tombés. Voilà ce que l'histoire enseigne.

Je laisse de côté ces choses, et je dis : Depuis cinquante ans, l'article 291 a été constamment appliqué aux sociétés secrètes, il ne l'a jamais été aux réunions électorales.

Quand la loi de 1834 a été présentée, il a été positivement question des réunions et des comités électoraux. L'honorable M. Leyraud, qui faisait à cette époque partie de la Chambre des députés, n'a consenti à retirer son amendement que parce qu'il a été convenu entre le gouvernement et lui que les réunions électorales, les comités électoraux n'étaient pas en cause, et que la loi ne leur serait jamais appliquée. Vous êtes les héritiers de ce gouvernement, vous prétendez continuer l'ordre qu'il a su maintenir en France; vous vous appuyez sur sa législation, car cette législation à raison de laquelle il avait contracté un engagement d'honneur. Cet engagement d'honneur, je vous y rappelle; le voilà pris par les ministres du roi, en présence des députés de la nation. Il a été dit que la liberté électorale, qui ne peut se manifester qu'avec des comités électoraux, serait respectée. Voilà ce qui a été dit en 1834.

Il ne s'agit pas ici d'une tolérance, la déclaration est précise; ce sont les paroles de M. Barthe et du rapporteur du projet de loi. Il a été dit que les comités électoraux seraient permis. Et c'est la loi de 1834 que vous invoquez, que vous voulez accoler à l'article 291 du Code pénal pour en faire contre nous une législation restrictive !

J'avais dit en première instance que non-seulement l'application de l'article 291 du Code pénal et de la loi de 1834 n'avait jamais été faite aux réunions et aux comités d'électeurs pendant tout le cours de la monarchie de Juillet, mais qu'à partir de 1848, pendant le régime républicain, une latitude complète avait été laissée aux électeurs et aux candidats; que de nombreux comités avaient couvert toute la France. Si je voulais recourir aux documents de cette époque, je rencontrerais dans la bouche de plusieurs de mes adversaires politiques des éloges quelquefois excessifs sur cet admirable spectacle d'une nation concourant tout entière à la nomination de ses mandataires par des comités électoraux préparant ses délibérations. Je m'étais attaché, messieurs, à un fait spécial : c'était mon droit, c'était mon devoir; j'avais dit que, lorsque le prince qui nous gouverne s'était présenté aux grandes assises populaires, il avait organisé des comités sur toute la surface de la France. Avons-nous parlé des *cotisants*, pour me servir de votre expression? — Quant à moi, je dirai contribuants, contribuables, souscripteurs : j'aime autant ce mot que l'autre. — Nous n'avons pas parlé des souscripteurs de ces comités, ils étaient par milliers; et à côté de ces comités se trouvait la fameuse *Société du Dix-Décembre*, qui joignait l'action à la parole, tout le monde le sait et en a gardé le souvenir. A cette époque, la loi de 1834 existait. Vous ne nierez pas que ceux qui étaient alors à la tête du pouvoir n'éprouvassent certaines craintes sur l'avènement d'un régime nouveau, qu'il n'y eut dans leur pensée aucune préoccupation ; le danger, à ce moment, ne pouvait être considéré comme une chimère, et ses redoutables éventualités pouvaient bien troubler leurs consciences. Il était donc de leur devoir de combattre cette candidature, qui leur paraissait très dangereuse. S'ils avaient eu dans les mains une arme légale, ils en auraient profité. Ils ont respecté et fait respecter la loi. C'est en vertu de cette loi que vous avez pu vous présenter au suffrage universel et sortir victorieux des comices. Et quand vous êtes arrivés au pouvoir, voici que ceux qui vous servent détruisent le chemin légal par lequel vous êtes parvenu, et déclarent que ceux qui voudront ambitionner, dans une autre sphère, le titre de mandataires du peuple, ne pourront le faire par la voie où vous avez pu monter au triomphe.

Je le demande, constater ces faits, n'est-ce pas démontrer la faiblesse du système sur lequel s'appuie le ministère public?

Mais ce n'est pas seulement par ces rapprochements historiques, suivant moi décisifs, que je prétends arriver à la démonstration sans réplique que je poursuis. Je reprends mon idée.

L'article 291 du Code pénal et la loi de 1834 n'ont été évidemment édictés que contre les sociétés populaires et les sociétés secrètes; ces documents législatifs n'ont jamais eu en vue les réunions et les comités d'électeurs. Ceci résulte des textes, de la pratique, du bon sens, de la nature des choses. C'est à cette nature des choses que je prétends surtout m'arrêter un instant, et c'est là que se rencontre principalement l'argument victorieux qui ne peut manquer, messieurs, de toucher vos consciences.

Tout à l'heure, je disais quelles étaient les raisons qui avaient fait édicter l'article 291 et qui avaient ajouté en 1834 à ses sévérités. Que voulait-on défendre? On voulait défendre l'intrusion, l'usurpation. Un gouvernement est établi, il existe; il est investi de la confiance publique, il fonctionne conformément à la Constitution; on peut le critiquer par les moyens légaux, mais l'attaquer souterrainement, mais former des associations qui, à un jour donné, peuvent lui succéder; mais décréter contre lui des résolutions et des actions, c'est là, messieurs, une série de manœuvres que la plupart des sociétés civilisées ont jugées dangereuses et que presque toutes les législations ont proscrites. Voilà ce qu'a défendu l'article 291 du Code pénal, et après lui la loi de 1834.

Mais à côté de ce qui est une intrusion, une usurpation, un abus, un délit, non parce que la loi le décrète, mais parce que la morale et la nature des choses conduisent à le dire, se rencontre un autre fait qui ne peut en rien lui ressembler, et qui, au lieu d'avoir le caractère d'un abus, d'une intrusion, se trouve être un droit et un fondement même sur lequel la société est assise. J'entends parler, vous l'avez deviné sans peine, de l'électorat.

L'électorat est en effet, une fonction; c'est la vie politique elle-même, c'est le droit du citoyen et c'est en même temps la condition d'existence de la société. Et c'est ici que, après ce trop long chemin parcouru, je rencontre encore ce rayon régénérateur de 1789, et que, sur les ruines à jamais renversées des principes du droit divin, je vois le droit populaire qui, pour se réaliser, a besoin d'une entière liberté.

Mais qu'importe cette condition? Vous l'affirmez; vous nous dites que notre constitution repose sur le suffrage universel. Que dis-je! lorsque, à une époque qui n'est pas éloignée, la majorité, qui semblait cependant s'inspirer du pouvoir établi, s'était jetée dans une mesure équivoque, insignifiante, et qui n'avait d'autre inconvénient que d'alarmer sans blesser ni réformer; quand, obéissant à des conseils qui lui étaient donnés pour la perdre, elle apportait à la tribune la loi du 31 mai, qui ne devait être qu'une machine de guerre, un peu plus tard, on demandait que cette loi fût retirée par honneur pour le principe du suffrage universel, et au coup d'État, — il y a de cela treize ans aujourd'hui, — on couvrait les murs de la capitale d'affiches dans lesquelles on disait qu'on voulait se réunir à trois cents patriotes qui n'avaient pas été assez forts pour défendre le suffrage universel contre la violation de la loi du 31 mai!

Voilà le souvenir de faits que nous connaissons tous; voilà les origines du gouvernement actuel; il s'appuie sur le suffrage universel; le suffrage universel est son principe, et dès lors il faut qu'il en respecte l'exercice, non pas seulement dans les termes, mais dans les faits, et il ne faut pas qu'il aille choisir dans l'arsenal des lois qui n'ont pas été faites contre ce suffrage un trait empoisonné qu'il puisse diriger par derrière contre lui. Voilà ce qu'il ne faut pas.

S'il est vrai de dire que l'électorat est non seulement un droit, mais le fondement même sur lequel reposent la société actuelle et le gouvernement qui nous régit, que faut-il en conclure? C'est qu'à moins que la logique de M. le procureur général ne soit assez puissante et son talent assez séducteur pour nous faire confondre un droit avec un délit, je lui montre à l'instant qu'il tombe dans une confusion regrettable et qui certainement était loin de sa pensée. Il croit poursuivre un délit, il atteint un droit; il veut que l'électeur soit traité comme le membre d'une société populaire; du citoyen qui, avant de déposer son vote dans l'urne, veut consulter ses amis, il fait le membre d'une société secrète: car, comme l'article 291 du Code pénal et la loi de 1834 n'ont été faits que pour cette chose, comme l'électorat en est essentiellement différent, vous le voyez, vous croyez poursuivre un délit, et c'est le droit que vous supprimez. Comme l'a très bien dit notre honorable confrère, M. Hérold, dans ses conclusions, — qu'il me permette de lui faire cet emprunt, c'est un trait d'esprit qui ne blesse personne, et c'est une vérité bonne à révéler, — en réalité, ce que vous poursuivez, c'est *le délit de candidature!*

Je le sais, celui-là vous choque, vous voudriez en avoir le privilège. La circulaire qui a été mise sous les yeux de la cour par un de nos confrères, et dans laquelle on disait qu'en définitive les populations seraient bien mieux conseillées par l'administration, qu'elles n'avaient qu'à se confier à sa sagesse, que l'administration connaîtrait les meilleurs choix, qu'elle leur épargnerait le souci de penser, de voter, cette circulaire est le dernier mot de votre système, c'est l'abdication de toute espèce de liberté, d'indépendance, de franchise, de spontanéité électorale; il n'y en a plus le jour où vous traitez un droit comme un délit et où vous lui appliquez la même peine.

On vous a dit, messieurs, et je n'y reviendrai pas, tant ces choses sont saisissantes et claires, que le suffrage ne peut s'exercer qu'à la condition d'être éclairé, qu'il ne peut être éclairé qu'à la condition de communications entre les hommes, que ces communications doivent être libres comme le suffrage lui-même. Lorsque M. le procureur général vient nous présenter subsidiairement l'aumône d'un système qui me permettrait de me réunir avec quinze, dix-huit, vingt personnes, en prenant garde qu'un vingt et unième n'entre pas pour me placer sous le coup de la loi pénale et de la police correctionnelle, M. le procureur général m'abaisse, et je ne consens pas, comme citoyen, à accepter cette dégradation.

Quoi! nous en serions réduits à cet état pour lequel il n'y a aucun mot dans les langues humaines; que nous qu'on présente à l'Europe entière comme étant le type du gouvernement dans lequel le suffrage universel est respecté; nous qui avons pu faire sortir des entrailles mêmes de la nation le chef suprême entre les mains duquel elle allait abdiquer une si grande partie de ses droits; nous qui nous flattons d'avoir encore quelque droit à la sympathie publique pour le courage de nos efforts civiques, lorsqu'il s'agirait de nommer un député, nous serions dans la nécessité de nous compter nous-mêmes, d'introduire dans l'intérieur de nos domiciles une règle arithmétique doublée d'espionnage, de peur qu'on nous reprochât le nombre insurrectionnel et séditieux qui est passible des foudres de la loi, et que nous en soyons frappés!

Tout cela est dérisoire, que la cour me permette cette expression. Il n'est pas possible que le suffrage universel puisse être conservé dans de pareilles conditions. J'ai raison de le dire, vous le confondez avec un délit, et au lieu de lui accorder son plein exercice, au lieu de lui laisser la lumière du soleil qui le doit éclairer, vous le parquez dans de tristes cellules où il ne puisse éclore qu'à la condition d'avoir le nombre que vous lui assignez, et encore, on l'a dit ici, si ces cellules ont des fissures, si des rayons s'en échappent, s'il y a des réflexions au dehors, si les paroles ont un écho, s'il suffit enfin des sympathies, des correspondances, des intelligences, il est clair que le nombre fatal se trouvera dépassé, et que les électeurs seront conduits en police correctionnelle.

Pourquoi les appelants y ont-ils été conduits? Pour avoir exercé leur droit, entendez bien ceci, et non pour avoir commis un délit; ils y ont été conduits pour avoir fait office d'électeurs. Il était impossible qu'ils fussent électeurs sans pouvoir s'entendre; ils ne pouvaient s'entendre sans communiquer. Vous ne trouverez dans aucun texte la limitation de cette communication, de ce commerce avec d'autres électeurs. L'article 291 n'a pas été fait pour eux, et dès lors, en les traduisant en police correctionnelle, vous voulez les faire punir pour avoir été électeurs. MM. Garnier-Pagès et Carnot sont devant la cour parce qu'ils ont été candidats et qu'ils ont été nommés; les autres sont devant vous, messieurs, parce qu'ils ont usé, eux aussi, du droit que leur assure la constitution.

C'est ainsi, messieurs, qu'en établissant la différence profonde, radicale, juridique, qui existe entre l'article 291 du Code pénal renforcé de la loi de 1834 et le droit électoral, j'ai prouvé, si je ne me trompe, que cet article 291 et la loi de 1834 étaient inapplicables au droit électoral, sous peine de confisquer la constitution elle-même.

Mais M. le procureur général, s'appuyant sur le texte même de l'article 291, nous dit :

« Vous demandez une règle écrite ; elle est dans l'article 291 ; cet article ne fait aucune espèce d'exception ; toute association dont le but est de se réunir pour s'entretenir de matières politiques, doit tomber sous le coup de la loi pénale. »

Si l'article 291 doit être ainsi entendu, il faudrait dire alors immédiatement qu'il ne peut y avoir ni petites ni grandes réunions électorales ; c'est ce qu'il faudrait dire, si M. le procureur général veut, par ces mots *matière politique*, entendre *matière électorale*. Mais je lui réponds : Cet article, qui a été fait contre les sociétés populaires, prévoit précisément le cas où les associations auraient pour but des réunions s'occupant, non pas de l'exercice d'un droit, mais d'une usurpation dont le gouvernement aurait à souffrir. Si vous veniez à prouver que le comité dont il s'agit au procès a fait de la politique électorale ; non pas qu'il ait examiné quelle était la conduite du gouvernement relativement aux élections, mais, pour citer un fait bien simple, qu'il a envoyé tel émissaire pour surveiller la conduite d'un fonctionnaire, qu'il a préparé une agitation dans telle ville, qu'il a fait faire telle publication dans la presse pour critiquer la conduite de tel préfet : voilà ce qu'aux termes de la loi de de 1834 vous avez le droit de poursuivre en dehors de la politique.

Il faut reconnaître que, sous le régime de la constitution française, la nation est partagée en deux catégories. D'abord, les fonctionnaires, qui ont reçu de la constitution la mission de diriger les affaires publiques ; ceux-là peuvent s'occuper de la politique générale sans aucune espèce d'entrave, c'est leur devoir. A côté de cette grande fraction de la nation s'en rencontre une autre beaucoup plus considérable, je ne dirai pas beaucoup plus *intéressante*, car ce ne sera jamais de ma bouche que partira un seul mot pouvant atteindre les serviteurs de l'Etat quels qu'ils soient, mais au moins une classe de citoyens plus indépendante, si vous permettez ce mot : je veux parler de tous les citoyens en général, de tous ceux qui jouissent de leur droits actifs, et parmi les droits qui doivent leur appartenir sans conteste, le plus excellent, c'est celui de nommer leurs députés.

A ces citoyens on refuse la capacité de s'occuper de politique en dehors de ce qu'a prévu la loi ; s'ils se livraient à une association qui eût pour objet les agissements dont je parlais tout à l'heure, l'ar-

ticle 291 leur serait applicable ; voilà l'association qu'on peut poursuivre. Mais quand des citoyens se réunissent, quand ils s'associent,
— que mes honorables confrères me permettent de le dire, pour moi je
n'admets aucune distinction, le citoyen a le droit, à toutes les époques,
à tous les moments, sans être enfermé dans aucune limite, de s'occuper, non de ses élections de clochers, mais des élections de toute la
France, car, à moins de nous enlever notre esprit et notre cœur, il
faut nous reconnaître le bénéfice pouvant appartenir à toute créature intelligente ; — quand, dis-je, les citoyens ne font que se réunir,
se former en comités, je vais jusque-là, s'associer, bien que dans la
cause il n'y ait pas trace d'association, mais quand ils s'associent
pour les élections, pour l'exercice de leur droit, il est impossible de
leur adresser le moindre reproche et d'exercer contre eux la moindre
poursuite, car ils sont dans l'exercice de leur droit, et à moins de
dire que ce droit est un mensonge, il faut le respecter, et la meilleure
manière de le respecter, c'est de ne pas en poursuivre l'exercice.

Mais je n'ai pas poussé mon argumentation jusqu'au bout. J'ai
divisé la société française en deux catégories ; j'ai supposé que l'une
pouvait s'occuper d'affaires politiques exclusivement, mais sans avoir
d'autre compte à rendre qu'au pouvoir suprême et centralisateur ;
que l'autre, au contraire, ne pouvait s'en occuper que dans des
limites extrêmement restreintes, la presse, par exemple, car je ne
vois quant à présent que cette manifestation, et à coup sûr elle est
tellement entravée que j'aurais pu jusqu'à un certain point l'oublier ;
en dehors de la manifestation des opinions par la presse, il est incontestable que les Français ne peuvent s'occuper de politique générale
d'une manière ostensible et surtout se réunir et s'associer pour le
faire.

Ai-je été complet dans cet exposé ? Non, car il y a une autre classe
qui a probablement le droit de s'occuper de politique, à laquelle
vous n'avez pas songé ; vous y songerez peut-être, c'est possible.
Quant à moi, j'appelle votre attention sur cet acte qui se passe au
grand jour ; cette classe, c'est celle des mandataires du pays. Les
députés peuvent s'occuper de matière politique en tout temps, c'est
leur droit ; non pas qu'il leur soit possible de méconnaître des lois de
police et toutes les autres lois gouvernant leur pays ; mais ce que
j'affirme, c'est que l'article 291 et la loi de 1834 n'ont rien de commun avec eux. Je ne pense pas que M. le procureur général veuille
me contredire. Les députés sont placés dans une catégorie spéciale,
parce qu'ils sont les élus du pays, et ils ne sont les élus du pays
que pour faire les affaires du pays, c'est-à-dire pour s'occuper
de politique.

Dussé-je encourir les foudres de M. le procureur général, je lui dénonce ce fait : les députés de l'opposition se sont constamment réunis, ils se sont associés, ils ont eu ensemble des affiliations, ils en ont eu et ils en ont encore. Je sais que, dans ces dernières années et jusqu'en 1863, leur nombre était tel qu'ils paraissaient jusqu'à un certain point s'être conformés aux sévérités de l'article 291 ; mais, grâce au progrès du temps et au réveil de l'opinion publique, le cercle s'est élargi ; il est élastique, monsieur le procureur général, et il y a des recrues qui brûlent d'y entrer. Nous sommes vingt-cinq aujourd'hui, plus de vingt et un, le nombre est séditieux, cela suffit; nous sommes vingt-cinq : nous nous réunissons tantôt chez l'un, tantôt chez l'autre, librement, sans entraves, et nous ne pensons pas qu'il puisse jamais venir à un parquet quelconque la pensée de nous inquiéter; il ne le pourrait pas. Le jour où une pareille 'témérité serait portée à la tribune, je suis peu embarrassé du sort qui lui serait réservé, car on dirait avec raison que, quelle que soit à cet égard la généralité de l'article 291, c'est faire au pays tout entier, dans la personne de ses mandataires, le plus sanglant, le plus intolérable et le moins mérité des outrages qu'il puisse recevoir.

Vous le voyez donc, c'est par le droit que se mesure la faculté, et, prenant les trois termes dont je parlais tout à l'heure, je dis que les affaires publiques en général échappent aux associations de citoyens, parce que ces associations n'ont pas le droit de s'en occuper ; ces affaires générales du pays appartiennent aux associations de députés, parce que les députés ont pour mission de s'occuper de la politique générale du pays. Vous pourriez poursuivre de simples citoyens qui, en violation de l'article 291, organiseraient une association pour se réunir et s'occuper de matières politiques; vous n'avez pas le droit d'inquiéter les députés qui font ce qui paraît défendu aux autres citoyens par l'article 291.

Mais dans la position intermédiaire se trouve le trait d'union, l'électeur, la véritable puissance, la source vive où tous nous nous retrempons. Que vaut notre parole, notre intelligence, notre action individuelle rejetée dans cette grande fournaise où toutes les passions sociales viennent tour à tour se consumer, si nous ne sommes pas là délégation publique, si nous ne portons pas dans notre sein les aspirations, les espérances, les craintes de tous ceux qui nous ont nommés, qui nous aiment, qui nous ont élus, qui nous ont mis sur notre front le signe qui nous fait quelque chose? Vous ne pouvez pas nous atteindre, parce que nous sommes élus, et que, devant cette élection qui nous donne le droit, votre puissance expire. Mais au lieu d'attaquer le droit, vous iriez le troubler à la source; vous chercheriez dans la faculté de tuer le droit électoral la possibilité, par une persécution odieuse, d'empêcher la volonté nationale de se manifester, et vous arriveriez à cette conclusion, qui peut être dans le dessein de quelques hommes qui s'égarent, de concentrer dans les mains du pouvoir la liberté électorale, en laissant croire aux dupes que cette liberté existe encore !

Permettez-moi ce mot, si jamais un projet aussi impie avait traversé l'intelligence d'un homme d'État, non-seulement il serait coupable vis-à-vis de son pays, auquel il ménagerait les orages et les tempêtes, mais il pourrait être surtout imprudent et coupable vis-à-vis de lui-même et de ses amitiés.

Quoi! messieurs, il est besoin dans un pays comme le nôtre de rappeler que les pouvoirs ne sont pas éternels, qu'ils peuvent commettre des fautes, que les citoyens ne sont pas faits pour ces pouvoirs, pour leurs volontés, pour leurs caprices! Quoi! nous en serions encore à ignorer ce que le grand évêque de Meaux apprenait à son illustre élève, que si Dieu avait placé dans les mains des rois un pouvoir souverain, c'était à la condition qu'ils consacrassent toute leur existence au bonheur des peuples!

Si ces grandes vérités ont été mises en lumière par la pratique et par les maximes modernes, que faudrait-il donc dire à une société qui probablement, si elle s'est abandonnée quelques instants, veut recouvrer sa complète indépendance, non pour mal faire, pour s'agiter, pour rêver d'impossibles utopies, mais pour se gouverner dans la mesure des lois, pour faire respecter la dignité, la liberté individuelle, pour se poser courageusement en face de toute espèce d'acte arbitraire et le forcer à rentrer dans la loi?

Eh bien, messieurs, supposez qu'un pouvoir quelconque, un ministère, — je ne fais ici, bien entendu, aucune espèce d'allusion, — méconnaisse ces grands principes, que les citoyens soient menacés, que la chose publique soit en péril, est-ce que ce ne serait pas votre ancre de salut que cette liberté électorale que nous défendons contre vous, trop aveugles, qui oubliez le passé? Si je me retourne en arrière, je vois des citoyens réagissant contre les actes d'un gouvernement qui s'est brusquement effondré. Celui qui lui a succédé menaçait leur avenir; ils se sont réunis en comités, ils ont cherché par les moyens légaux qui étaient en leur pouvoir à faire prévaloir leur droit. Les mêmes idées peuvent se représenter, et c'est précisément pour cela que j'adjure ceux qu'entraîne peut-être une préoccupation trop exclusive, et qui croient à l'éternité du moment présent, de ne pas manquer à ce point de prévoyance.

On a beaucoup parlé des fautes qui peuvent perdre les gouvernements. L'histoire dira à ceux qui actuellement ont le lourd fardeau des affaires, ce qu'il ne nous appartient pas de faire entendre, ce que nous croyons être la vérité, et ce que les convenances comme la loi nous ordonnent de taire. Mais ce que nous affirmons, messieurs, c'est que si les gouvernements successifs qui ont dirigé la France se sont perdus, c'est pour avoir méconnu les principes salutaires du droit commun, c'est pour avoir fait entrer violemment la politique dans la loi qui doit la repousser.

Le droit commun, le droit légal, messieurs, c'est là le signe par lequel les sociétés sont victorieuses. Quand elles y sont fidèles, quand elles ont pour les défendre une magistrature qui comprend la sainteté et la grandeur de ses devoirs, elles peuvent braver toutes les épreuves. Si elles avaient la fortune contraire, Dieu seul sait, messieurs à quels malheurs elles seraient réservées!

La cour confirme, par son arrêt, le jugement du tribunal, et les treize condamnés se pourvoient en cassation.

TRIBUNAL CORRECTIONNEL DE PARIS

PRÉSIDENCE DE M. VIGNON

AUDIENCE DU 11 AOUT 1865

La grève des cochers. — Manœuvres frauduleuses tendantes à porter atteinte à la liberté de l'industrie.

M⁰ Jules Favre, avocat des prévenus Charbonnel et Taron, s'exprime en ces termes :

MESSIEURS,

Je respecte infiniment les intentions qui ont inspiré l'organe du ministère public, et je crois à la conviction sincère qui l'anime de défendre la liberté de l'industrie et à ses bonnes intentions de tracer les règles qui doivent présider aux rapports économiques entre les patrons et les ouvriers. Seulement, qu'il me soit permis de faire observer que ces règles, ces leçons, parties de si haut, pouvaient être tracées sans qu'aucune des deux parties mises en cause ait eu à perdre de ses droits à la considération et à l'estime de soi-même; qu'il me soit permis de dire que ces avertissements ne me paraissent pas à leur place quand ceux que vous poursuivez n'ont d'autre tort que d'avoir cherché tous les moyens de conciliation, de les avoir épuisés, en un mot, de n'y avoir renoncé qu'après avoir compris l'impossibilité de s'entendre avec le patron, qui se plaignait d'avoir été délaissé.

Le ministère public s'est plu à faire le tableau le plus sombre des malheurs causés par les grèves; il a cherché ses exemples non seulement dans notre pays, mais à l'étranger, et plus particulièrement en Angleterre; puis, résumant toutes ces perturbations, il a conjuré les ouvriers de ne pas rouvrir ces abîmes et de mieux comprendre leurs intérêts qui se confondent avec l'intérêt public, et de ne rechercher les améliorations à leur condition que dans les moyens légaux et pacifiques.

Certes, messieurs, des premiers nous avons été heureux de recueillir de si nobles paroles, mais elles étaient inutiles, car sur les désastres produits par les grèves prolongées, par les coalitions turbulentes, nous sommes tous d'accord. Ces doléances rétrospectives sont ici sans aucune application; ici, pas de désordres, pas de moyens violents, pas d'appel à la force; c'est là tout particulièrement la physionomie de ce débat.

De quoi s'agit-il en effet? Il s'agit d'ouvriers qui se plaignaient de l'insuffisance de leur salaire; qui, usant d'un droit que leur confère la loi nouvelle (nous verrons tout à l'heure quelle est la valeur de cette loi), ont cessé leur travail; jusque-là c'était bien leur droit, assurément, vous ne le niez pas. Puis, qu'est-il arrivé? Les cochers, au nombre de quatre mille deux cents, ne pouvant se réunir, ont choisi des délégués. Ce choix n'a pas été sérieux, dites-vous; les cochers n'ont pas été consultés. A cela je réponds que les cochers ont fait ce qu'ils ont pu, et il ne leur était pas facile de savoir dans quel cercle il leur était permis de se mouvoir. Le ministère public, du haut de son siège, leur a tracé ce cercle. Avec tout le respect que commande une pareille autorité, je me demande si une aussi bonne intention ne pourrait pas être qualifiée de témérité. Est-ce que nous pouvons avoir la prétention d'élucider toutes les questions économiques, de concilier tout ce qu'il y a d'inconciliable dans la loi dont vous vantez les bienfaits?

En résumé, et en nous restreignant, quelle est la question à nous poser? C'est de nous demander si les hommes traduits sur ces bancs se sont rendus coupables du délit de coalition, tel qu'il est puni par la loi.

M. l'avocat impérial a proclamé qu'on avait donné aux ouvriers la liberté du travail : nous allons voir dans quelle mesure ; mais, dès à présent, on pourra m'accorder que la sévérité requise par le ministère public ne saurait être appliquée à des faits qui y sont étrangers; il me semble que l'esprit d'équité devrait conduire à une solution toute différente; il me semble que lorsqu'à un système de restrictions dans lequel étaient enfermés les ouvriers, on a substitué la liberté plénière, au dire du ministère public, c'était le cas de se montrer plein d'indulgence pour les essais qui pouvaient se produire au moment de la transition. Je suis convaincu que la loi des salaires ne peut être que faiblement comprise par les ouvriers.

M. l'avocat impérial est de mon avis, car il a mis toute sa science à essayer de la faire comprendre. Eh bien! n'était-ce pas le cas de se rendre compte des tâtonnements des cochers, de leur embarras, de leur tenir compte des essais d'accommodement qu'ils ont tentés, surtout quand nous avons des documents officiels qui prouvent que la grève a été un élément utile pour la condition des cochers?

Pour moi, en face des difficultés créées par la loi nouvelle, je me sens moins rassuré que le ministère public : je l'ai écouté avec bonheur et beaucoup d'attention, et il m'est resté cette impression que M. l'avocat impérial n'avait pu dépouiller le vieil homme. Pour exprimer toute ma pensée, j'ai bien peur que, quelles que soient ses intentions, les souvenirs du passé ne l'obsédent et qu'il ne regrette le régime ancien, qui accordait aux patrons une liberté absolue, en refusant toute liberté aux ouvriers.

Sur la question générale, que de choses à dire! Je serai bref; je dirai : Abolir simplement les lois sur la coalition pouvait être un grand danger; en effet, dans un pays où tout est réglementé, il est dangereux de décréter spontanément une liberté trop grande dans telle ou telle branche de l'économie publique. L'expérience n'a pas été longue à révéler le danger. La liberté de se coaliser a été accordée aux ouvriers, mais à une condition, de ne pas s'en servir; de là ces faits regrettables que vous avez eus à réprimer, et que vous avez bien fait de réprimer.

Mais laissons là les grandes thèses et arrivons au procès. Ce qui est certain, c'est que vous n'êtes pas en face de ceux qui ont créé la grève, c'est qu'il faut reconnaître que nous n'avons pas sous la main ceux qui ont voulu et organisé la coalition. M. l'avocat impérial pense le contraire; il voit dans ces trois hommes ce qu'autrefois on appelait des chefs de coalition; je l'ai dit, le vieil homme le poursuit; il lui est impossible de le repousser. L'organe du ministère public n'est pas le seul, dans ce procès, qui soit resté dans le passé : vous avez entendu un témoin, un des chefs principaux de la Compagnie des Petites-Voitures: son langage a été celui d'un homme qui voit un délit où il n'y en a plus. Voyons donc ce qu'ont fait les prévenus, quelle est leur conduite.

Tout à l'heure, quand le ministère public disait que la grève des cochers était artificielle, que le programme des cochers était tout à fait injuste, sur quels faits s'appuyait-il? Il a dit : « Il y a quatre mille deux cents cochers de la Compagnie impériale ; combien ont concouru à la nomination des délégués? quatre-vingt-dix seulement », et après ce calcul, M. l'avocat impérial tire cette conséquence que le programme des cochers était inacceptable, car il était l'œuvre d'une infime minorité. A mon tour, je retournerai l'argument du ministère public contre lui-même, et je ferai ce calcul : Combien avez-vous entendu de témoins dans l'instruction de cette affaire? trente ou quarante, tout au plus; et sur ce nombre, combien en avez-vous trouvé qui soient de l'avis que vous voulez faire prévaloir, à savoir que la coalition n'était qu'artificielle? Vous en avez trouvé sept ou huit. Voilà donc que vous appuyez votre vérité sur sept ou huit voix,

II.   27

et que vous nous déniez le droit d'appuyer la nôtre de quatre-vingt-dix voix.

Hâtons-nous de rentrer dans la vérité des choses. Ce qui ressort de la notoriété publique, c'est que les cochers éprouvaient un mécontentement très grand, que leur salaire réel était réduit à trois francs et même à trois francs cinquante ; ce qui est vrai, c'est que cet état de choses devait provoquer, de la part des cochers, une réclamation légitime, de l'avis même du directeur de la compagnie, qui a puisé dans la grève même des motifs pour améliorer le sort de ses cochers. Il y avait donc un mécontentement réel et non artificiel, un salaire insuffisant ; la situation demandait donc des réformes ; c'est là un point qu'on doit m'accorder, car je ne dis que ce que sait tout le monde : elle devait amener la cessation simultanée de tous les travaux. Et au jour donné, tous les cochers se sont trouvés prêts, et ce jour, tous les travaux ont été interrompus, d'abord par les cochers de la place, plus tard par les cochers de remise ; or n'oubliez pas que les trois prévenus sont cochers de remise.

La grève va commencer, mais non sans avertir. La veille, le samedi, M. Ducoux a été prévenu par une lettre anonyme ; cependant il dormait d'un sommeil paisible, rassuré par les rapports de la police. Il y a treize dépôts pour les stations et six pour les remises ; chacun de ces dépôts nomme un délégué. Ce ne sont donc pas les délégués qui ont organisé la grève, puisque c'est la grève qui a institué les délégués !

Maintenant quelle mission les délégués avaient-ils reçue ? Pas d'autre que celle d'arrêter la grève, de chercher les moyens de conciliation, et, en effet, la grève était sans fin si on ne plaçait pas des intermédiaires entre le directeur de la compagnie et les cochers.

M. Ducoux vous l'a dit, il a accueilli ces intermédiaires avec joie, sans leur demander leur qualité, sans s'enquérir de la légalité de leur mandat ; il avait devant lui des cochers qui traitaient de leurs intérêts, cela lui suffisait ; il laissait à d'autres la vérification des pouvoirs.

Les cochers pouvaient-ils agir différemment ? je ne le crois pas, car un des vices de la loi, c'est, je l'ai dit déjà, de leur donner une liberté dont ils ne peuvent user. Dans une corporation de plusieurs milliers d'hommes, à qui il est interdit de se réunir pour se concerter, il faut nécessairement des délégués ; c'est ce que les cochers ont parfaitement compris ; mais chacun d'eux craignait de se compromettre, de se mettre en avant, de signer quoi que ce soit ; de là les lettres anonymes pour nommer des délégués, et le programme des demandes qui accompagnait l'envoi de ces lettres. Allez, disaient les cochers à ces délégués, nous ne pouvons nous réunir ; allez, entendez-vous sur les salaires, discutez nos intérêts et amenez-nous à une condition supportable. Voilà ce qu'ont fait les cochers.

Ils n'avaient pas le choix des moyens; que voulez-vous, la nature des choses est toujours plus forte que les lois, et les choses iront ainsi tant que la liberté de réunion ne sera pas placée à côté du droit de coalition.

Ce que voulaient les cochers, c'est que leurs délégués se rappro-chassent de M. Ducoux pour s'entendre, pour arriver à une solution; c'était une bonne pensée, car l'intérêt des ouvriers, c'est celui des maîtres, c'est le travail, c'est la liberté. C'est là cependant ce que le ministère public veut faire condamner, c'est ce mouvement moral, intellectuel, ces efforts que font des ouvriers pour comprendre la loi et rester dans le légalité, qu'on vous demande de flétrir par un arrêt de justice. Je ne crains pas de dire que si ces hommes sont punis, ils le seront pour leur désintéressement : voilà la moralité de la poursuite; vous l'avez comprise comme moi, messieurs; aussi je ne doute pas que votre jugement, au lieu de réprimer, ne soit un lien de plus entre les patrons et les ouvriers.

Le tribunal, statuant que c'est à l'aide de manœuvres frauduleuses que les prévenus ont maintenu ou tenté de maintenir la grève des cochers de la Compagnie impériale, délit prévu par l'article 414 du Code pénal, les condamne : Charbonnel à trois mois d'emprisonnement, Taron à quinze jours de la même peine.

TRIBUNAL DE SAINT-ÉTIENNE

PRÉSIDENCE DE M. FABRE.

AUDIENCE DU 24 MAI 1866.

Demande en dissolution des caisses de secours et en reddition de compte desdites caisses, formée par MM. Récoreux et Cognet, ouvriers mineurs, contre la Compagnie des mines de la Loire et la Société des houillères de Saint-Étienne.

Me Jules FAVRE, avocat des mineurs, s'exprime en ces termes :

Il m'est difficile de me défendre d'un sentiment de pénible étonnement en me trouvant à cette barre. Sans doute je suis heureux de pouvoir y donner un témoignage de sympathie à cette honnête et courageuse population ouvrière qui chaque jour va chercher dans les profondeurs du sol, souvent au péril de sa vie, cette substance précieuse dont la science moderne a fait un si puissant instrument de civilisation. Je ne puis oublier que j'ai eu l'honneur de la représenter dans cette grande Assemblée constituante qu'anima si fortement le sentiment du bien et qui laissera dans l'histoire un souvenir incontesté de modération, de patriotisme et de désintéressement. Les liens formés entre eux et moi à cette époque sont de ceux que rien ne peut briser ni même relâcher. Il suffisait donc que les demandeurs fissent appel à mon concours, pour que je le leur accordasse sans réserve, et alors même que l'utilité ne m'en était pas démontrée. Mais quand je veux me rendre compte de la nature de l'action que je suis chargé de soutenir, je me demande comment il a pu être nécessaire de la porter devant la justice, comment les deux modestes travailleurs ont pu y être contraints et où se peut rencontrer le caractère litigieux de leur réclamation.

Comment, en effet, leur contester le droit d'exiger l'exécution d'un contrat sacré, de veiller sur l'administration de leur patrimoine, d'autant plus respectable qu'il vient de l'épargne et se forme par un prélèvement sur le besoin, et de se dégager d'entraves qui enchaînent leur liberté et compromettent leur avenir et celui de leurs familles?

L'un des deux délégués que je représente devant vous est employé dans les ateliers de la Compagnie des houillères de Saint-Étienne; l'un et l'autre sont, en cette qualité, membres forcés de la caisse de secours. Et ces secours sont organisés sans eux, dans des conditions qui les blessent et qui même ne sont pas respectées par ceux qui les ont édictées. Depuis de longues années, ils ont fourni des cotisations prélevées sur leur salaire, et ces cotisations ont reçu un emploi qu'ils ont intérêt à contrôler. C'est ce qu'ils demandent; ils veulent voir clair, ils veulent ne pas subir un régime qu'ils considèrent comme mauvais. Et c'est pour cela qu'ils plaident; ce sont ces prétentions que l'on conteste. Je comprends que la compagnie ait hésité à signifier ses conclusions; je ne comprends pas qu'elle en ait signifié et qu'elle se soit résignée à se poser comme adversaire de réclamations si justes et si simples.

La double question se pose ainsi :

Le membre d'une société de secours peut-il demander l'examen des comptes?

Peut-il demander que la société de secours cesse d'exister quand elle ne se conforme plus aux conditions de son existence, aux règles fondamentales de sa constitution?

Les poser ainsi, c'est les résoudre.

Mais puisque cette contestation inattendue s'est élevée, il faut bien entrer dans quelques détails, exposer brièvement les circonstances dans lesquelles le procès est né et les raisons qui doivent en déterminer la solution dans le sens indiqué.

Il n'est personne parmi ceux qui s'intéressent aux destinées générales de l'humanité et de leur pays qui ne soit vivement frappé du développement considérable qu'ont pris dans ces derniers temps les sociétés de secours mutuels. Le principe qui leur sert de fondement n'est pas nouveau, il est aussi ancien que les sociétés dont la base essentielle est la solidarité. L'homme isolé est sans force contre la nature qui l'écrase, contre la violence à laquelle il se heurte sans cesse, et qui le condamnerait à périr. Par l'union, il se transforme et triomphe de tous les obstacles qui paraissaient insurmontables. Par elle il domine le monde extérieur, centuple ses moyens d'action, atteint aux sommets de la science, pose des règles qui permettent à ses semblables de se développer, de se contenir et, en grandissant par leur mutuel effort, de donner le magnifique spectacle qu'on appelle le développement progressif de la civilisation.

Mais cette loi de la solidarité, qui est gravée dans tous les cœurs, est d'une application plus nécessaire à mesure que les rapports entre les hommes deviennent plus étroits. La famille est un type : elle réalise le merveilleux accord du cœur et de la raison, de la passion et de l'intérêt. La profession est encore une famille. Suivre le même chemin, être rapprochés par le travail, diriger son intelligence vers le même but, produire la même œuvre, c'est une communauté véritable dont la puissance est proclamée par la conscience et par l'histoire.

L'union professionnelle émane de l'antiquité, triomphe avec le christianisme, qui l'a revêtue de l'armure invincible de l'amour divin et de l'amour du prochain. On pourra perfectionner les règles économiques et pratiques des confréries du moyen âge, mais on n'ira pas au delà du sentiment élevé qui les a inspirées, et je ne puis faire qu'un vœu : c'est qu'on y demeure fidèle.

Le besoin de cette fraternité est d'autant plus impérieux que la profession de celui qui s'y livre l'expose à des chances plus nombreuses. Chacun sait l'amitié naturelle, énergique, qui unit les hommes dont la vie est menacée par les hasards du champ de bataille. On la trouve avec son héroïsme et sa tendresse à Thèbes, à Sparte, dans les forêts de la Germanie et dans les fécondes vallées de la Gaule. Mais le travail pacifique a aussi ses champs de bataille ; et lequel offre plus de périls que celui qui se dérobe à la clarté du ciel, en s'ensevelissant dans les entrailles de la terre ? Ceux qui acceptent vaillamment le rude combat qu'il faut livrer à la matière, sont exposés aux chutes, aux éboulements, aux inondations, aux explosions terribles. Au lieu d'arroser de leur sueur les guérets bénis, ils s'engloutissent dans l'ombre, à demi nus, et ils arrachent péniblement au sol ce trésor qu'il recèle dans ses flancs et dont la chaleur divine va renouveler le monde.

Rapprochées par la mutualité, les confréries ont été l'objet de la sollicitude des pouvoirs publics.

On rencontre à cet égard dans un excellent ouvrage de M. Dupont des détails touchants et pleins d'intérêt. Ainsi, sous l'ancienne monarchie, on avait fait des règlements pour protéger non seulement la vie, mais même l'âme immortelle du mineur. M. Dupont cite un édit de Henri IV de 1601 où il est dit qu'un trentième des produits de la mine sera versé au trésorier pour subvenir à « l'entretènement de deux prêtres, d'un chirurgien, et à l'achat des médicaments ».

La France de Henri IV ressemblait peu cependant à celle dont nous voyons aujourd'hui l'admirable développement ; mais les principes éternels de la justice animaient ceux qui étaient à sa tête et appelaient leur attention sur la situation spéciale des mineurs ; on prenait des précautions tant pour leur âme que pour leur corps ; et l'on imposait aux exploitants de la mine les plus sérieuses obligations. Cet édit de Henri IV contient le germe de la responsabilité des compagnies, des devoirs qui leur incombent et des droits corrélatifs qui appartenaient aux ouvriers.

De 1601 à 1813, deux siècles s'écoulent, et durant ces deux siècles,

les ordonnances analogues se multiplient. Tous les monuments de la
législation et de l'administration publique reposent sur cette double
idée des ouvriers et des exploitants. Ceux qui sont véritablement
associés se doivent assistance dans l'accomplissement de leur œuvre
commune. En 1813, un décret fut rendu et prescrivit qu'un chirurgien fût attaché aux mines, que des secours et des médicaments gra-
tuits fussent accordés aux ouvriers. Ces obligations sont précises, et
les exploitants des mines ne peuvent s'y soustraire. Aussi, à partir
de 1813, toutes les exploitations minières présentent-elles l'établissement ou le germe d'établissement de caisses de secours fondées
par les compagnies elles-mêmes, avec toutes les garanties qui
naissent de la nature des choses et que les parties intéressées sont
en droit de demander,

Ces garanties, quelles sont-elles?

Les compagnies font ici œuvre de tutelle ; elles prennent en main
l'intérêt de l'ouvrier, qui est aussi le leur ; elles forcent, comme le dit
M. Dupont, l'ouvrier à être prévoyant ; elles perçoivent une partie
de son salaire, c'est-à-dire de son bien, de sa propriété, et l'ouvrier,
à son tour, consent à le leur abandonner, à condition qu'elles en
fassent un usage déterminé. Nous saisissons ainsi tout d'abord le
double caractère de mandant d'une part, et de mandataire de l'autre.
En outre, les compagnies, aux termes de la législation spéciale que
j'ai déjà citée, doivent, de leur substance personnelle, fournir aux
ouvriers blessés un chirurgien, des médicaments et des secours.

Les caisses de secours ne doivent fonctionner que sous cette double
condition :

Premièrement, que les ouvriers seront appelés à surveiller l'emploi
de leurs fonds ; qu'ils entreront pour quelque chose dans l'organisation du conseil d'administration et y seront représentés par un certain nombre des leurs ; que les compagnies ne seront pas omnipo-
tentes pour décider de l'admission ou du refus d'admission à la caisse
de secours ;

Deuxièmement, qu'après la participation des ouvriers, viendra le
contrôle des ouvriers, car sans contrôle il n'existe aucune garantie
d'une bonne gestion ; en matière de finances, il faut nécessairement
le compte rendu, la balance, l'alignement des chiffres, car il importe
qu'une administration financière non seulement reste pure, mais
soit même au-dessus de tout soupçon.

Ces deux conditions sont essentielles ; une caisse de secours qui
s'en affranchirait, cesserait d'inspirer la confiance, et sa destruction
serait inévitable.

Ces principes posés, voyons ce qui s'est passé dans les compagnies
auxquelles nous demandons des comptes.

Dès 1846, avant le fonctionnement en quatre groupes, une caisse de secours avait été fondée par la Compagnie générale. Cette caisse, j'ai le regret de le dire, a fonctionné sans l'observation des règles que je viens d'énoncer. Dieu me garde d'incriminer qui que ce soit; je suis convaincu qu'il n'y a jamais eu à ce sujet entre les ouvriers et la compagnie que des malentendus; je suis convaincu que les retenues sur les salaires ont été vraiment employées en secours; mais il est incontestable que l'omnipotence de la compagnie a été absolue : elle a distribué des secours suivant son arbitraire et n'a jamais rendu de comptes à personne.

En 1850, des plaintes se firent entendre; il soufflait alors sur la France un vent nouveau, on se précipitait au-devant de toutes les libertés; des délégués, des ouvriers se présentèrent devant les directeurs de compagnies et demandèrent des explications. On leur mit sous les yeux des états; on leur demanda de les signer, et comme ils insistaient pour avoir communication de la comptabilité, on les dénonça pour délit de coalition. Les ouvriers, effrayés, se résignèrent et se désistèrent de leurs prétentions.

En 1852, par suite de la division de la Compagnie générale en quatre groupes, une ère nouvelle commença. Dans cette période, qui va de 1846 à 1852, qu'est devenue la caisse de secours? quelles ont été ses opérations? quelles ont été ses recettes, et quelles ont été ses dépenses? Tous l'ignorent; les ouvriers ont payé pour ne rien savoir.

Cependant, en 1850, la Compagnie des mines de la Loire avait pris un règlement sur lequel je m'appuie pour justifier la demande.

Outre les retenues proportionnelles de 2 pour 100 sur les salaires, la compagnie doit verser volontairement une subvention consistant dans l'apport d'une somme annuelle égale à la totalité des salaires retenus; toutefois, la compagnie se réserve le droit de supprimer la subvention en prévenant six mois d'avance le comité.

Je cherche vainement la raison de cette réserve, je n'en trouve pas d'autre que celle-ci : *Ego nominor leo*. Les jurisconsultes disent : « Donner et retenir ne vaut. » La compagnie trouve que cela vaut quelque chose, car elle donne et elle retient.

Le même règlement porte que l'administration de la caisse de secours sera gratuite; que le comité sera composé de dix-huit membres, dont six nommés par le conseil d'administration, et douze élus par l'assemblée générale des ouvriers, parmi ceux d'entre eux qui sauront lire et écrire; que tout ouvrier qui entre au service de la compagnie fait par cela même acte d'adhésion aux statuts de la caisse.

Les fonds de la caisse de secours sont obligatoires ou volontaires; les fonds obligatoires sont versés par les ouvriers, les autres viennent de la Compagnie des mines de la Loire, qui peut fournir ou ne pas fournir.

Voilà la charte de 1850, voilà le contrat qui a été accepté par les ouvriers lorsqu'ils sont entrés au service de la compagnie.

Ce pacte a-t-il été exécuté? c'est là toute la question du procès.

Nous affirmons que non; nous affirmons que le conseil d'administration n'a jamais été convoqué suivant les prescriptions statutaires, que les compagnies n'ont pas fourni les subventions qu'elles avaient promises, De là notre double demande.

Un ancien ouvrier mineur a pris en main la cause de ceux dont il avait été le camarade; cet ancien mineur, c'est M. Faure. J'entends mon contradicteur s'écrier : « Un cabaretier! » Et pourquoi pas? Est-ce que les cabaretiers sont frappés d'incapacité? Est-ce qu'il existe à leur encontre une « diminution de tête », *capitis minutio*? Il a bien fallu que quelqu'un, en dehors du pouvoir de la compagnie, la mît en demeure de s'expliquer. M. Faure a donc écrit aux directeurs des compagnies; sa lettre est restée sans réponse; puis il a écrit au journal *le Mémorial de la Loire;* cette sommation publique n'a pas été plus suivie d'effet; cependant ses réclamations étaient conçues dans les termes les plus modérés.

Pourquoi donc les compagnies se taisent-elles, tandis que les ouvriers négocient, temporisent, usent de toutes voies amiables qui leur sont ouvertes? pourquoi s'enveloppent-elles dans le nuage de leur souveraineté et de leur omnipotence? Elles ne veulent pas commercer avec le reste des humains; elles opposent des dédains superbes. On dirait qu'elles se croient encore au temps où il y avait des seigneurs et des vassaux, et qu'elles oublient que 1789 a brisé toutes les servitudes.

Lassés de ce mauvais vouloir, de ces résistances injustes, les ouvriers se sont enfin décidés à aborder le prétoire de la justice.

Il n'y en a que deux, dit-on. C'est que deux suffisaient; mais il s'agit en réalité d'un intérêt collectif. Je me nomme Légion, et j'ai dans mon dossier les signatures de près de deux mille ouvriers mineurs.

Nous demandons d'abord le compte des caisses de secours et puis la dissolution, pour l'avenir, d'un contrat dont les compagnies se sont elles-mêmes déliées et qu'elles ont foulé aux pieds. Nous demandons que la retenue obligatoire cesse de peser sur nous, et que nous soyons désormais maîtres de notre argent.

Je ne sais ce que répondent les compagnies. Elles nous ont fait signifier, il y a deux jours, des conclusions dans lesquelles je lis ceci :

« Attendu que les ouvriers se sont réunis, ont choisi un certain nombre d'administrateurs, nommé des délégués, vérifié eux-mêmes les comptes de gestion et constaté que la compagnie, loin d'être débitrice de la caisse de secours, était au contraire en avance vis-à-vis d'elle de sommes considérables versées par elle spontanément;

« Attendu, en ce qui touche le deuxième chef, qu'il n'y a jamais eu de contrat entre la compagnie et ses ouvriers, qu'elle n'a donc pu violer les conditions d'un contrat qui n'existe pas,

« Il plaise au tribunal déclarer le sieur Réocreux irrecevable et en tout cas mal fondé dans sa demande, l'en débouter, et le condamner aux dépens. »

C'est à n'y pas croire! je ne voudrais manquer à aucune convenance, mais je ne puis m'empêcher de dire combien il est regrettable qu'une compagnie qui se respecte ait pu signifier de semblables conclusions. C'est en invoquant l'exécution des règlements que vous repoussez notre demande; qui vous croira? Vous avez créé un comité de circonstance, fait des élections de circonstance, dressé un compte de circonstance!

Il ne saurait d'ailleurs échapper au tribunal que ces conclusions sont en contradiction avec elles-mêmes. D'un côté, elles disent : « Vous n'avez pas le droit de nous demander un compte; » et de l'autre, elles disent : « Ce compte, nous vous l'avons rendu. » Vraiment c'est peu généreux de nous avoir fait si longtemps attendre pour nous donner si peu. Tout ceci n'est pas sérieux : c'est une comédie.

Si nos adversaires veulent entrer dans une voie de conciliation, nous sommes disposés, non pas à les y suivre, mais à les y précéder.

Si l'on a fait des comptes, qu'on nous les communique et qu'on nous prouve qu'ils sont sincères. Que l'on sorte enfin du mystère et du silence; qu'on ne renvoie plus un ouvrier parce qu'il murmure, et qu'on apprenne à souffrir les discussions.

De tout ceci ressortira cette leçon que, dans notre civilisation, il y a deux puissances qui dominent toutes les passions : celle de l'opinion publique et celle de la justice impartiale et souveraine, disant à chacun son droit et son devoir.

Nous demandons la rupture du contrat. Ce qu'il y a de mieux, c'est la liberté pour tous. C'est par la liberté que peuvent être conjurés tous les périls; c'est par la liberté que seront étouffées toutes les passions hostiles. Si les ouvriers veulent une caisse de secours indépendante, qu'ils aient le droit de la former; qu'ils ne subissent pas la loi draconienne d'une retenue imposée par la compagnie. Travailleurs, capitalistes, propriétaires, vous n'avez tous qu'un seul intérêt : la paix, l'ordre, l'économie, par la liberté qui garantit la dignité humaine. Introduisez dans la conscience et les actions des hommes cet élément vivificateur de la liberté, et vous les transformerez; introduisez-le dans les caisses de secours, et elles prendront enfin tous les développements qu'elles comportent.

Est-ce que vous voulez que les ouvriers en appellent à ce remède extrême de la suspension du travail?

Quant à moi, si ma voix peut parvenir jusqu'à eux, je les supplie de ne pas le faire. Qu'ils s'adressent sans se lasser à la justice; qu'ils ne cessent de la solliciter respectueusement ! Et vous laisserez croître ce germe de mutualité qui aujourd'hui est secours, demain sera association. C'est à lui que le monde appartient. Il formera un arbre magnifique où s'abriteront les générations futures, réalisant le rêve de science, d'amour et de liberté qui nous aura fortifiés, consolés, soutenus.

« Le tribunal,

« Attendu que les demandeurs ne peuvent établir en quoi les compagnies auraient violé le contrat;

« Attendu que les compagnies se sont conformées aux prescriptions du décret de l'empereur en date du 26 mai 1843;

« Attendu que le prétendu règlement de 1850 ne fut qu'un projet; qu'il n'a pas été accepté par les ouvriers, et que les tribunaux ne l'ont jamais considéré comme un lien de droit entre les compagnies et leurs agents,

« Déclare les demandeurs non recevables, en tout cas mal fondés dans leurs demandes, fins et conclusions, les en déboute et les condamne aux dépens. »

OBSÈQUES DE M. DURANTON

PROFESSEUR A L'ÉCOLE DE DROIT

22 AOUT 1866

MES CHERS CONFRÈRES,

L'absence regrettable de M. le bâtonnier m'impose le douloureux devoir d'adresser, au nom de l'Ordre, un dernier adieu à son véné-rable doyen, M. Duranton. Il s'est éteint après une longue et labo-rieuse carrière, exclusivement consacrée à l'étude et à l'enseignement du droit. Cependant ses travaux assidus de professeur et d'écrivain ne l'avaient point éloigné de nous. Exact à chacune de nos assem-blées, il était l'honneur et le doux ornement de nos fêtes de famille. Son regard fin et bienveillant y cherchait, en remontant la pente des générations groupées autour de lui, ceux qui avaient été ses élèves; ceux-ci le retrouvaient affable et bon comme dans sa chaire, et tout pénétré d'une religieuse ardeur pour la science juridique, à laquelle il avait dévoué sa vie! C'est qu'il y avait en lui deux qualités éminentes qui faisaient son originalité et sa force : la conviction et la simplicité. Elles éclairaient ses leçons d'un reflet singulier, et leur donnaient ce charme caché qui accompagne tout ce qui est honnête et vrai. L'art des interprétations subtiles eût troublé sa conscience naïve, qui ne voulait d'autre guide que le bons sens et l'équité, et sa vaste érudi-tion se pliait sans efforts à cette méthode positive dont les règles s'appuyaient à la fois sur la morale et sur la tradition.

. Ainsi l'avons-nous tous connu; ainsi l'ai-je apprécié moi-même, il y a trente-neuf ans bientôt, lorsqu'il voulut bien me prendre par la main pour me soutenir dans la route difficile dont il avait gravi sommets. Ce que j'admirais en lui, c'était son amour profond pour le juste et son désir sincère de le faire partager à ses auditeurs. Il avait sur mon esprit l'autorité puissante de la candeur, et la saine impression qu'elle y a laissée ne s'est point altérée au choc des évé-nements accomplis. Hélas! lorsque je recueillais sa parole droite et calme, j'étais loin de penser qu'un jour, devenu l'un des anciens de cet ordre qui m'est si cher, et envers lequel il m'est doux d'être reconnaissant, je serais chargé de la tâche cruelle de rendre cet hommage suprême à l'homme excellent qui m'ouvrait la carrière ! Dieu a voulu que l'accomplissement d'un devoir professionnel se rehaussât ainsi par un acte de piété filiale. Je l'en remercie. C'est lui qui, sur le bord de cette dernière demeure, où vont disparaître les restes mortels de celui que nous perdons, fait briller le rayon d'une céleste espérance. Ici, en effet, notre grandeur se révèle par l'excès même de notre néant, et quand une nuit éternelle semble envelopper ces intelligences d'élite qui ont concentré en elles l'idée de la justice et du droit pour la répandre puissamment au dehors, nous sentons profondément qu'elles échappent à la destruction, et qu'abandonnant un monde où l'objet de leur culte est si souvent outragé par la ruse et la violence, elles sont appelées à prendre possession de la vérité, qui devient leur récompense et leur gloire. Que ces convictions nous consolent et nous fortifient, mes chers confrères. L'exemple de ceux qui ont fait le bien est le secours le plus efficace contre les entraîne-ments qui nous en écartent. Que le souvenir de cette longue existence, appartenant sans réserve au travail et à la défense du droit, vive au milieu de nous comme un encouragement à la constance. Le plus bel hommage que nous puissions lui rendre, c'est de profiter de ses enseignements, en restant fidèles à la loi du devoir, en conservant au milieu de toutes les défaillances le respect de notre conscience et l'indépendance de notre pensée.

COUR IMPÉRIALE DE BORDEAUX

16 ET 17 MAI 1867

APPEL DE MM. LEMONNIER, ETC.

Le jugement du tribunal de Libourne frappé d'appel déclarait que les prévenus acquittés par le jury de la Gironde, lequel avait répondu négativement sur la question de faux, pouvaient être remis en cause pour le délit d'abus de confiance, distinct du crime de faux.

Me Jules Favre, avocat des appelants, fait ressortir dans ses conclusions que si le délit d'abus de confiance ou de détournement eût été distinct du crime de faux, le juge d'instruction n'aurait pas manqué de le retenir en le soumettant à la chambre d'accusation.

Sa plaidoirie est le développement du principe « *non bis in idem* ».

J'ai écouté à l'audience d'hier avec un grand intérêt le remarquable réquisitoire que M. l'avocat général a prononcé, et qui m'a paru un exposé complet, consciencieux et savant de toutes les difficultés et les solutions diverses qu'a soulevées l'interprétation de la règle *non bis in idem*.

Seulement, en admirant la patience d'investigation, la sagacité d'exposition que M. l'avocat général a montrées dans le travail que tous nous avons entendu, il m'était difficile de me défendre de deux préoccupations qui assiégeaient mon esprit, et que je demande la permission de vous confier.

Je me demandais en premier lieu si c'était bien la meilleure méthode d'interroger la loi criminelle, et si l'historique qu'il en a entrepris n'en était pas la plus dangereuse critique ! La règle qui doit s'imposer aux sociétés pour la répression des délits doit être claire et saisissable pour toutes les intelligences ; c'est une condition indispensable pour que son obéissance ne rencontre aucun nuage. Mais que sera-ce quand ce ne sera pas trop des laborieuses et scientifiques investigations auxquelles M. l'avocat général s'est livré devant vous pour découvrir ce qui peut être la vérité ; quand, pour être fixé sur le sens véritable de la loi, on sera forcé de se livrer à cette gymnastique intellectuelle devant laquelle les plus robustes seraient pris de découragement ?

Aussi j'ai peur que M. l'avocat général n'ait pris pour une solution l'effort considérable qu'il a entrepris pour en trouver une. Peut-être est-il dangereux, dans une affaire où il s'agit d'interpréter la loi pénale, de nous montrer tant d'obscurité qu'une main habile doit préalablement dissiper.

Et puis, — et c'est là une préoccupation plus grave que la première, — je me disais que si au nombre des principes qui doivent gouverner les sociétés, il en est un sur lequel nous soyons unanimement d'accord, c'est le principe de la chose jugée, c'est la stabilité des décisions de la justice, c'est le respect dont elles doivent être environnées.

Or, pour que la justice soit respectée, il faut que la décision qu'elle aura rendue soit à l'abri de toute critique sérieuse ; que la fixité repose sur le principe de l'unité de la sentence rendue sur un même fait ; c'est ce qui est enseigné par tous ceux qui ont écrit sur la matière, et ce que le simple bon sens suffit d'ailleurs à démontrer. La loi a pris soin de déterminer avec précision les attributions de chacun, afin précisément de prévenir les rivalités et les empiétements. C'est là, en effet, la condition primordiale du respect dû à la justice.

Quand nous envisageons spécialement les matières criminelles, ces réflexions se fortifient et s'éclairent, et nous nous trouvons alors en présence de cette vérité, que nous aurons occasion de répéter, à savoir : que lorsqu'un même fait peut donner lieu à des incrimination différentes, il importe que ces incriminations reçoivent un jugement uniforme. Si en effet vous admettez des jugements successifs, ils peuvent différer entre eux, et le respect de la chose jugée s'en affaiblira d'autant. C'est pour cela que tout ce qui se rapporte à une même accusation doit passer sous l'œil du même juge, et que la décision qui intervient doit être définitive. Il y a une raison décisive pour qu'il en soit ainsi, c'est que lorsque la vérité apparaît, il faut marcher à sa conquête ; et lorque la justice a prononcé, il importe qu'elle ne soit pas soumise à d'indiscrètes investigations.

Cela est si vrai, que si nous avions aujourd'hui à rédiger une loi de procédure criminelle, nous lui donnerions pour base le respect de la justice résultant de l'unité de la décision, et nous ferions résulter l'unité de la décision de la concentration du jugement d'un même fait dans les mains des mêmes juges ; nous serions tous d'accord pour proscrire ces divisions auxquelles peut se prêter un même fait, par l'excellente raison que les jugements qui interviendraient pouvant se contredire, il en résulterait autant de négations de la sentence précédente, ce qui établirait, dans l'ordre de la justice, un principe d'anarchie et de confusion.

Nous avons assisté, pendant l'audience d'hier, à ce spectacle singulier et attristant du renversement même de ces principes éternels qui sont la base de toute justice. M. l'avocat général s'est évertué, avec le secours de son inépuisable science, à réduire à néant ce qu'il y a de plus sage et à battre en brèche la loi qui a voulu concentrer devant les mêmes juges les incriminations diverses auxquelles un même fait pouvait donner lieu. S'emparant à la fois du Code d'instruction criminelle et des lois qui l'ont précédé, il s'est appliqué à démontrer qu'il était impossible de scinder, d'émietter les préventions, et à la suite d'une accusation vidée, de faire apparaître une inculpation nouvelle naissant du même fait, au risque de contrarier la décision qui vient d'intervenir.

Et si ce que je viens de dire est vrai, sa doctrine aboutirait inévitablement au mépris de la chose jugée, à l'affaiblissement de nos institutions, à l'antinomie et à la lutte des juridictions; et, sous le prétexte d'arriver à une sorte de réparation donnée par la dernière juridiction, aux dépens de la première et au préjudice des droits légitimement acquis, cette théorie compromettrait la sécurité de tous les citoyens.

Si pourtant la loi était ainsi faite, nous devrions nous incliner; mais je fais remarquer que M. l'avocat général ne va pas jusque-là, et qu'il n'a pas fait au législateur le reproche d'avoir méconnu les principes primordiaux que je viens d'énoncer; il pense seulement que le législateur aurait permis qu'ils fussent méconnus par les tribunaux; qu'il les aurait investis d'un pouvoir qui est surtout un pouvoir moral, et que l'obligation du juge était de se servir de ce pouvoir chaque fois que la nécessité de la répression l'exige.

C'est ce que je viens contester. Encore une fois, je tiens à préciser cette idée que le respect de la justice se lie à l'unité de la décision, et que le meilleur moyen de provoquer l'unité de la décision est de soumettre au juge saisi toutes les qualifications dont un même fait est susceptible. Je sais bien que M. l'avocat général ne méconnaît pas que la loi *permette*, moi je dis qu'elle *ordonne*, — et c'est là le point qui nous sépare — de concentrer devant le même prétoire le jugement de toutes les incriminations auxquelles peut donner lieu l'appréciation juridique d'un même fait.

S'il est vrai que la jurisprudence ait parfois méconnu ce principe, elle reviendra, soyez-en sûrs, à de meilleurs et plus salutaires errements. J'en suis à me demander, quant à présent, si la jurisprudence ayant dérogé sur ce point au droit commun, il est opportun, il est bon, il est politique, d'élargir cette voie exceptionnelle.

Nous n'attaquons pas, remarquez-le bien, la jurisprudence de la cour de cassation : nous demandons au contraire l'application de sa doctrine, et nous ne doutons pas que le jugement de Libourne, s'il lui était déféré, ne fût, — au nom même des principes que nous défendons, solennellement anéanti.

La cour de cassation admet en effet, conformément aux règles que je viens d'énoncer, qu'il est nécessaire en matière criminelle de maintenir l'unité de décision.

Ceci ne pouvait être en question sous la loi de brumaire, et dans son réquisitoire, si savant qu'il peut être comparé à une sorte de conférence *ex professo* sur la matière, M. l'avocat général vous disait quels étaient les avantages et les incommodités de cette loi de brumaire an IV. C'est là de l'histoire, et je crois en effet qu'il y a tout profit à l'étudier pour l'examen de la question qui nous occupe.

Si la législation de brumaire s'est inquiétée des principes qui touchent à l'unité de juridiction, le Code de 1808, qui lui a succédé, a-t-il donc méconnu ces principes?

Le législateur de l'an IV avait voulu que tout ce qui touchait à l'intention et à la matérialité du fait fût soumis au jury; il imposait l obligation au président de la cour d'assises de n'omettre aucun des éléments d'accusation. il est bien évident alors que le principe *non bis in idem* était respecté, et que lorsqu'une accusation était vidée, rien n'en subsistait plus, et que le citoyen qui rentrait dans la société n'avait plus à craindre d'être recherché ultérieurement.

En est-il donc autrement sous la législation actuelle?

J'avoue que je n'ai pas une foi complète dans les arguments que M. l'avocat général cherchait dans les discours des orateurs du gouvernement : les insinuations déguisées qu'ils dirigeaient alors contre le jury ne sont que les symptômes trop réels de dispositions peu bienveillantes, et qui ne sont pas encore complètement effacées à l'heure où je parle. N'est-ce pas là d'ailleurs la nature humaine prise sur le fait? Ne voyons-nous pas tous les jours des hommes, dont les intentions sont les meilleures et les plus pures, porter le fardeau de préventions regrettables?

Nos magistrats, qui croient continuer les parlements anciens, n'admettent pas toujours sans restrictions et sans critiques cette magistrature temporaire, mais si nationale, du jury. Aux critiques dirigées contre cette juridiction des temps nouveaux, se mêlaient en 1808 des amertumes politiques qui tenaient à l'époque, et que votre expérience retrace à votre mémoire; il n'est pas douteux qu'en 1808 on n'envisageât l'institution du jury avec moins de faveur qu'on ne le fit à l'origine de la rénovation sociale, en 1789.

La part faite à cette disposition des esprits, il serait injuste de ne pas reconnaître que le législateur de 1810 a voulu conserver les réformes du Code de l'an IV. Il a, il est vrai, voulu que les réponses du jury demeurassent environnées d'une certaine obscurité, et peut-être y aurait-il, en certains cas, inconvenance à vouloir pénétrer la raison déterminante des verdicts du jury. J'ai hâte d'ajouter que dans la cause actuelle vous n'avez pas à faire cette recherche que la loi n'autorise pas ; je me borne à constater qu'au lieu de la solution déterminée et précise que voulait la loi de l'an IV, nous n'avons plus aujourd'hui qu'une réponse complexe et d'une extrême brièveté, qu'on ne saurait expliquer, puisqu'elle n'est pas motivée ; mais enfin on doit au moins tenir la question pour résolue dans les termes où elle est posée, et quand la réponse est négative, le fait est purgé.

Et quand je dis le *fait*, j'éprouve le besoin de m'expliquer sur le sens qu'il convient d'attribuer à ce mot. Au lieu des distinctions un peu subtiles dans lesquelles est entré le réquisitoire, je m'adresse à la conscience et à la loyauté de tous, et en présence des termes mêmes de l'article 360 du Code d'instruction criminelle, il n'y a qu'une voix pour reconnaître que le législateur de 1810 a entendu investir le jury du même pouvoir que lui avait conféré le législateur de l'an IV ; que l'un et l'autre ont eu la même pensée, ont obéi à la même nécessité, et n'ont pas voulu diminuer le respect pour l'œuvre de la justice, en l'exposant à l'épreuve des tergiversations du juge, et en provoquant sur le même fait des sentences qui se contredisaient.

« Toute personne acquittée légalement ne pourra plus être reprise et accusée à raison du même *fait*. »

Tel est le texte de la loi ; il n'admet pas de commentaires, il est suffisamment clair. Quand le législateur a dit « le même fait », ne venez pas soutenir qu'il a voulu dire « la même accusation ». S'il l'eût voulu, il lui eût été facile de se servir de ces expressions, et à moins de pénétrer qu'il ignorait le sens des mots et la portée de l'instrument logique à l'aide duquel il manifestait sa pensée, votre commentaire ne saurait être admis par personne.

Le *fait* est la circonstance matérielle dans son ensemble, comprenant tous les accessoires ; il est impossible de lui donner une autre signification.

L'*accusation*, au contraire, c'est l'acte des pouvoirs sociaux. Entre l'un et l'autre, il y a un abîme. Je sais que l'organe de la poursuite le franchit facilement, mais restent les termes impératifs de l'article 360 :

« Nul ne peut être repris ni accusé à raison du même fait. »

Et qu'on ne dise pas qu'en restant dans les termes de la loi de l'an IV, le législateur de 1810 ait entendu désarmer la société. M. l'avocat général a cité lui-même une des raisons décisives qui doivent détruire la thèse qu'il soutenait. Quand il vous a dit que le fait, avec tous ses caractères et ses éléments, pouvait être la base

de plus d'une incrimination, M. l'avocat général élargissait le
cercle qu'il eût pu resserrer; mais si le législateur eût voulu réserver
pour une poursuite ultérieure les faits qui pouvaient se rattacher par un lien de consanguinité au fait principal, il se fût précisément servi de tout autres expressions. S'il ne l'a pas fait, c'est,
encore une fois, qu'il a voulu donner une leçon à ceux qui voudraient interpréter son œuvre.

Ce qu'il a dit, ce qu'il a voulu dire, c'est qu'il était sage, humain,
politique, qu'une accusation comportât tout ce qui de près ou de
loin s'y rattachait.

Et quelle a été la raison qui l'a déterminé, si ce n'est ce principe
qui apparaît comme un phare au-dessus de notre droit criminel, le
principe salutaire de l'unité de décision?

Sans doute, il était bien simple de laisser juger ailleurs les faits
qui n'étaient pas soudés au fait principal; mais le législateur a compris que, par cela seul que ces faits étaient connexes, c'est-à-dire
analogues, il était sage de les faire apparaître dans le même prétoire et apprécier par le même juge. Du reste, M. l'avocat général
lui-même a si bien compris le péril extrême que pouvait faire
courir la diversité des juridictions, qu'il a cru devoir protester de
son respect pour les principes que j'invoque.

Je dis donc que le législateur n'a pas voulu désarmer le jury. La
cour d'assises n'est-elle pas aujourd'hui compétente pour juger les
incriminations diverses qui ressortent d'un même fait et jusqu'aux
délits qui en peuvent résulter? M. le président a le droit et le
devoir de poser toutes les questions qui lui paraissent naître du
débat; tout est organisé dans notre loi actuelle pour arriver à ce
résultat désirable, et en dehors duquel il n'y a qu'antagonisme et
lutte entre deux juridictions.

La difficulté ne vient donc pas du législateur; mais elle est l'œuvre
de ceux qui n'ont pas compris la pensée de la loi et qui se sont
refusés à reconnaître que le jury, une fois saisi, étend sa compétence à tous les délits connexes. Les magistrats qui dirigent l'instruction, aussi bien que ceux qui président les débats, ont le même
pouvoir; ils doivent envisager le fait sous tous ses aspects, tant il
est vrai qu'à tous les degrés de l'information, le législateur a voulu
concentrer, unir les appréciations afin d'empêcher la diversité des
décisions sur un même fait.

Qu'importe, après cela, la déclaration que je recueille de la bouche
de M. l'avocat général, que lui aussi il veut l'unité des décisions,
qu'il est plein de respect pour le jury? Je tiens ses paroles pour
loyales; mais ce que je lui demande, c'est de les concilier avec les
faits. Jusque-là, l'opinion ne peut voir dans cette nouvelle poursuite

contre des acquittés qu'une sorte de surprise; et le tribunal qui veut
les juger, — quelle que soit sa décision, — ne sera pour tous qu'un
tribunal de représailles.

Aussi n'est-ce pas d'aujourd'hui que des esprits généreux ont combattu ces tendances qui tendent à réagir contre les verdicts du jury.
Parmi ces esprits, il en est un, M. Faustin Hélie, qui est la caution
la plus pure et la plus brillante que nous puissions invoquer; sa vertu
et sa science ont depuis longtemps ceint son vénérable front des
couronnes que lui a tressées la reconnaissance publique, Eh bien!
M. Faustin Hélie a toujours défendu le principe de l'unité de juridiction. M. Dupin partageait la même opinion, et certes personne ne
lui a jamais disputé la science et la sagacité. Je dis que quand deux
hommes de cette taille ont mis leur honneur à revendiquer un principe, leur autorité peut bien prévaloir sur la mutabilité d'une jurisprudence que nous aurons tout à l'heure à examiner. Quant à présent, je déclare que je préfère la vérité sortant de la bouche de
MM. Faustin Hélie et Dupin à celle que proclament certains arrêts de
la cour de cassation que ma raison réprouve, encore bien que comme
juriste je m'incline devant eux.

Qui peut douter d'ailleurs de la pensée de défiance qui a inspiré la
jurisprudence que M. l'avocat général invoquait? Cette pensée
hostile au jury a persévéré et subsiste encore; elle agite la société
tout entière; elle restera au milieu de nos institutions comme une
cause de trouble et d'inquiétude, tant que nous n'aurons pas fait
disparaître ces préventions qui entraînent des magistrats, — animés
d'ailleurs, je le reconnais, des plus pures intentions, — à devenir
des instruments pour battre en brèche la chose jugée, et cela au
grand émoi de la conscience publique qui s'en alarme.

La cour de cassation a pensé qu'il y avait lieu de distinguer quand
le fait pouvait recevoir des incriminations variées et qui n'avaient
pas été toutes soumises au jury.

Je renouvelle ma protestation, et je dis que rien ne vous enchaîne
si ce n'est la loi. Les arrêts des chambres réunies ont droit au
respect, mais la loi avant tout. Vous n'avez pas l'habitude de vous
incliner devant le *magister dixit*. Plus d'une fois d'ailleurs la cour
de cassation, vaincue par les résistances qu'elle rencontrait de la
part des juridictions qu'elle est chargée de surveiller, n'a-t-elle pas
donné l'exemple d'un retour sur ses propres doctrines? Ce que je
dis ici n'est que pour l'honneur des principes, car j'entends bien,
dans cette cause, accepter la jurisprudence de la cour de cassation;
j'invoquerai ses formules tutélaires, et c'est, — je vous le démontrerai,   l'autorité même de ses arrêts qui vous enjoint d'infirmer le
jugement que nous avons déféré à votre censure.

La cour de cassation, toutes les fois que le fait soumis au jury peut se décomposer et qu'un délit nouveau peut en surgir, est d'avis qu'une nouvelle poursuite peut être intentée. Nous ne suivrons pas M. l'avocat général dans les citations qu'il vous a faites et qui ne présentent qu'un intérêt spéculatif; nous nous bornerons à préciser une distinction, qui est celle-ci : Toutes les fois que d'un même fait peuvent naître des incriminations variées; que celles-ci peuvent résulter à la fois α un dédoublement du fait et aussi de l'intention, et que le jury n'a été saisi que de l'incrimination principale, une nouvelle poursuite est possible. Du moins, ainsi l'entend la cour de cassation.

Toutes les fois, au contraire, qu'un fait n'est susceptible que d'une incrimination unique; qu'il y a indivisibilité dans les qualifications qu'il peut recevoir, la cour de cassation proscrit une poursuite nouvelle, et soutient qu'il faut prendre le fait avec toutes les nuances soumises au jury. Tel est le résumé de la jurisprudence. Jamais un arrêt n'est intervenu qui fût contraire aux conclusions que nous avons déposées devant la cour.

Ainsi, quand une femme accusée d'infanticide a été acquittée, et que le ministère public la reprend sous l'inculpation d'homicide par imprudence, il y a méconnaissance du texte de l'article 360; car l'accusation repose sur un même fait; mais enfin on peut admettre dans ce cas la distinction qui a triomphé; ma raison peut, jusqu'à un certain point, admettre deux poursuites, car il y a deux faits qui se détachent. Mais alors je me demande comment il se fait, — si on ne se défie pas du jury,— qu'on ne lui ait pas soumis les deux questions. La bonne et loyale justice veut qu'on ne réserve rien; et pourtant on se réserve la faculté d'une poursuite ultérieure.

J'en dirai autant d'un autre exemple où il s'agissait d'un viol qui ne contenait pas implicitement un outrage public à la pudeur, encore bien qu'on ait pu à la rigueur faire émerger la seconde inculpation de la première.

Je puis encore comprendre que d'après cette théorie que je repousse, on ait pu détacher le délit d'abus de confiance du crime de faux, mais à la condition que l'abus de confiance n'ait pas été un des éléments du faux; mais je vous arrête si le délit d'abus de confiance se confond avec le faux et ne forme avec lui qu'un seul fait matériel, car dans ce cas il a été apprécié inévitablement par le jury dans la circonstance spéciale qui fait la base de la résurrection de la poursuite.

M. l'avocat général a eu le soin de choisir, pour les faire passer sous vos yeux, les passages où M. Faustin Hélie explique la distinction que je viens d'exposer, et qui est celle que la cour de cassation a consacrée.

« La troisième exception, dit-il, qui fait obstacle à toute poursuite ultérieure, a pour objet les faits qui, quoique distincts en eux-mêmes, sont indivisibles. Les faits sont indivisibles lorsque la criminalité de l'un est nécessairement subordonnée à l'existence de l'autre. »

Retenons ces explications, et voyons-en l'application : Un huissier est accusé de faux commis dans un procès-verbal de vente mobilière pour arriver à un acte de concussion. Acquitté sur le faux, peut-il être repris à raison de la concussion? Non, a dit la cour de cassation, d'autant plus, — remarquez l'analogie avec la cause actuelle, — qu'il avait été acquitté « comme ayant agi sans le dessein de nuire, ou plutôt par ignorance que par malice ».

« Attendu, dit l'arrêt, que Villeregnier avait été jugé et acquitté sur le faux qu'il était prévenu d'avoir commis dans le procès-verbal de la vente par lui faite; que l'acquittement sur ces faux portait nécessairement sur la concussion dont ils auraient pu être le moyen.....

« Que Villeregnier, acquitté, ne pouvait plus être poursuivi sur les mêmes faits; qu'une qualification différente ne pouvait justifier les nouvelles poursuites;

« Casse, « comme contenant une usurpation de pouvoir et une viola-
« tion de la loi », l'arrêt qui a condamné Villeregnier à raison de concussion. »

Il en est de même pour le délit d'escroquerie quand il se rattache au faux, et cette fois c'est sur le réquisitoire de Merlin que la cour statue ainsi :

« Attendu qu'il est de maxime certaine que l'action publique ne peut être poursuivie par deux tribunaux pour le même fait contre le même individu, d'après la règle *non bis in idem...* »

Et ici j'anticipe pour faire remarquer que dans l'espèce il est impossible que le faux n'ait pas été l'unique moyen d'accomplir l'abus de confiance, puisque l'abus de confiance est relevé comme la seule circonstance qui constitue l'action criminelle.

Ainsi, l'indivisibilité existe toutes les fois que l'élément qu'on prétend détacher du fait principal y est indissolublement lié, et il est impossible de faire revivre le fait sur lequel le jury a prononcé souverainement.

Voici une autre espèce : Un homme est accusé d'avoir tiré un coup de pistolet. Est-ce qu'on n'aurait pas pu poser au jury une question de simples blessures? Certainement oui. Eh bien! parce que cette question n'aura pas été posée, l'individu acquitté devra-t-il être l'objet de nouvelles poursuites? Non, a dit encore la cour de cassation :

« Attendu qu'aux termes de l'article 360 du Code d'instruction criminelle, l'individu légalement acquitté ne peut être repris ni poursuivi à raison du même fait;

« Attendu que le sens que la loi attache au mot *fait* est déterminé par plusieurs articles du même Code.....

« Qu'il résulte de ces dispositions que le fait, dans le langage du Code criminel comme dans l'acception naturelle de ce terme, est l'acte quelconque commis par un individu qui, soit par lui même, soit par les circonstances qui s'y rattachent, est répréhensible, prévu par les lois pénales et par suite qualifié crime ou délit; qu'ainsi, la loi distingue le fait en lui-même de la qualification qui lui donne le caractère de crime;

« Que, suivant l'article 337, la question à soumettre aux jurés doit comprendre le fait qualifié par l'acte d'accusation avec toutes les circonstances indiquées dans le résumé de cet acte. »

Je démontrerai que, dans la cause actuelle, l'abus de confiance était contenu implicitement dans le faux; que pour arriver à une déduction opposée, il a fallu supprimer violemment la construction grammaticale; aussi le tribunal de Libourne ne reproduit-il pas les termes des questions posées au jury de Libourne; il y avait, en effet, pour lui une véritable impossibilité de faire concorder le texte de ces questions avec la théorie qu'il consacre dans son jugement.

J'invoquerai, pour terminer mes citations sur ce point, un arrêt dont M. l'avocat général vous a parlé, sans le citer : c'est un arrêt de la cour d'Amiens du 28 avril 1866. Il s'agissait d'un fait qui pouvait recevoir plusieurs interprétations : Une femme avait envoyé à son mari, ou un mari avait envoyé à sa femme, je ne sais trop quel était le rôle de l'un et de l'autre dans cet échange conjugal (et en vérité il importe peu de le préciser), des fraises empoisonnées au moyen d'une substance toxique répandue sur ces fruits. La quantité avait été suffisante pour donner la mort; il n'en résultait cependant pas nécessairement l'intention d'amener la mort, — car il arrive tous les jours qu'on la peut donner sans l'avoir voulu. — L'accusé ayant été acquitté, rien n'était donc plus facile, en se servant de la théorie de M. l'avocat général, que de faire juger de nouveau l'acquitté sous l'inculpation d'administration de substances nuisibles à la santé. Cette question n'avait évidemment pas été posée au jury, elle n'était pas de son domaine, et l'article 360 permet de poursuivre à raison d'autres incriminations, s'il y avait lieu à une poursuite correctionnelle. La cour d'Amiens se range alors de l'avis de la cour de cassation, et décide que le fait peut être repris à la condition de n'avoir pas été touché par le jury. C'est là la doctrine que j'invoque, ce sont là les véritables principes.

Je n'ai pas voulu suivre M. l'avocat général dans les développements qu'il a donnés à la question; je me suis efforcé de simplifier l'affaire, de vous montrer les seuls cas dans lesquels la cour de cassation admet les poursuites successives, et les cas dans lesquels elle les proscrit.

Je n'aurai maintenant nul effort à faire pour vous démontrer que
jamais il ne se peut rencontrer d'espèce où l'on soit en face d'une
indivisibilité mieux constatée, et partant d'une impossibilité plus
absolue d'écarter l'article 360.

Quels étaient, en effet, les faits de ce procès ?

Pas plus que M. l'avocat général, je ne veux entrer dans le fond
du débat ; mais pour que vous compreniez bien les questions posées
au jury, il est indispensable de vous dire un mot du fait.

En 1865, la ville de Paris fit un emprunt de 300 millions en obligations de 500 francs ; à quelques-unes de ces obligations devaient
être rattachées, par la voie du tirage, les primes de lots gagnants.
En août 1865, M. Thuet, receveur des postes à Libourne,
chargea la maison Pailhas de lui procurer deux obligations de cet
emprunt.

Et au moment où pour la première fois je cite cette maison Pailhas,
qu'il me soit permis de dire que jusqu'à à l'époque où le malheur a
voulu qu'elle fût l'objet d'une incrimination que le jury a fait disparaître, elle n'avait cessé d'être entourée de l'estime universelle.
Fondée par un homme bien connu par sa vertu, sa probité antique,
son amour du devoir, cette maison (maison V^in Pailhas et Cie) était
passée aux mains de ses enfants, qui devaient continuer des traditions qui leur avaient conquis l'estime de tous les gens de bien. Il a
fallu un concours fatal de circonstances déplorables pour que cet
édifice d'honneur fût renversé en un jour.

MM. Lemonnier, Sarrazin et Pailhas avaient pris la direction de la
maison Pailhas ; à côté d'eux, était Garitey, leur caissier ; tous, je
puis le dire, avaient mérité cette sympathie qui s'adressait à leur
maison.

M. Lemonnier s'était trouvé particulièrement en relation avec
M. Thuet ; celui-ci ne lui avait pas indiqué s'il désirait des obligations
libérées ou non libérées, et, en fait, les titres ne pouvaient l'être
à l'époque où M. Thuet en a fait la demande ; ils ne l'ont été qu'au
commencement de septembre. J'ajoute que M. Thuet n'avait pas
chargé la maison Pailhas de lui acheter telle ou telle obligation,
mais deux obligations *in globo*. Le 7 août, M. Thouet versait 2.000 fr.
dont M. Lemonnier lui donnait quittance en ces termes : « Reçu de
M. Thuet la somme de 2.000 francs pour servir à acheter 3 obligations ottomanes au cours moyen, et 2 obligations de la ville de
Paris. »

Voilà le contrat formé. Les obligations ont été acquises, ainsi que
le constate un livre spécial, où je lis : « Acheté 3 obligations ottomanes, à 362 fr. 40 c., et 2 obligations de la ville de Paris nouvelles,
à 450 fr. 37 centimes (75 fr. seulement étant versés). »

Ainsi, au 9 août 1865, l'opération était réalisée; seulement, ce que je supplie la Cour de ne pas perdre de vue, c'est d'abord que les obligations de la ville de Paris n'étaient pas libérées, c'est qu'ensuite elles n'étaient pas désignées *in specie*. Dans les jours qui ont suivi, la maison Pailhas s'est rendue acquéreur de plusieurs autres obligations; il résulte du relevé qu'avait fait M. le président des assises, que 88 obligations ont été achetées; qu'il en était resté en propre à la maison Pailhas un nombre qui, en tout cas, n'était pas inférieur à 36. S'il y avait eu un mandat donné par Thuet, il ne consistait qu'à acheter 2 obligations sans distinction de numéros.

Est-ce que l'inscription sur les livres changeait l'état des choses? En aucune façon. Elle ne constate qu'un compte courant. Les autres clients sont venus réclamer leurs titres, et il les ont reçus. Les titres ne sont devenus la propriété de ceux-ci que du moment où ils ont quitté le portefeuille de la maison Pailhas. La transmission de propriété ne s'opère évidemment que par suite du dévêtissement et de l'investissement. L'intention ne saurait y suppléer. Il ne suffit pas de dire : «Je veux acheter un certain nombre d'obligations; on a un droit sans doute sur la quantité de titres en raison de laquelle on a versé des fonds, mais on n'a pas une propriété acquise sur un corps certain. C'est ainsi que M. Thuet avait droit à se faire délivrer deux obligations, mais sa propriété ne reposait pas sur tels numéros plutôt que sur tels autres.

Le malheur a voulu que M. Thuet ne surveillât pas ses propres intérêts. Attiré hors de Libourne par un malheur de famille, malheur qui était de nature à éveiller les sympathies de ses amis, mais qui ne pouvait pas nuire à la maison Pailhas, M. Thuet, — il le savait très bien, — n'avait pas droit alors à revendiquer des obligations portant un numéro déterminé; et d'ailleurs il n'avait, à vrai dire, aucune raison de préférer un numéro à un autre. Ce ne fut que dans la soirée du 15 septembre qu'une dépêche arriva à Libourne, annonçant que le n° 349.934 avait gagné le lot de 150.000 francs.

Dans l'intervalle, il s'était passé un fait qui est aujourd'hui le fait unique sur lequel M. l'avocat général puisse s'appuyer pour soutenir la prévention. Il est certain que, faisant la répartition des titres qu'il avait dans sa caisse, M. Lemonnier avait placé deux de ses titres au nom de M. Thuet; il est également exact qu'il avait été fait mention de cette attribution sur les livres; il est moins prouvé qu'une lettre ait été écrite; mais la lacération d'un feuillet de la copie de lettres semblerait établir la présomption qu'une lettre aurait été écrite à M. Thuet, qui ne l'a pas reçue.

Il résulterait de ces faits que M. Thuet devrait être considéré comme le propriétaire des obligations. Oui, si l'épinglement des titres suffit pour en transmettre la propriété ; mais l'attribution d'une propriété ne peut résulter que du concours des volontés. Est-ce que M. Thuet, auquel ces obligations auraient été présentées, n'aurait pas eu le droit de dire : Ces titres ne me conviennent pas ? Ce n'étaient, après tout, que des billets de loterie, et ne pouvait-il pas préférer un numéro à un autre, obéissant à ces lois singulières de la superstition qui prennent leur source dans un souvenir, dans un rêve? Dans tous les cas, et sans qu'il soit besoin de rechercher de vaines hypothèses, ce qu'on peut admettre, c'est que les commettants de la maison Pailhas, placés en face d'un paquet d'obligations, auraient voulu varier leurs numéros ; ce n'était donc, jusqu'à la prise de possession, qu'une *pollicitation* en faveur du client.

Il est bien vrai qu'après avoir retiré les obligations de l'enveloppe qui les contenait, on a effacé en même temps sur le registre la mention qui les attribuait à M. Thuet. Ces faits se sont accomplis au grand jour ; les employés en ont été instruits. Une seule personne les avait ignorés, c'était M. Alfred Pailhas ; il a été, l'instruction l'a reconnu, matériellement étranger aux opérations accomplies par ses associés. Ce ne fut que plus tard qu'il fut instruit du fait du *désépinglement*. La prime de 150,000 francs fut payée. Chaque associé en prit sa part, et ce ne fut que quelques semaines plus tard qu'un agent d'affaires porte, au nom de M. Thuet, une plainte en abus de confiance contre la maison Pailhas, pour avoir détourné une obligation qui ne lui appartenait pas.

Et pourtant, plus d'un fait rendait cette plainte bien invraisemblable.

C'est ainsi qu'au mois de septembre, lorsqu'il avait réglé l'opération dont il avait chargé la maison Pailhas, M. Thuet avait accepté des obligations *non libérées*, et avait reçu l'argent qui formait la différence entre le titre libéré et celui qui ne l'était pas. On peut se rappeler qu'à la cour d'assises, M. Thuet avait été dans l'impossibilité d'expliquer comment il avait donné sa signature : il ne pouvait nier le fait ; nous avions entre les mains, et je représente encore aujourd'hui la quittance de M. Thuet, écrite au-dessous même du reçu de 2,000 francs donné par M. Lemonnier.

C'est donc là l'expression incontestable de la vérité, et M. Thuet ni personne n'y peut contredire. Je lis en effet dans la signification qui nous a été faite par M. Thuet, après la restitution des 150,000 francs, cette mention : « En attendant la remise de cette obligation, le requérant avait accepté, à titre provisoire, deux obligations non libérées en échange de deux obligations libérées qu'il avait demandées..... » Ces obligations ont en effet été échangées plus tard contre des titres libérés ; de telle sorte que contre la plainte de M. Thuet s'élevaient des objections qui pouvaient faire regarder son droit comme très suspect.

Il ne se plaint pas moins de ce qu'il qualifie d'abus de confiance, et c'est sur cette qualification que la poursuite a lieu. Il ne pouvait en effet en être autrement, puisqu'il s'agissait du détournement d'un objet que M. Thuet prétendait être à lui.

Du reste, quand les accusés ont comparu devant la cour d'assises, ils n'ont rien nié; je ne parle pas pour M. Alfred Pailhas, qui est toujours resté en dehors de l'affaire et en dehors de l'inculpation de détournement; mais les autres accusés ont reconnu qu'ils avaient lacéré un feuillet de livre-copie de lettres et gratté une mention sur le livre de caisse.

Quelle a été leur explication?

Ils ont dit que lorsque la nouvelle du tirage au sort leur arriva, ils considérèrent que l'attribution faite à M. Thuet de deux titres n'avait rien de régulier; qu'elle n'avait été faite que pour ordre; que dès lors ils pouvaient légitimement disposer des titres; en conséquence, ils ont trouvé tout naturel de substituer le nom de la maison Pailhas au nom de M. Thuet; c'était là pour eux une opération parfaitement licite; que s'ils se sont abusés, l'erreur venait d'une appréciation erronée, mais faite de bonne foi, sur la portée de leur droit.

Dans ces circonstances, le jury a donc été appelé à décider du fait et des accessoires qui pouvaient donner au fait matériel sa signification et sa portée. Oui, un faux a été commis, si l'on peut appeler de ce nom une altération faite sans intention criminelle : dans l'espèce, l'altération n'avait d'autre but que de rentrer en possession d'un objet qui n'avait jamais cessé de leur appartenir.

Le jury en a pensé ainsi, car s'il eût pu supposer que le faux avait été commis pour s'approprier la chose d'autrui, l'altération eût été criminelle; elle aurait eu pour but et pour résultat de briser le lien qui rattachait l'obligation à M. Thuet, ainsi que le dit la chambre des mises en accusation.

Je sais bien que, selon M. l'avocat général, l'altération des livres aurait eu pour but de dissimuler l'abus de confiance; il fallait qu'il allât jusque-là; qu'il cherchât à démontrer que l'abus de confiance avait précédé le faux, si inexacte que soit la chose. Voici en effet ce que dit l'acte d'accusation dans son résumé, dans sa partie essentielle et tout à fait juridique, et nous y rencontrons une précision dont il nous est impossible de nous écarter, et qui prouve surabondamment que l'abus de confiance était présenté comme lié au faux : de telle sorte que l'un ne pouvait subsister sans l'autre, et que nous rentrons dans l'exception dont parlait M. Faustin Hélie, et hors de laquelle « la criminalité d'un fait est subordonnée à l'existence d'un autre ». Voici en quels termes les questions étaient posées :

« Garitey, Sarazin et Lemonnier sont accusés :

« 1° d'avoir, à Libourne, dans la seconde quinzaine de septembre 1865, ensemble et de concert, frauduleusement altéré ou fait altérer sur les livres de commerce de la maison Pailhas les énonciations que ces livres avaient pour objet de recevoir et de constater en *vue d'attribuer* à la maison Pailhas, au préjudice de Thuet, l'obligation n° 344. 934 de la ville de Paris, à laquelle était échue, au tirage du 25 septembre 1865, une prime de 150.000 francs. »

Or, on ne saurait mutiler la question et séparer le faux du but criminel indiqué par l'arrêt « en vue d'attribuer à la maison Pailhas l'obligation... »

La seconde question n'est pas moins précise :

« D'avoir à Libourne, dans la seconde quinzaine de septembre, ensemble et de concert, frauduleusement altéré ou fait altérer les livres de la maison Pailhas, supprimant sur le livre-copie de lettres le folio 468 portant copie d'une lettre qui constatait l'*attribution* au sieur Thuet de l'obligation 344.934 sortie la première au tirage... »

Remarquez qu'on se borne à dire que la lettre *faisait attribution*, constatant ainsi le contrat qui commençait, et qui ne pouvait être parfait que par l'acceptation ultérieure de M. Thuet.

Puis une question spéciale :

« Et, en tout cas, Alfred Pailhas d'avoir à Libourne, depuis l'année 1865, sciemment recélé tout ou partie des sommes *obtenues* au *moyen des faux* ci-devant spécifiés, faits qualifiés crimes, etc... »

Telles ont été les questions visées par l'acte d'accusation et soumises au jury; elles ont, comme vous le voyez, soudé ce qui était indissoluble; en sorte que le jury n'a pas seulement innocenté les accusés « d'un faux », mais d'un faux commis en vue « de *s'attribuer* l'obligation déterminée en l'acte d'accusation ».

Est-ce que le jury s'est occupé de ce feuillet déchiré, de cette mention grattée? Mais les accusés en convenaient, et vous n'admettrez pas que M. l'avocat général qui soutenait l'accusation ait employé son talent à démontrer qu'il faisait jour en plein midi ; il a discuté le fait constitutif du crime; c'est pourquoi aujourd'hui vous n'avez plus le droit de discuter, et vous avez beau dire que le faux a été commis en vue de dissimuler l'abus de confiance, je vous défie de sortir de ce cercle de Popilius.

Si je veux éclairer cette discussion — qui me parait sans réplique — par la procédure, je prends les premières lignes de l'information, je consulte la plainte, œuvre de M. Thuet ou plutôt de son habile représentant, qui certes connait à merveille la valeur des termes juri-

diques et que la dénonciation avait mis au courant de tous les détails
du fait, à ce point que dans sa plainte il signale le numéro du folio
qui avait été déchiré du livre-copie de lettres.

Eh bien! dans cette plainte, le fait dont tous les éléments étaient
si bien connus est qualifié d'abus de confiance compliqué de faux en
écriture de commerce. C'est sur cette plainte, et en acceptant ses
termes mêmes, que l'instruction se poursuit.

Faut-il ne voir dans la procédure qu'un piège indigne? Faut-il
admettre qu'elle n'a laissé sommeiller l'accusation d'abus de confiance
que pour la reprendre plus tard en cas d'acquittement par le jury?
Je ne puis le croire; et cependant, quand le magistrat instructeur
interroge les accusés, ceux-ci n'ont pas un seul instant nié que l'altération qui leur était reprochée n'ait eu en vue d'attribuer à la maison
Pailhas l'obligation à laquelle était échue la prime de 150.000 francs.
On leur déclare en conséquence, les témoins entendus, qu'ils sont
inculpés d'abus de confiance commis au moyen d'un faux. Quand ils
sont devant le jury, la question est celle de savoir s'ils ont commis
un faux *en vue de s'attribuer l'obligation* 344.934. D'où il suit que
lorsque le jury a répondu qu'ils n'étaient pas coupables du faux, il
n'est plus permis de dire que le faux a été commis avec l'intention
criminelle qu'on lui prêtait.

On a dit que l'arrêt Houel rendu en 1854 était écrasant pour la
défense. Tout en repoussant la doctrine qui est consacrée par cet
arrêt, nous ne pensons pas qu'il puisse nous être opposé. L'abus de
confiance, en effet, y est distinct du faux; le juge d'instruction avait
soigneusement distingué l'un de l'autre, et la cour, en rendant l'arrêt
de mise en accusation, a pensé également que l'abus de confiance
était distinct du faux, celui-ci n'ayant été commis que *pour dissimuler*
le détournement, tandis que dans l'espèce qui nous occupe, le faux a
été commis *en vue d'attribuer* la valeur détournée. Les faits sont donc
essentiellement différents dans l'une et l'autre espèce. Dans l'affaire
Houel, l'abus de confiance existait indépendamment du faux et pouvait en être détaché. Dans l'affaire actuelle, au contraire, l'abus de
confiance et le faux ont été constamment confondus dans l'instruction,
dans la plainte, dans l'arrêt et dans le verdict; c'est ce qui fait que
vous êtes dans l'impossibilité de vous autoriser de cet arrêt puisque
vous rencontrez ici le fait même sur lequel le jury a statué; c'est à
moi d'invoquer les arrêts sur lesquels vous prétendez vous appuyer.

Je sais bien que dans une discussion ingénieuse et savante, vous
avez établi une sorte d'identité entre les matières civiles et les
matières criminelles; c'est là un parallèle déplacé entre des choses
dissemblables; pas d'analogie possible entre l'une et l'autre matière;
chacune d'elles se règle par les lois qui lui sont propres.

J'invoque aussi cet arrêt des chambres réunies (25 novembre 1855);
il consacre une doctrine derrière laquelle je m'abrite. Que dit cet
arrêt? Que « l'acquittement prononcé en faveur de l'accusé ne peut
être étendu au delà du fait énoncé dans l'acte d'accusation et de la
qualification qui lui a été donnée... »

Ici, vous vous arrêtez, et vous dites que la décision du jury est
aujourd'hui une sentence mystérieuse, environnée de nuages, qu'on
n'a pas le droit de chercher à disperser. — En cela, vous avez raison ;
mais je n'ai besoin de rien rechercher ni de soulever aucuns voiles
pour savoir ce que le jury a décidé dans l'espèce qui nous occupe.
La décision est un fait que la raison apprécie en lui-même, sans avoir
à se préoccuper des motifs variables qui l'ont dictée. Le verdict du
jury nous appartient tout entier ; il est défendu d'en prendre une
partie pour rejeter l'autre. A cet égard, la cour de cassation a souvent arrêté les tribunaux dans leurs fâcheuses entreprises contre la
chose jugée. Je n'en citerai qu'un exemple, que la cause actuelle est
probablement appelée à renouveler :

Il s'agissait d'une affaire qui longtemps a tenu l'opinion publique
en suspens. L'accusation était atroce ; elle se présentait dans des conditions singulièrement romanesques et dramatiques. La question posée
au jury était de savoir si M. Armand avait donné ou essayé de donner la mort à son domestique... Et ici la question devenait complexe, et elle énumérait des circonstances résultant de l'instruction,
et qui impliquaient un raffinement de barbarie et un luxe de précautions qui ne formaient pas le côté le moins curieux de l'affaire. En
outre, une question subsidiaire avait été posée, et l'on avait demandé
au jury si M. Armand n'était pas coupable seulement d'avoir porté
des coups et causé des blessures qui avaient amené une incapacité de
travail de plus de trente jours.

Le jury répondit *non* sur toutes les questions; après quoi la cour,
écoutant la plainte du dénonciateur, qui s'était porté partie civile,
crut pouvoir l'accueillir en disant dans son arrêt que M. Armand
avait porté des coups à son domestique par maladresse, et commis
ainsi une faute par imprudence, et le condamna en conséquence à des
dommages-intérêts.

Je n'exagère rien en disant que cet arrêt fut accueilli par un sentiment de surprise qui touchait à la stupeur. Jamais décision ne fut
critiquée avec plus de sévérité : de toutes parts, on vit là l'intention
de réagir contre une décision inattaquable.

Escortée de ces loyales susceptibilités, la question fut portée à la
cour suprême. Le rapport fut fait par M. Faustin Hélie, qui posa les
principes avec cette netteté et cette vigueur qui caractérisent son
éminent esprit :

« La cour d'assises, dit-il, lorsqu'elle juge au civil, ne peut remettre en question aucun des faits affirmés ou déniés par la déclaration du jury; cette déclaration est souveraine; elle n'est sujette à aucun recours, elle constitue la chose jugée, elle est la vérité judiciaire, elle ne peut être méconnue, elle ne peut même être discutée par les juges civils, et c'est en cela que consiste l'influence de la chose jugée au criminel. »

Et plus loin, il ajoute :

« Vous avez pensé jusqu'ici que l'intérêt de la justice ne permet pas de laisser subsister entre ses décisions des contradictions qui impliquent nécessairement une erreur de part ou d'autre, et qui jettent dans les esprits l'anxiété et le doute. Les juges de la cour d'assises, quelle que soit leur opinion, doivent s'incliner avec respect, car ils ne sont point investis d'une juridiction supérieure. L'action civile ne leur a pas été attribuée pour la faire servir à la critique du jugement criminel; ils devraient plutôt chercher à le fortifier en s'y associant, car le jury est après tout la garantie suprême de la justice pénale, et seul il peut supporter de nos jours le poids et la responsabilité des jugements criminels. »

Ces principes ont été consacrés par l'arrêt du 7 mai :

« Attendu que si l'article 378 du Code d'instruction criminelle autorise la cour d'assises, après que l'accusé a été acquitté, à statuer sur les dommages-intérêts prétendus par la partie civile, cette attribution doit se concilier avec le respect dû à la chose jugée;

« Que la loi ne permet pas, en effet, que la vérité judiciaire souverainement reconnue par la déclaration du jury puisse, dans un intérêt privé, être contestée ou contredite par l'arrêt rendu sur les intérêts civils... »

Et en effet, quand le jury a prononcé ou quand vous-même vous avez prononcé, c'est la vérité acquise et ayant droit au respect.

C'est ce que décida le tribunal de Grenoble, et après lui la cour de Grenoble.

Le jugement constate que le jury a répondu : *Non, l'accusé n'est pas coupable*, d'une manière indivisible; que cette réponse implique que le fait est étranger à Armand quant à la *criminalité* et quant à la matérialité, puisque, n'ayant pu être commis sans intention criminelle, dire que l'accusé n'en est pas coupable, c'est dire qu'il n'en est pas l'auteur.

« Attendu que décider le contraire et isoler dans le verdict du jury le fait du coup à la nuque de celui de la ligature pour arriver à dire que si, pour ce dernier fait, la criminalité et la matérialité ont été effacées, la matérialité reste dans le premier, ce serait créer une distinction que le jury n'a ni faite ni pu faire, interpréter son verdict pour lui donner un sens contraire à celui qui en ressort et méconnaître ou s'exposer à méconnaître l'autorité de la chose jugée. »

La cour de Grenoble, de son côté, déclare que la cour d'Aix n'avait pas le pouvoir de remettre en question la matérialité des faits :

« Que le verdict portant sur l'ensemble des inculpations qui pesaient sur Armand a virtuellement fait disparaître toute participation, *tant morale que matérielle*, à chacun des actes dont Armand était accusé. »

Or, dans l'affaire actuelle, la situation est absolument la même : le jury s'est prononcé sur le fait tel qu'il lui était soumis dans sa qualification entière, c'est-à-dire sur le faux compliqué de l'abus de confiance, ou sur l'abus de confiance compliqué du faux, car l'un était inhérent à l'autre. Si l'abus de confiance avait été commis, il était bien évident que le faux eût été criminel. Il y a là comme un cercle infranchissable tracé par le verdict du jury, et si vous jugiez aujourd'hui l'abus de confiance, vous ne pourriez le faire qu'en mutilant la déclaration du jury, qu'en en rejetant ce qui vous déplaît et en retenant ce qui vous convient.

Cela résulte non seulement des réponses aux deux premières questions, mais encore de la troisième question relative au recel, non pas que l'objection qu'elle renferme protège spécialement M. Alfred Pailhas, mais elle couvre tous les inculpés, ainsi que le reconnaissait mon excellent ami M⁰ Méran. Il est vrai que M. Alfred Pailhas a une situation toute particulière au débat; ce n'est pas seulement sa probité, à laquelle tous rendent hommage, qui le protège, c'est aussi son ignorance complète de toutes les circonstances qui peuvent expliquer le crime ou le délit; aussi n'a-t-il subi de détention préventive qu'à la dernière heure. Au lieu de fuir la justice, on savait qu'il la réclamait : il était venu devant elle, le front chargé de tristesses, comme un homme qui sent que le malheur est entré dans sa maison et qu'il faudra de longues années pour faire oublier de si cruelles épreuves; mais il y est venu le cœur paisible et plein d'espérance. Ce serait dans les mêmes sentiments qu'il aborderait le tribunal correctionnel s'il avait le malheur d'être traduit à sa barre.

Néanmoins, lui était-il impossible, dans de pareilles circonstances, de ne pas défendre des principes toujours sacrés, et dont la désertion dans la cause actuelle équivaudrait à une lâcheté? C'est ce qui vous explique, messieurs, que j'aie tenu à prendre la parole devant vous.

Voyons donc si M. Alfred Pailhas n'est pas protégé dans l'espèce par une situation spéciale. Je vous ai dit que je ne comprenais pas la possibilité de séparer l'abus de confiance du faux; que sera-ce s'il s'agit de le séparer du recel? Voici les termes de la question en ce qui concerne M. Alfred Pailhas :

« Et en tout cas Alfred Pailhas est-il coupable d'avoir, à Libourne, depuis 1865, sciemment recélé tout ou partie des sommes *obtenues au moyen des faux* ci-devant spécifiés, faits qualifiés crimes, prévus et punis de peines afflictives et infamantes? »

Il ne s'agit plus ici de détournement, mais du crime de recel. Or, ce n'est pas le fait matériel qui constitue le recel, mais seulement la connaissance que l'objet recelé avait été détourné au moyen d'un larcin ou d'un abus de confiance. Il ne saurait y avoir eu recel de la part de M. Pailhas s'il n'a pas connu l'abus de confiance.

Or c'est avec une surprise mêlée de douleur que nous avons vu le laconisme du jugement que nous déférons à votre appréciation; ce n'est pas seulement du laconisme, c'est de l'inexactitude.

C'est ainsi qu'il est dit :

« Que dans l'espèce le jury de la Gironde n'a été saisi que de la question de faux et de complicité de faux. »

Or, il n'y avait pas de question de complicité de faux, mais une question de recel, qui ne peut être évidemment qu'une question de complicité dans l'abus de confiance. M. l'avocat général s'est, il est vrai, fort peu étendu sur le jugement dont est appel ; il s'est borné à dire que le recel était l'accessoire du faux. Jamais, je crois, pareille proposition n'est sortie des lèvres du magistrat qui s'occupe de droit criminel : Le recel, un acte de complicité de faux! » Mais que recèle-t-on? Des sommes d'argent. Or, le faux n'avait en vue que l'attribution de la prime de 150.000 francs; il n'avait lieu que pour opérer, consommer le détournement, ce qui prouve une fois de plus combien le faux était étroitement lié à l'abus de confiance. Or, si nous avons été reconnu non coupable de recel des sommes obtenues par l'abus de confiance, nous ne pouvons pas être coupable de ce même abus de confiance que nous n'avons pas connu. De la réponse du jury il résulte qu'il est rationnellement impossible que j'aie été détenteur d'objets que je ne savais pas avoir été détournés, que je ne savais pas avoir cessé de m'appartenir.

Il n'y a pas de réponse possible à cette simple objection. La meilleure preuve qu'il est impossible d'en faire, c'est que le juge de première instance n'en a pas fait, et que M. l'avocat général a jeté dans ce débat une de ces raisons qui ne peuvent s'expliquer que par l'entraînement de la discussion.

D'où je suis amené à conclure qu'on a voulu réagir contre la justice du jury. On n'a pas fait de réserves à l'audience, parce que ce n'était pas indispensable; mais je crois apercevoir là une grave présomption que la pensée d'une poursuite ultérieure s'était présentée à l'esprit des magistrats. De là, ce soupçon qui s'empare des âmes et qui les attriste : aussi, on a beau proclamer dans cette enceinte et ailleurs que le respect de la chose jugée est le plus sûr fondement de la justice et de la société, c'est là une maxime qu'on invoque surtout au nom de la société quand il s'agit de la revision des procès criminels, mais qu'on sacrifie quand il s'agit d'assurer aux citoyens le bénéfice de la chose jugée en leur faveur. Je n'exagère rien quand je dis qu'il n'est pas de spectacle plus lamentable et qui porte dans les âmes une plus sincère douleur, que celui de l'erreur judiciaire entraînant dans la même infortune l'innocent, dont les protestations sont impuissantes, et tous ceux qui se rattachent à lui, sa femme, ses enfants, toute une famille qui souffre cruellement d'un malheur immérité. Aussi, du jour où la société découvre une erreur judiciaire, elle est saisie d'une pensée de tristesse et de deuil ; la justice n'a plus de repos, et il n'est plus, pour l'une et l'autre, de besoin plus impérieux que de dissiper le nuage fatal qui a voilé la vérité et qui prolonge encore le supplice de ceux qui gémissent dans les prisons.

Et pourtant, tel est l'intérêt social qui s'attache au respect de la chose jugée, qu'on a jugé indispensable d'en entourer la revision des difficultés les plus graves ; et quand du haut de la tribune nous avons demandé le droit pour l'innocent de faire reviser sa sentence basée sur une erreur de fait, et de n'être plus soumis en ce cas à la réparation incomplète de la grâce, on nous a répondu que nous compromettions le principe même sur lequel repose le respect de la chose jugée ; on nous a opposé l'immutabilité des arrêts ; et la revision — quelles que puissent être les erreurs de fait — n'a été autorisée qu'au cas de contrariété d'arrêts, ou encore au cas où l'un des témoins a, depuis la condamnation, été poursuivi pour faux témoignage.

Eh bien ! si la sécurité sociale a exigé qu'on lui offrit en holocauste ces victimes expiatoires sacrifiées aux plus grands intérêts, aux principes sacrés, sans lesquels les hommes ne sauraient vivre réunis, de quel droit viendriez-vous, aujourd'hui qu'il s'agit d'assurer à des individus acquittés le bénéfice de cette chose jugée, méconnaître ces mêmes principes ?

Et, d'ailleurs, ceux qui, au nom de la société, combattaient pour maintenir le respect de la chose jugée, faisaient entendre des paroles consolantes ; ils faisaient briller aux yeux de tous le phare lumineux qui s'appelle l'autorité de la chose jugée.

« Je craindrais fort, disait M. de Parieu, que des demandes de revision, si elles étaient trop multipliées, ne vinssent à créer autour de la chose jugée des nuages qui en diminueraient la pureté et l'éclat, en obscurciraient l'empreinte ineffaçable, et qu'une atteinte fût ainsi portée à un pouvoir qui est une ancienne gloire de notre pays, au jury et à la magistrature française.

« Après la sentence, dit encore le rapporteur de la loi, quand tout a été fait pour assurer le bien jugé, la loi veut la stabilité ; elle la veut pour l'accusé, qui ne doit pas être enlevé plusieurs fois à sa famille, à son travail, parce qu'on aura retrouvé de nouvelles preuves ; elle la veut pour le juge, car s'il a le pouvoir, il lui faut le prestige ; elle la veut pour la société car il faut à cette société l'ordre, la conservation, et la société n'a tous ces biens qu'en croyant même dans les sphères humaines à quelque chose et à quoi croirait-elle sur ce terrain, si elle ne croyait à la chose jugée ?

« Enfin, la loi établit une généreuse différence entre l'individu et la société. Jamais elle n'arrache à l'individu le bénéfice de l'acquittement; c'est un bouclier dont on ne peut le dépouiller, alors même qu'il viendrait devant la justice faire l'aveu cynique de son crime. »

Et il ajoutait :

« Ce qui fait l'armée forte, c'est le respect de la discipline; ce qui fait la nation forte, c'est le respect de la loi; ce qui fait la force de la magistrature française, c'est le respect de la loi, et aussi le respect de la chose jugée. Tous ces respects sont solidaires, et quand on touche à l'un j'ai bien peur qu'on n'énerve tous les autres. »

Eh bien! ce que vous faites par vos préventions, qui ne sont que revisions déguisées que vous tentez contre les sentences du jury, c'est précisément d'énerver ce respect dû à la chose jugée; vous mettez la cognée à l'arbre saint, que vous devriez protéger de tous vos efforts; vous jetez le trouble dans les esprits pour ruiner la foi en la justice, et vous vous étonnez, après cela, de l'émotion de l'opinion publique.

Nous dominons la foule, direz-vous, nous n'avons pas à prendre garde à ses murmures. Prenez-y garde, ces murmures sont un avertissement salutaire quand ils prennent leur origine dans le sentiment même du juste. L'opinion publique doit être interrogée avec respect quand elle est unanime à proclamer une grande vérité, car un jour vient où elle prononce la condamnation des institutions qui ont méconnu les principes éternels qui assurent la grandeur des sociétés humaines.

Jamais cause ne fut plus grande : c'est la cause de la loi, de la justice, de la souveraineté nationale, représentée par le jury, et n'oubliez pas que le prestige du jury est lié au vôtre, et que vous êtes comme deux lutteurs qui doivent unir leurs efforts et marcher de front pour protéger la société.

La cour confirme le jugement du tribunal de Libourne, et son arrêt est déféré à la cour de cassation.

TRIBUNAL DE POLICE CORRECTIONNEL

DE LA SEINE

PRÉSIDENCE DE M. DELESVAUX

AUDIENCES DES 26, 27 ET 29 JANVIER 1867

Affaire Acollas, Naquet, etc., prévenus du délit de manœuvres à l'intérieur et de société secrète.

M⁰ Jules FAVRE, défenseur de M. Acollas, prit la parole en ces termes :

Je demande au tribunal de renvoyer purement et simplement et sans dépens le prévenu Acollas des fins de la plainte.

Messieurs, après avoir écouté avec l'attention qu'il mérite le remarquable réquisitoire de M. l'avocat impérial, je ne vois pas quelle est la raison qui a pu le déterminer à donner à M. Acollas la première place dans cette prévention. Il ne s'y rattache que par le lien le plus faible, celui de la distribution de bulletins qu'il aurait communiqués à plusieurs personnes.

Quant à la société secrète établie par ces deux preuves formidables : des statuts enfouis dans une cave à fleur de terre et des réunions d'amis familières qui auraient été attestées par des agents de police que vous avez entendus; quant à l'existence de cette société secrète qui, je l'espère, ne tiendra pas un instant devant les efforts réunis de mes amis et confrères, M. Acollas, au dire de la prévention, y est resté complètement étranger. Je me sers de ces expressions à dessein, persuadé qu'elles traduisent exactement la loyale pensée de M. l'avocat impérial, et qu'il repousse ces insinuations dirigées contre un prévenu et qui consisteraient à faire valoir contre lui, en dehors de toute espèce de preuve légale, des présomptions qui ne doivent pas nous préoccuper dans cette enceinte.

Combien M. l'avocat impérial ne reculerait-il pas devant la nécessité de les discuter, si je les discutais sérieusement! Quoi! ce serait parce que M. Acollas serait l'ami d'un homme jeune encore, mais déjà remarqué par sa science profonde, par ses travaux méritants, que par voie d'annexion et de contagion judiciaire, M. Acollas serait suspecté! Cela ne doit pas, je crois, être discuté. Mais M. l'avocat impérial en a parlé, j'ai voulu en parler aussi.

M. Acollas n'a donc à répondre qu'à la prévention de manœuvres.

Ce délit de manœuvres que tout à l'heure, en suivant M. l'avocat impéria', je vais m'efforcer de définir et de préciser, il se rattache essentiellement à la politique, c'est indiscutable ; non pourtant que sa discussion nous contraigne à discuter telle ou telle théorie politique.

J'entends faire comme M. l'avocat impérial et décliner cette responsabilité ; mais alors ne serait-il pas dangereux de conclure d'une opinion bien constatée chez un prévenu à l'existence du délit qui lui est reproché, et de donner carrière au procès de tendance jusqu'à en faire une preuve qui serait en matière pénale le plus considérable des périls? J'estime qu'une pareille méthode ne saurait être employée avec fruit devant vous.

M. Acollas est prévenu d'avoir distribué le 10 et le 11 novembre des écrits sur lesquels je m'expliquerai dans un instant. C'est là le point sur lequel devaient se concentrer les efforts du ministère public, et non sur les opinions de M. Acollas, qui n'avait rien à faire en cette affaire.

Qu'est en effet M. Acollas? Tout le monde le sait, et M. l'avocat impérial n'a pas cherché à y contredire. M. Acollas est avant tout un homme d'étude, de science et de conviction. Depuis vingt ans, il s'est livré aux travaux les plus sérieux et les plus profonds sur la philosophie et la législation. Là, on en conviendra, la discussion et l'examen sont libres de toute espèce d'entraves ; on ne rencontre pas ces précautions jalouses, ces vigilances intéressées qui sur d'autres matières gênent la liberté, celle du citoyen comme celle du penseur.

M. Acollas, sur ce terrain, a fait des études variées, et il a initié un grand nombre de jeunes hommes à la science du droit. Il est l'un des répétiteurs les plus distingués de cette capitale si féconde en esprits généreux, en penseurs profonds, en nobles caractères. M. Acollas, qui consacrait de dix-sept à dix-huit heures par jour à ses travaux, avait bien peu de temps à s'occuper de politique. Il le faisait pourtant, à la clarté de cette flamme qui, pour l'homme intelligent, éclaire des mêmes feux les sommets de toutes les sciences. C'est ainsi, en effet, que M. Acollas était à la fois jurisconsulte, philosophe et économiste. C'est avec cette jeunesse qu'il aime, qu'il se livre à des travaux dont il est resté plus d'une trace dans le domaine de ces sciences élevées, et que les plus instruits peuvent consulter avec fruit.

Ce qui est hors de doute, — vous allez en avoir la preuve, — ce qui doit être pour M. Acollas, au point de vue des présomptions, une sorte de bouclier invulnérable, M. Acollas, par la nature de son

esprit, par ses habitudes, par ses goûts, par son caractère, est étranger à toute espèce d'action politique. Quand je me sers de ces mots,
je crois que je suis compris; et il faut que je le sois, car ces mots se
placent au travers de la prévention que vous allez avoir à juger.

Je n'ai pas ici à rendre compte des opinions de M. Acollas, quoique
je n'en éprouve aucun embarras, parce que ces opinions ne sont un
mystère pour personne, et que, descendant dans les consciences et
interrogeant la mienne, j'y rencontrerais des désirs, des vœux, des
pensées, qui rentrent dans la théorie pure et dont je n'éprouverais
aucune peine à faire l'aveu sincère.

Mais là n'est pas le procès. Sur ces tendances qui pourraient le
rattacher à la prévention, je vous l'ai montré tel qu'il est, courbé sur
ces labeurs qu'il aime, travaillant dix-huit heures par jour, enseignant
la jeunesse, livré entièrement aux travaux absorbants qui font sa joie.
Mais en interrogeant toujours le même ordre d'idées, j'ajoutais que
son caractère, la direction de son esprit, ses habitudes l'éloignent
nécessairement de cette action politique qu'il sait trop entourée de
pièges, en ce temps, pour s'y mêler.

M. Acollas a écrit quelques monographies, notamment une qui a
pour sujet la refonte de nos Codes et spécialement du Code Napoléon.
C'est là une noble ambition. Examiner les lois et chercher à les
mettre en rapport avec les mœurs; chercher à élaguer ce qui n'est
plus en harmonie avec les besoins nouveaux, et ce qui dès lors est
un danger, c'est faire acte de philosophe et de moraliste; c'est là, à
coup sûr, l'occupation la plus noble et la plus utile à laquelle puisse
se livrer un homme d'étude, et c'est ce que M. Acollas a fait.

Or, dans ce livre, je veux noter les tendances de M. Acollas, l'état,
en quelque sorte, de son âme, le caractère de sa vie intellectuelle.
Voici ce qu'il dit, en parlant des moyens à l'aide desquels on peut
atteindre le but qu'il se propose :

« La démocratie, osons le dire hautement et fermement, ne s'est imposée
jusqu'à présent que par l'irrésistible ascendant de la loi d'émancipation
et de liberté qui domine l'histoire; elle n'est point arrivée à se constituer
à l'état d'idée, de science et de synthèse. Elle a eu ses apôtres, ses martyrs, ses renégats: elle a été une foi, la foi la plus humaine qui ait remué
les sociétés et non la moins calomniée.

« Elle a eu ses sectaires, elle a eu même ses empiriques : il est temps
qu'elle embrasse dans l'unité du droit et de la liberté l'ensemble de la vie
sociale. »

Après avoir parlé des moyens pratiques de développer ces choses
scientifiques, il dit plus loin :

« Sous cette agitation féconde, l'âme de la France tôt ou tard se réveil-
lera : nous arriverons quand nous pourrons ! C'est à nous qu'appartient le
temps; pour conquérir l'avenir, faisons seulement briller l'idée ! »

L'idée, vous avez entendu, messieurs, l'idée, c'est-à-dire ce qu'il y a à la fois de plus noble, de plus immatériel, de plus puissant; voilà ce qui préoccupait surtout M. Acollas. Retranché dans son cabinet, il ne se mêle à ses semblables que par ses travaux et ses conseils austères, et continue à creuser son sillon, croyant que l'avenir appartient à ses opinions.

Il est donc bien loin d'appartenir au groupe de ceux qui croient soulever la société en enfermant des statuts de société secrète dans un tube de fer-blanc! Mais encore, jamais il n'aurait pu entrer dans sa pensée qu'on pût faire quelque chose avec des écrits incendiaires qui vont immédiatement se perdre, par on ne sait quelles voies, dans les poches des commissaires de police. Il n'est pas capable de ces enfantillages. Il est de la famille de ceux qui, au mois de septembre de l'année dernière, ont pris une grande résolution, celle de se concerter en vue de la paix universelle, et ce n'est pas parce que cette résolution aurait été compromise par quelques exagérations, qu'elle devrait perdre, aux yeux de ceux qui croient, qui aiment et qui espèrent, son caractère de grandeur et de moralité. Le Congrès de Genève n'a été pour l'œuvre qu'il se proposait qu'un grain de sénevé; mais ce grain de sénevé deviendra l'arbre gigantesque qui abritera sous son feuillage les enfants des peuples.

Dans le temps où nous vivons, au milieu de cette anarchie organisée qui pousse les hommes à abandonner la voie du travail pour se jeter dans la voie des conquêtes et des combats, alors que nous sommes peut-être à la veille du plus affreux et du plus insensé déchirement; quand tout sollicite les nations à s'unir à la lumière de la saine philosophie du bon sens, et qu'on les voit en méconnaître les enseignements si clairs pour se jeter dans des haines aussi farouches qu'aveugles; ah! c'est une noble et généreuse pensée que de se poser comme l'apôtre de la paix, et, dût-on ne récolter que dérisions, on est suffisamment récompensé par l'estime des gens de bien.

C'est cette pensée qui a animé M. Acollas. Il ne revendique pas pour lui seul cette grande initiative; mais, si ce n'est une charge aux yeux de M. l'avocat impérial, M. Acollas pourra sortir de sa modestie, et dire : « C'est moi qui ai commis ce crime! » Eh bien! oui, M. Acollas a pensé qu'un groupe d'hommes indépendants, philosophes, mais patriotes; que cette réunion, dis-je, sur une terre libre, pourrait aboutir à quelque chose qui profiterait à l'humanité tout entière.

M. l'avocat impérial trouverait-il mauvais que des jeunes hommes eussent voulu opposer leur poitrine à ce débordement qui menace d'envahir la surface entière de l'Europe? Trouverait-il mauvais que contre ce torrent dévastateur M. Acollas ait apporté sa pioche pour aider à le détourner? Mais s'il croit, au contraire, qu'il n'y a pas d'essais qui ne doivent être tentés, quand le but est noble et les moyens honnêtes, que nous reprochera-t-il?

Qui sommes-nous? Des êtres intelligents... J'allais dire : *Des êtres libres!* Je suis forcé de courber le front et de reconnaître que cette liberté, que je tiens d'en haut, elle est singulièrement amoindrie par les institutions qui nous régissent! Et c'est même là une des causes qui expliquent à merveille que, pour la tenue de ce congrès qui devait rester dans le domaine de la théorie pure, M. Acollas ait cru devoir chercher un autre sol que celui de la France.

Quant à moi, il m'est avis que le pays jouirait d'une sécurité plus grande si une telle liberté y était permise. Mais M. Acollas est obligé de subir les faits. Ne pouvant réunir en France ceux avec qui il voulait conférer des moyens d'établir la paix générale, il a été obligé de les réunir à l'étranger.

Car, messieurs, vous le savez, tous les jours nous entendons parler du souci que prend le gouvernement des libertés publiques, et en particulier de l'amélioration du sort des classes ouvrières. Vous savez aussi que l'autorisation d'un congrès coopératif, où se seraient réunis ces ouvriers pour discuter leurs intérêts, n'a pas été donnée, et cela, en l'absence de toute espèce d'idées que M. l'avocat impérial pourrait appeler séditieuses. Vous comprenez alors que M. Acollas ait été dans la nécessité d'aller en Suisse.

Ce congrès a été précédé de correspondances et de souscriptions. La prévention a trouvé dans ces correspondances la preuve que les fondateurs du congrès étaient animés de sentiments hostiles au gouvernement. Mais les sentiments peuvent-ils être incriminés? Et sommes-nous dans la nécessité d'aimer par arrêt? S'il en est ainsi, les tribunaux auront fort à faire. Je m'incline devant eux; mais il y a des puissances plus fortes que les leurs, ce sont les affections.

Or, quand vous surprenez des lettres intimes, ne vous étonnez plus si vous rencontrez des expressions qui vous blessent, des jugements qui n'étaient pas faits pour paraître au grand jour, toutes choses qui, pour certains esprits, n'y font pas trop mauvaise figure, mais enfin qui auraient été condamnables si elles avaient été publiques.

Comme nous n'avons point à discuter les idées, je puis faire à M. l'avocat impérial cette concession, que quelques-uns de ceux qui se réunissaient pour le congrès n'étaient point les amis du gouvernement, à quelque heure, à quelque prix que ce soit. Mais enfin, comme ce n'est pas un crime, qu'allait-on faire à Genève? Poser le drapeau de la paix, puis appeler autour de lui toutes les forces vives qui pouvaient en assurer le triomphe. On vous a dit que de tous les points de l'Europe se réunirent des turbulents esprits, ennemis de tout ordre. Je connais beaucoup d'hommes sérieux qui y sont allés.

Moi-même je m'y serais rendu si ma santé me l'avait permis. Me voilà donc compris dans cette proscription anonyme ! Eh bien, je suis content d'être ainsi signalé...

M. L'AVOCAT IMPÉRIAL. Maître Favre, je vous demande pardon. Je n'ai rien dit de pareil.

Me Jules FAVRE. Alors c'est moi qui ne vous ai pas compris... Dans un procès d'*intelligences*, c'est la mienne qui fait défaut...

Je dis donc, revenant à mon idée, que M. Acollas a planté à Genève le drapeau de la paix, et qu'il y a recherché les moyens les plus efficaces pour amener le succès de la cause à laquelle il s'est voué. Or, il ne me paraît pas que M. Acollas ait été responsable de ce qui a pu s'y passer, ainsi que l'a dit M. l'avocat impérial, non sans intention, je veux croire, dans son réquisitoire.

Faire disparaître les monarchies, c'est une opinion qui peut être soutenue partout, sur le territoire d'une république surtout, et même en France..., car la France a été une monarchie qui est devenue une république, puis a cessé d'être une république pour redevenir une monarchie; et par conséquent il n'y a aucune espèce de raison pour qu'elle ne redevienne pas de monarchie une république.

Au congrès de la paix, on pouvait donc se demander si le meilleur moyen d'assurer la paix n'était pas d'établir la république. Si en effet les dissertations des membres du congrès se sont réduites à la justification de cette résolution, ils ont pu se placer sous un patronage que M. l'avocat impérial ne récusera pas. J'entendais tout à l'heure traiter Napoléon Ier de malfaiteur; on comprend parfaitement qu'au congrès de la paix, il appartenait de flétrir en lui le grand consommateur de chair humaine. Mais enfin, j'invoque le premier empereur pour une banalité que j'ai quelque embarras à jeter dans le débat, tellement elle est connue : « Dans cinquante ans, la France et l'Europe seront cosaques ou républicaines. » En disant cinquante ans, l'empereur ne voulait pas être un prophète à échéance fixe. Mais l'empereur prononçait une parole profonde, que je serais parfaitement en état de justifier si j'avais à le faire : Oui, les militaires se réuniront contre les nationalités, ou les nationalités, formées en républiques, triompheront des militaires. Et quand on discute ces choses à Genève, on ne fait qu'user d'un droit très légitime, comme le faisait lui-même Napoléon Ier, qui n'était pas un révolutionnaire.

M. Acollas, dit-on, occupait à Genève une place d'honneur à côté du président Barni; de l'autre côté était l'illustre général Garibaldi. Je n'ai pas à examiner si là, à ce moment, le général Garibaldi représentait la paix; mais je dirai que la population suisse lui a fait un accueil enthousiaste et triomphal, et que Garibaldi ne s'est retiré, avant la clôture du congrès, que pour travailler à l'accomplissement de l'œuvre qui ne tarda pas à éclater.

M. Acollas a défendu à Genève l'idée démocratique, qui est une idée essentiellement pacifique, idée qui vit de l'union des cœurs et de la paix, tandis que d'autres institutions vivent de la guerre !

On a dit qu'il avait eu un instant l'idée de ne pas revenir à Paris. M. Acollas n'avait certes pas l'intention de quitter la clientèle honorable autant que fructueuse qui l'y attendait. Mais la nature le retenait au milieu de cette Suisse dont on a tant de peine à quitter les fières montagnes et les fraîches vallées, et vers laquelle on voudrait revenir sitôt qu'on l'a quittée. Il est revenu à Paris avec le joug des vacances expirées; et si le mois de novembre n'avait pas marqué ce terme fatal, certainement il aurait encore profité, comme voyageur et comme touriste, de l'hospitalité des cantons helvétiques.

Mais qu'a-t-il fait à Paris? M. l'avocat impérial a parlé de l'affaire de Rome; il a parlé de mécontentement. Je suis heureux de l'entendre de sa bouche, quoique je le susse déjà.

Oui, la population de Paris, ordinairement si calme, a paru troublée, et des faits spontanés se sont produits dans son sein. On croit qu'ils ont été préparés; on a entendu le cri de : *Vive Garibaldi !* M. l'avocat impérial appelle ces cris séditieux. Soit! Mais vous n'avez trouvé aucune préméditation, aucune entente, aucun mot d'ordre; vous n'avez trouvé rien de semblable. Ce serait au commencement de novembre, le 2 novembre, au cimetière Montmartre, que pour la première fois auraient éclaté ces faits séditieux qui auraient appelé l'attention de la police. Après, serait venue la manifestation du boulevard Bonne-Nouvelle, le 4 novembre. Je ne sache pas que depuis, la police de Paris, malgré sa vigilance, ait signalé une émotion quelconque. Or, ceci détruit la prévention de manœuvres et d'intelligences. M. Acollas était à Paris le 2 et le 21 novembre, et l'on ne signale sa présence ni à l'un ni à l'autre lieu, quoiqu'on pût y être sans être coupable.

M. Acollas allait commencer ses leçons, lorsqu'à la date des 12 et 13 novembre, il a été placé sous la main de la justice.

C'est le 11 novembre que M. Acollas aurait reçu les écrits lus à l'audience. C'est 11 et le 12 qu'il en aurait laissé prendre cinq à Hayot, dit-il; qu'il en aurait distribué volontairement un plus grand nombre, dit la prévention. C'est donc dans ces deux dates, 11 et 12 novembre, qu'est renfermé le délit qui lui est imputé.

Or, je vous ferai remarquer que les 11 et 12, le calme le plus complet régnait à Paris. Nos troupes étaient parties; il n'y avait plus à influer sur les décisions du gouvernement. Mais encore, ce qui aurait pu produire à Paris une grande agitation, l'engagement possible des troupes italiennes avec les troupes françaises n'était plus à craindre; les troupes italiennes étaient rentrées sur leur territoire. Il n'y avait plus ici aucune espèce de motif d'agitation. Je ne veux pas rappeler les faits qui suivirent ni m'appesantir sur des événements qui me font saigner le cœur...

Il est clair que, s'il n'y avait plus de causes de trouble, ces proclamations n'avaient plus de sens. Oui, ces proclamations sont délictueuses, mais enfin ces écrits évidemment ont dû être faits pour les réunions des 2 et 4 novembre. Quant à moi, je ne sais pas si ces réunions avaient été projetées à l'avance; rien ne me le prouve. Mais puisque M. l'avocat impérial dit que ces réunions étaient projetées, il est évident que les proclamations sont un appel aux armes, au moment où il n'y a plus de prétexte à l'appel aux armes, un tocsin quand l'incendie est éteint. On ne peut pas supposer que M. Acollas, qui connaissait l'esprit de la population, ait choisi le moment où la population était redevenue calme, où la cause qui l'avait excitée n'était plus, où le problème politique était résolu, pour répandre de semblables productions. Ç'aurait été une singulière fantaisie.

M. l'avocat impérial me fera cette concession, que ces proclamations n'ont pu être distribuées que dans un but coupable, afin d'enflammer les passions. Or, à la date du 11 et du 12, l'agitation avait cessé, tout était fini. On ne peut donc pas croire que ces proclamations aient été distribuées dans un but quelconque...

D'ailleurs, M. Acollas les a-t-il distribuées? Je le nie. On n'a contre lui que le témoignage d'un coprévenu qui n'a même pas le courage de soutenir ses dires devant ses camarades. Et ce n'est pas sans douleur que j'ai entendu à ce sujet M. l'avocat impérial parler d'influences de la part des prévenus et de conseils de la part de leurs défenseurs.

Je ne connais qu'un seul des prévenus; mais j'affirme que s'il avait voulu être éloigné d'Hayot au débat, il l'aurait dit. Est-ce que M. Hayot, qui se contredit lui-même, pouvait faire peur à quelqu'un? Est-ce qu'on avait intérêt à ce que cet accusateur fût éloigné?

Quant à ce qui touche les défenseurs, je dois dire à M. l'avocat impérial que son mot s'est trompé d'adresse. Nous avons pour habitude de ne jamais entraver la vérité par aucune décision, par aucun conseil. Toutes les fois qu'une divergence grave se manifeste entre le défenseur et le prévenu, le devoir du défenseur, et il n'y manque jamais, est d'abandonner la barre où il ne serait plus libre.

Dans cette circonstance, les renseignements fournis à M. l'avocat impérial sont donc complètement inexacts : les prévenus désiraient qu'Hayot fût présent, lui seul a demandé à être éloigné des débats; c'est le trouble de sa conscience qui le faisait agir ainsi.

C'est lui qui a fait appeler M. le commissaire de police Nus et qui lui a fait des aveux spontanés. Il dit là que M. Acollas lui a remis différents papiers pour les distribuer. Mais cette déposition est modifiée par une seconde où il s'exprime ainsi :

« Les imprimés étaient arrivés chez M. Acollas. Je ne me rappelle pas où ils étaient placés. J'en pris cinq dans un but de curiosité, et nullement dans l'intention de les distribuer. »

Nous sommes vis-à-vis d'un accusateur qui ne veut pas paraître à l'audience. Et M. l'avocat impérial, lisant les dépositions de cet accusateur, n'a même pris dans ces dépositions que ce qui lui a plu. Témoignage trois fois nul ! Car il n'aurait jamais été accepté dans l'ancien droit criminel, car il émane d'un coprévenu, car M. l'avocat impérial lui a fait subir encore une dissection !

Quand la déclaration du coprévenu est complètement libératoire pour M. Acollas, il retranche ce qui vient éclairer la vérité, et il dit :

« Les proclamations ont été prises pour être distribuées. »

Et il ajoute que le paquet porté chez M. Hayot a été envoyé par M. Acollas. Or, voici ce que dit M. Hayot :

« Je n'ai pris que cinq exemplaires dans un but de curiosité, et nullement dans l'intention de les distribuer. Quant aux autres, une personne inconnue, *que j'ai tout lieu de croire* avoir été envoyée par M. Acollas, a porté chez moi une centaine environ de proclamations. »

Quoi ! M. Acollas serait coupable, parce qu'*il y a lieu de croire* que c'est lui qui a fait remettre ce paquet ! M. Hayot n'affirme pas que c'est M. Acollas qui lui a envoyé le paquet. Il n'a rien dit de plus que ce que je viens de lire...

M. L'AVOCAT IMPÉRIAL. Voulez-vous permettre, maître Jules Favre ? Vous m'avez dit tout à l'heure des choses personnelles, que j'ai laissées passer. Je sais fort bien que votre intelligence est au-dessus de la mienne. Mais si je suis inférieur à quelques-uns par l'intelligence, je prétends être l'égal de tout le monde par la bonne foi.

J'ai dit que, dans sa première visite, Hayot avait pris cinq exemplaires chez Acollas ; cela résulte de sa déposition et de l'aveu d'Acollas. J'ai dit ensuite que dans un autre interrogatoire il avait dit ceci :

« M. Acollas m'avait promis d'envoyer ce paquet chez mon père, et à mon retour j'ai trouvé en effet ce paquet chez mon père. »

C'est la déposition même d'Hayot que je lis en ce moment.

Voilà ce que j'avais à vous dire.

Mᵉ J. FAVRE. J'accepte l'interruption de M. l'avocat impérial en ce qui me concerne.

C'est le procédé dont il se sert que j'attaque, et non l'homme. Il n'y a donc rien de personnel, je le prie de le croire, dans mes paroles. Quelque honnêtes que nous soyons, nous pouvons tous être entraînés à négliger, dans une affaire où nous sommes en jeu, ce qui peut nous nuire et à rechercher ce qui peut nous servir.

Eh bien ! ce que M. l'avocat impérial vient de dire ne nuit en rien à mon argumentation ; je disais que M. Hayot n'avait donné sur ce point aucune affirmation ; il procédait par induction tout simplement. Il était, en effet, impossible d'affirmer que ce paquet avait été remis chez lui par les soins de M. Acollas. Car tant de proclamations ont été envoyées à divers citoyens que celles-là pouvaient bien n'être pas envoyées par M.˙Acollas.

M. Acollas affirme que M. Hayot ayant pris cinq proclamations, il a brûlé les autres. Ce qui revient à dire qu'il ne s'en est pas servi. Et ici je rencontre la singulière affirmation de M. l'avocat impérial :

« Il existe, dit-il, quatre-vingt-dix proclamations entre nos mains ; donc M. Acollas les a fait distribuer. »

Cette affirmation est téméraire. Pour qu'elle fût véridique, il faudrait tout d'abord qu'on démontrât que toutes les proclamations qui ont pénétré dans Paris ont passé par le domicile de M. Acollas. Cette preuve, on ne l'a pas faite. Ce raisonnement n'est donc pas très-solide : les prémisses ne sont pas établies, on ne peut en déduire de conséquences.

Nous pourrions tous dire, les uns et les autres, que nous recevons bien souvent sous enveloppe des proclamations, des écrits séditieux que nous conservons si nous sommes des collectionneurs, que nous jetons au feu si nous sommes des hommes pressés ; mais qui n'engagent en rien notre responsabilité. Ceux qui reçoivent ces documents sont naturellement les hommes les plus en vue par leur nom et leur influence ; on a aussi des amis maladroits qui pensent toujours que le moment est venu de pousser au mouvement. Est-on responsable de la fougue de ces amis inconnus? Nullement.

Madame Acollas, dit-on, a pu les apporter de Belgique. Mais on n'en a pas fait la preuve. Moi aussi, j'en ai reçu, de ces proclamations, et elles me sont arrivées par la poste. A propos de proclamations, je me rappelle ce fait bizarre : Un de mes amis avait reçu des proclamations incendiaires ; il me dit : Vous devez en avoir reçu aussi ; je dis non, ne les ayant point vues ; mais en rentrant chez moi et cherchant dans mes papiers, je les trouve en effet. Et maintenant encore je suis sûr que dans mes papiers, si l'on cherchait bien, M. l'avocat impérial pourrait faire un dossier terrible contre moi, et que je n'aurais plus qu'à aller passer ma vie en prison avec la plus grande résignation.

On ne peut donc attribuer à M. Acollas que ce qui est juridiquement prouvé.

Mais nous nous demandons si un fait aussi simple, qui ne peut avoir eu aucunes conséquences fâcheuses au moment où il se produisait, si vraiment un fait de cette nature peut être considéré comme une manœuvre tendant à troubler la paix publique. M. l'avocat impérial n'a pas cru que la chose pût être mise en question; cela l'a dispensé d'en faire la preuve. Et vraiment ce mot de *manœuvres* est si vague, que je comprends sa difficulté.

Manœuvres et intelligences à l'intérieur ! Mais tout rentre là dedans; tout ce qu'on fait, tout ce qu'on dit, tout ce qu'on pense ! Et si la justice voulait quitter ses traditions de devoir et d'indépendance, elle emprisonnerait tous les citoyens à la faveur de ce délit.

Vous savez, messieurs, à quelle occasion fut édictée la loi de 1858. Un douloureux attentat l'a provoquée, et alors, s'écartant des principes jusqu'alors appliqués, recherchant non plus dans le droit ni dans la justice, mais dans l'arsenal de la politique pour protéger des situations qu'on croyait menacées, on a inventé ce délit qui n'avait de précédents nulle part. Le président du conseil d'État a déclaré qu'il avait échappé jusque-là à la sagacité de nos pères. Il me semble que nos pères avaient des yeux assez exercés, et que ce qui leur échappait avait grande chance de ne point exister. C'est un délit imaginaire, qui jamais n'aurait dû trouver place dans notre Droit pénal.

C'est dans le Code pénal de 1791 qu'on avait trouvé ces mots de *manœuvres* et d'*intelligences*, mais ils s'appliquaient aux manœuvres et intelligences *à l'extérieur*, ils étaient faits contre les ennemis de la France, et vraiment, ç'a été pour moi un moment de tristesse et d'humiliation le jour où la société française en a été réduite, en 1858, pour se défendre, à prendre un texte qui s'applique aux ennemis de la France et à l'appliquer à des Français: ce sont des Français qu'on appelle des ennemis de la France !

Si je mettais sous vos yeux les discussions qui ont précédé la formation du Code pénal de 1791, vous verriez que même alors que ces expressions s'appliquaient aux ennemis de l'étranger, elles avaient ému les jurisconsultes qui discutaient ces lois.

Mais venons à la discussion de la loi de 1858.

Il faut définir les expressions de *machinations* (le mot *manœuvres* n'existait pas alors; il a été emprunté au Code civil), de *machinations* et d'*intelligences*, expressions vagues dont le sens est indéterminé, dont les limites sont arbitraires. Dans le sein même du Conseil d'État, on voulait prendre des mots bien explicatifs, et quelqu'un proposa le mot de *conspirations contre l'État*. Des explications fournies par les auteurs de la loi au Corps législatif, il résulte que, dans l'esprit du législateur, les expressions de *manœuvres, machinations* et *intelligences* ne sont qu'une spécification du crime juridique de conspiration qu'on veut pouvoir atteindre dans toutes ses manifestations. Voilà un langage clair et qui resserre le sens de ces expressions si vagues.

Machinations et *intelligences* veulent tout dire; mais afin que le juge ne s'égare pas, il doit être averti que cela ne peut s'appliquer qu'à un fait de conspiration; non à un délit de telle ou telle nature, mais à un fait.

Les explications du rapporteur de la loi de 1858 n'ont rien de contraire à ce commentaire. Dans le rapport fait par M. de Morny, je vois cette phrase, — on était laconique alors au Corps législatif : — « Les articles qui vous sont présentés comblent une lacune de notre Code criminel. » J'ai peur qu'on n'ait voulu dire : « de notre Code politique! »

Ce qui est certain, c'est qu'il est impossible aux commissaires du gouvernement d'arriver à quelque chose de clair. Ils disent que ces expressions ont déjà été employées vis-à-vis de l'étranger, et ils terminent par cette déclaration : « Les tribunaux peuvent considérer comme coupables de manœuvres et d'intelligences à l'intérieur ceux qui auront conspiré, sous quelque forme que ce soit, contre la sûreté de l'État. »

Ces mots *manœuvres* et *intelligences* sont ainsi définis par les auteurs de la loi et la jurisprudence : « Une lettre saisie renfermant un blâme, une attaque même contre le gouvernement ne caractérise pas les manœuvres. Ce qui caractérise les manœuvres, c'est l'*habitude* et le *but coupable.* »

Avez-vous l'*habitude* dans cette cause? Avez-vous le *but coupable?* Je vous ai montré que non. En rapprochant les dates, je vous ai montré que ces proclamations venaient après les événements qu'elles auraient pu avoir en vue. En m'en référant à l'explication si sage et si juridique de M. Faustin Hélie, je vous ai dit avec lui : Oui, si à côté des actes de conspiration que vous ne pouvez saisir, vous rencontrez des actes dont le but coupable soit facile à vérifier, dont l'habitude est connue, vous avez le délit de *manœuvres*.

Mais dans le seul fait d'avoir eu des écrits séditieux, il n'y a pas là d'*intelligences* dans le sens de la loi. Il ne suffit pas que l'écrit ait eu pour caractère d'exciter à la haine et au mépris du gouvernement; il faut encore qu'il ait été distribué dans le but de troubler la paix publique.

La question ainsi réduite, dégagée de tout document étranger, posée devant des magistrats intègres et indépendants, ne peut faire aucune difficulté. Et j'aurais pu me contenter d'enfermer ma discussion dans le texte même de la loi. *Entretenir des intelligences!* Ne voyez-vous pas là une série de faits concomitants tendant à un même but ? Au contraire, quand il n'y a eu qu'un fait, un seul, comment pouvez-vous appliquer cette loi, loi qui a causé tant d'émotion dans le pays, tant d'émotion même parmi ceux qui l'ont votée !

Quoi ! c'est cette loi que vous appliqueriez à M. Acollas ! Plus la loi est rigoureuse, plus son texte contrarie les sentiments d'humanité qui dirigent toujours un tribunal, et plus il faut de preuves sérieuses pour que l'application de cette loi soit prononcée. Vous n'avez comme preuves que la déposition d'un dénonciateur, d'un coprévenu qui a rejeté toute la responsabilité sur les autres prévenus, afin de se sauver.

M. Acollas n'a donc rien à redouter des sévères réquisitions de M. l'avocat impérial.

Si vous consultez son passé, vous trouverez un homme tout occupé de fortes études et de profonds travaux, qui jette sur l'avenir un regard animé par une foi sincère, mais qui désavoue de toutes ses forces l'appel à la violence qui ne peut être le fait que d'hommes égarés ou de provocateurs.

Si enfin vous détachez ce fantôme qui est derrière la scène et qu'on n'ose pas montrer, vous penserez comme moi qu'il n'y a aucun moyen de prononcer la condamnation qu'on vous demande.

Le tribunal condamne M. Acollas à un an de prison et 500 francs d'amende.

TRIBUNAL CIVIL DE LA SEINE

PRÉSIDENCE DE M. BENOIT-CHAMPY.

AUDIENCE DU 1ᵉʳ AVRIL 1868

Expédition du Mexique. — Demande en payement de prix de dépêches électriques et de dépenses faites pour le service du corps expéditionnaire. — M. Kieffer contre M. le Ministre de la guerre.

M. Jules Favre, avocat de M. Kieffer s'exprime ainsi :

La demande que je viens soutenir devant le tribunal rencontre une exception d'incompétence fondée sur le caractère particulier de l'obligation contractée par l'État. J'espère faire disparaître l'obstacle qu'on nous oppose. Je dirai au tribunal combien la position de M. Kieffer est digne d'intérêt et quels services signalés il a rendus au gouvernement français et au corps expéditionnaire du Mexique. Ces services, il les a rendus avec un rare désintéressement, avec un courage qui bien des fois lui a fait risquer sa vie. M. Kieffer est resté toujours fidèle à son devoir, il l'a accompli jusqu'à la dernière heure, sur une terre où il n'y avait plus pour lui que des dangers. Qu'a-t-il recueilli? Il n'a recueilli que d'amers refus, je ne veux pas dire qu'il a rencontré l'ingratitude?

M. Kieffer est un ingénieur civil très distingué, entré dans le service télégraphique en 1854, et qui s'est fait remarquer par son intelligence et son zèle. En 1860, il s'est retiré du service pour exploiter un brevet qu'il a obtenu pour une invention qui consiste à transmettre les dépêches dans des tubes au moyen de la pression de l'air.

Le Corps législatif a voté une somme de 250.000 francs mise à la disposition de cette invention, afin de relier les différents bureaux télégraphiques des grandes villes ; ce système est actuellement exploité à Paris, à Londres, à Berlin.

En 1864, sur les recommandations pressantes de l'administration française, M. Kieffer est parti pour Mexico, pour y établir un service de lignes télégraphiques. Son désir était de servir son pays, autant qu'il le pouvait, dans la grande entreprise qui alors préoccupait si vivement l'opinion publique. Il s'est acquitté avec zèle et intelligence de la mission qu'il avait acceptée. M. Kieffer a obtenu une concession avec subvention, mais on lui a imposé l'obligation de se mettre au service du corps expéditionnaire français. Il s'est exactement conformé à cette obligation qui avait pour but de faciliter, sur le vaste territoire du Mexique, les opérations militaires.

Maximilien a rendu, le 30 janvier 1866, un décret portant concession à M. Kieffer de deux lignes télégraphiques. Personne n'ignore la solidarité qui unissait à cette époque les intérêts mexicains et les intérêts français, et la prédominance de ces derniers. Mais l'empire mexicain, qui n'était qu'une ombre de notre pouvoir, avait la prétention d'exister par lui-même, et c'est ainsi que M. Kieffer est devenu le concessionnaire de l'empire mexicain. Mais il obéissait en réalité aux ordres du maréchal Bazaine, commandant en chef de l'expédition.

Les moyens d'exécution manquaient à M. Kieffer. Personnel et matériel lui faisaient défaut ; il se décida à se rendre en France pour y organiser son service de lignes télégraphiques du Mexique. Le maréchal Bazaine le recommande au ministre de la Guerre, et lui signale l'utilité du service télégraphique au point de vue de la question militaire.

M. Kieffer, de retour au Mexique, exécute tous les travaux. A quels ordres obéit-il? Est-ce aux ordres du gouvernement mexicain ? Non. C'est le drapeau français qui faisait la force de l'infortuné Maximilien. Celui qui commande partout et toujours, c'est le maréchal Bazaine. C'est lui qui est le maître absolu, le souverain véritable du Mexique. C'est le maréchal qui donne ses ordres à M. Kieffer qui les exécute. Peu importe que M. Kieffer ait traité avec Maximilien.

De nombreuses difficultés se sont élevées entre M. Kieffer et le capitaine Charrier, que le maréchal Bazaine avait détaché avec une compagnie du régiment étranger pour exécuter les travaux de la ligne télégraphique. Le capitaine Charrier n'ayant pas voulu remettre des comptes réguliers, M. Kieffer lui a interdit l'entrée des bureaux.

Le capitaine Charrier imagina plus tard de recueillir les honneurs et les profits de la ligne télégraphique. Il voulut qu'elle portât le nom de « Télégraphe Charrier ». Ces hostilités continuèrent au grand mécontentement de M. le maréchal Bazaine, qui laissa éclater son irritation dans une lettre du colonel Boyer, son chef de cabinet, qui enjoignit à M. Kieffer de payer à la caisse du régiment étranger la somme de 1.824 piastres 5 réaux et demi (9.120 fr.) pour les frais de construction de la ligne télégraphique de Guanajuato à San Luis de Potosi.

M. Kieffer, cédant à une indignation légitime, répondit qu'il était tout disposé à payer si on lui présentait des comptes qui prouvaient qu'il devait, et les pièces à l'appui.

Toutes ces avanies n'ont pas empêché M. Kieffer de transmettre toujours jusqu'au dernier moment toutes les dépêches du corps expéditionnaire, d'avoir dans les bureaux extrêmes un employé français spécialement chargé de la transmission des dépêches françaises, de faire des services supplémentaires de nuit au premier signal donné par les commandants supérieurs. Il n'a cependant jamais reçu un centime de rétribution, tandis que la ligne télégraphique de l'intérieur (compagnie mexicaine) recevait mensuellement du quartier général une subvention de 300 piastres (1.500 fr.) outre le montant des dépêches.

M. Kieffer exigeait du gouvernement mexicain, du corps autrichien et belge, un paiement mensuel, parce qu'il n'avait pas confiance, et il était payé. C'est parce qu'il a eu, au contraire, confiance dans la loyauté du corps expéditionnaire français, qu'il s'est vu refuser tout payement et qu'il a été traité en ennemi.

Le maréchal commandant en chef le corps expéditionnaire reconnaît dans sa lettre du 2 février 1867 que les dépenses résultant de la transmission des dépêches télégraphiques ont été faites pour le service de l'armée française, mais il renvoie M. Kieffer à se pourvoir devant le gouvernement mexicain qui va tomber. N'est-ce pas là une véritable dérision ?

La prétention adverse ne peut se soutenir en présence de la dépêche fameuse du maréchal Bazaine au général d'Osmont. Le maréchal, qui aujourd'hui se retranche derrière le gouvernement mexicain, ne souffrait pas qu'il en fût ainsi.

Voici la dépêche adressée par le maréchal au général d'Osmont, le 14 août 1866 :

« Vous n'aviez pas besoin de ma réponse pour dire à l'empereur qu'avant tout vous vous devez à vos fonctions de chef d'état major de l'armée française, et qu'aucun mouvement de troupes de cette nationalité ne peut être fait sans mon ordre.

« Ajoutez que si l'on me prend pour un zéro, on se trompe.
                                        « Maréchal BAZAINE. »

Vous voyez que M. le maréchal Bazaine était bien le véritable souverain du Mexique.

On était à la fin de 1866. Les événements se succédaient avec une effrayante rapidité. L'armée française se repliait de poste en poste pour gagner le littoral et retourner en France. Qu'a fait M. Kieffer dans ces tristes circonstances ? Il n'a jamais abandonné son poste. Il a couru les plus grands dangers, car auprès de lui plusieurs de ses employés sont tombés sous les balles des *guérillas*. Il a rempli son devoir jusqu'au bout avec courage.

Il semblait que c'était un devoir pour le gouvernement français de faire payer la traite délivrée à M. Kieffer par la douane de la Vera-Cruz. On se rappelle, en effet, le traité fameux en vertu duquel le gouvernement français se flattait de trouver la satisfaction due aux grands sacrifices du pays, au moyen de l'*embargo* mis sur tous les produits des ports mexicains de la Vera-Cruz et de Tampico.

M. Kieffer s'est vu refuser le paiement de cette traite par le motif que les dépenses dont il demandait le remboursement avaient été faites pour le compte et à la charge du gouvernement mexicain.

A cette époque, le maréchal Bazaine avait pris toutes les dispositions pour rapatrier son corps d'armée. Quoique les voiles ne fussent pas encore déchirés, ils étaient assez transparents. Le trône du Mexique, n'étant plus soutenu par nos armes, allait s'écrouler, et l'infortuné Maximilien, seul, sans appui, sans trésor, sans armée, allait fatalement succomber. Du côté du Nord, se formait l'orage qui allait fondre sur lui. Le gouvernement mexicain allait disparaître, frappé par la ruine et la défaite.

En ce moment M. Kieffer, qui avait donné son concours à l'armée française, dans sa retraite, se réfugia auprès de Maximilien. Lorsque s'accomplit le drame sanglant de Queretaro, M. Kieffer fut jeté en prison, et il n'en sortit que grâce à l'humanité du gouvernement mexicain. Mais la ligne télégraphique qu'il avait construite pour le service de l'armée française a été confisquée. M. Kieffer était libre, mais il était ruiné, dépouillé, presque nu sur le territoire ennemi, forcé de traverser seul, au milieu de mille dangers, cet immense empire couvert des débris que nous y avons laissés.

M. Kieffer, de retour à Paris, a adressé sa réclamation à M. le ministre de la Guerre, qui lui a répondu que le gouvernement mexicain est seul responsable des frais d'établissement de la ligne télégraphique.

M. Kieffer a formé devant le tribunal civil une demande en paiement du prix des dépêches télégraphiques transmises pour le service de l'armée française et en payement des autres sommes qui lui sont dues.

M. le ministre de la Guerre a opposé à la demande les conclusions suivantes :

« Attendu que l'action intentée par M. Kieffer contre le ministre de la Guerre, représentant l'Etat, a pour objet le règlement des réclamations relatives à un marché qui aurait été passé entre lui et le commandant en chef de l'armée française au Mexique; que cette action implique l'examen d'un ensemble d'actes émanés de l'administration et empreints même, à certains égards, d'un caractère politique, et qu'elle tendrait en outre à constituer l'Etat débiteur en tant que puissance publique;

« Attendu qu'aux termes des articles 7 et 8 de la loi du 22 décembre 1789, les administrations publiques ne peuvent être troublées dans l'exercice de leurs fonctions administratives par aucun acte de pouvoir judiciaire ;

« Qu'aux termes de l'article 13, titre II de la loi des 16 et 26 août 1790, les fonctions judiciaires doivent toujours demeurer séparées des fonctions administratives, et que par arrêté du gouvernement du 16 fructidor an III, défenses itératives ont été faites aux tribunaux de connaître des actes d'administration, de quelque espèce qu'ils soient ;

« D'où il suit que le tribunal est incompétent pour connaître de la demande portée devant lui par le sieur Kieffer,

« Se déclarer incompétent et renvoyer la cause et les parties devant les juges qui doivent en connaître. »

Messieurs, avec tout le respect que je dois à M. le ministre de la Guerre, je dois, à la barre de la justice de mon pays, lui dire que sa responsabilité n'est pas dégagée. M. Kieffer a suivi la foi du commandant en chef de l'armée française. Sans les ordres qui lui ont été donnés, il n'aurait jamais exécuté les travaux des lignes télégraphiques au Mexique.

M. LE PRÉSIDENT. Ce n'est pas là la question, maître Favre ; on vous oppose un déclinatoire. On dit que les tribunaux civils sont incompétents.

Mᵉ JULES FAVRE. J'arrive à la question d'incompétence.

Il y a dérision à renvoyer M. Kieffer à se pourvoir devant le gouvernement de Maximilien, aujourd'hui dans la tombe. Le tribunal civil est compétent.

Les conclusions d'incompétence reposent sur une vicieuse interprétation de la loi. Elles auraient pour conséquence de soustraire aux tribunaux la connaissance de contestations qui sont essentiellement de droit commun, puisqu'il s'agit, dans la cause, d'un louage d'ouvrage, et d'une action en indemnité résultant d'un quasi-délit, d'une série d'actes qui ont causé un grand préjudice et amené la ruine d'un honorable citoyen dont l'unique tort a été sa confiance dans la loyauté du gouvernement français.

En quoi la réclamation de Kieffer touche-t-elle l'administration ? Comment peut-elle être paralysée par les lois invoquées ? Leur sens unique est de protéger l'administration et d'empêcher la confusion des pouvoirs, mais non de régler les litiges, de trancher les questions de propriété ou de contrat du droit des gens. La jurisprudence est très-divisée sur la question : « S'il est vrai, dit M. Dalloz (*Répertoire* vᵒ *Trésor public*), que les lois qui ont attribué à l'autorité administrative la liquidation des créances sur l'État, eussent dépouillé les tribunaux de la connaissance des affaires dont il peut résulter une créance sur le trésor public, elles seraient en opposition avec tous les textes qui supposent que l'État peut être actionné devant les tribunaux ordinaires (V. Code de procédure civile, 69, nᵒˢ 1, 2, 3 et 4, puisqu'il n'y a pas de procès dont il ne puisse résulter une créance contre la partie qui le perd, ne fût-ce que celle des frais, et qu'ainsi la totalité des affaires de l'État serait enlevée à la compétence des tribunaux ordinaires.

L'examen de ces lois démontre que c'est exagérer leur portée que d'en tirer une attribution exclusive à l'autorité administrative des actions qui tendent à constituer l'État débiteur. Ces lois tracent le mode d'admission parmi les dettes de l'État de toute créance sur le trésor public; mais quant à l'établissement même des créances, elles ne s'en occupent point et laissent par conséquent dans leur entier les principes de la compétence.

Le tribunal aura égard aux circonstances solennelles dans lesquelles se présente la cause et il se déclarera compétent.

Le tribunal admet le déclinatoire proposé par M. le préfet de la Seine, au nom de l'État;

Se déclare incompétent pour statuer sur la demande Kieffer;

Le renvoie à se pourvoir devant l'autorité qui doit en connaître et le condamne aux dépens.

TRIBUNAL CORRECTIONNEL DE NIMES

PRÉSIDENCE DE M. CAUSSE

AUDIENCE DU 28 AOUT 1868.

AFFAIRE LACY-GUILLON. — RÉUNION ÉLECTORALE.

Le 29 juillet 1868, MM. Lacy-Guillon et Ribot avaient organisé une réunion électorale privée que l'administration avait fait dissoudre par la force, prétextant que cette réunion n'avait pas le caractère privé.

Les prévenus du délit de réunion illicite sont défendus par Me Jules Favre, qui s'exprime en ces termes :

Je me présente pour MM. Lacy-Guillon et Ribot, prévenus du délit de réunion publique illégale. Mes conclusions tendent à la relaxe des prévenus, sans dépens.

Je dissimulerais mal mes sentiments (et je veux leur laisser leur libre expansion) si je ne disais qu'en écoutant avec l'attention et le respect qu'elle mérite la parole de l'organe de la loi, j'ai éprouvé une indicible stupeur que rarement, dans ma longue carrière, une semblable parole m'a inspirée.

Suis-je le jouet d'une illusion? Est-ce en plein dix-neuvième siècle que le magistrat a parlé? Suis-je au sein d'une nation qu'on déclare libre et aux droits de laquelle on rend pompeusement hommage?

Je n'en puis douter, car de toutes parts résonnent à mes oreilles les échos des doctrines officielles, proclamant que le droit moderne et la constitution française reposent sur le dogme accepté de la souveraineté nationale ; que le temps n'est plus où un homme s'attribuait sur un peuple un droit dont l'origine venait de Dieu même et voyait se courber à ses pieds les foules obéissantes, attendant de sa bouche les ordres suprêmes qu'elles étaient heureuses d'exécuter. C'est du consentement qu'émane l'autorité : elle n'est que par le concours de la volonté du plus grand nombre ; et de même que le chef naît du peuple, à côté de lui, pour le modérer, le contenir et le guider, s'échappe de la même source vive et profonde, l'autorité, souveraine aussi, des élus de la nation. A l'un appartient l'exécution, aux autres le conseil. Le premier est armé du glaive, qui à la fois protège et venge ; les seconds sont les dispensateurs de la fortune publique, dont le bon emploi renferme et résume le gouvernement tout entier.

Mais pour que ce système de pondération, de garanties, ne soit pas un vain mot, une déception, un mensonge, il faut que l'acte solennel par lequel la nation désigne ses élus soit sérieux et libre. Pour qu'il ait ce caractère, il faut qu'il soit précédé d'une délibération commune ; autrement il ne serait plus qu'une dérision. De là la nécessité absolue du respect de tous les actes par lesquels se forme la volonté des électeurs, et cet ensemble de dispositions législatives punissant la violence, la fraude, la ruse et l'oppression. Ici, la liberté est une condition primordiale de salut : y porter atteinte est un crime, une attaque directe aux principes sur lesquels la constitution est fondée. Tout le monde en convient : le ministère public ne peut y contredire, et cependant voyez à quelles contradictions choquantes il est conduit, et combien la prévention dans laquelle il a le triste courage de persévérer offense directement et ces grands principes politiques et les règles non moins précieuses de l'honnêteté publique et de la conscience de tous les bons citoyens.

Si en effet quelque chose peut surprendre, que dis-je ! confondre, révolter, c'est de voir sur ces bancs trois honorables citoyens dont le seul tort est d'avoir cru au droit, tandis que ceux qui l'ont ouvertement violé sont triomphants et se portent hardiment leurs accusateurs.

On vous demande contre eux l'amende et la prison, tandis qu'on réserve les éloges et les honneurs pour ceux qui ont organisé les scènes lamentables du 29 juillet, et versé le sang innocent de ce peuple généreux pour la satisfaction de leurs coupables combinaisons. Quoi que vous fassiez, vous ne ferez accepter ce contraste à aucun homme d'un sens droit et d'une conscience honnête ; et chacun se demandera avec épouvante comment doit être jugé un régime qui se permet de semblables monstruosités.

La France a les yeux fixés sur ce débat, non pas seulement à cause des actes de violence que l'on y rencontre, mais aussi à cause de l'héroïsme de la population, et parce qu'au-dessus de ces événements planent des principes supérieurs aux dictatures nées dans le sang et condamnées à périr par la volonté populaire.

La théorie de M. le procureur impérial est la suppression artificieuse, en même temps que violente, du droit des citoyens.

Vous avez voulu faire une distinction suprême entre les réunions. Il n'y aurait plus de possibles que celles qui profiteraient à vos amis.

Les réunions publiques, la loi les autorise jusqu'au cinquième jour avant les élections; les réunions privées ne sont pas visées par la loi, mais vous les rendrez publiques quand vous voudrez; puis vous en arriverez à les détruire les unes et les autres,

Mais nous ne nous soumettrons pas! nous persisterons jusqu'au bout! et je cesserais d'être homme, pour devenir une chose sans nom, si je consentais à m'agenouiller devant ce despotisme.

Ce peut être d'un esprit téméraire, mais j'espère que toutes vos allégations seront confondues; et au fond de cette sorte de creuset chimique par lequel elles vont passer, nous trouverons comme résidu la violence et l'arbitraire.

Il sera facile d'arriver à cette démonstration victorieuse. Je n'aurai que l'embarras d'écarter les avantages que vous m'avez faits, en évitant les erreurs sociales, politiques, humaines, que vous avez commises!

Ce serait de ma part une prétention hasardée de dire que les magistrats ont deviné notre cœur et compris qu'ici tout devait être aussi lumineux que ce beau soleil qui nous éclaire, que l'ombre ne devait cacher aucun projet qu'on n'oserait pas avouer. Mais ces débats, je puis le déclarer, ont été conduits avec un libéralisme ferme auquel je rends un public hommage et auquel répond, pour cette population, un devoir plus grand de modération et de sagesse.

Examinons maintenant la thèse de M. le procureur impérial.

Son réquisitoire n'est rien moins qu'un crime de lèse-majesté contre le droit de la nation; car c'est de la souveraineté du peuple que découle l'inviolabilité du droit électoral qui comporte la liberté du choix.

Cette liberté que je voudrais entière, mais à laquelle les lois actuelles apportent des restrictions considérables, aveu qui ne coûte rien à mon esprit de jurisconsulte tout en blessant ma conscience d'homme, cette liberté, dis-je, nous sera non pas donnée, mais restituée; elle est la seule garantie de l'ordre, la seule condition du développement prospère et de la grandeur de mon pays. Nous devons la réclamer et respecter en même temps la législation existante.

Bien que des événements passagers méconnaissent ces grandes vérités, leur triomphe est cependant assuré!

Si les sévérités sont à leur place, je ne fais pas reproche à M. le procureur impérial de les exercer; mais que cette loi même soit faussée, qu'on vienne placer des sophismes à l'abri de votre autorité, c'est une atteinte directe portée à la liberté des électeurs. Votre réquisitoire est aussi un crime de lèse-majesté contre la nature.

Il n'est pas d'usage, dans les contestations de cette espèce, de

mettre en question ce qui ne peut être connu que d'une des parties
intéressées ; ce n'est pas l'exécution de la loi qui vous préoccupe :
ce que vous servez avec trop de zèle, c'est la politique du gouvernement, et il vous en a révélé une partie.

M. le procureur impérial a fait connaître ce fait que je ne puis
contrôler, à savoir que bien avant la réunion du 29 juillet il y avait
eu à Nîmes d'autres réunions. Cela est assez probable : de quoi
s'agissait-il, en effet ? Un des députés de Nîmes et d'Alais avait jugé
à propos d'abandonner le mandat qu'il tenait de la confiance de ses
concitoyens pour l'échanger contre de hautes fonctions dans la
magistrature. Je n'ai ni à le blâmer ni à rechercher les motifs qui
ont inspiré sa conduite. Son option avait laissé une vacance à combler. La lice était ouverte ; plusieurs candidats y étaient descendus.
Je ne tiens pas à rappeler leurs titres divers, non plus que le récit de
leur lutte, qui se présenta avec les caractères accoutumés. L'administration mit toutes ses ressources au profit de l'un d'eux, et elle
s'attacha à préparer l'échec des deux autres. Celui qu'elle adoptait
est un jeune homme inconnu qui porte, je le reconnais, un nom glorieux dans la science ; mais j'ai peur qu'à la préfecture le chimiste
n'ait été effacé par le sénateur.

Les deux autres étaient, l'un un ancien député connu par son
courage, sa fidélité à ses opinions et son indépendance ; l'autre, un
fils de cette cité, nourri dans les fortes études, simple, noble et austère, digne de l'estime et de l'amour de ses concitoyens. C'est contre
ces candidats que l'administration a déployé toutes ses rigueurs.

D'abord commence la surveillance, surveillance indigne d'un gouvernement et d'une nation libres. Soyons donc de notre temps et de
notre pays, ne nous parquons pas en deux catégories : l'une qui se
défie, l'autre qui est irritée des défiances qu'on lui témoigne.

Vous vous plaignez de l'agitation : cette agitation, c'est la vie ; il
faut en prendre votre parti. C'est le cœur de la nation qui bat. Vous
voudriez l'avoir glacé sous un sabre ; vous voudriez que la nation
allât au vote comme à la caserne !...

Vous avez dit que le gouvernement était entré dans les voies libérales, et que les électeurs se pouvaient concerter *un peu*.

Quel trésor que cet *un peu !* cet *un peu* traduit la situation entière,
il faudrait l'enchâsser dans des pierres précieuses. Hier, c'était *pas
du tout* ; demain, ce sera tout. Attendons ! Nous sommes patients,
parce que nous sommes forts !

Ce *peu* s'agrandira ; il faut laisser faire la nature, qui obéit aux
desseins de Dieu : aujourd'hui c'est un brin d'herbe agité par le vent ;
demain ce sera un arbre fort, à l'ombre duquel la nation entière
s'abritera.

Ce *peu* vous agite, il vous agitera bien davantage.

Vous avez raconté des anecdotes intimes que j'ignorais, mais qui nous montrent votre inconscience de la loi... Vous avez dit d'abord que la loi a été respectée, parce qu'elle était pratiquée par un homme *considérable* ! J'ignorais que le parquet délivrât des brevets de *considération*. Mais si l'homme vous déplaît, alors il n'est plus considérable, la répression suit son cours.

M. le procureur impérial doit avoir aussi de singulières théories sur la publicité ; il lui faut le domicile réel, l'habitation ; il faut se réunir à côté de la chambre à coucher de l'épouse et du berceau de l'enfant... Voilà, selon lui, la réunion privée !

Prenez garde, cela ne suffit pas aux électeurs qui veulent se concerter « beaucoup ». Vous avez parlé d'un autre citoyen, il est encore *considérable*, mais cette considération accroît votre difficulté. Cette personne, elle subit comme la première l'honneur d'être appelée au parquet, ceci mérite d'être noté ; étrange respect de la loi !

Quoi ! voici un électeur qui pour avoir réuni chez lui cinquante personnes parmi ses pairs jouit de l'honneur d'être cité par une lettre officielle !

La courtoisie a été complète, j'en suis convaincu, car MM. les procureurs impériaux sont en général des gens bien élevés ; elle a été pareille des deux côtés. Mais si M. le procureur impérial eût daigné me faire appeler (suis-je assez considérable pour cela ?), j'aurais été courtois, mais j'eusse donné à ma courtoisie le cachet de la mauvaise humeur.

Voilà le droit électoral à sa naissance ! Pour le faire respecter, on veut savoir ce qui s'est passé chez moi, et on le sait.

La morale de ceci est qu'il n'y a de réunions privées pour personne, puisque l'autorité s'introduit furtivement dans la maison des citoyens suspects. On n'est plus maître chez soi ; on n'est plus à l'abri du coup d'œil de la police. La réunion de 50 personnes est permise, celle de 150 est suspecte ; si nous arrivons à 1.000, oh ! alors la réunion est publique.

Vos réunions privées ont été sauvées, mais mises en question. Messieurs les considérables, vous l'avez en dormant échappé belle ! Vous avez eu sur vos têtes une épée de Damoclès ; il n'a tenu qu'à la complaisance de la police de n'en pas couper le fil !

Ce sont là les constatations du réquisitoire ; le public nous entend et doit les connaître ; il faut que les débats aillent à lui, il faut des règles précises désormais ; car nous savons que pour le moment le ministère public étend la loi selon son gré, qu'il fait glisser des agents dans les réunions privées, qu'il observe celles de 50 personnes,

qu'il appelle au parquet les membres de celles de 450 et qu'il poursuit celles de 1.000, voilà la vérité.

Ce qui s'est passé à Nîmes était parfaitement légal. Il y a eu des
réunions privées auxquelles le public n'était pas admis; et c'est là la
seule distinction à écrire partout, dans nos consciences, la distinction qui seule a sa raison d'être!...

Tout, avant la réunion Lacy-Guillon, a été légal; aucune opposition ne s'était produite, et nous étions arrivés à l'époque du « recueillement pieux ».

Je laisse à M. le procureur impérial son admiration pour ceux qui
ont fait ces lois et pour les hommes qui les défendent; je respecte
les uns, mais je contredis les autres, et je laisse à chacun sa liberté
de conscience.

Je ne veux pas faire la critique de cette loi qui donne cinq jours
pour méditer, mais je déclare que la meilleure méditation en pareil
cas, c'est la « méditation en commun ». Pour cela, attendons des
jours meilleurs!

Par cela même que la loi de 1868 a été faite pour les réunions
publiques, il s'ensuit que les réunions privées sont permises; cela a
été déclaré; les explications ont été précises; et ici, M. le procureur
impérial contredit ouvertement M. le ministre d'État...

Les réunion privées sont permises avant, pendant et après; elles
n'ont pas d'existence légale, elles appartiennent au droit commun, et
là réside leur meilleure protection. Donc ce sont les seules réunions
possibles. Il est clair que c'était le but que MM. Lacy et Ribot ont
voulu atteindre. Si l'intention fait le délit vous ne pouvez les condamner.

Voilà deux citoyens qui veulent en réunir d'autres. Vous dites : Il
faut que ce soient leurs amis, leurs parents, leurs connaissances. Je
le conteste; cela est inutile; je ne puis pas être parqué dans mes
relations ordinaires quand j'accomplis un devoir civique, ce serait
une barbarie. Il ne faut pas pervertir la loi.

M. le procureur impérial veut faire ressortir aussi la publicité « du
choix du local ». La cour de cassation, le bon sens et la grammaire
le lui interdisent. La publicité est le fait du libre accès au public.

La chercher dans le local, c'est lui tourner le dos, la méconnaître,
Il faut pour qu'il n'y ait pas de publicité, la propriété et la location;
voilà pourquoi l'acte de location a été passé.

Ces messieurs n'ayant rien à cacher ont dit leur but. Et ici s'engage la responsabilité de l'autorité si témérairement acceptée tout à
l'heure. M. Breton est allé consulter son commissaire de police et
M. le commissaire central; l'un et l'autre ont su qu'on avait loué le
local pour une réunion privée.

La question a donc été posée à ceux qui ont la responsabilité politique des affaires, et ce sont eux que j'attaque; je dédaigne le commissaire de police, et je remonte aux responsabilités. Je les prends où elles sont. Oui, il était possible de tout empêcher!,..

Malgré ce que dit M. le procureur impérial, est-ce que les précédents ne sont pas là?... A-t-on fait appeler M. Lacy-Guillon? Non! M. Ribot? Non!

La réunion était complète à neuf heures. Vous attendiez cela; dites-moi donc alors qui vous empêchait depuis sept, huit heures du soir, de mettre des troupes sur le seuil. Vous n'avez pas voulu empêcher, vous avez laissé consommer le fait afin de faire un coup d'éclat et un acte de force. Votre politique, je la connais. C'est ainsi que vous avez agi dans la nuit pour arrêter les représentants du peuple et installer votre pouvoir.

Quand le commissaire central est seul à soutenir qu'il était entré, sans carte, vous dites que vous préférez ce témoin isolé à cinquante-six citoyens honorables qui ont déposé le contraire; vous vous retranchez derrière un subterfuge, et vous osez convertir ces citoyens en autant de faux témoins. Non! c'est un procédé que je ne souffrirai pas. Ou bien poursuivez ces citoyens, ou bien reconnaissez que le commissaire central est un faux témoin. Oui, le commissaire a menti; et c'est avec douleur que je rencontre cette oblitération de la vérité sous la protection de la toge du procureur impérial. Dans ce procès, tout est bouleversé!

Oui, la réunion a été organisée avec les précautions les plus minutieuses; les témoins vous ont dit que Lacy avait parcouru son local pour s'assurer que personne ne s'y était introduit sans carte. C'était là une excessive prévoyance.

La porte cochère est arrêtée d'un côté par un bloc de pierre; l'autre ventail est gardé par deux hommes. Dans des conditions pareilles, personne n'est entré sans carte... entendez-le bien.

J'en conclurai avec l'arrêt Barthélemy que la réunion était privée. Et maintenant, je le demande, où était le tumulte? Tout était calme avant l'arrivée des hommes que l'on appelle les hommes de l'autorité.

Parmi les citoyens apparaît une personne qui avait dissimulé ses insignes sous son habit. Là, elle manquait à ses devoirs; en réalité, M. le commissaire tendait un piège, car s'il fût entré, avec le système de la jurisprudence Barthélemy, il pouvait dire : La réunion est publique.

Eh bien! je blâme ce calcul, au nom de la loi, au nom de l'honnêteté. Il faut que la police ait écrit sur son chapeau :

C'est moi qui suis Guillot, berger de ce troupeau.

A la porte, le commissaire est arrêté par Aurillon, qui lui demande son billet ; il n'en a pas, on résiste, il dit qu'il entrera. Lacy-Guillon arrive et dit : Vous n'entrerez pas !

Alors M. le commissaire devait constater les faits et se retirer.

Au lieu de cela, c'est par une bourrade, c'est par un acte de violence, indigne de l'autorité, qu'il fait irruption dans la salle.

Voilà de quel côté commence l'émeute. C'est l'autorité qui en a donné l'exemple.

Le commissaire trouve la réunion calme ; il ne s'y manifeste aucune violence, aucun mouvement séditieux !

On attendait M. Cazot, le candidat. Les citoyens voulaient se concerter en sa faveur et en dehors des familiers de M. le procureur impérial ; ils croyaient être chez eux !

On a fait à M. le commissaire central une sorte de mérite de n'avoir pas prononcé de paroles qui ne fussent convenables. Il a gardé le silence ; cela ne nous surprend pas, car il était en proie à une immense émotion. Ce trouble ne venait-il pas de ses projets secrets ? Toujours est-il qu'un citoyen a dû lui dire : « Vous tremblez ; n'ayez donc pas peur ! »

Reste la question de lieu.

Ce lieu est bien vil, n'est-ce pas ? Mais vous oubliez que c'est dans un lieu plus vil encore et plus humble que reposa la tête divine de Celui qui devait être l'apôtre d'une religion, laquelle, en régénérant le monde, était destinée à y ouvrir la grande voie de la vérité et de la liberté !

Oui, le local était modeste ; cependant, à l'honneur de ces hommes, il n'est pas sorti de leur bouche une parole de violence, mais il n'en est pas sorti non plus une parole de faiblesse !

Le commissaire a dit à la réunion qu'elle devait se dissoudre.

On lui a répondu : « Avez-vous un ordre pour cela ? » il n'avait point d'ordre ! Ah ! messieurs, qu'on y prenne garde ! nous ne pouvons pas souffrir ainsi le despotisme de la police !

Nous nous plaçons à l'abri de la loi, nous demandons un ordre écrit, et cet ordre n'existe pas !

Eh bien ! je le proclame, au nom de la dignité, que je place au-dessus de ma vie, il y a là une flagrante illégalité. Le commissaire dit : « Je ne discute pas la loi ; j'ai les armes. »

Nous connaissons cela ; ce n'est pas la première fois que le gouvernement s'est livré à des actes de force aveugle.

Je rends hommage ici au citoyen qui nous a donné l'exemple de la modération. Il a dit au commissaire : « Rédigez un procès-verbal, insérez-y nos protestations, et nous nous retirerons ; nous ne sommes pas des hommes de violence ! »

Devant ces faits, messieurs, nous saurons de quel côté sont les responsabilités, et je prends rendez-vous ailleurs pour le demander...

Aujourd'hui, devant la justice qui doit protéger les libertés publiques, je dis que la loi a été violée.

Vous nous dites de nous retirer!

Vous parlez donc à un peuple d'esclaves? Nous voulons être un peuple d'hommes libres; nous ne voulons plus être le jouet d'agents sans responsabilité. Non, nous résisterons, et ceux qui ont résisté, je les bénis.

Mon cœur se dilate en présence de cette scène si calme et si digne: j'y vois la fin de ce régime arbitraire qui a si longtemps humilié la France.

Oui, la liberté, c'est la loi.

La voilà, telle que les despostes la foulent aux pieds! Ces citoyens ont dit : *Nous ne nous retirerons qne devant la force*; qu'importe s'ils ont ajouté : *des baïonnettes!*

La force, c'est en effet la violence des armes.

Vous avez dit qu'elle est aveugle et inflexible, vous vous trompez, et vous calomniez ceux qui sont chargés de la défense du pays. C'est là une grande mission, mais elle veut le calme et le respect de la faiblesse.

Faire usage de ces instruments meurtriers contre des citoyens faibles et désarmés est un acte que je ne veux pas qualifier, car je ne veux pas offenser les absents, mais je serais coupable d'une faiblesse impardonnable si j'essayais d'excuser les scènes douloureuses et sanglantes qui ont ému cette noble cité. Dieu jugera les âmes!

Quand le commissaire de police s'est retiré, il était inutile de faire arriver la force; on est venu cependant par surprise, sans que le tambour fût battu. Les troupes étaient là clandestinement amenées par des chemins détournés; elles accourent... et comment? Ah! messieurs, quand j'ai recueilli par ces révélations que des chefs de corps avaient donné l'ordre de se précipiter au pas de charge, la crosse en avant, n'avais-je pas le droit de m'indigner, de dénoncer ces faits à la France entière? Que le sang retombe sur la tête de ceux qui en ont ordonné l'effusion, qui ont donné des ordres pour se ruer contre cette population inoffensive! Mon cœur se brise en songeant à cette vie moissonnée dans sa fleur, par la main des sbires. Mais je repousse le mot de compassion pour la victime du despotisme. On ne pouvait, hélas! choisir une victime plus tendre et plus digne : elle était parée pour le sacrifice! Né dans une famille pauvre, irréprochable et pieuse, ce jeune homme avait grandi sous les yeux de son père et de sa mère dont il était l'orgueil, la joie et l'espérance. Naguère il unissait sa vie à celle d'une femme qu'il aimait. Voilà que tout est brisé en un

instant! Et la fureur sauvage d'un chef de corps l'a précipité au bord
du tombeau. Sa jeunesse l'y retient encore; il se débat, il se cram-
ponne à la vie; et tandis qu'engagé dans cet horrible combat, il
subit les alternatives cruelles de cet attentat, son père, anéanti par
la douleur, succombe à côté de lui. Son cœur le tue, et cette cité
tout entière proteste contre le crime qui a entraîné ce trépas prématuré!

Si Dieu écoutait ma prière, il sauverait ce jeune homme; il ferait
descendre sur son lit de douleur ses grâces puissantes; il rétablirait
l'harmonie dans ces tissus si cruellement déchirés. Mais quelle que
soit sa destinée, il est la victime pure d'une cause qu'il était digne
de servir. S'il meurt, son nom restera dans l'histoire à côté de ceux
qui ont ordonné qu'il mourût! S'il vit, qu'il vienne au milieu de nous
continuer sa carrière, entouré des sympathies et de l'amour de ses
concitoyens!

Tous les excès paraissent dépassés par les faits dont vous êtes les
témoins : le droit des citoyens est violé; la ville est épouvantée par
une exécution militaire; une famille est plongée dans le deuil et le
désespoir par cette inexcusable agression! Mais ce n'est pas tout
encore : le silence se fait sur cette répression illégale; le sang versé
fume encore, et nul ne songe à dissiper les ténèbres qui environnent
la conduite de ceux qui l'ont versé! Quel est le meurtrier? Son bras
a-t-il pu frapper sans violer la loi? C'est là ce que demande la conscience de cette population, et il ne lui a pas été répondu! La vie de
deux hommes, le sang des autres, l'effroi de tous, ce n'est rien! Le
candidat officiel a réussi malgré la protestation de la ville, et le satirique a pu écrire qu'il a passé, non comme une lettre à la poste,
mais comme un sabre au travers du corps!

Tandis que l'autorité ne jugeait pas à propos d'instruire sur le
sang versé, elle était ardente à réprimer la prétendue infraction à la
loi sur les réunions. Ceux qui ont égorgé des citoyens inoffensifs
essuient leurs armes; ceux qui ont ordonné cette scène de massacre
se félicitent, et tout est dit. Mais les citoyens dont le domicile a été
envahi, ceux qu'on a maltraités, détenus, insultés, ils sont dignes de
la corde, et les voici en police correctionnelle! Grande et salutaire
leçon qui doit ouvrir les yeux aux plus aveugles et leur montrer qu'il
est des systèmes qui ne peuvent vivre que par la compression et la
terreur!

Mais puisque l'administration a eu l'imprudence de vouloir provoquer une lutte légale, voyons la loi, elle va prononcer l'éclatante
condamnation de votre poursuite, elle va vous prouver que les citoyens
contre lesquels elle est dirigée étaient dans leur droit, et que ce sont
vos agents qui ont méconnu le droit en violant en leur personne

toutes les règles de la justice et de la légalité. La question est bien simple. Les citoyens qui veulent s'entendre sur le choix d'un candidat peuvent-ils se réunir dans un domicile privé sans être exposés aux agressions, aux ordres de dissolution de la police? J'invoque, pour résoudre cette question, la loi, la jurisprudence, l'opinion des hommes du pouvoir, et par-dessus tout la conscience publique.

Quand, après la chute du premier Empire, la France recouvra quelques-unes de ses libertés et qu'elle les plaça sous la garantie du régime constitutionnel électif, la pratique consacra pour les électeurs la faculté absolue de se réunir sans être inquiétés. Telle fut la conduite de la Restauration. La monarchie de Juillet proscrivit les associations, les réunions publiques, mais elle réserva toujours les réunions électorales et leur laissa une liberté entière. On ne songeait pas à ces restrictions jalouses qui n'admettent aux réunions que les électeurs. Tous les citoyens y étaient admis, et il n'y avait nul inconvénient. La loi de 1848 proclame le droit absolu de réunion. Il fallait dès lors s'attendre à quelques commotions qui devaient être suivies du triomphe de la loi. La sédition de Juin amena des restrictions; ce fut une sédition lamentable, sur l'origine de laquelle la vérité n'est pas encore entièrement connue. Elle a été un égarement criminel; elle a injustement frappé et sacrifié ses meilleurs généraux; mais elle a fait éclater ce grand sentiment de solidarité dans la loi, qui est le propre des gouvernements républicains. Quand les premières lignes des défenseurs soldés des gouvernements antérieurs étaient détruites, eux-mêmes disparaissaient; mais le gouvernement républicain, au contraire, a eu tous les bras pour le défendre, il a été soutenu par toute la nation.

Seulement il fallait après la victoire s'appuyer sur cette liberté qui venait d'accomplir de tels prodiges.

En 1848 et 1849, les assemblées électorales n'ont jamais été interdites... les réunions publiques ont été absolument libres pendant la période républicaine. Le président de la République a été nommé à la suite d'assemblées pareilles. Ceux qui le servent aujourd'hui sont bien oublieux, bien ingrats ou bien maladroits quand ils refusent au peuple l'exercice d'un droit qui a favorisé l'élection de Louis Bonaparte.

La constitution de 1852 a la prétention de se conformer aux principes de 1789. Or, dans la constitution de 1791, au titre IV, à l'article des assemblées, il est dit : « La force armée ne pourra être introduite dans l'intérieur d'une réunion si l'on n'y commet pas de violences, et dans ce dernier cas même, c'est le président qui l'appelle. »

La loi de 1868, dont on nous a fait l'éloge, qu'a-t-elle voulu?

réglementer les réunions publiques. Son titre seul le dit : « *relatives aux réunions publiques* ».

En effet, les réunions publiques seules peuvent présenter un danger, car le public ne se choisit pas, et malgré les bienfaits du gouvernement impérial, il n'a pas encore détruit la perversité dans tous les cœurs. Voilà pourquoi le législateur s'occupe des réunions publiques.

Autre raison, dès qu'il y a publicité, une réglementation devient nécessaire.

Il n'y a de publicité que là où est le public ; le public, ce n'est pas M. tel ou tel, c'est tout le monde, c'est l'inconnu !...

Dans une nation virile, maîtresse d'elle-même, la publicité n'est pas à craindre. Les hommes réunis sont toujours portés au bien : ouvrez les portes, que la foule y entre, et les mauvais n'y viendront pas.

Et si les réunions publiques amènent parfois des scènes regrettables, sachons traverser le malheur pour arriver à la liberté des peuples !

L'exposé des motifs de la loi de 1868 proclame l'affranchissement complet des réunions publiques électorales à des conditions déterminées, et c'est le maintien de la législation existante pour les réunions privées.

Aussi est-ce avec une extrême surprise que j'ai entendu parler de défi au sujet d'un député qui est mon collègue.

Il paraît que les députés n'ont pas droit au respect du ministère public, quand ils appartiennent à l'opposition...

M. LE PROCUREUR GÉNÉRAL. Vous exagérez mes intentions.

M° Jules FAVRE. Je ne méconnais pas vos intentions, mais j'entends votre langage. Vous avez dit que ce député avait porté un défi. Ce terme est-il respectueux ? Un député a porté un défi au pouvoir en s'écriant : « Nous avons les réunions privées, nous en profiterons. »

Ce député est mon ami, M. Pelletan, et il avait raison de dire cela.

Mais le 18 mars, M. Pinard déclarait « *que les réunions particulières qui ne seront pas publiques* et dans lesquelles on pourra s'occuper de toute espèce de matières politiques et religieuses ne relèveront que d'elles-mêmes et seront responsables de leurs actions ».

Est-ce clair ? est-ce éclatant ?

C'est déclaré en termes formels, et je porte à M. le procureur impérial le *défi*, puisqu'il accepte le mot, de vouloir bien concilier ses paroles avec sa théorie.

Le 18 mars, un autre député a un scrupule, M. Millon, député de la majorité :

« Jamais, messieurs, dit-il, si l'on donnait aux préfets le droit d'ajourner les réunions privées, je ne voterais la loi. »

Et l'on nous présente aujourd'hui le semblant d'une liberté qui conduirait les citoyens en police correctionnelle. Cependant les déclarations de M. le ministre d'État sont nettes.

Toute la Chambre dit : « C'est évident, » mais arrivent les gens de l'empereur qui disent que ce n'est pas si évident, et qui requièrent des condamnations !

Dans la séance du 27, M. Pelletan fait connaître à M. le ministre d'État qu'une réunion privée a été inquiétée dans le département de la Gironde. M. le ministre proteste, et si le fait est exact, il permet de faire poursuivre les agents de l'administration; si le fait est inexact, on poursuivra le journaliste pour délit de fausse nouvelle. Il résulte de cette discussion que les réunions privées sont hors de cause.

Il n'y a donc pas de doute.

Mais en cas de doute, cela devrait profiter au prévenu.

Nous ne sommes pas en face d'une loi matérialiste. Vous punissez l'homme, non le fait. Si l'homme a voulu parce que la loi permettait, vous ne pouvez pas le punir.

L'intention des prévenus est manifestée par des paroles et par des actes.

Il se serait passé en dehors d'eux des faits qui auraient fait dégénérer la réunion, qu'ils n'en seraient pas responsables.

Mais pas un instant la réunion n'a été publique avant que M. le commissaire central eût fait dans l'assemblée cette irruption violente et illégale; jusqu'à ce moment elle a été une réunion exclusivement privée.

Une réunion est publique, je vous le répète, quand elle est publique; privée quand elle est privée.

Si un président ne laissait entrer dans une salle d'audience que sur la délivrance d'une carte, il n'y aurait pas de réunion publique, et la loi serait violée.

J'arrive à l'arrêt Barthélemy, et je m'étonne que M. le procureur impérial n'en ait pas donné lecture.

Dans cet arrêt, les principes ont été clairement posés. Le fait a été jugé. Je m'incline devant les décisions de la justice; il a été jugé que la réunion était devenue publique par l'entrée du commissaire de police sans obstacle et sans carte. C'est ce qu'on a essayé de faire ici, et si ce tour avait réussi, nous aurions eu le fait contre nous, et nous n'aurions pas à lutter contre les sophismes du procureur impérial.

Avez-vous lu cet arrêt quand vous l'invoquiez ? Non.

Je vous demande : Tout individu pouvait-il s'introduire dans la réunion du 29 ? La ville entière le dément. Et pour soutenir votre assertion, vous êtes réduit à cette alternative de vous replier sur vous-même ou de n'avoir d'autre main à toucher que celle du commissaire central, lorsqu'il est constaté qu'il a fait un faux témoignage ; car sa réponse à ceux qui lui demandaient sa carte a été de repousser Aurillon et de se livrer à des voies de fait.

Le commissaire de police a rencontré le refus le plus énergique. Donc l'arrêt Barthélemy vous confond... Vous voulez mainmise sur le droit de réunion ; vous lui dites : « Tu seras ou tu ne seras pas, suivant mon caprice. »

Dans la doctrine de M. le Procureur impérial, le mot publicité a perdu son sens : il n'est plus français ; M. le procureur impérial applique la loi des réunions publiques à des réunions privées, parce qu'elles lui présentent tel et tel caractère !

Quand on sort ainsi du cercle légal, on va s'égarer dans les champs de l'espace.

Que nous dit M. le procureur impérial? « Est-il possible de croire, nous dit-il, qu'il y ait eu réunion privée ? Lacy-Guillon et Ribot pouvaient-ils avoir cinq cents ou mille camarades ? » Non ; dès lors la réunion, selon le procureur impérial, serait publique.

C'est ainsi que la liberté doit être comprise ! Déclarations précises de la part des ministres, mais ensuite actes répressifs, nous connaissons cela. Réagissez, messieurs, contre une semblable politique.

Pourquoi, se demande M. le procureur impérial, l'association de ces deux noms, Lacy et Ribot ? Y a-t-il dans cette association quelque chose de fatidique, une signification cabalistique ? Je ne puis donc pas m'adresser à un ami pour faire une invitation commune ?

Je proteste contre l'évidente altération de la loi ; la publicité ne vient pas de la qualité ni du nombre de ceux qui invitent.

Rien n'est plus étrange, plus contraire aux convenances ; c'est une monstruosité que de prétendre qu'une réunion sera publique parce que nos amis et nos relations y prendront part. Jamais le despotisme le plus ombrageux n'avait osé aller jusque-là ; mais il y a temps pour tout.

Subirons-nous donc votre œil inquisitorial ? Non, nous n'en sommes pas réduits à ce degré d'esclavage. Où est le texte de loi qui empêche dans un salon de se faire présenter au maître de la maison pour lequel, jusqu'à l'accomplissement de cette formalité d'usage, vous étiez un inconnu ?

Dans les belles fêtes officielles données par les hommes que vous entourez de tant d'hommages, n'en est-il pas ainsi ? Eh bien ! puisque c'est votre doctrine, vous y feriez entrer le commissaire central ; on appellerait la force armée ! Vous voulez donc deux poids et deux mesures pour avoir le droit de profaner le domicile du citoyen !

On vous dit : Le local peut constituer la publicité !... Comment ? Il n'y a de local *privé* que le domicile, la *demeure* du citoyen ? le domicile d'habitation, là où est sa famille, là où résident ses affections ?

Je demande la démonstration de cette affirmation nouvelle.

Ma raison à moi pour la rejeter est simple : le local ne détermine rien, parce qu'il peut être ouvert ou fermé. Oui, ce local ne peut renfermer une réunion privée que par la possession privée, je l'accorde. Mais osez-vous soutenir que si un citoyen ne réunit pas dans son seul domicile, la réunion est publique ?

Est-ce pour cela que vous dédaignez un contrat de bail ? Mais si le local est à moi, je le ferme, et si je le ferme, il est privé.

Et cette doctrine de la « qualité » des invités est-elle assez outrageante ? Faut-il maintenant laisser compter ses amitiés ? faut-il justifier d'une généalogie ? Est-ce dans une société chrétienne et libre qu'il faut entendre de pareils blasphèmes ? Est-ce que l'homme ne va pas à l'homme ? Bien au contraire ! Et quand je tourne les yeux vers un règne un peu moins énervant que celui dont vous êtes le défenseur, je vois une garantie d'avenir dans cette tendance à l'association.

Faut-il parler du nombre des convocations ? Peut-on considérer ces lettres comme un élément de publicité ? Non, attendu que la lettre close est un document privé ; à moins que le procureur impérial ne déclare et ne reconnaisse que son droit est de lire les lettres de ses concitoyens ; encore cela ne constituerait-il pas la destruction des principes.

Une réunion privée peut avoir lieu sans lettres, si le maître de la maison ne laisse entrer que les gens de sa connaissance. Mais ce n'est pas le cas ici ; personne n'a pu entrer sans invitation,

Ce qui a déterminé les motifs de l'arrêt Barthélemy, c'est le fait de l'entrée de gens inconnus, du commissaire de police, d'un de ses agents, sans avoir été ni interrogés ni inquiétés.

Après les démentis infligés ici au commissaire, qui n'a plus osé demander à s'expliquer, il est clair que la vérité éclate.

Que reste-t-il donc de cette théorie, qu'une réunion même fermée est publique quand un grand nombre de personnes y sont appelées, quand le local n'est pas un salon, quand la discussion ne roule pas sur les modes, le jeu, les chevaux ou la luxure ? Ah ! oui, que la nation s'épuise en frivolités, qu'elle corrompe son goût, qu'elle abaisse son intelligence, on y applaudit. Mais qu'elle veuille être virile, on la livre à l'administration, qui la châtie : voilà vos principes ! Le nombre légal, quel est-il ? Est-ce cent, mille, deux mille? Et le salon, dans quelles conditions sera-t-il ? Un lieu public peut devenir privé dans les conditions de celui de la réunion de Nîmes. Et quelle est la discussion permise ? Est-ce que mes amis peuvent faire changer de nature à ma maison, parce que nous parlerons des affaires de notre pays ? Ah ! quelle petitesse ! quelle humiliation ! Et à quel point nous sommes descendus d'avoir à réfuter de telles objections ! Voilà donc nos libertés les plus précieuses, que dis-je ! nos droits primordiaux, nos intérêts les plus sacrés livrés à l'arbitraire de la police ! Elle contrôlera nos actes civiques et nos immunités domestiques : elle viendra prendre place au foyer, elle comptera les convives de notre table, et, traçant dans nos demeures un impur cordon sanitaire, elle dira à l'hospitalité : Tu n'iras pas plus loin ! Si un pareil régime était le nôtre, je le dis sans détour, il faudrait rougir d'être Français ! car tandis qu'autour de nous tout grandit et se développe ; qu'en Angleterre, des milliers de citoyens se réunissent et discutent; que la Belgique donne le même exemple, que dans l'Autriche, régénérée par le malheur, les citoyens armés délibèrent dans les fêtes du tir et protestent éloquemment de leur amour pour leur vieille Germanie, seules en Europe, l'Espagne, la France, la Russie et la Turquie s'énerveraient dans la plate obéissance aux ordres d'une police ombrageuse ! Et quand les citoyens trompés par une apparence de liberté chercheraient à user de leur droit, la crosse des baïonnettes ferait justice de leur aveugle confiance ! Un sang innocent coulerait, l'épouvante serait partout, l'indignation dévorerait les âmes ; et quand la justice serait saisie de ces grandes protestations, elle frapperait ceux dans la personne desquels le droit a été bafoué, et s'associerait à la force, qui le noie dans le sang et les larmes !

Mon âme de citoyen, mon cœur d'honnête homme se révolte à une pareille supposition ! Non, s'y arrêter est une impiété, et vous ne me pardonneriez pas de ne pas la repousser énergiquement. Je sais que, tout en promettant les libertés, le gouvernement entend les retenir et les paralyser. Mais je sais aussi que la nation s'y attache de plus en plus fortement, et qu'elle veut enfin que sa volonté soit respectée. Elle se relève de son long assoupissement pour ressaisir d'une main ferme ce sceptre de souverain qu'on prétendait être pour elle un lourd fardeau. Elle hait les révolutions et les guerres de dynastie; elle veut l'ordre par la liberté; elle veut la paix par la justice. L'un et l'autre de ces nobles buts ne peuvent être atteints que par le libre contrôle des actes du pouvoir ; et ce contrôle ne sera possible que lorsque, librement, les citoyens pourront se consulter et s'éclairer sur le choix de leurs mandataires.

C'est ainsi que le suffrage universel librement pratiqué est à la fois la clef de voûte et la garantie de la civilisation moderne. Tant qu'il nous sera laissé, nous serons patients et résignés, mais à la condition de le pratiquer comme des hommes libres, et non comme un vil troupeau que le bâton du pasteur pousserait au scrutin. Cette liberté de choisir, elle est notre bien, et nous la défendrons par la légalité d'abord, et par la force, si la légalité nous faisait jamais défaut. C'est là ce qui fait la grandeur de cette cause, sur laquelle la France a les yeux ; elle sera la règle de conduite des citoyens. Ils ne renonceront pas à leur droit, car l'abdiquer, ce serait se suicider. Ils le feront prévaloir à leurs risques et périls, et la victoire leur restera.

Oui, j'en prends à témoin l'âme tout entière de cette généreuse et patriotique cité. Elle a donné un exemple de modération, de fermeté et de courage qui ne sera pas perdu. Lorsque, obéissant à l'appel de ses citoyens dévoués, j'ai eu l'honneur de fouler son sol, les sympathies qui m'y ont accueilli ont raffermi mon cœur et fortifié mes espérances. Ce n'est point à l'homme, c'est à l'idée, c'est à la foi persévérante, à la conviction austère qu'elles ont été adressées. Et c'est à notre commune religion, à la liberté que j'en renvoie l'honneur. Mais j'y trouve en même temps un gage de salut pour mon pays.

Cette rude étape dans le chemin que nous parcourons, elle a été ennoblie par votre courage et votre sacrifice, mes chers concitoyens Vous avez prouvé que vous pouviez oublier vos anciennes divisions pour servir la liberté, et que, fils poétiques de ces contrées privilégiées, vous saviez bravement verser votre sang pour votre cause. L'histoire enregistrera votre héroïsme. Quant à moi, je conserverai comme un des plus beaux souvenirs de ma vie l'honneur de l'avoir défendu, que dis-je ! de l'avoir fait triompher, car tout me dit que la vérité dont vous êtes l'organe aura pénétré jusqu'à vos juges, j'en ai la ferme confiance. Les sentiments civiques qui nous animent seront les leurs, et, pour l'honneur de la vérité, pour le salut de tous, pour le triomphe de la liberté légale, ils écriront d'une main indépendante une sentence que leur cité accueillera avec reconnaissance et respect.

« Le tribunal déclare Lacy-Guillon et Ribot convaincus de contravention à la loi du 6 juin 1868, attendu que la réunion organisée par eux n'était pas tenue au domicile réel des prévenus, qu'on n'avait distribué que de quatre à cinq cents cartes et qu'il y avait environ mille assistants. Il admet des circonstances atténuantes tirées de la promulgation récente de la loi sur les réunions publiques; de l'effervescence naturelle aux approches de l'ouverture du scrutin; du sentiment de la liberté individuelle, sentiment toujours louable, mais qui doit être réglé par la loi

« Il condamne Lacy-Guillon à 500 francs et Ribot à 300 francs d'amende. »

MM. Lacy-Guillon et Ribot interjettent appel de ce jugement.

PRÉSIDENCE DE M. PELON, PRÉSIDENT

AUDIENCES DES 11 ET 12 NOVEMBRE 1868

Mᵉ Jules Favre soutient l'appel des prévenus.

Je n'ai rien à dire pour établir l'excellence et le caractère élevé du droit que je viens défendre à votre barre. Personne ne songe à le contester ; et ce n'est pas pour ma cause un médiocre appui que de rencontrer dans le jugement même que j'attaque une déclaration de principe formelle en l'honneur de la liberté à laquelle cependant il porte une irrémédiable atteinte. En ceci, les honorables magistrats dont je combats l'opinion ont montré qu'ils étaient de leur temps et qu'ils n'avaient pas su se soustraire à l'une de ses plus impérieuses et plus affligeantes exigences. Ce qui nous manque surtout, c'est une logique résolue, c'est une foi assez ferme pour ne pas nous troubler et défaillir à la moindre épreuve, c'est une âme supérieure à la fortune qui cherche ses moyens de succès dans le respect des règles, et non dans la pratique des expédients. Ainsi, rien n'est plus commun que les professions de foi les plus libérales ; rien n'est plus rare que les actes qui y soient conformes. Chacun se flatte d'être indépendant, et le nombre de ceux qui sacrifient leur conviction à des considérations extérieures ne se compte plus. Ici, le tribunal affirme que le droit de réunion est sacré, qu'il est garanti par la loi, et, cédant à l'impulsion de faits secondaires, à des nécessités politiques dont il devrait s'affranchir, il se soumet à des conditions purement arbitraires qui en rendraient l'exercice impossible.

Et quel est ce droit ainsi mis à la gêne, subordonné à une réglementation étroite et tyrannique ?

Le plus précieux et en même temps le plus inviolable de tous, celui qui jusqu'ici a été constamment respecté des gouvernements les plus ombrageux, le droit de réunion privée, le droit de se rapprocher, de se voir, d'échanger ses idées, de discuter ses opinions, de s'éclairer, de se charmer. Voilà ce qui ne sera désormais permis aux hommes que *sub lege*, c'est-à-dire *sub arbitro judicis*, car toute loi aboutit à une interprétation, et l'histoire est là pour nous apprendre où peut conduire l'interprétation des hommes.

Mais ne semble-t-il pas que ce droit soit placé au-dessus de cette humiliante tutelle, et par sa nature essentielle même et par la force de nos institutions ?

Qu'est l'homme, s'il n'est pas un être sociable ? Isolé, il est moins que rien, car il porte en lui le sentiment d'une puissance extrême, et par lui-même il n'est que faiblesse et misère. Sa valeur, c'est la faculté de s'unir à son semblable, de former avec lui un faisceau, grâce auquel il soulève et transforme le monde. C'est donc pour lui un besoin aussi impérieux que l'air et la lumière. En gêner la satisfaction, c'est dégrader la créature et paralyser son essor. Mais ce qui est incontestable, c'est que ce principe devient plus absolu encore dans une société comme la nôtre, avec les institutions qui nous régissent. Les temps ne sont plus où le ministre de Dieu, après avoir consacré le guerrier glorieux, imposait à la plèbe son autorité souveraine. Les chefs des peuples ne sont plus que leurs mandataires, leur pouvoir est consenti, il est aussi contrôlé, et leur vaste administration s'appuie sur des magistratures naissant de l'élection. A côté d'eux se placent des assemblées issues du suffrage populaire qui ont pour mission de les contenir, de les contrôler et de faire prévaloir la volonté nationale. Et, pour choisir les hommes chargés de cette mission, les citoyens doivent jouir de la plus grande liberté possible. Ainsi l'ont pensé et pratiqué tous les gouvernements qui ont eu la prétention de n'être pas tyranniques et absolus. Ainsi l'a reconnu celui qui nous régit, car en organisant les réunions publiques, il a voulu, au moins le dit-il, placer ce droit à l'abri des dispositions légales. Eh bien ! voilà que son exercice, non pour les réunions publiques, mais pour les réunions privées, est soumis à des conditions tout à fait arbitraires qui le paralysent et qui peuvent d'autant moins être acceptées qu'elles ne sortent, ni de près ni de loin, de la loi. Elles sont imposées sans raison par le juge qui décide qu'il n'y aura de réunion privée : 1° qu'autant que la réunion aura lieu dans le domicile personnel d'un citoyen ; 2° qu'on n'admettra que des personnes munies de cartes. Si l'une ou l'autre de ces conditions vient à manquer, la réunion devient publique et tombe sous le coup de la loi.

Tel est le résumé de la doctrine sur laquelle repose le jugement ; et cette doctrine, c'est l'esclavage des familles ; c'est la main mise sur le commerce des hommes ; c'est l'abolition du libre échange de leurs pensées. Si cette doctrine singulière, extra-juridique, contraire à tous les précédents, pouvait être adoptée en fait ou en réalité, l'administration aurait dans les mains une arme dangereuse, funeste à la dignité, au repos de la société.

C'est donc pour nous un. dev ir étroit que d'examiner de très-près les solutions qui sont contenues dans le jugement de première instance, et, je l'avoue, j'avais abordé cette barre avec le désir de renfermer dans les termes juridiques la discussion que je devais présenter à la cour. Pour obéir à une nécessité qui n'est pas dans la cause, la prévention a voulu l'élargir. Pourquoi lui a-t-il plu de raviver des souvenirs que j'aurais été heureux d'écarter ? C'est à elle, à elle seule qu'en appartient la responsabilité. Mais, pour ma part, je serais coupable d'une faiblesse que je ne me pardonnerais jamais si, mis en demeure par une semblable provocation, je n'avais pas une parole libre et sincère à lui opposer. (*Sensation.*) Je disais que la doctrine du premier juge n'était ni plus ni moins que la suppression du droit de réunion privée. La première loi de l'homme, c'est d'aller librement à son semblable, de commercer avec lui, de ne rencontrer dans ses épanchements, dans ses confidences, dans les projets qui doivent être ceux de l'association, aucune espèce d'entrave venant du dehors. S'il en est autrement, si vous supposez une société dans laquelle les rapports des hommes entre eux seraient subordonnés à une réglementation, cette société ne peut être qu'une association d'esclaves, une sorte de pyramide au sommet de laquelle apparaît un despote.

Pour qu'une société soit productive, il faut que les hommes puissent librement établir entre eux de libres relations. Je sais que l'application de ces pensées si simples a peut-être rencontré des circonstances contingentes qui ont provoqué, de la part du gouvernement, des obstacles passagers.

Et aussi, sans vouloir entrer dans des détails qui nous conduiraient trop loin, et sans fixer à la prévention ou plutôt à la pensée supérieure à laquelle elle obéit, aucune concession que ma conscience ne pourrait avouer, je comprends jusqu'à un certain point que lorsque la publicité est l'âme de ces relations qui naissent entre les hommes, le gouvernement, c'est-à-dire le pouvoir public, les autorités qui sont chargées de veiller à l'exécution des lois, au maintien de la paix entre les citoyens, s'en inquiètent et les réglementent. Sans aucun doute, et je ne serai démenti par personne, si tous les hommes étaient sages, de semblables entraves devraient disparaître. D'où je conclus que tel est l'état des civilisations plus perfectionnées. J'ai tort, car en jetant les yeux au delà des frontières de la France, j'y rencontre presque partout un état souvent plus avancé que le nôtre ; et enfin, ce que j'affirme, c'est que la civilisation la plus perfectionnée est celle qui permet aux hommes de se réunir, même publiquement, de se concerter, de délibérer entre eux, de s'éclairer et d'arrêter ensemble les desseins auxquels ensemble ils doivent concourir.

Lorsque, dans un instant, j'examinerai avec vous quelles sont les règles légales qui gouvernent les débats, je n'aurai pas besoin de faire beaucoup d'emprunts à la législation qui nous a précédés pour vous montrer que ce rêve a été celui de nos pères. Ils l'ont scellé de leur glorieux sang, et si nous avons abandonné leurs traditions, ce n'est pas pour un motif d'orgueil ; nous tenons au contraire à ressaisir ce bien, mais nous ne voulons pas ramener violemment la société à des traditions qui seraient irrémédiablement condamnées. Si je fais, non pas cette concession, mais cette réserve en ce qui touche les réunions publiques, celles qui, pour les esprits timides, doutant de la liberté, peuvent renfermer des dangers devant lesquels on croit absolument indispensable d'interposer une législation répressive, je puis, je crois, affirmer sans témérité qu'aucun de ceux qui me font l'honneur de m'entendre ne peut concéder au pouvoir public, à un gouvernement, quel qu'il soit, fût-il le plus ombrageux, s'il veut n'être pas un gouvernement tyrannique, aucun de nous, dis-je, ne veut concéder à l'autorité le droit de réglementer la réunion privée.

La réunion privée, en effet, qu'est-elle ? La famille, la demeure, le commerce intime de l'homme, ses plus chères relations, ses affections, sa pudeur, ses scrupules, je dirai presque jusqu'à ses faiblesses, qu'il a un grand intérêt et un intérêt social à dérober aux regards indiscrets.

Voilà ce qu'est la réunion privée dans son essence ! Prétendre que la police puisse y jeter les yeux, en régler les conditions, venir au seuil de mon habitation, me dire : Vous ne pourrez réunir chez vous ceux que vous affectionnez, que vous avez choisis, distingués, ceux auxquels vous donnez une portion de vous-même puisque vous les aimez et les estimez ; vous ne pourrez les appeler au bien qu'aux conditions que j'aurai tracées : c'est une humiliation dégradante qui ferait de notre patrie le dernier des pays, et qui devrait déterminer tous ceux qui portent un cœur véritablement libre, à s'éloigner de notre sol ! (Sensation.)

Et s'il en est ainsi, vous voyez que ce droit de réunion privée, qu'on veut absolument, pour l'étouffer, enfermer, pour les besoins de la cause, dans cette nécessité de la réunion électorale, comme si la réunion électorale n'était pas un accident de ces réunions privées, c'est le fait qui implique le devoir le plus sacré, le plus auguste que puisse exercer un citoyen. Et si ce droit nous est marchandé, si, pour l'exercer, nous sommes dans la nécessité d'aller chez le commissaire de police, c'en est fait de la dignité de notre existence morale.

C'est là cependant ce que dit le tribunal, il ne faut pas se le dissimuler. Le tribunal a estimé qu'il ne pouvait y avoir de réunions

privées permises qu'aux deux conditions que tout à l'heure j'énon-
çais, qui toutes les deux placent les réunions privées sous l'empire
de la loi, et la loi sous l'empire de l'interprétation.

Nous savons où nous conduisent les interprétations des juristes;
et ce n'est pas seulement parce que la réunion privée touche à la
dignité de l'existence intime de l'homme qu'elle doit être placée
dans ces conditions d'inviolabilité que je viens de rappeler, c'est
encore parce que ces conditions doivent être celles des temps où nous
vivons.

C'est peut-être une question embarrassante, et je crois que le
Montesquieu futur qui aura à faire l'histoire politique de notre
siècle, pourra ne pas rencontrer à cet égard des classifications aussi
nettes que son illustre devancier. Mais, sans s'engager dans des
distinctions métaphysiques qui pourraient être périlleuses, ce que
j'affirme, parce que tout le monde le dit, c'est que nous vivons sous
l'empire d'institutions qui garantissent la liberté. On nous le répète
sans cesse, et l'on accuse ceux qui veulent faire un pas en avant de
méconnaître les intentions libérales de ceux qui président à nos destinées.

Des libertés, nous répète-t-on, vous en avez plus qu'à suffire!
Aucune ne vous manque; vous avez particulièrement celle qui permet
de contrôler les actes du pouvoir.

C'est à celle-là que je m'attache, et dans cette liberté, je ne considère qu'un fait, celui qui a rapport aux détails et aux principes de
cette cause.

La liberté qui nous est accordée par nos institutions, elle nous
permet, au moins en apparence, de choisir des délégués qui puissent
exercer, à tous les degrés de la hiérarchie administrative établie
vis-à-vis du pouvoir exécutif, un contrôle indispensable. Si cela est,
et si l'élection est un des faits normaux de ces conditions; si
l'élection n'est plus enfermée dans telle ou telle caste, parquée par
telle ou telle contribution qui est payée par les citoyens, si elle
appartient à tous; si elle est proclamée comme un droit primordial,
absolu, devant lequel doit s'incliner la majesté des trônes, il me
semble que, pour être logique, il en faut nécessairement conclure
que cette élection, que ce suffrage universel, qui est, après tout, l'expression la plus simple, mais la plus nette de la souveraineté populaire, ne devrait pas commencer par porter des chaînes.

Mettre un souverain dans un palais, placer un sceptre dans sa
main et puis garrotter cette main pour la convertir à celui qui
aurait le droit de la charger de fers, ce serait assurément la plus
insultante et la plus dangereuse des dérisions.

Je suppose donc que l'élection est libre, je suppose que le suffrage

universel ne rencontre aucune espèce d'entraves ; car dire le contraire, ce serait outrager les institutions de mon pays.

Mais s'il en est ainsi, vous en voyez tout de suite les conséquences. N'est-il pas indiqué que les citoyens ont la liberté la plus complète de s'entendre, de choisir, de délibérer ? Le choix d'un conseiller municipal peut être dans une commune intimement lié à la
paix publique. D'ailleurs, je n'ai pas besoin de ces considérations :
par cela seul que je suis citoyen libre, j'ai le droit d'user librement
de cette faculté d'élire.

Il est tout simple que vous me permettiez de m'entendre avec
mon prochain, avec l'électeur qui a des droits semblables aux miens.
Car ce serait, vous l'avouerez, une singulière loi électorale sur les
réunions publiques et les réunions privées, que celle qui ferait de
chaque électeur une portion, pour ainsi dire homœopathique, de la
souveraineté populaire, et qui, après l'avoir sacré de cette majesté,
l'envelopperait dans une sorte de cloche pneumatique, sans pouvoir
commercer avec son coélecteur.

J'ai bien peur qu'à force de distinctions sur les réunions privées
ou publiques on n'arrive à cette sorte de miracle. Nous en appro-
chons quelque peu, et vraiment, permettez-moi cette effusion, j'ai
été saisi d'une amère tristesse en voyant à quelles misérables subtilités nous nous arrêtons les uns et les autres ; comment nous perdons,
nous gaspillons le temps précieux que la Providence nous a donné,
si ce n'est pour faire de grandes choses, au moins pour faire des
choses utiles, à rechercher quelle peut être l'application de telle loi,
comment une réunion est publique ou privée, sans qu'il s'attache à
toutes ces questions aucune espèce d'intérêt public.

Quand je toucherai à la question de droit, je vous montrerai que
le gouvernement qui nous régit est celui qui, même à l'heure où
nous parlons, a adopté la pratique la moins libérale du suffrage
universel ; mais ne voulant pas devancer, ces observations ni
appliquer à ces faits spéciaux ce que j'avais l'honneur de dire tout à
l'heure sur la distinction qui est possible entre les réunions publiques
et les réunions privées, je comprends, jusqu'à un certain point, que
la réunion soit réglementée.

J'ai dit que je le comprends ; je l'admets. Je comprends qu'il y ait une
différence entre les deux natures de réunions. Suivant moi, les nations
gagneraient singulièrement en virilité en souffrant quelques licences.

Mais enfin telle n'est pas la volonté de ceux qui gouvernent
aujourd'hui la France. Je m'incline, et après avoir fait cette réserve
en ce qui concerne la réunion publique, je veux m'en tenir à la
réunion privée, et à son caractère d'inviolabilité absolue quand il
s'agit des intérêts publics.

Et pour arriver à la justification de cette proposition, est-ce que j'ai besoin de remonter aux principes? Non; je le pourrais, mais vous m'accuseriez d'employer inutilement votre temps; j'aime bien mieux aller tout de suite à ce qui gouverne les débats, à cette règle que je propose à votre sagesse. Cette règle, la voici : La réunion privée, elle jouit dans la législation du bénéfice de la prétérition : elle n'a pas eu le dangereux honneur d'être nommée; elle s'en félicite, car si elle eût été nommée, c'eût été pour recevoir des chaînes.

N'ayant pas été nommée, elle subsiste par elle-même; car je ne pense pas que le chef éminent de ce parquet veuille contester ce principe : que tout ce qui n'est pas défendu est permis. Je sais que, dans certaines circonstances, on a quelquefois la prétention de réduire les actions des hommes à une série d'axiomes qui d'avance sont indiqués par les législateurs. Mais cet enthousiasme des thuriféraires a eu peu de succès. Il est donc certain que je puis maintenir cette proposition comme un axiome contre lequel aucune espèce de contradiction ne pourrait prévaloir. Et tout ce qui n'est pas défendu étant permis, dès que les réunions privées n'ont pas été nommées par la législation, les réunions privées ne sont pas réglementées, à la condition, bien entendu, que dans ces réunions ne se commettra aucune espèce de délit ; car ce n'est pas le droit d'un citoyen qui peut abriter le mal, il n'y a pas de lieu d'asile, nous sommes à cet égard parfaitement d'accord.

On ne s'est pas inquiété, dans l'espèce actuelle, de ce qui s'est fait dans cette réunion. Non. On a condamné deux citoyens, chacun à 500 francs. Et ensuite on a soin de dire que c'est par grâce qu'on leur applique des circonstances atténuantes, parce que la loi était nouvelle. On les a condamnés à 500 francs chacun, uniquement parce qu'ils s'étaient placés dans un lieu qu'on a dit être un lieu public, et qu'ils ont voulu que ce lieu reçût un nombre plus ou moins grand de personnes! C'est donc la réunion que j'ai défendu de l'atteinte de la loi en disant que, quel que soit le nombre de personnes réunies et convoquées, la réunion privée échappait à toute espèce de réglementation. Et s'il en est ainsi pour un festin, pour une distraction frivole, elle y échappe par les mêmes raisons dans les circonstances qui nous occupent, car il ne peut y avoir deux doctrines juridiques sur un même point.

Donc, ceux qui se réunissent pour causer politique, pour délibérer sur les élections, sont en réunion privée et en dehors de toute espèce de loi, et, par conséquent, tant que la réunion conserve ce caractère, elle est absolument innocente, même quand elle est faite dans les cinq jours qui précèdent l'élection.

Voilà les vérités principales, et nous verrons, lorsque nous en cher-

cherons l'application, à quelles conditions une réunion est privée ou publique, et très certainement vous serez surpris de la simplicité de nos explications.

Il faut, quant à présent, pour marcher avec ordre et méthode, affirmer tout d'abord ce qui peut être réglementé et ce qui ne peut l'être.

Ce qui peut être réglementé, ce sont les réunions publiques exclusivement; ce qui ne peut être réglementé, ce qui appartient à la liberté inviolable du citoyen, ce sont les réunions privées, quels qu'en soient le but et l'objet; et, par conséquent, les réunions privées qui ont lieu dans les cinq jours qui précèdent le scrutin électoral échappent à toute espèce d'interdiction du législateur, comme au surplus cela a été reconnu toutes les fois que la question a été examinée là où elle pouvait l'être raisonnablement.

Ceci entendu, nous entrons dans le procès, et nous 'avons à nous demander si MM. Lacy-Guillon et Ribot ont organisé une réunion privée ou une réunion publique.

Mais dès ces premiers mots, je prends la liberté de faire remarquer à la cour que le tribunal a complètement omis l'élément essentiel du débat, sans l'éclaircissement duquel il ne peut y avoir que confusion.

On parle bien, il est vrai, de contravention. Il ne faut pas que ce mot nous fasse illusion. Nous sommes vis-à-vis d'un véritable délit qui peut être frappé de peines corporelles, d'amendes considérables qui dépasseront certainement de beaucoup toutes les limites posées au Code pénal. Quant à moi, comme jurisconsulte et citoyen, je protesterai toujours contre cette logomachie de nos nouveaux législateurs, qui veulent jeter du trouble dans l'esprit de ceux qui sont chargés d'interpréter la loi, en introduisant un langage qui était auparavant proscrit. La distinction entre les contraventions et les délits dépend de la pénalité. Or, la pénalité qui frappe ceux qui sont à vos pieds suffit pour démontrer que c'est d'un délit qu'on les accuse.

Ce n'est pas une loi matérielle que vous devez judaïquement appliquer. Il ne s'agit pas d'un fait brutal à poursuivre; vous n'avez qu'à interroger le texte du jugement et de la prévention, vous y verrez que Lacy-Guillon et Ribot ont été poursuivis et qu'ils ont été condamnés pour avoir organisé une réunion qui n'avait de privé que l'apparence, et qui, en réalité, était une réunion publique. Et, devançant les explications que j'aurai l'honneur de vous présenter, je vous rappellerai que la cour de cassation tend à décider, comme avait fait la cour de Paris, que celui qui avait été frappé d'une condamnation avait su qu'il organisait une réunion publique, et c'est pour cela que la peine devait lui être appliquée.

Cette question d'intention est la première; elle domine tous les débats. J'en appelle à votre loyauté ; était-il possible de la résoudre contre les prévenus en présence des éléments que vous fournit la procédure ? Oh ! je comprends fort bien que le premier juge se soit abstenu de l'examiner. Le premier juge a été singulièrement facile quand il s'est agi d'interpréter le témoignage, les deux moyens, et j'aurai tout à l'heure à lui adresser de vifs reproches à cet égard. Mais ici, il lui était complètement impossible, à moins d'y introduire de force les éléments qui étaient absents de la procédure criminelle, il lui était impossible d'écrire une ligne qui allât jusqu'à faire soup-çonner que l'intention de Lacy-Guillon avait été d'organiser une réu-nion privée, et quand bien même tous les faits de la prévention seraient examinés, il en résulterait que si, malgré leur volonté, entendez bien, si malgré les précautions minutieuses qu'ils ont prises pour que la réunion conservât son caractère privé, un instant elle eût eu un caractère public, des personnes qui seraient inconnues à Lacy-Guillon et à Ribot s'y seraient glissées, ceci ne changerait absolument rien à leur situation légale, ceci ne permettrait pas d'appliquer la loi qui a été requise contre eux. J'ai donc un grand intérêt à ne laisser aucune espèce d'équivoque sur ce point du procès et à établir que les prévenus n'ont jamais eu l'intention de violer la loi et qu'ils ne l'ont jamais violée. En effet, vous savez dans quelles circonstances a été organisée la réunion, sur le caractère de laquelle nous aurons à nous expliquer.

Une place au Corps législatif était vacante dans la circonscription de Nîmes. Un de nos honorables collègues avait jugé à propos d'échanger son mandat contre une place élevée dans la magistrature. Il s'agissait de lui trouver un successeur. Trois candidats étaient en présence. Vous m'accorderez bien qu'il était dans le devoir des élec-teurs de peser les mérites de chacun d'eux, et, pour cela, il était nécessaire d'entendre les uns et les autres. Il était nécessaire de se réunir, de se concerter, d'autant plus que la position de ces trois candidats était fort différente.

Celui que je dois nommer le premier, à tout seigneur tout honneur, puisque c'est le candidat officiel, est un homme, sans aucun doute, d'un grand mérite. (Mouvement.) Je n'ai pas l'honneur de le connaître, mais je sais quels sont les services qui ont été rendus par son père à la chimie ; et en conséquence, je ne m'étonne pas que l'éclat de l'illustration paternelle l'ait mis en lumière, lorsque le préfet l'a pré-senté aux électeurs. Cependant, ce que j'admets à merveille, et nul ne me contredira, c'est que, sans être un pessimiste, un esprit cha-grin, on cherchât un candidat qui fût un peu plus lié au département qu'il devait avoir l'honneur de représenter. Et certains électeurs ont songé à deux autres candidats.

L'un, qui a derrière lui une carrière parlementaire honorable, ferme, courageux, dont chacun ne peut prononcer le nom qu'avec intérêt et respect, qui honore sa retraite par un caractère qui n'a jamais fléchi. Et il était tout simple que, se mettant sur les rangs, il rencontrerait de nombreuses sympathies.

A côté de lui se plaçait un enfant du pays, un homme qui a grandi par son travail, par ses propres œuvres, par son mérite personnel ; qui, dans la carrière qu'il parcourt, a obtenu l'estime et l'affection de tous ceux qui l'entourent. Ce sont enfin des titres qui ne sont pas paternels. Et, dès lors, il était tout simple qu'on y regardât, qu'on s'assemblât et qu'on cherchât si, avec les efforts des électeurs réunis on pourrait ajourner, ne serait-ce que pour quelque temps, la suprématie tout à fait inattendue des sciences naturelles sur les sciences politiques. (Rires.) Tout ceci, vous en conviendrez, est de la plus parfaite innocence, et je ne sache pas que M. le procureur général pût blâmer les électeurs d'être dans leur droit. Ils peuvent préférer quelqu'un ; mais pour que la préférence ne soit pas une vertu platonique condamnée à l'impuissance, il faut qu'elle soit fécondée par les conversations.

L'administration l'a reconnu, et à cet égard personne ne peut le contester, si ce n'est que cinq jours avant l'élection, nous voyons, par la main du législateur, se baisser devant nous le rideau qui doit désormais cacher la personne du candidat aux regards de ses électeurs.

Dans le jugement de première instance, tel qu'il a été prononcé sur le siège, j'avais vu, ce qui n'a pas été démenti, une allusion à laquelle, pour ma part, je m'associe, lorsque le premier juge a dit : « Attendu que le premier devoir des magistrats est d'obéir à la loi du 6 juin 1868... » Je n'ai pas non plus à la juger, cette proposition, car si j'avais à la juger, je dirais qu'elle est assurément l'une des plus mystérieuses du monde.

Tout à l'heure, M. le rapporteur, qui voulait bien nous ouvrir sur ces ténèbres un rayon de lumière en cherchant dans le rapport ou dans l'exposé des motifs, nous disait qu'on avait laissé aux électeurs une sorte de retraite et de pieux recueillement ; qu'il leur avait fallu comme une sorte de jeûne des hommes pendant cinq jours, afin d'arriver à découvrir la vérité qui se dérobe lorsqu'on est réuni.

Si telles ont été les intentions véritablement tutélaires du législateur, je m'explique peu pourquoi il a permis les réunions publiques, si elles excitent les passions et si nous sommes encore tellement infirmes que nous devions être condamnés à voter sans examen. A quoi bon, je vous le demande, les réunions étant permises, encouragées, ne pas les laisser jusqu'au bord du scrutin pendant ces cinq derniers jours qui sont si essentiels pour s'éclairer mutuellement ?

Je l'ai dit, le tribunal n'a point dégagé cet article de loi ; je le subis, c'est bien assez. M. Lacy-Guillon l'a également subi, car il n'a rien fait.

Mais si le législateur a attaché cette vertu pestilentielle aux réunions publiques qui ont lieu dans ce délai fatidique de cinq jours ; si pendant cette période, ces réunions réunissent fatalement toutes les conditions qui doivent corrompre les hommes, au moins quand nous entrerons dans la demeure du citoyen, dans une réunion privée, nous ne rencontrerons plus les mêmes scrupules. Nous sommes chez nous, la police n'a pas le droit d'envahir notre domicile, et par conséquent nous serons libres de causer de quoi que ce soit.

C'est ce qu'avait pensé M. Lacy-Guillon, et il avait organisé, vous le savez, une réunion privée. Il ne peut à cet égard y avoir de doute, et quand j'en reviendrai à rejeter les arguments du tribunal de première instance, je vout montrerai que M. Lacy-Guillon n'a jamais eu d'autre pensée. Ainsi, il ne veut pas de réunion publique.

Il a cru que pour être chez lui il lui suffisait d'être locataire. Et vraiment, la doctrine du tribunal effrayera un grand nombre de paisibles citoyens qui n'ont pas l'avantage d'être propriétaires.

On a dit dans le jugement du tribunal que le bail qui avait été consenti par M. Breton n'avait rien de sérieux. Je ne veux parler qu'avec un grand respect des motifs du tribunal, mais il me semble que jusqu'à un certain point on pourrait dire que c'est à ces motifs que pourrait s'appliquer cette épithète « rien de sérieux », car ce que M. le conseiller rapporteur n'a pas mis sous vos yeux, ce sont des déclarations qui ont été faites, tant par Breton que par M. le commissaire de police, desquelles il résulte que Breton n'a rien voulu faire sans consulter cet honorable magistrat ! C'est un homme qui craint Dieu et les sergents de ville ! Et avant de savoir s'il était possible de louer son local, il a passé au bureau du commissaire, qui lui a fait cette réponse, que quant à moi je retiens, parce qu'elle est parfaitement juridique ; le commissaire lui a dit : Les réunions privées ne sont pas défendues, seulement il faut y prendre garde. MM. les commissaires sont très circonspects, je ne les en blâme pas. Mais quant à la doctrine, elle est très nettement énoncée par le commissaire ; les réunions privées sont permises. Donc le bail était sérieux. Quant à Lacy-Guillon, prétendre qu'il n'a pas agi sérieusement, c'est nier l'évidence, permettez-moi de le dire.

Il est établi par les dépositions des hommes les plus honorables de la cité, qui sont d'honnêtes négociants, qui n'ont pas connaissance de toutes les subtilités des lois, que les prévenus ont voulu s'éclairer ; ils sont allés trouver Mᵉ Laget, ancien bâtonnier. Je ne sache pas qu'on soit allé chez un avocat tel que mon honorable confrère pour transgresser la loi. M. Laget expliqua qu'en effet les réunions privées étaient permises, quel que fût le nombre des invités, quels que fussent l'objet de la réunion et le local dans lequel cette réunion aurait lieu, pourvu que ce local fût un local privé, c'est-à-dire qu'il ne fût pas ouvert au public. C'est en vertu de cette réponse que Lacy-Guillon a agi. Il loua son local, dans lequel ses invités furent réunis ; vous savez qu'il commanda d'abord cinq cents lettres à l'imprimeur Roger, les cinq cents lettres lui ont été remises le lundi. La réunion devait avoir lieu le jeudi.

M. Lacy-Guillon, croyant n'avoir pas assez de lettres, en commanda cinq cents autres. Il en a été imprimé mille, cela ne peut faire question. Eh bien, sur ces mille lettres, il y en eut un certain nombre de distribuées. Lacy-Guillon ne peut le dire d'une manière certaine, mais de cinq à six cent.

Lacy-Guillon et Ribot étaient les propriétaires du local qu'ils avaient loué à Breton, et il a fallu une méconnaissance ouverte, inexplicable, de toutes les règles les plus élémentaires du droit, pour supposer que la question de la réunion publique était de quelque façon gouvernée par la question de domicile.

MM. Lacy-Guillon et Ribot étaient chez eux, car ils avaient le droit de jouir exclusivement de ce local. Ils distribuent autant de cartes qu'il leur convient. Ils sont dans leur domicile ; ils ont la police et la maîtrise de ce local, et les gens qui vont y venir ne viennent que dans une réunion privée.

Ce n'est pas tout : il résulte des dépositions très inexactement reproduites, que non seulement le local a été loué par Lacy-Guillon, qu'il a envoyé des lettres d'invitation, mais encore qu'il a pris les précautions les plus minutieuses pour que la réunion ne perdît pas son caractère privé.

La déposition d'Aurillon nous rapporte qu'avant la réunion, Lacy-Guillon et lui avaient parcouru le local où elle devait se tenir ; le local est irrégulier : c'est une remise, ou plutôt c'est un assemblage de remises fort simples, mais facilement accessibles aux personnes qui devaient y venir, et par cela même, elle convenait au locataire. M. Lacy-Guillon parcourut tous les recoins ; il s'assura que personne ne s'était glissé dans le local, et le voici qui ne se contente pas de cette première précaution. La porte s'ouvrait à deux battants : il en condamne un au moyen d'une grosse pierre placée derrière. L'autre est à demi ouvert, mais à cette ouverture sont préposés deux gardiens. Ils ne doivent recevoir personne sans que des cartes soient exhibées, et c'est ainsi qu'on va entrer en séance. Est-ce que vous croyez que ce sont là les conditions d'une réunion publique ? Si à la

porte de cette audience vous allez placer un agent qui ne laissât
entrer les gens que sur une permission de votre part, est-ce que vous
croyez que votre arrêt ne serait pas immédiatement cassé par la cour
de cassation? Pourquoi? par cela seul que vous auriez empêché le
libre accès du public; vous auriez fait de cette audience essentiellement publique un lieu privé.

Quelle que soit la nature du local loué par Lacy-Guillon, ce local
devenait un local privé. Ceux qui y étaient admis y étaient à titre privé.

Plus de cinquante témoins sont venus déclarer d'une voix unanime que personne n'avait pu entrer sans carte; qu'on avait refusé
l'accès de la salle à tous ceux qui n'en avaient pas; que le gardien
s'est servi de cette formule absolue : Vous seriez mon père, vous
n'entreriez pas ; que la porte a été refusée à MM. les commissaires, et
que la police n'a pu entrer que par une irruption, par un coup de
main qu'elle ne devait pas se permettre, à mon sens, car elle perdait
son caractère.

Voilà ce qui résulte de la procédure. Trois personnes intéressées,
qui ont accompli un fait au moins regrettable; trois personnes qui,
dans ces circonstances, ont oublié le devoir qui leur était imposé,.
car je l'ai dit en première instance et je le maintiens : l'agent de la
force publique doit apparaître tel qu'il est; il est indigne de lui de
tendre des pièges aux citoyens. Ce n'est pas sans raison que, dans
des lois spéciales, il est dit qu'il sera revêtu de ses insignes. Celui qui
ne se fait pas connaître, qui cache sa ceinture sous sa redingote, ne
peut avoir des desseins honorables.

Les agents se sont présentés sans se faire connaître. On leur a
refusé la porte, ils l'ont forcée, et après avoir dissimulé leur caractère, ils en ont abusé.

Le commissaire qui arrive dans la salle somme la réunion de se
dissoudre. Il rencontre Lacy-Guillon qui affirme avec calme que la
réunion est une réunion privée, que la loi la protège. Un colloque
s'engage, et il résulte encore des éléments, bien qu'ils soient singulièrement tronqués, que plusieurs des assistants demandèrent à
M. le commissaire de police de vouloir bien dresser un simple procès-verbal qui contiendrait leurs observations.

Que voulait ce fonctionnaire? Je lui ai posé la question de savoir
s'il avait le dessein d'empêcher la réunion ; s'il était porteur d'un
écrit ; il ne m'a pas répondu. C'était son droit. Seulement, à mon
sens, son silence est la réponse que je cherchais; elle m'éclaire suffisamment; rien n'était plus facile que d'empêcher la réunion. On ne
l'a pas voulu. Mais la réunion ayant lieu, ceux qui étaient dans le
devoir et ne cherchaient que l'interprétation de la loi s'efforcent
d'éviter toute espèce de collision.

Les citoyens qui composaient cette assemblée étaient paisibles. Nul ne leur a fait un reproche de violence, et l'un d'eux, un de mes honorables confrères de Nîmes, adressa des paroles de haute raison, et à ceux qui l'entouraient, et à la police qui comprenait si mal ses devoirs; disant aux uns : Nous pouvons nous retirer; aux trois commissaires : Nous ne sommes point des hommes de désordre ni de violence; nous ne voulons pas faire appel à la force. Vous prétendez que nous n'avons pas le droit de nous réunir, dites-le dans un écrit, et à l'instant même la réunion se dissipera.

Ceci sera un enseignement pour l'histoire.

On proposa au commissaire une solution digne, honorable, pacifique; le commissaire la rejeta. Libre à lui; sa responsabilité ou celle de ses chefs y était seule intéressée, et ce n'est pas le lieu ni le temps de soulever cette question; elle viendra à son heure.

Le commissaire appelle la force publique, là, sans sommations, et la loi est violée à ce point ! La force publique se présente dans cette salle; vous avez pu entendre la déposition des témoins qui ont déclaré que la troupe s'était présentée de front, l'arme en avant, dans toute la longueur du local; l'officier qui la commandait, l'épée nue et droite. Voilà comment on veut apprendre aux Français à jouir des droits que leur accorde la loi. C'est dans une difficulté d'interprétation seule, lorsque des citoyens demandent que la justice la résolve, que l'arme brutale est choisie par ceux qui régissent nos destinées. Oh! je le disais tout à l'heure, il n'est pas dans mon dessein de dire autre chose de ce triste épisode; mais mon devoir me dirige. Je rends hommage à la sagesse et à la fermeté de l'honorable magistrat qui présidait les débats de première instance. Il a voulu que la vérité pût se produire librement. Il a fait ainsi acte de digne citoyen et de loyal exécuteur de la loi. Et quant à nous, est-ce que nous avons accusé qui que ce soit? Est-ce que ce mot honteux de calomnie que je rencontre dans un document que je ne connais pas, peut être adressé à qui que ce soit des témoins ou des défenseurs? Quoi! le sang innocent a été répandu, un homme a été blessé, il a été entraîné mourant, il s'est débattu dans des angoisses qui menaçaient sa vie, et jusqu'ici nul ne sait comment ce déplorable épisode s'est accompli ! La justice a été vainement saisie, elle n'a pas voulu faire luire la lumière au milieu de ces ténèbres, et l'on viendrait nous dire qu'il y a de notre part un parti pris d'accuser, de calomnier, et l'on produit aux débats une pièce qui ne saurait avoir aucun caractère juridique, que je ne connaissais pas! Peu m'importe qu'elle aurait pu m'être communiquée! Ce que je dis avec la loi, c'est qu'un dossier de police correctionnelle ne peut avoir pour soutien un rapport occulte qui a été adressé par un colonel d'armée...

M. LE PRÉSIDENT. La pensée de l'auteur de la lettre repousse l'application de ce mot.

M. LE PROCUREUR GÉNÉRAL. Cette lettre a été produite dans des circonstances telles que vous l'avez connue avant le procès.

Mᵉ FAVRE, *vivement.* Non !

M. LE PROCUREUR GÉNÉRAL. — Au point de vue de ceux qui se sont occupés de la défense, je le veux bien ; mais elle était connue d'eux, avant qu'elle pût l'être de nous.

Mᵉ FAVRE. Je m'inquiète fort peu de ma personne dans ces débats ; je crois qu'elle n'a pas besoin d'être justifiée ; j'ai cette prétention ; elle est peut-être téméraire, mais je la maintiens. Mais seulement les observations que je faisais entendre portent beaucoup plus haut. Voici, monsieur le président, quel est leur sens. Tous, tant que nous sommes, nous sommes des hommes d'ordre, de légalité et de paix. Nous voulons l'exécution des lois, l'exécution des lois qui répriment, à plus forte raison de celles qui protègent. Lorsque sous l'observance des unes, on a violé les autres, le silence de la justice est un malheur public. Eh bien, le drame du 29 juillet n'a point été éclairci, et ce que je dis, ce que je maintiens, parce que mon devoir est de le dire et de le maintenir, c'est que ce document, qui émane de l'honorable officier supérieur que je ne connais pas, ne peut avoir aucune espèce de caractère probant. Il lui appartient, mais il ne peut nous toucher. Je lui oppose l'enquête qui a été faite devant le tribunal, et la conscience publique, cette cité tout entière qui se dresse dans son deuil et qui attend encore la réparation qui lui aurait été accordée, s'il ne s'était agi d'un fonctionnaire public et d'un soldat.

Voilà ce qui est la morale de cet épisode, que laisse subsister sans y changer rien, le jugement que je suis honteux de porter sur la conduite de l'autorité, dans cette funèbre circonstance.

Le tribunal a eu raison de le dire : ce sont des faits profondément regrettables, et nous avons recueilli avec une reconnaissance respectueuse cette haute déclaration tombée aussi du siège de la justice, que le tribunal l'a regretté plus que personne. Il ne lui appartient pas d'agir ; à d'autres l'action. Si l'arme de la loi est restée inerte, si le droit des citoyens n'a pas été respecté, à eux la responsabilité. Quant à nous, nous devons protester et attendre.

Ce qui ne peut être l'objet d'un doute dans les débats, c'est qu'au milieu de cette scène les prévenus ont toujours gardé une attitude calme et réservée. Le commissaire central a dit dans sa déposition que personne n'avait été mis en état d'arrestation ; c'est une erreur, et M. le commissaire central a oublié beaucoup des circonstances de cette triste soirée. Des hommes, on ne peut plus honorables, qui exerçaient leur droit, ont été placés entre les mains des soldats ; si

ce n'est pas là ce qu'on appelle en état d'arrestation, je demande
qu'on refasse le dictionnaire. Ils se sont crus privés de leur liberté;
il a fallu même l'intervention d'un honorable magistrat, qui s'est
rendu sur les lieux, pour que cette captivité provisoire cessât. On les
a traduits devant la police correctionnelle où ils ont été condamnés.
Ils l'ont été pour avoir organisé une réunion privée qui, en réalité,
était une réunion publique; et on leur a opposé, vous le voyez,
malgré les déclarations si concordantes des témoins qu'ils ont appelés, les deux circonstances sur lesquelles j'appelle plus particulièrement votre attention.

La première, que Lacy-Guillon n'était pas chez lui, et la deuxième,
qu'on avait vu qu'il avait pu se glisser dans la réunion des personnes
qui n'étaient pas munies de cartes.

Quant au premier de ces moyens, il est exact en fait, mais il est probablement inexact en droit; il constitue l'une des erreurs les plus
considérables qui aient jamais pu être commises par un jurisconsulte.

Quant au deuxième moyen, celui qui est tiré de cette circonstance
que certains individus se sont présentés sans carte et ont été admis,
il est inexact en fait et il est erroné en droit.

En fait, nul n'est entré sans carte ; voilà la démonstration à laquelle
je dois me livrer, et j'espère que, pour la rendre lumineuse, je n'aurai pas longtemps à abuser de votre bienveillante attention.

Quant à la première observation, on se demande comment il a été
possible aux premiers juges de s'égarer à ce point de confondre ce
qu'était la réunion privée, ce qu'était la réunion publique, le domicile et la résidence ; ce qu'était le lieu d'habitation et le lieu d'occupation.

Vous allez voir que toutes ces choses sont absolument confondues.

« Attendu, dit le tribunal, que l'on objecte, dans l'intérêt des prévenus, que la réunion incriminée était une réunion privée, et qu'en principe,
la réunion privée n'est point prohibée, etc. »

Je m'arrête pour ne pas laisser passer des erreurs énormes qui ont
échappé au premier juge et qu'un seul mot va nous faire saisir. Le
premier juge dit d'abord que la loi fait une exception en faveur des
réunions privées. Mille fois non ; les réunions privées sont en dehors
de la loi. Quand je consulte son texte et l'opinion de ceux qui ont
concouru à la rédiger, on voit qu'il n'est entré dans la pensée de personne de les y comprendre.

La réunion privée jouit de la liberté. La loi a défendu les réunions
publiques dans les cinq jours avant l'élection ; elle n'a pas fait d'exception pour les réunions privées, parce qu'elle ne s'en est pas
occupée.

Ainsi, le premier juge s'est trompé en parlant d'une loi exceptionnelle pour les réunions privées. Les réunions privées jouissent du bénéfice du droit commun, c'est-à-dire qu'elles échappent à toute espèce de tutelle.

La deuxième erreur de l'exception est fondée sur l'inviolabilité du domicile. Cela m'a paru et me paraît être sans aucun doute. La violation du droit de réunion privée peut bien être poursuivie quand c'est la violation de domicile. Ces deux faits s'enchaînent ; mais ce n'est pas de l'inviolabilité du domicile que naît la liberté qui appartient à la réunion privée ; je l'ai dit et je le répète, la liberté qui appartient à la réunion privée, c'est la liberté des droits communs que j'ai de respirer, d'agir, d'aller au dehors, la liberté que j'ai de penser. Chacune de ces libertés a le même caractère, et prétendre en réglementer une seule, c'est aller bien au delà du but que s'est proposé le législateur. Encore une fois, l'idée de violation de domicile ne peut être qu'une idée accessoire, conséquente, pardonnez-moi, cette expression de collège. La liberté de réunion privée, voilà la règle de l'ordre.

Si toutes les personnes que je reçois dans mon domicile sont convoquées par moi, la réunion est privée ; si le public y entre, au contraire elle est publique.

Le tribunal s'est donc essentiellement trompé quand il a rattaché à la question de réunion privée la question de violation de domicile, et il s'est bien plus trompé encore : en effet, il a pu supposer que la violation de domicile n'existait qu'à la condition de violer le domicile réel du citoyen. Ce sont des idées qui sont le renversement de toutes les notions élémentaires du droit.

Si, pour la fiction du droit civil, le jurisconsulte a admis qu'un citoyen ne devait avoir qu'un domicile, par des raisons que je n'ai pas besoin d'expliquer, il n'en est pas moins vrai qu'un citoyen peut en avoir cent, et chacun de ces domiciles sera le lieu où il habitera, où il résidera, qu'il occupera. Quel est donc le domicile du citoyen, abstraction faite de ces idées de droit civil que j'écarte ? Le domicile du citoyen est le lieu où il est, pour nous servir de cette expression vulgaire, maître chez lui. Et dès lors quelle est, je vous le demande, l'utilité des considérations qui sont invoquées par le tribunal contre Lacy-Guillon et Ribot, et qui, en vérité, figurent pour la première fois dans un document juridique ? Il est dit: « Attendu que, par suite, considérant aux yeux de la raison et de la loi, la réunion privée ne peut être tenue qu'à son domicile réel, et en examinant si ces messieurs avaient leur domicile place de l'Oratoire, etc... » Il est inutile de se livrer à cet examen. Ces messieurs n'ont jamais soutenu qu'ils eussent leur domicile là. Mais ce qu'ils soutiennent, c'est que la place de l'Oratoire était devenue leur domicile effectif. Entrer dans le domicile de force, c'est violer le domicile tout aussi bien que si l'on entrait dans l'habitation réelle d'un des prévenus.

Comme je le disais tout à l'heure, le tribunal de première instance ne s'en est pas aperçu, mais il condamne tous les citoyens à être propriétaires, et il faut être absolument le maître de la portion de terre qu'on occupe pour avoir le droit de faire une réunion privée.

Le tribunal a dit que Lacy-Guillon ét Ribot avaient d'autres domiciles que celui qui est indiqué par le bail, l'un à la Maison-Carrée et l'autre au Grand-Couvent. Il n'est pas absolument impossible que ces messieurs ne soient là qu'à titre de locataires. A ce titre, est-ce qu'ils ne sont pas chez eux ? S'ils sont chez eux, qu'on veuille bien me dire la différence légale qui existe entre ces domiciles et celui de la place de l'Oratoire. Ils ont contracté des contrats. J'ai été élevé dans ces idées que les contrats de bail conféraient au locataire le droit de jouir. et par cela seul qu'il jouit privativement, il peut se clôturer chez lui, et voilà le lieu privé.

J'en viens à la nature des invités. Les invités peuvent-ils changer quoi que ce soit à la réunion privée ? Quant à moi, je n'aurai pas beaucoup de peine à démontrer le contraire. M. Lacy-Guillon ne s'est pas contenté d'avoir un local dans lequel il serait le maître absolu, il a fait les invitations personnelles, et dans ses lettres d'invitation, je lis : « Monsieur, vous êtes invité à vous rendre ce soir, à huit heures et demie, à la réunion qui doit avoir lieu place de l'Oratoire. Veuillez apporter la présente invitation sans laquelle vous ne seriez pas introduit, la réunion n'étant pas publique. »

Le tribunal n'a pas jugé à propos de nier ce document, qui cependant lui était soumis et qui, rapproché de la quittance de Breton, établissait de la manière la plus victorieuse qu'il n'y a pas eu de la part de Lacy-Guillon l'intention d'organiser une réunion publique, mais une réunion privée. Il a fait ses invitations, mais il a voulu, par respect de la loi, qu'on ne pût entrer qu'avec la lettre que voici.

Mais le tribunal a estimé que les témoins qui avaient déclaré que la salle contenait un millier de personnes avaient calculé juste, et il corrobore leur témoignage de ce qui avait été dit par M. Lacy-Guillon, qu'il avait invité six cents personnes, tandis que Lacy-Guillon avait reconnu qu'à la suite du commissaire quelques personnes seraient entrées. Mais dans tous les cas, si l'on avait envoyé de cinq à six cents billets, comment pouvait-il y avoir mille personnes ?

En première instance, nous avons opposé à la déposition du commissaire de police un argument inflexible contre lequel il n'y a pas de réfutation, c'est l'argument de l'impénétrabilité. Et à moins de supposer, pour la commodité du procès, que les corps des personnes présentes sont devenus de purs esprits, il faut bien admettre qu'elles ont occupé un certain espace.

Nous avons mesuré dans la salle quatre-vingt-quatorze mètres carrés. Or, les personnes compétentes disent que placer quatre personnes par mètre carré, c'est procéder à un étouffement progressif. (*Hilarité*.)

Trois personnes, c'est beaucoup. Voulez-vous que nous mettions quatre personnes par mètre? nous arrivons à trois cent quatre-vingt-douze; que nous en mettions trois? nous obtenons le nombre deux cent quatre-vingt-quatorze. Est-ce que j'attaque la bonne foi du commissaire central? En aucune manière. Si le commissaire devait me dire combien il y a de personnes ici, il serait fort embarrassé.

Ensuite un commissaire qui était un peu troublé a bien pu se tromper sur le nombre des assistants. De plus, la cour pourrait se convaincre de ce que j'ai avancé. La disposition des lieux est irrégulière. Ce sont de petites salles qui se touchent, qui ont des angles obscurs, et dans lesquelles les ombres projetées peuvent multiplier les figures, surtout aux yeux du commissaire central qui n'était pas parfaitement à lui-même; mais j'oppose au commissaire central la loi physique et la mensuration. S'il y avait un doute à cet égard, il serait facilement éclairci.

Le commissaire affirme qu'il est entré sans carte, mais il a été énergiquement démenti par la procédure. En dehors des commissaires, vous n'avez personne, et vous voulez faire condamner Lacy-Guillon et Ribot sur la foi des présomptions qui appartiennent à la police. C'est là ce qui me paraîtrait être le renversement de toute espèce de justice et la négation de la sécurité des citoyens. Il résulte donc de ce que je viens de dire qu'il n'y a contre les prévenus aucune espèce de preuve établie que quelqu'un soit entré sans carte, et il n'y a d'autre preuve que la déposition des trois commissaires de police. Eh bien! permettez-moi de le dire, ce n'est pas sans un certain embarras, je dirai sans un certain chagrin, que je suis dans la nécessité d'opposer la déposition de ces trois personnes à celles des cinquante-huit citoyens qui les ont énergiquement démenties.

Assurément il n'est pas dans ma pensée de vouloir humilier le rôle que remplit le magistrat qui, auxiliaire de la justice, recherche les malfaiteurs et découvre le crime; mais enfin, qui peut douter que sa position soit subordonnée, qu'il soit l'agent du pouvoir, et que, dans un procès qui est un procès politique, le commissaire n'ait pas la liberté qui appartient à tous les citoyens? Si c'est là une vérité élémentaire, comment trois commissaires seuls, après s'être livrés à l'exécution illégale que j'ai racontée, déposant dans leur propre cause, ayant à se justifier, étant dans la nécessité de convenir de certains faits qui, suivant moi, les accablent; comment, dis-je, peuvent-ils, par leur témoignage, former la base de leur prévention? Comment pouvez-vous avoir plus de foi dans leur déposition que dans les cinquante-huit témoins qui sont venus déposer que personne n'était entré sans carte ?

Mais prenez garde, j'ai demandé à l'audience qu'on voulût bien confronter le commissaire de police avec quelques-uns des principaux témoins. Cette faculté ne m'a point été accordée ; je n'en murmure pas, et il ne sortira de ma bouche aucune espèce d'insinuation qui puisse atteindre le caractère honorable du magistrat qui présidait si loyalement ces débats ; mais ce refus de confrontation, c'est un aveu tacite. Ils n'ont point affronté le combat de la vérité contre l'erreur; et dès lors j'ai le droit de dire que, par là même, quand leur conscience ne s'est pas révoltée pour demander la justification et le droit de se disculper, j'ai le droit de dire qu'ils se sont d'autant plus condamnés que, dans la première partie du débat, ils avaient dit le contraire. En effet, j'ai là le procès-verbal d'information qui contient dans sa première pièce un procès-verbal que M. le commissaire central a communiqué devant la police correctionnelle ; et il a été répété par Gibert et Castang des paroles confuses, en disant qu'il était bien sûr que quelques personnes étaient entrées sans carte. Ils ont dit que les uns étaient entrés sans cartes, les autres en montrant un papier que Castang disait impossible à déchiffrer, attendu l'insuffisance de l'éclairage.

Est-ce que cela est sérieux ? Les commissaires de police se trouvaient à la queue de cinquante personnes. Quel était l'éclairage? Ils n'en peuvent rien savoir. Ils l'affirment, mais j'y oppose la déposition de M. Fabre dans son procès-verbal, qui suivant moi mérite plus de confiance, et d'ailleurs il était encore loin de la police correctionnelle où il fallait qu'il expliquât sa conduite. Il dit qu'en arrivant, le local, étant composé de plusieurs pièces, était déjà occupé par au moins mille personnes.

Ceci vous donne la preuve de l'exactitude de ses appréciations. Un nombre considérable stationnait à la porte et pénétrait en présentant une pièce dont on ne pouvait lire le contenu faute d'éclairage. Voilà le premier procès-verbal. Vous voyez qu'il n'y a aucune réserve.

Les faits sont aussi affirmatifs que possible ; le commissaire n'a pas fait de distinction. La foule était là, on entrait; chacun présentait un papier. Le commissaire n'a pas pu voir ce qu'était ce papier; mais quand il vient postérieurement dire ce que c'était, il se place en contradiction avec lui-même, avec l'évidence.

Il n'était pas possible, après les précautions qui avaient été prises par Lacy-Guillon, de dire que quelqu'un s'était glissé dans la réunion sans carte. Quand le commissaire central s'est présenté sans carte, on lui a refusé l'accès du local; c'est ce qui fait la différence avec l'affaire Barthélemy. Le commissaire avait caché son écharpe ; il se présentait comme un simple citoyen.

On lui avait demandé sa carte, il n'en avait pas. Alors il a fait voir son écharpe, et on lui a dit : Vous êtes le commissaire de police ; vous n'entrerez pas davantage, et il a fallu qu'il fît violence pour entrer.

Dès lors, je me demande comment il est possible que des hommes sérieux qui appliquent les règles ordinaires du droit criminel puissent affirmer un fait qui est matériellement reconnu inexact. Je le dis, car si cette proposition n'est pas vraie, il n'y a plus rien dans la procédure ; tout est livré au hasard, aux règles aveugles de la force et de l'arbitraire. D'ordinaire, vous ne vous décidez que sur des preuves humaines ; vous les contrôlez par le moyen de vos sens, de votre intelligence. Nous fuyons la loi romaine, disant que pour les dépositions de plusieurs témoins, il fallait moins les compter que les peser ; les compter seulement quand il s'agit, non pas d'un de ces faits parfaitement définis qui n'échappent pas aux regards et à l'appréciation des personnes, mais d'un fait complexe, sur lequel on peut se tromper. Oh ! alors vous conviendrez que lorsque cinquante personnes sont là pour affirmer nettement un fait qui lui-même détruit toute espèce d'interprétation des trois personnes qui viennent rapporter ce fait, celles-ci ne peuvent l'emporter sur ce cortège de témoins qui opposent à l'erreur des trois autres la vérité qui sort de leur bouche, qui se présente à la justice qui doit les juger ; car ce serait les humilier par un arrêt qui les décréterait de faux témoins, que de prétendre qu'ils se sont trompés.

Du côté de ceux qui affirment que la réunion est demeurée privée, je vois le nombre, je vois encore le caractère, l'indépendance, la sécurité de la situation, cet ensemble de personnes bien placées, propriétaires, banquiers, membres du barreau. Vous voudriez dégrader leur caractère, leur parole, devant les trois messieurs de la police qui ont joué le rôle que vous savez.

Voilà cependant ce à quoi vous êtes conviés en présence de cette grande cité qui attend votre arrêt avec respect, qui le jugera avec sa conscience, car c'est son droit et son devoir.

Tout ce que j'ai dit, je pourrais l'effacer, et je pourrais accepter les déclarations des commissaires, que la prévention n'en serait pas plus avancée, car je ne sache pas qu'elle ait rencontré un texte qui lui permette d'affirmer qu'une réunion n'est privée qu'à la condition de se composer de personnes munies de cartes. Ce qui pouvait caractériser une réunion publique, c'étaient les cartes d'invitation, soit qu'on les eût achetées ou reçues ; et si nous voulons examiner ce qui se passe dans nos demeures privées, il est certain que rien n'y porte plus directement atteinte que cette nécessité d'avoir une invitation écrite. Et les faits, ils ont une autre portée ; nous ne sommes pas ici devant le procureur général pour qu'il nous guide dans le domaine de la fantaisie légale ; les règles nous gouvernent. Ces règles sont celles-ci : que les réunions privées n'appartenant pas à la loi, vous ne pouvez pas les réglementer. Je dis, pour ma part, que ce qui caractérise au plus haut chef une réunion privée, c'est d'être une réunion privée, et que chacun de ceux qui la composent soit connu du maître de la maison. J'ouvre ma maison ; elle est petite ; je voudrais que, comme celle de Socrate, elle fût pleine d'amis. Toute petite qu'elle est, elle peut contenir plus que ma famille. J'y veux recevoir des amis ; ceux qui se présentent ont-ils besoin d'exhiber une carte d'invitation ? Non pas, par cela même qu'ils viennent chez moi, ils sont présumés y être attendus, et si un indiscret s'y présentait, j'y ferais moi-même la police.

Et par cela seul que ces personnes n'auraient pas reçu de lettres d'invitation, elles témoigneraient plus énergiquement du caractère de la réunion privée. Vous voyez que ce n'est pas dans la loi et la doctrine qu'on peut trouver des arguments contre nous. C'est dans l'arbitraire, dans la fantaisie qu'on va chercher la nécessité d'avoir des cartes.

La réunion était organisée pour être privée : Lacy-Guillon et Ribot avaient pris toutes leurs mesures. Une personne, deux personnes, trois, seraient furtivement entrées par la fenêtre, elles auraient trouvé place dans la réunion, que je vous défie, au nom de la loi, à moins de faire de cette loi un instrument que tout homme de bien voudrait proscrire, de condamner ceux qui n'ont jamais eu que l'intention de faire une réunion privée, car on aboutirait, avec ce système, à admettre que l'homme peut être responsable d'un acte qui ne lui appartient pas.

Voilà votre doctrine, voilà la loi que vous voulez appliquer à la France intelligente ; voilà les beaux jours que vous nous réservez. Si cependant on n'était relevé par la foi éternelle qu'on ne saurait perdre, et par le sentiment de confiance qu'on a en votre justice, j'aurais beaucoup de choses à dire : j'aime mieux les ajourner. M. le procureur général va porter la parole, et moi, exposé au danger de l'entendre, je serai obligé de lui répondre. Il n'y a en ceci aucune espèce de surprise. La matière est connue. La sagesse de M. le procureur général a déjà choisi ses armes préférées ; les miennes viendront peut-être contrarier son système, mais, j'en suis sûr, ne l'affaibliront pas. Il me semble que pour ne pas prolonger la fatigue de la cour, je dois borner là mes paroles.

RÉPLIQUE DE M° JULES FAVRE.

Il ne s'agit pas, dans la situation de ceux que j'ai l'honneur de défendre, de l'usurpation des pouvoirs que Montesquieu prévoit dans son livre et que M. le procureur général a bien voulu rappeler en terminant son réquisitoire [1].

Je n'aurais qu'à retourner la page que l'organe du ministère public consultait, pour y trouver la condamnation formelle de cette confusion des pouvoirs réunis, non plus seulement sur la tête d'un peuple, mais surtout sur la tête d'un de ces chefs qui prétendent la faire tourner au salut de leur propre fortune. Le peuple, dont vous avez prononcé le nom, n'avait d'autres aspirations et d'autres désirs que de présider lui-même au libre contrôle du gouvernement de ceux qui sortaient de son sein.

Le temps n'est plus où, pour lui commander, il suffisait de la loi et de la consécration religieuses. Ce sont là, sans aucun doute, de grands souvenirs; laissez-les à l'histoire, dans le domaine de laquelle ils sont pour jamais tombés. Aujourd'hui, le vœu des sociétés modernes, c'est de se connaître, de se contenir et de se diriger. Ceux qui apparaissent à leur tête, n'ont ni mission providentielle, ni privilèges personnels; ils n'ont d'autres pouvoirs que ceux qu'ils tiennent du libre choix de leurs concitoyens et de leur constance à respecter la loi, qui est supérieure à leur autorité. Voilà la vraie théorie, et dès lors, lorsque dans une affaire où il est question du droit de réunion nous cherchons à élever la voix pour demander que les pouvoirs ne dépassent pas la limite qu'eux-mêmes ont tracée, et qu'après avoir présenté à l'approbation publique des mesures soi-disant libérales, ils ne les désavouent pas hautement dans leur application, nous ne pouvons être atteints par le reproche que Montesquieu adressait aux multitudes envahissantes, avec lesquelles la démocratie française n'a rien de commun. Restons sur le terrain du procès; il est assez vaste, surtout si j'ai la prétention de suivre M. le procureur général dans son argumentation.

Le réquisitoire que je viens d'entendre a mis le comble à mon étonnement et à mon inquiétude. Je vous disais, en commençant ma

---

1. M. le procureur général finit son réquisitoire en rappelant ces paroles de Montesquieu : « La démocratie se corrompt, soit par la perte de l'esprit d'égalité, soit par l'extrême égalité. Quand chacun veut être égal au magistrat et que le peuple veut faire tout lui-même, l'égalité ne consiste pas en ce que tout le monde commande, mais en ce que tout le monde obéisse à la loi. »

première plaidoirie, que si la doctrine du juge de première instance était consacrée, c'en était fait à jamais du droit de réunion privée : il était supprimé par raison d'État ; mais si, par impossible, ce qui vient de vous être exposé, débordant et faussant la loi, pouvait trouver place dans un monument de jurisprudence, ce droit serait déshonoré, et, au grand scandale de nos mœurs publiques, nous verrions, sous prétexte de la sauver, les magistrats auxquels le pouvoir suprême est déféré, incessamment occupés à tracasser la société par d'inquisitoriales investigations. Vous nous faites donc singulièrement descendre, et quand vous croyez avoir posé des limites certaines aux droits d'interprétation, vous n'aurez fait qu'une chose : tracer à l'arbitraire, mobile de sa nature, qui vous appartient aujourd'hui, qui demain peut vous échapper, un champ sans limite, dans lequel, avec vos vaines théories, vous feriez disparaître jusqu'à l'ombre des droits sacrés que vous invoqueriez vainement alors pour vous protéger.

Voilà le sens de votre réquisitoire, et rien ne sera plus facile que de le démontrer. Je ne demanderai pas long temps à la cour, je prendrai une à une chacune de vos distinctions fantaisistes et frivoles.

Cette démonstration, elle pourrait vous être présentée sans que je prisse la peine de répondre en quoi que ce soit à l'introduction du réquisitoire de M. le procureur général, qui n'est autre chose que la glorification, suivant moi bien inutile, de la loi du 6 juin 1868.

S'il faut en croire M. le procureur général, elle est une innovation hardie, une concession généreuse de la part du pouvoir, une pensée élevée qui doit appeler la société à des destinées plus viriles, et par conséquent plus fécondes. Jusque-là, on ne l'avait pas osé, et M. le procureur général, interrogeant vainement les législations du passé, affirme que pas une n'est allée aussi loin.

En est-il bien sûr? Et si je voulais après lui remonter dans le passé, est-ce que je ne rencontrerais pas, seulement en interrogeant les libertés communales, qui sont de vieille date, qui avaient d'abord tenu le pouvoir féodal en échec et qui, tant qu'il s'est agi de lui résister, ont eu le secours de la royauté, et ensuite ont été opprimées par elle, quand le souverain n'a plus eu sur le sol nivelé d'autre résistance à vaincre que celle de ses anciens auxiliaires, est-ce que je ne rencontrerais pas, dis-je, dans ces libertés communales, la faculté de se réunir publiquement, pour traiter les affaires publiques ? Est-ce que nous tous, qui sommes un peu initiés à l'histoire de notre pays, nous ne savons pas ces choses? Est-ce que la pratique ne nous les révèle pas? C'est au son de la cloche que les *manants* avaient le droit de se réunir sur la place publique, d'y nommer leurs syndics. Est-ce qu'il venait à un officier du roi la pensée de les troubler?

Vous vous trompez, monsieur le procureur général ; au lieu d'avancer dans cette voie, nous avons reculé. Nous avons reculé quand, autour de nous, nos heureux voisins, de mœurs plus fermes, ont su entretenir chez eux l'austérité de la vie. Sans cela, il n'y a pas de véritable liberté. Notre histoire nous fournit donc, à l'encontre de vos assertions, des exemples qui viennent établir que cette liberté de réunion était ancienne ; que nos pères en ont joui et qu'on ne l'a successivement supprimée que devant les envahissements du pouvoir royal, qui voulait seul et souverainement gouverner la nation. Ceci nous reporte à une époque qu'il est plus facile d'interroger, parce que les documents en sont à la fois plus nombreux et plus précis.

Je vous convie à jeter un regard sur cette immortelle époque, sur nos libertés naissantes, sur les cahiers qui ont précédé les États généraux.

Je vous montrerai avec quelles humbles aspirations vers le bien ceux dont vous avez méconnu l'existence, et qui ont eu le bonheur de ne pas porter notre joug, pouvaient se réunir, délibérer entre eux, et comment, de ces délibérations publiques, sont nées ces œuvres immortelles devant lesquelles nous nous inclinons.

Mais laissons toutes ces choses. Vous voulez l'apothéose du présent au préjudice des temps qui ne sont plus. C'est là, sachez-le, une œuvre impossible. L'historien de notre temps ne peut être né, car sa plume, s'il entendait s'en servir, serait brisée entre ses mains ! (Sensation.) Et c'est là ma seule réponse aux éloges imprudents par lesquels vous avez commencé votre réquisitoire !

Travaillons au bien commun, mais gardons-nous de ces enthousiasmes qui ressemblent à la parole d'un courtisan. Les temps où nous sommes ne méritent aucune admiration. Ils accomplissent leur tâche; il serait trop long de dire par quels événements mystérieux ils ont été rendus possibles ; mais, hommes de ma génération, quand nous jetons les yeux vers les souvenirs de notre lointaine enfance, quand nous remontons à cet âge où le cœur palpite, où l'esprit s'ouvre à tout ce qu'il y a de bien et de grand, quand nous nous rappelons les aspirations avec lesquelles nous apercevions la vie, nous n'avons pas le droit de nous enorgueillir. (Sensation.)

Je dis que la loi de 1868, en ce qui concerne le droit de réunion, a été précédée de ces législations positives dont a parlé M. le procureur général, qui portent la date de 1790.

M. le procureur général vous disait que le droit de restreindre les réunions publiques avait été laissé aux municipalités. S'il en était ainsi, peut-être prendrions-nous davantage patience.

Les municipalités, en 1790, étaient le produit de l'élection. Les magistrats qui les formaient sortaient du sein du peuple. Il était assez naturel qu'à eux appartint la responsabilité de maintenir l'ordre, lorsque cet ordre pouvait être compromis par des réunions publiques. Ceci, messieurs, nul ne le contestera ; et c'est précisément ce que, par un fait que je ne saurais m'expliquer, M. le procureur général n'a pas semblé un instant soupçonner ni apercevoir. Il vous a tracé un tableau de pure imagination des conditions qui, suivant lui, doivent constituer le caractère public d'une réunion ; mais il s'est bien gardé de vous dire pourquoi la réunion publique a toujours été entourée de défiance, tandis que la réunion privée a jusqu'ici joui d'une immunité qui ne lui a jamais été contestée.

Cette seule observation va faire comprendre à M. le procureur général, j'en suis sûr, l'erreur involontaire dans laquelle il est tombé. Elle fera en même temps s'écrouler cet échafaudage artificiel qu'il a dressé, quand il s'est avisé de créer des conditions purement arbitraires pour constituer la publicité. Les réunions publiques ont éveillé la sollicitude du législateur, parce que si chacun y était admis, sans exception, il serait impossible d'en contrôler les éléments, car, à côté de ceux qui peuvent garantir la paix publique par leur sagesse, éclairer les discussions par leur science, peuvent se placer au contraire ceux qui n'ont que des germes d'immoralité et de révolte.

Dès lors, à cause de ces dangers, les réunions publiques ont toujours été environnées de certaines restrictions. M. le procureur général citait quelques contraintes dans la loi de 1790, et je lui dirai que, pour ma part, je les accepte, car cette loi de 1790 n'est en définitive qu'une partie du programme de 1789, que l'esprit généreux de M. le procureur général voudrait appliquer à la France régénérée. (Mouvement.)

On y voit que les citoyens peuvent publiquement et paisiblement se réunir sans armes. Voilà ce qui a été proclamé en 1789, et je ne sache pas que la législation de 1868 soit allée aussi loin.

Vous n'avez pas besoin de me rappeler que l'ère de la liberté fut courte ; je ne veux pas à mon tour vous faire, même par analyse, le récit des événements qui ont amené ces malheurs. Mais ces principes dont vous parlez ont été déposés par la loi ; ils ont été mis en pratique pendant deux années au moins, et je ne sache pas que la société française en ait été profondément troublée.

Les désordres auxquels elle a été en proie, ses malheurs et ses gloires ont de tout autres causes. Mais je vous montre, dans un passé lointain, une législation infiniment plus libérale que celle qui nous régit.

Je vous la montre dans le principe qui est en tête de notre constitution et dont l'application est indéfiniment retardée.

Et maintenant vous dites que la législation de 1868 est plus libérale que celle de la Restauration et du gouvernement de Juillet. Je vous demande la permission de n'être pas de votre avis.

Je suis assez vieux pour avoir vu fonctionner les réunions sous ces deux gouvernements, et ceux qui sont de ma génération savent comme moi que, pour le gouvernement de Juillet au moins, les réunions électorales ne se bornaient pas aux réunions des simples électeurs. C'est là une erreur historique qu'on accrédite souvent, mais qu'il est bon de relever.

Dans toutes les grandes villes, les réunions électorales étaient absolument publiques. J'ai assisté à Paris à des réunions électorales qui se composaient de six mille personnes et dans lesquelles certainement ne figuraient pas seulement les électeurs.

Vous dites que c'était là une simple tolérance. Je le nie; mais enfin je vous demande la même tolérance.

D'où il suit que cette loi de 1868, dont vous avez fait l'éloge, est en arrière de toutes celles qui ont été indiquées et de la pratique qui a été suivie sous les deux gouvernements qui ont été nommés.

Je reconnais comme vous que ce droit de répression a dû augmenter dans la période républicaine. Seulement je vous demanderai de vouloir me concéder qu'il n'y a entre l'époque où nous vivons et celle où la guerre civile ensanglantait le sol de Paris, aucune espèce d'analogie.

J'ai combattu ces lois restrictives: j'ai perdu ma cause; j'y suis accoutumé lorsqu'il s'agit de politique, et ma foi n'en est pas ébranlée. (*Mouvement.*) J'ai la consolation de trouver l'assentiment de M. le procureur général.

Puisqu'il s'est fait une arme des restrictions que j'ai combattues, pour glorifier les concessions que j'ai faites aujourd'hui, c'est donc une bonne fortune qui m'était réservée.

Mais sous la période républicaine, les réunions publiques étaient assimilées aux associations, elles étaient défendues sans autorisation. L'autorisation était constamment accordée pour les réunions électorales. Je ne veux pas faire passer sous les yeux de la cour les circulaires des deux ministres auxquels vous avez fait allusion. Je ne parlerai pas non plus du décret de 1852 dont vous-même avez fait justice, en reconnaissant qu'il était le plus restrictif de tous.

Eh bien! cette loi de 1868 que nous devons appliquer, elle ne prévoit pas de restrictions en ce qui concerne les réunions privées, et c'est là précisément ce qui fait ma force, et ce qui condamne irrévocablement votre prévention.

Car, au lieu d'aller chercher votre secours dans la loi, vous invoquez une interprétation purement arbitraire qui ne vient que de la richesse de votre intelligence.

Chaque procureur général pourrait varier sur le nombre des interprétations ; je vous arrête dans cette interprétation, et je vous dis : La loi de 1868 ne s'est occupée que des réunions publiques ; elle n'a pas eu en vue les réunions privées. Sans aucun doute, — et vous citiez tout à l'heure les paroles de M. Rouher, — « une réunion qui aurait l'apparence d'une réunion privée peut être une réunion publique ; tout de même, une réunion qui aurait le caractère d'une réunion publique peut, en réalité, être une réunion privée ».

Mais ce qui caractérise la réunion, c'est le fait précisément de sa publicité ou de sa non-publicité.

Eh bien, permettez-moi de vous le dire : vous entasseriez Pélion sur Ossa que vous ne pourriez pas obscurcir un texte si simple.

Une réunion est publique quand le public y entre. Elle n'est pas publique quand le public n'y entre pas.

Hors de là, il n'y a que confusion et arbitraire, hypothèses et imaginations dangereuses.

Je vais d'un mot les examiner et vous prouver que chacune de ces conditions est la contradiction de l'autre ; que votre système n'est que l'arbitraire du magistrat s'introduisant au foyer du citoyen. Je vais établir ma première proposition, à savoir que la loi qui a été faite n'a été faite que sur les réunions publiques, et non pas sur les réunions privées ; que les réunions privées n'ont jamais été en cause, qu'elles ont été complètement passées sous silence, et que, passées sous silence, elles doivent jouir de la liberté du droit commun.

Je me contenterai de vous rappeler certaines paroles qui ont été mentionnées dans le cours de la discussion. Vous avez raison de dire que ces paroles ne sont pas des lois. Chacun le proclame, et chacun les invoque ; chacun a raison : car, en définitive, si elles ne sont pas la loi, elles l'éclairent.

Il faut bien reconnaître que ces déclarations ont quelque prix, et M. le procureur général ne pourra pas les écarter.

Lorsqu'il à été question à la Chambre de cette distinction entre les réunions publiques et les réunions privées, et notamment lorsque notre honorable collègue M. Millon a exprimé à cet égard des doutes, disant : « Si l'on ne me donne pas satisfaction, je ne voterai pas la loi », M. Rouher a dit : « Que l'honorable député se rassure ! il s'agit d'un projet de loi relatif aux réunions publiques. Les réunions privées sont en dehors de la loi. »

Or, si j'ai été assez heureux pour faire passer dans vos esprits cette conviction que la réunion publique est celle où le public est admis, celle qui ressemble à votre audience, à la maison commune dans laquelle se célèbrent les mariages, à un théâtre qui est un lieu public bien qu'on y entre en payant ; si je suis assez heureux pour avoir fait entrer dans vos esprits ces idées si simples qui ont constamment prévalu dans la discussion de la loi, si d'autres idées y étaient substituées, on aurait raison de dire que les ministres ont trompé le pays.

Ainsi quand mon honorable collègue et ami Pelletan faisait au ministère un reproche d'avoir toléré l'accès de la police dans une réunion privée, M. le Ministre d'État s'en défendait de toutes ses forces et disait que l'honorable député avait été mal informé, mais que si une réunion privée avait été convoquée et que des troubles fussent survenus par le moyen de la police, il serait le premier à réprimer le zèle excessif de ses agents.

C'est en vertu de ces déclarations que les réunions privées ont été convoquées. Il y en a eu un très grand nombre. J'ai assisté moi-même à des réunions privées, mais ce n'est pas seulement M. Rouher, c'est aussi M. le ministre de l'intérieur qui a déclaré un très grand nombre de fois, ainsi que le rapporteur de la loi, que celle-ci n'atteignait pas les réunions privées.

Je demanderai à la cour la permission de mettre quelques lignes sous ses yeux; elles sont de la séance du 18 mars 1868 :

« M. Millon : La commission et le gouvernement ont-ils donné au préfet de police à Paris et aux préfets dans les départements le droit d'ajourner même les réunions privées?

« Je pose cette question, et voici pourquoi : c'est que si l'on donnait aux préfets le droit d'ajourner les réunions privées, je repousserais l'article, etc.

« M. Rouher : Il est très facile de calmer les scrupules de M. Millon; il ne s'agit, dans ce projet de loi à la discussion duquel vous vous livrez, que des réunions publiques.

« Plusieurs membres : C'est évident! c'est évident!

« Dans la même séance du 18 mars 1868, le ministre de l'Intérieur prend la parole :

« Dans la pensée du gouvernement, l'article 14 s'applique à toutes les réunions publiques; j'ajoute que les préfets ont le devoir d'en référer au ministre de l'Intérieur. Les réunions particulières qui ne sont pas publiques (ceci est parfaitement clair; à moins de refaire le dictionnaire, nous savons tous ce qu'est une réunion qui n'est pas publique), ces réunions particulières ne relèvent que d'elles-mêmes : elles n'ont pas besoin d'autorisation; elles n'ont pas besoin de déclaration d'existence; elles n'acceptent point de surveillance; seulement elles sont responsables de leurs actes. Mais cette responsabilité doit s'attacher à ce qui est juste, comme la responsabilité s'attache à tout acte humain. »

Et devant le Sénat, le ministre fait la même déclaration.

Ce que je retiens de toutes ces discussions, c'est que la loi n'a été faite que pour les réunions publiques, et il ne peut y avoir de réunions publiques que celles où le public a un libre accès.

Je porte le défi à mon honorable contradicteur de réfuter un système qui est si simple et si péremptoire. Voyons celui qui est produit par M. le procureur général ; voyons s'il peut, un seul instant soutenir l'examen, si l'application d'une seule de ces conditions de publicité ne nous conduit pas à la confusion, au despotisme local des magistrats administratifs, le pire de tous. M. le procureur général vous disait : Elle n'est pas caractérisée par le local où elle se tient; j'ai dit qu'elle était caractérisée par celui qui l'organise.

M. le procureur général n'a pas dit un mot au sujet de Lacy-Guillon voulant organiser une réunion privée. Dès l'instant qu'il y a eu une invitation quelconque, la réunion n'est plus une réunion publique, car si vous admettez le système contraire, toute espèce d'invitation pourrait être une cause de publicité, et par conséquent, nous n'aurions plus qu'à nous enfuir; nos salons seraient envahis par la police et nous aurions à rendre compte de nos plus intimes amitiés.

M. le procureur général vous disait que l'objet de la réunion constituait un élément de publicité. J'avoue que je m'attendais peu à rencontrer de telles erreurs dans son réquisitoire. Quoi ! l'objet de la réunion, c'est-à-dire le programme de nos conversations, c'est-à-dire le lien moral qui nous unit, sera un élément de publicité ! Il est clair alors que le nombre des invités ne signifie rien.

Est-ce que jamais il s'est produit quelque chose de semblable ? L'objet de la réunion influerait sur la publicité ! En vérité, je n'ai pas besoin d'insister davantage: je passe. M. le procureur général ne trouverait jamais une cour qui voulût consacrer de tels excès de l'interprétation.

Il disait encore que c'est la nature de la location qui constitue la publicité. Il soutenait, tantôt que le local était indifférent, tantôt qu'il était significatif. Je lui demande de s'accorder avec lui-même.

Le local! c'est comme la réunion : il est neutre par lui-même. Le local nu ou meublé n'a aucune espèce d'acception légale ; il faut que l'être humain y intervienne, car enfin, quand nous sommes dans de pareilles voies, tout est possible.

Vous nous dites: L'objet de la réunion peut constituer la publicité, la nature du local y contribue.

Nous examinons chacune de vos conditions la loi à la main, en invoquant également les lumières du bon sens.

Jamais, dans aucune législation, vous ne trouverez rien de semblable. L'objet de la réunion ! il peut être vaste ou rétréci, sérieux ou frivole, mais il importe très peu à la publicité.

Si je réunis mes amis pour causer avec eux littérature ou politique, l'objet de la réunion ne fera pas la publicité.

Et quand, au coin de mon foyer, je me permets de juger les peuples, les rois et même les magistrats du ministère public, je reste personne privée. Voilà pour les deux premières conditions.

Le nombre des personnes? Ah! M. le procureur, après avoir posé cette condition, s'est bien gardé de la développer.

Je ne demande qu'à exécuter, non pas la loi, mais votre interprétation purement arbitraire. Au moins, daignez me guider dans le dédale que vous ouvrez à mes pas. Vous êtes mon directeur; vous dites que le nombre de personnes constitue la publicité. Quel nombre? Quelle est votre réponse? Le silence, car il vous était complètement impossible de me satisfaire.

Or, voici qu'un citoyen modeste réunit dans sa maison ses amis et les amis de ses amis; ils arrivent jusqu'à trente ou quarante personnes. On s'amuse et l'on se charme réciproquement.

Mais voici un homme opulent dont l'habitation est vaste, le palais splendide; les jardins sont couverts de tentes : c'est une féerie comme on n'en a jamais vu. Plus de trois mille personnes se pressent dans cette enceinte. Est-ce que M. le procureur général nous dirait que c'est la publicité? Où est la règle? Voilà donc le nombre qui, abandonné, n'a aucune signification. Et pourquoi? par l'excellente raison que le nombre n'a jamais constitué la publicité.

Nous pouvons être dans un local public à deux, dans un local privé à deux mille. Voici encore un autre exemple : c'est une fête. Après avoir entendu les princes de la science musicale, on lit des fables, on joue des proverbes qui sont plus ou moins du goût de ceux qui gouvernent. Est-ce que nous sommes au siècle d'Auguste? Et avez-vous caché derrière l'atrium vos délateurs pour compter les têtes que le tyran devait faire tomber?

Non, non! Vous nous ramenez involontairement à ces souvenirs par des analogies qui n'ont rien de commun, ni avec nos mœurs, ni avec la loi.

Ah! tout disparaît conséquemment. Le nombre est indifférent à la publicité. Voilà votre troisième condition qui fait défaut.

Quant à la quatrième, elle est bien plus inquiétante. Je me suis demandé comment M. le procureur général avait le courage de la proposer. C'est la raison de la présence des invités dans la maison.

M. le procureur général, et c'est sa cinquième condition, veut connaître le lien qui rattache l'invité au maître de la maison. J'avais donc raison de dire que l'inquisition de la police était dans nos foyers; que nous serions dans la nécessité de rendre compte de ce qu'il y a de plus inviolable et de plus sacré, de notre commerce avec nos amis.

Il n'est pas sans exemple qu'une loi mal interprétée par un juge ait servi à le dégrader.

Vous êtes dans la nécessité de faire connaître le lien qui vous rattache à l'invité et la raison secrète pour laquelle vous lui avez ouvert l'accès de votre maison. Avais-je raison de dire que nous sommes humiliés par cette doctrine? Elle n'est pas française, et M. le procureur impérial n'y a pas songé.

Mais celui qui est dans ma maison, il est mon hôte, il est couvert par ma personne, et je serais trois fois infâme si j'ouvrais mon cœur pour découvrir son secret! Ce lien qui me rattache à lui, c'est mon secret. Vous ne le saurez pas; et quand vous me le demanderez, je me révolterai.

Mais ce que je disais du commerce intime de l'homme, je le dis également du lien politique.

M. le procureur général n'a pas craint d'affirmer à cet égard qu'il n'y a de réunion privée que lorsque celui qui invite connaît la figure, ce sont les termes dont il s'est servi, de celui qui vient chez lui.

Il faut qu'il existe entre eux ce lien matériel pour que la maison ne soit pas une maison publique, pour que l'œil de l'autorité ne puisse y plonger. Ce sont des monstruosités. Comment! je serais dans la nécessité de connaître, par sa figure, la personne à laquelle j'ouvre ma maison? Mais M. le procureur général n'y pense pas!

Vous dites : Mais vous n'aurez qu'à copier les listes électorales, et vous allez ainsi faire affluer dans votre maison des électeurs que vous ne connaissez pas. Où est le mal? Où est la loi qui me le défend? Et qui êtes-vous? En définitive, vous n'êtes pas mon maître : c'est la loi qui est notre commune souveraine.

Dans ma maison j'invite qui que ce soit; tout ceci ne vous regarde pas, et vous n'avez pas le droit de me demander compte de ma conduite.

Je vais jusque-là parce que c'est la vérité sociale, parce qu'interdire un semblable commerce entre les hommes, c'est à la fois les affaiblir et les déconsidérer. Mais M. le procureur général n'y a pas pensé.

Quoi! me voici dans mon bien de campagne, j'ai une route à faire; j'ai besoin, pour obtenir l'assentiment de ceux qui m'entourent, d'avoir une conférence avec le maire du village. Je leur écris; Je ne les ai jamais vus. Je les convoque : les voici qui sont chez moi! Ah! M. le procureur général m'arrête, c'est une réunion publique.

Or, si les conditions que vous invoquez peuvent entraîner une condamnation, je vous défie de me dire comment elles ne l'entraîneraient pas dans l'exemple que je vous cite.

Ce que je dis pour un projet d'intérêt local, mais je le dis pour l'élection d'un député.

A quoi bon cette perpétuelle défiance contre les droits légitimes des citoyens ? Est-ce que nous n'avons pas le droit de choisir ? Nos électeurs sont inscrits sur une liste électorale. S'il nous plaît de les convoquer chez nous, vous direz : C'est une réunion privée.

Vous ajoutez : Vous pouvez découper la liste électorale. Sans aucun doute. Quoi ! si je veux m'entendre sur l'élection, je serai dans la nécessité de faire la connaissance personnelle de tous ceux avec qui je serai en rapport !

Mais quel est leur lien ? C'est la communauté d'opinion. Leur lien, c'est après tout leur titre de citoyens, dont vous faites singulièrement bon marché.

On suppose que le citoyen ne peut rien par lui-même, qu'il doit toujours demander son attache à l'administration.

Mon honorable confrère M⁰ Cazot a prouvé à Alais qu'il pouvait se servir de cette loi de 1868. Parce que cette loi peut avoir de bons côtés, vous voulez m'empêcher d'appeler à moi tous ceux qui sont en communauté de pensée pour que nous puissions délibérer dans un but commun.

De telle sorte que, vous le voyez, aucune des conditions de M. le procureur général ne peut soutenir l'examen.

M. le procureur général dit ensuite : Ce qui constitue le caractère de la réunion privée, c'est la circonstance. Permettez-moi de mettre sous les yeux de la cour des documents que personne n'a lus, je veux parler de l'arrêt Barthélemy et des paroles de M. Vuitry.

M. Vuitry cherchait à faire la distinction dont parle M. le procureur général ·

« En ce qui touche les associations, c'est le Code pénal, c'est la loi de 1834, qui les soumet à la nécessité de l'autorisation.

« En ce qui touche les réunions, c'est le décret de 1852. Quant aux réunions électorales non publiques, elles sont parfaitement libres. Il appartient à tout citoyen, au moment d'une élection, de réunir chez lui ou dans un local privé autre que le sien, et en aussi grand nombre qu'il le veut, ses concitoyens. »

Eh bien ! la théorie de M. le procureur général rencontre ici une autorité contraire.

Il est permis au candidat de réunir ses électeurs dans un local privé, à la condition de ne pas altérer ce caractère de réunion non publique, et j'ajoute : qu'à moins de faire jouer à MM. les ministres un rôle de perfidie qui assurément était loin de leur pensée.

Il faut reconnaître que ni le nombre, ni l'objet de la réunion, ni le mode de la convocation ne peuvent influer sur le caractère de la publicité, et les théories de M. le procureur général reçoivent ici un éclatant démenti.

La cour de cassation a prononcé dans l'affaire Barthélemy avec une telle netteté, que je m'étonne pour ma part qu'elle n'ait pas été mieux comprise. De quoi est-il question dans l'affaire Barthélemy? D'une réunion qui avait voulu être privée, mais dans laquelle des éléments publics avaient été introduits.

Et voici comment l'arrêt de la cour de Paris confirme le jugement de première instance :

« Considérant qu'il résulte de l'instruction et des débats que le 7 mars a été tenue une réunion de trois à quatre cents personnes, ayant pour objet de préparer l'élection d'un candidat; que l'autorisation avait été obtenue du gouvernement;

« Considérant que la réunion du 7 mars avait un caractère essentiellement public, et ce caractère de publicité résulte du nombre des assistants, de la nature du local où ils étaient rassemblés;

« Attendu qu'il est constant qu'un appel a été adressé au dehors, et que l'accès de l'atelier où se tenait la réunion était permis à tous pendant sa durée; que le commissaire et ses agents ont pu pénétrer dans l'assemblée sans rencontrer le moindre obstacle;

« Attendu que la réunion a été publique, puisque le commissaire et l'officier de paix qui l'accompagnait ont pu y pénétrer librement et sans rencontrer d'obstacle, sans qu'on leur y ait fait la moindre question ou observation, etc. »

Libre à tout individu de s'y introduire ! voilà la publicité ; elle n'est pas ailleurs.

Quand celui qui se présente à une porte la trouve fermée, et qu'il est dans la nécessité de satisfaire à une condition, il n'y a pas de publicité. Ici, c'est une question de bonne foi qui se dresse devant la cour.

M. le procureur général m'a reproché de n'avoir pas dans la personne et dans le témoignage des agents de police une confiance suffisante. J'ai répondu que dans une cause de cette nature, le commissaire de police défendait un intérêt qui était le sien.

J'ai parlé d'une faute, et je ne l'ai pas fait, M. le procureur général en est bien convaincu, pour éprouver la stérile satisfaction d'agiter des émotions suivant moi très légitimes. Je l'ai fait pour accomplir mon devoir, car, lorsque dans une cité pareille de semblables malheurs sont arrivés, la justice ne peut demeurer inactive sans que la conscience publique en soit émue. (*Mouvement.*)

Mais ce que la cour retiendra, c'est qu'à côté de ces trois dépositions, contredites par le commissaire central lui-même, se place l'unanimité de tous les autres témoins. Le juge est appelé à choisir au milieu de ces contradictions; c'est là, j'en conviens, une œuvre sainte, difficile, lorsque l'intérêt de l'Etat, lorsque de grandes considérations s'agitent autour de l'arrêt qu'il doit rendre.

Son émotion est assurément bien profonde : aujourd'hui, permet-

tez-moi de le dire, le temps n'est plus à ces préoccupations ; tout
est aplani autour de nous, et je ne crains pas d'être un prophète téméraire en affirmant que, malgré les résistances qu'il a rencontrées, le
droit de réunion, intimement lié à la liberté et au progrès, ne rencontrera plus d'adversaire sérieux.

C'est à ceux qui en profitent à s'en montrer dignes. Au moins, ai-je
la satisfaction de n'avoir rencontré dans la bouche d'aucun des soutiens de la prévention une seule parole qui puisse atteindre les honorables citoyens que je défends.

Ils ont été sages, calmes, modérés et fermes. Ils ont maintenu leurs
droits jusqu'à l'effusion du sang innocent. Ils n'ont reculé devant
aucune conséquence de leurs actes. Il faut leur savoir gré de cet acte
de civisme et ne pas le couronner par une condamnation correction
nelle.

Nous vivons dans un temps où les esprits cherchent tous la voie de
la vérité dans laquelle ils doivent s'engager. Bien des contradictions,
des défaillances, leur font perdre sa trace. Ils ont l'œil fixé sur la justice, sur la justice d'une législation suivant moi imprudente de s'être
mal à propos mêlée au gouvernement de la politique.

Sans doute, vous pouvez inscrire dans votre arrêt que le public a été
admis à la réunion, mais vous aurez contre vous cinquante-huit citoyens
qui ont pris Dieu à témoin, et qui laisseront dans la conscience de tous
que la base de votre arrêt est la négation de la vérité. Est-ce là une
situation que la justice puisse accepter ? Ne serait-elle pas cent fois
plus dommageable à la paix publique, à l'ordre et au respect de ce qui
doit être respecté, que l'échec que subira la prévention ? Est-ce un
principe que cette infaillibilité prétendue du pouvoir dont les poursuites doivent toujours être accueillies ? Et ne voyez-vous pas que,
sous prétexte de fortifier le gouvernement, c'est à votre propre considération qu'on porte atteinte ? Montesquieu, en parlant de certains
crimes pour lesquels la magistrature du Bas-Empire montrait une
sévérité dangereuse, rapporte un passage de l'historien Procope qui
s'élève contre cette facilité funeste, et il dit : « Ne permettez pas de
croire qu'il puisse y avoir devant vous des couleurs suspectes, et qu'en
vos mains les règles de juges cessent d'être les mêmes quand il s'agit
d'un délit politique à réprimer. » (*Sensation prolongée.* — *Applaudissements.*)

La cour, par son arrêt, confirme le jugement du tribunal de première
instance.

COUR D'APPEL DE LA SEINE

PRÉSIDENCE DE M. SAILLARD

AUDIENCE DU 12 DÉCEMBRE 1868.

Délit de presse. — Affaire de la souscription Baudin.

MM. Delescluze et Duret sont condamnés par le tribunal pour délit d'excitation à la haine et au mépris du gouvernement, par des articles relatifs à la souscription Baudin et aux manifestations qui avaient eu lieu sur la tombe du martyr républicain. Ils en appellent du jugement correctionnel et sont défendus en appel par MM. Gambetta et Jules Favre.

Après l'éloquente plaidoirie de Mᵉ Gambetta, défenseur de M. Delescluze, Mᵉ Jules Favre présente en ces termes la défense de M. Duret :

MESSIEURS,

J'ai pris la liberté de manifester à M. le procureur général un désir que je lui demande la permission de renouveler. Après la plaidoirie si complète que vous venez d'entendre, j'aurais voulu ne pas fatiguer la cour par des redites, par des développements qui me semblent en ce moment inutiles. M. le procureur général m'a fait l'honneur de me répondre qu'il considérait l'ordre fixé par la procédure comme devant être suivi ; je suis à ses ordres s'il persévère, en l'avertissant toutefois qu'il m'est absolument impossible de revenir sur des démonstrations que, pour ma part, je considère comme victorieuses. M. le procureur général les combattra, je n'en doute pas, avec la grande autorité que lui donne son talent ; j'essayerai de lui répondre, et si M. le procureur général veut que je prenne dès à présent la parole, je demanderai à la cour la permission de ne lui présenter que de très courtes observations. Ceci dit, et pour me conformer aux usages du barreau, qui sont séculaires, comme l'a dit mon honorable confrère, « je me présente pour M. Duret, gérant de la *Tribune*, et mes conclusions, tendent à ce qu'il plaise à la cour le décharger des condamnations contre lui prononcées et le renvoyer des fins de la plainte sans dépens ».

Messieurs, la discussion que vous avez entendue a, suivant moi, démontré d'une manière irréfragable quel était le caractère légal du mot *manœuvres*. Elle a en même temps mis en lumière avec une clarté saisissante et souveraine la partie accessoire de la qualification délictueuse à laquelle la législation s'est bornée; la manœuvre, c'est le trouble de la paix publique; c'est l'agitation extérieure.

La machination, l'excitation à la haine et au mépris du gouvernement ne peut s'entendre que comme excitation intentionnellement déloyale contre un gouvernement qui ne « mérite » pas les malveillantes insinuations qu'on se permet à son encontre.

Voilà, si je ne me trompe, le résumé de la discussion que vous avez entendue et à laquelle vous avez prêté un intérêt et une attention faciles; mais quand je me demande comment il est possible de près ou de loin, les faits de cette prévention vous étant parfaitement connus, d'y rattacher M. Duret, gérant de la *Tribune*, j'avoue que je ne rencontre ni dans les éléments de la discussion, ni dans les éléments de décision, quoi que ce soit qui puisse motiver les poursuites dont M. Duret a été l'objet et la condamnation qui est venue le frapper.

M. Duret, en effet, pas plus que mon ami M. Lavertujon, auteur de l'article incriminé, pas plus que mon honorable et excellent collègue M. Pelletan, rédacteur en chef de la *Tribune*, ne se sont rendus à ce qu'on a appelé la manifestation du cimetière Montmartre; ni l'une ni l'autre de ces trois personnes n'avaient l'honneur, avant ce procès, de connaître personnellement M. Charles Delescluze; ces trois personnes l'affirment ensemble, et je ne pense pas que M. le procureur général m'inflige la nécessité d'établir leur assertion. Elles affirment, dis-je, qu'elles avaient toujours été, avant le procès, sans aucune relation avec M. Delescluze.

Le numéro de la *Tribune* sur lequel je veux appeler votre attention un moment seulement, contient un article de M. Lavertujon, cela est vrai; cet article est relatif à la souscription Baudin, cela est encore certain; mais cet article a été si peu combiné, soit avec M. Delescluze, soit avec l'honorable rédacteur en chef de l'*Avenir national*, qu'au moment où il l'a écrit, M. Lavertujon était loin de Paris, emporté par la vapeur dans les plaines qui séparent la ville d'Agen de la ville d'Auch; et personne ne peut contester que c'est à ce moment que l'article a paru; de telle sorte qu'il n'a pu y avoir entente entre M. Lavertujon et M. Delescluze, et que soutenir cette thèse, ce serait l'étonnement de tous les jurisconsultes. Je dis des jurisconsultes, je ne dis pas des hommes politiques, car les hommes politiques sont accoutumés à bien d'autres étonnements. Mais à tous ces étonnements que les jurisconsultes ont éprouvés en entendant la plaidoirie de mon honorable confrère Gambetta, quand il détaillait toutes les impossibilités à l'existence du délit en vertu duquel cependant les prévenus ont été frappés, il faut ajouter cet autre sujet d'étonnement qui est encore à mon sens beaucoup plus grand, c'est que M. Lavertujon et M. Duret se seraient rendus coupables d'un délit sans le savoir, et qu'ils auraient été conspirateurs malgré eux.

Par le temps qui court, consacrer de telles doctrines, c'est inquiéter les honnêtes gens, lesquels, ainsi qu'on l'a fort bien expliqué, n'en sont pas cependant réduits à la servitude personnelle de leur âme; leurs convictions, leur conscience leur restent, et avec ces convictions, cette conscience, les sentiments qui en découlent naturellement. Et voici que, pour les avoir exprimés, — car M. Duret n'est pas coupable d'autre chose, — ils seront traduits devant la justice, non pas à raison de la nature particulière de ces sentiments, ce que je comprendrais, mais parce que ces sentiments seraient une machination, un artifice, un concert et une manœuvre.

En effet, messieurs, le tribunal de première instance est allé jusque là; il me paraît avoir singulièrement méconnu, je ne dis pas seulement les règles du droit, mais encore celles du juste, ce qui est plus grave.

Qu'un journaliste soit nécessairement, parce qu'il est traduit devant la justice, offert en holocauste à la politique, il y a beaucoup de gens qui le pensent, et je dois dire que la jurisprudence des cours a laissé régner à cet égard quelques hésitations.

M. LE PRÉSIDENT. Je ne comprends pas très bien, maître Jules Favre.

Mᵉ JULES FAVRE. Voici ce que je veux dire; avant tout, je veux être sincère, et je n'ai l'intention de voiler aucune de mes pensées. Je disais, monsieur le président, et en cela je répétais ce qui est écrit partout, ce qui se dit partout, — et je n'aurais qu'à tendre la main pour rencontrer celle d'un vénéré magistrat dont l'opinion viendrait se joindre à la mienne, — je disais qu'il y a des hommes politiques qui estiment qu'il suffit qu'un journaliste soit traduit devant la justice pour qu'il soit condamné.

M. LE PRÉSIDENT. Vous dites cela, vous qui préparez les arrêts de la justice! vous savez bien que cela n'est pas, vous qui nous connaissez!

Mᵉ JULES FAVRE. Je n'ai pas à rendre compte ici de mon opinion personnelle, monsieur le président, et je la réserve tout entière.

M. LE PRÉSIDENT. Mais enfin vous nous connaissez.

Mᵉ JULES FAVRE. Je n'entends pas sortir de la réserve que je me suis imposée.

M. LE PRÉSIDENT. Je ne saurais laisser exposer des principes semblables.

Mᵉ JULES FAVRE. Ce ne sont pas des principes, monsieur le président, ce sont des faits. Et si c'étaient des principes, je les placerais sous la protection d'un livre que je regrette de ne pas avoir en main, car il contient la preuve de ce que j'avance; ce n'est pas un factum, c'est le livre de M. Bérenger, dont vous ne révoquerez pas, j'espère, les doctrines. Si la cause se prolongeait, je pourrais montrer, dans ce livre, écrit en toutes lettres, ce que j'ai eu l'honneur de dire à la cour.

Je reviens à la condamnation qui a été prononcée contre M. Duret, et je dis que cette condamnation, par son caractère insolite, peut se rattacher à cette opinion que pour ma part je qualifie d'insolente, mais qui a pris naissance dans le cerveau de certains hommes politiques.

Je n'ai pas le dessein d'attaquer la justice; ce serait de ma part une inconvenance et une témérité; la cour me connaît trop bien pour me supposer capable de pareils entraînements.

M. LE PRÉSIDENT. En effet, ce serait une grande inconvenance de votre part, vous qui la connaissez, la justice.

Mᵉ JULES FAVRE. Quant à moi, je le répète, je n'ai pas à dire mon opinion personnelle.

La situation de M. Duret dans ce procès est toute particulière. En effet, il vient vous dire dans quelles conditions il a inséré l'article qui est devenu la base de la poursuite.

Il est nécessaire, messieurs, pour la très courte discussion dans laquelle j'entre, il est nécessaire, dis-je, que je mette sous vos yeux les quelques lignes qui ont été relevées par la prévention.

C'est dans la *Tribune* du 8 novembre 1868 que M. Lavertujon a déposé cet article, écrit dans les conditions que j'ai eu l'honneur d'indiquer à la cour :

« La Prusse, l'Espagne, l'Amérique nous laissent froids quand nous avons à constater des faits comme la manifestation du 2 novembre sur la tombe d'un représentant du peuple, tué il y a dix-sept ans en défendant la loi. La souscription nationale qui est venue accentuer et couronner cette manifestation, atteste d'une manière éclatante le réveil qui s'opère parmi nous. Que cet élan vers la renaissance si longtemps souhaitée de la justice et de la moralité politique se prolonge quelques mois encore, et l'avenir ne nous offrira plus aucun sujet de doute ni d'inquiétude. Cet élan se prolongera, il s'échauffera, il grandira, nous en avons le ferme espoir, si le mouvement des réunions privées, dont nous aimons tant à parler dans ce journal ne se ralentit pas. Hier nous avons assisté à une assemblée de ce genre qui se tenait à Auch, une ville qu'on aurait cru pouvoir appeler la capitale de l'Arcadie, puisqu'elle est la patrie de M. Granier de Cassagnac. »

J'ai pris la liberté de lire les dernières lignes de ce paragraphe à la cour pour lui faire bien comprendre dans quelle situation d'esprit l'article a été écrit.

M. Lavertujon est encore tout plein des émotions qu'il a rencontrées dans une réunion privée et des sentiments qui l'ont agité. Je ne veux pas dire, car cela ressemblerait à une atténuation indigne de l'écrivain que je défends, que dans sa pensée ce qui touche à la souscription Baudin n'a été que secondaire; mais ce que je puis affirmer, car c'est la vérité, et avant tout, il faut dire la vérité, c'est que la souscription Baudin, dans cet article, n'a pas été la pensée principale de l'auteur.

Il en a parlé, parce qu'il était impossible qu'un fait de cette importance lui échappât. En réalité, et M. le procureur général me rendra cette justice, M. Lavertujon n'a pas donné à ce fait une importance capitale, et c'est au milieu d'autres développements qu'il l'a placé; et cependant, messieurs, c'est exclusivement à raison de cet article, qui a été rédigé loin de Paris, qui a été inspiré par les sentiments que je viens d'esquisser, que la *Tribune* a été rattachée à cette chose si complexe et si dangereuse, à ce délit de manœuvres et d'intelligences à l'intérieur.

Mon honorable confrère a donné à cet égard des développements qui me paraissent trop clairs pour que je veuille revenir sur les principes légaux qui me semblent protéger jusqu'à l'excès, — je me sers à dessein de ce mot, — la situation de M. Duret. Il vous a fait remarquer avec une très grande justesse et une précision pleine de force, qu'il ne s'agissait pas ici d'un de ces délits qui par leur nature peuvent laisser au juge une grande somme d'arbitraire; et quand il a rapproché si heureusement du texte de la loi de 1858 celui des articles du Code qui ont été souvent cités dans cette discussion, il vous a fait observer à merveille que dans la loi commune les machinations, les manœuvres, s'appliquaient à des objets parfaitement déterminés; qu'on les voyait pour ainsi dire en action; que ce n'était pas un concert, une réunion de volontés; c'était l'acte humain se produisant par des faits extérieurs sur lesquels on ne peut se tromper. Lorsque, par des faits, par des actes sur le territoire français, je facilite l'entrée d'une forteresse; quand, par une coupable trahison, je permets à l'ennemi de mettre la main sur les engins meurtriers qu'il tournera contre mes compatriotes, j'accomplis une série d'actes qui peuvent être parfaitement déterminés; et par conséquent, lorsque le législateur, dans les articles que je viens de citer, s'est appliqué à rapprocher du mot de manœuvres les faits éclairés d'une si vive lumière, il n'a fourni aucune espèce d'argument aux commentateurs embarrassés de la loi de 1858.

Le commentaire, nous le cherchons non seulement dans la doctrine, mais encore dans la jurisprudence, qui sur ce point spécial, vous le savez, a déjà bien varié; des divergences d'interprétation se sont produites.

Traduit devant le tribunal de Clermont-Ferrand, le gérant de l'*Indépendant du Centre* a été acquitté ; le jugement a été ensuite infirmé par un arrêt de la cour de Riom. Mais le dernier mot n'est pas dit dans ce débat, et dès lors nous avons le droit de rapprocher les considérants des deux décisions.

Quelle est la doctrine de la cour de Riom ? La voici : Par cela seul que la pensée a été commune, que l'intérêt a été commun, en dehors de toute espèce d'intelligences, de communauté de résolution, la manœuvre existe, et le délit doit être réprimé. A cette doctrine, je pourrais opposer le considérant de l'arrêt de la cour de Riom, par lequel elle reconnaît que la souscription Baudin ne pouvait avoir un caractère délictueux que parce qu'elle était le complément de la manifestation du cimetière Montmartre.

Mais cette doctrine, il faut la répudier. Elle n'est pas acceptable. Le concert des âmes une manœuvre !

Oh ! je comprends mieux la théorie du tribunal de première instance de la Seine, et ce faisceau artificiel qu'il avait formé, ce faisceau dont Gambetta a brisé successivement devant vos yeux toutes les baguettes ; ce faisceau, dont l'assemblage était nécessaire à la prévention et qu'elle n'a pas craint de vous présenter, comme si M. Delescluze et M. Peyrat s'étaient rencontrés au cimetière Montmartre ; comme s'ils s'y étaient rencontrés dans cette pensée commune ; comme s'ils avaient voulu combiner, arrêter ensemble ce plan, en vertu duquel la souscription Baudin est devenue le complément de la manifestation du cimetière !

M. Lavertujon est l'auteur de l'article, mais M. Duret en est responsable devant la justice, aussi bien que devant la loi. Vous saisissez M. Duret ; mais avant tout, si vous voulez vous rendre compte des sentiments de l'écrivain, si vous voulez vous inspirer de la vérité, de la justice, vous descendrez dans le cœur de l'écrivain, vous interrogerez, avant tout, les conditions dans lesquelles il a écrit son article, et vous reconnaîtrez alors que ces conditions sont exclusives de toute espèce d'entente avec ceux qui avaient pris part à la manifestation ; de telle sorte que, dût-on même accepter la doctrine de la cour de Riom qui a frappé ceux qui étaient traduits devant elle comme coupables du délit de manœuvres, ici le délit n'existe pas, car ce délit doit avoir nécessairement pour base une connexion avec l'acte du 2 novembre 1868.

Est-ce que, messieurs, je serais dans la nécessité de réfuter la doctrine, qui me paraît, quant à moi, antijuridique au premier chef et que je mettais sous vos yeux en vous lisant quelques lignes des considérants de la cour de Riom ? Quoi ! la pensée commune suffira pour établir la solidarité pénale ? Quoi ! le concours d'actes matériels, indépendants de toute espèce de participation intellectuelle, serait un élément avec lequel les juges pourraient frapper en divers lieux, en divers temps, sans s'occuper d'établir entre les différents prévenus qui tombent ainsi sous la loi, la moindre solidarité de faits ! Alors, messieurs, où serait la sécurité ? Je vais plus loin : où serait le bon sens ? où serait la raison ? Quoi ! les cultivateurs qui, sur les divers points de la France, essayent par leurs travaux incessants de subvenir à l'alimentation générale, agissent par une entente, par un concert ! Et je suppose que, dans une disette, on vienne à dire que ceux qui feraient sortir des blés du territoire de l'empire français devraient être considérés comme coupables, parce que, obéissant au même sentiment de frayeur, au même instinct aveugle, le paysan de la basse Bretagne aurait fait ce qu'a fait le paysan du Roussillon, vous viendriez dire qu'il y a eu entente, concert entre eux, et vous les condamneriez comme complices !

Pardonnez-moi cet exemple, je l'ai choisi parce qu'il fait sentir le vice capital du raisonnement sur lequel s'est appuyé l'arrêt que j'ai mis sous vos yeux.

La manœuvre collective, c'est la conspiration intellectuelle, et parce qu'elle est une conspiration intellectuelle, sa définition, qui n'a jamais été donnée, qui est laborieusement recherchée, laissera toujours au juge un pouvoir énorme qui nous effraye ; et, par cela seul qu'elle est une conspiration intellectuelle, elle place la répression au milieu des nuages. Mais qu'on nous donne au moins comme refuge le terrain éternel du droit, c'est-à-dire ici, qu'on exige le concert entre les délinquants auxquels on reproche le même délit. Qu'on reconnaisse, au moins, que lorsqu'il n'y aura entre eux aucune espèce de relations, ils ne pourront avoir commis un délit. Ce délit de manœuvres relevé par la prévention ne saurait exister sans entente.

Dans ce procès, messieurs, vous vous aventurez dans une région qui vous est peu familière, je l'ai dit ailleurs. Je ne veux pas ajouter que je m'en glorifie (ce serait une immodestie que vous ne me pardonneriez pas, et je ne me la pardonnerais pas à moi-même) ; mais, vous le savez, au milieu des diverses transformations que notre législation a subies, quand on a voulu confier à votre juridiction le pouvoir dont elle est armée aujourd'hui, la connaissance des délits de presse, je me suis élevé énergiquement contre cette prétention, par respect pour vous et par intérêt pour la justice. Il ne m'appartient pas ici de discuter la loi, je dois m'incliner devant le fait consacré législativement ; seulement il m'est bien permis d'exprimer un regret et de constater avec tristesse que les craintes qui m'avaient préoccupé alors n'ont été que trop justifiées. Je comprends toute l'étendue

de vos devoirs et l'anxiété qu'ils vous infligent. Vous voulez avant
tout protéger la paix publique; vous voulez assurer au pouvoir la
stabilité; vous voulez donner à ses institutions l'appui qu'il a le droit
d'attendre de vous. Mais est-ce assez de votre sagesse pour éviter les
pièges involontaires qui sont tendus sur vos pas?

On vous a parlé de la difficulté de définir le mot *manœuvres* et
d'appliquer la loi pénale au milieu de l'incertitude qui assiège les
esprits. Mon confrère vous le disait. Ce n'est pas assez de cette obscurité, nous marchons de ténèbres en ténèbres, et alors que vous
vous efforcez de tenir le flambeau, la lumière de la loi, vous la voyez
vaciller dans vos mains, parce que cette lueur est agitée par des
causes contraires que vous ne pouvez pas dominer. Quand vous avez
tranché cette première difficulté du mot manœuvre, vous vous trouvez
en face d'une autre difficulté bien plus grave encore, celle de savoir
ce qu'il faut entendre par trouble de la paix publique; ce qu'il faut
entendre par excitation à la haine et au mépris du gouvernement.

A tout ce qui vous été dit sur ces deux difficultés d'une manière
si complète, je ne veux ajouter qu'une simple observation que Gambetta aurait pu vous soumettre comme moi-même.

Ce délit d'excitation à la haine et au mépris du gouvernement, né
des lois de la Restauration, ne s'est appliqué qu'à la pensée, tout
aussi bien sous ce gouvernement que sous le régime de Juillet; il ne
s'appliquait alors qu'à la pensée manifestée par des écrits. L'application de cette loi fut bientôt une source de très grands embarras;
mais cette difficulté d'interprétation s'augmente d'une manière singulièrement inquiétante, lorsqu'au lieu d'interpréter la pensée dans
un écrit, vous êtes conduits à interpréter la pensée dans un acte. Ce
que vous disait tout à l'heure mon honorable confrère est vrai. Si on
voulait appliquer la loi rigoureusement, il est évident qu'il n'est pas
un acte de la vie politique qui ne puisse être assimilé à un délit. En
définitive, cette manœuvre, dans son but, dans ses conséquences,
que souvent n'a pas prévues celui qui l'a suscitée, peut avoir pour
résultat la déconsidération, le mépris, et ce sont encore là des mots
dont il est difficile de définir l'étendue légale. Ce n'est pas un écrit,
c'est un acte qui par lui-même ne peut pas trahir la pensée de celui
qui s'y livre; c'est cet acte que vous devez examiner pour en faire
sortir le délit!

Nous n'sommes ni en 1822 ni en 1835. En 1835, vous le savez, le
délit d'excitation à la haine et au mépris du gouvernement a été conservé et aggravé. Il a été reconnu également en 1848. Mais nous
n'avons pas, messieurs, à nous préoccuper de l'application de cette
loi sous l'un ou l'autre de ces trois régimes; c'est la constitution
actuelle que nous devons interroger.

Je ne veux pas offenser les jurisconsultes, mais les jurisconsultes chargés d'interpréter la loi le font souvent avec les émotions, avec le sentiment généreux, avec les idées du premier âge. Ils transportent, sans le savoir, leurs habitudes d'interprétation à une époque qui ne les comporte plus. J'ai eu l'honneur de paraître quelquefois devant des officiers du parquet, et là j'ai constamment entendu invoquer les règles qui étaient appliquées à des époques antérieures.

Je n'ai pas beaucoup à insister pour vous démontrer qu'en 1835, ce qu'on voulait protéger, comme en 1822, c'était l'autorité du roi et dans son discours de 1835, M. Thiers, alors ministre de l'Intérieur allait jusqu'à dire : « Ce que nous vous demandons, c'est que vous ayez la liberté de pouvoir attaquer nos actes, nos intentions, à nous ministres, par tous les moyens que peut fournir la passion politique, jusqu'à la calomnie ! » Tel était le langage du ministre de Louis-Philippe, qui couvrait ainsi la royauté par une exagération de générosité politique.

En sommes-nous encore là ? Est-ce que le droit divin qui se reflétait encore dans la charte de 1830, n'a pas été remplacé par la souveraineté populaire ? N'est-ce pas là l'origine du pouvoir actuel ? Est-ce que chaque jour il ne s'en glorifie pas ? Est-ce que chaque jour il ne se rappelle pas qu'il est sorti des entrailles de la nation ? Oui, c'est par la délégation populaire que le gouvernement actuel règne, qu'il exerce l'autorité dont il est investi, mais il est investi à la condition d'être responsable et seul responsable. Si vous voulez parcourir tous les degrés de cette hiérarchie puissante, c'est au sommet de la pyramide que vous rencontrerez uniquement la sanction. Où est-elle donc cette sanction de la responsabilité pour une nation qui volontairement a confié l'autorité suprême à un seul homme ? Elle doit exister. Ne peut-il y en avoir qu'une, la révolte ? La révolte, personne n'en veut ; mais c'est parce qu'on ne comprend pas la constitution ou qu'on feint de ne pas la comprendre, qu'on ne rencontre pas la sanction de cette responsabilité. Cette sanction est écrite en toutes lettres dans la constitution, c'est le vote. La compensation de cette autorité suprême, c'est le libre contrôle qui doit être exercé par la nation tout entière. Voilà la vraie sanction.

Mais à quelles conditions existe-t-elle ? Est-ce à la condition qu'on présentera à la nation française une image falsifiée de sa propre histoire ? Non, et c'est là le fond du procès.

Gambetta vous l'a dit avec raison ; ce sont les privilèges de l'histoire qui sont aujourd'hui en échec. Si vous voulez vous les approprier, il faut le dire ; il faut que le pays sache que vous ne pouvez pas supporter les regards de la vérité. Quant à moi, je développe une thèse, et ce sera au nom du respect, au nom de ce qui a toujours

commandé aux hommes l'admiration et la sympathie, que je viens
vous dire : Le pouvoir est responsable, il est responsable devant la
nation qui en est incessamment le juge, et, en le jugeant, elle n'exerce
pas seulement un droit, elle accomplit un devoir; et supposer qu'elle
pût jamais tomber dans l'indifférence, ce serait lui adresser la
plus mortelle injure, ce serait lui préparer une fosse honteuse, ce
serait la conduire à la haine à laquelle elle serait condamnée. Non !
ce n'est pas possible dans un pays libre, où l'on nous répète que
chaque citoyen doit, dans la sphère où il est, vivre de la vie publique
où chaque citoyen doit s'informer, doit s'instruire et dire : Voilà
l'arme avec laquelle j'aurai raison de la tyrannie ! Non, ce n'est pas
possible dans un pays qui comprendra les obligations que lui imposent
la constitution nouvelle et les principes de la civilisation moderne.

Voulez-vous de la vérité ? Si vous me dites : Oui ! je vous répondrai : Ne lui opposez pas une limite quelconque. Pourvu que je reste
dans le respect de cette vérité, je ne dirai pas que j'exerce un droit,
mais je dirai que j'accomplis une obligation sacrée.

Quand le moment sera venu, j'essayerai de répondre simplement
et avec franchise à la distinction spécieuse que j'ai rencontrée plusieurs fois dans cette discussion, entre le plébiscite et les événements
qui l'ont précédé. Cette explication n'aura rien d'inquiétant pour vos
consciences, rien d'inconvenant pour le maintien de l'ordre général
dont vous êtes les gardiens fidèles.

Le droit à la vérité c'est là la vraie thèse du procès; c'est elle,
permettez-moi de vous le dire, qui nous sépare encore ; je dis encore
à dessein, car elle sera bientôt tranchée dans la conscience publique,
et quand viendra le jour de la souveraineté de la justice, vous verrez
ce que la paix publique, un instant troublée, mais non pas par nos
agitations, y gagnera de calme et d'apaisement.

M. le procureur général Grandperret, dans son réquisitoire, soutient
que les appelants ont pratiqué des manœuvres tendant à troubler la
paix publique, et que les peines prononcées contre eux doivent être maintenues, sauf une modification.

Après la réplique de M. Gambetta, Mᵉ Jules Favre s'exprime en ces
termes :

Si le dernier mot de ce procès et sa conclusion pouvaient être
l'expression des sentiments généreux dont la fin de l'éloquent réquisitoire de M. le procureur général porte l'empreinte, je vous déclare que
je serais tout prêt à m'associer à sa pensée. Mais y a-t-il bien réfléchi, et peut-il sérieusement croire que cet appel à la pacification des
partis, à la conciliation des opinions opposées soit bien facilement
entendu dans un procès de ce genre? Je suis loin de douter de la
sincérité de M. le procureur général ; mais ce que je puis affirmer en

interrogeant la mienne, c'est qu'il n'est pas de mesure plus dangereuse, plus impolitique et plus propre à éloigner la France entière du
but qui était signalé par M. le procureur général, que les poursuites
auxquelles il vient de prêter le secours de son remarquable talent.

Comme vous, ce que nous souhaitons, c'est qu'en effet le pays
puisse se ranger sous une bannière unique, qu'il n'ait qu'une croyance
et qu'un symbole. Mais laissez-moi vous dire que les actes du gouvernement sont loin de ces espérances, et qu'ils ont une tout autre
signification.

Il m'est bien permis de tenir ce langage, même au moment où
nous sommes, même après les répressions que vous avez rencontrées
dans plusieurs discours, même après la sévérité sollicitée par M. le
procureur général : car de ce procès, qui constitue, dans l'histoire
moderne, un véritable événement, ressortira un enseignement considérable qui résulte des arrêts mêmes rendus contre les condamnés,
contre les prévenus présents à cette barre.

Cet enseignement, messieurs, le voici : c'est que la figure de celui
pour la mémoire duquel la souscription a été ouverte est restée
pure et à l'abri de toute espèce d'agression.

Quelles que soient les opinions divergentes qui se sont donné rendez-vous pour se livrer bataille, il n'a pas été prononcé un mot qui
puisse porter atteinte au rôle qu'il a joué. Est-ce que ce n'est pas là,
messieurs, une conquête énorme? non pas pour tel ou tel parti !

Le langage de M. le procureur général me convie à m'élever, si je
le puis, si mes forces me le permettent, pour me placer au-dessus des
aveugles ardeurs de ceux qui sont jetés dans la vie politique.

Messieurs, je reprends l'idée qui m'a frappé en entendant M. le
procureur général : c'est que ce n'est pas seulement un enseignement
et une espérance que de voir dans le temps où nous vivons, sous le
régime qui dispose des destinées de la France, cet hommage plein
de passion, si vous voulez, d'un côté, et de l'autre plein de réserves,
qui est rendu non pas à un homme, non pas à un fait, mais à l'idée
toute-puissante qui le domine dans la sphère radieuse où l'histoire
l'a placé !

Encore une fois, vous avez fait appel à la conciliation; quant à
moi, je n'en connais qu'un élément, c'est le respect de la vérité et du
droit, c'est la cessation de toute espèce de confusion à cet égard,
c'est le courage des adversaires qui se rencontrent face à face, s'avançant l'un contre l'autre.

Vous nous avez parlé des partis opiniâtres qui se combattent et se
rencontrent quelquefois, et qui, par une sorte d'abdication hypocrite de leurs ressentiments, se serrent les mains pour pouvoir mieux
se déchirer ensuite.

Vous n'avez pas pris garde combien ces paroles exclusivement politiques étaient imprudentes, car elles amenaient la confession tacite à laquelle vous condamne votre pensée. Quel qu'ait été le succès de la puissance qui triomphe, il y a cependant une idée qui règne, et qui règne partout, même parmi ceux qui, la veille, j'en conviens, étaient engagés dans des camps différents; et cette idée, c'est celle que je vois au-dessus de ce débat passager, je l'ai [déjà exprimée, c'est le respect de la morale, du droit, de la vérité. Vous voulez des enseignements ! et vous vous rappelez les paroles d'un des acteurs, suivant vous, de la manifestation du 2 novembre.

M. Delescluze disait que c'était là une leçon pour la jeunesse qui était pleine de résolutions viriles, et frémissante dans le sentiment qui l'agitait. Vous inspirant de cette phrase et l'interprétant à votre point de vue, vous voulez y voir un sentiment hostile, une fureur concentrée, une sorte de déclaration de guerre dont le résultat serait d'amener le déchirement de la société.

Avez-vous donc le droit de parler ainsi ? Ignorez-vous la tombe autour de laquelle se passait cette scène, et cet hommage tacite, auquel je faisais allusion, donné à la mémoire de celui auquel on essayait de rendre les honneurs qui lui sont dus ? Est-ce que cet hommage ne vous fait pas comprendre, en définitive, que la leçon à laquelle il était fait allusion, celle qui se dégage de ce débat, et qui restera, sachez-le bien, dans la conscience publique, et, je suis en droit de le dire, dans la conscience même des magistrats qui appliqueront la loi, c'est que la première des vertus, celle qui doit être honorée, non pas seulement parce qu'elle se rapproche de cet idéal vers lequel nous devons tous tendre, l'idéal de perfection et de dévouement, mais encore parce qu'elle est avant tout la seule protection des sociétés qui veulent se gouverner : cette vertu, c'est le courage civique, c'est le sacrifice de soi-même, c'est l'immolation de l'individu à la loi et au devoir !

Vous avez cherché quel est le mobile qui rapprochait dans cette souscription des hommes différents d'origine et d'aspirations. Eh bien ! voilà ce qu'ils ont voulu honorer : c'est le palladium autour duquel ils se sont rangés au milieu de tant de fragilités, au milieu de tant d'audaces, de tant de génuflexions devant la fortune; c'est l'idée du droit qu'ils ont voulu honorer. Et, je vous le demande, comment est-il possible de descendre dans leur conscience pour la fouiller; de dire que cette souscription n'est qu'un élément d'agitation séditieuse; qu'elle n'a été imaginée que pour renverser l'Empire; que ce sont des haines qui se sont donné rendez-vous, des ressentiments, des vengeances, qui ne cherchaient qu'à troubler la paix publique ? Ah ! laissez-moi vous dire que s'il s'accomplit beaucoup d'entreprises semblables à celle-ci, le préjudice qu'elles causent à l'Empire pourrait lui faire subir une rude atteinte. Supposer que la souscription Baudin, — ce que je pourrais vous concéder par hypothèse, pourrait cacher de la part de ceux qui y ont pris part des sentiments de la dernière hostilité; supposer que de semblables faits puissent ébranler sur sa base un gouvernement qui repose sur ces sept millions de suffrages que vous rappelez si souvent avec tant de complaisance, c'est tomber dans un ordre de contradictions; c'est vous éloigner du but que vous vous proposez.

Lorsque, le 3 décembre, pour prouver qu'on était libre d'entrer dans le cimetière, on le faisait garder par la force armée qui menaçait tous ceux qui se présentaient, on a au moins laissé voir qu'on est en proie à des erreurs involontaires et insurmontables, qu'on est plein de sollicitude pour chaque événement qui peut se produire, et qu'après avoir, je ne dirai pas concédé, mais restitué quelques-unes des libertés primordiales dont un peuple ne peut être dépouillé, on les regrette et on saisit la moindre occasion pour les enlever de nomveau à ceux auxquels on les a données.

Vous avez dit que vous vouliez que votre langage fût exclusivement juridique. Tout à l'heure mon honorable ami avait raison de vous dire que vous aviez abandonné le terrain juridique, je suppose que c'est sans le vouloir, car personne ne respecte plus que moi votre caractère et votre loyauté; personne ne rend un plus sincère hommage, non seulement à la beauté de votre forme oratoire, mais encore à son élévation. C'est sur le terrain politique que vous vous êtes placé, et à mon point de vue, — je parle avec la sincérité que je vous accorde, — loin de les servir, vous avez compromis les intérêts que vous deviez défendre. Vous avez montré d'une manière irrécusable le secret de votre faiblesse, qu'il serait infiniment plus prudent de dissimuler; et c'est là, en réalité, la cause unique du procès qui nous appelle devant vous. Nous ne pouvons pas nous faire illusion, nous sommes les uns et les autres trop sérieux, trop d'années ont passé sur nos têtes pour qu'on puisse nous tromper. Lorsqu'on poursuit les uns et qu'on laisse les autres, lorsqu'on n'interjette pas appel dans une question qui est une question de principe, on n'est pas seulement un homme généreux, comme vous l'êtes, on est un homme politique, c'est-à-dire qu'au lieu d'appliquer cette règle simple qu'on appelle la loi pénale, sentant le poids de la responsabilité, on cherche à ne pas faire une démarche imprudente, on examine le pour et le contre, et c'est au milieu de ces délibérations qu'on voit disparaître la figure de la loi pour ne plus voir que celle de la raison d'Etat, l'utilité politique au nom de laquelle vous venez réclamer notre condamnation. Je ne veux pas dire que vous n'accomplissez pas un devoir : votre devoir est de soutenir la loi, vous êtes, encore une fois, son ministre ; votre mission est grande, ce n'est pas moi qui chercherai à la diminuer, mais je constate que votre réquisitoire est une œuvre politique... Les juges qui vous écoutent sont des juges politiques...

M. LE PRÉSIDENT. Vous allez trop loin. La cour applique la loi.

Mᵉ Jules FAVRE. Vous êtes des juges politiques. La loi que vous appliquez est une loi politique. M. le procureur général est un fonctionnaire politique, les prévenus sont des hommes politiques, je suis un défenseur politique... Vous êtes des juges politiques.

M. LE PRÉSIDENT. Nous ne sommes pas des juges politiques, et M. le procureur général n'est pas ici en qualité de magistrat politique : vous ne pouvez pas établir cette distinction ; nous sommes des magistrats, nous rendons la justice, mais nous ne faisons point de politique.

Mᵉ Jules FAVRE. Vous dites, monsieur le président, ce que j'aurais voulu qui fût ; mais malheureusement, il n'en est pas ainsi. J'aurais voulu que la politique ne se glissât jamais dans ce prétoire. Elle y est malgré moi, et alors que je la rencontre, je ne peux, malgré tout le respect que j'ai pour la cour, changer la nature des choses. Vous rappelez la loi, c'est vrai, mais quelle est cette loi ? Une loi politique. M. le procureur général requiert l'application d'une loi politique ; le défenseur qui est à la barre défend quoi ? Un écrit politique, des hommes politiques ; il est donc dans la nécessité de parler politique. Si vous voulez, je substituerai au mot de « politique » les mots de « loi politique », c'est une affaire de langage, et au lieu d'être des juges politiques, vous serez les ministres d'une loi politique.

M. LE PRÉSIDENT. La loi est la loi, c'est-à-dire que les lois sont faites pour protéger la sécurité de l'État et des citoyens ; ces lois, nous les appliquons sans nous préoccuper de politique.

Mᵉ Jules FAVRE. Je n'aurai pas la témérité de descendre au fond de votre conscience, elle vous appartient, je la respecte. Seulement quand vous me faites l'honneur de me dire que, chargé de juger en matière politique, vous n'êtes pas un homme politique, vous prononcez un mot que je ne comprends pas ; c'est moi qui ai tort, assurément, car vous aurez toujours raison par arrêt.

M. LE PRÉSIDENT. Raison par arrêt !... c'est une expression, maître Jules Favre, qui n'est pas convenable, vous le savez. Dire à un président qu'il aura raison par arrêt, c'est lui manquer de respect.

Mᵉ Jules FAVRE. Si j'ai pu me servir d'une expression qui ne soit pas convenable, si la forme n'a pas été respectueuse, je le regrette, ce n'était point mon intention. Ce que j'ai voulu dire, le voici : c'est qu'en cas de désaccord, M. le président rend des arrêts... Je dois nécessairement respecter la raison qui s'exprime par arrêt. Je ne pense pas que mon langage ait été inconvenant, sans cela je le modifierais à l'instant même. Ce que je désire avant tout, c'est de m'écarter de toute discussion personnelle qui, à l'heure avancée où nous sommes, m'éloignerait de ma démonstration.

Ce que j'ai à dire, ce que M. le président reconnaîtra comme moi, c'est que M. le procureur général, requérant l'application de la loi, s'est surtout inspiré de la politique, et je ne lui en fais pas de reproches : c'est la nature même des choses. Seulement je lui demande la permission, précisément parce que la décision ne peut pas être une décision absolument arbitraire, puisque, bien qu'elle soit politique, elle doit être prononcée en vertu d'une loi, — de m'attacher à son argumentation pour tâcher d'y répondre. Ma fatigue pourrait troubler le cours de mes idées, et involontairement leur donner plus de développement que je ne le voudrais. Je cherche à me borner et à saisir dans leur substance les raisons qui ont été données tout à l'heure par M. le procureur général, pour établir que les actes de M. Duret constituaient une manœuvre ayant pour but de troubler la paix publique et d'exciter à la haine et au mépris du gouvernement.

M. le procureur général a fait une concession qui me paraît capitale ; il a reconnu que si le mot de manœuvres avait été employé dans les précédentes législations, dans des circonstances précises, dans la loi de 1858, c'était intentionnellement que le législateur n'avait pas fait de même. Ainsi dans le Code pénal, qu'il s'agisse de manœuvres et d'intelligences vis-à-vis de l'étranger, qu'il s'agisse d'escroquerie, la *manœuvre* est le résultat d'une série de faits qui ont été sérieusement étudiés par le législateur, ce qui n'empêche pas qu'il ne se soit élevé sur l'interprétation de ces articles de loi des controverses, et que la jurisprudence n'ait été quelquefois appelée à faire cesser les divergences qui s'étaient manifestées dans les décisions des tribunaux. Mais ici c'est tout autre chose. C'est M. le procureur général qui a proclamé lui-même que le législateur a volontairement laissé les mots *manœuvres et intelligences* dans tout leur vague, afin d'atteindre le plus grand nombre de délinquants possible.

Nous lui répondrons que, s'il en est ainsi, la latitude est telle qu'il n'y a pas un fait qui ne puisse tomber sous l'incrimination requise par M. le procureur général ; que le fait de la publication d'un journal, que l'abonnement à ce journal, le fait d'une correspondance, malgré les déclarations des orateurs du gouvernement en 1858, pourraient être considérés comme des manœuvres. Nous disons cela, messieurs, pour vous faire apercevoir les dangers auxquels nous sommes exposés, et pour vous conjurer de vous arrêter dans ces interprétations sans limites et, nous pouvons le dire, dans cet arbitraire résolu et sollicité par M. le procureur général.

Quelles sont donc les manœuvres qui sont reprochées à M. Duret? Il n'y en a qu'une, et ce n'est pas sans surprise que, me plaçant en face de la réalité des choses, je m'aperçois qu'on dénature complétement, involontairement sans doute, les pratiques ordinaires de l'interprétation pour arriver à un résultat tout à fait inattendu. Les manœuvres qui sont reprochées à M. Duret, c'est un article de journal, deux articles si vous voulez. La presse, à ce qu'il me semble, n'est pas sur un lit de roses; on lui a créé des embarras assez grands pour qu'on ne sorte pas de la législation faite spécialement pour la frapper; et si à cette légion, pour ainsi dire, de délits, de contraventions qui la menacent, on joint encore par interprétation le délit d'intelligences et de manœuvres, en vérité, où allons-nous? Il n'est pas un seul journaliste qui puisse échapper.

Revenant sur le passé, prenant les différents articles qui se sont succédé, vous y rencontrerez un certain esprit de concordance, de concert; ces articles s'adressant au public, vous les dénoncerez aux tribunaux comme constituant des manœuvres à l'intérieur. Permettez-moi, messieurs, de vous dire que c'est le dernier mot de la question par. L'Europe nous juge! Or, voici où nous en sommes : au nom de la loi, on peut requérir contre la presse une succession plus ou moins grande, non pas des dispositions de la législation propre à la presse, mais des dispositions de la loi exceptionnelle de 1858 qui, de l'aveu de tous, n'a jamais été faite pour elle.

Vous ne pouvez cependant invoquer contre M. Duret d'autres éléments de manœuvres que ceux résultant des deux articles; et à ce moment je m'arrête à ces deux articles qui vous sont déférés.

Je réponds d'abord à une de vos observations : Si j'ai parlé du rédacteur de l'article qui était en voyage, ce n'est certes pas pour exonérer la responsabilité légale de M. Duret; je n'ai pas besoin de savoir si M. Duret pouvait écarter ou accueillir l'article envoyé par M. Lavertujon. Il est incontestable que ce droit appartenait à M. Duret; la confiance et l'amitié qu'il a pour son collaborateur ont pu le guider dans cette circonstance, ce n'est point nôtre affaire; en poursuivant M. Duret, vous invoquez la loi, et nous, nous l'acceptons sans réserve et sans regrets. Par conséquent, nous sommes responsables. Mais, ceci bien entendu, n'avons-nous pas démontré tout à l'heure que l'article a été rédigé en dehors de toutes ces excitations sur lesquelles on insiste pour établir l'ensemble et le concours de faits qui constituent les manœuvres, et n'ai-je pas le droit de conclure que le lien par lequel on rattache M. Duret à la manifestation, à la publication des listes de la souscription Baudin, que ce lien disparaît?

On a parlé de la manifestation du 2 novembre, mais quel est le caractère de cette manifestation? un hommage rendu à la mémoire de Godefroy Cavaignac et à celle de Baudin. Est-ce que Lavertujon, au moment où il écrivait son article, connaissait les discours prononcés au cimetière Montmartre, entre autres celui qui a été reproduit par des journaux étrangers?

Si j'étais dans la nécessité de m'expliquer au sujet de toutes ces choses, je pourrais dire qu'elles ont un caractère étrange, et je pourrais jusqu'à un certain point les mettre au passif de ce bilan politique que je me permettrai d'examiner. L'année dernière, autour de la tombe de Godefroy Cavaignac, se fit une manifestation à laquelle on n'a rien pu reprocher parce qu'elle a été violentée, refoulée. Et cette année, il semble qu'on lui ait fait la main; et en effet, les orateurs se sont succédé, et le plus ardent n'est ni connu ni poursuivi, et c'est des journaux étrangers, avec lesquels le parquet se trouve en parfaite concordance, qu'on tire le discours le plus violent qui ait été prononcé.

M. LE PRÉSIDENT. Que voulez-vous dire?

Mᵉ Jules Favre. Je dis, monsieur le président, que le parquet a pris dans les journaux étrangers — un journal de Genève, je crois, — ce discours, et j'ajoute que le parquet n'a jamais donné la preuve que ce discours ait été exactement reproduit, et qu'il y ait eu la moindre relation entre les prévenus et la personne qui l'a prononcé, puisque cette personne est restée inconnue, cachée sous le voile de l'anonyme, et je ne sache pas que la conscience de la cour soit rassurée par cette qualification singulière qui se trouve dans le jugement de première instance : « D'un jeune homme à l'air grave et décidé », ainsi que le dit le *Journal de Paris*.

Dans de telles circonstances, je puis soutenir que si je n'ai pas le droit de conclure, n'ayant pas de motifs suffisants, j'ai du moins le droit de me défier de la sincérité de tous ces éléments de procédure; j'avoue que je ne veux pas les regarder de très près. Mais je ferai remarquer à la cour la différence de la conduite du pouvoir au 2 novembre 1867 et au 2 novembre 1868, et à ce sujet je puis conserver certains doutes que M. le procureur général comprend à merveille.

Ce que j'affirme, c'est que tous ces faits sont étrangers à Duret; que Duret a parlé de la manifestation du 2 novembre simplement à propos de l'hommage rendu à deux hommes qui méritaient les honneurs qui leur ont été rendus. Et lorsque, rappelant ces hommages, le journaliste dit qu'ils seront plus accentués par une souscription; qu'après dix-sept années de silence, il est bon d'honorer le courage civique, c'est à la vertu et non pas à la sédition que le rédacteurgérant de la *Tribune* a fait appel. En rappelant ce qui se passait le 2 novembre, le rédacteur de la *Tribune* ne s'est pas associé à tous ces faits. Vous le dites, mais il aurait fallu le prouver, et comme vous ne donnez pas cette preuve, je vous demande ce que devient votre accusation d'excitation à la haine et au mépris du gouvernement. De deux choses l'une : ou l'article contient un élément de délit, ou il ne le contient pas. Cet élément de délit, pour vous, c'est la souscription Baudin ; vous l'avez rappelé en termes amers ; vous avez dit que ceux qui avaient ouvert cette souscription s'étaient associés à une sorte de machination infernale au travers d'une société paisible, d'un gouvernement régulier, et que cette machination était de nature à effrayer les honnêtes gens, et à motiver les poursuites que nous subissons. A ce sujet, permettez-moi une observation très courte ; j'espère qu'elle sera décisive et qu'elle montrera que les paroles cruelles qui vous sont échappées n'ont pu nous atteindre.

Vous nous avez dit que pendant dix-sept années la tombe de Baudin était restée oubliée, et que ceux-là seuls qui n'avaient pas voulu en prendre le chemin avaient prétendu qu'elle avait été dérobée aux yeux de tous ; mais vous oubliez qu'autour de la tombe de Godefroy Cavaignac on a arrêté, l'année dernière, des enfants de seize ans ravis à leurs mères, et que, pour trouver les éléments d'une conspiration qui pût épouvanter le public, on en est venu à la nécessité d'aboutir à la police correctionnelle. Vous oubliez que pendant dix-sept années la France a vu s'appliquer un régime arbitraire qui n'a été modifié que par la législation de 1868 ; vous oubliez que pendant dix-sept années les démarches qui eussent été faites pour découvrir le lieu de la sépulture de Baudin auraient pu suffire pour devenir un motif de condamnation. En réalité, quand on a triomphé si long-temps dans la prospérité aussi continue, dont vous paraissez si fiers, il me semble bien dur de la reprocher à ceux qui ont été dans la nécessité de la subir ! Je ne veux pas en dire davantage ; mais cependant ma conscience me force à ajouter que si, pendant ces dix-sept années, l'histoire de ces temps n'avait pas été violée, dénaturée, l'événement de la souscription Baudin n'aurait pas eu un si grand retentissement. Il y avait là une dette d'honneur à payer, et le jour est venu où l'on s'est acquitté de cette dette : c'est une réparation historique.

J'ai dit, en terminant mes premières observations, que je ne doutais pas de l'honnêteté de mes adversaires : ou je me trompe fort, ou nous sommes séparés par des obstacles officiels dans l'intimité de nos âmes. Eh bien ! tant qu'il n'y aura pas sur le terrain du droit, de la justice et de la morale, — je résume par un seul tous ces mots sur lesquels on peut varier, — et je dis : tant qu'il n'y aura pas sur le terrain « de la vérité » un commun accord entre les hommes, nous serons exposés à des attaques de la nature de celles que nous avons entendues avec tristesse sortir de la bouche de M. le procureur général. Dans la souscription, ce qu'on a voulu honorer avant tout, c'est le respect à la loi, qui va jusqu'au sacrifice de sa propre personne. Vous avez cependant affirmé que cette souscription, considérée dans le but qu'elle se propose, pouvait constituer un élément d'excitation à la haine et au mépris du gouvernement de l'empereur. Pourquoi? Vous ne l'avez pas dit; car toutes les fois que vous avez été dans la nécessité de vous expliquer à cet égard, vous n'avez pas osé le faire. Eh bien! je ne parle que pour mon propre compte et pour le journal la *Tribune*, dont je crois connaître les sentiments, et je vous affirme que ce ne sont pas des préoccupations passagères qui ont réuni autour de la tombe de Baudin tous les hommes auxquels tout à l'heure vous faisiez allusion! C'est l'admiration de la vertu civique.

En examinant la question au point de vue juridique, je vous fais cette demande : La souscription est-elle en soi un élément de délit? Non! Est-elle un élément de délit, parce qu'elle s'applique à un citoyen mort le 3 décembre sur les barricades du faubourg Saint-Antoine? Non, c'est vous-même qui l'avez dit avec franchise, et vous avez ajouté que vous compreniez à merveille les regrets, les souvenirs et le culte qu'on pouvait lui rendre. Je vous en remercie; seulement, je vous demande si vous voulez limiter l'expression de nos sentiments; si vous avez une règle officielle pour faire le contrôle des aspirations civiques qui nous seront permises, ou si vous n'avez pas cette règle, qui peut vous empêcher de croire, ce qui est vrai, que ce que nous avons honoré dans Baudin, c'est ce que j'ai dit tout à l'heure : le sacrifice à son devoir?

Et dès lors, comment voyez-vous dans cet acte une excitation à la haine et au mépris du gouvernement?

Si vous l'avez vu, ce délit, dans la souscription, pourquoi poursuivez-vous certains journaux et pas d'autres? C'est là une question que je me permets de vous poser respectueusement.

Je parle librement, je parle sans forfanterie et sans faiblesse. Eh bien! vous nous avez concédé la piété des souvenirs. Encore une fois, c'est là ce que vous ne pouvez pas nous disputer; cependant, je vous sais gré de ne pas l'avoir incriminée. Mais ce n'est pas assez; nous avons entendu aller plus loin.

J'ai eu l'honneur de siéger dans des assemblées issues du suffrage universel, qui ont été attaquées par la force. J'ai essayé d'accomplir mon devoir. Au mois de juin 1848, j'étais devant les barricades, où j'aurais pu être frappé, comme Baudin, à mon poste; et c'est préci-

sément parce que j'ai accompli mon devoir dans la mesure de mes
forces et que par cela même j'ai peut-être été pour quelque chose
dans la résolution que Baudin a prise, puisqu'à mon sens la résistance
à laquelle il a participé était le premier des devoirs, c'est pour cela
qu'aussitôt que j'ai appris l'ouverture de la souscription, je me suis
empressé de m'y associer.

Est-ce qu'en agissant ainsi, j'étais mû par le désir d'exciter à la
haine et au mépris du gouvernement ? Dire que ceux qui se sont associés à cette souscription ont commis le délit d'excitation à la haine
et au mépris du gouvernement, en vérité, ce sont des paroles que
je ne saurais comprendre dans votre bouche ; cependant ce sont celles
dont vous vous êtes servi. Permettez-moi de vous le dire, de telles
paroles ne sont pas de mise entre hommes politiques qui s'expliquent
avec franchise. En souscrivant, ma préoccupation n'a pas été celle
que prête aux souscripteurs. M. le procureur général, mais, encore
une fois, il m'a paru que dans une société qui traverse de si rudes
épreuves...

M. LE PRÉSIDENT. Maître Jules Favre, je vous ferai observer que ce
n'est pas la défense du journal *la Tribune* que vous présentez en ce
moment.

Mᵉ JULES FAVRE. C'est la défense de la souscription, monsieur le
président, je suis dans la cause.

M. LE PRÉSIDENT. Vous devez rester dans la défense que vous avez
à présenter. L'avocat ne se met pas en cause.

Mᵉ JULES FAVRE. Monsieur le président, M. le procureur général
m'y a mis, j'y reste. J'ai compris les paroles de M. le procureur
général ; il a été plein de franchise, je l'en remercie, et je lui réponds
avec une égale franchise.

Je vous ai dit quel était le motif d'un grand nombre de souscripteurs, je pourrais dire du plus grand nombre, et j'ai voulu par là
même vous prouver qu'en souscrivant, ces personnes n'avaient pas
eu l'intention d'exciter à la haine et au mépris du gouvernement.

Il est puéril, laissez-moi vous le dire, il est puéril, au milieu de tous
ces événements, en présence des jugements que les citoyens libres
peuvent porter et doivent porter sur des faits qui sont soumis, en
définitive, à leur appréciation, de prétendre imposer telle ou telle
limite au débat qui s'agite.

Oui ! nous sommes groupés autour de ce souvenir, et nous avons
trouvé qu'il était bon de lui rendre hommage comme au droit,
comme à la règle, auxquels les hommes qui ont la rude tâche de participer aux affaires publiques ne doivent jamais essayer de se soustraire.

Je vous ai dit, dans mes premières observations, qu'il y avait à cet égard une objection spécieuse sur laquelle je m'expliquerai d'un mot, car je ne veux pas envenimer cette discussion. Je ne veux pas parler de l'origine de l'Empire; seulement je ferai remarquer qu'elle ne peut être que dans le vote du peuple, et non pas dans les événements de décembre. Vous n'avez pas touché cette question; de mon côté, je ne l'aborderai pas. Lorsque vous avez prononcé ce mot qui m'avait blessé l'âme, comme il avait blessé celle de Gambetta, je me demandais si vous *n'attendiez* pas des explications; je vous les aurais données. Je les donnerai ailleurs, je suis prêt. Rien ne peut m'embarrasser quand j'ai pour flambeau la vérité: je puis dire, sans toucher à cette question, que rien n'est plus maladroit, n'est plus malheureux que de faire consacrer, par une décision de la justice de notre pays, qu'il est une partie réservée de l'histoire dont l'enseignement ne peut se faire, parce que les yeux des citoyens ne doivent pas s'y fixer, même quand c'est la partie de l'histoire qui nous touche le plus, celle qui a pu servir de vestibule au gouvernement.

M. le procureur général, je l'ai déjà dit, n'a pas abordé cette question, et c'est pour cela que je veux m'abstenir de tout développement ultérieur sur ce sujet qui, devant des hommes tels que vous, ne peut pas embarrasser un avocat indépendant. Ici, nous avons le droit de tout juger, de tout examiner; l'appréciation nous appartient, la justice ne saurait nous la ravir, puisque la loi ne nous l'a point encore disputée.

S'il en est ainsi, vous n'avez qu'à réfléchir à la situation qui nous a été faite jusqu'à ces dernières années, et vous comprendrez quel pouvait être l'intérêt politique de la souscription. Encore une fois, le renversement de l'Empire et les séditions n'ont jamais été que dans la pensée des politiques à courte vue qui cherchent la satisfaction de leurs passions dans les éléments qui peuvent en compromettre le succès. La nation a pour elle le vote, elle doit en user; mais, pour cela, il faut qu'elle soit éclairée, il faut que les rayons de la liberté politique ne lui soient pas dérobés, et puisqu'il y a des martyrs, il faut que nous les honorions. Permettez-moi de vous le dire, c'est là ce que nous avons voulu.

J'aurais compris que le gouvernement, dont le chef a prononcé plusieurs fois à cet égard de nobles paroles, loin de contrarier ce mouvement, s'y fût associé. Il y aurait eu là quelque grandeur et un enseignement qui aurait touché le cœur de cette nation française si grande et si impressionnable; mais au contraire, prendre des écrivains, les conduire devant la justice, sous le prétexte qu'honorer la mémoire d'un homme politique qui est tombé en faisant son devoir, qui a gardé son serment, qui a scellé de son sang la constitution sous laquelle il vivait, c'est porter atteinte à la dignité de l'Empire, encore une fois, c'est travailler aussi efficacement que possible au renversement du gouvernement.

Mon dernier mot sera celui-ci : L'enseignement que j'ai signalé et et qui se dégagera de ce procès, c'est-à-dire le respect de la vérité historique qui s'est imposé aux magistrats, quelle que soit la sévérité des fonctions qu'ils sont forcés de remplir, cet enseignement restera.

Vous avez paru surpris de l'attitude de la jeunesse, et vous vous étonnez de la voir frémissante, prendre des résolutions viriles, quand elle est en face d'un homme mort pour son devoir. Moi, je réponds : Ce sont là des leçons qui valent mieux que celles de la noblesse, des plaisirs et de la fortune avec le cortège des courtisans qu'elle attire.

Ce sont les enseignements que le peuple préfère. Ce sont ceux que la justice couvre aussi de sa majestueuse inviolabilité, et si j'avais dû vous parler de toutes ces choses, je vous aurais rappelé que quelques-uns d'entre vous sont nos complices, et que si l'on n'a pas touché à leur robe... c'est que l'arbitraire s'est arrêté devant la justice.

La cour réduit l'amende de 2,000 francs à 50 francs, ordonne que le surplus du jugement dont est appel sortira son plein et entier effet, et condamne les appelants aux dépens.

TRIBUNAL CORRECTIONNEL DE PARIS

PRÉSIDENCE DE M. CRESSENT

AUDIENCE DU 30 OCTOBRE 1869

Affaire de la réunion de Belleville du 10 octobre. — Cinq chefs de prévention : sept
prévenus.

M. Lissagaray, prévenu d'avoir refusé d'obéir à la réquisition faite à la
réunion de Belleville par le représentant de l'autorité, et d'avoir outragé
des agents de police, est défendu par Me Jules Favre, qui s'exprime en ces
termes :

Je me présente dans la cause pour M. Lissagaray ; mes conclusions
tendent à ce qu'il plaise au tribunal le renvoyer purement et simplement de la poursuite sans dépens.

Messieurs, en requérant contre les prévenus l'application de la loi
du 6 juin, M. l'avocat impérial a déclaré qu'il voulait s'abstenir de
toutes réflexions politiques et se renfermer dans le cercle judiciaire
de la cause.

Je pourrais tenir le même langage, car ce langage n'a été que
l'expression de mon opinion ; la loi du 6 juin 1868 n'a pas été votée
par moi ; j'en ai combattu, avec toutes les forces qui sont en moi, les
principales dispositions, car je savais que l'exercice du droit de
réunion, laissé libre, se corrige lui-même de ses excès ; il devient
dangereux quand il est humilié, restreint, exposé à toutes les fantaisies de l'arbitraire.

Cependant je suis de l'avis de M. l'avocat impérial ; cette loi existe,
elle doit être exécutée et respectée tant qu'elle ne sera pas rapportée,
et si j'avais l'honneur, que je n'ambitionne pas, d'occuper le siège du
ministère public, si bien rempli par M. l'avocat impérial, j'aurais pris
les mêmes réquisitions que lui, non contre les prévenus, mais bien
contre le commissaire de police et ses agents.

Oui, lui et ses agents ont méconnu la loi de 1868, et par là ils ont
commis un acte très grave et très répréhensible ; par là ils ont exposé

L.

la population aux plus grands malheurs. Par contre, si M. le commissaire de police a manqué à son devoir, mon client, M. Lissagaray, a
rempli le sien, ce dont je demeure profondément convaincu. Aussi
quand M. Lissagaray est venu à moi pour me demander de l'assister,
j'ai accepté avec empressement la tâche qu'il me faisait l'honneur de
me confier. J'y trouvais un plaisir particulier, celui de rendre un
service aux écrivains, que je suis toujours prêt à défendre, comme je
suis toujours prêt à les attaquer quand leurs doctrines me paraissent
dangereuses.

J'ai accueilli avec joie M. Lissagaray, car il était dans la loi, pour
la loi, et cela doublait sa force ; c'est un vaillant athlète dans la
presse, il est généreux et chevaleresque, ne suivant jamais que le cri
de sa conscience. Dans la voie politique où il s'est engagé, avec des
convictions ardentes, je ne suis pas avec lui ; mais il mérite l'estime
de tous les honnêtes gens.

Je suis donc heureux de venir le défendre devant vous, car cette
fois sa thèse est ma thèse.

Ma thèse est que la loi de 1868 n'a pas été comprise par les agents
du gouvernement, et qu'au contraire elle l'a été par les prévenus. Je
viens soutenir qu'ils ont rigoureusement rempli tous les devoirs que
leur impose cette loi, et que c'est à tort qu'ils sont poursuivis.

Si le procès avait pour but d'arriver à une interprétation meilleure, plus approfondie, plus praticable, nous n'aurions pas à nous
plaindre, car nous aurions conjuré les périls de l'avenir, et nous
aurions enfin la liberté, maintenue par la loi, comme elle est comprise par tous les esprits généreux.

Vous savez que l'ordre du jour de la réunion était la question des
huissiers. Je ne suis pas de l'avis de M. l'avocat impérial, quand il dit
que ce sujet pouvait paraître singulier, et que la réunion de Belleville était peu compétente pour le traiter. Je demande pardon si je
réponds que, dans toutes les réunions publiques, même à Belleville,
patrons, ouvriers, étrangers de toutes les classes, instruits ou ignorants, ont le droit de traiter toutes les questions qui touchent à leurs
intérêts. Que si ceux qui se rendent à ces réunions s'imaginaient
de traiter une question de physiologie, de numismatique ou d'histoire
ancienne, on pourrait s'étonner ; mais la question des huissiers, elle
les touche de très près ; la profession des huissiers touche à nos
institutions : on peut donc l'aborder, à moins qu'il ne soit nécessaire,
pour parler dans les réunions, de justifier d'un diplôme de licence
ou de doctorat.

Mais ces questions sont irritantes, a dit l'organe du ministère
public ; chaque orateur, amplifiant sur le précédent, veut produire
de l'effet, et c'est ainsi qu'on arrive à l'invective, à l'injure, à l'outrage,

à des intempérances de langage qui ne peuvent plus être tolérées.

Oui, dans les réunions publiques, comme dans toutes les réunions d'hommes, il y a des passions, des erreurs, des entraînements qu'on aimerait à n'y pas rencontrer ; mais abandonnez les débordements à eux-mêmes, et soyez certains que le flot rentrera dans son lit, et que la raison et la vérité finiront par triompher. Ne vous effrayez donc pas quand une réunion d'ouvriers qui éprouvent le besoin de témoigner leur opinion, le font avec quelque ardeur, même avec quelque emportement ; il ne peut en être autrement, et il n'y aura péril que quand il y aura compression.

Le sujet à l'ordre du jour n'avait rien d'extraordinaire. Il devait être laissé aux légistes, a dit M. l'avocat impérial ; je suis légiste, eh bien ! j'ai bien peur qu'une telle question, discutée par des légistes exclusivement, ne fût pas traitée avec beaucoup d'ampleur : il y a dans l'esprit de tout légiste une certaine étroitesse, conséquence de leurs profondes et silencieuses études, étroitesse qu'on ne retrouve plus dans les masses.

A propos de cette question, à la réunion de Belleville, on pouvait risquer des choses hasardées, de mauvais goût ; mais où serait le mal ? Personne n'en aurait souffert. Pour moi, j'ai une telle confiance dans la vérité, que je suis convaincu que toutes les fois que l'erreur pourra se produire librement, elle sera vaincue par la vérité.

Du premier orateur qui a traité la question, M. Ducasse, je n'ai rien à dire. Il a cherché à mettre de l'esprit dans son discours ; qui pourrait l'en blâmer ? L'esprit n'est-il pas le moyen le plus charmant de persuasion, une arme légère, mais qui, bien maniée, vient au secours de la raison ? Le danger, savez-vous où il est ? Le danger est de faire la guerre à une image, à une métaphore. Eh bien ! si je ne me trompe, il n'y avait dans les paroles de l'orateur que des jeux d'esprit.

Mais laissons ces détails. Je veux rester dans la spécialité du rôle que j'ai à remplir, je veux rester historien concis et fidèle.

Cette loi sur les réunions, quelle est-elle ? Permettez-moi de le dire d'un mot.

MM. les commissaires de police ont été par elle investis d'une mission délicate, bien délicate, ingrate, pleine de périls et d'embûches, difficile à comprendre, plus difficile à exécuter.

La loi dit que l'orateur doit rester dans la question. Quand sort-il de la question ? voilà la difficulté, voilà qui embarrasse même les plus habiles ! Cela seul ne m'autorise-t-il pas à dire que la mission est ardue ? Quand y aura-t-il écart de la question ? Je voudrais bien que l'homme le plus exercé me le dise. N'est-il pas vrai que, pour porter la conviction dans l'esprit des auditeurs, la route la plus droite n'est pas toujours la meilleure? N'est-il pas vrai qu'il faut prendre quelquefois les chemins de traverse? Les hommes, principalement quand ils sont réunis, n'aiment pas à être heurtés ; il faut quelquefois leur cacher le but vers lequel on veut les entraîner. Est-ce que ces tournures charmantes, fruits de l'imagination et des efforts de l'orateur, doivent être proscrites? Non, disons-le bien haut ; ce serait proscrire l'éloquence, qui sera toujours de mise dans les réunions d'ouvriers; que dis-je? surtout dans les réunions d'ouvriers.

Pour se rendre compte de ce qui se dit dans une réunion publique, M. le commissaire de police doit avoir continuellement l'œil et l'oreille sur le bureau; mais il doit avoir aussi une oreille pour la préfecture de police, qui attend et contrôlera son rapport. De là ne voyez-vous pas naître pour M. le commissaire de police une crainte qui dégénère en terreur, la terreur d'avoir toléré tel ou tel passage que mentionnera le dangereux rapport? Il en a bien d'autres à subir, M. le commissaire de police ; je ne les indique même pas, tout le monde les soupçonne.

M. l'avocat impérial doit connaître les termes de l'article 5 de la loi de 1868; je devrai cependant les lui remettre sous les yeux, car on pourrait penser qu'il les a oubliés ; c'est ce que je ferai tout à l'heure.

Ce que je veux faire tout de suite, c'est de lui dire que ce n'est pas sans un grand bonheur que j'ai entendu à l'audience dernière M. l'avocat impérial nous dire qu'il n'avait jamais mis le pied dans ces sortes d'assemblées, mais qu'il le désirait. Évidemment rien n'est plus facile que de contenter ses désirs. M. l'avocat impérial connaît l'article 5 de la loi de 1868, et il doit savoir que [c'est aux magistrats de l'ordre judiciaire ou administratif d'occuper ce poste; M. l'avocat impérial n'a donc qu'à faire connaître son désir à M. le procureur impérial...

M. L'AVOCAT IMPÉRIAL. Permettez-moi de vous dire que ce que vous dites est d'assez mauvais goût; je ne puis accepter ce mot comme magistrat, et dans tous les cas je le repousse comme homme du monde.

Mᵉ Jules FAVRE. Ce mot me semble être à moi d'un homme du monde, et dans tous les cas c'est le mot d'un homme qui connaît la loi mieux que M. l'avocat impérial ; voici ce que dit la loi, article 5 : il dit que l'administration peut déléguer dans les réunions publiques un fonctionnaire de l'ordre judiciaire ou de l'ordre administratif, et je ne puis pas être taxé de mauvais goût parce que je pense, et que j'ai le droit de le dire, qu'il est regrettable que dans certaines circonstances MM. les membres du parquet n'aient point été investis de ces fonctions. Accomplir son devoir, ce n'est pas un acte de mauvais goût: et le rappeler à ceux qui ne le remplissent pas, c'est un acte de bon citoyen.

M. L'AVOCAT IMPÉRIAL. J'ai le droit, maître Favre, de vous demander une explication; vous dites que j'oublie mon devoir en n'allant pas dans les réunions publiques; il y en a bien d'autres qui n'y vont pas.

Mᵉ Jules FAVRE. Voici ma pensée : Je vous ai dit que vous paraissiez croire que c'était quelque chose d'excessif que vous puissiez être chargé par M. le procureur général d'aller dans les réunions publiques; je dis que tel est le devoir de la magistrature quand le chef le juge convenable, car il est dit dans l'article 5 qu'un fonctionnaire de l'ordre administratif ou judiciaire peut assister aux réunions publiques.

M. L'AVOCAT IMPÉRIAL. Avec la loi, je vous réponds. Dites cela pour une généralité, mais n'en faites pas une personnalité.

Mᵉ Jules FAVRE. Libre à vous, si cela vous convient, de l'accepter. Vous avez déclaré, est-ce vrai, oui ou non? que vous désirez y aller.

M. LE PRÉSIDENT. Maître Jules Favre, M. l'avocat impérial a manifesté ce désir en particulier, pour lui-même personnellement, mais non comme magistrat.

Mᵉ Jules FAVRE. Je ne comprends pas les susceptibilités de M. l'avocat impérial. Je trouve dans la loi un texte qui prouve que l'administration peut le déléguer pour aller dans les réunions publiques, et j'ajoute que si un membre du parquet assistait à ces réunions publiques, il y aurait pour la loi plus de garantie. Je ne veux pas médire de MM. les commissaires de police, mais il est incontestable que, pour l'intelligence de la loi, la présence d'un membre du parquet aurait plus d'autorité que celle de M. le commissaire de police.

Je poursuis ma thèse, et je dis que le premier devoir pour un magistrat chargé de représenter l'autorité est de faire exécuter la loi et de la faire respecter. Voyons si M. le commissaire de police a su remplir ce double devoir.

De par la loi, M. le commissaire de police est investi de deux droits. Il a le droit d'avertir le bureau et de dissoudre. Il a le droit d'avertir quand l'orateur s'écarte de la question à l'ordre du jour, ou s'il entre dans le domaine de la politique. Son appréciation est souveraine, je le reconnais; mais par cela même elle est pleine de périls; car pour ne parler que d'un seul, comme nous, de la meilleure foi du monde, il peut se tromper, il est sujet à l'erreur. Supposons qu'il a donné un avertissement immérité, où est le recours? Le recours est devant les tribunaux, qui à leur tour ont à apprécier; et sans ce recours il n'y a plus de sécurité, car si M. le commissaire a mal averti, c'est qu'il aura mal compris, et par cela même aura mal exécuté la loi. J'ajoute que le représentant de l'autorité ne doit pas prendre cette mesure en lui-même, car il peut se tromper sur une tournure de phrase, sur un mot; ce n'est pas un académicien.

Cela dit, je me demande si dans la réunion de Belleville, où la question des huissiers était à l'ordre du jour, le premier orateur s'en est écarté. Quant à moi, je ne le crois pas. A propos des huissiers, il y a dit qu'on ne faisait plus de procès politiques; ce disant, est-ce qu'il a parlé politique?

Que de fois, au Corps législatif et dans d'autres enceintes composées des hommes les plus éminents, s'est-on demandé ce que signifiaient ces mots: parler politique! Est-ce qu'à la politique ne sont pas mêlés, par le lien le **plus** étroit, les intérêts de toutes les classes de la société, je parle des intérêts généraux, de ceux qui chez tous les peuples qui ne sont pas courbés par la servitude, sont l'objet de leur sollicitude et de leurs méditations? Avec le système qu'on veut faire prévaloir, on arriverait à nous faire croire que nous faisons de la politique, comme M. Jourdain faisait de la prose, sans nous en douter.

Non, revenons à des choses raisonnables: la politique proprement dite, la seule politique interdite dans les réunions publiques, c'est la critique du gouvernement actuel, la critique des actes de son administration. Si dans une réunion publique on faisait la critique de la politique de Henri IV, ce serait peut-être dangereux, car on pourrait dire qu'il y a identité entre elle et la politique actuelle. Mais lorsqu'un orateur dit: « Aujourd'hui, on ne nous fait plus de procès politiques », lui dire qu'il parle politique, c'est à mon sens, j'en demande pardon à M. le commissaire de police, se montrer trop scrupuleux.

Il s'est montré encore plus scrupuleux quand il s'est attaqué aux jeux d'esprit. Il en est un où il a souligné le mot « suspendre ». Certes en prenant ce mot au pied de la lettre, on peut s'indigner; mais qui, dans l'assemblée, a pu le prendre au sérieux? Je ne connais pas l'orateur, mais je me porte sa caution. Il n'a pu échapper à ce besoin d'un improvisateur de faire un jeu de mots, de rechercher des applaudissements ou des sourires, qui sont les applaudissements les plus fins; mais c'est là son seul tort, et MM. les huissiers, après le mot lancé, n'ont pas pensé avoir couru un grand danger. Ne sont-ils pas bronzés sur les quolibets, et lorsque, sur un théâtre, on les appelait ces *gueux* d'huissiers, soyez certains que ceux qui étaient dans la salle ont été les premiers à en rire.

M. L'AVOCAT IMPÉRIAL. Pour ce mot, il n'y a pas eu d'avertissement.

Me Jules FAVRE. Pardon, je l'ai noté, et il est dans le procès-verbal. vous l'avez longuement incriminé; de même le procès verbal a mentionné ce passage du même orateur où il dis... les huissiers ne quittaient jamais leurs clients sans leur donner des coûts. Qu'est-ceci?

un calembour, rien de plus, tout ce qu'il y a de plus français; toléré dans tous les temps, sous tous les régimes, même les plus mauvais; il paraît que désormais il peut devenir dangereux.

Au surplus, j'écarte ces détails, car ils sont inutiles à ma discussion; j'arrive aux avertissements.

M. le commissaire de police a cru que l'orateur s'est écarté cinq fois de la question et qu'il a donné cinq avertissements. J'ai voulu d'abord établir de sa part une susceptibilité extrême; mais alors même qu'il en serait autrement, mon raisonnement serait le même.

Tout d'abord, dans la réunion, il occupe une place où il ne peut être vu et entendu du bureau que très difficilement. A qui la responsabilité de ce fait? A lui, à lui seul; c'est comme jurisconsulte que je raisonne: la loi de 1868 dit que le commissaire de police peut assister aux réunions publiques. La loi du 18 juillet 1848 sur les clubs en faisait une obligation; dans la nouvelle loi, sa présence n'est que facultative.

Mais dans les deux cas, c'est à lui de prendre ses précautions, de se poster à une place de son choix, pour bien voir et bien entendre.

Dans toutes les réunions auxquelles j'ai assisté, j'ai toujours vu le représentant de l'autorité en vue, près du bureau, près de la tribune; il ne s'agit pas ici de jouer à cache-cache; il est l'homme de la loi, il doit être en évidence, il doit apparaître à tous.

A Belleville, il est mal placé, obligé de se pencher vers le bureau pour en être vu ou entendu. C'est ainsi, placé à ce poste ingrat, qu'il donne des avertissements; soit, il les a donnés, mais tout n'est pas dit pour cela; le bureau les a-t-il entendus? Voilà le point, le point capital.

Eh bien, tous nos témoins sont unanimes sur ce fait, et M. le commissaire de police lui-même a dit qu'il ne peut être vu et entendu que très difficilement du bureau; d'où, pour moi, la conséquence qu'il n'a pas exécuté la loi, qu'il l'a violée. On ne peut dissoudre qu'après avertissements; il faut donc que les avertissements aient porté coup. Un de vos témoins, le second entendu, a dit: « Le bureau n'a pas entendu tous les avertissements, à cause de la disposition des lieux. »

Le commissaire de police maintient qu'il a donné cinq avertissements, en se levant et en se penchant vers le bureau, et un de ses agents a dit qu'il ne s'est levé que deux fois. Ce même agent déclare qu'à l'un de ces avertissements, donné par gestes, l'orateur Ducasse a répondu qu'il était dans la question; mais Ducasse, qui n'est pas un témoin, qui n'a pas été entendu ici, affirme, dans une lettre insérée dans un journal, qu'il n'a pas fait cette réponse, qu'il ne pouvait pas la faire, n'ayant pas entendu le rappel à la question.

Remarquez, messieurs, que pendant un moment de tumulte, alors qu'on bat des mains, qu'on applaudit, un des auditeurs peut interpeller l'orateur, lui dire qu'il n'est plus dans la question, et celui-ci lui répondre qu'il y est resté.

Ce colloque peut être entendu par deux, dix, vingt assistants qui croiront que cet échange de paroles se fait entre le commissaire de police et l'orateur ; ils se seront trompés, voilà tout. Je signale cette erreur possible, en passant ; il y en aurait bien d'autres à signaler.

Un autre agent a dit aussi que le bureau n'a pas entendu tous les avertissements ; mais qu'il en a entendu au moins un.

Eh bien, le bureau tout entier déclare le contraire ; son témoignage vaut bien celui qu'on lui oppose, et pour ne parler que de mon client, que personne n'accusera de trahir la vérité, il est aussi affirmatif qu'on peut l'être.

Le ministère public s'est appuyé sur deux autres témoins, M. Garçot et M. Jennesson ; et il a cru devoir les défendre contre des attaques que nous n'avons jamais eu la pensée de leur adresser. Nous ne disons, nous, que ce que nous savons ; M. Garçot est ingénieur, et il est l'ami de M. le commissaire de police ; nous n'avons dit que cela. D'ailleurs, ce témoin est-il donc si concluant ? Il dit que les avertissements ont pu ne pas être entendus. De son côté, le témoin Jennesson a dit que Ducasse avait répondu qu'il était dans la question. Ici, je ne ferais que me répéter, en reproduisant le raisonnement que je présentais tout à l'heure sur le même fait.

Les déclarations de ces témoins ne prouvent donc pas péremptoirement, c'est-à-dire avec la certitude judiciaire, que les avertissements ont été donnés et surtout entendus, en un mot, qu'ils aient touché le bureau et l'aient mis en demeure. M. le commissaire de police ne pouvait donc pas s'appuyer sur un avertissement pour dissoudre l'assemblée.

M. l'avocat impérial a fait entendre quatre témoins *in extremis*. Tous ont dit que, loin d'entendre donner cinq avertissements, ils n'en avaient entendu qu'un seul, et encore, donné par gestes.

Il n'entre pas dans le dessein de la défense de rechercher les mobiles qui font agir les témoins ; seulement le bon sens ne peut être mis de côté ; ils viennent à la dernière heure, et qu'arrive-t-il ? il arrive qu'ils renversent la première instruction : on ne s'y attendait pas ; mais le fait est acquis, il reste aux débats.

M. le commissaire de police a parlé de sa position dans la salle, du bruit, du tumulte qui régnaient dans la salle, ce qui ne l'a pas empêché de donner cinq avertissements ; mais il n'a pas dit qu'il les avait donnés par gestes, et voilà qu'avec les quatre derniers venus, entre ces témoins, les gestes ont été introduits. Mais le résultat de ceci, c'est que ces quatre derniers témoins sont en contradiction avec les premiers. Le bruit n'empêche pas de voir un geste ; eh bien, ce geste, les premiers témoins ne l'ont pas vu, et les derniers l'ont vu. D'où ma conclusion est que les derniers témoins se sont trompés, ou que ce geste n'avait pas la signification qu'ils lui donnent. Donc ces contradictions me permettent de douter de la sincérité de leur témoignage.

Quoi ! on admet comme avertissement un doigt levé, un froncement de sourcils ! Quoi ! le droit de réunion serait effacé par un geste ! Oh ! cela ne sera pas ; les peuples ne sont plus conduits par la main !

La loi a voulu, et elle aurait été insensée de ne pas le vouloir, que l'avertissement pour être réel fût connu. Où irions-nous sans cette garantie élémentaire ? Quoi ! le commissaire de police se lève ; il adresse un avertissement ; le tumulte l'empêche d'être entendu, et ce serait là un avertissement ? Je comprends, en pareil cas, que le commissaire de police prenne de l'humeur, qu'il soit humilié ; mais s'il veut faire son devoir, qu'il sache se dominer et qu'il ne ruse pas avec la loi ; qu'il l'exécute loyalement, hautement, à la face de tous ; s'il ne peut être entendu, qu'il attende que le calme soit rétabli, et s'il continue, qu'il écrive un mot au bureau.

Mais de procéder comme il a fait, où arriverait-on ? On arriverait à un avertissement pensé ; M. le commissaire se pencherait vers l'oreille de son secrétaire, en lui disant qu'il avertit, et ce serait là un avertissement ! Non, certes ; l'avertissement ne doit pas être un simple monologue ; il faut que la pensée se révèle par la parole ou l'écriture. Voilà où il faudrait un homme habile, intelligent, un magistrat calme, maître de lui-même et fortement imprégné de l'esprit de la loi.

Est-ce qu'un tumulte parmi des hommes réunis est un miracle, pour qu'il faille fouler aux pieds les formalités prescrites par la loi ? Mais si dans une réunion nombreuse on touche à une passion un peu vive, si l'orateur se lance dans une dialectique impitoyable, soit qu'il soit approuvé, soit qu'il soit blâmé, il y aura tumulte, il y aura des trépignements d'impatience et d'improbation, ou des applaudissements énergiques ; dans l'un comme dans l'autre cas, il se formera une tempête qui viendra couvrir la voix de l'orateur. Le commissaire de police n'a tenu aucun compte de ces faits, qui se produisent si fréquemment dans les réunions ; il a cru possible d'avertir par un geste ; je ne crois pas que les Français puissent ainsi être menés à la baguette ; il a cru avertir, il n'a pas averti.

L'opinion que j'émets, messieurs, vous le comprenez, elle a une grande gravité. En effet, est-ce que la raison ne repousse pas la pensée d'un avertissement donné à voix basse qui n'est pas entendu, ou par un geste qui n'est pas compris ? Donc il importe, et pour les réunions ultérieures et pour MM. les commissaires de police, que tous sachent leurs droits et leurs devoirs.

Je crois avoir démontré qu'il n'a été donné ni un, ni quatre, ni cinq avertissements, et voilà pourquoi la séance a continué.

Un second orateur occupe la tribune, M. Nathan. S'il a dit que Laferrière avait été dans l'impossibilité de trouver un huissier pour porter certaine citation que vous savez, il n'a dit qu'un fait vrai, et qui se rapportait essentiellement, étroitement, à la constitution des huissiers. Eh! oui, il ne faut pas se le dissimuler, il y aurait peut-être des modifications à apporter dans les institutions. Jetons un regard sur nos voisins; il est des pays où les huissiers ne sont pas sous la dépendance du pouvoir, et ces pays ne s'en trouvent pas plus mal. Est-ce le contraire chez nous? On ne peut le nier. Est-ce un fait déplorable? Oui, évidemment.

Donc, pour ce fait de l'orateur Nathan, M. le commissaire de police n'avait pas le droit de le rappeler à la question. On dit : C'est pour une épithète, pour le mot « infâme » accolé à l'action qu'on rappelait. L'acte était-il infâme ou non? Je ne veux pas le qualifier; aussi l'orateur s'est-il défendu d'avoir proféré ce mot. Qui a raison, de celui qui affirme ou de celui qui nie? Remarquez que nous n'étions pas dans un de ces salons où l'on entendrait une mouche voler; nous étions dans la salle de Belleville, toute comble d'assistants. Il y avait donc du bruit, beaucoup de bruit; au milieu de ce tumulte, le mot a-t-il été prononcé? Qui oserait le dire? Vous et nous, nous disons le contraire. De plus, ce qui est presque avéré, c'est que M. le commissaire de police n'avait pas entendu l'épithète, et qu'on la lui a fait connaître. Sur cela, il y a donc complète incertitude; je vais bien plus loin, et je dis que quand bien même l'incertitude n'existerait pas, la question resterait la même.

Je vous ai fait connaître les dangers des censures d'un commissaire de police; mais le voici investi d'un droit bien autrement dangereux que celui de l'avertissement, le voilà investi du droit de dissoudre. Mais là encore la loi n'a pas été muette, elle a prescrit les formes à suivre pour prononcer la dissolution. Elle ne peut être prononcée, article 6 de la loi de 1868, que dans les deux cas que voici : ou si l'on traite une question étrangère à celle qui est portée sur l'ordre du jour, ou si l'assemblée devient tumultueuse. Ou la loi est un vain mot, ou ce n'est que dans ces deux cas qu'on peut dissoudre; s'il la dissout hors de ces deux cas, il viole la loi.

Or, l'assemblée n'était pas tumultueuse; des applaudissements ne sont pas le tumulte. Au mot de l'orateur Nathan, l'assemblée a applaudi avec frénésie si vous voulez, mais chacun est resté à sa place; il n'y a donc pas eu de désordre. Si l'on a bien suivi mon raisonnement, on verra que ce que je reproche à M. le commissaire de police, ce n'est pas la mauvaise foi, c'est de n'avoir pas compris la loi.

Mais allons plus loin. A supposer qu'il ait été dans son droit, devait-il dissoudre l'assemblée comme il l'a fait? Non, mille fois non. La loi n'a pas abandonné les formes de la dissolution à la discrétion du représentant de l'autorité. Ce représentant a deux devoirs à remplir : 1° prononcer la dissolution; 2° requérir l'évacuation de la salle. A-t-il obéi à ces deux devoirs? Non, à aucun des deux; il a mis son chapeau sur sa tête et a essayé de se retirer : c'est lui qui l'a dit. Eh bien, s'il est permis d'agir ainsi, il n'y a plus aucune garantie pour les citoyens dans les réunions publiques. Il ne devait pas se borner à penser la dissolution, mais il devait la proclamer hautement, dût-il attendre jusqu'à onze heures du soir. Le droit est toujours le droit, et l'homme ferme, avec ce droit, finit toujours par triompher. La loi n'est pas faite pour ceux-là seuls qui doivent l'exécuter, mais aussi pour ceux qui sont chargés de la faire exécuter. Nous ne deviendrons libres qu'à cette condition; nous n'avons qu'un maître en France : c'est la loi.

Si l'autorité viole la loi, nous devons exiger d'elle qu'elle la respecte. La loi n'a jamais dit qu'il suffisait d'un geste pour dissoudre une réunion. Dans cette grave circonstance, le commissaire de police n'a pas réclamé le silence; il ne l'a pas demandé; il n'a pas même demandé la parole. Que signifie ce rôle qu'on donne au chapeau? Ce rôle est nouveau, et il est étrange.

Le président d'une assemblée se couvre quand il y a bruit, tumulte; cela veut dire que la séance est suspendue par le fait même du tumulte, mais la séance n'en continue pas moins. Je repousse donc le chapeau comme le geste; ce sont là des agissements qui ne sont ni en usage, ni légaux. Je ne veux pas me retirer parce qu'un homme met son chapeau sur sa tête, pas plus que Guillaume Tell n'a voulu se découvrir sur l'ordre qui lui en était donné. Ma conclusion est que l'assemblée n'a pas été dissoute, et qu'on n'a pas requis l'assemblée de se retirer.

Je le dis sans aigreur, avec calme, mais avec fermeté, la loi n'a pas plus été respectée dans la deuxième phase de la réunion que dans la première. Puis qu'est-il survenu?

M. le commissaire de police veut sortir; il y trouve empêchement; on a eu tort, car, dans sa pensée à lui, il croyait qu'il avait dissous l'assemblée et qu'il pouvait se retirer ; mais l'assemblée ne partageait pas son erreur, elle ne se savait pas dissoute.

M. Lissagaray avait une grande responsabilité, il l'a acceptée, mais il n'a pas dit ce qu'on lui prête ; il n'a pas dit aux assistants : « Restez. »

Il s'est borné à dire : « L'assemblée n'a pas été dissoute, nous restons au bureau. » M. le commissaire de police a parlé de bancs jetés aux agents ; d'un autre côté, on dit que les assistants avaient pris ces bancs pour se défendre. Ces bancs étaient-ils une arme offensive ou défensive ? On ne sait. Mais les sergents de ville ont-ils tiré l'épée pour attaquer ou pour se défendre ? On ne sait encore ; c'est encore là un point obscur. Ce qui ne l'est pas, c'est qu'il y a eu un combat engagé, que des citoyens ont été blessés et aussi des sergents de ville. Mais, au demeurant, ce combat n'a pas eu de résultat funeste ; les blessures ont été légères, grâce à Dieu ! Lorsque je plaidais à Nîmes pour la première fois pour le droit de réunion, c'est dans le sang d'une victime qu'il était trempé. Cette fois, il n'y a pas de victimes ; mais quel enseignement ressort de ce procès ? C'est que les agents de l'autorité ont outre-passé leur droits. D'abord, il n'y a pas eu de dissolution ; ensuite, je nie le droit de faire évacuer une réunion publique par la force. Je reconnais ce droit sur la place publique, et encore là faut-il observer les formalités, car si on ne remplit pas les formalités, on devient coupable. A cette foule qui couvre la voie publique, qui arrête la circulation, qui jette l'épouvante dans la population, qui peut se ruer sur les propriétés, dévaster et piller, il faut opposer une digue ; cette digue, c'est la force armée. Eh bien ! pour que la force armée agisse, il faut que des magistrats soient à sa tête et qu'ils observent les formalités prescrites par la loi. Il faut trois sommations entrecoupées de trois roulements de tambour. Il faut que le magistrat engage la foule à se disperser, qu'il emploie envers elle les exhortations paternelles que lui dicte son cœur ; si la foule y reste insensible, alors la loi doit être exécutée. Et ces formalités si sages ne protégeraient pas les réunions publiques ! ce serait insensé de le penser.

Le 10 octobre, rien de tout cela n'a été pratiqué. La porte s'ouvre, les agents s'élancent dans la salle, repoussant tout le monde, hommes, femmes, enfants, les poursuivant du plat de l'épée ; des vies humaines auraient pu être sacrifiées, s'il y avait eu résistance accusée. Non, la loi n'a pas permis de ces sanglants holocaustes ; mais je dis plus, je dis qu'il n'est jamais permis d'attaquer par la force des citoyens inoffensifs.

De sommations, il n'en fallait pas faire, ce n'était pas le cas, mais la loi a dit ce qu'il fallait faire dans son article 6. Le représentant de l'autorité devait dresser procès-verbal et avoir recours à l'autorité compétente. Comment, vous avez dans la main le texte de loi, et vous la violez ! Lisez donc l'article 9. Il dit que si le bureau n'obéit pas à la réquisition d'avoir à se disperser, chaque membre est puni d'une amende de 300 fr. à 6.000 francs et de quinze jours à un an de prison, mais pas d'un coup de baïonnette. Voilà la sanction de la loi ; mais un texte, une ligne, un mot qui vous autorise à avoir recours à la force, vous ne le trouverez pas ; et cependant c'est là le dernier mot de la doctrine du ministère public. S'il en est ainsi, alors, moi, je dis : « Voilà ma poitrine ; je n'ai que cela à vous opposer : percez-la ! »

Je l'avoue, il y a eu des agressions réciproques ; en pouvait-il être autrement ? Les agents n'ont pas lardé les fuyards ; non. S'il en eût été ainsi, il y aurait eu de nombreuses victimes. Mais à quoi a-t-il tenu qu'elles soient nombreuses ?

C'est dans cette éventualité sanglante que je m'arrête avec émotion et avec respect pour la loi qu'il n'est jamais permis de léser, avec respect pour votre justice, qui saura bien rétablir et rasseoir la loi sur des bases inébranlables, sur lesquelles elle n'aurait jamais dû chanceler.

Pour espérer en France que la liberté puisse produire les fruits qu'on en attend, il faut, messieurs, qu'elle ait au-dessus d'elle son autorité souveraine à l'abri de toutes les interprétations fantaisistes, de tous les arbitraires, et que les citoyens, quand ils exercent un droit, soient bien sûrs d'être protégés dans les termes de la loi par ceux qui sont chargés de la faire exécuter.

Nous sommes dans une heure solennelle ; la société a un choix à faire ; soit le retour du passé, ou la marche ferme vers l'avenir. Le retour du passé, c'est la servitude ; la marche vers l'avenir, c'est la liberté, la liberté comprise, non pas comme un exercice qui permette à chacun de satisfaire des caprices et des passions, mais la liberté comprise comme un grand devoir, comme une innovation morale et intellectuelle qui régénère une nation et la grandit. Pour cela, messieurs, ce n'est pas trop de l'accord de tous les citoyens ; pour cela, ce n'est pas trop de demander votre concours, à vous, interprètes de la loi, et qui avez la mission auguste de la faire respecter !

Le tribunal, après une longue délibération, a rendu son jugement, qui, sur le chef de cris séditieux, a renvoyé tous les prévenus de la poursuite, et sur les autres chefs les a condamnés à 500 francs d'amende.

CONSEIL DE GUERRE DE CONSTANTINE

PRÉSIDENCE DE M. LE GÉNÉRAL DE BRIGADE FAIDHERBE

MAI 1870

AFFAIRE DE L'OUED-MAHOUINE.

Au mois d'avril 1869, une caravane partie de Guefsa, petite ville de Tunisie, se dirigeait vers Tébessa avec un grand nombre de chameaux chargés des productions du pays. La plupart des hommes qui la composaient appartenaient à la tribu des Hammamas, ennemie implacable de celle des Nemenchas, dont un des chefs, le caïd Mohamed-Chettouch, très ému de leur approche, avertit le chef du bureau arabe, M. le lieutenant de Boyat. Celui-ci en référa à son commandant M. Sériziat qui donna l'ordre de charger le caïd Si-Ahmed-Lakhder *d'empêcher ces gens d'arriver et de les razzier*. Mais le caïd, n'ayant pas reçu d'ordre écrit, refusa sagement d'obéir. Son frère, Si-Ahmed-Ali demanda à M. de Boyat la permission de razzier la caravane, ce que le chef du bureau refusa formellement. Cependant l'ordre de M. de Sériziat ayant été maintenu pendant trente-six heures, malgré les instructions contraires de M. le général, Mohamed-ben-Ali réunit des cavaliers pour diriger et exécuter une attaque contre la caravane, et, après l'avoir massacrée avec ses gens, sur les bords de l'Oued-mahouine, il présida au partage du butin. Le cheikh El-Hafsi-ben-Gaba fut accusé d'avoir, après l'attaque et en dehors de toute lutte, commis un homicide volontaire sur la personne d'un israélite faisant partie de la caravane.

Mᵉ Jules Favre, son défenseur, prend la parole en ces termes :

MESSIEURS,

Après la plaidoirie éloquente que vous venez d'entendre et d'admirer (celle de Mᵉ Lucet), je ferais peut-être bien de me taire et de m'en rapporter à votre justice ; elle me laisse, en effet, en face d'une accusation qui, malgré le talent et la conscience avec lesquels elle a été soutenue, n'a pu résister à une argumentation décisive, victorieuse, qui la presse, l'éprouve et selon moi l'anéantit. Aussi bien, le chef indigène qui m'a confié sa défense est-il rattaché à cette lugubre affaire par un lien si faible, au point de vue légal, qu'il suffirait de quelques courtes observations pour le rompre. Et cependant, messieurs, mon devoir est de répondre aux considérations élevées que l'accusation nous oppose et de chercher celles qui protègent la défense, en demandant pour elle un secours plus haut que celui que nous fournissent les faits soumis à notre jugement. Je pourrais, en effet, messieurs, me contenter de vous dire : El-Hafsi est un soldat, un Arabe, un fils. Comme soldat, il a obéi à ses chefs ; comme Arabe, il a cédé à l'impétueux et irrésistible entraînement des mœurs de sa race ; comme fils, il a vengé son père. Et ces trois vérités, acquises au procès, pour des hommes d'intelligence et de cœur tels que vous, suffiraient pour qu'il fût absous.

Mais il importe, ainsi que je le disais, de chercher ailleurs s'il n'est pas protégé plus efficacement encore par un palladium plus respectable qui s'étend sur sa tête, un instant menacée du glaive de la loi ; et ce palladium, c'est sa soumission à la France, à ses ordres, à sa politique qui le défend et qui le couvre, à tel point que frapper El-Hafsi, ce serait lui faire expier nos propres fautes, et qu'aux yeux du monde civilisé nous aurions ce rôle inacceptable d'un peuple qui reconnaît qu'il s'est engagé dans une voie fausse et qui, en retournant trop tard à la vérité, dont il a méconnu l'empire, offre précisément en holocauste ceux qu'il a compromis pour les pratiques auxquelles il se décide à renoncer. Cela n'est pas possible, messieurs, et si je parviens à démontrer, ce qui me paraît aisé, que la défense d'El-Hafsi repose sur ces fondements éternels de la justice et du bon sens, je l'aurai placée, je l'espère, au-dessus de toute discussion. Mais, ai-je besoin de le dire ? en touchant à ce point capital, je n'aurai pas de peine à me tenir dans les bornes du respect qu'il m'est si facile et, permettez-moi de le dire, si doux de professer pour ceux qui me font l'honneur de m'écouter et qui bientôt vont me juger.

Ce procès contient des enseignements terribles qui ne seront pas perdus. Il appartient à tous les citoyens, sans exception, d'en profiter, et à ceux qui ont le droit d'élever la voix devant le pays d'y chercher les moyens pratiques d'éviter le retour à de semblables erreurs. Mais, quoi qu'il arrive, ce sera l'honneur de la justice militaire que d'avoir, avec une indépendance absolue, recherché la vérité en ce procès, et je ne crois pas, messieurs, commettre une inconvenance en remerciant ici publiquement le conseil et surtout son honorable et digne président, de la liberté qu'il a laissée au débat ; je ne pourrai pas mieux lui en témoigner ma gratitude qu'en restant moi-même dans le cercle que ce débat a tracé, en y introduisant toutes les vérités juridiques qu'il comporte, mais en n'essayant pas de le franchir.

Sur ce terrain, nous ne courons pas risque de nous égarer. Nous pouvons avoir, relativement aux solutions diverses de cette affaire,

des opinions qui se choquent et se heurtent ; mais il est un sentiment
dans lequel nous nous rencontrons tous, unanimes ; et c'est avec une
émotion profonde que j'ai entendu, dans la dernière séance, la voix
généreuse de M. le commissaire du gouvernement s'élever pour proclamer que tous nous aimions notre France et l'Algérie qui ne peut
plus en être aujourd'hui séparée ; que tous, nous les voulions l'une et
l'autre abritées sous le drapeau du droit et de la liberté. Ce que nous
voulons non moins énergiquement pour elle, c'est la justice. Vous
en êtes le symbole, et vous voulez, comme nous, qu'elle se substitue
aux caprices de la force aveugle et brutale. Aussi, messieurs, quoi
qu'il arrive, votre présence en cette enceinte, la minutieuse recherche
par laquelle les officiers du parquet militaire sont parvenus à découvrir la vérité, l'ont poursuivie avec une infatigable persévérance, une
indépendance et un courage dont il faut leur tenir compte et que
nous devons honorer ; tout cela, messieurs, indique une transformation salutaire dans les idées des temps nouveaux, et quand le législateur voudra formuler les règles qui conviennent au gouvernement
de ce pays, il n'aura qu'à chercher les pensées qui émanent de votre
conscience. Et vous allez voir que ces réflexions générales s'appliquent parfaitement à la cause ; qu'elles sont justifiées par les idées
accessoires sur lesquelles s'appuie notre défense ; elles la dominent,
et les en retrancher, ce serait ne vous montrer qu'une partie de
la vérité que votre mission consiste à appeler dans toute sa plénitude.

Quant à moi, je l'ai dit, ma situation dans ce débat pourrait être
considérée comme simple et facile : je défends un chef indigène qui
tout d'abord avait été rattaché intimement à l'accusation générale.
L'ordre de mise en jugement n'a pas laissé subsister pour lui cette
incrimination dans son entier, et vous le savez, c'est à raison d'un
fait spécial qu'il a été retenu et renvoyé devant vous.

Il n'est pas inutile, messieurs, de placer sous vos yeux les termes
exprès de cet ordre de mise en jugement, avant d'aborder le terrain
de la discussion, et de puiser déjà dans les paroles mêmes dont s'est
servie l'autorité, l'un des principes les plus forts et l'un des plus
solides moyens de défense que je puisse invoquer :

« Attendu, en ce qui concerne ce dernier prévenu, qu'il a agi dans cette
attaque comme subordonné au caïd Mohamed-ben-Ali et sur l'ordre de ce
dernier, ce qui ne constituerait de sa part que l'obéissance à des ordres
dont le caïd était seul responsable, et enlèverait sur ce point tout caractère criminel,

« Nos conclusions tendent à ce qu'une ordonnance de non-lieu soit prononcée en sa faveur, au sujet de l'attaque de la caravane,

« Et qu'il soit mis en jugement pour avoir:

« Après l'attaque, en dehors de toute lutte, commis un homicide volon-

taire sur la personne de l'israélite Nani-ben-Chimouni qui se trouvait
parmi les gens de la caravane attaquée. »

Voilà le fait spécial à l'occasion duquel El-Hafsi est accusé : il
aurait, après l'attaque, quand la chaleur du combat avait cessé, commis sur la personne de l'israélite Nani-Chimouni, un acte qualifié
par l'accusation de meurtre volontaire. Cela est-il possible, messieurs,
et ne puis-je pas tout d'abord invoquer en faveur de l'accusé, non
pas des considérations, mais des faits établis par la prévention qui
viennent complètement le disculper ? Ce que j'ai à examiner, le
voici : El-Hafsi est-il coupable d'avoir commis le meurtre involontaire
qui lui est reproché ? L'acte matériel de ce meurtre vous est-il suffisamment prouvé pour que vous puissiez le rattacher à une culpabilité
intentionnelle ? Sa matérialité fût-elle établie, son intention l'est-elle ?
Et vous ne pouvez pas, dans les termes où El-Hafsi a été retenu,
prononcer que volontairement, dans le dessein de donner la mort,
en dehors du combat il a dirigé contre le jeune israélite Nani une
arme criminelle.

Ce sont là, messieurs, les deux premières propositions que je conteste énergiquement. Il n'est pas démontré, juridiquement au moins,
qu'El-Hafsi soit l'auteur de l'acte criminel; mais si l'acte matériel
pouvait être mis à sa charge, l'intention criminelle disparaîtrait par
la plus simple réflexion, par l'examen consciencieux des faits que
vous connaissez. Et c'est sur ce terrain, je l'avoue, que la défense
d'El-Hafsi me paraît inattaquable. Je dois cependant ajouter, messieurs, car rien n'est à négliger dans une défense de cette nature,
supposé même, ce que je ne saurais admettre, qu'El-Hafsi fût intentionnellement coupable après l'avoir été matériellement, qu'il serait,
dans cette double position, protégé à la fois et par le commandement
et par la politique, et qu'il serait puni pour avoir fait, permettez-moi
l'expression, une chose deux fois sacrée, car il aurait été l'instrument
de votre propre volonté, et si cet acte n'a pas été accompli à l'ombre
de notre drapeau, c'est pourtant d'un commandant français, d'une
politique française qu'émanerait l'inspiration à laquelle il aurait obéi.

Telle est ma thèse : vous voyez quelle est à la fois sa simplicité et
quelle est sa force, et vos esprits clairvoyants ont deviné, avant même
que j'aie l'honneur de vous les présenter, les arguments décisifs qui
en ressortent naturellement.

Je l'avoue, messieurs, avant d'aborder cette enceinte, après avoir
communiqué avec le chef indigène (autant que le permettait l'intermédiaire indispensable d'un interprète), après avoir cherché à étudier cette physionomie, à deviner, sous ses plis délicats, les mouvements de cette âme, je croyais que, par sa propre personnalité, il
aurait été la meilleure objection à l'accusation formulée contre lui. A

mon sens, elle était un débris d'un édifice à moitié renversé, un
exemple d'équité que je comprends, mais qui n'en est en réalité que
l'exagération et la lettre, et qui ne saurait être permis à un juge
criminel. Après l'avoir vu, entendu, après avoir reçu ses explications,
il me semblait que de la situation de cet indigène émanait je ne
sais quoi de si fort et de si décisif qu'il était impossible de le considérer comme un assassin. Lui, enfant de grande tente, issu du fameux
Gaba, ainsi que l'appellent ceux qui parlent de lui ; fier de la renommée de son père, portant en son cœur l'incurable blessure d'un
deuil prématuré ; sentant qu'il doit, pour être agréable au Seigneur,
tirer vengeance de ce meurtre ; que tant que le sang de son père
n'aura pas été recouvert par le sang des ennemis, il lui restera quelqu'un à frapper, il ne pouvait pas être confondu avec l'homme lâche
et vil qui, en dehors de toute espèce d'action, attend, je ne dirai pas
son adversaire, mais le premier venu, au coin d'une haie de cactus,
pour l'immoler à un sanglant caprice. Et quel premier venu, messieurs ? un juif, c'est-à-dire un être inviolable parce qu'il est sans
défense, et qui, n'ayant jamais résisté, doit ne pas être attaqué ;
sacré, aux yeux des Arabes, à tel point que répandre son sang, c'est
se déshonorer. Et c'est El-Hafsi qui aurait été capable d'une pareille
indignité, sans aucun intérêt, pour le plaisir stérile de se couvrir
d'opprobre et apparaître ensuite au milieu des siens avec une tache
ineffaçable qui se marque au seul mot de : meurtrier d'un israélite !
Ce n'était pas possible !

Mais ici, messieurs, M. le commissaire impérial m'arrête, en
m'opposant des documents qui ne m'étaient pas connus, qui ne le
sont point encore. Ce sont des notes. Qu'est-ce à dire ? Sommes-
nous en justice réglée ? Tous les faits propres à renseigner ne doivent-ils pas être connus ? Est-ce que vous avez dans le dossier des
points obscurs où la défense ne saurait pénétrer ? Je ne veux pas
prononcer ici des mots que ma conscience écarte. Ce ne sont pas des
notes de police, puisque c'est l'uniforme qui les a fournies ; mais ce
sont des notes de vos agents, ce sont des notes secrètes, laissez-moi
ajouter de pure fantaisie ; ce sont des croquis informes qu'une main
partiale peut tracer dans les loisirs d'un jour qui semble trop long ;
mais quant à la vérité, je n'y rencontre aucune espèce de garantie
pour elle.

Vous avez dit que, d'après ces notes, El-Hafsi était un chef indigène
suspect, caressant, mais cachant sous une forme hypocrite une âme
dissimulée, et vous n'avez pas craint d'ajouter que le jour où la France
serait menacée, les bonnes dispositions de cet indigène pourraient
être remplacées par une haine barbare. Combien, à mon sens, permettez-moi de vous le dire, vous êtes imprudent en prononçant une

semblable parole! A quoi bon de telles prévisions? Comment naissent-elles dans votre esprit? N'êtes-vous pas les maîtres et les possesseurs de ce pays? La population que vous avez gouvernée n'est-elle pas devant vous une poussière? Elle n'est rien, vous êtes tout! Vous êtes ses dieux et dès lors comment pourraient se concevoir vos craintes? Ah! je le sais, elles se conçoivent parce que vous vous rendez compte au fond du cœur qu'un semblable abaissement n'est pas dans la nature humaine, que c'est pour elle un outrage, et que l'outrage peut amener tôt ou tard un mouvement violent d'aversion. Ayant la conscience de la dureté du joug que vous imposez, vous craignez, à votre tour, les représailles dont vous avez tant parlé.

Il ne m'appartient pas ici, à l'occasion de cet incident cependant si grave, de dire comment, dans ma pensée, il serait possible et peut-être facile de conjurer ces périls: vous m'accuseriez, j'en suis sûr, d'ignorance et de sentimentalisme; supportant le poids du fardeau, vous diriez qu'il est commode à ceux qui n'en sont pas chargés, de le discuter, et de le critiquer. C'est par les faits du procès lui-même que j'entends vous répondre et vous montrer que de telles paroles ne pouvaient pas être prononcées dans cette enceinte, et qu'il serait bon de s'en abstenir toujours.

Vous voulez réduire les Arabes par la force, tâchez d'amener leurs cœurs, et surtout leurs intérêts, à vous servir. Quand vous les dominez, ces intérêts leur conseillent la résistance; si vous vous les attachez par la justice, par l'affection, par la propriété, par les libres relations du commerce, vous en ferez des associés, et ils ne songeront plus à se retourner contre vous.

Je disais que c'était par les faits du procès que j'entendais justifier cet enseignement. El-Hafsi, que vous prétendez être un homme dangereux, hypocrite, capable de feindre, a cependant rencontré des amitiés généreuses et fidèles dont vous avez entendu à ce procès des échos touchants, qui certainement sont allés jusqu'à votre cœur. Depuis grand nombre d'années, lui et sa famille sont en relation avec d'honorables colons. Vous savez ce qui a été fait au moment où, franchissant la frontière, il est venu se constituer prisonnier; avec quelle sollicitude on a veillé sur son sort; comment un citoyen courageux et dévoué a résisté à la volonté de l'autorité supérieure pour le protéger. Eh! bien tout ceci n'est rien, et je voudrais, pour votre propre édification, à vous si brave, si honnête, si consciencieux, si désireux de faire le bien et qui l'avez montré à chaque ligne de votre réquisitoire; je voudrais vous faire connaître la correspondance intime des membres de cette famille et particulièrement de l'honnête, brave et intelligente femme qui veille sur la maison de Gaba avec une sollicitude maternelle; qui s'est inquiétée de chacun des incidents qui son venus l'affliger; qui a été porter des consolations à ceux qu'on retenait sous la tente par un soleil torride, et vous verriez comment il est possible de conquérir les Arabes et de les conserver. Je le dis d'un mot : ce n'est pas en empruntant vos moyens de gouverner aux Tunisiens, mais aux colons qui vivent par le travail, l'ordre et la liberté.

Je puis donc écarter ces notes et n'en plus tenir compte; elles me sont suspectes parce que je ne peux pas les vérifier; elles le sont encore parce qu'à mon sens elles manquent d'exactitude, et que le caractère du chef indigène dont j'ai pris la défense a été défiguré. Ce qui le prouve, ce sont les faits mêmes du procès. Je disais tout à l'heure ce qu'était El-Hafsi; vous le savez mieux que moi : vous connaissez ses antécédents; ils peuvent vous faire juger son caractère.

El-Hafsi a eu, très jeune encore, le malheur de perdre son père. Il aurait été, et cela se comprend, fort aise de lui succéder dans ses fonctions. Non seulement il n'y a pas réussi, mais il a eu la douleur de voir passer cet honneur sur la tête d'un homme qui est l'ennemi de sa famille. Vous n'avez pas oublié les renseignements dramatiques qui vous ont été fournis à ce sujet et confirmés encore par la déposition de M. le commandant Clarinval. Ainsi, El-Hafsi avait à subir la rivalité de celui qui avait été l'inférieur de son père. Tout le pouvoir qu'exerçait Mohamed-ben-Ali pesait sur la famille d'El-Hafsi avec toute la dureté que l'on sait mettre à commander. El Hafsi n'était donc pas dans l'intimité de Mohamed-ben-Ali, et nous n'avons pas à nous demander s'il a existé entre eux un concert et si Mohamed-ben-Ali a jamais initié El-Hafsi à ses desseins.

Ce dernier vivait dans son bourg, quand, le 14 avril 1869, il fut subitement averti par un cavalier d'avoir à monter à cheval, et d'aller au rendez-vous d'Elma-el-Adiod. Il était malade; il avait toutes sortes de raisons de résister. Mais, on vous l'a dit, l'obéissance passive, absolue, est la loi que nous avons trouvée chez les Arabes et que nous avons fortifiée. Déplaire à un chef, c'est toujours un malheur; lui désobéir, c'est un désastre. En conséquence, El-Hafsi n'était pas libre de ses actions. Quelle que fût la nature de son indisposition, qui lui faisait difficilement supporter l'exercice du cheval, il se mit en route, et le matin du 15 il était à Elma-el-Adiod.

Là, messieurs, a-t-il été mis au courant des projets du caïd? Je l'ignore. Il a déclaré, avec la loyauté qui ne l'a jamais abandonné dans le cours des débats, et dont certainement vous tiendrez compte, qu'il avait remarqué des traces de chameaux sur le sable, qu'il en avait conçu des soupçons et qu'il n'était pas allé plus loin, car cette loi impérieuse de l'obéissance passive qui pesait sur lui ne permettait ni observation ni retraite, mais elle admettait, jusqu'à un certain point, la tiédeur ; il s'y est réfugié. Nous le voyons, en effet, non pas dans les derniers, mais pas non plus dans les premiers. Il chemine côte à côte avec Belkassem, et il explique dans son interrogatoire que, monté sur un cheval fougueux, il avait beaucoup de peine à le contenir pour le mettre à l'allure doctorale de la jument, qui mène, à pas comptés, le médecin arabe. Et de quoi causait-on alors ? Nous ne pouvons pas en douter, car les deux inculpés ont rapporté le même fait, absolument ; ils mettaient en commun leur ressentiment et leurs récriminations. Belkassem, plus âgé que Mohamed-ben-Ali, devait souffrir de se voir préférer un chef même intelligent, et cette transgression aux usages, qui méconnaissait sa dignité, ne lui était certainement pas agréable. Quant à El-Hafsi, il vous a dit quelle était la situation de son âme. Aussi, pendant qu'on cheminait doucement, au petit trot, dans le sens qu'avait suivi la caravane, on causait de l'injustice de Mohamed-ben-Ali, et des spoliations dont la famille de Gaba avait été victime ; en un mot, loin de paraître empressé à suivre le commandement, on avançait à regret : on ne pouvait pas faire autrement ; on était contraint, forcé ; mais c'était sans préméditation et, j'ai le droit de le dire, sans passion bien ardente que Ben-Gaba se rendait là. Mais, tout d'un coup, cela va changer ; à une faible distance, des détonations se sont fait entendre, et, suivant l'expression pittoresque des Arabes, la poudre a parlé. Et, messieurs, lui, qui a le cœur vaillant et généreux il ne peut résister à cette voix ; au lieu de contenir le coursier impatient qui frémissait sous lui, Ben-Gaba se penche sur la crinière de ce noble animal, lui rend toute sa force et son impétuosité ; vite est franchie la distance qui le sépare du lieu de l'action ; l'y voilà ! Que fait-il ? J'interrogerai dans un instant, d'une manière plus précise, les témoins entendus, et je demanderai, après M. le commissaire impérial, s'il peut être un moment douteux qu'El-Hafsi soit arrivé lorsque le combat était terminé. Cela ne paraît pas possible. L'ardeur de son cheval bouillant, fumant de courage, son désir de ne pas laisser ses camarades engager le combat sans être au danger, me semblent de sûrs garants qu'il lui a fallu un temps difficile à mesurer pour arriver sur le lieu de l'action. Il se précipite au galop de son cheval, décharge son arme : quelqu'un tombe ! El-Hafsi pirouette sur les talons de son coursier ; on l'avertit qu'il a donné la mort à un israélite, lequel ne pouvait être reconnu par lui, car il était vêtu en Arabe. Est-il vrai que son plomb homicide ait frappé le jeune Nani ? Dieu seul le sait ! Car ceux qui l'accusent ne peuvent nous inspirer aucune confiance. Ce sont les deux israélites survivants. On vous a expliqué, trop de fois pour que j'y revienne, les raisons qui font suspecter leur témoignage. C'est ensuite Mohamed-ben-Ali, rival d'El-Hafsi, qui lui reproche ce crime ; c'est particulièrement Salah-ben-Redjeb, l'oncle du caïd, qui a joué dans cette triste affaire un rôle environné d'obscurité que je n'ai ni le droit ni le désir de juger. Qu'il ait protégé les israélites, c'est possible ! mais qu'il ait saisi avec empressement l'occasion d'humilier et de perdre El-Hafsi, voilà ce qui est incontestable, car si des clameurs s'élèvent, elles viennent de Salah-ben-Redjeb et de Mohamed-ben-Ali. El-Hafsi est accusé d'avoir tué un juif, c'est-à-dire, d'avoir commis une action ignominieuse, il proteste, il s'en défend, et adresse des paroles vives à ceux qui l'injurient, et, honteux, irrité de se voir méconnu, il s'éloigne de ce triste champ d'action, et le premier il revient à Tébessa.

Voilà le récit de ceux qui ont participé à cette action déplorable, et, en interrogeant avec attention les témoins, nous ne rencontrons pas d'autre impression. J'ai dit que plusieurs de ces témoins, par leur caractère, par leur situation, par leurs antécédents, ne pouvaient pas vous inspirer une confiance absolue, et même, équitables comme vous voulez toujours l'être, vous vous mettrez certainement en garde contre leur déposition.

M. le commissaire impérial, dans son esprit impartial, indiquait une première raison bien décisive du départ d'El-Hafsi-ben-Gaba. Il a quitté le pays pour éviter le péril de sa famille, le trouble qu'il causait et des blâmes qu'il n'était pas accoutumé à subir. Les deux israélites sont les premiers des quatre témoins qui accusent très nettement El-Hafsi-ben-Gaba d'avoir donné la mort à Nani-Chimouni, Himan-ben-Israël, Aïzer-ben-Chaloum, Brahim-ben-Abdallah, et enfin Sala-ben-Redjeb.

Il y en avait un cinquième, Mohamed-ben-Yonnès ; mais vous n'avez pas oublié qu'à cette audience il s'est rétracté, et sa rétractation a une double valeur, non pas seulement parce qu'elle fait disparaître un témoignage direct, mais parce qu'elle donne des indications précises. C'est Salah-ben-Redjeb qui a chapitré Mohamed-ben-Yonnès, et lorsqu'il a été interrogé, il a très formellement répété que Salah-ben-Redjeb lui avait déclaré avoir assisté au fait, mais que, pour lui, il n'avait absolument rien vu.

Nous sommes donc en face de quatre témoins, et je disais qu'ils ne peuvent inspirer aucune espèce de confiance, non seulement à cause des raisons générales que je prenais tout à l'heure la liberté d'invoquer, mais encore par la nature même de leur déposition qui contient d'évidents mensonges.

En effet, messieurs, vous n'avez pas oublié le récit dramatique qui a été présenté et qu'ont répété ensuite plusieurs organes de la presse, induits en erreur. Mais que racontent les deux israélites ? Le voici : Lorsque l'attaque a commencé, les chameliers se sont mis derrière leurs bêtes de somme pour se tenir en état de défense et se préserver des projectiles ; qu'à ce moment, comprenant fort bien que l'action allait s'engager, les trois israélites, ne voulant pas s'exposer aux éventualités du combat, avaient quitté immédiatement le cercle formé par les chameaux à genoux, s'étaient retirés à l'écart auprès d'une personne qui ne paraissait pas prendre part à l'action, Salah-ben-Redjeb.

Les juifs rapportent que c'est alors, quand la fusillade avait cessé, qu'un cavalier s'approche ; il les dépouille de leurs vêtements, il leur demande à boire ; eux, ils lui donnent de quoi se désaltérer. Puis, il met pied à terre, place dans la main de l'un d'eux trois balles, charge son fusil, remonte à cheval et, s'arrêtant, se met dans la position de vouloir les ajuster, vise et tire ; Nani tombe, et Himan-ben-Israël se trouve blessé à l'épaule.

Tel est leur récit si invraisemblable, et j'ai le droit de le dire, si mensonger, que l'esprit clairvoyant de M. le commissaire impérial en a déjà fait justice. « Ne nous arrétons pas, a-t-il dit, à ces fables présentées par les juifs, et qui ne peuvent être que le fruit de la spéculation ou de la peur. » Non, non, en effet, cette mise en scène n'est pas possible pour qui connaît les caravanes arabes, et j'ajoute, pour qui veut se rendre compte d'un semblable événement ; car si la chose s'était passée de la sorte, si Nani-Chimouni n'avait pas été atteint à l'improviste, s'il avait eu le temps de voir son adversaire s'approcher, charger son fusil, ajuster et tirer, Nani aurait certainement cherché son salut dans la fuite au milieu des alfas, où il se serait caché, à terre. Ici, le mensonge est évident. Je n'ai pas besoin d'insister. Et si l'on veut tromper la justice sur ce point, quelle créance mérite-t-on sur d'autres ? Dans leurs déclarations, ils ajoutent qu'El-Hafsi les a frappés et leur a enlevé leurs vêtements. Que les juifs aient été dépouillés, c'est incontestable ; après l'action, on les a vus entièrement nus ; mais ce n'est point par El-Hafsi qu'ils ont été mis dans cet état, c'est par d'autres mains, et ceux qui leur ont demandé où était leur argent, ceux qui s'emparaient de leurs bêtes de somme, étaient dans des conditions beaucoup plus propices pour se livrer à cette opération qu'un cavalier fougueux, arrivant au galop de son cheval et ne songeant qu'à venger la mort de son père.

Les juifs n'ont donc pas dit la vérité. Ils n'ont pas pu connaître El-Hafsi sur le champ de bataille ; il leur a été désigné par une personne intéressée. Ils l'ont si peu connu que l'un d'eux, vous vous le rappelez, Atzer-ben-Chaloum, se trouvant dans la nécessité d'indiquer El-Hafsi, après une longue hésitation, après avoir contemplé tous les visages, qui cependant se ressemblent fort peu, a désigné un autre accusé, Amara-ben-Ali, comme étant El-Hafsi et le meurtrier du juif. Pour des juges criminels, il y a là, en faveur d'un accusé, une vraisemblance d'innocence que rien ne peut détruire, et dès l'instant que celui qui prétend avoir vu, se trompe sur celui qu'il aurait vu, son témoignage est anéanti, et quand bien même on ne l'expliquerait point par les raisons intéressées que j'ai montrées tout à l'heure ; et je n'ajouterai pas que le père de Nani-Chimouni, dans sa lettre à M. le général, ne se contentait pas de dire que son fils avait été assassiné par El-Hafsi, mais que ce dernier avait été le ravisseur de la totalité de ses biens ; par cela seul que l'israélite s'est trompé dans la reconnaissance d'El-Hafsi ; qu'il a été dans l'impossibilité de désigner celui qui a attenté à la vie de Nani, son témoignage n'existe pas. Il y a une autre raison non moins décisive. Himan-ben-Israël a déclaré que c'était le même qui avait dépouillé les juifs, qui avait tué Nani, et dans la première partie de sa déposition, recueillie par le magistrat instructeur, il disait nettement que c'était celui qui avait volé la djebira, qui avait aussi tiré le coup de fusil ; or, un témoin, Abdallah-ben-Messaoud, a déclaré ici, avec sincérité et sans croire qu'il avait fait plus mal que les autres, que c'était lui qui avait volé au juif sa djebira. Celui-ci a été dans la nécessité de reconnaître que ce n'était pas El-Hafsi qui en avait fait la capture.

De tout cela il résulte que le témoignage des israélites doit être écarté ; qu'il serait plein d'incertitude, s'il était dicté par la bonne foi la plus entière.

Éperdus, tremblants de peur, cherchant partout leur sûreté et rencontrant un camarade, un protecteur suspect, les juifs se sont mal rendu compte de cette situation terrible et des circonstances qui s'y produisaient. Ayant entendu dire par des personnes qui voulaient perdre El-Hafsi, qu'il était riche et qu'il pouvait leur fournir une rançon utile pour compenser la perte de leurs biens et la mort de l'un d'eux, ils l'ont accusé en répétant devant la justice un témoignage qui est contre toute vérité et doit être sans valeur. J'en dirai autant de celui de Brahim-ben-Abdallah, muletier à Guefsa. Pourquoi ? Parce que les conditions où se trouvait cet homme ne lui permettaient pas d'être un témoin qui pût parfaitement rassurer la justice : il a été sauvé par miracle, vous le savez, après avoir reçu un coup de feu et un coup de sabre ; l'un de ces coups lui a ouvert la tête et partagé l'oreille ; il est resté renversé sur le sol dans un état pitoyable. Seulement, il s'est très bien expliqué, et sur ce point sa déclaration est importante : c'est qu'après qu'il a été blessé par une balle, il courut pour être protégé ; qu'un cavalier le poursuivit, et qu'il a été abattu un peu plus tard.

C'est à ce moment qu'il aurait vu El-Hafsi tirer sur les juifs ; vous

n'avez pas oublié qu'il avait eu grand'peine à le reconnaître, et qu'il
n'a pu le désigner qu'après une longue hésitation, terminée par
un signe d'intelligence qu'il avait aperçu dans l'œil d'un de ses camarades. Ce qu'il y a de certain, et je ne veux que le constater, c'est
que Brahim-ben-Abdallah n'a pas été dans des conditions telles que,
après son témoignage, votre conscience puisse être bien éclairée et
prononcer sans scrupule. Il déclare qu'il a vu tirer El-Hafsi, mais
après avoir été blessé lui-même, lorsque ses yeux et son esprit, dans
le trouble, ne lui permettaient pas de bien distinguer, d'apprécier,
de juger sainement les faits. Brahim-ben-Abdallah, ayant entendu le
récit des juifs, s'était emparé du bruit général contre El-Hafsi-ben
Gaba; il l'a répété après les autres, ici encore à l'audience, avec des
variantes; il a eu beaucoup de peine à reconnaître celui qu'il aurait
vu de ses yeux.

Quant à Salah-ben-Redjeb, il est plus affirmatif, j'en conviens, et
surtout, messieurs, il dépose des circonstances qui rendraient plus
grave l'accusation à laquelle El-Hafsi doit répondre, c'est-à-dire que
c'est après la fusillade que le meurtre aurait été consommé. Mais
vous n'oublierez pas quelles sont les inimitiés qui existent entre la
famille de Gaba et celle de Mohamed-ben-Ali, dont Salah-ben-
Redjeb est un membre, et le caractère de ce dernier dont je ne voudrais pas rendre la situation plus difficile. Cependant je ne dois pas
négliger la défense d'El-Hafsi pour me laisser entraîner à des ménagements qui ne sont point d'accord avec la vérité. Non seulement
Salah-ben-Redjeb est accusé, mais c'est encore un homme qui ne
mérite aucune espèce de confiance à cause de sa conduite antécédente
et de ses habitudes; un homme qui n'a reculé devant rien pour satisfaire sa passion haineuse contre El-Hafsi. Cependant, il faut faire
observer qu'alors que Salah-ben-Redjeb déclare, dans une de ses
dépositions, que tout le monde était tué au moment où le fait s'est
accompli, il est dans la nécessité de dire que c'est à son arrivée, qu'il
a vu et recueilli les juifs. Or, dans la même déposition, il déclare
qu'il a entendu des coups de feu, ce qui l'a fait courir au grand galop
pour venir sur le champ de l'action où tous les événements s'enchaînent de manière à ne pas laisser d'intervalle, qu'il a été retenu et
que c'est au milieu de la lutte que le coup de fusil a été tiré par Ben-
Gaba ou par un autre, nous ne savons pas. Mais, supposez que Ben-
Gaba fût reconnu l'auteur matériel de l'acte, il faudrait retenir que
l'acte a été accompli au courant du combat, et ce n'est pas l'accusation de Salah-ben-Redjeb qui doit inquiéter votre conscience. J'ai
déjà dit qui il était, et il se peint lui-même par quelques mots de
réponse. On l'interroge sur ce qu'il a fait des juifs. Il dit :

« Je leur ai donné de bonnes paroles et demandé où était leur argent. »

Ainsi voilà ceux qui accusent. Mais parmi les témoins de la scène, il en est qui déclarent non seulement qu'ils n'ont rien vu, mais encore qu'ils ne pouvaient rien voir. Il y a quatre témoins qui déposent dans ce sens : Mohamed-ben-Yonnès, Embark-el-Amsi, Ahmed-ben-Belkassem et Ali-ben-Mohamed.

Le témoin Mohamed-ben-Yonnès a dit :

« Je ne l'ai pas vu de mes yeux; je n'ai fait ce récit qu'après Salah-ben-Redjeb. »

Ahmed-ben-Belkassem et Ali-ben-Mohamed ont fait la même déclaration; et quant à Embark, il ajoute une observation tout à fait caractéristique et qui protège El-Hafsi contre toutes les conventions intéressées :

« Chacun a fait son affaire, dit-il, et a pensé à lui-même. Celui qui dit qu'il a vu El-Hafsi tuer le juif est un menteur. »

Le mot est rude, mais je le crois vrai. Il est clair que chacun de ces cavaliers, emporté par la soif du carnage et du butin, se ruant sur les Tunisiens, songeait à lui, à sa propre conservation, et n'était point placé là, en patient observateur, pour savoir de quel côté venait le coup qui a étendu Nani roide mort. Voilà cependant tous les témoins. Et à côté de leurs déclarations, le conseil doit connaître celles des cavaliers qui prétendent qu'il est impossible que le coup tiré par El-Hafsi ne l'ait été pendant le combat. A cet égard, la vérité éclate avec la plus grande évidence. Ecoutez ce que dit Salah-ben-Taïeb. J'emprunte sa déposition à la troisième information, dans l'audience du 24 janvier. Il explique qu'ils cheminaient, quand un cavalier, de ceux qui marchaient en avant, arrive et les prévient que la caravane est en vue; ils se précipitent et arrivent au galop.

« Au moment de notre arrivée sur le mamelon, d'où nous avons aperçu la caravane, l'un des cavaliers du groupe qui nous avait précédés avait déjà sa jument blessée; un autre cavalier, ayant mis pied à terre, s'avançait pour entrer dans le lit de la rivière, laquelle est sans eau, pour aborder la caravane; mais, arrivé sur la berge de la rive opposée, un coup de feu l'étendit roide mort. A cette vue, les cavaliers qui entouraient Mohamed-ben-Ali entrèrent dans le lit de la rivière et s'élancèrent contre elle. Au moment où l'attaque se produisait de ce côté, un autre peloton de cavaliers, au milieu desquels se trouvait El-Hafsi-ben-Gaba, arriva. »

Il ajoute dans sa déposition du 28 septembre 1869 ce fait non moins caractéristique :

« Après l'affaire, j'ai vu Mohamed-ben-Ali et El-Hafsi qui se querellaient. J'ai demandé à des cavaliers qui se trouvaient près de moi la cause de cette altercation. On me répondit : C'est parce qu'El-Hafsi aurait tué le juif. »

Ainsi, vous le voyez, c'est lorsque l'affaire est terminée que la querelie s'engage entre les différents chefs, et c'est au milieu de l'action qu'El-Hafsi est arrivé lancé sur son cheval, qu'il a tiré à la volée, ainsi que le font des Arabes, et qu'il a peut-être atteint Nani. Je dis peut-être! car rien ne peut nous le prouver au débat. Et pour terminer cette discussion, entendons Abdallah-ben-Ali, dont la déposition est d'autant plus grave qu'il est cheikh des Zeradmas. C'est lui qui, de sa main, a tué froidement un Arabe, parce que cet Arabe ne lui donnait pas d'argent : il n'en avait pas peut-être! Voici comment Abdallah-ben-Ali va s'expliquer touchant le meurtre du juif :

« Lorsque je suis arrivé, nous avions déjà perdu un cavalier, plusieurs chevaux étaient blessés, et le premier groupe de nos gens qui avait attaqué était repoussé par la caravane.

« J'ai vu un Arabe qui se dirigeait sur Salah-ben-Redjeb. En ce moment, El-Hafsi arrivait au galop et lui tirait un coup de fusil. Cet homme tombé, on reconnut que c'était un juif; mais comme les juifs de cette caravane portaient le même costume que les Arabes, moi-même je ne l'avais pas reconnu.

« El-Hafsi-ben-Gaba, qui vengeait son père tué par les Hammamas, avait dû, comme moi, ne pas le reconnaître et le prendre pour un homme de cette tribu; car, une fois les deux autres juifs reconnus, personne ne chercha à les tuer.

« C'est même une honte pour un musulman de tuer un juif, et quand ce fait arrive par hasard, on ne l'appelle plus dans la tribu que le *tueur de Juifs*, ce qui est une insulte. Mohamed-ben-Ali et Salah-ben-Redjeb reprochèrent si vivement à Hel-Hafsi ce qu'il venait de faire, que celui-ci les quitta en colère et revint seul à Tébessa, et avant eux. »

Ainsi, c'est au cours de l'action que le juif est frappé; c'est lorsque Ben-Gaba arrive sur le terrain, c'est lorsqu'il est emporté par la fougue de son coursier, qu'il décharge son arme, au hasard, sans prétendre atteindre qui que ce soit, pour venger, comme il l'a dit bien des fois, la mémoire de son père; cherchant à témoigner sa fureur, qu'il croit légitime, sur des personnes qui lui sont opposées, mais sans avoir l'intention d'atteindre telle ou telle. Quelques pouces plus haut, et la balle passait au-dessus de la tête de Nani, et la victime aurait été respectée. Le malheur a voulu que le coup portât en plein sur cet enfant, qui est mort en appelant son père.

Tout cela est lugubre et déplorable; mais au point de vue intentionnel, on ne saurait en faire un crime à l'accusé. Et si je ne m'abuse, des réflexions que je viens d'avoir l'honneur de vous présenter, en les appuyant par le rapprochement des témoignages, il résulte d'une manière invincible qu'il n'est en aucune façon juridiquement démontré que l'acte matériel dans le meurtre du juif puisse être imputé à El-Hafsi; mais encore, et bien davantage, que ce n'est pas après le combat, pour satisfaire une haine aveugle, dans un but de caprice sauvage, en se proposant de tuer un enfant sans défense, et qui se présentait à lui dans un état de complète nudité, surtout après avoir fait subir aux juifs ce sanglant outrage comme préparation de leur supplice, qu'El-Hafsi aurait accompli cet acte de cruauté.

Tout à l'heure, je le défendais avec son sang, sa naissance, sa race, avec le caractère généreux qu'il a montré jusqu'à l'audience ; maintenant, c'est avec les preuves ressortant des dépositions que je crois pouvoir détruire l'accusation concernant le fait matériel et le fait intentionnel. Ce qui achève de le démontrer, c'est la conduite postérieure d'El-Hafsi. J'ai dit qu'il avait quitté le champ de l'action mécontent, humilié, irrité des insultes qui lui avaient été adressées par les membres de la famille du caïd Mohamed-ben-Ali. Il accourt à Tébessa. Comment y rentre-t-il ? Radieux et triomphant. Et tous ceux auxquels il se présente, entendent de sa bouche ces paroles : « J'en ai tué le plus possible, et j'ai vengé la mémoire de mon père. »

Bientôt se répand le bruit que dans la caravane il y avait trois juifs, et il arrive à El-Hafsi. Quelle est sa réponse ? Si intentionnellement il a souillé ses mains dans le sang d'un israélite, non seulement, messieurs, il s'en disculpera, il le niera, mais il ne soutiendra pas les regards de celui qui lui fait ce reproche. Eh bien ! il dit, car à ses yeux l'hécatombe devait être complète : « S'il y avait trois juifs, ils n'existent plus ; tout le monde est mort. » Et c'est par là qu'est éveillée la sollicitude de l'agent Abraham-Sotto ; il le rencontra trois jours après, fréquentant librement le cercle, sur la place publique. Il tient une conduite intolérable pour un musulman, il l'appelle « tueur de juifs ». A ces mots, l'Arabe est blessé, il relève la tête, porte plainte et se place directement sous la protection de l'autorité française. Ce n'est que sur l'invitation de M. le commandant Sériziat que, comprenant qu'il peut être par sa présence à Tébessa un sujet d'émotion, il se retire dans sa tribu.

N'est-ce pas la preuve, messieurs, non seulement que sa conscience ne lui reproche rien, ce que chacun reconnaît, mais encore qu'il a la certitude de n'avoir pas commis une action honteuse ; que si, par un malheureux hasard, sa balle a atteint un israélite, c'est le costume tunisien qu'il a frappé, ce qui lui suffisait ? Il n'a pas distingué la nationalité sous le voile qui l'enveloppait ; il a tiré au hasard ; aussi, quand on lui parle des juifs, il dit qu'ils sont tous morts, mais cherche-t-il à se cacher ? On l'appelle à Tébessa. Je veux que ce soit un ordre de l'autorité qui l'y ait fait venir ; au mois de juin, on l'emprisonne ; il s'échappe ; je n'ai pas à examiner dans quelles circonstances. Une fois en Tunisie, quelle est, messieurs, sa plus chère préoccupation ? C'est de rentrer en Algérie, de revenir au milieu des siens, de se constituer prisonnier, de soumettre sa conduite à la justice.

Ah ! je le sais, on peut faire cette objection qu'il était inquiet et chagrin des mauvais traitements que l'on faisait subir à sa famille, et à cet égard il m'est impossible de ne pas dire un mot des tristes révélations qui ont été faites à ces audiences. Nous avons appris, et malheureusement ce n'est pas le seul enseignement de ce genre, qu'au lieu d'apporter aux Arabes nos mœurs, nous adoptions les leurs, et trop souvent dans ce qu'elles ont de barbare et de contraire au droit des gens.

Que signifie ce droit d'otage qu'on s'arroge sur les tribus, de les rançonner, de les piller, de punir pour les coupables des innocents, qui, poussés comme un vil troupeau, arrachés à leur demeure, emmenés, avec leur tente, c'est possible, mais obligés d'abandonner leurs propriétés, leurs souvenirs, leurs pénates, tout ce qu'ils aiment, tout ce qu'ils chérissent, et l'horizon de leur ciel qui leur inspire des rêveries ineffables, se voient gardés par nos soldats dans une déplorable promiscuité ? Tout cela n'est que trop vrai, et dans la procédure, plusieurs témoins vous ont donné de navrants détails. Je me contente d'en mettre sous vos yeux un seul qui va vous édifier. C'est Mamar-ben-Gaba qui nous le fournit :

« Mon frère El-Hafsi et Mohamed-ben-Ali se trouvant à Tébessa, ce dernier prit la fuite, et mon frère fut mis en prison. J'étais resté dans la tribu ; le bureau arabe me fit venir et me donna l'ordre d'aller faire l'intérim de mon frère ; j'y allai, et c'est pendant que j'étais à mon poste, que j'appris les faits de mon frère, mais je ne le vis pas.

« Le lendemain de cette nouvelle, j'appris que les spahis avaient envahi notre bordj ; je m'y rendis immédiatement, je le trouvai complètement pillé ; il n'y avait dans l'intérieur que nos femmes et un vieillard, notre oncle. Les spahis, en arrivant, se précipitèrent dans le bordj, enfermèrent le vieillard dans une chambre, puis coururent sus aux femmes ; celles-ci, effrayées, n'ayant jamais vu d'étrangers, se sauvèrent dans toutes les directions et jetèrent ce qu'elles avaient de plus précieux. Ma vieille mère, déjà malade, eut tellement peur qu'elle ne put se remettre, et deux jours après son arrivée à Tébessa, elle mourut.

« Nos caisses furent brisées, nos effets pillés, et une somme de 10,000 francs fut enlevée par un homme de Kerman qui travaillait chez nous depuis trois ans. C'est le nommé Ali-ben-el-Hadj-Kassem, qui, depuis ce moment, n'a pas reparu ; cependant j'ai pu, par mes relations et le consul de Tunis, me faire rendre 7,500 francs. Quant à ce qui a été pillé dans le bordj, je ne le sais pas encore, car, malgré mes demandes réitérées, on n'a jamais voulu m'y laisser aller.

« D. — Avez-vous porté plainte de ces faits au bureau arabe ?

« R. — Plusieurs fois au bureau arabe, plusieurs fois au commandant supérieur ; on nous a toujours dit : Attendez, quand l'affaire sera jugée. Et cependant, nous sommes dans une affreuse misère, nous, riches, gens de grande tente, habitués au confortable. NOUS SOMMES TRENTE-DEUX, HOMMES, FEMMES ET ENFANTS, SOUS UNE TENTE, ET NOUS AVONS PASSÉ LA CHALEUR DANS CET ÉTAT ; aussi sommes-nous tous malades ; nous sommes innocents ; nous demandons justice. »

Voilà ce qui a été fait contre ces malheureuses familles, et j'y pourrais ajouter des circonstances empruntées à la procédure. Le vieux et respectable Ali-ben-Mebrouck est mort, la mère de El-Hafsi est également décédée dans cette position cruelle; sa femme a accouché, et ce n'est que grâce aux incessantes réclamations d'un courageux écrivain qu'on a enfin compris que de semblables traitements ne sont plus de notre âge, et que loin d'être autorisés par le droit, ils en sont la violation éclatante. Et si je mentionne ces choses, c'est pour rappeler, par ce rapprochement de dates, que El-Hafsi est entré en Algérie quand déjà les mauvais traitements que nous condamnons avaient cessé.

M. le commandant a dit que c'était vers le 25 octobre que les familles avaient été rendues à leur tribu; or, El-Hafsi n'est revenu en Algérie que le 22 novembre. Depuis, il est rentré volontairement, sans même subir de contrainte morale.

La première fois qu'il l'avait voulu faire, il a été écarté de la frontière par des moyens obscurs sur lesquels je n'ai pas à m'expliquer; la seconde fois, il se présente au commandant, et il est conduit à Constantine. Ne voyez-vous pas dans cet acte une preuve de la sécurité de sa conscience? Et plus le préjugé qui dans les mœurs arabes fait du meurtre d'un juif une honte ineffaçable, plus ce préjugé est farouche, plus le retour de Ben-Gaba explique qu'il n'avait pas à s'imputer ce méfait, qu'il en était innocent et qu'il savait demander à la justice d'examiner sa conduite. Il s'y est soumis volontairement. Et maintenant, messieurs, que vous le connaissez, que vous connaissez également les charges qui pèsent sur lui, je crois pouvoir affirmer, sans craindre d'être téméraire, que El-Hafsi est acquitté dans vos consciences, que je pourrais m'arrêter et ne pas poursuivre plus avant sa défense. Et cependant, vous me pardonnerez de la continuer en quelques mots encore, car il est absolument impossible que je néglige ce qui, à mes yeux, protège sa vie d'une manière souveraine et absolue; je veux dire, en laissant la discussion sur le terrain étroit où j'ai essayé de l'établir, qu'aucune preuve juridique n'était faite contre El-Hafsi, et que par conséquent sa condamnation est impossible; que si l'acte matériel qui lui est reproché est constant, ce que je conteste de toutes mes forces, l'intention ne saurait être incriminée; non que l'acte ne puisse être réprouvé en lui-même; mais tel qu'il a été accompli, il n'est en définitive que l'acte d'un soldat qui, sur le champ de bataille, en présence d'un ennemi, lui donne la mort pour ne pas la recevoir, et ne saurait être responsable de ce qu'il accomplit.

Il faut monter plus haut cependant, et élever nos regards vers les régions supérieures qui défendent El-Hafsi contre toute espèce d'incrimination. J'ai dit et je maintiens qu'il était couvert par le commandement français et par la politique française, et qu'à ce double point de vue, il ne saurait appartenir à votre justice. Pour ma part, je ne saurais comprendre la division qui a été apportée dans l'ordre de mise en jugement, et la séparation entre deux faits qui, juridiquement, moralement, légalement, sont unis par des liens étroits et que votre conscience à coup sûr ne pourrait pas rompre. Ces deux faits, quels sont-ils? Le premier est celui à l'occasion duquel Ben-Gaba avait été mis en jugement, ou du moins à l'égard duquel des réquisitions ont été faites tardivement; c'est sa complicité à ce qui a préparé l'attaque de la caravane: c'est la participation effective à cette attaque pour laquelle M. le magistrat instructeur avait conclu à la mise en jugement d'un certain nombre de personnes. J'ai dit qu'on en avait détaché le meurtre du juif, et je viens, messieurs, si je ne me trompe, de démontrer qu'au point de vue juridique, il est impossible de ne pas reconnaître que l'acte fût-il avéré, aussi bien prouvé qu'il doit l'être, il ne serait cependant pas imputable à El-Hafsi, car il se rattache à une opération dans laquelle il a été engagé, en obéissant à des ordres auxquels il ne pouvait pas se soustraire. Ces ordres, il les a reçus directement de Mohamed-ben-Ali. Cela me suffirait, messieurs; mais pour être fidèle à la vérité et même pour la précision de la défense d'El-Hafsi, je dirai : Il importe d'aller plus loin et d'ajouter, s'il se peut, quelque chose à l'argumentation si pressante, si logique et si victorieuse que vous a présentée mon honorable confrère, Me Lucet. Non seulement El-Hafsi a obéi aux ordres de Mohamed-ben-Ali, mais il n'y a obéi que parce qu'il a eu la conviction que ces ordres avaient été transmis au caïd par l'autorité française, et cette conviction, malheureusement, il le faut dire, elle est absolument conforme à la vérité, et lorsque Mohamed-ben-Ali s'est mis en mouvement, il n'a pas pris sur lui la responsabilité d'un acte semblable.

Je ne veux pas, messieurs, vous fatiguer et vous rappeler les témoignages aussi nombreux que considérables qui se sont produits au cours de cette instruction et desquels il résulte qu'un Arabe est soumis, jusque dans ses actions les plus humbles, à la volonté de ses chefs français; qu'un chef indigène n'entreprend rien qui ne lui soit commandé. Je pourrai vous en citer deux exemples qui ressortent du procès. Lorsque M. le général Dargent a été entendu, il a mis sous vos yeux une lettre dans laquelle se trouvaient certains détails que je n'ai pas besoin de vous rappeler, et qui sont complètement étrangers à ma démonstration. Mais il vous a fait connaître, par un incident, qu'un chef indigène, ayant besoin de soins médicaux, avait été dans la nécessité de demander à l'autorité la permission d'aller se faire soigner à Constantine. Voici un autre exemple tiré de la procédure : Un témoin est interrogé; c'est Mohamed-ben-Mahmoud. Comme il est en prison, le magistrat s'étonne, s'enquiert; il croit qu'il a été incarcéré à l'occasion de l'affaire de la caravane, et lui demande : « Faisiez-vous partie de cette razzia? Pourquoi êtes-vous en prison? C'est pour être allé à Nefta sans permission. » Quinze jours de prison ! Il n'y a rien à ajouter à ces détails de commandement.

Voilà l'état des populations! Voilà ce que vous faites. Un homme ne peut franchir la frontière sans permission. Vous prétendez protéger le commerce; vous avez de loyales intentions, mais les doctrines économiques que vous professez, elles sont subordonnées au besoin du commandement. Tout par lui et pour lui; il faut que les Arabes soient sans cesse à vos ordres; s'ils s'éloignent d'une journée... en prison ; s'ils s'en vont faire le commerce... en prison; si leurs chameaux dépassent la frontière, ils subissent encore quinze jours de prison, arbitrairement, bien entendu, en dehors de toute espèce de légalité. Vous les tenez dans vos mains, et vous voulez faire croire à une personne raisonnable que Mohamed-ben-Ali, caïd intelligent, comme vous l'avez dit, ait pu prendre sur lui la responsabilité de l'initiative terrible qui s'est dénouée par le drame sanglant du 15 avril !

Non! non! nul homme sensé ne vous croira sur cette affirmation. Je n'ai pas à revenir sur les raisons de tout à l'heure; elles ont ébranlé, elles ont éclairé vos consciences, j'en ai la conviction la plus profonde.

Je maintiens, après mon honorable ami M⁰ Lucet, que Mohamed-ben-Ali n'a agi qu'en vertu d'un ordre donné directement ou indirectement. Souffrons l'équivoque en pareille matière, puisque l'équivoque, c'est vous qui l'introduisez dans le débat comme elle est dans vos habitudes. C'est à l'oreille des chefs que vous faites entendre certaines paroles mystérieusement prononcées; ils vous comprennent, et, dociles comme des soldats, ils n'ont pas besoin d'écrit pour exécuter vos ordres; un mot de vous leur suffit; vous les électrisez d'un seul de vos regards.

Lorsque El-Hafsi a obéi à Mohamed-ben-Ali, c'est au commandant qu'il obéissait: s'il a obéi au commandant, c'est que l'ordre a été donné. Il faut ici, pour le succès de celui que je défends, rechercher brièvement, mais nettement, quelle était la nature de cet ordre, et faire disparaître toute espèce d'ombre devant la lumière malheureusement trop vive qui éclaire ce lugubre tableau.

Que l'ordre ait été donné le 8, nul ne le conteste. Qu'était-il? C'est là, messieurs, ce que je veux examiner en peu de mots, et vous comprenez que l'intérêt de ma défense est de montrer que cet ordre était précisément celui qu'El-Hafsi a accompli au moment où, sur le lieu de l'action, il a déchargé son arme et fait rouler un homme à ses pieds. Cet ordre était un ordre de mort; il ne peut avoir d'autre signification. Or, le commandant, lorsqu'il a ordonné cette mesure, a voulu qu'elle fût exécutée. En voici la preuve; elle est bien simple. Il est constant au procès, aujourd'hui, qu'à la date du 8, quand l'ordre a été donné par M. le commandant Sériziat, une partie de la caravane arrivait sous les murs de Tébessa, et quand il a été maintenu pendant toute la journée du 9, la caravane entière y était; que, quand un contre-ordre a été donné au caïd Si-Agmed-Lakhdar, l'ordre a été, indirectement si vous voulez, maintenu pour l'autre caïd, mais avec le même caractère et la même portée.

Messieurs, nous avons tous ici un intérêt de premier ordre à le savoir; probablement nous sommes tous intéressés à ne point passer aux yeux de l'Europe pour des barbares, et si un acte exceptionnel s'est produit, s'il se rattache à des institutions exceptionnelles, l'acte doit être réprimé, et les institutions doivent disparaître. Il ne faut ici ni faiblesse ni ambage. Il faut aller virilement au fond des choses.

Dans la défense de M. le commandant, on a cherché à vous faire croire que l'ordre aurait pu être élastique, que « razzier la caravane » signifie bien des choses; si c'était vrai, le système serait déjà jugé. Vous êtes des militaires, et vous savez tous que le premier caractère d'un ordre est d'être précis; qu'abandonner quoi que ce soit aux hasards de l'exécution, à des chefs inférieurs, c'est une défaillance du commandement, si ce n'est point un crime; je n'accepte pas d'explications frivoles. L'ordre devait être précis, il a été précis. Quand l'ordre a été donné de razzier la caravane, l'ordre était donné de la piller et de tuer tous ceux qui la composaient. Il ne peut y avoir aucune espèce de doute à cet égard.

Voici un raisonnement simple et décisif : quand l'ordre a été donné, la caravane était d'abord sous les murs de Tébessa, et en second lieu, elle y était entrée. S'agissait-il, comme on l'a répété maintes fois, de l'empêcher d'arriver? Elle était dans la ville. L'empêcher d'arriver! Messieurs, cessons de nous enfermer dans des formules qui ne servent qu'à tromper la raison; empêcher une caravane d'arriver dans une ville, quel peut donc être le motif qui expliquerait un ordre si étrange? On comprend jusqu'à un certain point que, par des raisons diverses, on empêche une caravane de pénétrer sur un territoire; mais quand elle s'y est avancée jusque sous les murs de la cité, et que celle-ci va lui ouvrir ses portes, c'est un acte aussi incompréhensible que déraisonnable. En effet, si la caravane, comme on a essayé de le dire, cachait des malfaiteurs; si la tribu des Hammamas est guerrière et si ses hommes sont capables de méfaits; s'ils en ont déjà commis; arrivés dans une ville où ils sont libres, si des dénonciations peuvent être faites contre eux, on les arrêtera, et au lieu de cette justice expéditive, ou plutôt de cette barbarie qui fait le fond de vos ordres, vous aurez une justice régulière, et dès lors s'appliquant avec les garanties qu'une société civilisée et une armée honorable, digne, glorieuse comme la vôtre, savent toujours maintenir; vous distinguerez l'innocent du coupable, et vous ne frapperez pas au hasard, quitte à renverser sous vos coups homicides des femmes et des enfants, avec ceux que vous assimilez à des malfaiteurs.

Eh bien! non : vous voulez l'empêcher d'arriver; cependant elle est là. Donc, quand vous donnez l'ordre, vous commandez à ceux qui le reçoivent d'attendre la caravane à son départ. Ce que vous voulez, c'est que la caravane soit prise et que ceux qui la défendront soient immolés. Voilà bien votre pensée, et ce qui me le prouve encore, ce sont vos révélations; car c'est à vous que je demande des preuves : elles sont irréfragables.

Qu'avez-vous dit dans toute l'affaire? Et d'abord, dans l'instruction, votre ordre n'avait-il pas plus ou moins cette portée? Mais demandons-le à M. de Boyat lui-même, pourquoi a-t-il commis cet acte si grave, sans précédent, sans exemple dans la hiérarchie militaire, de se permettre de transgresser un ordre sans en avertir son supérieur?

Messieurs, nous ne sommes pas des enfants. Il est permis de plaisanter pour que l'auditoire sourie ; mais l'heure du sérieux arrive, et si M. de Boyat eût été en face d'un ordre qui dût être respecté, M. de Boyat méritait de perdre ses épaulettes par l'acte le plus grave que puisse se permettre un officier. Il a obéi à sa conscience. Que lui disait-elle? Que permettre de razzier ces gens-là, pour me servir de son expression, c'était signer leur arrêt de mort; il n'en doutait pas, et c'est pour cela que, engageant sa responsabilité, il indique au caïd Lakdar qui, comme ses compatriotes, comprenait à demi-mot : « Méfie-toi, et si tu m'en crois, tu ne feras rien à cette caravane », et M. le commandant a été tenu dans l'ignorance la plus complète de la transgression par un inférieur de l'ordre qui lui avait été donné. Il a cru qu'il était maintenu; qu'il pourrait être exécuté sur des gens qui étaient sous sa garde, sous sa bonne foi, sous son drapeau, sous son autorité municipale, puisqu'il réunissait tous les pouvoirs dans sa main, et vous savez l'usage qu'il en a fait.

Eh bien! c'est contre ces hommes que vont être dirigés des ordres dont je recherche la nature. J'écarte, messieurs, bien que cependant quelques soupçons puissent assiéger mon cœur, les préoccupations d'intérêt personnel, et c'est pour moi une rare bonne fortune que de n'avoir pas à les chercher dans une cause de cette gravité, où j'ai le malheur de rencontrer un accusé contre lequel ma voix s'élève.

Non, il n'y a aucune préoccupation personnelle, mais une politique.

Il nous a dit quelle elle était : elle s'explique par les représailles, et les représailles ne sont pas seulement le refoulement d'un ennemi qui se permet une invasion sur notre territoire ; ce n'est pas le châtiment dans un pays allié ; ce n'est pas une compensation sur des ennemis. Du tout. Mais c'est une chose qu'il ne m'a pas été possible d'entendre sans en être profondément affligé, et je considérerais comme une défaillance indigne du conseil qui me fait l'honneur de m'écouter le silence qui glacerait sur mes lèvres la vérité qui doit s'en échapper. M. Sériziat invoque les représailles ; seulement il dit qu'elles doivent être ainsi entendues, qu'une tribu ennemie, même sur notre territoire, ne doit pas être respectée, parce que la tribu amie, celle qu'il commande, a été affaiblie, démoralisée.

La famine a ménagé le territoire civil, elle a ménagé aussi, à ce qu'il paraît, le territoire tunisien ; mais le fléau, dans son caprice, n'aurait atteint que le territoire militaire. Quoi qu'il en soit, les Nemenchas ont gravement souffert. Il faut relever leur courage. Comment s'y prendra-t-on pour arriver à ce but ? en leur disant d'agir, en leur lâchant une proie, en leur donnant des voyageurs et des commerçants à tuer. Lorsqu'ils auront vu le sang, ils seront probablement plus braves. C'est la théorie. On n'a pas craint de l'énoncer, et vous vous rappelez l'interruption par laquelle on vous a fait connaître que les Hammamas étaient hors la loi, qu'on pourrait et qu'on devrait leur courir sus. Ce sont ces mots barbares, véritablement indignes de notre âge et de notre civilisation, imbue de christianisme, qui ont été prononcés dans cette enceinte et relevés par ce trait d'esprit, qu'il fallait au moins, pour être épargnés, qu'ils eussent le bon sens de n'être point des Hammamas ! Voilà comment on a traité la question. Mais il importe de ne point la laisser tomber dans le ridicule sous lequel on a voulu la couvrir. Non, non, ceci est trop grave pour que je n'aie pas le droit de dire ce que j'en pense. Ce que j'en pense, c'est que M. le commandant, lorsqu'il a donné l'ordre, a voulu, selon la théorie, que le moral des Nemenchas fût relevé, c'est-à-dire qu'ils vissent leurs ennemis tomber à leurs pieds, quand bien même ils n'avaient pour défense que les fusils qui devaient les protéger contre les malfaiteurs et que le rempart de ces chameaux qui, se dressant sous la douleur, roulaient sur ceux qu'ils devaient abriter ! N'importe ! Toutes ces choses ne sont rien à vos yeux ! Il faut que le moral des Nemenchas soit relevé et la caravane razziée, c'est à-dire immolée !

En doutez-vous encore, messieurs ? Pour mettre ici une éclatante lumière, M. de Boyat a senti se soulever dans son sein un scrupule d'honnêteté, auquel chacun a applaudi, et qu'il traduit dans cette observation faite à son chef : « Mais les Ouled-Sidi-Yahia n'ont rien à reprocher aux Hammamas. Pourquoi les mettre en querelle! » Là-dessus M. le commandant, qui connaît la jurisprudence en matière de représailles, consulte les précédents et s'imagine de découvrir un méfait qui date de 1867. Une réprésaille où, à deux ans de distance, trois cavaliers ont été tués, vaudra la mort à vingt-six commerçants! Voilà comment on fait de la grande politique! comment on moralise les tribus et comment on relève leur courage!

Et voyant que M. le capitaine de Boyat ne laisse pas que de dissi-muler la mollesse de Lakhdar, M. le commandant répond : « Mais les Nemenchas ont beaucoup souffert; ils ont eu souvent à subir des déprédations de la part de ces gens-là; voyez si nous ne pourrions pas nous adresser au caïd Mohamed-ben-Ali. »

Que signifient ces choses, messieurs? Est-ce que, si vous voulez ménager une population, vous enverrez pour la garder ses plus mor-tels ennemis, ceux qu'elle a insultés, qu'elle a outragés? Et si les récits de M. le commandant ne sont pas contraires à la vérité, de vains subterfuges destinés à surprendre la religion, à égarer l'opi-nion du pays, tout aussi bien qu'on a trompé le commandant supé-rieur, est-ce que M. Sériziat peut soutenir qu'il a voulu empêcher la caravane d'arriver? Je ne dis plus seulement qu'elle était arrivée, ce qui rend sa raison tout à fait puérile; mais il prend, il choisit pour cela ceux qui ont des insultes à venger, ceux qui ne marchent dans ces terrains déserts qu'en voyant devant eux l'ombre de leurs parents assassinés qui demandent vengeance. Voilà la protection que vous donnez à la caravane ; voilà comment est résolue la question d'éco-nomie politique. Vous voulez que les grains ne quittent pas le mar-ché de Tébessa, et c'est pourquoi vous allez chercher, racoler les plus mortels ennemis de ceux qui arrivent pour faire le commerce! Vous donnez une ouverture à la vengeance qui brûle le cœur d'El-Hafsi; vous le précipitez au combat, sachant qu'il y sera impitoyable; que sa religion, ses mœurs l'exciteront au carnage : c'est un ordre de mort que vous avez signé. Vous vous en êtes rendu compte en choisissant ceux qui devaient mener à bonne fin cette opération sanguinaire. Mais vous vous en êtes rendu compte encore lorsque vous avez écrit ces dépêches que mon honorable ami, M. Lucet, met-tait tout à l'heure sous les yeux du conseil.

Ah! messieurs, j'entendais en quels termes si pleins d'émotion, si généreux, si beaux, M. le commissaire impérial développait son opinion; il disait qu'il ne fallait rien moins que le sentiment du devoir pour requérir, lui, colonel si brave, si chevaleresque, contre un frère d'armes. Je suis couvert d'un vêtement plus modeste, mais c'est un vêtement de secours et de défense, je tends la main aux mal-heureux, je ne les repousse pas, et quand il me faut parcourir ce triste sentier où à chaque pas je rencontre des choses accablantes contre M. Sériziat, j'éprouve une douleur que je n'ai pas besoin de dire, et que je ne peux pas exprimer. Eh bien! la plus poignante est celle qui m'a saisi en le voyant descendre à des subterfuges pour obtenir du commandement supérieur un ordre dont certainement il aurait abusé, quoi qu'on en dise. Au lieu de se livrer à des développements brillants, mais inutiles, étrangers à la cause, pourquoi M. le commandant Sériziat, dont l'obligation la plus impérieuse était de dire la vérité, ne l'a-t-il pas dite? Vous aurez beau faire, vous n'expliquerez jamais ces réticences. Un militaire doit tout dire, et l'autorité supérieure doit tout connaître. Je n'admets pas la réponse de M. de Boyat. Lorsque M. le commandant envoie une dépêche qui, selon sa prévision, doit être bien accueillie, portant qu'une caravane d'Hammamas s'avance, il demande permission de la razzier, ou, s'il ne l'a pas dit, c'est qu'il a senti qu'il y avait du sang dans cet ordre, et il en a dissimulé la barbarie sous une pensée politique, sous ce subterfuge d'enlèvement des grains, qui lui fournissait l'occasion de demander si on devait le permettre ou le refuser.

L'honorable général qui, d'après sa réponse, ne me paraît pas tout à fait fixé sur les matières économiques, disait qu'étant en pareil cas, de décider si l'on pouvait autoriser le commerce des grains, il avait éprouvé beaucoup d'hésitation, parce qu'il s'était rappelé qu'à une certaine époque, une population affamée avait pillé une voiture sur laquelle se trouvaient des sacs de grains, et que, d'après ce fait, il lui paraissait dangereux de faire le commerce de grains en temps de famine. Je ne discute pas la chose. C'est un sentiment respectable, quoique erroné.

Si M. le général avait répondu que le commerce des grains n'était pas permis, il aurait peut-être été la cause d'un massacre. Voilà ce que l'on cherchait. La vérité tout entière est connue. Il n'est pas possible de dissimuler que telle était la pensée secrète de M. le commandant, celle qui l'a obsédé, celle qu'il a soigneusement cachée, car pouvait-il se faire illusion à cet égard? A l'audience dernière, un défenseur disait qu'en matière de commerce et de circulation, M. le commandant Sériziat a des opinions qui s'éloignent, grâce à Dieu, de celles que laissaient supposer les paroles de l'honorable général. Que disait M. Sériziat dans cette dépêche du 13 octobre 1868?

« MON GÉNÉRAL,

« Les dernières nouvelles des Hammamas les représentent comme s'étant soumis à toutes les exigences de la colonne tunisienne, par suite de la crainte que leur ont inspirée nos mouvements militaires, dont ils ont entendu parler comme ayant lieu à Tébessa et dans le Souf. Un assez grand nombre d'entre eux auraient été arrêtés et envoyés soit à Tunis, soit dans les villes du littoral où il y a de la garnison.

« Cependant quelques fractions se seraient rebellées; les unes, composées des Ouled-Yahia et des Ouled-ben-Yahia, seraient, comme je vous en ai déjà informé, rabattues sur El-Hamma, qu'elles auraient pillé, et auraient l'intention de se retirer momentanément dans le Nefzaoua.

« L'autre, composée de cent cinquante tentes environ des Oleb-ben-Aziz, après avoir pillé les environs de Guefsa, serait remontée le long de l'Oued-Mon-Elksob, jusque dans les environs de notre frontière, à hauteur de Bir-el-Ater. Il ne me semble pas qu'il y ait rien à craindre dans le moment présent; mais tous les indigènes sont d'accord pour les représenter comme disposés, aussitôt que la colonne tunisienne sera rentrée, à se rembourser sur les caravanes, les voyageurs et les douars isolés, des sommes qu'ils ont dû payer au bey, comme amendes et impôts, ce qui ne leur était pas arrivé depuis longtemps.

« Les Nemenchas demandent avec instance que l'on prolonge, pendant l'hiver au moins, le séjour des spahis parmi eux, afin qu'ils puissent descendre en sécurité sur le versant sud de leurs plateaux, en avant de Négrin. Ils ne se sentent pas assez forts cette année, même avec la présence des spahis, pour s'aventurer comme d'habitude au delà de Négrin et de Ferkan, entre les oasis et les schotts.

« Il me semble d'un intérêt majeur pour nos populations, si éprouvées par la misère et les maladies, d'avoir leurs communications assurées et faciles avec le Djerid et le Souf, où elles trouvent de précieuses ressources à se louer pour la récolte des dattes, le travail des jardins et des transports, en même temps qu'un lucratif commerce d'échange. Cet intérêt, s'il est satisfait, fera sentir son influence jusque sur le commerce de Tébessa, et même sur le commerce en général en activant les transactions. Il est hors de doute que de la sécurité des routes dépend le développement d'un commerce considérable avec ces contrées du sud, et que Bône et Constantine y ont un intérêt aussi immédiat que les Nemenchas.

« Je ne saurais donc trop insister sur l'opportunité des mesures tendant à assurer la sécurité de nos communications avec Nefta, et je crois que ces mesures sont faciles et peu coûteuses. Je pense que le maintien d'une division de spahis, au milieu des douars des Nemenchas, lorsqu'ils descendent vers le sud, suffirait à éloigner de la frontière les hordes pillardes qui l'assiègent habituellement. Cette division, ordinairement à deux jours de marche de Tébessa, n'en serait jamais à plus de trois jours de marche, et serait accompagnée constamment d'un goum d'une centaine de chevaux qui se renouvelleraient tous les huit ou dix jours, de façon à ne pas gêner outre mesure les propriétaires des juments.

« Une semblable menace, constamment suspendue à proximité de la route de Nefta, suffirait, je pense, à en assurer la sécurité, surtout si de son côté le gouvernement du bey prenait quelques mesures analogues.

« En dehors de la question extérieure que je viens de traiter, il est encore nécessaire, au point de vue de la discipline intérieure de la tribu, de maintenir pendant quelques mois au milieu d'elle une force qui lui impose l'obéissance. La dépression morale si considérable qui est la suite de la crise alimentaire que nous venons de traverser, a eu pour résultat de relâcher, d'une façon très-sensible, le sentiment de l'obéissance et de la solidarité.

« Si les chefs indigènes n'ont pas un point d'appui immédiat, ils n'obtiendront qu'une obéissance tardive et contestée, et il est à craindre que nous n'arrivions pas à empêcher suffisamment la dispersion d'une partie des tentes et tous les inconvénients qui en découlent. »

Un homme qui professe de pareilles doctrines et qui les applique ne peut être entraîné violemment en dehors de toute espèce d'idées avouables que par l'intérêt dont je parlais tout à l'heure : celui d'entretenir sur le territoire une guerre factice, une agitation dont il profitera dans un but quelconque. Il est facile de céder à des entraînements politiques qu'on a pu attaquer; nous en avons aujourd'hui la preuve irrécusable. Mais encore une fois, ce que nous recherchons et ce que nous trouvons, c'est que M. le commandant ne s'est fait aucune illusion sur la nature de l'ordre, et qu'il dévouait à une mort certaine ceux qu'il commandait de razzier.

Il l'a su. Nous en trouvons encore la preuve dans le fait si éclatant que faisait valoir Me Lucet. Comment oser faire croire que son ordre a été transgressé? Si c'est malgré lui, au mépris des instructions qu'il a transmises, que Mohamed-ben-Ali a, de son propre mouvement, attaqué la caravane, assassiné les gens qui la composaient, en ce cas, pourquoi M. le commandant fait-il immédiatement à l'autorité un rapport en leur faveur, et protège-t-il ceux qui se présentent à lui les mains encore toutes dégouttantes du sang des voyageurs?

Je ne reviens pas sur ce détail. M. le commandant a accueilli Mohamed-ben-Ali comme d'habitude; même, d'après ce dernier, il avait l'air satisfait. Quant au caïd, il n'a déclaré à aucune personne qu'il éprouvait la moindre crainte. Mais ce ne sont pas seulement des dépositions de témoins que j'invoque, et, suivant toujours le même système, je recherche la vérité dans les préoccupations prises pour la déguiser. Je demande comment il sera possible à M. le commandant d'expliquer les communications qu'il a faites à l'autorité sur un événement si grave, si décisif, et qui engageait à un si haut point sa responsabilité.

Je suppose pour un instant que ce grand crime ait été commis et que M. Sériziat y soit étranger. Il aurait dû cependant se dire que peut-être avait-il manqué de précaution, de prudence. La caravane, il l'avait désignée d'abord au fer et au plomb des indigènes. Il avait rétracté son ordre, je le veux bien; mais lorsqu'un caïd, dans une lettre, enflammé par l'amour du butin et de la vengeance, lui dit qu'il surveille la caravane, ne devait-il pas, lui, la protéger? N'était-ce pas une précaution d'honneur et de conscience? Et quand, à la face du ciel, sous la clarté du soleil, à quatre heures de l'après-midi, des malheureux sont égorgés; quand les assassins reviennent en triomphateurs et trouvent un lieu d'asile dans la maison de M. le commandant, tout cela est impossible, absolument, si M. le commandant n'est pas complice. Eh bien! on a trouvé des gens dociles, on a trouvé un avocat d'office, et cet avocat d'office, pour le plus grand bien de la défense, a commencé par trahir la vérité; car voici le rapport qu'il envoie à la date du 16 avril :

« Je vous ai rendu compte hier que les Ouled-Hama et les Ouled-ben-Yahia s'étaient mis en route pour une destination inconnue. J'apprends aujourd'hui que les deux caïds des Nemenchas, montés à cheval pour une reconnaissance, ont poussé jusqu'à la frontière, chacun d'eux suivant une direction à peu près semblable et parallèle.

« Le caïd des Brarchas, avec une trentaine de chevaux, a aperçu une caravane marchant vers l'est, qu'il a envoyé reconnaître. Ses cavaliers, ayant été reçus à coups de fusil, et l'un deux ayant été tué, un engagement général s'en est suivi, dans lequel tous les gens de la caravane ont été tués, sauf trois.

« Ces gens appartiennent aux Hammamas. On dit que trois juifs de Guefsa sont au nombre des morts. Les défenseurs de la caravane paraissent avoir été plus nombreux que les assaillants. »

Eh bien! messieurs, aujourd'hui, après ces débats, chacun peut se rendre compte des déguisements auxquels M. le commandant n'a pas craint de descendre pour tromper la religion de l'autorité. Il savait qu'il n'y avait pas d'autre parti d'Hammamas que la caravane sacrifiée; il savait que les caïds n'étaient pas montés à cheval pour une reconnaissance, mais pour frapper la caravane; en effet, les caïds le lui ont dit. Il savait que le massacre de la caravane n'était pas un accident fortuit, mais le résultat d'une préméditation, à laquelle les goums de ces caïds avaient concouru.

Mais il ne se contente pas de communications mensongères; il fait, à la date du 18 avril, un nouveau rapport, qui va contenir des excuses contraires à la vérité : « Cette attaque, dit-il, ne peut être considérée que comme une attaque fortuite, puisque les goums des Nemenchas étaient en reconnaissance, et que, passant au Djebel-Saf-Saf, ils sont allés près de Négrin, au-devant d'une de leurs caravanes, qu'ils craignaient de voir attaquer par les Hammamas. »

Tout cela est une fable. Il n'y a pas de *caravanes de Nemenchas ;* il n'y a aucune menace de la part des Hammamas. Ce sont des inventions d'un officier, d'un officier supérieur qui écrit à l'autorité supérieure et qui veut colorer des actes dont il dit aujourd'hui n'être pas responsable, et ces actes sont des assassinats!

Un peu plus bas, il ajoute :

« Le père de l'israélite tué ne m'a adressé aucune plainte, il m'a seulement fait demander par un israélite de Tébessa un laissez-passer que je lui ai délivré, pour aller chercher le cadavre de son enfant. »

Or, le père du juif était venu se plaindre, cet homme contre lequel, je ne sais pourquoi, dans l'intérêt de M. le commandant, on a trouvé des paroles si cruelles, si injustes, si inattendues ; dont on a dénaturé, insulté la douleur, en disant qu'il venait plutôt réclamer de l'argent.

Son enfant était mort ; privé des caresses de son enfant, père malheureux, baigné de larmes, il allait implorer la justice : elle lui a été refusée.

C'est donc ainsi que M. le commandant fait connaître la vérité. Il savait qu'il la travestissait, car dans l'interrogatoire qu'il a subi le 18 janvier, il a dit :

« J'ai rendu compte à l'autorité de ce qui venait de se passer, d'après la version qui m'avait été faite par le caïd. Prenant en considération les nombreux faits du même genre dont les Nemenchas avaient été victimes, les supplications d'un homme dont jusqu'alors je n'avais qu'à me louer, et ce fait que c'était aux chefs indigènes que le gouvernement avait laissé le soin de défendre leur territoire, ainsi que le droit d'exercer des représailles, je n'ai pas jugé à propos d'être le premier à appeler sur eux des sévérités pour un acte d'une barbarie révoltante, il est vrai, mais qu'ils n'auraient pas commis, s'ils n'avaient pas été appelés à se faire justice eux-mêmes. Je me suis donc borné à rendre compte du fait tel qu'il m'était présenté, et sans y ajouter de commentaires défavorables. »

Eh bien ! il faut dire avec le rédacteur du rapport, avec M. le commissaire impérial, que sur ce point comme sur les autres, M. le commandant a sciemment altéré la vérité ; qu'il savait que la tribu des Nemenchas n'avait aucune espèce d'injure à venger ; qu'il n'y avait aucune espèce de caravane à protéger ; que le caïd des Brarchas attaquait une caravane désignée à l'avance, et qu'il avait, lui, connaissance de toutes ces choses ; et je demande encore : Comment se fait-il que, voulant protéger ces hommes, il n'ait pas fait connaître la vérité tout entière ? Pourquoi n'est-il pas question de l'ordre donné le 8, maintenu le 9 et révoqué le 10 ? Est-ce que ces choses ne regardaient pas M. le commandant ? Quand vingt six-cadavres jonchent le sol, quand un officier français dégageant sa responsabilité, déguise par caprice de semblables actions, est-ce que la conscience ne faisait pas un devoir à M. Sériziat d'informer l'autorité qu'il avait été mêlé à tout cela ? Il les garde cependant et les couvre de sa protection, ceux que M. de Boyat aurait repoussés comme de vils assassins (je répète la chose), ceux qu'il accuse dans son deuxième rapport de s'être rendus coupables du carnage.

Quant au juif, M. le commandant dit qu'il n'est pas venu porter plainte, espérant que le silence se fera et que les morts ne se relèveront pas du sol où on les a laissés sans sépulture, pour réclamer. Eh bien ! il s'est trompé. L'opinion publique s'est soulevée contre lui, et il ne lui est pas possible, quelques efforts qu'il fasse pour se couvrir lui-même, d'arrêter le mouvement de la justice. Et je vous demande, à vous, militaires intègres autant que braves, juges consciencieux, qui avez à prononcer sur le sort d'El-Hafsi-ben-Gaba, s'il est possible, d'après la nature de ces ordres, leur précision, de lui reprocher ce qu'il a fait, de l'en punir. N'a-t-il pas reçu des instructions pour ce qu'il a fait ? Ne lui a-t-on pas mis dans les mains le glaive avec lequel le soldat frappe au cœur son ennemi ?

Oui, M. le commandant s'est inspiré des passions de ces tribus et les a mises à son service. Il a cherché les hommes qui avaient le plus d'intérêts à venger, je ne dis pas les plus barbares : ces mots sont déplacés dans une discussion de cette nature, et je m'étonne qu'ils aient été prononcés ici. Ah ! lorsque j'ai entendu déclarer que l'Arabe était l'intermédiaire entre l'homme et la brute, mon cœur s'est soulevé d'indignation. Non, non, messieurs, n'insultons pas une race que nous avons à protéger, qui a des vertus, de la grandeur, des traditions, de l'héroïsme, et que nous devons appeler au bien. Pour cela, il suffit d'avoir du cœur et de l'honnêteté.

El-Hafsi n'a donc été entre les mains de M. le commandant qu'un instrument en accomplissant ses desseins, et ces desseins étaient des desseins de mort. On a voulu immoler la caravane afin d'amener peut-être des représailles, afin d'entretenir dans les provinces agitées une guerre à laquelle, probablement, on a un intérêt politique, et qui aurait depuis longtemps cessé pour faire place à la pacification, si des mains avides n'avaient entretenu, attisé l'incendie.

Je n'ai pas fini, cependant, et ma conscience me reprocherait, après ces développements qui vont directement contre la cause de M. Sériziat, de ne pas ajouter quelques mots sur ce que j'ai eu l'honneur de vous annoncer d'avance en ce qui touche la responsabilité de la politique française; car il y a ici des moyens de défense que j'entends, non développer, mais indiquer. Après ce qu'a dit Mᵉ Lucet, insister davantage serait une témérité et un acte de mauvais goût. Mais j'ai le droit et le devoir, dans l'intérêt du client, de tout dire, tout ce que m'inspire ma conscience pour son salut; et ici son salut se confond avec celui de M. le commandant; car il me paraît impossible que la cause de celui-ci ne profite pas des considérations qui ont été invoquées et qui doivent nécessairement avoir sur vos esprits une influence déterminante.

En effet, que vous a-t-on dit ? Que le gouvernement français avait, pour ces pays exceptionnels qu'on appelle les pays frontières, des habitudes, et qu'il donnait des instructions... exceptionnelles, que M. Sériziat s'y était conformé, qu'il n'a pas eu d'autre tort que d'être un chef obéissant, commandant à des soldats qui l'avaient trop bien compris, que la responsabilité se déplaçait et que, tout de même que la justice ne devait pas atteindre la tête d'El-Hafsi pour avoir obéi, la soumission de M. le commandant lui servait aussi de sauvegarde.

Qu'était M. Sériziat, pour aller plus haut dans ces sphères politiques où il est difficile de trouver un objet qu'on puisse atteindre ? Quelles sont ces instructions ? M. Sériziat les a fait connaître. Il a dit que, dans ce pays, où il n'est pas possible d'établir l'ordre et la sécurité, alors surtout qu'il est constaté, par des documents irrécusables, qu'il avait demandé ces troupes et que ces troupes lui avaient été refusées, il avait été dans la nécessité absolue de confier aux tribus le soin de se défendre et de se protéger elles-mêmes, et que c'était un acte de cette nature qui avait été accompli. J'ai dit que M. le commandant ne s'était pas conformé à ces instructions quand il avait agi ainsi ; car, à cette audience, vous ne l'avez pas oublié, il a reçu de ses chefs supérieurs le démenti le plus net. Les représailles, telles qu'elles ont été expliquées, ce n'est autre chose que le refoulement de l'ennemi lorsqu'il franchit notre territoire. Sa poursuite sur notre territoire propre est appelée châtiment. Dès que des malfaiteurs, des pillards, ne peuvent pas être atteints, on se venge sur des voyageurs, pourvu qu'ils soient de la même tribu, et nous avons entendu, soit de la bouche de M. le commandant, soit de celle de son honorable défenseur, ces explications que j'ai retenues et qu'on dit aux chefs à l'oreille : « Deux coups pour un », c'est-à-dire que c'est la loi du talion multipliée par un système géométrique effrayant ; quand un homme est tombé, il faut dix victimes ; il est probable que lorsqu'une bête de somme a été prise, il en faut plusieurs. Voilà les instructions qui vous sont données.

Je proteste de toutes mes forces, de toute l'énergie de ma conscience, contre de semblables habitudes. Vous êtes militaires, et je n'ai pas besoin d'apporter à l'appui de mon opinion celle des jurisconsultes et des docteurs qui ont traité de cette matière, où les points capitaux sont élucidés par l'expérience. Il y a deux conditions aux représailles. D'abord, qu'on soit en guerre ; car, en temps de paix, c'est l'anarchie, c'est un crime, et il ne vous est point permis d'immoler au pays ceux que vous croyez capables de mauvaises actions. Autrement, il n'y a plus de société possible. Une deuxième condition des représailles, c'est qu'elles soient immédiates et qu'elles ne dépassent jamais le but d'une nécessité impérieuse. L'acte des représailles est, dans son origine, le droit sacré de la défense ; mais lorsqu'il s'étend et qu'il fait payer les innocents pour les coupables, il devient une barbarie. La loi suprême du salut, selon les temps et les pays, est soumise à des règles variables que je n'ai pas la prétention de fixer.

Depuis longtemps, vous le proclamez, vous êtes les sauveurs de l'Algérie ; vous dites que tout est calme chez vous ; que les routes peuvent être parcourues en toute sécurité par les caravanes. C'est vous qui le dites, dans une lettre du 20 octobre 1868. Que parlez-vous alors de représailles ? Elles sont dans votre bouche ou dans votre cœur, déplorable impiété ou odieux calcul ! Cependant elles ne vous suffisent pas, et vous dites, non pas : « Œil pour œil », mais : « Les deux pour un seul ». En outre, les représailles ne seront pas immédiates, mais séparées par plusieurs années, et elles s'étendent sur le territoire d'Algérie qui est la France, et où les voyageurs doivent trouver la plus parfaite sécurité.

Voilà ce qui a été déclaré; et, il faut le dire, puisque de pareilles théories ont pu être appliquées, il est bon qu'elles soient produites au grand jour ! c'est leur premier châtiment; ce ne sera pas le dernier, je l'espère. Et ce système, sur lequel elles reposent, est déjà irrémédiablement ruiné.

Mais, messieurs, il n'est pas permis cependant de ne pas tenir compte de tous ces faits quand de nous sommes appelés, nous, à l'honneur de préparer votre décision par une discussion sérieuse, et vous, messieurs, à la mission bien plus redoutable de prononcer sur le sort des accusés.

Et ici nous sommes en face d'un fait considérable, mais qu'il faut savoir envisager résolument et apprécier comme le peuvent faire des hommes de cœur; que M. Sériziat ait exagéré l'ordre donné; qu'il l'ait poussé à l'extrême; qu'il soit aujourd'hui désavoué, c'est possible. Seulement, messieurs, je dis à ceux qui le désavouent : « Il est bien tard. » Tout de même que M. le commandant Sériziat a essayé de couvrir les caïds, ils ont également essayé de le couvrir pour lui donner le bénéfice de l'impunité. J'en ai les preuves.

Malgré les plaintes et l'émotion publique, il a fallu le courage d'un écrivain indépendant pour qu'enfin la justice eût son cours.

Je ne veux pas abuser de votre patience, je suis déjà entré dans de trop longs développements; mais laissez-moi vous donner la preuve écrite que bien des mois après le crime, alors que l'autorité n'ignorait rien, qu'elle savait l'ordre donné par M. le commandant, qu'elle avait apprécié la nature du contre-ordre, qu'elle connaissait la correspondance, elle a essayé de faire considérer cela comme un acte de guerre, en dehors de toute espèce de droit.

J'ai un *communiqué* du 24 mai, envoyé à l'*Indépendant* de Constantine, et dans lequel on dit :

« Nous allons rendre son véritable caractère à cet événement que l'auteur de l'article s'est plu à présenter sous un jour des plus odieux.

« Le gouvernement français a établi dans tout l'intérieur de nos possessions algériennes une sécurité incontestable, mais il n'a pas encore obtenu ce résultat dans ces régions vastes, peu habitées, où une ligne mal définie nous sépare de la régence de Tunis.

« Là, nous nous trouvons en face de populations guerrières, vivant dans une anarchie complète, échappant absolument à l'autorité du bey, et en hostilité permanente contre nos tribus.

« C'est le pays des coups de main, le pays de la peur, comme l'appellent les Arabes; les caravanes ne le traversent que lorsqu'elles se sentent en force suffisante pour résister à toute attaque.

« Cet état de choses n'est pas nouveau. Il existe depuis des siècles. »

C'est bien la défense de M. le commandant Sériziat tout entière :

« La guerre est en cause; ceux qui s'avancent dans ce pays de peur ont seuls tort, ils devraient se faire escorter; les caravanes n'y ont aucune espèce de sécurité; si l'on a égorgé les gens qui composaient celle-là, ils n'ont que la conséquence de leur témérité. »

Voilà ce qu'on disait alors qu'on savait que la vérité ne pouvait justifier une pareille appréciation, que des caravanes de la même nature sillonnaient la même route. Pourquoi avaient-elles plus de sécurité? Lorsque M. le commandant Sériziat a dit, dans sa correspondance, qu'il avait mis l'autorité à même de juger, à ce moment, lorsqu'il n'était plus possible de se faire illusion, l'autorité couvrait de sa protection non seulement les caïds, mais encore M. Sériziat. Il a fallu les réclamations incessantes de la presse pour déterminer l'autorité militaire à agir.

Le *Moniteur*, le *Moniteur* officiel lui-même disait :

« Il faut des poursuites judiciaires contre les trois caïds... que partout sur le territoire français force doit rester à la loi... »

Deux mois s'étaient passés pendant lesquels on avait tâché de garder le secret, deux mois s'étaient écoulés, et l'on n'avait rien fait!

Ce n'est qu'à la date du 16 juin, c'est-à-dire juste deux mois après le crime consommé, que la justice commence, et qu'El-Hafsi se remet entre ses mains.

Qu'est-ce à dire ? L'autorité militaire a été contrainte; si on l'avait laissée à son inspiration, vous ne seriez pas assemblés, et peut-être, sans la demi-liberté de presse dont jouit l'Algérie, et qui en définitive est la garantie du droit comme de la liberté des citoyens, le crime du Saf-Saf aurait été confondu dans l'oubli avec tous ceux qui l'ont peut-être précédé, et qui ne sont point parvenus à notre connaissance.

Eh bien! ce fait douloureux, incontestable, j'en tire la conséquence qui vous a frappés. Je vous parlais de la mission que j'accomplis. Si j'avais l'honneur d'être chargé de votre responsabilité, je le dis en toute conscience, il me serait difficile de prononcer un verdict de culpabilité sur M. le commandant Sériziat; car en présence des ordres qui lui ont été donnés et qu'il a transgressés en les exagérant, mais surtout en présence de l'attitude prise par le gouvernement lorsque tout lui est connu, et que par conséquent il doit justice aux victimes, ma conscience se trouble et le doute s'y introduit.

Ce n'est pas, croyez-le bien, l'approbation de l'autorité qui me fait dire que M. Sériziat doit être absous. Non, je ne lui reconnais pas, par action administrative, le droit de changer une règle morale et de faire disparaître la criminalité dans le bénéfice de l'impunité. Non ! seulement cette approbation me prouve ou du moins me laisse supposer entre le gouvernement et M. Sériziat des instructions que nous ne connaissons point, et qu'un devoir, que chacun comprend, lui défend de produire. Il serait impossible, autrement, que M. Sériziat ait été l'objet d'une si scandaleuse indulgence, et pour ne pas être injuste, je dois m'appliquer à frapper la responsabilité que j'invoquais contre lui.

Eh bien ! tout de même que M. de Boyat, en face des chefs arabes se présentant couverts de sang, démontrait sa complicité, de même je dis que le gouvernement, en présence d'un militaire qui a ordonné un assassinat, prouve que cet assassinat n'a pas été sous la responsabilité de l'individu, mais dans la politique ; que si elle ne l'a pas ordonné, elle a laissé pressentir qu'il pouvait être nécessaire.

Dès lors, comme le disait Mᵉ Lucet, le glaive s'échapperait de nos mains, et il ne nous serait pas possible, ne pouvant atteindre les vrais coupables, de frapper ceux qui n'auraient été que les instruments. Seulement on a ajouté avec raison que nul ne se trompera sur la nature de votre verdict. Chacun aujourd'hui comprend le grand mouvement qui s'est opéré et auquel tous nous voulons nous associer. Il est temps de mettre un terme à ces erreurs funestes, à ces déplorables habitudes, à cette politique énergiquement condamnée, et qui dès lors ne doit pas même conserver son ombre.

On veut dominer les Arabes : il faut les ramener. Lorsque nous sommes venus sur leur terre, notre conquête y était légitimée, car nous sommes venus, par le sang de nos soldats, éteindre ce foyer de hideuses pirateries, et après que leurs généreuses existences ont été sacrifiées pour ce grand but de la civilisation, nos enfants ont peine à croire ce qu'étaient les côtes d'Italie, de Sicile, d'Espagne et de France !

Dès qu'une voile blanche apparaissait dans le lointain, on n'était pas sûr qu'elle n'amenât quelque forban pour égorger les familles et enlever leurs biens ! Nous avons fait disparaître ces coutumes inhumaines ; est-ce que par hasard c'était pour prendre les mœurs de ceux que nous remplacions ? Est-ce que nous avons saisi le cimeterre du dey que nous avons détrôné pour nous donner comme lui le plaisir de faire couper des têtes ? Est-ce que nous avons conservé les barques de corsaires contre les gens inoffensifs et paisibles ?

Non, messieurs, nous avons eu la prétention légitime de faire prévaloir nos mœurs et notre civilisation. On disait qu'il fallait respecter
celles des Arabes ; oui, en ce qui touche leur religion et leurs familles ;
mais leur gouvernement, leur état, leur société, ils nous appartiennent ; nous avons le droit d'y voir et d'en disposer. Peut-être les
avons-nous trop respectés jusqu'à ce jour, et c'est dans la voie contraire que désormais nous devons marcher. En agissant ainsi,
devons-nous être l'objet d'inquiétudes quelconques ?

On dit que l'armée est intéressée à conserver l'ordre actuel, et que
c'est elle que nous accusons en demandant une transformation. Je
proteste de toute mon énergie contre une allégation semblable. L'armée est en possession de la force, elle défend les lois, elle est brave,
généreuse, pleine d'abnégation et de désintéressement ; je n'ai ni le
droit ni la prétention de parler en son nom, mais je suis sûr que je
suis l'interprète de ceux qui l'honorent par leurs vertus militaires,
par leurs qualités éminentes, lorsque je dis qu'elle supporte impatiemment ce fardeau dont l'a chargée la politique, à laquelle elle veut
rester étrangère ; qu'elle consent avec peine à ce qu'on en détache
une infime fraction, pour y puiser les complices de certaines actions
et de certaine politique qu'on ne s'explique pas et que n'admet pas la
loyauté parfaite à laquelle elle est restée fidèle. C'est ainsi que son
drapeau ne sera plus compromis dans des razzias sanglantes. Oh !
non, non ! ce drapeau qui jusqu'à un certain point a été entaché, ce
drapeau flottera désormais sur une institution fixe et certaine, et à
côté de la devise qui y est déjà inscrite, avec les mains de l'avenir, la
France démocratique mettra la sienne : loi, travail et liberté !

El-Hafsi, déclaré non coupable, à la majorité de six voix contre une,
est acquitté, ainsi que tous les autres accusés.

COUR IMPÉRIALE D'ALGER.

PRÉSIDENCE DE M. PIERREY.

AUDIENCE DU 6 JUIN 1870.

Appel de mesdames Lévy et Salfati, nées Seyman, contre MM. Seyman, d'un jugement du tribunal de Bône, du 27 juillet 1869.

Les questions soulevées par cette affaire sont celles-ci :

1° Les filles israélites peuvent-elles hériter de la succession paternelle,
lorsqu'elles sont en concurrence avec des mâles?

2° A supposer que les israélites indigènes soient régis par la loi mosaïque,
quant aux successions, peuvent-ils y renoncer et se soumettre volontairement à la loi française?

3° En fait, cette renonciation a-t-elle eu lieu dans l'espèce?

4° D'après la loi mosaïque, les filles majeures qui ont reçu une dot
peuvent-elles réclamer au delà de ce qui leur a été donné?

M° Jules Favre, avocat des appelantes, prend la parole en ces termes :

Le prestige de la justice ne vient pas seulement de la haute mission
sociale qui lui est attribuée, mais surtout et plus encore du principe
d'égalité souveraine qui inspire ses décisions. L'intérêt le plus humble
lui est sacré; il grandit, s'élève sans efforts aux proportions des faits
les plus considérables qui puissent être fournis aux jugements des
hommes.

Tous les regards se tournent vers vous, pour interroger vos délibérations avec une anxiété et une 'nquiétude bien naturelles, puisqu'il s'agit d'une question de principe dont l'importance est immense.

C'est là que l'on reconnaît l'étendue de votre pouvoir ; mais c'est là
aussi que l'on conçoit combien serait funeste une erreur qui, par
impossible, s'attacherait à votre décision et viendrait désunir des
familles au profit d'institutions surannées, incompatibles avec la civilisation moderne.

Le débat actuel nous place en présence de cette redoutable éventualité; il touche à la famille, il touche à la propriété, à l'indépendance, qui est la source de toutes les prospérités.

Il s'agit, en effet, de savoir si deux femmes françaises, nées sur le sol français, de parents devenus Français, unies à des Français, peuvent être violemment arrachées à la protection de la loi française.

Il s'agit de savoir si les dépouiller de l'héritage paternel est un acte légal et s'il est permis à votre justice de consommer un pareil sacrifice; de les condamner au profit de frères qui, élevés dans le même berceau, se retournent contre la loi naturelle, en invoquant l'insolente supériorité de leur sexe. J'avais donc raison de dire que cette question tenait les esprits en suspens, qu'elle engageait les principes sur lesquels repose la société française, la paix publique, l'égalité des partages. Je suis en droit de déclarer que telle qu'elle se présente à vous, cette question est digne de vos méditations les plus attentives, et que c'est légitimement qu'elle excite les préoccupations publiques.

La cause se présente avec cette particularité peu commune que le jugement attaqué crée une sorte de nouveauté inattendue, de nature à jeter la confusion dans beaucoup d'esprits et à changer une pratique qui avait longtemps prévalu sans le moindre inconvénient; aussi, c'est votre expérience que j'invoque, vous avez été spectateurs du trouble apporté dans l'interprétation de la loi mosaïque par certains tribunaux de province, vous vous êtes élevés au-dessus de ces conflits; mais malheureusement vos décisions n'ont pas eu une précision suffisante et s'enveloppent dans des raisons contraires à la doctrine que je soutiens. J'ai donc devant moi l'imposante majesté de quelques-uns de vos arrêts. Ce n'est pas que ces arrêts pèsent en quoi que ce soit sur ma conscience : ils sont l'objet de tous mes respects; mais je sais que depuis longtemps la magistrature a tenu à honneur de défendre la liberté complète de discussion. J'ai déjà éprouvé la bienveillante impartialité de votre illustre compagnie; je connais les services éclatants que vous avez rendus, je sais l'infatigable dévouement de ce barreau, et je considère l'occasion qui m'est offerte de parler devant vous comme une bonne fortune qui me permet de témoigner mon respect pour vous et mes sympathies pour la cause algérienne, dont le succès est voué au droit et à la liberté. L'arrêt que j'attends, faisant cesser une confusion regrettable, indiquant au législateur le sentier qu'il doit parcourir, sera un nouveau service rendu à cette cause, qui est l'objet de notre sollicitude.

Voici la contestation qui a donné lieu au jugement que je viens vous soumettre :

Le 21 juin 1854 décédait à Bône Jacob Seyman, établi d'abord à Constantine, puis à Bône, dès 1842.

Il laissait cinq enfants pour héritiers : Léon, Abraham, Michel, Zorah et Ourida; les deux premiers seuls étaient majeurs.

Grâce à son intelligence et, je dois le dire aussi, à la révolution légitime qui avait suivi la conquête française, il avait fait un négoce fructueux, et ses héritiers se trouvaient possesseurs d'une fortune considérable. Jacob Seyman avait toujours vécu sous la protection des lois françaises ; aussi rien de plus naturel que de voir, à sa mort, les lois françaises devenir le palladium des membres de sa famille.

Il ne pouvait en être autrement : Jacob, au lieu de se retrancher dans la loi mosaïque, qui est un obstacle constant aux transactions entre les israélites et les Européens, avait toujours pratiqué la loi française, et avant 1854 son fils Léon avait épousé une Française. Abraham s'était marié dans les mêmes conditions, et c'était chez eux une longue tradition que de se conformer aux lois françaises.

Quand Jacob ne fut plus de ce monde, son fils Léon continua à suivre ces traditions : ce fut à la loi française qu'il eut recours pour sauvegarder l'intérêt des mineurs. La tutelle fut établie d'après notre législation, et c'est là le point de départ qui nous permet d'affirmer que nos adversaires ne devaient pas invoquer la loi mosaïque.

Le 21 et le 23 juillet 1854, quelques jours après le décès de Jacob, on appose les scellés, et l'acte qui le constate établit l'existence de cinq héritiers, dont l'un est absent, ce qui justifie les mesures conservatoires prises.

(Lecture du procès-verbal dressé à cette occasion.)

J'ai le droit de dire que l'honorable magistrat qui a présidé à cet acte ne se doutait guère que, seize ans plus tard, on viendrait lui demander de le démentir, et il ne pouvait supposer qu'un jour trois de ces héritiers, les plus forts, les fils, réclameraient en entier l'héritage paternel, en ayant l'odieux courage d'en exclure leurs sœurs. A ce moment, il n'en était pas question : le 5 août, les scellés étaient levés ; le 5 septembre, la mère était déclarée tutrice et Léon subrogé tuteur. Je ne lirai pas les actes qui le constatent, mais j'insiste sur leur portée. La mère, reléguée au second plan par la loi mosaïque, est appelée à la tutelle d'après la loi française ; elle prend le gouvernement des biens de ses enfants. A côté d'elle vient se placer son fils, qui témoigne ainsi de son abandon de prescriptions auxquelles il ne songeait pas et qu'il désavouait suffisamment.

Le 11 décembre 1854, le conseil de famille est réuni et accorde à madame veuve Seyman l'autorisation d'intenter, au nom des mineurs, une action contre des débiteurs de la succession.

(Lecture de cette délibération, à laquelle Léon prenait part.)

Après ces actes solennels, après ces déclarations écrites de sa main, Léon vient contester à ses sœurs la qualité d'héritières et leur refuse le droit de profiter du bénéfice de la loi française, qu'il invoquait si souvent à cette époque. Et qu'y a-t-il d'étonnant à cela? La loi française lui était commode, il s'en servait; mais dès qu'il a vu que la loi mosaïque lui permettait d'augmenter sa fortune, déjà si considérable, au préjudice de ses sœurs, il n'a pas craint un seul instant de la revendiquer.

Les actes ne sont pas seuls à prouver ce que j'avance; par la suite, nous voyons les frères Seyman vendant, achetant, transigeant, consultant des avocats, ayant toujours à côté d'eux leurs sœurs mineures, élevant ainsi contre eux une barrière qu'ils auront bien de la peine à franchir, et au pied de laquelle je les retiendrai, au nom des principes supérieurs, des lois qui nous protègent et qui ne permettent pas le triomphe après de semblables démentis.

Les choses sont restées en cet état jusqu'en 1864. Zorah était devenue majeure, Ourida ne l'est devenue qu'en 1866; cela n'a pas fait cesser l'indivision des biens jusqu'en 1868; du reste, pendant toute cette période, nulle liquidation, nul partage; les frères possédaient en totalité les biens du père, sous la tutelle de la mère, qui avait abandonné complètement l'administration de toute la fortune entre les mains plus expérimentées de ses fils.

(Lecture d'une procuration donnée par madame veuve Seyman à Abraham Seyman.)

En 1864, madame veuve Seyman mourut. Bien qu'Ourida fût presque majeure, on reconstitua la tutelle au profit de Léon Seyman. Quant à l'administration des biens, elle fut marquée des mêmes caractères qu'avant la mort de la mère ; les sœurs ont encore été déclarées héritières par leurs frères, aujourd'hui leurs adversaires. Cependant le temps s'écoulait, et Zorah songeait à se créer un établissement stable. Dès 1861, elle avait été recherchée en mariage par le jeune Nephtali Lévy ; mais si de semblables projets souriaient aux deux jeunes gens, il n'en était pas de même de Léon et d'Abraham. Zorah et Ourida avaient dans la maison une existence essentiellement subordonnée : elles subissaient l'ascendant de leurs frères, qui s'étaient réservé le commandement absolu, qu'ils avaient retenu de la loi de Moïse, et ils en faisaient sentir la pesanteur sur le front de leurs jeunes sœurs. Aussi, lorsqu'au mois de mars 1862, Nephtali Lévy, certain qu'il ne serait pas désagréable à Zorah, s'adressa à Léon pour lui demander la main de sa sœur, il éprouva un refus à la suite duquel les relations durent être interrompues. Mais en quittant cette maison, M. Lévy ne pouvait arracher de son cœur le souvenir de celle qu'il aimait, et bien que, de 1862 à 1865, trois années se soient écoulées sans qu'il y ait aucune communication entre Lévy et Zorah, leurs sentiments résistèrent à l'absence; aussi, lorsqu'en 1865 madame veuve Seyman fut décédée, Zorah fit connaître à ses frères qu'elle entendait épouser Nephtali Lévy.

Seulement ces deux jeunes gens étaient bien faibles vis-à-vis de cette puissance qui s'appelait Léon et Abraham. Ils se recherchaient avec ardeur ; s'obtenir était le but unique de leurs désirs, et vous le savez, messieurs, le poète a dit :

> Amour, amour, quand tu nous tiens,
> On peut dire : Adieu prudence!

On peut dire aussi : Adieu intérêts! adieu préocupations!

Nephtali aimait, il ne pouvait se montrer exigeant ; s'il l'eût été, il eût rencontré des obstacles qu'il aurait fallu vaincre avec éclat ; de pareilles extrémités lui répugnaient ; vous ne serez donc pas surpris qu'il ait accepté sans objection le contrat de mariage qui lui fut imposé et qui est aujourd'hui le principal argument de nos adversaires. En effet, on oppose aux deux sœurs le pacte matrimonial qu'elles ont signé, dans lequel la loi française est abandonnée. Et qu'importaient alors à Nephtali de pareilles conditions? Ignorant des affaires, ne voyant que ce qu'il désirait avec une si légitime ardeur, voulant devenir l'époux de celle qu'il aimait, que lui importaient les conditions de sa situation civile! Et en conséquence il crut qu'il lui était possible de l'accepter, sans compromettre les intérêts de sa femme et des enfants à naître de cette union. Ce fut le 20 novembre 1865 qu'il apposa sa signature au contrat de mariage, où la loi mosaïque est invoquée.

(Lecture du contrat de mariage, d'où il résulte que la future épouse apporte en dot : 1° des vêtements et des bijoux d'une valeur de 10.000 francs; 2° une rente annuelle de 9,000 francs représentant un capital de 150.000 francs, équivalant au dixième de la fortune paternelle.)

La pièce a été enregistrée à Bône, le 8 novembre 1865; il a été reçu 4,155 francs *pour cession de droits successifs*.

C'est le fisc qui parle et qui résout une question litigieuse, puisqu'il reconnaît qu'il y a cession de droits successifs et que pour cela il fallait nécessairement être héritier. Ainsi, vous le voyez vous-mêmes, voilà comment le receveur de l'enregistrement s'oppose formellement aux conventions du contrat de mariage ; du reste, ce contrat de mariage stipule que Zorah touchera le dixième de la succession qui lui est attribué, selon la loi mosaïque elle-même, et pour cela les frères Seyman ne craignent pas d'affirmer que la fortune a été contradictoirement vérifiée et que 150,000 francs ont été regardés comme en étant le dixième. C'est là une inexactitude, pour ne pas me servir d'un mot plus fort; et Lévy, profitant de la facilité avec laquelle Zorah acceptait toutes les conditions, a introduit dans le contrat un fait contraire à la vérité. Quoi qu'il en soit, les deux époux ont signé les yeux bandés ; n'écoutant que les mouvements de leur cœur, ils se sont inclinés devant la volonté suprême de Léon et d'Abraham, sans en obtenir aucune satisfaction.

Voilà comment, par ce contrat, Zorah était placée sous l'empire de cette loi, dure, intraitable, contraire à nos mœurs, la loi de Moïse, qui chasse de la famille les enfants du sexe féminin, alors qu'une protection toute particulière devrait leur être accordée.

Cependant Nephtali, entré dans la famille, put croire un instant que le contrat n'était qu'un acte de pure forme ; il vint prendre place au foyer de ses deux beaux-frères. Depuis 1865 jusqu'en 1868, la vie fut commune, l'indivision continua, on administra les biens avec les mêmes lois, avec les mêmes formes, et vous ne serez pas peu surpris, maintenant que vous connaissez le contrat de mariage, de savoir que peu de temps après on demanda à Zorah une procuration en vertu de laquelle ses frères étaient admis à vendre, acheter, transiger, comme avant le mariage.

(Lecture de cette procuration, qui remonte au 14 décembre 1866.)

En 1867, Ourida, majeure, ayant épousé Salfati, donne à ses frères une procuration semblable affirmant ses droits d'héritière et sa participation dans l'administration des biens indivis. En 1868, alors que Zorah et Lévy étaient mariés depuis trois ans, intervient un jugement rendu par le tribunal de Constantine, duquel il résulte que Léon, Abraham, Michel, Zorah, Ourida, comparaissent comme héritiers de Jacob Seyman dans une instance engagée à l'occasion d'une vente d'immeuble. Je ne vous lirai pas les termes de ce jugement, je me bornerai à vous dire que les héritiers Guenoun-Hassoun durent donner 263.000 francs aux héritiers Seyman.

Ainsi se trouve justifié ce que je disais tout à l'heure, que les décisions judiciaires elles-mêmes ont toujours constaté, en dépit de la violente prétention de Léon et d'Abraham, que les filles n'ont jamais cessé d'être héritières, que cette qualité a été invoquée par ceux mêmes qui la leur dénient aujourd'hui.

Et ceci se passait en 1868, quand existait déjà ce contrat de mariage qui plaçait les jeunes filles sous le coup de la loi de Moïse ; quand Léon et Abraham en connaissaient toute la portée et quand ils avaient déjà conspiré contre leurs sœurs pour les dépouiller de l'héritage paternel.

Elles pouvaient donc réclamer leur portion de l'héritage qui leur revenait ; elles en trouvèrent le droit dans ces sentiments de famille que Léon et Abraham ont eu le courage de sacrifier à leur basse cupidité.

Quant à Lévy, vous comprendrez qu'il était également en droit de demander que cette indivision cessât.

Il s'adressa à Léon, timidement d'abord ; mais voyant que ce dernier se bornait à lui donner des réponses évasives, il fut un peu plus ferme, et finit par lui envoyer des hommes d'affaires.

Mais voilà que ces hommes qui devaient tout à la loi française se rejettent dans les traditions de la loi de Moïse pour endurcir leur cœur, et ils obligent leurs sœurs à quitter le seuil paternel !

Ce ne sont plus que des femmes de Moïse ; ce n'était que par bienveillance que depuis seize ans, on leur laissait croire qu'elles étaient des sœurs !

En 1868, Lévy commença par révoquer les pouvoirs qu'il avait donnés à Léon et à Abraham. Il s'occupa de savoir si la justice française accepterait les revendications de ces deux israélites et s'il était possible qu'en France des frères pussent infliger à leurs sœurs un semblable traitement et employer un moyen de cette nature pour les dépouiller. En conséquence, aussitôt après la révocation de ces pouvoirs, Lévy demanda une licitation des immeubles et le partage de la succession. En même temps, il intenta une action en reddition de compte de tutelle.

Cette tutelle ayant été exercée par Léon, tant de fait qu'en vertu du mandat donné par sa mère, les époux Lévy demandèrent en outre une provision dans l'instance qui fut engagée et où intervint madame Salfati qui réclama les mêmes droits que sa sœur et s'associa à ses conclusions. Je dois vous dire comment le débat fut engagé. En vertu du contrat de mariage arraché à leur sœur Zorah, les frères Seyman opposèrent à son action l'exception de la loi mosaïque : « Vous n'êtes pas nos sœurs, leur dirent-ils, vous êtes des étrangères, des créancières auxquelles nous avons donné 9.000 francs de rente, et vous devez vous considérer comme satisfaites. Peut-être consentirons-nous à vous donner le capital de 150.000 ou 160.000 francs, mais votre contrat ne nous oblige qu'à vous verser 9.000 francs par an, et vous n'avez rien de plus à réclamer. La loi de Moïse nous donne ces privilèges, et c'est elle qui nous gouverne, car notre père était israélite, et en vertu de la capitulation de 1830, il n'a pas perdu ses droits. »

Il a conservé toute sa vie les statuts mosaïques, et c'est en vertu de ces statuts que sa succession doit être liquidée et que ses filles Zorah et Ourida ne doivent avoir qu'un dixième.

C'est là leur moyen de défense. Il se résume en deux mots : nous n'accepterons que la loi mosaïque. A cela, Zorah et Ourida répondaient : Est-il bien constant, tout d'abord, que Jacob fût un indigène israélite ? Son acte de naissance n'existe pas, et comme on ne raisonne pas par induction, que la justice a besoin de preuves certaines, cette absence d'actes authentiques est pour nous un premier doute.

Entrant ensuite davantage dans le fond du procès, Zorah et Ourida ajoutaient : La loi de Moïse ne saurait être applicable à la succession de Jacob; vous interprétez mal la capitulation de 1830, qui ne place pas les indigènes israélites dans la catégorie des indigènes musulmans, et qui se borne à déclarer qu'elle protégera la religion, la personne, les mœurs; de telle sorte que ce sont les principes du droit commun qui doivent être appliqués.

Les ordonnances et les sénatus-consultes qui ont suivi la capitulation de 1830 ont réservé aux israélites la faveur de conserver les usages, les coutumes qui touchent les personnes, c'est-à-dire l'état civil, le mariage, la répudiation; pour tout le reste, c'est-à-dire pour tout ce qui est relatif au statut réel, ils sont soumis à la loi française; s'il en est ainsi, quelle que soit la loi de Moïse, on doit restreindre cette faveur à ce qui a été déterminé par la législation qui se retranche dans le statut personnel. Or, le droit de succession fait partie du statut réel. Et si une distinction devait être faite en cette matière, ce ne pourrait être qu'au sujet des immeubles qui, d'après la loi française, sont placés dans une catégorie exceptionnelle. Ainsi on répondait aux frères Seyman : Si la capitulation vous a garanti votre statut personnel, cette faveur ne peut changer la nature des choses, dénaturer l'ordre des successions.

Quand bien même nous ne pourrions pas invoquer cette autorité de la loi française, en vertu de la loi spéciale sous laquelle vous vous placez aujourd'hui, nous pourrions vous répondre que vous avez abandonné la loi mosaïque, que, de 1864 à 1868, vous ne l'avez jamais appliquée. Il est trop tard pour vous repentir; vous êtes engagés par ces résolutions que vous étiez libres de ne pas prendre. Vous êtes mal fondés à invoquer cette loi surannée, pour la faire servir à vos spéculations cupides et pour dépouiller vos sœurs. Tels étaient les arguments des filles de Jacob Seyman, qui demandaient non seulement le partage de l'héritage paternel, mais encore la reddition des comptes de tutelle. Le tribunal de première instance de Bône s'est posé les sept questions suivantes :

1° Quelle était la nationalité de Jacob Seyman?

2° Était-il soumis à la capitulation de 1830?

3° Cette capitulation a-t-elle assujetti les sœurs Seyman à la loi mosaïque?

4° Les actes par lesquels les frères ont reconnu leur sœurs héritières doivent-ils prévaloir?

5° Les filles sont-elles liées par le contrat de mariage?

6° Peuvent-elles réclamer leur compte de tutelle?

7° Quels sont, d'après la loi de Moïse, les droits des fils Seyman. et faut-il les appliquer?

(Lecture du dispositif du jugement qui a débouté les sœurs Seyman de leur demande.)

Je voudrais qu'il me fût possible de répondre avec autorité à chacun des arguments que vous avez entendus se dégager de la lecture du premier jugement. On ne peut certainement refuser ni la conscience ni le scrupule à celui qui l'a rédigé, et je rends hommage à la science avec laquelle il a été fait. Cependant je ne puis m'empêcher de dire que les point fondamentaux de l'affaire sont effacés par les considérants, et si vous le permettez, je résumerai, s'il est possible, la démonstration que je vais entreprendre, me bornant à répondre aux propositions erronées de la sentence ; je ne les suivrai pas pied à pied ; seulement, prenant chacune des difficultés de ce procès, j'essayerai de démontrer le sens dans lequel il doit être jugé, grâce aux principes de l'interprétation légale.

Les premiers juges se sont attachés à une exception proposée par les demandeurs, qui consiste à soutenir que le statut personnel israélite était applicable à Jacob Seyman, en raison de son origine. Ici, les frères se trouvaient obligés de fournir des preuves ; car, puisqu'ils opposaient une exception à leurs sœurs et que cette exception avait pour base la nationalité de leur père, il fallait qu'ils démontrassent que leur auteur était réellement indigène israélite.

Sur ce point, j'attends encore leur démonstration. Elle ne peut reposer que sur des preuves certaines, et j'entends par là des actes authentiques indiscutables ; or, vous pouvez voir par la lecture du jugement qu'on ne fait aucune justification positive. L'histoire de Jacob Seyman est légendaire ; où est-il né ? Il a habité Tunis, l'Italie, et je présume fort, d'après les pièces du procès, qu'il est né à Livourne ou à Tunis, mais nos adversaires prétendent que c'est à Constantine. Il est vrai qu'en 1827 il a uni sa destinée, à Constantine, à Aziza ; mais, à ce moment-là, il était loin de l'époque de sa naissance, et son acte de mariage est complètement insignifiant au point de vue de la preuve que nous attendons ; du reste, il n'est pas douteux qu'en 1828 il est retourné à Tunis, puisque Lévy et Abraham y sont nés, et en conséquence, je ne suis pas trop hardi en déclarant qu'il y a présomption qu'il avait dans cette ville une résidence fixe, un domicile, des affections qui pourraient militer certainement en faveur de son origine tunisienne.

Il est revenu en Algérie en 1842. Mais en 1837, il avait contracté une association avec un négociant algérien. Au point de vue de la nationalité, il est évident que cet acte ne signifie rien ; il est inutile de démontrer qu'un contrat social n'a rien à faire avec un acte de l'état civil. On dit qu'en Tunisie il s'est placé sous la protection du consul français ; cela encore ne peut nous convaincre. Qu'y a-t-il d'étonnant que, dans un pays où les israélites sont persécutés dans leurs personnes, leurs familles, leurs biens, l'un d'eux vienne réclamer la protection de notre consul? Nous y voyons une preuve du prestige du nom français à l'étranger, et rien de plus.

Qu'à un moment où il était menacé d'un danger, il se soit déclaré israélite algérien, afin de se servir de notre diplomatie, cela n'est pas encore une preuve qui suffise pour établir un acte de l'état civil.

J'en dirai autant du fait qu'il a été appelé au conseil municipal de Bône comme Algérien. Il est évident, en effet, que la loi ne peut pas exclure de la participation aux affaires municipales ceux qui, d'origine étrangère, habitent l'Algérie depuis longtemps. On a voulu faire comprendre ainsi à ces populations que l'on voulait leur tendre fraternellement la main, et que l'on voulait exploiter en commun le domaine commun. Faire de cela une preuve de nationalité, c'est une hardiesse, mais ce n'est pas suffisant. Nous allons maintenant examiner un point plus sérieux, la capitulation qui a été accordée aux Algériens par la France victorieuse.

Jacob Seyman s'est trouvé dans la situation d'un étranger, qui était, comme vous le savez, la seule qui pût lui être appliquée; or, mon savant adversaire lui-même ne saura le méconnaître, le droit successoral d'un étranger est réglé par la législation du pays où la succession est ouverte, et les raisons d'ordre public, d'administration générale, qui ont édicté de semblables propositions, sautent aux yeux; du reste, c'est la jurisprudence de la cour de cassation. Lorsqu'un individu a divorcé avec sa patrie et a établi un domicile fixe à l'étranger, il en a accepté les lois.

Appliquons cela à la cause actuelle; il est certain que si Seyman est venu en Algérie à une époque quelconque, à partir de cette époque, il y a assis son domicile, il y a été le chef d'une famille brillante et respectée, et il a suffisamment manifesté son désir de rester en France. C'est elle qui protège encore aujourd'hui sa tombe, c'est elle qui protégera ses héritiers.

Zorah et Ourida pourraient s'en tenir à cette simple observation: prouvez votre nationalité! et, dans le cas où vous ne nous opposerez que des présomptions comme celles qui viennent d'être signalées, il ne pourra pas en résulter pour nous la certitude juridique.

(Discussion de la capitulation.)

Quelle est la nature de cette capitulation? Est-ce un acte politique militaire ou judiciaire? J'ai rencontré à cet égard les opinions les plus diverses, et je crois qu'une pareille question est tout à fait inutile. Quel que soit le caractère de cet article, il existe, il émane de la souveraineté de la France, et quand la France parle, sa parole doit être écoutée. Examinons d'abord l'influence de la conquête fran-

çaise sur le sort des populations vaincues! Quelle a été à ce moment
la situation légale de ces populations qui ont reconnu notre empire?
C'est là que je place le germe de la difficulté à résoudre, puisque les
adversaires prétendent tirer du texte de cette capitulation la preuve
que les indigènes israélites ont conservé un droit qu'ils pourraient
aujourd'hui faire prévaloir, même en face de la domination légitime
de la France.

En dehors de tout acte positif, l'esprit de la conquête a été d'établir le droit commun; c'est notre idéal, et nous ne pourrons avoir
de repos que le jour où il sera parfaitement consolidé, mais nous ne
mériterions pas la mission civilisatrice qui nous a été donnée par
Dieu, si nous ne faisions pas rayonner autour de nous les principes
de civilisation qui nous honorent.

Le droit commun sort des plis de notre drapeau, et il devra toujours être le guide du juge soucieux de son devoir. La France victorieuse a fait une concession, cela est incontestable, elle l'a faite au
profit des indigènes musulmans. Je n'ai pas à dire si cela est bien ou
mal, ce serait un hors-d'œuvre déplacé dans cette cause; ce que je
constate, c'est que la France, tout en introduisant en Algérie le droit
commun, a voulu conserver le droit individuel au profit des indigènes musulmans. Pour les indigènes israélites, la France ne les a
pas oubliés; ils formaient sur la terre conquise une communauté
n'ayant pas de caractère bien déterminé, ayant ses usages, ses traditions, ses croyances religieuses; c'est ce que la France a voulu
protéger, et sur ce point la capitulation de 1830 peut être invoquée
en tant qu'elle se conciliera avec les nécessités de la conquête. Les
israélites ont donc conservé leurs croyances, leur culte; mais sur tous
les autres points, ils n'ont rencontré la protection de la France qu'en
tant qu'ils n'offensaient pas le droit commun, dont le but est de protéger les êtres faibles vis-à-vis d'une loi intraitable, barbare et
surannée.

Voilà les principes que vous devez appliquer. C'est à eux que je
demande la solution que doit donner votre sagesse, qui s'élèvera
ainsi au-dessus des difficultés de la cause.

L'application du droit commun aux successions israélites a été la
pratique constante des tribunaux algériens pendant vingt années.
Toutes les fois que la chose a pu se présenter, les membres d'une
même famille ont joui à titre égal des biens de leurs parents; les
avantages de cette pratique n'ont pas besoin d'être signalés. Elle a
pour conséquence la dispersion des biens et la protection matérielle
des femmes qui doivent être l'objet de tant de faveurs, en raison de
la situation sociale dans laquelle elles se trouvent. Pendant cette longue période, il ne s'était jamais produit de réclamation sur ce point;

car, dans les familles israélites, il existe généralement un sentiment de justice et de probité qui aurait empêché une pareille action. Et s'il ne s'était pas trouvé dans quelques familles des sentiments de basse cupidité, que je viens de combattre, les mêmes errements auraient continué : on n'aurait pas eu la honte de voir ainsi sacrifier les filles sur l'autel de l'opulence des garçons. Le respect exagéré du droit nous conduit à la méconnaissance du droit : vous voulez respecter les populations vaincues, et vous leur permettrez de s'écarter ainsi de cette brillante civilisation dont vous êtes les défenseurs.

Mais supposez que, par cette capitulation, la France ait pu renoncer à son droit de souveraineté, qu'elle ait eu l'idée d'engager l'avenir des populations soumises, ce serait méconnaître tous les principes du droit dans leurs éléments les plus simples. Quelle est donc la situation du conquérant vis-à-vis du peuple conquis, lorsque la force a été justifiée par les circonstances exceptionnelles ?

La législation doit dominer la force pour protéger la faiblesse ! C'est au conquérant à réparer les maux qu'il a faits, et son premier soin doit être de féconder sur le sol conquis les principes de justice qu'il est venu y faire triompher. Croyez-vous qu'en 1830 on ait eu l'idée de maintenir en présence la législation locale et la législation française ? Non, ce n'est pas là le but de la capitulation. Respect à ce qui y est consigné, mais aussi, et avant tout, respect à la justice, qui est supérieure à une nation victorieuse. Le vainqueur demeure le maître d'établir la réglementation dans les pays conquis : s'il est le plus civilisateur, c'est son devoir. J'ai lu quelque part qu'il était dans la tradition de la France de conserver la législation du pays conquis ; je comprends cela pendant la conquête, alors que le général a besoin de maintenir momentanément les populations dans leur ancien état ; mais après l'incorporation, cela ne doit plus être.

Cette capitulation a constamment été violée depuis 1830, et il n'en pouvait être autrement. Une ordonnance du 21 octobre 1830 établissait une justice israélite nommée par la France et dont la compétence fut bientôt limitée à la nullité ou à la validité des mariages, à l'état civil, au culte. En dehors de cela, tout le reste est réglé d'après le droit français.

En 1841, on fixe la juridiction actuelle qui établit des tribunaux musulmans, supprime les tribunaux rabbiniques et les remplace dans les affaires israélites par un conseil de rabbins dont les attributions sont bornées à émettre un avis dans les questions relatives à l'état civil. Ainsi, les mariages israélites eux-mêmes sont soumis à la justice française ; l'exception n'est faite que pour les indigènes musulmans.

Cet état de choses dure encore, et il domine la cause quand bien même le sénatus-consulte de 1865 lui serait opposé, puisque la succession est antérieure.

Néanmoins, je parlerai de ce sénatus-consulte, puisqu'on l'a invoqué contre nous.

Son principal objet était la naturalisation des indigènes. Tous les habitants de l'Algérie sont Français depuis 1848, et le sénatus-consulte n'a rien statué de nouveau, il a consacré le *statu quo*. L'indigène musulman lui-même est Français, et s'il continue à être soumis à la juridiction musulmane, c'est en vertu de l'exception que j'indiquais tout à l'heure.

Quant à l'indigène israélite qui pouvait être considéré comme un habitant de l'Algérie, on en a fait une classe à part ; il sera bien régi par son statut personnel, mais il s'agit d'examiner comment doit être appliqué le statut personnel dans la cause qui nous occupe.

Je crois avoir fait suffisamment justice de cette erreur qui consiste à faire de la capitulation l'origine d'une législation différente pour les israélites.

Il n'en est rien : ils sont soumis au droit commun, excepté pour les matières réservées par les articles 47 et 49 de l'ordonnance de 1852, confirmée plus tard par le sénatus-consulte de 1865, qui dit que les indigènes israélites continuent à jouir de leurs droits personnels, mais, pour tout le reste, ils sont soumis au droit commun.

Nous devons maintenant nous demander ce que c'est que le droit personnel, comment il se comporte, quelle application on en doit faire à la matière des successions.

Tout est là ; car si du droit personnel ne peut procéder le droit successoral, s'ils sont d'une nature juridique essentiellement différente, le droit successif sera soumis au droit commun.

Cela ressemble à un théorème de géométrie, et si la question n'était pas obscurcie par des considérations d'ordre purement local, je n'aurais pas besoin de longtemps vous arrêter pour arriver à la conclusion : il n'y aurait aucune espèce d'hésitation, nous n'aurions même pas besoin de nous inquiéter de savoir si l'exercice de l'hérédité diffère suivant qu'il s'agit des meubles ou des immeubles.

Qu'est-ce donc que le droit personnel ?

Il suffit d'en prononcer le nom pour le définir ; c'est celui qui touche à la personne. Seulement, comme tout statut, toute loi qui est une en principe se subdivise à l'infini dans ses applications, il nous reste à savoir comment ce droit existe, quelles sont ses limites.

Il existe, par cela seul qu'il régit les personnes, et il indique le rapport respectif dans l'État, dans la cité, dans la famille.

Celui qui me fait Français, celui qui détermine mon sexe, ma cité, mes droits relatifs à mon âge, celui-là proclame mon droit personnel dans sa plus grande simplicité.

Par contre, le statut réel est celui qui touche les biens eux-mêmes, qui préside à leur démembrement, à leur transaction, à leur vente, à leur achat. Toutes les fois qu'une question est de cette nature, elle appartient au statut réel.

Ces deux choses existent plutôt comme abstraction que comme réalité. La raison les conçoit, les pratique à chaque heure ; mais de même que nous ne pouvons nous concevoir autrement que nous ne sommes, de même nous ne pouvons pas nous habituer à concevoir des personnes indépendantes des choses, pas plus qu'il n'y a des choses indépendantes des hommes.

Le jurisconsulte qui dit que le droit personnel et le droit réel sont deux choses parfaitement distinctes ne peut donner que des distinctions chimériques. Une question est dite de droit personnel, lorsque c'est ce droit qui prédomine ; dans le cas contraire, on a affaire au droit réel. Ils peuvent se décomposer pratiquement, mais à la manière de la lumière, qui, bien que parfaitement homogène, se décompose en traversant un prisme.

Le statut personnel s'appliquera donc aux personnes et leur permettra d'exercer des droits. Le statut réel est celui qui gouvernera, contiendra, conservera les choses dans leur rapport avec la personne, sans laquelle on ne peut le concevoir.

C'est là ce que toutes les législations ont consacré. Jetez les yeux sur le Code, c'est sur ces principes que repose sa classification.

Le Code parle d'abord des personnes, et ce n'est qu'après qu'il parle des choses, établissant ainsi nettement la distinction que je vous signale.

La jurisprudence est d'accord avec le Code.

Félix dit que le statut personnel affecte directement la capacité de la personne sans aucun rapport avec les choses.

Ainsi, par exemple, il nous rend capables de tester ; il établit la légitimité de l'état civil, les rapports de la femme avec son mari, du mineur avec son tuteur ; le statut réel affecte les choses. Tous les auteurs sont du même avis, et rangent le droit héréditaire parmi les droits réels.

Demolombe enseigne les mêmes principes ; il considère comme réelles les lois qui déterminent les modifications dans les successions. S'il s'est élevé quelques difficultés au sujet de l'étranger, c'est en raison de l'incertitude dans laquelle on se trouvait de fixer son domicile. On a toujours jugé qu'un étranger fixé dans un autre pays que le sien doit suivre la loi de ce pays, lorsqu'il s'agit de succession. Il n'y a que le cas où il s'agissait de biens mobiliers, dans lequel on a pu prendre en considération son statut personnel.

Marcadé est du même avis ; Proudhon est d'avis que les meubles sont placés dans une situation exceptionnelle. Il résulte d'un passage de M. Demangeat que le statut réel est seul applicable au droit héréditaire.

Montesquieu dit que Marculfe traite d'impie celui qui refuse à une fille le droit de succéder. C'est cependant le système que l'on veut faire prévaloir en 1870, et devant une cour française.

A Paris, un Américain étant mort sans héritiers, le gouvernement prétendit lui succéder, mais la cour de Paris repoussa cette prétention par les motifs que les biens qui n'ont pas de maître appartiennent à l'État qui possède tous les biens mobiliers et immobiliers qui sont sur le sol.

Ainsi j'ai suffisamment démontré que le droit héréditaire est un droit réel et non un droit personnel.

Arrivé à ce point, je suis heureux de rencontrer cette pratique ferme, constante, paisible et calme, appliquée pendant plus de vingt ans par la magistrature d'Alger. Je pourrais vous citer les hommes illustres qui, remplissant le rôle de ministère public devant le tribunal d'Alger, ont toujours conclu que les successions israélites devaient être régies par le droit français, et que le droit mosaïque y était étranger. Vous pouvez parcourir tous les jugements rendus par le tribunal d'Alger, vous ne trouvez pas une seule fois où le partage n'ait été ordonné, et cela avec consentement mutuel des parties, avec cette concorde qui existe toujours entre parents, et que l'on veut détruire aujourd'hui au profit de gens qui ne sont jamais assez riches et qui veulent profiter d'une loi inique pour acquérir une richesse qui ne sera jamais justifiée aux yeux des honnêtes gens.

Ainsi, plus de doute sur ce fait, les rabbins ne sont plus que des conciliateurs, et à part la loi religieuse, les mariages, toutes les autres décisions leur sont interdites à peine de forfaiture.

Je vais arriver à la plus redoutable difficulté de la cause, c'est-à-dire à votre jurisprudence, que je respecte comme elle mérite d'être respectée, mais que je vais discuter et que j'espère convaincre. Voici un acte du 23 juin 1865 dans lequel vous faites précisément la confusion que je signalais tout à l'heure entre le droit réel et le droit personnel : vous excluez la mère de la succession de son fils, en vertu de la loi mosaïque.

Vous dites dans cet arrêt :

« Attendu qu'il n'y a pas lieu d'examiner si une prescription faite en vue du jubilé peut survivre à ce principe, mais que le devoir du juge est d'appliquer la loi qu'il désapprouve ;

« Attendu que ce qui est réclamé se trouve dans la loi juive appliquée dans l'Algérie depuis le quinzième siècle... »

C'est le monument le plus important que je puisse mettre sous vos yeux; vous désapprouvez une loi inique, mais vos consciences par trop scrupuleuses l'appliquent sans examiner si elle est bien applicable.

Voici un autre document du mois de septembre 1866 :

« Attendu qu'il a été constamment jugé que la capitulation de 1830 garantit la religion, l'état civil;

« Attendu qu'il en est de même des ordonnances qui déclarent qu'ils seront jugés suivant leurs lois religieuses. »

L'honneur de la magistrature est de se soumettre à la loi qu'elle n'a pas faite, mais elle doit s'élever au-dessus des nécessités qui lui font émettre des regrets semblables à ceux que j'ai rapportés tout à l'heure.

En 1865, vous avez admis l'acceptation du symbole d'alliance comme consacrant suffisamment un mariage; vous avez admis plusieurs femmes.

En présence des arrêts de la cour, le tribunal ne persiste pas moins dans sa résolution; en 1866, il déclare qu'un mariage israélite fait devant l'officier de l'état civil ne permet pas le divorce même pour impuissance. En 1870, le 17 mars, la succession Giorno se règle suivant la loi française; la femme qui s'était mariée devant l'officier de l'état civil reprend sa dot de 6.000 francs.

Ainsi, vous le voyez, c'est autel contre autel, et j'avais raison de dire que votre arrêt est attendu avec impatience pour mettre un terme à une incertitude qui jette le trouble dans les familles.

Élevons les yeux vers la cour suprême, elle ne s'est pas prononcée d'une manière complète, parce qu'elle n'en a pas eu l'occasion, mais elle a laissé pressentir son sentiment à ce sujet.

Il résulte de ses arrêts que les indigènes sont sujets français et qu'ils ne peuvent être soumis à des lois spéciales, sauf pour ce qui touche leur état civil, leur mariage fait suivant la loi mosaïque. Lorsqu'ils se marient devant l'officier de l'état civil, la réquisition qu'ils font implique leur renonciation à leur statut exceptionnel. L'assimilation, du reste, est dans l'idée du gouvernement; il doit favoriser cette renonciation.

Et cependant, je le reconnais, j'en rends hommage à vos consciences, vous n'avez pas cru être liés par ces arrêts. En 1865, vous avez persisté dans votre jurisprudence, et encore une fois la cour de cassation a dû intervenir pour vous indiquer nettement son opinion défavorable à l'application de la loi mosaïque.

Il s'agissait de savoir si le serment devait être imposé à un indi-

vidu *more judaico*, contrairement à la loi française, si la partie adverse
ne le demande pas. Il a été décidé que le juge n'en avait pas le droit.

'Le droit réel gouverne les successions; le droit personnel ne peut
être admis qu'exceptionnellement.

Cela a régné sans contestation pendant vingt ans, excepté dans
les arrêts dont je viens de parler, qui confondent la loi civile avec la
loi religieuse, s'exposant ainsi à ce que des femmes puissent hériter
de tiers sans pouvoir hériter de leur propre frère! Je m'adresse à vos
consciences et à vos cœurs, et je vous demande si la France peut
consacrer de pareilles décisions, et si les protestations que voilà dans
un arrêt de la cour d'Alger ne sont pas suffisantes pour justifier
l'application de nos lois, surtout quand les esprits les plus éclairés
diffèrent sur l'opportunité de leur application.

Il ne me reste plus qu'à examiner si le droit personnel gouverne le
droit héréditaire. Cela est complétement inadmissible, car on peut
affirmer qu'ils sont complétement étrangers, bien qu'ils soient
obligés de se souder complètement dans la pratique de la vie.

Le tribunal de première instance a dit que le droit héréditaire
était un droit religieux. Il ajoute même que telle est la jurisprudence
de la cour d'Alger. Permettez-moi de vous dire que vous n'êtes
jamais allés jusqu'à ces considérations.

Vous vous êtes bornés à déclarer que l'héritage faisait essentiellement partie du statut personnel. Votre erreur est digne de respect;
elle est dans le désir de ménager les vaincus; mais enfin, l'état civil
règle-t-il les successions? Certainement. Qu'est-ce que l'état civil?
En vérité, je rougis presque de résoudre pour vous une semblable
question; c'est l'état civil qui nous donne une place dans la famille,
dans la société, c'est lui qui nous assure notre capacité non pas seulement héréditaire, mais notre capacité à un titre quelconque. Je
suis mari, père, fils, cela me donne des droits dont je puis user.

Mais il ne faut pas confondre les droits et leur exercice. La succession est subordonnée à l'état civil, mais elle ne nous est pas donnée
par l'état civil.

Demolombe et Marcadé disent tous deux que l'état civil qui sert
à arriver à la succession n'a rien à faire avec le droit héréditaire
lui-même.

Eh bien! dans la cause que je soutiens, en quoi ai-je touché à votre
état civil? Il déclare que vous êtes filles du même père, et c'est réglé
par la loi religieuse, rien de mieux; mais il n'a rien à faire dans votre
manière de succéder. Votre loi religieuse gouverne vos rapports de
famille dans l'intérieur de la maison, mais au delà la situation change;
vous vivez sous l'empire d'une législation qui ne consacre pas la
monstrueuse iniquité que vous voudriez faire prévaloir; notre droit

ne souffrira pas que des filles soient rejetées loin de la maison paternelle.

Vous pouvez être mauvais père, vous pouvez bannir de votre cœur
les sentiments généreux qui font le bonheur des autres hommes;
mais la loi, qui ne peut rien contre les pensées impies, peut tout
contre la mauvaise action que vous voulez faire. La loi ne fait pas
d'exception vis-à-vis des filles; si elle en faisait, ne la ferait-elle pas
bien plutôt en faveur de celles qui, par leur noblesse de sentiment,
par le charme qu'elles apportent dans la famille, mériteraient tout
notre intérêt? Ne serait-ce pas là la preuve d'une civilisation progressive?

On veut vous ramener à Moïse! On veut soumettre les filles aux
volontés, aux caprices des frères! Vous voudriez nous faire croire
que de telles abominations sont possibles, et vous voudriez que nous
les appliquions!

Ah! je m'adresse à votre honorable défenseur, il pourra me parler
avec la loi, il pourra me donner des arguments plus ou moins sensés,
mais je le défie de me parler avec son cœur; il le voudrait, qu'il serait
arrêté par le cri de sa conscience! Non, non, il n'approuvera pas la
conduite de ceux qu'il veut défendre.

Ainsi, puisque l'état civil ne peut rien avoir à faire avec la succession, ne serons-nous pas heureux, les uns et les autres, d'arriver à
cette conséquence que nous écartions du procès cette législation
maudite qui ferait des filles des victimes offertes en holocauste à
l'avidité de leurs frères. Cela serait en opposition avec toutes nos
habitudes, toutes nos affections, et l'on pourrait nous accuser d'une
coupable imprévoyance!

Car si l'on a eu raison de dire que l'ordre public est lié à la chasteté
des femmes, ne faut-il pas ajouter que cette vertu est liée à la dignité
de leur existence, c'est-à-dire à leur égalité dans la maison, à l'égalité du partage commun, à la possibilité de s'offrir au mariage et de
pouvoir ne pas rougir de l'opulence du frère qui voudrait insulter à
leur médiocrité?

L'état civil peut être donné par la loi religieuse, mais l'état héréditaire est gouverné par la loi civile et politique. C'est elle que nous
invoquons, c'est elle qui contient les germes de civilisation et de
progrès auxquels la loi de Moïse ne saurait s'élever.

Mais je vais supposer maintenant que la législation mosaïque gouverne les israélites dans leur ordre de succession, et je trouve encore,
sur ce point, l'intérêt que je défends tout à fait inattaquable par les
engagements de la partie adverse; c'est là ma thèse, vous pressentez
déjà les documents sur lesquels elle s'appuie.

En admettant que nos adversaires soient bien réellement indigènes, ce qui ne sera complètement démontré que le jour où l'on aura des pièces certaines établissant la nationalité de Jacob Seyman, il est hors de doute qu'ils ont accepté la loi française.

Au moment de la mort de leur père, ils pouvaient facilement saisir le sceptre domestique qu'ils revendiquent aujourd'hui; mais, par un sentiment que j'admirerais s'ils y avaient toujours persévéré, ils ont placé leur mère à la tête de la maison, au moins nominalement, et pour ajouter à l'estime que j'aurais eue d'eux, si leur conduite n'avait été une détestable parodie, ils étaient des enfants dévoués, affectionnés, conservant le nom de leur mère à la tête de leur commerce dont ils acceptaient la responsabilité et le labeur. C'est alors que se produisent tous ces actes qui constatent que les frères ont toujours agi, non pas comme des héritiers mâles, mais au nom de cinq enfants qu'ils tenaient tous pour héritiers, les dénonçant comme tels à la loi française. Ils ont donc fait option, et quand bien même nous n'aurions pas d'autres raisons pour empêcher les frères Seyman d'accomplir leur détestable projet, cela nous serait suffisant.

Ils ont dit que leurs sœurs étaient héritières ; ils l'ont déclaré dans plus de cent actes étrangers au procès. Un seul eût suffi pour démontrer ce fait d'une manière incontestable.

La situation est donc des plus nettes, et nous n'avons plus qu'à en déduire les conséquences légales. Ces dames ont été déclarées héritières depuis 1854. Y a-t-il un article 1138 ? Eh bien ! appliquons-le en partageant l'héritage.

Voilà des raisons suffisantes, à moins qu'en vertu de votre loi mosaïque vous n'ayez la prétention de dire que notre Code civil est une chimère.

Elles sont donc héritières par votre propre fait, mais elles le sont aussi par la justice, et au moment où la justice se prononçait, vous pouviez protester ; pourquoi ne l'avez-vous pas fait ?

Vous aviez divisé la qualité d'héritières : elles le sont quand cela peut vous servir, et vous n'invoquez les splendeurs de la loi mosaïque que le jour où vous voulez les dépouiller !

Vous ne pouvez revenir sur vos précédentes déclarations, même en produisant ce contrat de mariage que vous avez eu le triste courage de montrer en justice. Du reste, le premier tribunal ne s'est pas arrêté à cette pièce; c'est une œuvre de dol, puisque vous n'avez jamais fait d'inventaire. Oserez-vous dire le contraire ? Je ne le pense pas, et cependant vous avez inséré sur le contrat qu'il avait été fait, et que 150.000 francs étaient bien le dixième de la succession de votre père. Ce contrat de mariage étant contraire à la vérité, vous l'écarterez comme vous écartez tout le reste.

Vous réformerez le premier jugement, tout en confirmant la continuation de la rente de 9.000 francs que fraternellement ils avaient suspendue pour affamer leurs sœurs et qu'ils n'auraient pas rendue sans un jugement les y obligeant. Vous ordonnerez qu'il soit dressé un compte de tutelle, et qu'il soit fait un inventaire malgré l'énergie avec laquelle ils s'opposent aux investigations légitimes que l'on sollicite. Vous permettrez enfin que leurs sœurs rentrent dans la fortune de leur père.

Vous donnerez ainsi satisfaction à la conscience publique qui les juge et qui les condamne !

Et comment en serait-il autrement ? comment le cœur d'un honnête homme pourrait-il ne pas se soulever en présence de semblables exemples ? Que conteste-t-on à celles que je défends ? leur part héréditaire, leur place au foyer paternel, leur dignité de sœur, de mère, d'épouse. Et ceux qui leur contestent ces droits imprescriptibles, ce sont leurs frères, ceux qui ont été élevés dans ce même berceau, qui pendant de longues années, ont déclaré qu'elles participeraient à l'hérédité.

Où sommes-nous ? Est-il permis qu'on puisse ainsi se faire un jeu des choses les plus saintes et les plus respectables ? Il leur a été commode de se servir pendant de longues années de la loi française ; mais dès qu'ils s'en sont suffisamment servis, ils la renient, afin de pouvoir s'emparer de l'héritage entier, à l'exception du dixième réservé par la loi mosaïque. J'ai le droit de dire qu'ils ne sont pas seulement intraitables, mais qu'ils sont ingrats vis-à-vis de nous, et cette humiliation à notre législation est un manque de souvenir et de cœur.

Était-ce parce que la législation française était commode qu'ils l'ont appliquée ? Non, c'est parce que leur fortune était fécondée par la loi française.

Eh bien ! après avoir recueilli ses bienfaits, ils lui infligent l'affront d'un désaveu ! Rien ne les retient, ni leur honneur, ni leur conscience !

S'il fallait voir triompher la cause qu'ils soutiennent, il faudrait renoncer à la grandeur de la France. C'est donc en son nom que je vous adjure d'écarter leur injuste prétention.

Mᵉ Crémieux plaida pour les intimés.

RÉPLIQUE DE Mᵉ JULES FAVRE

Qu'il me soit permis de remercier la cour d'avoir bien voulu, en ajoutant à ses fatigues, nous faciliter l'accomplissement du devoir que nous devons remplir vis-à-vis d'elle.

Son digne chef le disait hier avec raison : tous les intérêts nous sont chers, et ce n'est pas l'importance du patrimoine dont le sort se

débat en ce moment, mais, bien au contraire, l'intérêt particulier qui
s'attache à cette solution juridique, qui motive ces méditations attentives et cette insistance que j'ai mise à répondre à mon redoutable
adversaire.

Je chercherai à être sobre, et je ne rentrerai pas dans des discussions épuisées ; j'en saisirai les principaux aspects, et j'examinerai
tout haut de quel côté nous vient la vérité judiciaire. Quant à moi,
comme je l'ai fait pressentir, à mon sens, le problème que vous avez
à résoudre n'a reçu aucune atteinte des développements à l'aide
desquels on a essayé de justifier la thèse du tribunal de première
instance.

Que reste-il de cette magnifique et savante plaidoirie qui vous a
tous subjugués et charmés ? J'ai admiré la glorification de la loi de
Moïse, ces souvenirs touchants et élevés qui permettent à mon contradicteur, en se plaçant dans ces régions supérieures qui lui sont
familières, de reprendre les temps écoulés et de les faire briller d'un
majestueux éclat. Aussi, je me console, je lui demande pardon
d'avoir accusé cette loi qu'il a si bien défendue. Je suis d'autant plus
excusable, que ma témérité nous a donné occasion d'entendre d'aussi
belles paroles.

N'est-il pas sublime, en effet, d'entendre raconter cet épisode où
nous voyons Jacob abordant la tente de celui qui doit être son beau-
père, et être touché, non seulement de la beauté de sa cousine
Rachel, mais aussi du nombre et de l'importance des troupeaux de
Laban ?

Il s'attache dès lors à celle qu'il aime et à ce qu'il convoite.

Après sept ans, il réclame à Laban l'exécution de sa promesse, et,
par une ruse que mon adversaire admire, dans sa naïveté, il est tout
étonné de rencontrer dans sa couche une femme autre que celle
qu'il avait choisie. Les mœurs de ce temps sont peintes avec tant de
fidélité, que nous savons que ce fut seulement après le repos de la
nuit, que le patriarche abusé put reconnaître la fraude dont il était
victime ! La situation des femmes était donc considérablement subordonnée, et, cependant, c'est l'idéal de mon contradicteur ! Ce sont
les temps qu'il regrette. Il a bien eu quelque réserve pour la supercherie de Laban, mais il l'excuse jusqu'à un certain point.

Je ne défends pas les beaux-pères, mais je crois qu'en France il
n'est pas un gendre qui puisse être victime de pareilles fraudes, tant
vantées par la tradition biblique.

Et c'est ce qu'il appelle la loi divine, celle qu'il faut avant tout
respecter, qui s'impose à nos consciences et à laquelle il serait impie
de déroger ! Pour vous démontrer qu'il en est bien ainsi, mon honorable contradicteur, reconstruisant ces temps et y ajoutant le charme

de sa parole, se place face à face avec Moïse. Il le voit conversant avec Dieu, sans prendre garde que, [traducteur trop exact, il fait jouer à la divinité un rôle assez étrange; il nous montre, en effet, Moïse remontant sur le Sinaï pour faire trancher une difficulté qui avait échappé à Dieu. Il nous montre ensuite cet homme brisant cette loi écrite avec tant de solennité, au [milieu de la foudre et des éclairs, parce que son peuple, se ressouvenant de la terre d'Égypte, avait voulu utiliser les objets précieux volés à ses maîtres, en construisant un veau d'or.

Laissons donc tous ces souvenirs!

Essayer de les discuter, c'est leur faire courir un risque inutile; mais ce que je ne puis comprendre, c'est que de pareils raisonnements puissent s'imposer à la justice, c'est qu'on abaisse la divinité jusqu'à en faire la régulatrice hypothétique de nos procès. Respectons-la, ne la compromettons pas par de semblables débats. Sa majesté ne pourrait qu'en souffrir.

Ces arguments me paraissent d'autant plus étranges que mon contradicteur est heureux de voir que cette loi divine va être changée, et qu'elle sera remplacée par le Code Napoléon, dont l'origine est tout à fait humaine.

Ou elle est divine, et il faut la conserver, ou elle est mauvaise, et il faut la faire disparaître de vos arrêts.

Cette contradiction a une raison bien simple : il y a deux hommes en vous, maître Crémieux, l'un du temps où nous vivons, l'autre des temps passés.

Tous deux sont généreux et poétiques; mais quand vous vous placez dans le temps le plus reculé, il faut que vous adoptiez aussi des conséquences tout à fait contradictoires avec l'esprit nouveau. Quant à moi, je cherche à être de mon temps; j'admire les traditions mosaïques, mais je ne crois pas être dans le désert à la recherche de la Terre promise.

La loi de Moïse avait sa raison d'être, elle représente pour l'humanité un progrès réel, incontestable; mais aujourd'hui elle est un non-sens; elle est incompatible avec nos institutions modernes, et la meilleure preuve, c'est que vous êtes heureux de vous éloigner d'elle.

Reportez-vous en Palestine.

Toutes ces choses seront dignes de notre respect; mais si vous voulez nous les appliquer, notre conscience, éclairée par l'esprit nouveau, les repousse d'une façon absolue.

Il s'agit donc de savoir si cette loi proclamée sur le mont Sinaï peut être conciliée avec le Code civil.

La loi de succession est-elle une loi française ou mosaïque, civile t politique? Est-elle une loi religieuse ? Si la loi successorale est une loi religieuse, les capitulations en ont formellement réservé l'exercice. Si c'est une loi civile et politique, elle doit être régie par le droit commun. J'ai peut-être trop insisté sur cette question, mais cela me paraissait indispensable, afin de faire disparaître les confusions dangereuses qui peuvent exister entre le droit civil et le droit religieux.

Pour ce qui est de l'objection tirée de vos arrêts précédents, mon contradicteur vous a rappelé qu'il avait obtenu de la cour de cassation qu'elle revînt sur sa jurisprudence, à huit jours de distance. Je n'ai ni la même puissance ni la même autorité; mais j'ai le même droit, et moi aussi je ne dois pas m'arrêter à la solution de vos arrêts.

Mais je dois les vérifier.

En agissant ainsi, je me trouverai avoir marché sur les traces de mon illustre contradicteur; je me place donc sous son patronage.

J'ai dit que le droit personnel se distinguait du droit réel dans son application et dans son origine, et par suite, si les capitulations ont réservé le droit personnel, le droit réel, qui est le droit commun, lui échappe. J'ai assez dit sur ce sujet, je n'y reviendrai pas.

J'ai montré qu'il y avait assez de hardiesse à vouloir appliquer à toute l'Algérie la capitulation de 1830 accordée à une ville prise d'assaut; mais je la considérerai néanmoins comme applicable. Il fallait certainement respecter la famille, la religion des vaincus qui étaient autrefois livrés à la barbarie des vainqueurs. C'est de l'humanité, et je me garderai bien de la blâmer. Les israélites ont été protégés, si ce n'est par le même texte, ce qui pourrait être contesté, au moins par les mêmes règles, ce qui est hors de toute contestation.

Les ordonnances postérieures ont consacré cet état de choses.

Ainsi, le seul droit réservé est le droit personnel. Le droit réel reste régi par la loi française; et comme j'ai démontré que la succession était dite de droit réel, elle doit être régie par la loi française.

Mon adversaire s'arrête sur la considération qui se trouve dans vos arrêts, que la succession touchait à l'état civil, qu'elle en était une dépendance. Une pareille interprétation est inadmissible. Je vous accorde votre état civil; c'est indiscutable.

Mais l'usage que vous en faites m'appartient.

Voyez d'ailleurs les conséquences d'un pareil état de choses :

Un père israélite invoquant son état civil pourrait, d'après la loi de Moïse, incarcérer son enfant, puisqu'il est magistrat dans sa famille. Et cependant, nul doute que le jour où une pareille affaire se présenterait à vous, vous répondiez :

« Vous êtes père, sans doute; voilà votre état civil. Mais, maître de votre enfant, c'est impossible! »

Que voulez-vous, Jéhovah peut dire une chose, et le Code civil une autre.

Vous m'objecterez peut-être qu'une pareille question ne peut se présenter. Pourquoi pas, si la loi de Moïse est divine?

Vous ne devez pas vous arrêter aux successions et les considérer comme votre *solatium mortis*.

Au moment où cette loi va disparaître, vous voulez en faire encore usage; mais alors il faut aller jusqu'au bout, puisque tout se tient dans ce temple harmonique.

L'exhérédation des filles, disiez-vous hier, tient justement au jubilé. Voulez-vous l'appliquer? Cette loi a un caractère tout aussi sacré que la première! Non, vous ne voulez pas aller jusque-là, parce que cette application blesserait trop d'intérêts, et ce serait faire aux droits de propriété une violence tout aussi considérable que celle que vous voulez faire au droit successoral.

C'est vraiment confondre les principes élémentaires que de dire que le droit civil est lié au droit religieux! Et vous-même, vous ne pouvez l'admettre, puisque vous dites qu'en présence de la loi civile, la loi religieuse doit disparaître. N'est-ce pas là la preuve éclatante que ces deux lois sont complètement distinctes?

Ai-je été trop loin, quand j'ai comparé la loi de Moïse et la nôtre, et que j'ai déclaré que la première était une injure à la seconde?

Mon confrère, dans sa prédilection passionnée pour la législation juive, est allé jusqu'à dire que rien n'était meilleur, et il a pris comme une sorte d'outrage tout ce que j'avais dit d'elle. « Combien il serait à désirer, déclare-t-il, que les filles fussent encore placées sous cet usage qui permet au père de famille de recevoir, des mains du fiancé, le prix de la virginité de sa fille! » Il est allé jusqu'à dire qu'il aurait préféré recevoir 100.000 francs que de les donner! Oh! j'en suis sûr, il s'est laissé entraîner par son esprit! Prétendre qu'on jette un regard en arrière, pour désirer de pareilles institutions, n'est-ce pas, pour le besoin d'une cause désespérée, méconnaître ce qu'il y a de plus sacré dans nos consciences, travestir la loi française au profit de la loi mosaïque?

Y a-t-il pour l'homme de cœur qui a rempli sa tâche avec honneur, une joie plus grande que celle d'avoir pu préparer à ses enfants une existence aussi douce que la sienne? Voilà ma loi, je la proclame hautement, et je ne m'inquiète pas de savoir si c'est Dieu qui l'a écrite au milieu de la foudre et des éclairs.

C'est cette loi dont je vous demande l'application. Du reste, les frères Seyman ont adopté la loi française; ils ne peuvent la renier, quel que soit leur intérêt. Quant à la question de savoir s'ils avaient le droit d'agir ainsi, il est évident que si les israélites peuvent renoncer en masse à leurs lois spéciales, ils ne peuvent y renoncer isolément.

La loi de Moïse elle-même n'est pas si opposée que vous le dites aux renonciations à certains droits. Je connais un peu la Bible, moins que vous, sans doute, et j'ai présente à la mémoire une certaine renonciation bien connue.

Ce Jacob, dont vous racontiez les déboires, avait acquis bien facilement la renonciation de son frère au droit d'aînesse. Il n'avait pas eu besoin des actes nombreux qui sont dans mon dossier et qui constatent la renonciation des frères au profit des sœurs.

Quant à Rébecca, cette femme que vous considérez comme le modèle de toutes les vertus, vous savez comment elle trompa son mari, comment elle couvrit son fils d'une peau de chevreau, afin que le vieillard Isaac ratifiât la renonciation d'Ésaü.

Décidément, les frères Seyman ont trop lu la Bible. La peau de chevreau dont ils se couvrent est ici la loi française. Ils ont dit que leurs sœurs étaient héritières d'après la loi française, afin de faciliter leurs transactions; mais ils déclarent qu'elles sont déshéritées d'après la loi de Moïse, dès qu'il s'est agi de prendre les huit dixièmes de la succession.

Et à ce propos je rappellerai que vous déclariez hier que nous faisions un procès d'argent! Permettez-moi de vous répondre en vous citant encore la Bible : « Vous avez vu la paille qui est dans notre œil, mais vous n'avez pas vu la poutre qui est dans le vôtre. »

Comment! nous faisons un procès d'argent! à des frères? mais vous, que faites-vous donc?.

Au sujet des jugements qui engagent les filles Seyman comme héritières, vous me répondez que votre plantureuse fortune est suffisante pour les garanties du payement d'une rente de 800 francs. Là n'est pas la question. Il s'agit du principe.

Or, il est bien évident qu'en admettant la disparition de cette fortune, vos sœurs seraient obligées de payer, en vertu de jugements prononcés contre elles.

Mon honorable contradicteur vous racontait hier le roman du mariage de Zorah; tout cela était de pure invention. Elle a été demandée en mariage en 1864 par Léyy; et ce dernier ayant été éloigné, tout en persistant dans ses intentions, ce n'est que trois ans plus tard que le mariage s'est accompli.

Après le mariage, les frères Seyman auraient pourvu à la subsistance des deux époux; mais l'obligation de 100.000 francs qu'on leur a fait signer nous démontre suffisamment à quelles conditions.

Quant aux diamants dont on a couvert les deux sœurs, c'est encore un rêve de l'imagination de mon adversaire; et pour ce qui est de la somme de 150.000 francs, fixée despotiquement par les frères comme étant le dixième de la succession paternelle, cela ne repose sur aucune pièce de vérification régulière. Celle que l'on a produite à l'audience d'hier n'a aucune valeur ; elle a été faite pour les besoins de la cause. On a pu croire que le rabbin avait fait cette constatation du dixième ; c'est encore inexact, rien n'a été inventorié. Et le rabbin se borne à déclarer les conditions suivant lesquelles se règle la dot, lorsque la jeune fille se marie après la mort du père, et sans que ce dernier ait eu l'occasion de la doter de son vivant. Lorsque cette circonstance a lieu, on règle la dot de toutes les filles selon la somme allouée à la première.

Mon adversaire n'a vu dans le contrat de M. Salfati qu'un moyen de dépouiller les sœurs.

Vous disiez hier qu'il n'y avait pas d'autres immeubles que ceux qui se trouvent sur l'état que vous avez bien voulu faire, et cependant il y en a à Constantine qui n'y sont pas portés.

Vous disiez aussi qu'aucune de ces propriétés n'avait été estimée au-dessus de sa valeur ; or, en voici une, portée à 35.000 francs, et qui a été évaluée à 300.000 francs.

Une autre, achetée 20.000 francs, valait 400.000 francs en 1853.

Pour ce qui est du document émané du tribunal de Bone, et dans lequel il semblerait résulter des déclarations d'un nommé Bussidan, que la fortune de Seyman ne se montait pas à plus de 1.200.000 fr., il suffit de relire cet acte. On voit en effet que Bussidan réclame 30.000 francs, non pas sur la totalité de la fortune de Jacob Seyman, mais bien sur un bénéfice de 1.200.000 francs qu'il lui a procuré.

Vous voyez, messieurs, que les arguments invoqués contre nous tombent tous à néant devant la scrupuleuse observation des faits. Je n'ai donc qu'une chose à vous demander : que la justice suive le courant de la législation, et que son arrêt soit le couronnement de ce principe qui doit toujours être le guide de la magistrature.

M. le procureur général conclut que la nationalité de Jacob Seyman étant juive, ses héritiers sont assujettis à la loi mosaïque, à laquelle la France a promis protection en Algérie.

« La cour,

« Adoptant les motifs qui ont déterminé les premiers juges, statuant sur l'appel des mariés Lévy et Salfati, confirme le jugement qui en est l'objet ;

« En ce qu'il a débouté ces parties de leur demande en liquidation et partage des successions de leurs parents, de leur demande en reddition de compte ;

« Infirme le jugement en ce qu'il a refusé de reconnaître la communauté d'intérêt [entre les frères et sœurs Seyman ;

« Statuant que cette communauté a existé.

« Condamne les frères Seyman à en partager les bénéfices avec leurs sœurs.

» Dit que les dépens de première instance et d'appel seront répartis par cinquièmes entre les trois frères et les deux sœurs. »

COUR D'ASSISES DE CONSTANTINE

PRÉSIDENCE DE M. PÉRINNE.

AUDIENCE D'AVRIL 1873

Affaire des grands chefs, accusés d'attentat ayant pour but l'excitation à la guerre civile, la dévastation, le pillage, l'incendie, l'assassinat.

M⁰ Jules Favre, défenseur des quatre Illès, prend la parole en ces termes :

Les quatre accusés que je représente sont dans une position spéciale dont il importe de faire ressortir nettement le caractère, car il renferme en lui-même des conséquences morales, judiciaires et politiques qui gouvernent impérieusement la conviction et vous commandent de rendre un verdict d'acquittement.

Ils ne sont pas les instigateurs de l'insurrection ; ils ne l'ont pas voulue ; ils ne l'ont ni préméditée, ni préparée. Loin de là, ils l'ont combattue. L'un d'eux a versé son sang pour notre cause. Tous ont cherché, sans l'obtenir, la même fortune ; tous doivent profiter de la même résolution.

Tous se sont d'abord rangés sous nos drapeaux. Il est vrai qu'à un moment donné ils s'en sont éloignés, mais par une fatalité de circonstance, je dirais presque par une nécessité impérieuse qui n'a rien de commun avec une pensée insurrectionnelle. Enfin tous nous sont revenus : libres de nous combattre encore, ils se sont soumis ; ils ont invoqué notre foi, ils ont courbé la tête sous l'épée de nos officiers ; et cette loyale épée s'est étendue sur eux en signe de protection, de pardon et d'oubli. Il ont fait plus : ils ont volontairement rendu les armes ; ils ont payé des contributions, ils ont acquitté leur rançon.

Ni en fait, ni en droit, ni en équité, ils ne peuvent être traités en coupables. La politique, la force, la loi les ont absous, vous ne pouvez donc les frapper.

Vous le voyez, le champ de leur défense est circonscrit. J'espère que la logique et l'humanité le rendront inexpugnable, et je m'applaudis de n'avoir point, pour l'aborder, à parcourir les hautes et graves considérations qui ont trouvé leur place dans les débats qui nous ont précédés. On les comprenait quand il s'agissait de la révolte elle-même, personnifiée par ses auteurs, ses agents directs. Apprécier leur conduite, c'était nécessairement examiner les causes générales de l'insurrection, rechercher les fautes, les erreurs et les défaillances qui l'ont amenée, préciser avec sincérité la source d'entraînement que l'ensemble des circonstances pouvait expliquer, peut-être excuser. Dans cet ordre d'idées, il était indispensable de remonter aux origines de notre pouvoir en Algérie, d'en étudier le développement, d'en constater les variations, et quelquefois les abus; car si l'insurrection a été criminelle, elle pouvait avoir été provoquée. L'opinion lui donnait des complices volontaires ou involontaires qui semblent avoir été systématiquement épargnés. Il fallait les rechercher, les convaincre; et plus on les aurait fait sortir de l'ombre, plus on aurait rendu difficile l'application de la loi pénale à ceux qui expieraient pour eux une faute à laquelle ils avaient pris une moindre part.

Représentant ici des accusés qui n'ont pas voulu l'insurrection, je puis et je dois écarter ces discussions irritantes, car elles ne vont pas à ma cause. Ceux que je défends ont été d'abord nos alliés; ils n'ont jamais été nos ennemis. S'ils ont mérité ce nom, ils l'ont volontairement perdu, et nous avons accepté leur repentir. Seulement il ne m'est pas interdit, en interrogeant ma conscience et la vôtre, de vous dire, ainsi que je l'ai déjà fait, que cette situation particulière devait exclure pour eux la comparution devant la justice régulière. Il est évident qu'elle ne peut s'appliquer à un semblable ordre de faits, et que la magistrature a commis une regrettable erreur en leur donnant le caractère juridique qu'ils n'ont jamais eu et que la solennité de ces débats ne peut leur attribuer.

Je ne le dis pas à titre de reproche. Je serais bien injuste, bien ingrat, si je méconnaissais les services éminents de la magistrature algérienne, son courage, son amour du droit, sa parfaite loyauté. Je n'ai point oublié qu'il y a bientôt vingt ans, elle a été la première à briser les obstacles qui arrêtaient le développement du droit commun et de l'exécution de la loi. Depuis, au travers de mille vicissitudes, elle a conservé la même fermeté; elle a été l'espoir des faibles, l'égide des malheureux, la barrière des abus. Environnons-la de nos respects, de notre confiance, et que ces sentiments se fortifient et s'accroissent à mesure que nous prenons une possession plus complète de la liberté; car plus une nation se gouverne elle-même, plus elle doit être sévère à exécuter les lois, à respecter, tout en les contrôlant, ceux qui ont la redoutable mission de les interpréter et de les appliquer. Mais ce respect, que je suis heureux d'affirmer pour ma part, repose avant tout sur la complète indépendance d'opinion que nous devons apporter dans l'appréciation des œuvres de la magistrature. Nous les critiquons avec déférence, mais sans réticences, et dans ce procès nous manquerions à ce que nous devons aux magistrats, si nous ne disions pas avec sincérité que dans notre conviction ils se sont trompés.

Ils ont voulu la lumière, rien de mieux ; mais pour la trouver ils se sont trompés de route ; ils ont invoqué des principes que repousse la nature des choses ; ils ont vu des insurgés là où il n'y avait que des rebelles ; des accusés, là où il n'y avait que des amis de la France. Nous avions le pouvoir et le droit de réduire, mais non de juger.

Après de pareils faits, ils ne sont pas nos justiciables, nous ne pouvons être leurs juges. Ce qui ne veut pas dire que je leur concède, comme on l'a fait dans un sentiment de zèle exagéré, le droit de s'insurger contre nous. Non, il faut le répéter bien haut, le droit est de notre côté. C'est légitimement que nous avons pris possession de ce territoire, et que nous nous y maintenons. M. l'avocat général l'a dit en termes éloquents, nous avons fait œuvre de civilisation et de justice en détruisant ce foyer de piraterie d'où rayonnaient la spoliation, le meurtre et le pillage, infestant la Méditerranée, insultant ses côtes et semant partout l'insécurité et l'effroi. Nous avons trouvé ici des peuples soumis à une servitude barbare ; nous avons apporté les bienfaits de la science, de l'humanité, du respect du droit. Si nous nous retirions, ils retomberaient dans l'anarchie et le chaos. Notre devoir est donc d'achever notre œuvre, et ceux qui la troublent méritent la peine que notre épée leur inflige. Et remarquez l'enseignement salutaire que renferment ces événements. Ce n'est pas la masse indigène qui s'est levée contre nous, comme si elle n'avait eu qu'une âme, qu'un bras. Dans les conjonctures cruelles où nous ont réduits de graves dangers, il n'en a pas été ainsi. La masse indigène n'a pas voulu la révolte. Dire que lorsque la révolte s'est déclarée, elle nous ait été sympathique, ce serait nier l'évidence et les intimes ressorts de la nature humaine ; l'amour de la patrie, la religion, les mœurs, tout devait faire vibrer dans les cœurs musulmans ces frémissements tumultueux qui subjuguent et égarent la volonté. Mais ce que je crois pouvoir affirmer avec l'autorité des faits, malgré ces tressaillements inévitables, même après l'explosion, beaucoup hésitaient, souffraient et ne voyaient pas où étaient le devoir et même l'intérêt. Nous avons été protégés par cette division des petits ; et à quoi est-elle due ? Au sentiment que nous y avons développé par nos institutions, par nos bienfaits, par notre civilisation. Ce sont là les dissolvants lents, profonds, mais sûrs, qui pénètrent peu à peu la race arabe, la modifient à son insu et préparent un rapprochement. C'est là notre sauvegarde. Si ces dispositions nous sont favorables, elles sont notre honneur, elles sont notre droit. Les causes qui les ont créées constituent des obligations qui enchaînent les indigènes; et s'ils les méconnaissent, notre devoir est de les y ramener par la force qui est bien là au service du droit, de la justice et de l'intérêt de ceux auxquels elle est appliquée.

Il faut donc que les indigènes sachent que la justice qui nous ordonne de respecter leur conscience, leur liberté, leurs mœurs et leurs droits, ne leur ordonne pas moins de nous obéir et de nous être soumis, et qu'ils sont criminels quand ils s'affranchissent de notre tutelle. C'est là ce qu'on n'aurait pas dû méconnaître, car toute parole imprudente est un danger. Et aussi n'est-ce pas sans une douloureuse surprise que j'ai entendu jeter dans ce débat le nom d'un homme à la mémoire duquel se rattachent sans doute de grands souvenirs, mais dont il est impolitique au suprême degré de citer l'exemple. Je veux parler d'Orsini. C'est par un sentiment de bienveillance pour moi, qu'on y avait été conduit, mais on aurait dû dire quelle fut à la cour d'assises l'attitude d'Orsini et de son défenseur. Dans la courte et, je crois, quelque peu fière harangue prononcée en sa faveur, y a-t-il un mot qui puisse légitimer son crime? Non! Et ce fut entre nous la première condition de mon intervention. J'en proclamai l'énormité, et en montrant le patriote aveuglé par le fanatisme, en dépeignant la force irrésistible des passions qui avaient armé son bras, je ne dissimulai pas, par une lâche faiblesse, la réprobation que m'inspirait son acte. Et, le voyant déjà transfiguré par l'expiation contre laquelle je n'essayais pas de protester, je lui donnai la main pour le soutenir dans cette suprême épreuve, ne cherchant plus qu'en Dieu, auquel il retournait, le pardon que les hommes n'avaient pas le droit de lui accorder.

Voilà ce qu'il était utile de dire pour qu'il n'y eût ni équivoque ni méprise! L'insurrection, l'assassinat même politique sont des crimes qui appellent la répression et la vengeance de la loi. La France est plus que jamais résolue à user de son droit avec fermeté. Agir autrement, ne serait-ce pas un indigne abandon? Vous qui par tant d'abnégations, de sacrifices, de veilles, de travaux, fondez vraiment la colonisation; vous qui êtes les auxiliaires de notre brave armée et ne faites qu'un avec elle, vous avez le droit d'être protégés, non seulement par la force, mais par la justice, par l'opinion, par cette grande souveraine qu'on appelle la vérité, dont il importe de ne pas écarter de vos personnes, de vos familles, de vos champs, la grande et sainte image qui les couvre et les défend.

Ainsi le droit est avec nous. Nous réprimons, quand les tribunaux s'en emparent, les crimes de droit commun. Aller au delà serait inutile et dangereux. Je m'associe sans réserve à ce qui a été dit et, selon moi, prouvé sur ce point.

Je résume en disant qu'il eût été à désirer que ce procès ne vînt pas ajouter aux rigueurs dont les insurgés vaincus ont été l'objet. Mais puisque d'autres idées ont prévalu, puisque l'arène judiciaire est ouverte, notre devoir commun est de savoir d'après quelles règles nous appliquerons la loi.

L'équité, le bon sens, la logique répondent qu'elle ne saurait atteindre que ceux qui ont voulu l'insurrection, qui s'y sont associés de plein cœur et y ont persévéré, c'est-à-dire les auteurs et les chefs. Les autres doivent forcément échapper par deux raisons également décisives, la nécessité et le droit : la nécessité, car si l'insurrection constitue un crime, elle est juridiquement punissable; tous ceux qui y ont pris part sont traduits à la barre, et voici la foule qui est mise en accusation; ce sera par milliers qu'elle sera emprisonnée et jugée; l'entreprise est impossible; le droit : non seulement en tout temps, mais par tout pays, en toute circonstance, un crime collectif comme celui d'une insurrection est imputable à ceux qui l'ont organisé, préparé. Ceux qui ne sont que comparses à la suite ne sont pas responsables au même degré. Et ici, à raison de la constitution politique et sociale, de l'état moral des populations et de la géographie de la révolte, on ne peut, on ne doit rechercher et condamner que les chefs.

Je m'explique, et je rencontre ici notre action directe, qui pour tous les insurgés est, au point de vue juridique, une grave excuse, pour les comparses, une raison invincible d'acquittement. Quand nous avons occupé ce pays, nous pouvions, grâce à la conquête, grâce au régime militaire qui en est la conséquence, établir un état de choses qui assurât, dans la mesure possible, l'application de nos lois, ou tout au moins notre administration. Je ne veux ici donner aucun détail rétrospectif, mais chacun sait que nous n'avons voulu ou su rien faire de fixe et de suivi. Les systèmes se sont succédé, ils se sont détruits, et à la suite de ces tergiversations, de ces fautes et de ces incertitudes, nous avons abdiqué devant le régime arabe, en ce sens qu'au lieu d'en combattre les abus, nous les avons aggravés. En même temps que le régime militaire repoussait le droit commun, il s'affaiblissait lui-même, en se greffant sur la féodalité et le communisme. Nous réduisions la population des tribus en poussière pour élever sur sa servitude la fortune des grandes familles qui devaient être fatalement les rivales de notre commandement. Je laisse de côté le royaume arabe avec toutes ses folies si dangereuses. La colonie y a échappé, elle a montré sa vitalité!

Les conséquences de ces fautes ont éclaté quand l'occasion est venue. Cette occasion, c'est le dénûment de troupes, vous savez par quelle cause. Une guerre insensée nous avait livrés sans préparation à un ennemi qui depuis longtemps profitait de l'impéritie de nos chefs. C'est donc l'Empire qui a amené ces désastres; c'est à lui qu'est due cette révolte, le sang, les ruines, les pestes et la présence de ces malheureux dans ce prétoire. Ils sont victimes de ses folies, de ses crimes, de l'abandon que la France a fait d'elle-même.

Mais dans quel intérêt cette insurrection a-t-elle été faite? Dans l'intérêt des chefs. Ce sont eux qui avaient tout à perdre à l'établissement d'un régime régulier. Les populations, si elles l'avaient compris, auraient résisté. Mais elles sont ignorantes, fanatiques, faciles à entraîner. Je proteste contre l'expression de brutes; ceux qui conservent les sentiments de la famille ne sont pas inaccessibles aux idées généreuses. Il faut d'abord les bien gouverner, les éclairer, les intéresser et nous faire à la fois craindre et aimer d'elles. Elles ont cédé à la contrainte, et c'est là la raison légale qui empêche d'étendre la poursuite et la peine au delà des chefs. J'ai dit la géographie de l'insurrection : étudiez les faits, jetez les yeux sur l'échiquier où se jouent ces drames saisissants et terribles. Que voyez-vous? de grands espaces inhabités, parcourus par des tribus mobiles, habitant sous la tente, se déplaçant sans difficulté avec leurs familles et leurs biens, et par là même exposées aux incursions de leurs voisins. Notre devoir était de rechercher un système qui pût les garantir; car le premier devoir d'un gouvernement, le premier besoin, je dirai le premier droit de ceux qui le subissent, c'est le maintien de l'ordre. Un gouvernement qui ne pourrait protéger ni les personnes, ni la propriété, cesserait d'être; ses sujets reconquerraient leur liberté et en feraient usage pour se défendre. C'est ce qui est arrivé trop souvent à notre autorité : si elle avait toujours été forte, les tribus seraient restées dans le devoir. Mais quand l'autorité faiblit par les circonstances ou par ses fautes, elle ne peut plus défendre ceux qui se sont soumis à elle. Et si ceux qui étaient avec nous s'éloignent de nous, s'ils paraissent contre nous, s'ils le sont en effet, ce n'est pas pour nous combattre, mais pour sauver leurs femmes, leurs enfants et leurs biens. Ils n'ont plus d'autres moyens de le faire; ils obéissent à une obligation primordiale. C'est là ce qui les sépare en droit comme en fait des auteurs de l'insurrection, car ils ne l'ont pas voulue, ils la subissent; et s'ils s'y associent, ce n'est pas par une pensée insurrectionnelle, ils y sont contraints, entraînés par le besoin de leur défense personnelle.

Vous avez vérifié les pièces du procès. Lisez l'acte d'accusation, et vous ne conserverez aucun doute que les populations ont été contraintes. Consultez surtout un document précieux, la lettre du procureur, qui dit « de ne poursuivre que ceux que leur importance désigne et de laisser les autres en paix ». Il n'y a de crimes que ceux de droit commun; et il ne faut pas que l'insurrection serve de prétexte pour satisfaire à des vengeances ou à des passions privées.

C'est ainsi que la loi doit être appliquée. Voyons à la lumière de ce flambeau ce que va devenir l'accusation. J'ai dit que je ne voulais pas remonter au début de l'insurrection, mais il le faut pour constater que les quatre accusés, loin de céder aux instigations, y résistent. Ils sont fidèles, ils accompagnent nos colonnes, ils subissent nos engagements, ils s'exposent aux vengeances et aux déprédations des insurgés. Tous les quatre ont été razziés par eux, par les deux partis; ils ont perdu leur fortune. Il leur a fallu une bien grande énergie pour briser les liens de leur nationalité, de leur religion et de leur famille. Ce premier mouvement si honorable et si beau devrait les mettre à l'abri de toute poursuite. Ils se sont conduits en serviteurs dévoués : ils ont sacrifié leurs intérêts à un gouvernement qui n'était pas celui de leur cœur, et ils ont mis leur honneur à le défendre et à le sauver. C'est leur conduite qui a entravé l'insurrection. Prenons-en l'un des principaux épisodes, et nous allons voir dans ces faits l'appui héroïque prêté par les tribus aux chefs de corps dont les inconcevables défaillances ont eu pour conséquence forcée de faire grandir la révolte.

Cet épisode va me permettre d'introduire sur la scène les trois premiers accusés, les Illès; et nous allons voir comment ils se sont conduits à Aïn-Tagrout. Parti, ainsi que Brahain, avec nos cavaliers, le caïd Illès reste après la défection des goums alliés; il en est de même de Salah et de Zarroug. Ils accompagnent le capitaine Trinquand quand, le 31 mars, il vient prendre possession du caravansérail. Je n'entreprendrai pas le récit de cet épisode, il a été lamentable, et l'effet en a été immense. Heureusement il a été racheté par la belle conduite de la plupart de nos officiers et par le courage de nos colons. Je suis heureux de les en remercier publiquement, ils ont été fermes, dévoués, simples; ils ont joué noblement leur vie, et c'est bien le moins de les signaler à la reconnaissance et à l'admiration du pays. Je ne veux point en séparer les colonnes commandées par des officiers braves et intelligents qui ont peu à peu fait rentrer dans le devoir ceux qui s'en étaient écartés.

Mais où est l'attentat des Illès ? Le caïd nous a servis, et on l'arrête ! Quoi de plus simple que la lettre produite au procès? Comment en peut-on faire un crime ? Les indigènes réclament les prisonniers, on les rend, sauf Illès. La veille de l'arrestation de Trinquand, on le fait sortir, et il n'a point été entendu. Il est donc impossible de juger où est l'attentat, où est la pensée insurrectionnelle.

Ils se retirent chez eux; leurs tribus les enveloppent, les enlèvent; ils ne peuvent résister, ils se soumettent. L'aman est accordé; c'est l'octroi du pardon, c'est une générosité politique, c'est la fin de la lutte, la transaction substituée à la guerre. Quand les généraux l'ont donné, il est irrévocable. Le contester est une insulte à l'autorité militaire, un acte souverainement impolitique; car si les accusés y gagnent, l'autorité trouve son avantage dans la soumission, la remise des armes, le payement des contributions. C'est un contrat sacré, on ne peut y toucher. Si vous brisez ces traités, vous portez une atteinte profonde à notre crédit, au respect, à la foi jurée. Vous attaquez notre honneur, ce qu'il y a de plus délicat, de plus sacré. Vous désarmez nos généraux, vous compromettez nos soldats; vous les privez d'un moyen politique très puissant; vous nous exposez aux acharnements d'une lutte désespérée.

Cette théorie n'est pas seulement contraire au bon sens, à l'équité, à l'intérêt de notre colonie, mais elle est condamnée par la loi. Et cette loi est profondément politique.

Permettez-moi de revenir en quelque sorte au point de départ, d'examiner avec vous tout ce qu'il y a d'excessif, d'antijuridique dans un semblable procès, et combien il importe de lui donner la seule solution que commande la justice, c'est-à-dire un acquittement.

Vous connaissez les faits politiques et militaires, et votre conscience les a appréciés. Nous occupons l'Algérie en vertu d'un droit incontestable et qu'il faut énergiquement maintenir par la justice et par la force. Toutefois, jusqu'à ce qu'une assimilation désirable soit produite, nous sommes les maîtres, et la population à laquelle nous nous imposons est notre subordonnée. Nous mettons notre honneur à développer en elle des idées de modération, de respect et d'humanité. Nous enchaînons ses volontés par nos bienfaits, mais nous n'entendons point abdiquer notre suprématie. Nous administrons avec autant d'intelligence et d'équité que possible; mais si nos sujets nous résistent, nous leur commandons et nous devons être obéis.

Ce n'est qu'à cette condition que nous pouvons protéger nos compatriotes, faire régner dans les tribus un ordre relatif et les préserver les unes des autres. Voilà notre situation exacte. Ajoutons que cette dictature, douce et bienfaisante en temps de paix, rigoureuse en cas de désobéissance, est une nécessité qui détruit, supprime ou plutôt repousse *a priori* tout lien civique; que jusqu'ici elle s'est exercée dans les conditions exceptionnelles des institutions arabes, sur un territoire vaste et sans limites bien déterminées, dont les immenses solitudes favorisent à l'excès l'indépendance individuelle et rendent fatal l'usage arbitraire, et où vous avez des éléments sociaux, politiques et militaires qui n'ont rien de commun avec les lois pénales de la métropole. Celles-ci supposent un gouvernement régulier, des fonctionnaires garantis, une population symétriquement gouvernée, vivant sur un territoire très divisé et très habité, et façonnée à des habitudes de discipline et de contrôle qui la rendent d'autant plus coupable de recourir à la force brutale qu'elle la subit moins et qu'elle a pour elle la ressource d'une législation perfectionnée, minutieuse, et une grande puissance, l'opinion. La révolte, dans de pareilles conditions, n'est pas seulement un fait de guerre qui doit être réprimé militairement : elle est un fait de perversité sociale, elle est un crime scientifiquement prévu, et qui doit mettre en mouvement la magistrature, devenir l'objet d'une instruction, d'un jugement, et l'application d'une peine légitime. C'est à ce besoin moral que correspondent les articles 91 et suivants du Code pénal, lesquels sont justes et approuvés par la conscience publique.

Mais qu'ont-ils de commun avec le cas qui nous occupe, et où la force brutale apparaît dans sa nudité, du côté du commandement et du côté de l'insurrection? Que dirait-on en France si l'insurrection d'un village autorisait un chef de corps à en sabrer les habitants inoffensifs, les femmes, les enfants, à enlever les troupeaux, à piller les récoltes, à brûler les maisons? Les militaires qui useraient de semblables moyens seraient frappés par la loi, tandis qu'ici ils reçoivent des récompenses! Je ne critique rien, je n'examine pas si un autre système serait meilleur. Je le crois. Je suis convaincu que celui qui est appliqué passera; mais je constate qu'il existe, qu'il est en honneur, qu'il est appliqué par des hommes braves, intelligents, pleins de probité, et cela me suffit pour dire qu'il est la négation des articles dont vous demandez l'application, et que vos procès sont un non-sens, une fausse conception, une déplorable témérité. Car là où vous êtes forcés de constater que le même acte change de nom quand il est accompli sous notre drapeau ou sous celui de l'insurrection, vous pervertissez la notion morale, et vous êtes contraints à avouer que vous compromettez la justice dans une œuvre de gouvernement et de domination.

Tout au plus, je le reconnais, pouvez-vous appliquer la loi aux auteurs du mal, à ceux qui en ont eu la pensée, qui en sont la cause initiale; mais l'appliquer à ceux qui ont repoussé cette pensée, qui ont combattu avec nous, qui ont abandonné leurs compatriotes pour nous, c'est une erreur révoltante, dangereuse, impolitique, qu'il faut se hâter d'abandonner, si l'on ne veut pas se créer des obstacles insurmontables.

C'est ici qu'éclate l'iniquité de l'application de l'article 91. J'ai commis un attentat, il faut que je l'aie voulu, moi Brahaïn, moi Salah, moi Ahmeh, moi Zarroug! J'ai voulu renverser le gouvernement, allumer la guerre civile, organiser des bandes armées pour la soutenir. Mais quand ces entreprises commencent, nous voici sous votre bannière, sur vos champs de bataille, associés à vos troupes, faisant tête à l'insurrection, versant notre sang pour l'étouffer ! Et nous avons voulu l'insurrection ! Cela est insoutenable. Nous voici avec vous, nous venons à vous, à quelle condition ? que vous serez dignes de vaincre, que vous vous défendrez avec intelligence, avec énergie. Je vous donne tout, je m'expose à tous les périls, à toutes les représailles. Je vous défends, défendez-moi. C'est un pacte cimenté par l'honneur qui ne doit pas être une duperie, un piège. Mais si vous hésitez, si vous reculez, si vos cohortes sont mal conduites, si, dans une crise décisive, un chef de corps manque de présence d'esprit ou de courage, l'édifice chancelant que je vous aidais à soutenir, s'ébranle, il s'écroule par parties. Faut-il que j'assiste impassible à sa ruine ? Les tribus que votre bonne conduite aurait retenues se dissolvent. Partout l'obéissance disparaît, le commandement est méconnu; nos biens, nos familles, nos femmes, nos enfants sont menacés ! Nous volons près d'eux, nous les couvrons de nos corps, nous fuyons avec ces chers trésors dans des retraites éloignées; nous subissons les sévices de ceux qui nous soupçonnent, ceux de la France. Et parce que vos spahis nous sabrent, parce que vos goums s'emparent de nos tentes, nous sommes des insurgés ! J'en atteste la justice éternelle ! J'en atteste vos cœurs, vos consciences! ils ne peuvent nous condamner. Nous n'avons pas voulu nous insurger; nous ne l'avons pas fait ! Dans ce vaste ébranlement où tout pouvait disparaître, nous avons défendu ce que nous ne pouvions abandonner. Puis, quand il a été possible, nous sommes revenus, au prix de mille dangers, de mille sacrifices, en bravant le blâme des nôtres, leur courroux, leurs menaces, et nous voici reçus à merci ! Nous nous sommes rendus, nous avons désarmé, les chefs militaires ont écouté notre voix, ils nous ont accordé notre pardon. Est-ce là une nouveauté? C'est un usage vieux comme le monde, respectable comme l'humanité. C'est la pitié, c'est le bon sens, c'est la charité qui interviennent au milieu des discordes, et qui forcent à remettre au fourreau le glaive avec lequel on a déchiré. Mais ce qui n'est pas moins respectable, c'est la foi jurée, qui donne à ce pardon sa valeur, sa sainteté.

Ouvrez les annales de l'histoire : à chaque page, vous y verrez écrits l'hommage rendu à la fidélité dans l'observation des traités et la juste flétrissure de ceux qui les violent. Un officier vous a dit que depuis le commencement de la guerre il n'en connaissait pas d'exemple. Voulez-vous que je vous en cite un ?

Lorsqu'en 1815 un maréchal de France, quittant Paris en promettant au roi de lui ramener son ennemi prisonnier, succomba sous l'angoisse de ses souvenirs et précéda l'escorte triomphale du vain-

queur éphémère des Cent-Jours, il fut traduit devant la première
cour du royaume où brillaient toutes les illustrations du pays. L'organe de la loi demanda une expiation de ce crime audacieux et flagrant ; la discipline demandait une punition, l'honneur l'exigeait.
Les plus célèbres avocats invoquèrent la capitulation qui couvrait le
prisonnier. La cour des pairs passa outre ; l'histoire flétrit son arrêt.
Vingt ans ne s'étaient pas écoulés que la voix d'un journaliste éloquent protestait dans l'enceinte même de ce haut tribunal. Entraîné
par l'émotion, un vieux guerrier s'associait à sa véhémente philip-
pique. L'opinion publique acclamait ses hardiesses et glorifiait la
victime, qui aujourd'hui, du haut du piédestal où le bronze a immor-
talisé ses traits, marque d'une main vengeresse les juges qui l'ont
frappée, au mépris de la foi jurée.

Je n'ai point à craindre de votre part une telle erreur judiciaire,
si cruellement expiée par ceux qui l'ont commise. Ici, elle serait
fatale, elle atteindrait la conscience des indigènes dans ce qu'elle a
de plus délicat et de plus saint ; elle pervertirait nos relations ; elle
creuserait un abîme entre eux et nous ; elle serait un malheur public
et un irrémédiable abaissement de notre caractère.

Ce qu'il nous faut au contraire, c'est, après la répression impitoyable et légitime, la justice, l'oubli, la conciliation. Nous pouvons
recourir à ces armes puissantes, car nous avons prouvé notre force,
et l'enseignement sera profitable ; il nous permet de nous arrêter
dans la voie de la rigueur. Quelque lamentables qu'aient été les
épisodes de cette dernière insurrection, ils nous donnent un sujet de
consolation et d'espoir. Le danger auquel nous avons échappé doit
nous donner confiance ; car si nous n'avons pas péri dans cette
tourmente, nous sommes suffisamment forts pour résister à toutes
celles de l'avenir.

Et savez-vous quel a été le secret de cette force ? Le bien que nous
avons fait à ce pays depuis notre conquête, l'ébranlement des âmes
que nous avons troublées, dominées, éclairées, que nous nous sommes
déjà attachées !

On nous dit sans cesse que nous sommes de mauvais colonisateurs.
Je crois ce reproche moins fondé qu'il ne le paraît. Si nous l'avons
mérité, nous saurons réparer nos fautes ; un régime meilleur sera
leur correctif. Mais, quelque mauvais colonisateurs que nous soyons,
nous sommes humains, sociables, faciles à nous donner. Croyez-vous
que nos officiers, bien qu'engagés dans une mauvaise voie, n'aient
pas été les pionniers de la civilisation ? qu'un grand nombre d'entre
eux ne se soient pas fait aimer autant que respecter ? qu'ils n'aient
pas gagné les cœurs et préparé un rapprochement ? On les accuse
d'avoir été les amis des Arabes : c'est leur honneur, et je les en loue.

Ils ont été intelligents, bons autant que braves ; ils ont été d'excellents et dignes Français !

Et à côté d'eux, les colons, les habitants, n'ont-ils pas ouvert la société arabe comme le sol de leur patrie ? N'ont-ils pas introduit la science agricole, le bien-être, les soins, les bons procédés, la douceur, la justice ? Ne leur ont-ils pas appris les avantages du travail et de la loyauté ?

Il faut bien que leur apostolat n'ait pas été inutile pour que, dans notre détresse, nous n'ayons pas trouvé toute la race indigène contre nous. La masse n'était pas hostile. Les grands chefs seuls voulaient se révolter : ils avaient peur du régime civil. On les a trop entretenus dans ces sentiments , peut-être a t-on été imprudent, aveugle, a-t-on permis à l'insurrection de grandir ? Elle a été étouffée sur bien des points ; de simples citoyens ont été des héros. A coté d'eux, les indigènes ont combattu ; ils sont morts pour nous. Précieuse fraternité d'âmes ! initiation à une vie nouvelle qui portera ses fruits ! Après avoir lutté ensemble sur les champs de bataille, on descendra en commun encore sur ceux du travail. On y apportera le flambeau de la science et les sentiments de la fraternité. On brisera le communisme héréditaire. Au lieu de la tente mobile, le bordj abritera le propriétaire qui, sûr de la possession, fécondera le coin de terre qui ne lui sera plus disputé.

De toutes parts, l'administration régulière substituera à l'arbitraire le régime du droit commun ; et notre brave armée s'enorgueillira de devenir le symbole de la loi, ce qui n'est pas moins glorieux que d'être le symbole de la conquête.

Cette révolution est infaillible. Je me flatte qu'elle est proche. Quand je regarde le chemin parcouru, les dangers évités, les catastrophes conjurées, je crois que cette espérance n'est pas téméraire. Il y a moins de dix ans, une politique insensée semblait vouloir effacer l'influence française pour retourner à la barbarie. Cette œuvre impie n'a été qu'éphémère, et avant que la justice éternelle eût condamné celui qui l'avait conçue, la raison publique la renversait, le Corps législatif lui-même, par un vote unanime, la condamnait solennellement. Depuis, quels progrès ! La liberté venant s'asseoir sur vos rivages et faisant tomber de vos vaillantes mains les entraves qui les paralysaient ; la cause de l'émigration gagnée ; des transformations prêtes à s'accomplir aussitôt que la mère patrie aura le bonheur de s'affirmer par une république définitive : voilà le tableau du présent !

Nous pouvons, sinon nous en enorgueillir, au moins y puiser des motifs de foi et de modération. Détournons nos regards des scènes qui les ont trop longtemps attristés. Vous avez frappé les chefs de ce mouvement redoutable qui a échoué. Soyez cléments vis-à-vis de ceux qui n'ont été qu'entrainés, qui sont vos serviteurs, vos amis! Cette clémence sera la justice. Elle sera l'appel aux sentiments généreux qui existent chez cette race qui a tant de qualités attrayantes. Souvenez-vous de ce mot touchant que la procédure a recueilli sur les lèvres d'un Arabe. Dans ce bordj de Tagarout où de courageux cultivateurs attendaient de pied ferme des bandes de pillards, se trouvait un indigène. On le sollicite de partir, de ne pas s'exposer à un péril certain. Quoi! voudrais-tu mourir? — Oui, dit-il, j'ai été élevé par des chrétiens. Je suis avec eux. Ce soir, je suis roumi pour mourir avec les roumis!

Messieurs, votre arrêt fera vibrer les généreux ressorts des âmes où ce dévouement peut naitre. Je ne vous dis pas : « Vous avez à juger des indigènes; ce soir, soyez indigènes comme eux. » Non, vous êtes leurs juges; vous êtes Français, vous êtes hommes. Vous ne vous inspirerez que de la justice, qui déjà a proclamé leur innocence, et des intérêts de notre patrie, dont votre verdict sera le salut et l'honneur.

Le jury rendit un verdict de non-culpabilité.

COUR D'APPEL DE TOULOUSE

PRÉSIDENCE DE M. DULAMON

AUDIENCE DU 3 MAI 1877

AFFAIRE DES HÉRITIERS LACORDAIRE CONTRE LES DOMINICAINS

Les Dominicains condamnés par le tribunal de Castres à rendre des comptes, en appellent de ce jugement.

Me Jules Favre, avocat des intimés, prend la parole en ces termes :

En entendant l'exposé des prétentions redoutables de nos adversaires ; en lisant les écrits par lesquels ils essayent de les justifier, j'admire toujours à quel degré d'illusion peuvent entraîner le parti pris de tout braver, le système hardi qui érige en vertu le mépris du droit, des lois, de la vérité, le ferme dessein d'asservir la société moderne en la faisant violemment retourner en arrière ; la volonté inflexible de se créer des règles juridiques et morales à l'usage de ses maximes, de nier l'évidence et de marcher sans s'arrêter jamais vers le but qu'on poursuit et dont la sainteté permet de s'affranchir de tout scrupule. Ceux qui ont entrepris sous nos yeux cette campagne contre notre législation civile, nos institutions, nos mœurs, nos traditions les plus vénérées, ne veulent tenir compte d'aucun obstacle. Pour eux, il n'y a qu'un pouvoir, le leur ; qu'une autorité, celle du despotisme étranger dont ils se constituent les instruments. Ne leur parlez pas de patrie, notre France est pour eux une province. Ne leur parlez pas de l'État dont ils sont les citoyens ; n'essayez pas de les soumettre à nos règles : ils les éludent ; à vos arrêts : ils s'en jouent. Couverts de l'impersonnalité, croyant avoir la durée, abusant de la longanimité des dépositaires de la loi, ils se retranchent dans le monde conventionnel où ils vivent, et, de ces hauteurs, ils pensent avoir la force d'écraser ceux qui réclament la protection de la justice, à laquelle ils sont fiers de désobéir.

Ainsi seulement peut s'expliquer le spectacle dont ce procès nous rend les témoins. Faites pour un instant disparaître l'ordre illégal des Dominicains ; supposez qu'une société laïque eût essayé d'opposer au droit de propriété, à celui de la famille, une telle résistance. Supposez que, dans une maison où se seraient trouvés réunis des hommes, des savants, des libres penseurs, des adeptes d'un parti, l'un d'eux fût venu à décéder et que les survivants, écartant ses parents, eussent accaparé son héritage; que cette usurpation frauduleuse eût duré quinze années; que les décisions de la justice se fussent accumulées, toujours plus impératives, toujours plus dédaignées; que, vaincus enfin dans ce combat ruineux pour leurs adversaires, les détenteurs illégitimes du bien d'autrui eussent été condamnés à vider leurs mains et préalablement à rendre compte, et qu'au lieu de se soumettre, ils entonnassent la trompette pour crier à la persécution, au martyre, à la confiscation. Y aurait-il contre eux assez de réprobation? Ne seraient-ils pas couverts du blâme de tous les honnêtes gens? Ne seraient-ils pas frappés avec éclat par les sévérités de cette loi qu'ils auraient ainsi audacieusement violée?

Pourquoi en serait-il autrement parce que la robe du religieux s'interpose entre nous et la justice? Les actes changent-ils de moralité avec la qualité de ceux auxquels ils sont imputables? A-t-on la prétention de ressusciter les privilèges ecclésiastiques? L'église est-elle au-dessus de l'État? Est-elle maîtresse souveraine de vos décisions? Les Dominicains feignent de le croire, et, s'aveuglant eux-mêmes sur leur propre situation, ils s'efforcent d'en dissimuler la radicale faiblesse derrière la hardiesse de leurs affirmations. Mais qu'ils le sachent bien, ils ne trompent plus personne. La conscience publique est enfin soulevée. On sent qu'il est plus que temps de mettre un terme légal au scandale d'une résistance qui s'est beaucoup trop prolongée.

Henri Lacordaire est mort le 21 novembre 1861. Ce qu'il a laissé a été vainement revendiqué par ses héritiers. Les Dominicains le gardent, le défendent et refusent même d'en rendre compte. Pour échapper à cette obligation si simple et si impérieuse, ils ont engagé sept instances dans lesquelles, sept fois vaincus, ils ont disputé pied à pied la possession de cet héritage, multipliant les chicanes de toute nature, les actes simulés, les détours de procédure; et aujourd'hui ils sont en face d'une sentence qui leur ordonne enfin de dire à la famille quelle est l'importance du patrimoine qu'ils ont usurpé et qu'ils voudraient ne pas rendre. Ils se révoltent, ils appellent à leur aide toutes les ressources de la dialectique, toutes les pieuses subtilités, et le résumé de leurs longues dissuasions est le comble de l'art, c'est le couronnement le plus habile de la plus victorieuse des stratégies. On nous demande de rendre un compte, le voici : Nous affirmons qu'il ne nous reste pas une obole, et que Henri Lacordaire est mort insolvable; que tout son patrimoine a été dépensé à nous nourrir, à nous vêtir, à nous donner cette douce et bienheureuse existence de capitalistes et de propriétaires, continuant leur œuvre sainte d'accroissement et déjà en possession d'immeubles qui peuvent représenter 700 à 800.000 francs.

C'est ainsi que, du haut de leur sainteté, les Dominicains se décernent quittance, et tout est dit.

Les héritiers dépouillés se retireront avec la confusion de la défaite. Triomphants et garantis contre toute recherche, les moines conserveront, au mépris de vos arrêts, ce qu'ils ont conquis à force de persévérance et de génie.

Je l'avoue, j'ai peine à imaginer qu'ils puissent avoir confiance en une telle défense, car ils ont pris le soin de la détruire à l'avance. Et c'est avec leur propre témoignage que je veux tout d'abord ruiner la base de cet inadmissible système. J'entre donc ainsi tout d'abord au vif de la discussion, laissant à l'écart des faits préliminaires que vous connaissez et sur lesquels je reviendrai. Touchant à un autre ordre d'idées, je m'attaque aux propositions les plus décisives, en y opposant une démonstration où tout me semble s'enchaîner pour commander vos convictions.

Pour mettre de l'ordre, de la clarté et de la brièveté dans le débat, j'ai dessein de le diviser en quatre points principaux. J'établirai :

1° Que Henri Lacordaire a laissé un patrimoine important dépassant 350.000 francs ;

2° Que ce patrimoine n'a pu, à aucun titre, sous aucune forme, devenir la propriété de l'ordre des Dominicains, qui ne peut le retenir qu'en violation des lois d'ordre public et de droit civil ;

3° Que l'ordre des Dominicains s'est efforcé, par les moyens les plus condamnables, selon la morale et la loi, de faire disparaître les empêchements à son incapacité ;

4° Que par là il a gravement engagé sa responsabilité, et il doit être condamné à rendre un compte, à produire les éléments de ce compte, sous une contrainte que les premiers juges n'ont pas chiffrée assez haut, et, à titre de réparation pour un préjudice incalculable, à payer des dommages-intérêts aux héritiers.

Ainsi, la consistance certaine d'un patrimoine dès à présent justifié, l'usurpation frauduleuse et la détention illégale des Dominicains, les moyens coupables employés pour déguiser cette usurpation et consacrer cette détention, l'obligation de restituer ce patrimoine et, s'il est nécessaire de rendre compte, d'indemniser celui que leur résistance et leur mauvaise foi ont ruiné : tels sont les quatre grands aspects de cette cause déjà jugée.

En les parcourant, je m'efforcerai de ne rien dire de superflu, de préserver mon âme des mouvements intérieurs qui m'agitent en présence de faits qui révoltent ma conscience et alarment mon patriotisme. A tous ceux qui, ainsi que moi, repoussent énergiquement la domination ultramontaine, les faits de ce procès parlent avec une éloquence suffisante pour que tout commentaire soit inutile. D'ailleurs, la leçon ne peut être dans les plaidoiries, nécessairement partiales, de ceux qui viennent défendre librement à cette barre ce qu'ils croient être le droit et la vérité. C'est à votre arrêt qu'appartient le privilège auguste de la formuler. J'ai pleine foi en votre sagesse et en votre fermeté. N'abandonnez pas les antiques et salutaires traditions que vos devanciers ont toujours maintenues avec autant de science juridique que de sollicitude sociale.

Je dis d'abord qu'en dépit de toutes les distinctions, de toutes les subtilités légales invoquées par les adversaires, il est matériellement établi que Henri Lacordaire, en mourant, était propriétaire indiscutable d'un patrimoine important, dont le chiffre est 350.000 francs et plus. Pour cela, je n'ai point à réfuter tout ce qui a été plaidé sur l'origine et l'emploi de ses ressources pécuniaires. Vous avez saisi et jugé l'arbitraire et l'inanité de tous ces calculs de probabilité, reposant sur des lambeaux de correspondance, sur des récits poétiques, sur des souvenirs forcément inexacts. Cette manière de ruiner ou d'enrichir un défunt peut être favorable à ceux qui ont intérêt à tromper, mais elle n'a jamais été celle des gens sérieux et pratiques, peu soucieux des chimères brillantes et ne s'attachant qu'aux réalités. Pour eux, le patrimoine héréditaire ne s'établit pas par la recomposition artificielle de ce qu'on a reçu, gagné, dépensé. Ils ne s'avisent pas de disserter à perte d'haleine sur les capitaux, les revenus, les fruits, et, suivant ce jeu de chiffres, à grossir ou à faire 'évanouir le montant de la succession. Le patrimoine s'établit par les constatations légales, ce n'est pas par caprice. La loi les ordonne, elles sont impérieusement exigées par elle, et l'inobservation de ses règles à cet égard autorise les plus fâcheux soupçons] sur ceux qui les transgressent.

Les Dominicains se couvraient du testament, du legs universel de Henri Lacordaire. La loi ne leur en ordonnait pas moins l'apposition des scellés et l'inventaire. C'est dans cet inventaire que sont consignées toutes les valeurs formant la force de la succession. On se demande pourquoi l'on n'a pas appelé les héritiers, pourquoi ce mystère environnant le lit funèbre, pourquoi tout est dissimulé, pourquoi l'on a systématiquement refusé toute communication, tout papier. Nul ne croira que si Henri Lacordaire eût été réellement insolvable, les Dominicains eussent employé de telles précautions. Que sont-elles cependant? La violation de la loi civile, et plus encore, de la loi morale. Est-ce que Léon Lacordaire n'était pas héritier? Est-ce qu'il n'était pas le frère? Est-ce que la méconnaissance de ces deux titres, la froide et inflexible répulsion pour celui qui les porte n'est pas un trait caractéristique, la prétention de ne reconnaître ni la loi civile ni les affections de famille? Plus encore, n'est-ce pas la preuve qu'il y a un patrimoine à conserver, et qu'ils voulaient prendre toutes les mesures nécessaires à en assurer la possession? On ne se compromet pas ainsi lorsqu'on n'a rien à y gagner.

Mais ce qui constitue une présomption non moins forte, ce sont les actes de transmission de propriété, préparés avec tant d'habileté, produits avec un art stratégique si bien conçu, et qui avaient pour but de faire passer l'entier patrimoine dans la main des Dominicains. Ces preuves de la consistance de la fortune, des ruses employées pour l'accaparer, n'ont jamais été négligées par les tribunaux. Elles sont relevées avec une grande autorité dans l'*arrêt Boulnois*, si plein d'enseignements de droit et de fait. On voit naître, grandir, se développer les desseins d'insatiables communautés qui veulent sans cesse étendre leurs richesses et leur pouvoir. L'arrêt cite la multiplicité des testaments comme une présomption décisive de l'importance du patrimoine et des manœuvres employées pour se l'approprier. Or, ici, quelle abondance, quelle variété de moyens! Quelle ténacité dans leur emploi successif! Quelle science consommée pour décourager et accabler l'héritier!

Après la mort de son frère, M. Léon Lacordaire réclame en vain des renseignements : toute porte lui est fermée. Le 3 janvier 1862, deux mois après le décès de Henri Lacordaire, il assigne l'éditeur de ses œuvres. Alors M. l'abbé Mourey se fait envoyer en possession, en vertu du testament *du 17 décembre* 1860. Ce testament, déféré à la justice de Castres, est annulé par un jugement du 31 décembre 1862, qui ordonne la mise en possession et la reddition de compte. L'abbé Mourey en appelle, et la cour de Toulouse, par son arrêt du 12 janvier 1864, confirme le jugement. Alors, et sans se préoccuper de la contradiction entre les actes dont ils se servent, les Dominicains opposent un prétendu acte de société du 6 novembre 1861, absorbant, au profit de cette société, tous les biens. Léon Lacordaire en demande la nullité, et comme les Dominicains n'avaient aucune confiance en ce testament, ils se prévalent d'un autre plus ancien, du 26 septembre 1842, au profit de l'abbé Jeandel. Déféré au tribunal de Castres, ce fidéicommis au profit d'un incapable est annulé comme tel par un jugement du 16 avril 1866.

Les Dominicains en appellent le 4 juin suivant, et notre vénéré maître, Berryer, consent à mettre sa grande parole au service de leur cause.

Alors se produit à la barre de la cour de Toulouse un incident inouï qui aurait ruiné toute autre défense que celle des Dominicains. Incapable de ruser avec la vérité, leur illustre avocat ne peut se résigner à soutenir le système présenté par eux en première instance. Il s'indigne contre ces tristes subterfuges, et, laissant éclater le cri de sa droite conscience, il demande acte, ainsi que le constatent les qualités de l'arrêt, « de la déclaration faite par l'abbé Jeandel, qu'il n'était que « fidéicommissaire ou légataire fiduciaire, n'ayant d'autre mission « que d'assurer la transmission des biens dont le Révérend Père Lacor- « daire n'était lui-même que dépositaire dans l'intérêt de l'ordre des « Dominicains de la province de France ».

Ce solennel aveu, comparé aux allégations des conclusions du 20 février, prouve ce qu'il faut penser de la véracité de nos adversaires. Ils avaient fait dire à l'abbé Jeandel que le legs universel ne gratifiait que lui; ils confessaient maintenant qu'il ne gratifiait que leur ordre. Mais que leur importe la vérité? Ils pensent faire œuvre méritoire en la trahissant quand il s'agit d'enrichir la communauté.

La position prise par leur défenseur avait au moins sa grandeur : elle rendait au débat son caractère élevé, elle fournissait à l'orateur l'occasion de développer les ressources de sa magnifique éloquence; toutefois, elle ne pouvait sauver le testament, qui fut annulé par un arrêt confirmatif, en date du 29 novembre 1866.

Armé de cette décision souveraine, Léon Lacordaire devait croire qu'il touchait au terme de la lutte. Il comptait sans le génie inépuisable des religieux. A la sommation qu'il leur fit signifier, le 27 décembre 1866, d'avoir enfin à relâcher le patrimoine qu'ils retenaient, ils répondirent en opposant un acte de société universelle, en date du 6 novembre 1861, et par lequel, suivant eux, tous les biens de Henri Lacordaire s'étaient absorbés dans l'actif de l'être moral ainsi constitué. Ils défendirent cet acte avec acharnement. Ils accusèrent Léon Lacordaire de vouloir les dépouiller en enveloppant dans l'hérédité de son auteur tous leurs biens sans exception, alors qu'à les entendre, ces biens provenaient de la générosité des fidèles.

Il était un point irrécusable, nettement établi par tous les écrits du procès : Léon Lacordaire n'avait cessé d'y déclarer que ses revendications se bornaient au patrimoine personnel de son frère, recueilli d'abord dans la famille, grossi ensuite de divers dons personnels et de tout ce que le restaurateur de l'ordre des Dominicains avait gagné dans le cours de sa brillante et laborieuse carrière. Il ne prétendait rien à ce qui avait pu être fictivement placé sous son nom dans un but pieux. Ainsi il demandait, en vertu de son droit héréditaire, tout ce qui avait appartenu à son auteur, et dont les dissimulations savantes de ses adversaires n'avaient pu changer la nature légale.

Par son jugement du 25 mars 1867, le tribunal de Toulouse reconnut et proclama ce droit ; et ce jugement fut confirmé par l'arrêt du 24 janvier 1868.

Cet arrêt, tout en maintenant l'ordre des Dominicains dans la possession de ses immeubles, reconnaissait les droits des héritiers Lacordaire et en garantissait l'exécution Il ramenait ainsi la cause à son point de départ, et renvoyait les parties à procéder devant le tribunal de Castres dans les conditions fixées par le jugement de 1862 et l'arrêt de 1864.

Adrien-Léon Lacordaire et M. Marchal demandaient que l'abbé Mourey et les autres religieux défenseurs fussent condamnés à rendre compte de toutes les valeurs composant la succession de Henri Lacordaire, à produire, dans un délai fixé, leurs livres, titres, papiers, comptabilités ; à défaut de ces justifications, à payer 600.000 francs avec intérêts à partir du décès de Henri Lacordaire, et à payer aux demandeurs 30.000 francs de dommages-intérêts.

A la barre du tribunal de Castres, les Dominicains s'efforcèrent de démontrer que tout ce que leur illustre fondateur leur avait apporté avait été volontairement et irrévocablement dépensé par lui, qu'il avait eu le droit d'en faire profiter l'ordre des Dominicains, et que ceux-ci ne pouvaient paraître devant le juge que pour dire qu'ils n'avaient rien à restituer.

Ce fut sur le débat ainsi engagé à la barre que le tribunal prononça par son jugement, en date du 21 juin 1876, ordonnant de rendre compte, dans le délai de six mois, des biens, sommes et valeurs ayant appartenu à Henri Lacordaire et appartenant à sa succession. C'est ce jugement qui a été déféré à la cour.

Or, la succession de Henri Lacordaire se compose : 1° de sa fortune accusée par l'inventaire du 4 février 1862 et par les déclarations du 16 et du 20 mai 1862, 13.598 fr. 50 c.

1° Fortune	13.598 fr. 50 c.
2° Actions de Sorèze	88.000
3° Actions d'Oullins	70.000
4° Valeurs versées dans la prétendue société du 6 novembre 1891	180.000
Total	351.598 fr. 50 c.

C'est ce patrimoine qu'ils retiennent depuis 1861. Il se compose de valeurs certaines dont toutes les théories, toutes les subtilités ne peuvent détruire ni affaiblir la réalité.

Le premier article 13.598 fr. 50 c., ce sont les Dominicains eux-mêmes qui l'accusent et s'en reconnaissent possesseurs.

La famille est par eux écartée du lit de mort, de l'examen des papiers et des titres.

On procède en son absence à l'inventaire, le 4 février 1862, puis à la déclaration des valeurs.

Vous avez ces valeurs, très diminuées, mais au moins de 30.000 à 40.000 francs. Je les prends telles que vous les avez dénoncées. Vous les retenez depuis plus de quinze ans; le capital est donc plus que doublé, il est de 80.000 francs.

L'inventaire et les déclarations sont doublement inexacts; et nul ne connaissait mieux que M. Mourey, qui les faisait, combien ils étaient contraires à la vérité. Il déclare une action et deux tiers, et il sait que Henry Lacordaire en avait racheté 31 et probablement plus, lesquelles à 3.000 francs font 93.000 francs. Sur ce seul article, il y a donc une dissimulation de 88.000 francs.

Quant à la succession immobilière, après l'avoir niée, on la confesse, mais on la réduit à 8.280 francs.

Or, 1° par acte reçu de M° Garidel, notaire, le 29 avril 1857, Henry Lacordaire a acquis une ancienne chapelle et un grand terrain moyennant 22.000 francs; 2° par acte reçu du même notaire, le 29 juillet 1859, il a acquis une petite maison de 4.000 francs, total 26.000 francs, sur lesquels M. Mourey en dissimule 18.000.

En écartant pour le moment les actions de Sorèze, dont on vous prouve la propriété, les Dominicains avouent avoir entre les mains :

Valeurs mobilières	5.068 fr. 50 c.
Valeurs immobilières	36.000 fr.
Total	41.068 fr. 50 c.

Les soixante-dix actions d'Oullins représentant 70.000 francs sont établies comme partie intégrale du patrimoine héréditaire. Les actes sont là : le 8 octobre 1852, acquisition par le Père Lacordaire; le 5 septembre 1855, la constitution de la société civile constate son apport en fixant la valeur à 70.000 francs. Vainement les Dominicains prétendent-ils que c'est le bien de la communauté. Je parle en fait, nous allons voir le droit. Mais en fait la question est tranchée. Les soixante-dix actions sont dans le patrimoine, et les Dominicains qui le retiennent en doivent compte.

En résumé, nous sommes en droit de maintenir le chiffre de 351.598 francs, comme l'élément certain de l'actif établi par les Dominicains eux-mêmes. Ils le retiennent, non seulement par une usurpation violente, illégale, une voie de fait coupable, mais en s'attribuant la capacité que la loi leur refuse.

Ils ont prétendu restaurer un ordre religieux : ils ne sont rien que des violateurs de la loi; ils n'ont aucun droit même à disputer ce qu'ils possèdent.

Les règles de notre législation s'opposent à ce que l'ordre des Dominicains ait pu recevoir et qu'il puisse conserver, à un titre quelconque, quoi que ce soit du patrimoine de Henri Lacordaire.

Henri Lacordaire n'a pu obliger ses héritiers vis-à-vis d'eux : il ne pouvait s'obliger lui-même.

Ces propositions sont l'évidence même. Il n'y a pas un jurisconsulte qui puisse les contester. Les adversaires eux-mêmes les confessent; mais ils y puisent une force inattendue. Notre existence est illégale, précaire, disent-ils; sur un signe des pouvoir publics, elle peut cesser.

Il semble donc, au premier aspect, inutile d'établir doctrinalement cette nullité. Rien cependant ne serait plus dangereux que de la laisser à l'état de simple affirmation. Rien n'est plus nécessaire que de s'appuyer d'une démonstration de laquelle ressortent clairement le sens et la portée de la loi.

Si en effet nous ne faisons pas à cet égard une lumière complète, la soumission apparente qu'on nous concède sera retournée contre nous. Et loin d'être affaiblis par cette prétendue reconnaissance de la loi qu'ils transgressent, les ordres religieux y puiseront des moyens victorieux de se maintenir dans une situation beaucoup plus favorable à leur prospérité matérielle et à leur propagande politique. Et, se faisant un mérite de leur déshonneur, ils tromperont la crédulité publique, en se posant comme des martyrs éventuels, et ils se diront menacés de persécution toutes les fois qu'on parlera de leur appliquer le droit commun.

C'est là ce qu'ils ont essayé, ce qu'ils essayent encore. Ils comptent sur la faiblesse du pouvoir exécutif, qu'ils dominent, sur les sympathies de l'opinion publique, qu'ils égarent; et tandis qu'ils bravent la loi, ils se plaignent bruyamment de la tyrannie de ceux qui prennent la liberté de la leur rappeler.

Voyez leur mémoire à la page 27!

Vous demandez le lien qui rattache ces principes que vous ne contestez pas au procès-verbal que vous voulez soustraire à leur autorité? C'est la nullité radicale de tout contrat, de tout fait légal pouvant affecter le droit individuel. C'est l'impossibilité de donner, d'attribuer, de reconnaître une vie quelconque à un être collectif que la loi réprouve.

C'est là ce que vous ne voulez pas. Vous vous efforcez de contester, de faire disparaître cette conséquence. Vous concédez qu'ils n'ont pas d'existence légale, et vous leur reconnaissez une existence de fait. Grâce à ce changement d'étiquette, vous prenez pour vous des prérogatives que le droit commun ne saurait admettre. Vous effacez les prohibitions que la puissance publique a tant d'intérêt à faire respecter.

Vous dites, page 28 : « Ils ne peuvent s'associer pour tout mettre en commun. » Et vous ajoutez : « *Ce pacte est permis à tous.* »

Vous ne pouvez ignorer : 1° que ce pacte n'est pas permis; 2° qu'il vous est taxativement défendu.

Je dis qu'il n'est pas permis.

Quel est-il, ce pacte?

Le communisme, celui de Owen, de Babeuf, celui des nihilistes russes, celui que, dans tous les temps, les pouvoirs publics ont condamné, réprimé, poursuivi; celui qui, s'il se généralisait, aboutirait au plus effroyable despotisme ou à la sauvagerie.

Croyez-vous que d'autres que vous pussent en donner l'exemple?

Je suppose que des philosophes positivistes, des adeptes exclusifs de la sensation veuillent le réaliser : ne seraient-ils pas à l'instant arrêtés et dispersés?

On ne peut nier que la société ne soit travaillée par une fermentation violente qui l'agite, la divise, la passionne, et qu'elle n'en soit à chercher la voie qui la mènera à la paix morale, sans laquelle il n'y aura pas de progrès possible.

Dans le sein du clergé, dans le vôtre même, nous avons vu s'accomplir des déchirements terribles.

Naguère retentissait la voix éloquente d'un prêtre qui n'a pu continuer à enseigner du haut de la chaire. S'il voulait rassembler des disciples, prendre un costume de fantaisie, se livrer à la prière, à l'adoration, à la vie commune, le pourrait-il ? Vous n'oseriez pas dire qu'il le pourrait !

Mais non seulement de tels pactes, un tel communisme, ne sont permis à personne en France (vous ne pouvez les former comme simples citoyens), mais ils vous sont particulièrement défendus, par cette raison péremptoire que vous êtes des moines, que votre pacte, vos traités dissimulent une congrégation ultramontaine au service du pouvoir de Rome, obéissant au mot d'ordre venu du Vatican et travaillant au grand combat livré à ciel ouvert contre nos institutions.

Or, c'est un principe aussi ancien que l'État, et dont le maintien est indispensable à notre nationalité, que nulle congrégation religieuse ne peut exister sans l'autorisation du gouvernement. Est-ce un vain caprice? Est-ce une satisfaction orgueilleuse du despotisme des rois ou des assemblées? Non, c'est une règle de salut, de défense contre une politique d'usurpation qui n'a jamais désarmé, et dont les entreprises sont plus audacieuses que jamais.

L'illustre fondateur de votre ordre ne s'est pas fait illusion. Il a su qu'il restaurait son ordre en violation des lois de son pays. Voyez son testament, page 128 :

« Le contrat fut signé dans le plus grand secret. Aucun préparatif de prise de possession n'eut lieu, de peur d'éveiller l'attention publique et celle du préfet. » (Il s'agit de l'acquisition de Chalais.)

Nous avons fait depuis bien du chemin, mais en arrière. Les persécutions qu'on rêvait se sont changées en privilèges, en triomphes, en appuis de toute nature. L'administration s'est faite complice de la violation des lois; le sol se couvre de monastères, la milice de l'ultramontanisme redouble de hardiesse.

La magistrature n'a jamais failli à son devoir. Toujours le digne défenseur de nos vieilles et saintes traditions d'indépendance nationale, elle a déclaré que les congrégations non autorisées sont sans existence légale, et qu'elles ne peuvent conséquemment recevoir.

La cour de Paris, par l'arrêt Schulemberg (20 mai 1851), statue :

« Qu'une congrégation non autorisée ne peut être relevée de l'incapacité d'acquérir. »

L'arrêt Onfroy, du 26 février 1849, dit qu'une société universelle de gains peut être considérée comme une congrégation non autorisée.

Nous trouvons dans Dalloz, n° 681, v° *Culte :*

« Le legs fait par une femme faisant partie d'une congrégation non autorisée est nul, comme fait au profit d'un incapable. » (Ch. des req., 5 août 1841. — Agen, 11 mars 1840. — Agen, 12 août 1842. N° 685, v° *citato*.)

« Une congrégation non autorisée n'a aucune existence légale. Elle ne peut figurer en justice par son prieur. » (Aix, 27 janvier 1825.)

Le 18 août 1826, la cour de Paris déclare l'existence des Jésuites incompatible avec les lois du royaume. La cour de cassation, par son arrêt du 12 avril 1838 et celui du 22 avril 1843, déclare que les articles 291 et suivants du Code pénal sont applicables aux congrégations non autorisées.

Les gouvernements qui se sont succédé ont toujours cru que le décret de messidor an XII était en vigueur, témoin les paroles du garde des sceaux à la Chambre, en 1845, dans la séance du 2 mai.

L'arrêt Boulnois (Orléans, 30 mai 1857) est bien curieux à étudier, parce qu'il renferme une peinture saisissante des dangers que l'esprit des couvents fait courir au patrimoine des familles, par l'absence de toute espèce de scrupule et de règle morale quand il s'agit d'acquérir pour une sainte cause.

« Le membre d'une congrégation non autorisée, dit-il, peut répéter contre les membres de cette congrégation la restitution des sommes et valeurs qu'il y a apportées. C'est contre les membres et directeurs de cette congrégation que son action doit être dirigée.

« Et, dans le compte a établir pour la restitution des apports, les juges peuvent considérer comme capitaux toutes les valeurs qui leur présentent ce caractère. »

Telle est la jurisprudence de la cour de cassation, dans l'arrêt Picpus du 4 mai 1859.

Enfin, et par un arrêt récent (janvier 1877), la cour de Poitiers, dans une espèce à laquelle ne s'appliquait pas la prohibition de la communauté non autorisée, a jugé qu'une association n'ayant pas la personnalité civile ne peut acquérir un immeuble. L'immeuble acquis par les intéressés leur appartient *ut singuli;* ils peuvent toujours en demander le partage.

Les règles juridiques à l'égard des communautés non autorisées sont fixées avec une grande fermeté par l'arrêt entre la marquise de Guerry et la communauté de Picpus, arrêt que les commentateurs ont pu appeler avec raison l'un des plus beaux monuments de la jurisprudence. Il pose d'abord comme fondement de sa décision ce point de doctrine que les communautés non autorisées sont privées absolument d'existence légale et ne peuvent obliger leurs membres, ni vis-à-vis les uns des autres, ni vis-à-vis de l'agrégation de fait. Elles ont cependant une existence de fait, en ce sens qu'elles sont responsables envers les tiers et envers leurs propres membres. Cette responsabilité peut donner lieu à une action dirigée contre les supérieurs, les directeurs ou les chefs. La cour juge ce premier point par infirmation d'un jugement de première instance qui avait accueilli par une fin de non-recevoir la demande de la marquise de Guerry. Ce jugement avait soulevé les plus vives critiques, et la cour, en le réformant, s'est montrée l'interprète éclairé de la science juridique, de la raison et de l'équité.

Entrant dans le fond de la question, la cour décide que la communauté n'a rien pu acquérir, qu'elle ne peut rien retenir, et que la marquise peut se faire restituer tout ce qu'elle a apporté, sauf ce que volontairement elle a elle-même dépensé pour les besoins de la maison. Cette déduction est faite sur un compte régulier, dont les éléments sont fournis par la maison elle-même, sur les registres qu'elle a tenus. Nous voyons ici se produire un fait normal, nécessaire, naissant de la force des choses, qu'on retrouve partout, qui ne peut pas ne pas être, chez les Trappistes (arrêt Onfroy, 20 juillet 1816 et 29 février 1849), chez les sœurs de l'Adoration (arrêt Boulnois, 30 mai 1857), sauf que là la comptabilité est inexacte. Dans chaque couvent, ce qui est ainsi justifié est retiré par le religieux, car la communauté non autorisée n'a pu faire acte d'appropriation. Les biens sont restés libres entre les mains des religieux, quels que soient les actes d'aliénation, lesquels sont radicalement nuls.

En résumant la doctrine de tous les arrêts cités, il faut dire :

1° Toute congrégation non autorisée est nulle.

2° Tout membre de cette congrégation peut s'en retirer.

3° Il peut se faire restituer tout ce qu'il y a apporté et tout ce qui a enrichi la communauté.

4° Il peut le faire déterminer par tous les moyens de droit ordinaires, par la vérification de tous les écrits, des registres et de la comptabilité de la congrégation.

5° Si une congrégation tolérée a une existence de fait, elle ne peut être collective : c'est une agrégation sans liens, qui n'admet ni ne comporte aucun exercice de droits individuels.

6° Tout acte, tout agissement, ayant pour but d'empêcher l'application de la loi ainsi entendue, est radicalement nul.

De là je conclus à la nécessité inévitable d'un compte sur les documents de la congrégation. Le droit et la nature des choses le commandent, et il est impossible qu'il en soit autrement.

Le fait y ajoute son autorité toute-puissante. Les adversaires sont comptables à un double titre : 1° comme membres d'une congrégation; 2° comme détenteurs de biens héréditaires. A ce double titre, ils doivent montrer tous les éléments de preuve qu'ils possèdent. Les premiers sont leurs livres, leur comptabilité. Ces livres, cette comptabilité existent : les faits du procès les révèlent.

Ils ne sont pas contestés; ce n'est que la communication qui nous est déniée. Ainsi arrivons-nous à la précision, à la manifestation régulière de la vérité.

C'est là ce qu'ont jugé les arrêts souverains du 12 janvier 1864 et du 24 janvier 1868, dont le jugement de 1876 n'est que l'exécution. Appliquant cette théorie, nous disons : Vous ne pouvez rien retenir, et pour établir ce que vous devez, un compte est nécessaire.

L'obligation de rendre compte découle à la fois de votre qualité de communistes et du fait de votre usurpation, qui vous rend détenteurs illégitimes du bien d'autrui. Comme communistes, en face de votre comparsonnier vous ne pouvez invoquer, et vous n'y songez pas, le pacte qui vous lie, l'engagement pris de rester dans l'indivision. Ce pacte est nul, cet engagement est sans valeur. La loi civile les brise; elle répond par la disposition protectrice de la liberté individuelle, des droits de la conscience et des saines pratiques de l'économie politique. Art. 815 . Nul n'est tenu de rester dans l'indivision.

Quelle est la conséquence de ce droit?

Qu'un compte est ordonné entre les copartageants. Les articles 815 à 843 du Code civil et 966-985 du Code de procédure renferment ces dispositions.

Déjà, je le sais, vous les avez écartées comme gênantes. Elles ne sont pas faites pour vous. Pourquoi donc n'avez-vous pas fait apposer les scellés? Pourquoi n'avez-vous pas fait d'inventaire? Nous ne donnerons pas ce nom au vain simulacre par lequel vous avez essayé de donner le change à la justice pour vous préparer une échappatoire. Non, vous n'avez rien fait pour garantir les droits de votre coassocié. Vous êtes détenteurs de tout son bien, vous lui devez des comptes, et c'est avec raison que le tribunal les a ordonnés.

Vous les devez à un autre titre : vous retenez un patrimoine qui n'est pas le vôtre. Vous en avez tous les éléments matériels et moraux, vous avez fait main basse sur tout. Vous avez usurpé la place, les droits et les privilèges de l'héritier. Vous vous êtes saisis de tout ce qui lui appartenait; vous devez le compte de tout ce que vous avez pris. Vous devez l'établir par les pièces mêmes qui appartiennent à la succession et que vous retenez indûment. Livres, notes, correspondances, comptabilité, rien de toutes ces choses ne devait être entre vos mains : vous le retenez, vous devez le rendre; vous devez le soumettre à la justice.

C'est en présence de cette situation, nettement dessinée en droit et en fait, qu'amenés devant vous par un appel purement dilatoire, nous avons obéi à un sentiment de justice, tout aussi bien qu'à un sentiment légitime d'intérêt personnel, en vous demandant, par appel incident : 1° d'augmenter le chiffre de la contrainte que nous vous prions d'élever à 600.000 francs, ainsi que nous le faisions en première instance; 2° de prononcer contre les adversaires une condamnation à 50.000 francs de dommages-intérêts.

La contrainte de 200.000 francs est insuffisante. Elle était demandée en première instance, elle a été prononcée par le premier juge. Dans la supposition où les Dominicains ne donneraient aucune satisfaction, elle est destinée à mettre un terme à leur audacieuse résistance. Elle devient un moyen de les vaincre et peut-être de les racheter. Il faut donc qu'elle soit proportionnée au bénéfice que cette résistance leur procure.

Nous produisons une note de valeurs héréditaires, irrécusables de 350.000 à 370.000 francs, existant au décès de notre auteur et dont les héritiers sont privés depuis seize années. Ils sont donc en droit de faire élever au double la contrainte prononcée contre d'injustes détenteurs.

Nous ajoutons que nous sommes en droit d'obtenir des dommages-intérêts contre les Dominicains. Quel qu'en soit le chiffre, ils seront toujours une réparation insuffisante des dommages de toute nature qu'ont soufferts les héritiers Lacordaire. La justice ne peut pas tolérer que cette œuvre détestable ait été accomplie sans engager la responsabilité de ses auteurs. Ainsi le veut la loi, dans l'article 1382; ainsi le décide la jurisprudence. Elle a jugé par de nombreux arrêts que lorsque la résistance est de mauvaise foi, quand elle n'a d'autre but que de lasser un créancier légitime, elle peut-être suivie non seulement de dépens, mais de dommages-intérêts.

C'est cette résistance de mauvaise foi, n'ayant d'autre but que d'épuiser le demandeur, de le chasser de l'arène par la lassitude, par l'impossibilité de soutenir la lutte, qui se révèle dans le procès actuel avec une telle gravité qu'il suffit de laisser la parole aux faits, plus éloquents que tous les commentaires.

Le Père Lacordaire meurt à Sorèze, le 21 novembre 1861. Le jugement et l'arrêt qui ont statué sur la validité de ses dispositions constatent qu'il a succombé à une longue maladie, qu'il s'est sacrifié à son devoir et qu'il est demeuré debout jusqu'à la fin; mais il n'en a pas moins graduellement descendu la pente fatale qui le conduisait à l'éternelle séparation. Les religieux en ont-ils donné avis à la famille? Non. Ils l'ont tenue à l'écart. Elle n'a été appelée, ni pendant que le mal le dévorait, ni au moment où, devenu irréparable, il brisait les liens de cette noble existence. A sa mort, aucune formalité n'a été accomplie, aucun inventaire, aucune mesure conservatoire.

Vainement Léon Lacordaire sollicita une entrevue, une combinaison conciliatrice : il fut repoussé avec une grande hauteur. Désespérant d'arriver à un résultat amiable, il saisit la justice. Mais ses adversaires sont au-dessus des prescriptions du droit civil, et tous les détours leur sont permis quand il s'agit d'enrichir leur ordre. Ils luttent obstinément contre la justice et ne reculent devant aucune habileté pour éluder ses arrêts. Ce qu'il a fallu d'énergie à l'héritier du sang pour soutenir ce combat inégal, nul ne le saura jamais. Il y a dépensé son modeste avoir, il y a compromis son repos, il a dû se résigner à subir les attaques les plus imméritées. Toujours victorieux, toujours impuissant, il n'a pas désespéré un jour. Il n'a pas voulu fléchir, ayant pour lui le droit, l'honnêteté, le respect dû aux principes éternels sur lesquels les sociétés reposent, et que seuls peuvent braver ceux qui, sous prétexte de religion, ont entrepris l'abaissement de tous les pouvoirs, le leur excepté. Cette sainte confiance dans la ferme indépendance des magistrats a été son point d'appui au milieu de ses douloureuses épreuves; il l'invoque aux pieds de la cour de Toulouse, dont la sagesse et les lumières sont aujourd'hui sa garantie et son salut.

COURTE RÉPONSE

A LA NOTE DE L'*ORDRE DES FRÈRES PRÊCHEURS*

MAI 1877

POUR MM. LÉON LACORDAIRE ET MARCHAL

I

Les Dominicains sont certainement les plus redoutables adversaires : rien ne les lasse, ne les désarme ni ne les ramène. Aux questions épuisées, ils opposent imperturbablement les mêmes objections, bien qu'elles aient été cent fois réfutées. Ils veulent à tout prix faire croire qu'on les attaque, qu'on les spolie, qu'on les persécute, et quand nous nous bornons à leur répéter : Voici bientôt seize ans qu'au mépris des lois que vous bravez, vous détenez tout ce que possédait notre auteur; daignez faire ce à quoi le plus puissant d'entre nos concitoyens n'aurait pu se soustraire : rendez-nous compte de ce que vous avez entre les mains, ils crient à l'impiété, au scandale, et ils pensent arrêter l'action de la justice en prétendant que nous devons tout d'abord prouver qu'ils ont reçu, ce que nous n'aurions jamais fait.

C'est toujours le même système. De même qu'en face des lois qui leur défendent d'exister comme corporation, ils existent, possèdent, trafiquent, conservent, plaident, et se nomment hautement l'*Ordre des Dominicains*, de même ils supposent que rien n'a été jusqu'ici jugé avec eux et contre eux, et vous répondent : Prouvez que nous possédons!

Nous pourrions nous contenter de leur rappeler l'évidence du fait qu'il ont le courage de nier. Est-il vrai, oui ou non, qu'en vertu des règles de son ordre, le Père Lacordaire s'est défait à leur profit de tout ce qui lui appartenait, de tout ce qu'il a reçu, de tout ce qu'il a gagné?

Est-il vrai, oui ou non, que toutes ses facultés sont restées entre les mains des chefs de l'ordre qui, au moment de sa mort, en étaient investis et n'ont pas cessé un jour d'en retenir la possession?

Est-il vrai, oui ou non, que, pour échapper à la restitution, l'Ordre des Dominicains n'a reculé devant aucun effort, devant aucun déguisement de la vérité, qu'il a eu recours à toutes les ressources de la simulation, qu'il a épuisé tous les moyens de la procédure, et qu'il ne s'est avisé d'alléguer l'insolvabilité du Père Lacordaire que lorsque, six fois vaincu dans cette longue lutte, il a compris qu'il ne pouvait plus retarder le jour où il serait forcé de restituer ?

Chacune de ces propositions est, comme nous venons de le dire, l'évidence même. La conclusion qui en ressort n'est pas moins certaine.

Les représentants du Père Lacordaire n'ont pas besoin de prouver la donation, ils prouvent, et leur adversaires avouent, l'appréhension et la détention illégales de ce qui leur appartient. Ils ont donc le droit de le revendiquer, et à plus forte raison d'en demander compte.

Mais si le fait ne permet aux Dominicains ni de nier ni de contester, le droit ne les condamne pas avec moins de force.

Ils s'obstinent à réclamer la preuve d'une donation. Ils oublient, ou plutôt ils feignent d'oublier, le triste passé judiciaire qu'ils nous ont imposé. Quand, après la mort du Père Lacordaire, ils ont voulu retenir son bien, ont-ils déclaré qu'ils n'avaient rien entre les mains?

Non, ils ont produit une donation testamentaire faite à leur profit, sous le voile d'un legs universel à l'abbé Mourey, qui ne dissimule plus aujourd'hui, comme il le faisait alors, sa qualité de fidéicommissaire.

Cette donation, les Dominicains l'ont exécutée, car ils se sont fait envoyer en possession.

Or, le jugement de Castres du 31 octobre 1862 les a condamnés, dans la personne de l'abbé Mourey, à restituer ce qu'ils avaient usurpé et préalablement à rendre compte.

Ce jugement a été confirmé par un arrêt souverain de la cour de Toulouse du 12 janvier 1864.

Et les Dominicains demandent où est la donation! La voici, brisée, il est vrai, entre leurs mains, mais après qu'ils s'en étaient servis pour s'approprier l'entier patrimoine.

Après l'abbé Mourey, l'abbé Jeandel : même donation, même envoi en possession, même jugement de Castres du 16 avril 1866, même arrêt souverain de la cour de Toulouse du 29 novembre 1866. Seulement, cette fois, les Dominicains avaient confessé la vérité, ils avaient reconnu que l'abbé Jeandel n'était que leur prête-nom. L'arrêt était donc prononcé contre eux, et les condamnait à rendre compte.

Mais les Dominicains se vantent d'être au-dessus des arrêts comme ils sont au-dessus des lois. Les arrêts et les lois sont incompatibles avec leur existence : que les arrêts et les lois périssent, et que les Dominicains continuent à subsister !

Aussi déclarent-ils qu'ils n'ont rien reçu et que nous n'avons pas prouvé les donations qu'il leur a été permis de recevoir !

La cour appréciera !

Nous maintenons que le tribunal de Castres ne pouvait, sans violer l'autorité de la chose jugée, refuser aux demandeurs le moyen pratique d'obtenir l'exécution de ces décisions inattaquables. C'est ce qu'il a fait en précisant l'obligation de rendre compte et en l'accompagnant d'une sanction, sans laquelle les Dominicains tourneraient son jugement en dérision.

MM. Léon Lacordaire et Marchal n'ont donc fait que suivre les errements de la procédure. Ils n'avaient rien à prouver, car tout avait été prouvé contre leurs adversaires, ils n'avaient qu'à solliciter de la justice un ordre dont il ne fût plus possible de se jouer. Cet ordre, ils l'ont obtenu, et c'est parce qu'il leur permet une exécution sérieuse, que les Dominicains tentent un suprême effort pour l'éluder encore.

II

Aussi reprennent-ils dans leur note de prétendues démonstrations dont nous espérons avoir fait justice et auxquelles, par conséquent, nous croyons inutile d'opposer de nouveau toutes les réfutations que la cour n'aura certes pas oubliées. Ils nous disent que la correspondance de notre auteur établit qu'il avait dissipé son patrimoine, lorsqu'il est entré en religion. S'il en est ainsi, nous demandons pourquoi il a fait son testament au profit de l'ordre, et pourquoi les Dominicains ont défendu ce testament avec un infatigable acharnement. Ils repoussent la lettre de 1837 dans laquelle le Père Lacordaire accuse douze cents francs de rente, outre quelques réserves, et témoignent une parfaite satisfaction de sa situation pécuniaire, en tirant argument de faits absolument méconnus, de calculs de fantaisie, de lambeaux de correspondance qui n'ont aucun caractère juridique. Il y a un moyen simple, facile, honnête, de connaître la vérité : c'est celui-là que les Dominicains déclarent inadmissible, offensant, scandaleux ; c'est la production des livres. Ces livres existent, ils sont la propriété de MM. Léon Lacordaire et Marchal, tout aussi bien que celle des Dominicains. Qu'on les produise! Toute autre qu'une congrégation religieuse non autorisée n'oserait les refuser. Les Dominicains savent que ces livres les condamneraient; ils ne veulent pas les communiquer.

Et pour colorer leur résistance, ils ne craignent pas d'invoquer des théories formellement proscrites par la loi; ils écrivent en effet (page 4 de leur note) :

« La qualité de communiste ne peut conférer aucun droit, puisque le patrimoine d'une congrégation religieuse ne peut faire l'objet ni d'une action en partage, ni d'une liquidation quelle qu'elle soit. »

C'est bien là la tactique que nous avons énergiquement signalée à la cour et que nous ne saurions trop recommander à sa haute sagesse, car elle nous paraît un défi à la loi, et par là même un véritable danger public.

Les Dominicains, qui prêchent et pratiquent le communisme, veulent se faire accepter par la justice, malgré les prescriptions formelles du droit civil, et ils ne craignent pas d'affirmer que leur corporation possède un patrimoine qui ne peut être divisé et qui ne donne aucun droit à ceux qui en sont copropriétaires, c'est-à-dire que, de leur autorité plénière, ils effacent l'article 815 du Code civil.

Il est vrai qu'ils y mettent de l'habileté. Ils invoquent les règles des « congrégations religieuses », et ils oublient très-adroitement d'ajouter « non-autorisées ». Or, tout est là. Que les congrégations autorisées puissent avoir le privilège de la communauté des biens, nous ne le contestons pas. Mais celles qui ne sont pas autorisées ne sauraient y prétendre; elles n'ont pas même le droit d'exister; et si elles forment une agrégation de fait, chacun de ceux qui font partie de cette agrégation peut à tout instant demander à reprendre ce qu'il a mis dans le patrimoine commun que la loi ne saurait ni protéger ni reconnaître.

Le Père Lacordaire avait donc pu faire ce que font aujourd'hui ses représentants, et comme la marquise de Guerry, comme mademoiselle de Boulnois, comme les héritiers de l'abbé Cadel (affaire Onfroy), il aurait pu réclamer les registres et les comptes.

III

Ces points établis, à quoi bon renouveler la discussion relative a caractère légal des produits littéraires à propos desquels les Dominicains s'obstinent à refuser toute justification?

Nous avons fait nos réserves sur le chiffre réel des sommes qu'ils ont reçues de ce chef. Il est inexact de soutenir, comme ils le font, que nous sommes d'accord avec eux et que nous acceptons l'hypothèse de 180.000 francs. En ceci, comme pour toutes les choses d'une succession dont les héritiers n'ont ni vu ni\touché un fétu, nous avons admis ce qui nous a été accusé par les détenteurs de tous les objets composant cette succession ; mais nous sommes convaincus que leurs renseignements ne sont pas complets. Nous avons indiqué treize ouvrages en brochures, dont plusieurs ont eu un grand succès et qui ne figurent pas parmi ceux qui ont été énumérés. De plus, l'état des produits ne remonte qu'à 1854. A cette époque, depuis quinze ans au moins, le Père Lacordaire avait recueilli les fruits de son immense renommée. Il nous paraît donc certain que le chiffre de 180 000 francs est de beaucoup au-dessous de la réalité. Ici encore nous rappelons aux Dominicains que, seuls en possession de tous les documents desquels se dégagerait facilement la vérité, seuls ils peuvent la mettre en lumière, mais ils s'y refusent absolument.

Eux seuls aussi peuvent connaître ce qui, sur le montant de ces produits, a été consacré à l'entretien journalier des religieux. C'est une question toute de fait. Ils trouvent commode de la résoudre par leur affirmation. Ils prononcent ainsi dans leur propre cause. Ils aiment mieux se rendre justice à eux-mêmes que d'éclairer la justice de la cour, et ils s'écrient fièrement :

« Que M. Léon Lacordaire détruise la force de cette présomption ! »

M. Léon Lacordaire n'a rien à détruire, puisqu'on ne lui oppose rien. Si dans l'arrêt de Guerry la cour de Paris, se conformant à l'avis de M. l'avocat général de Vallée, a jugé que les revenus des capitaux et des immeubles échappaient au compte, elle a rendu une décision d'espèce, certainement fort sage, mais sans portée doctrinale. Elle n'a ni de près ni de loin statué sur le point qui nous occupe ; aucun tribunal, aucune cour n'a décidé que le produit du travail, quel qu'en soit le chiffre, que le trésor, que la valeur entrée à un titre quelconque dans le patrimoine d'un citoyen, soient nécessairement un fruit, et comme tel, invariablement tangible. C'est là cependant ce qu'il faudrait prouver, et on l'a vainement essayé. Mais au lieu de raisonner à perte de vue sur des abstractions, que les Dominicains veuillent bien ne pas toujours s'obstiner à dédaigner les réalités. Ils savent par livres, sous et deniers, ce qui a été fait des bénéfices considérables que leur fondateur a touchés. Ils en ont l'état entre les mains, qu'ils consentent enfin à le laisser voir. Ce simple acte de condescendance sera plus efficace pour la manifestation de la vérité que toutes les théories transcendantales par lesquelles ils essayent d'éblouir leurs juges.

Du reste, quand ils rencontrent une objection de nature à les embarrasser, ils lui appliquent invariablement le même procédé; ils la traitent comme ils traitent l'évidence : ils supposent qu'elle n'existe pas. Ainsi, nous avons relevé dans le compte de 1854, émané du Père Lacordaire lui-même, une preuve, à notre sens irréfutable, de la capitalisation des produits; en effet, dans le compte du couvent, ces produits figurent à l'actif pour une somme de 73.000 francs. Il semble qu'en présence de cette destination, donnée par le Père Lacordaire, toute contradiction devient impossible. Les Dominicains ne s'y arrêtent pas : ils commencent par déduire arbitrairement 60.000 francs qui représenteraient la propriété littéraire, non les produits. Nous avons répondu que rien n'est moins admissible qu'une pareille interprétation, et que les livres seuls peuvent nous apprendre si elle est fondée ou inexacte. Mais à côté des 60.000 francs, se trouvent deux créances sur deux libraires, éditeurs des œuvres du Père Lacordaire. Ces créances s'appliquent bien aux produits littéraires pour une somme de 13.000 francs. Les Dominicains vont-ils reconnaître que pour cette somme au moins les produits sont un actif? En aucune manière. Écoutez-les, page 18 de leur note :

« Ces 13.000 francs devraient être évidemment consacrés aux besoins journaliers de l'Ordre. »

Avec de tels adversaires et de tels raisonnements il n'y a plus de discussion possible, et la justice doit humblement les prier de rédiger la sentence. *Évidemment*, ils s'en tireront à leur honneur et profit, et tout sera à merveille pour les congrégations non autorisées. Mais quelle que soit leur puissance, ils ne tiennent encore la plume que pour formuler des propositions qui ne sauraient convaincre des hommes sérieux. Et puisqu'ils usent avec tant d'avantage des *probablement* et des *évidemment*, pourquoi n'ont-ils pas répondu à notre très prosaïque, mais, suivant nous, décisive observation qu'il n'y a jamais eu qu'une caisse dans laquelle venaient se confondre toutes les ressources de l'Ordre, quelle qu'en fût la provenance, et d'où sortaient aussi toutes les dépenses, sans qu'on ait jamais songé à dresser des comptes particuliers pour telle ou telle recette? Ce fait rend impossible l'hypothèse de l'emploi spécial des produits littéraires aux dépenses journalières, et nous dispense d'insister plus longtemps sur un sujet que le compte seul peut éclaircir.

Il n'a d'ailleurs été rien répondu au fait que nous avons rappelé comme exemple : nous voulons parler des 4.000 francs demandés en janvier 1861 par l'avoué Bresson au Père Lacordaire pour payement d'ouvriers et pour intérêts, et envoyés par lui. Nous nous trompons; avec la même imperturbable assurance, on nous a dit : Le

Père Lacordaire a dû se faire rembourser sur les souscriptions. C'est le *Sésame, ouvre-toi*, des *Dominicains*. Avec ce talisman, ils peuvent défier toutes les démonstrations et se moquer des droits les mieux justifiés. Ils peuvent impunément se permettre les assertions les plus contradictoires.

C'est ainsi que tantôt ils présentent le Père Lacordaire comme réduit aux expédients, implorant pour ses couvents la charité des fidèles; tantôt ils font de lui un capitaliste opulent, dédaigneux de l'argent, qui afflue entre ses mains, dissipant 27.000 francs dans une fête fastueuse, jetant 12.000 francs à son frère Léon Lacordaire, acceptant comme une nécessité les prodigalités d'une dispendieuse existence.

Tous ces tableaux sont de pure fantaisie, et nous y opposons l'ordre sage et sévère qu'atteste le rapport de 1854, la ferme et intelligente administration qui donne à l'Ordre, non, la propriété de 688.000 francs (nous n'avons jamais commis cette erreur), mais la disposition de cette importante somme en quelques années, la réalisation d'un actif net de 256,000 francs, la consolidation d'une fortune immobilière de plus d'un million, et la paisible jouissance d'une prospérité croissante dont il est difficile de prévoir les limites. Les Dominicains sollicitent des secours, cela est possible, mais en cela ils ne font qu'imiter les moines de toute couleur qui, malgré leurs richesses, ne cessent d'aiguillonner la charité des fidèles pour l'agrandissement de leur temporel. La statistique officielle, qu'on ne saurait accuser de passion et d'injustice, soulève un coin du voile qui cache ces richesses. D'après le dernier numéro de son bulletin, leurs propriétés immobilières sont près d'égaler celles de nos communes; et il ne s'agit que des congrégations autorisées. Nous savons donc ce qu'il faut croire de leur prétendue détresse. Quant aux dépenses excessives du Père Lacordaire, nous nous bornons à rappeler que, libre de disposer des bénéfices réalisés à Sorèze et qui étaient le fruit de son travail, il les aurait, s'il faut en croire les pièces produites par l'abbé Mourey, employées pour la majeure partie à des constructions qui ont considérablement enrichi l'école.

Et quant aux 12,000 francs donnés à Léon Lacordaire, c'est une invention pure contre laquelle M. Léon Lacordaire proteste énergiquement.

Ce qui est vrai, ce qui sera établi par la comptabilité, c'est que, depuis les premiers jours de son affiliation religieuse jusqu'à celui où il a succombé à l'excès du labeur, au chagrin, aux déceptions mortelles dont sa tombe n'a pas tout à fait dérobé le mystère, le Père Lacordaire a consacré et livré aux Dominicains, sans en rien retrancher, son patrimoine héréditaire, les dons personnels nombreux qui lui ont été faits, les produits de ses immenses travaux; qu'il a été le principal artisan de leur prospérité matérielle, et qu'à sa mort il leur a laissé un avoir dépassant certainement de beaucoup le chiffre que nous avons indiqué dans nos conclusions.

Cette démonstration a été faite par le Père Lacordaire lui-même, qui, dans son rapport de 1854, affirme que le patrimoine de l'Ordre est dû surtout aux produits de ses travaux. Les adversaires n'ont pas essayé d'atténuer la portée décisive de cette importante déclaration dont voici le texte :

« La divine Providence, qui nous a dit dans son saint Évangile :
« Cherchez d'abord le royaume de Dieu et sa justice »,
« A versé entre nos mains, en seize années, 686.288 francs, ce qui donne en moyenne 42.000 francs par an.

« Ces ressources nous sont venues de notre travail, du patrimoine de quelques-uns de nos confrères, et, en très-petite proportion, des dons qui nous ont été faits; il est remarquable que les étrangers à l'Ordre n'ont jamais été que pour très peu dans les secours qui nous sont venus. »

En présence de ces énonciations si fermes et si précises, que faut-il penser des productions qu'on nomme un peu témérairement *les dossiers des couvents*? Elles sont en contradiction complète avec le témoignage sans lequel elles ne peuvent être considérées que comme de pieux artifices, destinés à surprendre la religion des magistrats. Nous avons le droit de les apprécier ainsi dans une cause où le déguisement est élevé à la hauteur d'une vertu, et où les ministres de la justice sont les premiers à reconnaître « *que par une loi fatale de leur existence, tolérée et non reconnue, les congrégations à qui sont défendus les actes de la vie civile..... recourent à des moyens détournés, et qu'on doit presque toujours, pour connaître la vérité, chercher sous le titre apparent qu'elles ont, et la nature du contrat, et l'intention des parties, et la qualité qui leur appartient* ».

Voilà votre loi, disons-nous aux Dominicains; c'est vous qui l'avez faite. *Patere..... quam tuleris.* Vous vous placez au-dessus de toutes les règles acceptées par le droit commun et par la bonne foi vulgaire; vous ne pouvez dès lors en invoquer la protection. Vous apportez au débat des pièces dont rien ne garantit la sincérité, et que vos principes, vos habitudes, votre intérêt nous permettent de suspecter. Elles sont à l'avance condamnées par votre chef religieux. Il a dit formellement que les dons n'étaient entrés que *pour très peu* dans la formation du riche patrimoine de son Ordre. C'est dans le travail qu'il faut en chercher la source. Et dans quel travail ? évidemment dans le sien. Les Dominicains ne peuvent le nier; car lorsqu'il s'agit d'expliquer comment les produits de ce travail ont disparu, ils supposent que la congrégation n'a pas eu d'autre ressource pour vivre. Donc, dans leur système, les autres religieux se laissaient nourrir et ne travaillaient pas ou travaillaient sans profit. Donc encore, si le Père Lacordaire a reconnu que le patrimoine de l'Ordre est dû au travail, c'est au sien exclusivement, puisque seul il a été productif.

Ainsi s'écroule le complaisant assemblage de chiffres péniblement édifié par les Dominicains, et dont l'inconsistance et l'inanité seraient d'ailleurs suffisamment établies par les différences des résultats accusés par eux devant les juridictions successives saisies de ces questions. Nous avons relevé ces différences, que la cour n'aura certainement pas oubliées. Et encore, avons-nous eu à peine le temps de jeter les yeux sur ces documents, toujours versés aux débats à la dernière heure, malgré nos sommations désespérées de communiquer en temps opportun. Au moins nous est-il permis d'invoquer ces productions comme des preuves irrécusables de l'existence d'une comptabilité régulière, qui du reste n'a jamais été sérieusement contestée, et comme la démonstration sans réplique de la nécessité d'un compte légalement rendu.

IV

C'est en effet à cette conclusion inévitable que ramène la discussion, sur quelque point du procès qu'elle soit engagée. Le bon sens, la loi, l'honnêteté publique exigent que ceux qui, sous prétexte de religion, se sont emparés d'un héritage et qui le retiennent depuis quinze ans, ne puissent continuer à bafouer l'héritier du sang, et le chasser du prétoire de la justice sans même justifier de la consistance de l'hérédité qu'ils ont usurpée. Du reste, les Dominicains osassent-ils espérer un résultat si contraire à l'équité et aux règles légales, ils ne pourraient plus le demander. Ils sont enchaînés par les décisions souveraines rendues contre eux et dont il ne leur est plus possible de paralyser l'exécution. A tous leurs vains subterfuges, à leur prétention d'éluder un compte comme ils éludent une restitution, nous opposons l'autorité de la chose jugée. Nous leur rappelons que l'arrêt de la cour de Toulouse du 24 janvier 1868, qui a précisé les points du débat, réserve à Léon Lacordaire :

« Tous ses droits sur les sommes que la propriété littéraire de son auteur a pu produire antérieurement, et qui peuvent être de nature à entrer dans l'état de consistance de la succession délaissée par le Père Lacordaire, sur laquelle Léon Lacordaire peut exercer ses droits... »

Arrêtons-nous un instant, et demandons-nous, en présence d'un dispositif si clair, ce que devient la grande et pompeuse thèse des produits du travail, nécessairement frappés du caractère de fruits, livrés dès lors à la consommation journalière, et forcément soustraits à la revendication des héritiers. Non-seulement elle est aussi vide que solennelle, mais la voici condamnée *in terminis* par l'arrêt souverain qui est notre loi indéfectible. Cet arrêt reconnaît que ces produits peuvent entrer dans « l'état de consistance de la succession délaissée par le Père Lacordaire ». Il ordonne que cet état sera dressé conformément aux errements antérieurs de la procédure. Il repousse donc les théories des Dominicains, et la cour ne pourrait les admettre qu'en méconnaissant la règle sacrée de l'obéissance due à la chose jugée.

Après avoir réservé à Léon Lacordaire tous ses droits sur les sommes ou valeurs qui auraient servi à payer, en tout ou en partie, le prix des immeubles apportés dans la société du 6 novembre 1861, l'arrêt ajoute :

> « Réforme la partie du jugement portant n'y avoir lieu à restitution soit des fruits, soit des titres de propriété, non plus que d'autres sommes ou valeurs revenant à la succession du Père Lacordaire; réserve au contraire aux parties tous leurs droits à cet égard, pour les faire valoir ainsi qu'elles aviseront, *à l'effet d'obtenir ou contester lesdites restitutions de fruits, sommes ou valeurs, et de titres autres que ceux qui se réfèrent aux immeubles compris dans l'acte de société de 1861 et en la possession desquels les intimés sont maintenus.* »

Ces dispositions sont tout aussi claires, tout aussi formelles que les précédentes. Le jugement de Toulouse est confirmé en ce qui concerne le maintien de la congrégation non autorisée dans la propriété et possession des immeubles qu'elle détient. De ce chef, les Dominicains ont eu raison de dire qu'ils avaient gagné leur procès. Mais ils le perdent sur la restitution des valeurs mobilières, des fruits, qui est réservée à l'héritier, en tant que ces valeurs et fruits font partie de la succession. Léon Lacordaire a donc le droit de rechercher contre les Dominicains la consistance de cette succession, et de leur en demander compte, puisque seuls ils l'ont appréhendée, puisqu'ils ont prétendu en être exclusifs propriétaires, au moyen d'une donation testamentaire dont ils ont obstinément soutenu la validité, puisqu'en vertu de cette donation ils se sont fait envoyer en possession de tout ce que le Père Lacordaire a laissé, sans en rien excepter.

Ceci explique encore comment MM. Léon Lacordaire et Marchal ont dû mettre en cause tous les directeurs de l'Ordre contre lequel ils plaident. Ils auraient pu y appeler tous les membres de l'Ordre sans distinction, car l'agrégation qu'il représente ne pouvant subsister en tant qu'agrégation, c'est une collection d'intérêts et de droits individuels sur qui pèse la responsabilité qui atteindrait l'être social, si cet être existait légalement. Ainsi l'ont jugé les arrêts invoqués par les adversaires.

« Considérant, dit l'arrêt d'Orléans du 30 mai 1857 (SIREY, 1857, deuxième partie, page 488), qu'une association religieuse qui n'a qu'une existence de fait, pour s'être passée de l'autorisation du gouvernement, après avoir bravé l'article 291 du code pénal et fait fraude à la loi, ne saurait être placée dans une condition plus favorable que les associations autorisées et rendre illusoires, en ce qui les concerne, les sages précautions recommandées par l'intérêt public; que dès lors ces associations de fait peuvent être actionnées dans la personne de ceux qui les dirigent; que seulement la qualité de ces derniers, n'ayant aucun caractère officiel, est abandonnée à l'appréciation des tribunaux. »

L'arrêt de Guerry, dont il a été si souvent parlé (Cour de Paris, 8 mai 1858; SIREY, 1858, deuxième partie, page 145), n'est pas moins net:

« Considérant, y est-il dit, que si les communautés religieuses non autorisées ne constituent pas des personnes civiles, elles forment cependant entre les membres dont elles se composent des sociétés de fait, responsables envers les tiers des engagements qu'elles prennent, soit que ces engagements dérivent de contrats ou quasi-contrats, soit qu'ils aient pour cause des délits ou quasi-délits; que cette responsabilité s'applique, dans la mesure de leur participation, à tous ceux qui font partie de la congrégation irrégulièrement établie; qu'elle incombe surtout à quiconque, sous le nom de supérieur ou autre, en a la direction ou en détient les biens. »

Conformément à cette jurisprudence, dont la doctrine est du reste inattaquable, MM. Léon Lacordaire et Marchal ont traduit devant le tribunal de Castres les chefs de la congrégation non autorisée qui prend le nom d'Ordre des Dominicains ou Frères-Prêcheurs, quelles que soient leur province, leurs fonctions, la corporation particulière à laquelle ils se rattachent dans l'Ordre, directeurs du grand ou du tiers ordre: toutes ces dénominations, que la loi ne saurait reconnaître, ne changent rien à la nature des choses, non plus qu'à l'application des principes. Toutes ces personnes sont responsables, parce que toutes, et chacune dans sa sphère, dirigent la congrégation non autorisée, toutes travaillent à l'augmentation de ses richesses, toutes doivent compte des valeurs indûment retenues par elles, et toutes sont solidaires vis-à-vis des tiers dont leur quasi-délit blesse les droits.

V

Cette question de solidarité est tranchée par des règles et par des précédents tels qu'il est inutile de la discuter longuement. Les Dominicains, qui se sont indignés qu'on ait pu les condamner solidairement à restituer ce qu'ils détiennent collectivement, ont volontairement passé à côté des raisons simples et péremptoires qui ont déterminé le premier juge. Celui-ci, prévoyant la résistance possible des défendeurs, y a vu un quasi-délit. Il l'a vu également dans leur coupable persévérance à braver les lois civiles, à se perpétuer malgré leurs prescriptions et à chercher à les annuler par une série de ruses et de simulations. En cela il n'a fait que se ranger à la doctrine de l'arrêt de Guerry et à celle de la cour de cassation, qui, en rejetant le pourvoi formé contre l'arrêt de la cour de Paris, s'est prononcée en termes qui nous paraissent défier toute objection et qui, dans tous les cas, sont le dernier mot souverain sur la question :

« Attendu que l'arrêt attaqué a expliqué la solidarité qu'il a prononcée, en disant qu'il condamnait les intimées, aujourd'hui demanderesses en cassation, comme ayant ou ayant eu la direction de la congrégation non-autorisée de Picpus, et détenant ses biens; qu'il importe peu que les motifs sur ce chef ne se trouvent que dans le dispositif de l'arrêt, et qu'il suffit que les juges aient fait connaître les motifs de leur décision pour qu'on ne puisse leur opposer la violation de l'article 7 de la loi du 20 avril 1810;

« Attendu que si l'article 1202 du Code civil statue que la solidarité ne se présume pas et qu'elle doit être expressément stipulée, il résulte évidemment de ses termes que cette règle ne s'applique qu'à la solidarité conventionnelle, et qu'il en peut être autrement quand il s'agit de la réparation d'un dommage causé à autrui dans les cas prévus par l'article 1381 du même Code, et de certains engagements qui se forment sans conventions; attendu qu'il est déclaré en fait par l'arrêt attaqué que la somme en capital versée par la marquise de Guerry s'est élevée à 475,000 francs; *qu'il y avait impossibilité de déterminer la part dont chacune des religieuses avait pu profiter; mais que le fait de participation à la jouissance et à la répartition de la somme ci-dessus étant indivisible, l'arrêt a pu condamner solidairement les demanderesses à la restitution de la somme ci-dessus, à raison de ce qu'elles avaient ou avaient eu la direction de la congrégation non autorisée de Picpus, et qu'elles détenaient ses biens.* » (4 mai 1859, Sirey, 1859, première partie, page 377.)

Tous les auteurs, sans exception, enseignent cette doctrine. On peut en voir la longue nomenclature dans la *Table décennale de Sirey* 1860, v° *Solidarité*. Mais nous ne résistons pas au plaisir de mettre sous les yeux de la cour quelques lignes empruntées à l'excellent ouvrage de notre vénéré premier président M. Larombière : *Théorie et pratique des obligations*, tome V, page 712, n° 35.

Après avoir posé le principe de la solidarité entre les auteurs et complices d'un quasi-délit, l'éminent magistrat précise ainsi sa pensée :

« Quand nous parlons ici de complicité, de participation, de coopération, nous n'entendons point en restreindre les éléments constitutifs à ceux qui sont spécialement déterminés par l'article 60 du Code pénal. Il ne s'agit point en effet des délits de droit criminel, mais seulement des délits de droit civil. Conséquemment, il ne saurait non plus être question de la complicité pénale, dont les éléments essentiels se résument dans cette double condition : la spécialité de fait et sa connaissance de la part du complice prétendu. La complicité dont nous parlons ici doit donc s'entendre d'une simple complicité civile, si nous pouvons ainsi la nommer, c'est-à-dire d'une coopération, d'une participation, d'un concours à l'acte qui constitue le délit ou le quasi-délit, soit qu'il y ait ou non concert formé ou égale connaissance de la part de ceux auxquels il est imputé, et sans qu'il soit possible de déterminer la part pour laquelle chacun d'eux a concouru par son fait à la perpétration du délit ou quasi-délit ou au développement de ses conséquences dommageables. C'est même à cette indivision, ou plutôt à cette indivisibilité d'imputation, qu'est attachée la solidarité. »

On ne saurait faire ressortir avec plus de justesse et de netteté les motifs qui commandent au juge d'appliquer la solidarité à tous ceux qui s'associent à un quasi-délit. La responsabilité de leur fraude les atteint tous et chacun d'eux, parce que tous et chacun d'eux ont rendu le quasi-délit possible et en ont profité. Il n'y a donc sous ce rapport aucune distinction à faire entre les appelants, aucun privilège particulier à leur accorder. Ils se sont tous entendus pour braver et violer les lois de leur pays, et pour former, au mépris de leurs prescriptions formelles, une agrégation illégale, dangereuse pour l'ordre public, menaçante pour la conservation des biens dans les familles. Tous ont en commun usé de moyens que la loi réprouve, afin de s'approprier et de retenir un patrimoine qui ne leur appartient pas. Leur action, essentiellement indivisible, entraîne par voie de conséquence forcée une réparation également indivisible. Aucun des Dominicains n'a le droit de s'en plaindre, puisque cette indivisibilité est rigoureusement conforme au communisme, qui est leur loi fondamentale; il serait illogique de leur part de contester que, tous ne faisant qu'un, ils doivent répondre les uns pour les autres et la congrégation pour tous.

VI

Si ces principes s'appliquent à la restitution des valeurs héréditaires laissées par le Père Lacordaire, ils régissent, à bien plus forte raison, la demande en dommages-intérêts formée par les intimés, et sur laquelle ils insistent en finissant. Cette demande, qui n'a pu être développée à l'audience à cause de la longueur des plaidoiries, est formulée dans nos conclusions, et nous y persistons plus que jamais. Il est de jurisprudence, et nous soumettons à la cour de nombreux arrêts qui l'établissent, que la résistance opposée de mauvaise foi par un plaideur à l'exercice du droit de son créancier peut motiver contre lui une condamnation à des dommages-intérêts. On l'a ainsi décidé, même contre un appelant et à raison de son appel. La faculté d'appel est cependant de droit; mais il peut se présenter telle circonstance dans laquelle l'appel n'est qu'une chicane inspirée par l'unique dessein de nuire à son adversaire.

Quelle espèce s'offrit jamais à l'appréciation des tribunaux, qui mieux que le procès actuel pût justifier l'application rigoureuse de ces règles d'équité? Les Dominicains, dont l'existence est un quasi-délit, ont sciemment organisé des procédures dont l'habile agencement n'avait pour but que l'épuisement de Léon Lacordaire. Connaissant très bien le vice radical de leur situation, le caractère irrémédiable de fraude à la loi dont chacun de leurs agissements était marqué, ils ont multiplié les difficultés pour se perpétuer dans leur indue possession et ruiner le propriétaire légitime de l'hérédité qu'ils retenaient. Porteurs de deux donations testamentaires, ils auraient pu s'en prévaloir en les invoquant et en les faisant simultanément examiner par la justice. Ils s'en sont bien gardés. Ne se faisant point illusion sur la nullité de ces titres, ils les ont produits successivement et en ont fait l'objet de quatre instances. Condamnés à rendre compte, ils se sont systématiquement dérobés, et ils continueraient si le tribunal de Castres n'avait pas, en prévision de leur contenance, prononcé contre eux une contrainte. Après avoir succombé deux fois devant la juridiction du premier degré, deux fois devant la cour, ils ont recommencé une cinquième instance en se servant de l'acte de prétendue société du 6 novembre 1861. Après quinze ans de lutte, nous ne sommes pas plus avancés qu'au premier jour, car les Dominicains se flattent d'éterniser le compte qu'ils seront obligés de rendre. Leurs calculs ont déjà eu l'un des succès qu'ils se promettaient. M. Léon Lacordaire a sacrifié ce qui lui restait de son patrimoine à poursuivre une revendication dont la légitimité n'est contestée par personne, mais que l'art des adversaires rend absolument stérile. Le dommage causé par la résistance des Dominicains est donc dès à présent consommé. Léon Lacordaire doit en obtenir l'équitable réparation.

VII

Un dernier mot : les Dominicains, qui ont recueilli, gardé et qui gardent encore l'entier patrimoine du Père Lacordaire, et qui ont retenu contre tout droit jusqu'au plus insignifiant des documents capables de nous renseigner et d'éclairer la justice, ne cessent de nous répéter que nous n'établissons pas la réalité de ce patrimoine qu'ils disent s'être évaporé entre leurs mains; mais, ni à la barre du tribunal de Castres, ni aux pieds de la cour de Toulouse, ni dans leur note au conseil, ils n'ont jamais répondu aux questions que nous leur avons constamment adressées à propos de l'acte de société du 6 novembre 1861 et de la combinaison qui y a attribué au Père Lacordaire un avoir de 180.000 francs. Leur silence ne vient-il pas de leur embarras, et cet embarras n'équivaut-il pas à un aveu ? La cour connaît l'acte auquel nous faisons allusion, elle le méditera dans le recueillement de ses délibérations; elle se convaincra que s'il est nul, en ce sens qu'il a eu pour but de constituer au profit d'une congré-gation illégale un patrimoine inaliénable et indivisible, il énonce des faits vrais, il renferme un règlement répondant aux intérêts et aux droits individuels de ceux qui y concourent. Il fournit donc en ce qui concerne chacun d'eux des indications conformes à la réalité des choses.

D'ailleurs, en l'étudiant avec attention, on voit qu'il pourvoit à une double éventualité. Il protège le temporel de l'Ordre, mais en même temps il détermine la situation de chacun de ses membres. Il prépare ainsi une soupape de sûreté contre une explosion possible. La disposition par laquelle il est dit que la société peut toujours racheter la part d'un religieux offre un moyen ingénieux et simple de concilier une retraite individuelle, si elle devient nécessaire, avec la permanence de l'Ordre. Ceci n'est pas une pure hypothèse. Des exemples éclatants nous apprennent que les moines ont quelquefois abandonné leurs couvents. Le cas a été prévu, et tout a été réglé pour qu'il se réalisât sans scandale et sans trouble. La propriété de chacun est donc garantie et réservée, tout aussi bien que la sécurité commune. Ainsi, la détermination de la part de chacun constitue à son profit un bien privatif dont il dispose à son gré, et dont ses héritiers auront après lui l'incommutable propriété. Ce règlement intérieur n'est point arbitraire. Il est proportionnel aux apports de chacun. Celui du Père Lacordaire mérite une attention particulière. Il comprend des immeubles, évalués dans l'acte à la somme de 331.000 francs. Or, comme le capital social se compose d'actions de 5.000 francs, cet apport donnait droit à soixante-deux actions et un cinquième. Cependant on n'en alloue au Père Lacordaire que trente-six, soit 180.000. Pourquoi cette réduction? Nous avons vainement interrogé à cet égard les Dominicains, qui ont eu probablement d'excellents motifs pour demeurer muets. Ne peut-on pas leur venir en aide? Est-il déraisonnable de supposer que l'apport de 331.000 francs comprenait des immeubles payés au moyen de dons pieux, et qu'on a voulu les défalquer de la masse formant l'avoir reconnu du Père? Ce retranchement de 151.000 sur 331.000 francs a donc pour objet la fixation rigoureuse de ce qui appartenait personnellement au Père Lacordaire, soit 180.000 francs. Aussi le surlendemain, 8 novembre 1861, il en dispose comme de sa chose personnelle. Il cède sa part au Père Sandreau, par un acte dans lequel il déclare que le cessionnaire accepte la remise de valeurs à la satisfaction du cédant. Cet acte a été annulé comme l'acte de société; mais cette annulation a-t-elle été prononcée parce que cet acte supposait, contrairement à la vérité, un droit de propriété imaginaire? Non certes. Il a été annulé, parce qu'il faisait passer cette partie importante de la fortune du Père Lacordaire entre les mains d'un religieux qui n'était que le prête-nom d'une agrégation illégale, incapable de recevoir. C'est cette transmission que le tribunal de Toulouse, et après lui la cour, a annulée. Ils l'ont donc considérée comme s'appliquant à une valeur sérieuse. Sans cela, l'annulation serait radicale. Si la justice, interprète de la loi civile, s'est opposée à ce que les Dominicains augmentassent leur actif de cette part de 180.000 francs, cette part existe donc; elle est retenue par nos adversaires. On les a empêchés de la recevoir au moyen d'un détour qui n'était qu'une fraude à la loi. Ils ne sauraient la conserver par un autre détour non moins contraire à la loi que le premier. Ici MM. Léon Lacordaire et Marchal, qui ne demandent qu'un compte, ont l'avantage d'en trouver le premier article de la main même de leurs puissants adversaires, confirmé par l'autorité souveraine de la cour de Toulouse, et prenant place sur le procès-verbal de M. le juge commissaire en vertu de l'autorité sacrée de la chose jugée.

Le 9 juin 1877,

La cour de Toulouse, par son arrêt, confirme le jugement du tribunal de Castres à l'égard du grand Ordre des Dominicains, en ce qui concerne l'obligation de rendre compte, la solidarité prononcée entre les membres dudit ordre et la production des livres; ordonne que le compte sera rendu devant le juge commis, dans le délai de six mois, à partir de la signification de l'arrêt, et ce, à peine de cent francs de dommages-intérêts par chaque jour de retard pendant trois mois, après lesquels il sera fait droit; dit néanmoins que les produits des prédications du Père Lacordaire et les sommes représentant sa fortune patrimoniale n'entreront pas dans le compte à rendre.

Le pourvoi des Dominicains en cassation fut rejeté le 9 janvier 1878.

FIN DU TOME SECOND.

TABLE DES MATIÈRES

DU TOME SECOND

FIN DE LA TABLE DU TOME SECOND

IMP. NOIZETTE, 8, RUE CAMPAGNE-PREMIÈRE, PARIS.

www.ingramcontent.com/pod-product-compliance
Lightning Source LLC
Chambersburg PA
CBHW031449210326
41599CB00016B/2164